D1692411

Die Einheit sozial gestalten

Ilse Fischer (Hg.)

Die Einheit sozial gestalten

Dokumente aus den Akten
der SPD-Führung 1989/90

DIETZ

Bibliografische Information der Deutschen Bibliothek

Die Deutsche Bibliothek verzeichnet diese Publikation in der Deutschen Nationalbibliografie;
detaillierte bibliografische Daten sind im Internet über http://dnb.ddb.de abrufbar.

ISBN 978-3-8012-4195-7

© 2009
by Verlag J.H.W. Dietz Nachf. GmbH
Dreizehnmorgenweg 24, 53175 Bonn
Umschlag: Jens Vogelsang, Aachen
Satz: Jens Marquardt, Bonn
Druck und Verarbeitung: Koninklijke Wöhrmann B.V.
Alle Rechte vorbehalten
Printed in the Netherlands 2009

Besuchen Sie uns im Internet: *www.dietz-verlag.de*

Inhalt

EINLEITUNG

    Die Einheit sozial gestalten.
    Dokumente aus den Akten der SPD-Führung 1989/90 13

DOKUMENTE

I.
Wieder auf der Tagesordnung:
Die Frage der deutschen Einheit

1   Erhard Eppler am 17. Juni 1989 im Deutschen Bundestag zum
       Selbstbestimmungsrecht der Deutschen, zur Frage der deutschen
       Einheit und zur Situation in der DDR 71

2   Vorlage zur Bildung einer Initiativgruppe mit dem Ziel, eine
       sozialdemokratische Partei in der DDR ins Leben zu rufen,
       24. Juli 1989 (Versand des Dokuments am 26. August 1989) 81

3   Beratungen im Präsidium über Massenflucht aus der DDR /
       Diskussion über Reisen in die DDR und über Kontakte mit
       Vertretern der SED, 21. August 1989 85

4   Beratungen im Präsidium über die Entwicklung in Osteuropa,
       in der Sowjetunion und in der DDR / Frage der deutschen Ein-
       heit, 11. September 1989 87

5   Aufruf der Initiativgruppe »Sozialdemokratische Partei in der
       DDR«, ohne Datum [12. September 1989] 93

6   Beratungen im Parteivorstand über die Notwendigkeit einer
       neuen Strategie im Umgang mit der SED und der DDR,
       18. September 1989 95

DOKUMENTE

7   Deutschlandpolitische Entschließung des SPD-Parteivorstandes vom 18. September 1989 103

8   Beratungen im Präsidium über die Fortführung von Kontakten mit der SED und zu Kontakten mit Reformgruppen in der DDR, 25. September 1989 106

9   Gründungsurkunde der Sozialdemokratischen Partei in der DDR (SDP), Schwante, 7. Oktober 1989 108

10 Appell Hans-Jochen Vogels an die Bürgerinnen und Bürger in der DDR und an die SED-Führung, 8. Oktober 1989 111

11 Beratungen im Präsidium zur Abstimmung mit der Bundesregierung, zur Reaktion auf die Gründung der SDP und zur Tätigkeit der Arbeitsgruppe Deutschlandpolitik, 9. Oktober 1989 112

12 Erklärung des Präsidiums der SPD zur Entwicklung in der DDR und zur Gründung der SDP, 9. Oktober 1989 115

13 Beratungen im Parteivorstand über Kontakte mit der SDP und Reformgruppen in der DDR 116

14 Stellungnahme des Parteirats der SPD zur Deutschlandpolitik, 31. Oktober 1989 127

15 Beratungen im Präsidium über die Haltung der SPD zur Frage der deutschen Einheit und zur Wiedervereinigung, 6. November 1989 130

II.
Zum Fall der Mauer am 9. November 1989

16 Erklärung von Hans-Jochen Vogel nach Öffnung der Mauer, 10. November 1989 137

17 Beratungen im Präsidium über die Einschätzung der Lage nach der Maueröffnung, 11. November 1989 141

DOKUMENTE

18	Beratungen in der gemeinsamen Sondersitzung des Parteivorstandes und des Geschäftsführenden Fraktionsvorstandes der SPD-Bundestagsfraktion zur Deutschlandpolitik und zur Programmdiskussion, 11. November 1989	143
19	Entschließung des SPD-Parteivorstandes zum Mauerfall, 11. November 1989	152

III.
Vorschläge zur Gestaltung des Wegs zur deutschen Einheit

20	Ingrid Matthäus-Maier/Wolfgang Roth: Ein nationales Unterstützungsprogramm für die DDR, 12. November 1989	154
21	Horst Ehmke: Stufenplan zur deutschen Einheit, 20. November 1989	156
22	Beratungen des Präsidiums über wirtschaftliche Hilfe für die DDR und die Frage der Staatsbürgerschaft, 27. November 1989	158
23	Stellungnahme des Präsidiums der SPD zur Frage der Übersiedler aus der DDR, 27. November 1989	164
24	Hans-Jochen Vogel im Deutschen Bundestag über einen Fünf-Punkte-Plan zur deutschen Einheit, 28. November 1989	164
25	Beratungen im Präsidium über die deutschlandpolitische Position der SPD, 4. Dezember 1989	174
26	Beratungen im Präsidium über die Verabschiedung einer deutschlandpolitischen Erklärung, 10. Dezember 1989	180
27	Die Deutschen in Europa. Berliner Erklärung der Sozialdemokratischen Partei Deutschlands. Beschlossen auf dem Programmparteitag vom 18. – 20. Dezember 1989 in Berlin	192

DOKUMENTE

28 Grußwort des stellvertretenden Sprechers der Sozialdemokratischen
    Partei in der DDR (SDP), Markus Meckel, auf dem Programm-
    Parteitag der SPD in Berlin, 18. Dezember 1989 200

29 Rede des Ehrenvorsitzenden der SPD, Willy Brandt, auf dem
    Programm-Parteitag der SPD in Berlin, 18. Dezember 1989 206

IV.
Konkretisierung: Um Währungs- und Sozialunion und Fragen der Sicherheitssysteme

30 Erklärung der Delegiertenkonferenz der Sozialdemokratischen
    Partei der DDR zur deutschen Einheit, 14. Januar 1990 219

31 Ingrid Matthäus-Maier:
    Forderung nach Schaffung einer Währungsunion, 19. Januar 1990 220

32 Beratungen des Parteivorstandes zur Kanzlerkandidatur Oskar
    Lafontaines und zur Übersiedlerfrage, 29. Januar 1990 223

33 Beratungen des Präsidiums über die Herstellung gemeinsamer
    Positionen mit den Sozialdemokraten in der DDR,
    12. Februar 1990 233

34 Erklärung des Gemeinsamen Ausschusses der SPD und der SPD
    der DDR über den Weg zur deutschen Einheit, 20. Februar 1990 239

35 Gemeinsame Beratungen des Präsidiums der SPD und des
    Geschäftsführenden Vorstandes der SPD-Bundestagsfraktion
    zu Erklärungen von Bundeskanzler Kohl zur polnischen
    Westgrenze / Diskussion über die Anwendung von Artikel 23
    oder 146 des Grundgesetzes, 5. März 1990 240

35 a Vorlage: »Entwurf von Richtlinien zur deutschen Einigung«,
    2. März 1990 (Anlage zu Nr. 35) 246

DOKUMENTE

35 b	Vorlage: »Die Zusammenarbeit und das Zusammenwachsen der beiden deutschen Staaten«, 5. März 1990 (Anlage zu Nr. 35)	249
35 c	Vorlage: »Die Einbettung Deutschlands in ein europäisches Sicherheitssystem«, 5. März 1990 (Anlage zu Nr. 35)	252
35 d	Vorlage: Rudolf Dreßler »Erste Schritte zur Sozialunion Bundesrepublik Deutschland- DDR«, 5. März 1990 (Anlage zu Nr. 35)	255
36	Entschließung des SPD-Parteivorstandes über Schritte zur deutschen Einheit, 7. März 1990	262
37	Beratungen des Parteivorstandes über das Ergebnis der Volkskammerwahlen in der DDR / Nominierung des Kanzlerkandidaten, 19. März 1990	265
38	Oskar Lafontaine, Ingrid Matthäus-Maier und Rudolf Dreßler zu den Plänen der Bundesregierung zur Währungs-, Wirtschafts- und Sozialunion, 2. April 1990	279
39	Beratungen des Präsidiums über Regierungsbildung in der DDR, Zusammenarbeit mit der SPD der DDR, Währungsunion und Zeitplan des Bundeskanzlers, 2. April 1990	282
40	Gemeinsame Beratung der Präsidien der SPD in der Bundesrepublik und der DDR und der Geschäftsführenden Vorstände der SPD-Bundestagsfraktion und der SPD-Volkskammerfraktion über die Währungsunion und die Koalitionsfrage in der DDR, 22. April 1990	290
41	Positionspapier der SPD zu den sicherheitspolitischen Aspekten der Einigung Deutschlands im Rahmen der europäischen Integration, 25. April 1990	301
42	Positionspapier der SPD für den Bundestagsausschuss Deutsche Einheit, 16. Mai 1990	307
43	Beratungen des Parteivorstandes zur Haltung der SPD zum Staatsvertrag über die Währungsunion, 21. Mai 1990	309

DOKUMENTE

44 Änderungs- und Ergänzungsforderungen des SPD-Parteivorstandes
    zum Vertrag über die Währungs-, Wirtschafts- und Sozialunion,
    21. Mai 1990 319

45 Beratungen mit Vertretern der SPD der DDR in der gemeinsamen
    Sitzung des Geschäftsführenden Fraktionsvorstandes der
    SPD-Bundestagsfraktion und des SPD-Präsidiums über Fragen
    der Währungsunion und die Vereinigung der beiden Parteien,
    13. Juni 1990 321

46 Stellungnahme des SPD-Parteivorstandes zum Ersten Staatsvertrag,
    14. Juni 1990 324

47 Hans-Jochen Vogel zur Währungs- Wirtschafts- und Sozialunion
    im Deutschen Bundestag, 21. Juni 1990 331

48 Erklärung einer Gruppe mit »Nein« zum Staatsvertrag über die
    Währungsunion stimmender SPD-Bundestagsabgeordneter,
    21. Juni 1990 343

V.
Der Weg zum Einigungsvertrag (Zweiter Staatsvertrag) und der Zusammenschluss der SPD in der Bundesrepublik und in der DDR

49 Beratungen des Parteivorstandes über Fragen des Vereinigungs-
    prozesses von SPD (West) und SPD (Ost), 25. Juni 1990 347

50 Stellungnahme des Parteirats der SPD zum Zweiten Staatsvertrag,
    26. Juni 1990 358

51 Entschließungsantrag der SPD-Bundestagsfraktion zum Vermögen
    von SED/PDS und Blockparteien und zur Chancengleichheit bei
    den Wahlen, 9. August 1990 360

52 Aufforderung an Bundeskanzler Helmut Kohl zu einem
    Spitzengespräch über den Einigungsvertrag 364

DOKUMENTE

53	Hans-Jochen Vogel und Wolfgang Thierse zum Zweiten Staatsvertrag, 27. August 1990	365
54	Beratungen in der gemeinsamen Sitzung des SPD-Parteivorstandes West und Ost zum Einigungsvertrag, 31. August 1990	367
55	Herta Däubler-Gmelin im Deutschen Bundestag zur Haltung der SPD zum Zweiten Staatsvertrag, 5. September 1990	376
56	Ingrid Matthäus-Maier zur Schuldenpolitik der Regierung Kohl, 19. September 1990	388
57	Hans-Jochen Vogel zur Vereinigung der sozialdemokratischen Parteien der Bundesrepublik und der DDR in Berlin, 27. September 1990	394
58	Wolfgang Thierse zur deutschen Einheit in der ersten Bundestagssitzung im vereinten Deutschland, 4. Oktober 1990	400

ANHANG

Quellen- und Literaturverzeichnis	407
Personenregister	413
Bildnachweis	419
Zur Herausgeberin	420

EINLEITUNG

Die Einheit sozial gestalten.
Dokumente aus den Akten der SPD-Führung 1989/90

Zur Dokumentation

In der Geschichte der Bundesrepublik spielte die Sozialdemokratische Partei über Jahrzehnte hinweg eine Vorreiterrolle in der Deutschlandpolitik und bei der Verständigung mit den osteuropäischen Staaten und der Sowjetunion. Auch während der Oppositionsjahre unter der Regierung Kohl unterhielt sie weiterhin ein Geflecht von politischen Kontakten, das gerade im Hinblick auf die Beziehungen zur DDR nicht ohne Resultate blieb. Komplizierter war es für die SPD hingegen, ihre Rolle in der Dynamik des Einigungsprozesses in den Jahren 1989/90 zu finden. Der Zusammenbruch des SED-Regimes, die Öffnung der Mauer und die von Tag zu Tag sich verändernde Situation in der DDR lösten bei der SPD wie bei der politischen Elite der Bundesrepublik generell neben temporärer Ratlosigkeit nicht selten äußerst konträre Einschätzungen der Lage, aber auch konstruktive Gestaltungsvorschläge für den Einigungsprozess aus. Die mit großer Intensität und Emotionalität geführte Diskussion in den Spitzengremien der SPD zeigt wie in einem Fokus Mentalitäten, Wertevorstellungen und politische Überzeugungen der bundesrepublikanischen Gesellschaft der »linken Mitte«. Dabei ließen sich die divergierenden Vorstellungen in den Führungsgremien der Partei oft nur mühsam auf einen Nenner bringen. In der auf Dominanz im Einigungsprozess ausgerichteten Strategie der Bundesregierung war der Spielraum der Opposition für die Einbringung eigener Konzepte gering. Gleichwohl kämpfte die SPD durch in der Öffentlichkeit vorgetragene Forderungen und in zähen Verhandlungen mit der Regierung für eine sozialere Gestaltung der Vertragswerke zur deutschen Einheit.

Die Politik der SPD in den Jahren 1989/90 hat mehrfach die Aufmerksamkeit der historisch-politikwissenschaftlichen Forschung gefunden.[1] Ergänzt werden diese Studien durch Veröffentlichungen der am politischen Einigungsprozess Beteiligten, von sozialdemokratischer Seite vor allem von Hans-Jochen Vogel, Willy Brandt, Egon

---

1 Vgl. Petra Schuh/Bianca M. von der Weiden: Die deutsche Sozialdemokratie 1989/90. SDP und SPD im Einigungsprozeß, München 1997; Fabian Peterson: Oppositionsstrategie der SPD-Führung im deutschen Einigungsprozeß 1989/90. Strategische Ohnmacht durch Selbstblockade?, Hamburg 1998; Georgios Chatzoudis: Die Deutschlandpolitik der SPD in der zweiten Hälfte des Jahres 1989. Hrsg.: Friedrich-Ebert-Stiftung, Historisches Forschungszentrum (Gesprächskreis Geschichte, 60), Bonn 2005; Daniel Sturm: Uneinig in die Einheit. Die Sozialdemokratie und die Vereinigung Deutschlands 1989/90, Bonn 2006.

Bahr, Erhard Eppler und Horst Ehmke.[2] Überdies ist nicht zu verkennen, dass die Diskussion über die Rolle der Parteien im Einigungsprozess nicht nur Gegenstand historischer Untersuchungen, sondern stets auch eine Frage der politischen Auseinandersetzung geblieben ist.[3]

Ziel des vorliegenden Bandes ist es, anhand von ausgewählten internen Protokollen und Arbeitspapieren sowie Presserklärungen und Bundestagsreden Einblick in die Diskussions- und Entscheidungsprozesse der SPD in den Jahren 1989/90 zu geben. Dabei wurde der Zeitraum vom Sommer 1989, als die Führungsgremien der Partei in Reaktion auf die sich zuspitzende Situation in der DDR begannen, die bisherigen Formen ihrer Deutschlandpolitik in Frage zu stellen, bis zum Oktober 1990, der Herstellung der staatlichen Einheit, gewählt.

Bei der Auswahl ging es darum,

– Grundlinien des Meinungsbildungsprozesses und der Willensbildung in den Spitzengremien der SPD in den Jahren 1989/90 zu zeigen;
– die Abgrenzung der SPD vom Kurs der Regierung während der entscheidenden Monate vom Mauerfall bis zur Vereinigung von Bundesrepublik und DDR deutlich zu machen;
– aufzuzeigen, was als Resultat dieses internen Diskussionsprozesses als konsensfähige Linie vertreten wurde.

Dabei konnten im Rahmen dieses Bandes nicht alle Facetten des komplexen Diskussionsprozesses dokumentiert bzw. gleich intensiv beleuchtet werden. Die zweifellos interessante und lohnenswerte Einbeziehung der Diskussion an der Parteibasis oder eine ausführliche Dokumentation der Willensbildung in der SPD-Bundestagsfraktion hätten den Rahmen des Bandes gesprengt. Es wurde auch keine Darstellung der SPD der DDR angestrebt. Die Entwicklung der sich dort neu konstituierenden Sozialdemokratie erscheint – von einigen Grundsatzdokumenten abgesehen – in bewusster Beschränkung vor allem im Spiegel der SPD-West. Die Dokumentation kann auf eine Reihe von Forschungsarbeiten aufbauen, die zugleich auch Hinweise auf die außerhalb der Parteigremien geführte politische Diskussion in der Presse geben, die hier (mit Ausnahme von Dokument Nr. 31) nicht einbezogen wurde. Angesichts der

---

2 Hans-Jochen Vogel: Nachsichten. Meine Bonner und Berliner Jahre, München 1996; Willy Brandt: Erinnerungen. Mit Nachschrift: Nichts wird, wie es war. Nachschrift von Ende November '89 zu den »Erinnerungen«, Frankfurt a. M. 1989; Horst Ehmke: Mittendrin. Von der Großen Koalition zur Deutschen Einheit, Berlin 1. Aufl. 1994; Egon Bahr: Zu meiner Zeit, München 1996; Erhard Eppler: Komplettes Stückwerk. Erfahrungen aus fünfzig Jahren Politik, 2. Aufl., Frankfurt a. M./Leipzig 1996.
3 Vgl. dazu z.B. Die Wendehals-Partei: SPD gegen die Wiedervereinigung. Die Kampagne der SPD gegen die deutsche Einheit und ihre Verbrüderung mit der SED. Hrsg.: CDU/CSU-Fraktion im Deutschen Bundestag (Argumente, CDU/CSU-Fraktion im Deutschen Bundestag), Bonn 1990; Angela Merkel: Was Deutschland wirklich braucht. Mein Brief an die Deutschen nach der Kanzlerreise, 2. 9. 2000, in: Die Welt, 2. 9. 2000 (http://www.welt.de/print-welt/article531460/Was_Deutschland_wirklich_braucht.html); Stellungnahme von Hans-Jochen Vogel zu Äußerungen von Friedhelm Merz am 13. 9. 2000 im Deutschen Bundestag: Merz diffamiert Sozialdemokratie, http://www.spdfrak.de/cnt/rs/rs_dok/0,,24193,00.html.

Fülle von relevanten Archivalien aus den Jahren 1989/90 in den Akten der SPD-Bundestagsfraktion (deren Sitzungsprotokolle allerdings häufig in schriftlicher Form nur als kurze Ergebnisprotokolle vorliegen), des SPD-Parteivorstandes und in zahlreichen Beständen von sozialdemokratischen Abgeordneten wäre es sicher wünschenswert, durch weitere Untersuchungen den gegenwärtigen Stand zu vertiefen und zu präzisieren.

Bei der Wiedergabe der Dokumente wurde die formale Gestaltung der Texte möglichst originalgetreu übernommen; die zahlreichen in den Protokollen und Reden enthaltenen Absätze wurden jedoch zugunsten einer kompakteren Textgestaltung reduziert. Die Originalschreibweise wurde beibehalten; offensichtliche Schreibfehler in den in maschinenschriftlicher Form vorliegenden Texten wurden stillschweigend korrigiert. Kürzungen wurden durch eckige Klammern markiert. Nicht alle in den Präsidiums- und Vorstandsprotokollen erwähnten Arbeitspapiere und Anlagen konnten aufgenommen werden; sie finden sich zum größten Teil in den jeweiligen Akten zu den Sitzungen SPD-Parteivorstandes bzw. des Präsidiums. Häufig erschließen sich die Fragen der inhaltlichen Auseinandersetzung aus der Diskussion selbst oder fanden Eingang in die abgedruckten Presseerklärungen.

Für die kritische Durchsicht von Teilen des Manuskripts, für Hinweise und Anregungen danke ich Professor Dr. Bernd Faulenbach, Dr. Anja Kruke, der Leiterin des Archivs der sozialen Demokratie der Friedrich-Ebert-Stiftung, sowie meinen Kollegen Mario Bungert und Peter Gohle. Für die vielfältige Unterstützung bei der Bearbeitung der Dokumente gilt mein Dank Ernesto Harder, der die Digitalisierung der ausgewählten Texte übernommen hat, Sunitha Wijithapala für die Hilfe bei der Bildauswahl, Gisela Krause und Holger Feldmann für wichtige Hinweise bei der Durchsicht der Akten. Herzlich danken möchte ich an dieser Stelle Professor Dr. Michael Schneider, dem früheren Leiter des Archivs der sozialen Demokratie und des Historischen Forschungszentrums der Friedrich-Ebert-Stiftung, der die Arbeit durch Anregungen und fachlichen Rat begleitet hat. Mein besonderer Dank gilt schließlich Dr. Hans-Jochen Vogel und Ingrid Matthäus-Maier, die Unterlagen aus ihrem persönlichen Besitz zur Verfügung gestellt haben.

Rückblick: Deutschland im Ost-West-Konflikt

Kalter Krieg

In den Nachkriegsjahren wurden die Bundesrepublik und die DDR in die jeweiligen militärischen Sicherheitssysteme, NATO und Warschauer Pakt, integriert. Die Grenzlinie zwischen den beiden deutschen Staaten markierte zugleich die Front zwischen den großen politischen Blöcken. Das Ziel der Herstellung der deutschen Einheit war in der Präambel des Grundgesetzes verankert und im Deutschlandvertrag von 1954 von den westlichen Alliierten bekräftigt worden. Die Krisensituationen beim Aufstand am 17. Juni 1953 oder beim Mauerbau 1961 zeigten jedoch, dass die Westmächte eigenen sicherheitspolitischen Vorstellungen Priorität einräumten. Auch die durch den Mauerbau erzeugte künstliche Stabilisierung der DDR führte zu einer zunehmenden Desillusionierung über die Chancen einer in absehbarer Zeit erreichbaren Wiedervereinigung. Verstärkt wurde dieser Prozess durch die sicherheitspolitisch und geografisch prekäre Lage Berlins und die offenkundigen Möglichkeiten der Sowjetunion zur Ausübung politischen und militärischer Drucks.[4]

Die Erfahrungen mit der zweiten Berlinkrise (1958-63) und der Kuba-Krise (1962) förderten bei den Vereinigten Staaten und der Sowjetunion die Einsicht in die Notwendigkeit, Mechanismen zur Rüstungskontrolle und Sicherheitsvereinbarungen zu schaffen. Damit wuchs – auch wenn Lippenbekenntnisse zur deutschen Einheit bei Repräsentanten europäischer Staaten weiterhin üblich waren – der Druck auf die Bundesrepublik, sich mit der Existenz eines zweiten deutschen Staates zu arrangieren. Zugleich erforderten die humanitären Folgen der deutschen Teilung – die Härten für die von der Trennung betroffenen Familien und die Situation der politischen Häftlinge in der DDR – neue Initiativen, da rhetorische Wiedervereinigungsbeschwörungen und das Insistieren auf Rechtspositionen ebenso wenig weiterhalfen wie die plakative Ablehnung des kommunistischen Regimes in der DDR.

Die SPD war früher als die Unionsparteien bereit, in dieser Situation an politische Tabus zu rühren. Auf einer Tagung der Evangelischen Akademie in Tutzing im Juli 1963 vertrat Willy Brandt die Überzeugung, dass eine Lösung der deutschen Frage ohne die Sowjetunion nicht möglich sei. Egon Bahr sprach von »Wandel durch Annäherung«, verwarf die Position des »Alles oder Nichts« und skizzierte eine »Politik der kleinen Schritte«, die allen Versuchen, den Sturz des DDR-Regimes durch harte

---

4 Vgl. dazu und im Folgenden u.a.: Heinrich Potthoff: Im Schatten der Mauer. Deutschlandpolitik 1961 – 1990, Berlin 1999, v.a. S. 20 – 40; Timothy Garton Ash: Im Namen Europas. Deutschland und der geteilte Kontinent, München, Wien, 1993; Heinrich August Winkler: Der lange Weg nach Westen. Zweiter Band. Deutsche Geschichte vom »Dritten Reich« bis zur Wiedervereinigung, München 2000; Manfred Görtemaker: Geschichte der Bundesrepublik Deutschland. Von der Gründung bis zur Gegenwart, München 1999.

Konfrontation herbeizuführen, eine Absage erteilte.[5] Es war das Konzept einer Deutschlandpolitik, die trotz mancher Rückschläge schließlich doch zu einer Verbesserung der deutsch-deutschen Beziehungen führen und dazu beitragen sollte, »zumindest partiell«[6] die Situation der Menschen hinter Mauer und Stacheldraht zu erleichtern. Diese Überlegungen waren zunächst selbst in der SPD keineswegs unumstritten; erst allmählich setzte sich die Einsicht durch, dass nur auf dem von Brandt und Bahr skizzierten Weg die Folgen der Teilung abgemildert werden konnten.

Die Ost- und Deutschlandpolitik der sozial-liberalen Koalition (1969 – 1982)

Nach ersten Entspannungsbemühungen in der Phase der großen Koalition mit Kurt Georg Kiesinger (CDU) als Bundeskanzler und Willy Brandt als Außenminister ermöglichte die Bildung der sozial-liberalen Koalition nach den Wahlen im September 1969 die Umsetzung einer neuen Ost- und Deutschlandpolitik. Die sozial-liberale Regierung mit Willy Brandt als Bundeskanzler ging bei ihrem Verhandlungsangebot an Ost-Berlin von der Existenz zweier Staaten in Deutschland bei Fortbestand einer Nation aus, wobei die Überzeugung vorherrschte, dass der »Schlüssel« zur Verbesserung der deutsch-deutschen Beziehungen in Moskau lag. Die brutale Beendigung des reformkommunistischen Experiments in der Tschechoslowakei (1968) und die Reaktion der mit dem Vietnamkrieg belasteten USA zeigten erneut, wie eindeutig die Machtsphären zwischen den Supermächten abgesteckt waren. Die »Breschnew-Doktrin« von 1968 formulierte die Interessen der Sowjetunion noch einmal unmissverständlich. Flankiert von den schwierigen ersten Treffen zwischen Bundeskanzler Willy Brandt und DDR-Ministerpräsident Willi Stoph in Erfurt und Kassel und den Viermächte-Verhandlungen über Berlin wurde im August 1970 der Moskauer Vertrag mit der Sowjetunion unterzeichnet, der einen Gewaltverzicht beider Staaten und die Anerkennung der bestehenden Grenzen enthielt. Verbunden damit war ein Berlin-Junktim und der Brief zur deutschen Einheit, in dem die Bundesregierung ihr letztlich hinter allen Verhandlungen stehendes Ziel, das Festhalten an der deutschen Einheit, ausdrücklich bekräftigte. Im September 1971 wurde das Vier-Mächte-Abkommen über Berlin unterzeichnet, das die Bindung von Berlin (West) an die Bundesrepublik sicherte.[7]

---

5 Vgl. Andreas Vogtmeier: Egon Bahr und die deutsche Frage. Zur Entwicklung der sozialdemokratischen Ost- und Deutschlandpolitik vom Kriegsende bis zur Vereinigung, Bonn 1996, S. 61 – 66; Bahr: Zu meiner Zeit, S. 152 – 159.
6 Potthoff: Im Schatten der Mauer, S. 38.
7 Vgl. dazu im Folgenden u.a.: Klaus Schönhoven: Wendejahre. Die Sozialdemokratie in der Zeit der Großen Koalition 1966 – 1969, Bonn 2004; Arnulf Baring: Machtwechsel. Die Ära Brandt-Scheel, München 1984; Peter Bender: Die »Neue Ostpolitik« und ihre Folgen. Vom Mauerbau bis zur Vereinigung, München, 4. Aufl. 1996; Winkler: Der lange Weg nach Westen, 2. Bd., S. 279 – 314; Potthoff: Im Schatten der Mauer, S. 73 – 201; ders.: Bonn und Ost-Berlin 1969 – 1982. Dialog auf höchster Ebene und vertrauliche Kanäle. Darstellung und Dokumente (Archiv für Sozialgeschichte, Beiheft 18), Bonn 1997; Garton Ash: Im Namen Europas, S. 48 – 318.

Die sozial-liberale Koalition setzte die von der CDU/CSU heftig attackierte Entspannungspolitik durch Verhandlungen mit der DDR über ein Transitabkommen und Verkehrsfragen fort. Nach langwierigen Gesprächen wurde am 21. Dezember 1972 der Grundlagenvertrag zwischen der Bundesrepublik und der DDR unterzeichnet. Darin verpflichteten sich die Bundesrepublik und die DDR zu gutnachbarlichen friedlichen Beziehungen, zur Respektierung der territorialen Integrität, zur Wahrung der Menschenrechte und zur Regelung praktischer und humanitärer Fragen im Zuge der Normalisierung des gegenseitigen Verhältnisses. Dennoch hielt der Vertrag an der Besonderheit der gegenseitigen Beziehungen fest; eine »Nichtberührungsklausel« stellte sicher, dass die alliierten Abkommen dadurch unberührt und die deutsche Frage damit offen blieb.[8] Auch wenn dadurch Erleichterungen im Reiseverkehr ermöglicht wurden, blieben zahlreiche Härten bestehen. Auch verfolgte die DDR nun keine andere Politik im Verhältnis zur Bundesrepublik, im Gegenteil: Die Grenzanlagen wurden verstärkt, der rigorose Gebrauch der Schusswaffe, Menschenrechtsverletzungen und Inhaftierungen blieben an der Tagesordnung, und auch die innere Abgrenzungspolitik im Verhältnis zur Bundesrepublik erhielt eine neue Qualität. Das Ringen um den Ausbau der bilateralen Beziehungen, die Bemühungen um humanitäre Erleichterungen, der Freikauf von Häftlingen und Hilfe bei der Familienzusammenführung wurden dennoch zum Charakteristikum der Deutschlandpolitik aller bundesrepublikanischen Regierungen von Willy Brandt über Helmut Schmidt bis Helmut Kohl. Zugleich wurden die Beziehungen zwischen der Bundesrepublik und der DDR immer auch von den politischen Großwetterlagen dominiert. Dies galt für die Gefahr, die von der erneuten Aufrüstung der UdSSR mit SS-20-Raketen und dem NATO-Doppelbeschluss ausging und zur Vertiefung des gemeinsamen Interesses an Stabilität und Abrüstung führte, dies galt aber auch für die Reformprozesse in Osteuropa, die bei den SED-Machthabern Ängste vor einer Erosion der eigenen Macht und neue Abgrenzungsbestrebungen auslösten.[9] Die Ostpolitik der SPD war eingebunden in den Prozess der Bildung einer europäischen Friedens- und Sicherheitsorganisation, der KSZE, zu deren Zielen die Anerkennung von Grundprinzipien der gegenseitigen Achtung der territorialen Integrität, Gewaltverzicht, die Anerkennung der Menschenrechte und die Zusammenarbeit zwischen den Staaten des Ostblocks und des Westens zählten.

Sozialdemokratische Deutschlandpolitik in der Opposition

Nach dem Misstrauensvotum gegen Helmut Schmidt am 1. Oktober 1982 und der Regierungsübernahme durch Helmut Kohl (CDU) blieb die Kontinuität in der Deutschlandpolitik im Großen und Ganzen erhalten. In der Ära Reagan, in der ein »neuer Kalter Krieg« aufgebrochen war, verpflichtete sich die deutsche Regierung un-

---

8   Vgl. Potthoff: Bonn und Ost-Berlin, S. 32.
9   Vgl. Andreas Rödder: Deutschland einig Vaterland. Die Geschichte der Wiedervereinigung, München 2009, S. 20 f.

ter Kohl zur vollen Umsetzung des NATO-Doppelbeschlusses. Zugleich bekannte sie sich zu den Grundsätzen sozial-liberaler Ostpolitik auf der Basis einer uneingeschränkten Westbindung und einer stärkeren Akzentuierung des Verhältnisses zu den USA. Auch sie hatte, so Timothy Garton Ash, wie die Sozialdemokraten zwei Jahrzehnte zuvor, »den Status quo akzeptiert – um ihn zu überwinden«.[10]

Für die SPD bedeutete der Wechsel in die Opposition keineswegs das Ende einer eigenständigen Ost- und Deutschlandpolitik. Charakteristisch für diese Phase war ein Geflecht von Kontakten, das führende SPD-Politiker mit Partei- und Regierungsstellen von Ost-Berlin über Moskau bis Warschau unterhielten. Es war der Versuch, einem Rückfall in die Verhaltensweisen des Kalten Kriegs entgegenzuwirken. Die dadurch mögliche Kommunikation mit der SED war zugleich ein wichtiger Faktor der bundesdeutschen Politik.[11] Die von Egon Bahr formulierte These, dass es »Sicherheit nur noch gemeinsam«[12] gebe, stand bewusst im Gegensatz zur traditionellen Strategie des Gleichgewichts des Schreckens. Die »gemeinsame Sicherheit« sollte über NATO und Warschauer Pakt hinaus zu einem europäischen Sicherheitssystem führen. Kernpunkt dieses Denkens war der absolute Vorrang der Friedenssicherung vor allen anderen politischen Zielen – Vorstellungen, die auf dem Nürnberger Parteitag 1986 und im sozialdemokratischen Regierungsprogramm für die achtziger Jahre zentraler Bestandteil der Politik der SPD wurden. Gerade die Konzentration einiger führender Sozialdemokraten auf dieses Ziel – hinter das auch eine offensivere Ermutigung der oppositionellen Kräfte in Osteuropa zurücktreten musste – führte im Rückblick zu einer zum Teil sehr kritischen Beurteilung der Ost- und Deutschlandpolitik der SPD in den 1980er Jahren.[13]

In den Oppositionsjahren nahm die SPD Beziehungen zur SED auf. 1984 arbeitete eine gemeinsame Arbeitsgruppe ein Konzept zur Errichtung einer chemiewaffenfreien Zone in Europa aus. Im Juli 1988 wurde ein von beiden Seiten formulierter Vorschlag für eine »Zone des Vertrauens und der Sicherheit« vorgelegt. Wie schon während der Kanzlerschaft Helmut Schmidts wurde die gemeinsame Verantwortung der beiden deutschen Staaten bekräftigt. Hinzu kamen die Avisierung der Aufhebung des Bundestagsbeschlusses zur Stationierung der Cruise Missiles und Pershing II und zur Kündigung des SDI-Regierungsabkommens (Strategic Defense Initiative oder »Star-Wars«-Programm) mit den USA. Realistisch wurden diese Perspektiven durch die

---

10 Vgl. Garton Ash: Im Namen Europas, S. 150 ff.; Zitat S. 168.
11 Vgl. dazu sehr kritisch: Garton Ash: Im Namen Europas, S. 457 – 483; vgl. Klaus Moseleit: Die »Zweite« Phase der Entspannungspolitik der SPD 1983 – 1989. Eine Analyse ihrer Entstehungsgeschichte, Entwicklung und der konzeptionellen Ansätze, Frankfurt a. M. 1991; Heinrich Potthoff; Die »Koalition der Vernunft«. Deutschlandpolitik in den 80er Jahren, München 1995; Frank Fischer: »Im deutschen Interesse«. Die Ostpolitik der SPD von 1969 bis 1989, Husum 2001; Vogtmeier: Egon Bahr, S. 222 – 287; Potthoff: Im Schatten der Mauer, S. 202 – 224.
12 Zit. nach Vogtmeier: Egon Bahr, S. 243.
13 Vgl. Protokoll vom Parteitag der SPD in Nürnberg 25. – 29. 8. 1986, Bonn o. J. [1986], Anhang, u.a. S. 863 f.; vgl. Ehmke: Mittendrin, S. 344 f.; zur Wertung vgl. Garton Ash: Im Namen Europas, S. 465; S. 500 f.

wichtigste außenpolitische Veränderung der 1980er Jahre: Seit März 1985 war Michail Gorbatschow neuer Generalsekretär der KPDSU. Mit den Schlagworten »Glasnost« und »Perestroika« setzte eine Reformpolitik in der Sowjetunion ein, die nach außen mit Initiativen zur Abrüstung und Entspannung zwischen den Blöcken einherging.[14]

Im August 1987 erschien das von der Grundwertekommission der SPD und der Akademie für Gesellschaftswissenschaften beim ZK der SED herausgegebene Papier: »Der Streit der Ideologien und die gemeinsame Sicherheit«[15]. Beide Systeme, so lautete die Botschaft, müssten allen sozialökonomischen, politischen und ideologischen Gegensätzen zum Trotz lernen, miteinander auszukommen. Die Auseinandersetzung zwischen ihnen sollte geprägt sein von »friedlichem Wettbewerb, gewaltfreiem Streit über alle politischen und ideologischen Gegensätze sowie Zusammenarbeit zum beiderseitigen Nutzen und Vorteil.«[16] Zu den Kernpunkten des »Streitpapiers« zählte auf der Basis des KSZE-Prozesses die Überzeugung von der Notwendigkeit eines gemeinsamen Sicherheitskonzepts. Keine Seite dürfe der anderen die Existenzberechtigung absprechen. Betont wurde jedoch auch, dass Gesellschaftssysteme »nichts Statisches« seien. Kritik, »auch in scharfer Form«, dürfe nicht als Einmischung in die inneren Angelegenheiten der anderen Seite zurückgewiesen werden. Einer der wichtigsten Abschnitte enthielt einen Satz, dessen Aufnahme damals als geradezu sensationell empfunden wurde: »Die offene Diskussion über den Wettbewerb der Systeme, ihre Erfolge und Mißerfolge, Vorzüge und Nachteile, muss innerhalb jedes Systems möglich sein.«[17]

Ein Hauptargument der sozialdemokratischen Autoren und Verteidiger des Papiers, das in der westdeutschen Presse und im »Neuen Deutschland« veröffentlicht wurde, bestand darin, dass damit Regimegegner in der DDR wie auch kritische Mitglieder der SED eine rechtliche Basis erhalten sollten, auf die sie sich berufen könnten; darin sah übrigens auch eine Analyse des Papiers aus dem Ministerium für innerdeutsche Beziehungen die hauptsächliche Wirkung. Die Bedeutung des »Streitpapiers« als Referenzpapier wurde später ausdrücklich von einer Reihe von Oppositionellen in der

---

14 Winkler: Der lange Weg nach Westen, S. 447 – 450.
15 Der Streit der Ideologien und die gemeinsame Sicherheit. Grundwertekommission der SPD/Akademie für Gesellschaftswissenschaften beim ZK der SED. Hrsg.: Vorstand der SPD/Abteilung Presse und Information, (Politik, 1987, 3). Zur Diskussion um das Papier vgl. auch: Das verfemte Dokument. Zum 10. Jahrestag des SPD/SED-Papiers »Der Streit der Ideologien und die gemeinsame Sicherheit«. Materialien einer Diskussionsveranstaltung der Friedrich-Ebert-Stiftung, Berliner Büro, am 1. Februar 1997 in Berlin, 1997; Meyer, Thomas: Das SPD/SED-Papier – »Der Streit der Ideologien und die gemeinsame Sicherheit«, in: SPD-Bundestagsfraktion (Hrsg.): Rück-Sicht auf Deutschland, Bonn 1993, S. 24– 29; Wolfgang Brinkel/Jo Rodejohann (Hrsg.): Das SPD/SED-Papier. Der Streit der Ideologien und die gemeinsame Sicherheit. Das Orginaldokument mit Beiträgen von Erhard Eppler u.a., Freiburg i. Breisgau 1988; Karl Giebeler (Hrsg.): Das SPD-SED-Dialogpapier. Ist mit der Ideologie auch der Streit erledigt?, Bad Boll, 2003; Thomas Meyer/Johanno Strasser: Der Streit um das Streitpapier. Zwei Mitautoren äußern sich, in: Neue Gesellschaft/Frankfurter Hefte, 39 Jg., 1992, H. 6, S. 552 – 556.
16 Der Streit der Ideologien, S. 4.
17 Vgl. Der Streit der Ideologien, Zitate S. 6, S. 7.

DDR hervorgehoben.[18] Die DDR-Seite, und das zeigte sich rasch, dachte allerdings nicht daran, sich an die Vorgaben des »Streitpapiers« zu halten. Schon im Sommer 1989 distanzierte sich der oberste Chefideologe der SED, Kurt Hager, von dessen Inhalt – der »Imperialismus« sei nicht friedensfähig.[19]

Der SPD wurde wegen des »Streitpapiers« immer wieder Nähe zur SED unterstellt. Der Text gab dies nicht her – die Unterschiede wurden vielmehr klar betont. Auch sahen die Verfasser darin keineswegs nur die Basis für Veränderungen im deutsch-deutschen Verhältnis, sondern zwischen den Systemen generell (und dafür gab es in Moskau ja bereits Anzeichen). Allerdings ahnten die beteiligten Sozialdemokraten nicht, wie nahe das Ende des SED-Regimes war. Erhard Eppler, der Vorsitzende der Grundwerte-Kommission der SPD und Leiter der westdeutschen Delegation, räumte später ein, dass man den Marxismus-Leninismus möglicherweise ernster genommen habe als ihm dies in den 1980er Jahren noch zukam.[20]

Bei ihren Bemühungen um einen Dialog mit dem SED-Regime nahm die SPD zu diesem Zeitpunkt keine aus dem Rahmen fallende Position ein, im Gegenteil: Im September 1987 wurde Erich Honecker von Bundeskanzler Helmut Kohl zu einem fünftägigen Staatsbesuch empfangen. Das Politbüro der SED sah darin »die geschichtlich stärkste Aktion zur Durchsetzung der Souveränität der DDR« – und tatsächlich ließ das offizielle Programm in dieser Hinsicht für Honecker nichts zu wünschen übrig.[21] Zwar brachte die Intensivierung der Kontakte in der Regel humanitäre Verbesserungen und mehr »Normalität« bei den gegenseitigen Beziehungen; die Aufwertung ihres Regimes durch den Westen, vor allem durch Bonn, beförderte jedoch zusätzlich den wachsenden Realitätsverlust des DDR-Machthaber.[22] Auch die Bonner Finanzhilfe – vom 1983 im Alleingang von Franz Josef Strauß mit dem Staatssekretär im DDR-Außenhandelsministerium, Alexander Schalck-Golodkowski, eingefädelten Milliardenkredit für die DDR bis zur Millionen-Postpauschale, den Transitpauschalen oder einem weiteren Milliardenkredit 1984 trugen zur Stabilisierung der chronisch unterfinanzierten DDR bei.

Die Reformpolitik in der Sowjetunion und in Osteuropa ermutigte auch die sich schrittweise unter schwierigsten Bedingungen formierende Opposition in der DDR; zugleich machte sich in der DDR-Bevölkerung eine wachsende Unzufriedenheit bemerkbar. Ab 1987 stieg die Zahl der Ausreiseanträge jüngerer Menschen deutlich an. Auch entzündeten sich spontan direkte Proteste, Ausreisewillige gingen immer häufiger dazu über, sich in Gruppen zusammenzuschließen, Akte zivilen Ungehorsams häuften sich. Das Regime reagierte wie üblich mit Verhaftungen und Zwangsausweisungen: Im November 1987 überfiel ein Kommando des Ministeriums für Staats-

---

18 Zur Bewertung vgl. Potthoff: Im Schatten der Mauer, S. 275; Garton Ash: Im Namen Europas, S. 479 f.; Sturm: Uneinig in die Einheit, S. 97–99.
19 Vgl. Potthoff: Im Schatten der Mauer, S. 275.
20 Vgl. Eppler: Komplettes Stückwerk, S. 185 f.
21 Zit. nach Potthoff: Im Schatten der Mauer, S. 266. So wurde sogar dafür gesorgt, dass Honecker nicht durch Protestaktionen der Jungen Union irritiert wurde (ebenda).
22 Potthoff: Im Schatten der Mauer, S. 216–242; 271.

sicherheit die »Umweltbibliothek« der Zionskirche in Berlin; weitere Verhaftungen Oppositioneller folgten, z.B. im Zusammenhang mit Protestkundgebungen am Rande der Luxemburg-Liebknecht-Demonstration im Januar 1988. Wie sehr sich die SED-Führung durch die Reformprozesse in der Sowjetunion beunruhigt fühlte, dokumentierte u.a. das Verbot der in der DDR vertriebenen sowjetischen Zeitschrift »Sputnik«, die im November 1988 aus der Postzeitungsliste gestrichen wurde.[23]

Die offizielle Politik der CDU/CSU/FDP-Bundesregierung war dennoch auf Zurückhaltung abgestellt. Man versuchte alles zu vermeiden, was das DDR-Regime hätte destabilisieren können. In seiner Regierungserklärung am 1. Dezember 1988 erklärte Bundeskanzler Helmut Kohl, man habe »kein Interesse daran, daß die inneren Schwierigkeiten in der DDR weiter zunehmen«.[24] Mehrere CDU-Politiker wiesen sogar gegenüber der DDR-Führung ausdrücklich auf diese Zurückhaltung hin; und Honecker seinerseits lobte das Verhalten der Bundesregierung, während die Reaktionen der SPD-Spitze sein Missfallen erregten.[25] Der »Besuchstourismus« von bundesrepublikanischen Politikern in die DDR erreichte 1988 einen Höhepunkt. So trafen sich v.a. zahlreiche CDU/CSU-, aber auch SPD-Politiker mit Vertretern des SED-Regimes. Nicht übersehen werden darf dabei, dass sich sowohl Vertreter der Regierungspartei wie auch Sozialdemokraten in der Regel bemühten, am Rande dieser Gespräche individuelle Menschenrechts- und Ausreiseprobleme zur Sprache zu bringen. Öffentliche Kritik wurde allerdings von Unionspolitikern im ersten Quartal 1989 nur sehr verhalten geäußert.[26]

Die politische Ausgangslage 1989

Die Situation in der DDR

Die Anzeichen wachsender Erosion in der DDR mehrten sich, doch wurden diese im Westen nicht in ihrer tatsächlichen Bedeutung erkannt.[27] Nach innen und außen

---

23 Zur Thematisierung der Menschenrechte durch Oppositionsgruppen in der DDR vgl. Ehrhart Neubert: Geschichte der Opposition in der DDR 1949 – 1989, Berlin 2. Aufl. 1998, S. 594 ff.; S. 647 – 668; Heinrich Potthoff: Die Koalition der Vernunft, S. 33 f.; Rödder: Deutschland einig Vaterland, S. 25 – 29; Stefan Wolle: Die heile Welt der Diktatur. Alltag und Herrschaft in der DDR 1971 – 1989, Berlin 1998, S. 283 – 289; S. 297 – 306.

24 Zit. nach Potthoff: Die »Koalition der Vernunft«, S. 34.

25 Vgl. Potthoff: Die »Koalition der Vernunft«, S. 34; ders.: Im Schatten der Mauer, S. 279 f.. Vgl. Presseservice der SPD, Nr. 94/88, 28.1.1988: dort erinnerte Eppler an die Verletzung der gemeinsam im Dialog-Papier aufgestellten Grundsätze über die Zulassung von Kritik »auch in scharfer Form«. Zugleich verurteilten der Partei- und Fraktionsvorsitzende Hans-Jochen Vogel und eine Entschließung der SPD-Fraktionsvorsitzenden von Bund und Ländern die Übergriffe.

26 Vgl. Potthoff: Die Koalition der Vernunft, S. 35, sowie die Gesprächsprotokolle, ebenda.

27 Vgl. Äußerungen der Bundesministerin für Gesamtdeutsche Fragen, Dorothee Wilms, zit. bei Winkler: Der lange Weg nach Westen, S. 470. Zur Stimmungslage in der DDR vgl. z.B.: Jens Gieseke: »Seit langem angestaute Unzufriedenheit breitester Bevölkerungskreise« – Das Volk in den Stimmungsbe-

zeigte die DDR-Führung weiterhin Härte. Hatte im April 1987 das SED-Politbüro-Mitglied Kurt Hager die Reformbestrebungen in der Sowjetunion und den Staaten des Ostblocks noch mit dem Hinweis abgetan, dass man sich ja auch nicht verpflichtet fühlen würde, die eigene Wohnung zu tapezieren, wenn der Nachbar dies täte[28], so verstieg sich der Partei- und Staatsratsvorsitzende Erich Honecker im Januar 1989 zu der Bemerkung, die Mauer werde »in 50 und auch in 100 Jahren noch bestehen, wenn die dazu vorhandenen Gründe nicht beseitigt sind«.[29] Noch im Februar 1989 forderte die Mauer ein letztes Todesopfer: der zwanzigjährige Chris Geoffrey starb bei dem Versuch, die Grenzbefestigungen zu überwinden.

Welche Bedeutung andere Ereignisse für die Entwicklung in Deutschland haben würden, etwa die gleichfalls im Januar 1989 zu Ende gehende Wiener KSZE-Folgekonferenz mit einem Abkommen zur Einhaltung der Menschenrechte, das u.a. das Recht eines jeden Staatsbürgers auf freie Aus- und Einreise in sein Land enthielt, war noch nicht abzusehen. Auch wenn die DDR zu den Unterzeichnerstaaten gehörte, schien sie nicht gewillt, die Anforderungen des Dokuments zu erfüllen. Dagegen bedeutete das gleiche Dokument für die osteuropäischen Staaten ein wichtiges Signal. Ungarn, das im Frühherbst 1989 eine »schicksalhafte« Rolle für die DDR spielen sollte, begann einen Demokratisierungsprozess »von oben« in Gang zu setzen, schaffte das Machtmonopol der Kommunistischen Partei ab und baute den »Eisernen Vorhang« an der Grenze zu Österreich in eine »normale« Grenzsicherung zurück. In der DDR sorgten die Kommunalwahlen im Mai 1989, bei denen Bürgerrechtsgruppen zum Boykott aufgerufen und Fälschungen bei der Auszählung aufgedeckt hatten, für wachsenden Unmut. Nach dem Massaker auf dem Platz des Himmlischen Friedens in Peking, mit dem die chinesische Regierung die Studentenproteste am 3./4. Juni 1989 blutig niedergeschlagen hatte, schockierten die Volkskammer der DDR und führende DDR-Politiker durch ihre zustimmenden Stellungnahmen, die zugleich als Signal für die potentielle Gewaltbereitschaft des SED-Regimes gegenüber der Opposition im eigenen Land interpretiert wurden. Mit Beginn der Sommerferien entwickelte sich für die DDR schließlich eine neue, dramatische Situation: Tausende von DDR-Bürgern reisten nach Ungarn, Polen und in die Tschechoslowakei, flohen von Ungarn über die Grenze nach Österreich oder in die bundesdeutschen Botschaften in Warschau, Prag und Budapest, um ihre Ausreise zu erzwingen. Für die DDR stellte sich – anders als für die im Wandel begriffenen osteuropäischen Ländern, die eine eigene staatliche Identität besaßen – mit dem Reformdruck zugleich die Existenzfrage. Otto Reinhold, der Dialogpartner der SPD bei den Verhandlungen über das »Streitpapier«, gab dies in einem Rundfunkbeitrag im August 1989 unumwunden zu und fragte: »Welche Existenzberechtigung sollte eine kapitalistische DDR neben einer kapitalistischen Bundesrepublik haben? Natürlich keine.« Nur wenn man sich dies

---

richten des Staatssicherheitsdienstes, in; Klaus-Dietmar Henke (Hrsg.): Revolution und Vereinigung 1989/90. Als in Deutschland die Realität die Phantasie überholte, München 2009, S. 130 – 148.

28 Zit. nach Chatzoudis: Die Deutschlandpolitik der SPD, S. 5.
29 Zit. nach Potthoff: Im Schatten der Mauer, S. 285 f.

vergegenwärtige, werde erkennbar, »wie wichtig für uns eine Gesellschaftsstrategie ist, die kompromißlos auf die Festigung der sozialistischen Ordnung gerichtet ist.«[30]

Die politische Situation in der Bundesrepublik

Die Regierung Kohl stand in der ersten Jahreshälfte 1989 alles andere als gefestigt da. Die Wahlen zum Berliner Abgeordnetenhaus im Januar 1989, die hessischen Kommunalwahlen im März und die Europawahlen im Juni 1989 brachten der CDU Verluste; das Ansehen von Bundeskanzler Helmut Kohl war auch in der eigenen Partei auf einem Tiefststand. Führende Christdemokraten rechneten bei einem Kanzlerkandidaten Kohl bei den Bundestagswahlen 1990 mit einer Niederlage ihrer Partei. Dagegen befand sich die SPD im Aufwärtstrend. Zwar war sie bei den Bundestagswahlen 1987 mit ihrem Kanzlerkandidaten Johannes Rau unterlegen, doch gelang es ihr in der folgenden Zeit, eine Reihe von Landtagswahlen für sich zu entscheiden. Im Mai 1988 errangen die Sozialdemokraten bei den Landtagswahlen in Schleswig-Holstein die absolute Mehrheit. In Berlin konnten sie im Januar 1989 mit ihrem Spitzenkandidaten Walter Momper zusammen mit der Alternativen Liste eine breite Mehrheit für »Rot-Grün« erreichen. Für Ende 1989 strebte die Partei die Verabschiedung eines neuen Programms an, mit dem das Godesberger Programm von 1959 abgelöst werden sollte. Vorsitzender der Programmkommission war seit 1987 Oskar Lafontaine. Das Programm sollte Überzeugungen zum Ausdruck bringen, die nach Meinung der SPD (und großer Teile der Öffentlichkeit in der Bundesrepublik) die beherrschenden Themen des nächsten Jahrzehnts sein würden: Ökologie und Nachhaltigkeit in der Industriegesellschaft, Frieden und Abrüstung, die Gleichstellung der Frau, der Wandel in der Erwerbsarbeit und die Verkürzung der Arbeitszeit.[31]

Die Diskussion um Kontinuität oder Neuorientierung im Verhältnis zur DDR

Als Reaktion auf die Entwicklung in der DDR wuchsen innerhalb der SPD Zweifel am Sinn von Kontakten mit der SED auf der Grundlage des »Streitpapiers«. Die Wirkung, die man sich davon erhofft hatte, war nicht eingetreten. Eine Bilanz, die Erhard Eppler nach einem Treffen mit SED-Vertretern zum Thema Menschenrechte im April 1989 vorlegte, fiel negativ aus: Der Zeitpunkt für einen »gleitenden Übergang in eine offenere Gesellschaft« sei in der DDR seit Oktober 1987 verpasst. Änderungen würden vermutlich »eher eruptiv« erfolgen.[32] Ziel der SPD könne es nur sein, den

---

30 Vgl. Winkler: Der lange Weg nach Westen, Bd. II, S. 481 – 491; Rödder: Deutschland einig Vaterland, S. 66; György Dalos: Der Vorhang geht auf. Das Ende der Diktaturen in Osteuropa, Bonn 2009; Wolle: Die heile Welt der Diktatur, S. 308 – 310; Auszug aus dem Radiobeitrag Reinholds bei: Karl D. Bredthauer: Alles oder nichts? Über die Existenzberechtigung der DDR – Nachfragen an Otto Reinhold, in: Blätter für deutsche und internationale Politik, 34. Jg., 1989, Heft 9, S. 1175.
31 Vgl. Vogel: Nachsichten, S. 276 – 289; S. 233 – S. 236.
32 Erhard Eppler: Bericht über die Gespräche der Grundwertekommission mit der Akademie für Gesellschaftswissenschaften der SED am Scharmützelsee, 13. – 15. 4. 1989, 21. April 1989, S. 3, in: AdSD,

Faden nicht abreißen zu lassen. In seiner Gedenkrede im Deutschen Bundestag am 17. Juni 1989 bekannte sich Erhard Eppler demonstrativ zum Selbstbestimmungsrecht der Deutschen, unterstrich das Zusammengehörigkeitsgefühl diesseits und jenseits der Grenze und richtete mahnende Worte an die DDR-Führung, die dort wie ein Paukenschlag wirkten (Dokument 1). Seine Warnung, dass die DDR ohne Reformen nicht überleben könne, gipfelnd in dem Satz, dass keine Seite die andere daran hindern könne, »sich selbst zugrunde zu richten«, und die Aufforderung, darüber nachzudenken, was geschehen solle, wenn der Eiserne Vorhang »rascher als erwartet durchrostet«, lösten bei den DDR-Machthabern Empörung aus.[33]

Erhard Eppler wies später darauf hin, dass diese Äußerungen für ihn ein »Schlussstrich in eigener Verantwortung« gewesen seien.[34] Für die SPD war es noch ein längerer Prozess, sich von dem bis dahin ja zumindest teilweise erfolgreichen Modell der Politik der kleinen Schritte zu lösen, und die Chancen zu erkennen, die sich aus der veränderten Lage in Osteuropa und dem wachsenden Unmut der Bürgerinnen und Bürger in der DDR ergaben. Gerade deutschlandpolitische Experten wie Egon Bahr sahen zunächst keinen Änderungsbedarf. Zudem stellte sich bei jeder in Kauf genommenen »Verärgerung« der SED-Führung die Frage, welche konkreten Auswirkungen dies auf die humanitären Regelungen haben würde. Was die Sozialdemokraten von einer allzu demonstrativen Parteinahme für die Oppositionsgruppen zurückhielt, waren die Erfahrungen mit der Unkalkulierbarkeit der Staatsorgane in der DDR. Man befürchtete, im Konfliktfall den Oppositionellen nicht wirklich beistehen zu können. Die Äußerungen über das Massaker in Peking lösten daher zwar öffentlich geäußerte Kritik bei führenden Sozialdemokraten aus, doch hielt man es nicht für sinnvoll, den Dialog abzubrechen.[35] Zugleich bestand zwischen Regierung und Opposition in der Bundesrepublik Konsens, dass die DDR nicht destabilisiert werden dürfe, wollte man die Reformprozesse in Osteuropa nicht gefährden. Für Egon Bahr waren ein kontrolliert und erfolgreich verlaufender Reformprozess in Osteuropa und die Stärkung der Position Gorbatschows wesentliche Voraussetzungen für eine zunehmende Annäherung der beiden deutschen Staaten (vgl. Dokument Nr. 4, Nr. 6).[36]

Die Frage des weiteren Umgangs mit der DDR-Führung und der SED stellte sich am dringlichsten bei den regelmäßig anstehenden Reisen in die DDR oder Treffen mit Vertretern der SED. In der Präsidiumssitzung der SPD am 29. Mai 1989 äußerte

---

Bestand SPD-Parteivorstand, Ordner Sitzungen des Präsidiums, 24. April 1989. Zu der von sozialdemokratischer Seite auf der Konferenz mit zum Teil drastischen Äußerungen kommentierten Situation vgl. Peter Pragal: »Frechheiten« am Scharmützelsee, in: »Stern«, Nr. 17, 20. 4.1 989; »Spießiges Gehabe«, »Spiegel«, Nr. 17, 24. 4. 1989, S. 40 Presseausschnitte, ebenda).

33 Vgl. Potthoff: Koalition der Vernunft (Gespräch Momper-Honecker, 19.6.1989, S. 925, S. 944.); vgl. Eppler: Komplettes Stückwerk, S. 189.

34 Vgl. Eppler: Komplettes Stückwerk, S. 188; vgl. zu dieser Einschätzung auch Chatzoudis: Die Deutschlandpolitik der SPD, S.21; Garton Ash: Im Namen Europas, S. 481.

35 Vgl. Chatzoudis: Die Deutschlandpolitik der SPD, S. 22 f.

36 Vgl. Chatzoudis: Die Deutschlandpolitik der SPD, S. 22 – 25, dort auch Äußerungen von Egon Bahr; Vogtmeier: Egon Bahr, S. 314 ff.

Hans-Ulrich Klose »Bedenken gegen bestimmte Formen der Zusammenarbeit von Gliederungen unserer Partei mit entsprechenden Gliederungen der SED«. Auch dürfe »nicht der Eindruck entstehen, daß die SPD mit den Staatsparteien Ost-Europas gute Kontakte pflege, entsprechende Beziehungen zu Oppositionsgruppen in diesen Ländern jedoch nicht in dem erforderlichen Maße unterhalte.«[37] Am 27. Juni verabschiedete der Parteirat der SPD Richtlinien zu Reisen in die DDR und zu Kontakten mit der SED, bei denen darauf zu achten sei, dass »Gegensätze nicht verwischt« würden. Zudem wurde ausdrücklich das Gespräch mit »kirchlichen Gruppen, Vertretern abweichender Meinungen, Einzelbürgerinnen und -bürgern« angemahnt.[38] In der Präsidiumssitzung am 21. August 1989 wurde beschlossen, die Reisen in die DDR zurückzufahren und konkret anstehende Termine von Sozialdemokraten mit Repräsentanten der SED-Führung zunächst einmal zu verschieben (Dokument Nr. 3). Wenige Tage zuvor hatten Horst Ehmke und Karsten Voigt demonstrativ das Ende der Politik der kleinen Schritte gefordert und sich für ein umfassendes Hilfsangebot an die DDR ausgesprochen, sobald die SED entsprechende Reformen einleite.[39] Akzentverschiebungen wurden auch in der Rede Willy Brandts am 1. September 1989 im Deutschen Bundestag deutlich, als dieser feststellte, dass eine Zeit zu Ende gehe, in der es sich darum handelte, »durch vielerlei kleine Schritte den Zusammenhalt der getrennten Familien und damit der Nation wahren zu helfen«.[40] Je nach individueller Einschätzung und Bewertung der Lage in der DDR fiel das Urteil führender Sozialdemokraten jedoch durchaus unterschiedlich aus; im Großen und Ganzen bewegte man sich nach wie vor ihm Rahmen des bisherigen Politik-Konzepts. Einer von der CDU unter dem Eindruck der Massenflucht aus der DDR angestoßenen Wiedervereinigungsdiskussion wurde eine entschiedene Absage erteilt. Während Helmut Kohl in der Frage des Nationalstaats einen Kurs hielt, der den historisch belasteten Begriff »Wiedervereinigung« vermied, gab es in der Union weiter rechts stehende Kreise, die auf diesen Begriff nicht verzichten wollten. Allerdings änderte auch die Regierung selbst nichts an dem auf Stabilisierung der DDR ausgerichteten Kurs. Am 14. August 1989 ließ Bundeskanzler Helmut Kohl den Staats- und Parteiratsvorsitzenden der DDR

---

37 Vgl. AdsD, Bestand SPD-Parteivorstand, Ordner Protokoll der Präsidiumssitzung vom 29. 5. 1989, Protokoll, S. 3. Klose erwähnte dabei einen »Partnerschaftsvertrag« der Bremer SPD und den Plan der Marburger Sozialdemokraten, eine Art gemeinsamen Parteitag mit SED-Vertretern zu veranstalten.
38 Vgl. Grundsätze für die Wahrnehmung von Kontakten mit der SED und deren Gliederungen sowie mit Institutionen, Parteien, Organisationen und Gruppen in der DDR, in: AdsD, Bestand SPD-Parteivorstand, Ordner Präsidium 12. 6. / 19. 6. 1989, Vorlage für die Sitzung vom 19. 6. 1989. In dem Papier wurde ausdrücklich festgehalten, dass förmliche Partnerschaften nur mit Gliederungen solcher Parteien möglich seien, die gleichfalls der Sozialistischen Internationale angehörten. Für die SED kämen sie schon deshalb nicht in Betracht, weil sie eine Grundübereinstimmung in den politischen Wert- und Zielvorstellungen voraussetzten.
39 Vgl. Chatzoudis: Die Deutschlandpolitik der SPD, S. 33.
40 Verhandlungen des Deutschen Bundestages, 11. Wahlperiode, Stenographische Berichte, Bd. 150, 154. Sitzung, 1. September 1989, S. 11636.

wissen, dass es sein »ganz persönliches Interesse« sei, die Beziehungen zur DDR wie gewohnt weiterzuentwickeln.[41]

Im Spätsommer 1989 herrschte zwischen Regierung und Opposition noch weitgehende Übereinstimmung in der Deutschlandpolitik. So wurde in der Präsidiumssitzung der SPD am 21. August ausdrücklich darauf hingewiesen, dass die Bundesregierung in der Flüchtlingsfrage »korrekt und umsichtig« gehandelt habe und die Opposition durch Informationen seitens der Regierung eingebunden worden sei (Dokument Nr. 3). Umso schockierender musste es auf die SPD wirken, als in der Bundestagsdebatte am 5. September 1989 der designierte Generalsekretär der CDU, Volker Rühe, den Sozialdemokraten vorwarf, ihre Politik des »Wandels durch Annäherung« sei zu einer Politik des »Wandels durch Anbiederung« degeneriert (vgl. zu den Reaktionen Dokument Nr. 4, Nr. 6).[42]

Zum Politikum entwickelte sich der geplante Besuch einer Delegation der SPD-Bundestagsfraktion bei der Volkskammer der DDR. Ursprünglich für den April 1989 vorgesehen, war der Termin auf Bitten der SED auf den 18. September verschoben worden. Auf dem vom stellvertretenden SPD-Fraktionsvorsitzenden Horst Ehmke mit dem Kanzleramt abgesprochenen Programm standen neben Treffen mit Horst Sindermann, Hermann Axen, Günter Schabowski und Hans Modrow auch Gespräche mit Angehörigen der Evangelischen Kirche und einzelnen Vertretern der Oppositionsgruppen. In den Führungsgremien der SPD war die Reise umstritten. Nach einer Grundsatzdiskussion in der Präsidiumssitzung am 11. September 1989 wurde festgehalten, dass die Kontakte der Grundwertekommission »gegenwärtig suspendiert« werden sollten; dagegen wurde der Bundestagsfraktion empfohlen, die Einladung der Volkskammer anzunehmen; zuvor sollte jedoch in einer Pressekonferenz der Rahmen der Gespräche erläutert werden (Dokument Nr. 4). In der Bundestagsfraktion kam es zu Auseinandersetzungen über die Haltung der Parteispitze; Norbert Gansels Forderung, die bisherige Politik des »Wandels durch Annäherung« durch »Wandel durch Abstand« zu ersetzen, die er mit Warnungen vor falscher Symbolik verknüpfte, führte zu kritischen Reaktionen im Parteivorstand (vgl. Dokument Nr. 6). Auch Gansel plädierte für die Wahrnehmung des Treffens, allerdings nur, wenn dabei die Missstände in der DDR offen kritisiert würden.[43] In einer Rede im Deutschen Bundestag am 14. September forderte der SPD-Partei- und Fraktionsvorsitzende Hans-Jochen Vogel die DDR-Führung nachdrücklich dazu auf, ihren Bürgerinnen und Bürgern die Freiheit zu geben, »selbst zu denken und zu entscheiden, und wenn ihr das nicht könnt oder wollt, dann macht anderen Platz, die dazu in der Lage sind!«[44] Nachdem die Bundestagsfraktion mit Mehrheit beschlossen hatte, an dem Besuch festzuhalten, sagte die

---

41 Vgl. Chatzoudis: Die Deutschlandpolitik der SPD, S. 34; Winkler: Der lange Weg nach Westen, S. 471. Zit. nach Potthoff: Im Schatten der Mauer, S. 295.
42 Vgl. Verhandlungen des Deutschen Bundestages, 11. Wahlperiode, Stenographische Berichte, Bd. 150, 156. Sitzung, S. 11730.
43 Vgl. Chatzoudis: Die Deutschlandpolitik der SPD, S. 40 ff.; vgl. Ehmke: Mittendrin, S. 397 f.
44 Verhandlungen des Deutschen Bundestages, 11. Wahlperiode, Stenographische Berichte, Bd. 150, Sitzung vom 14. September 1989, S. 12039.

DDR-Regierung das Treffen kurzfristig ab. Als Begründung wurde angeführt, die SPD habe sich unzulässig in die Angelegenheiten der DDR eingemischt und jüngste Aussagen von Sozialdemokraten, vor allem die Äußerungen Hans-Jochen Vogels, seien »beleidigend und herausfordernd« gewesen.[45]

Die Gründung der SDP und die Reaktion der SPD

Die Handlungsunfähigkeit und Erstarrung der DDR-Regierung, die sich beim Umgang mit der im Sommer 1989 eingetretenen Krise zeigte, ermutigte die Oppositionskräfte in der DDR, die sich seit Sommer 1989 neu formierten. Ein großer Teil der Oppositionellen, unter denen sich überdurchschnittlich viele Theologen, Pfarrer, Künstler und Intellektuelle befanden, schloss sich in Diskussionsforen und Plattformen zusammen. Dem »Neuen Forum«, das am 9./10. September u.a. von Bärbel Bohley, Rolf Henrich und Jens Reich gegründet wurde und sich bewusst nicht als Vorform einer Parteigründung betrachtete, folgten »Demokratie Jetzt« (Wolfgang Ullmann, Konrad Weiss) und am 1. Oktober 1989 der »Demokratische Aufbruch« (Rainer Eppelmann, Friedrich Schorlemmer).[46]

Erste inoffizielle Überlegungen und Initiativen zur Gründung einer sozialdemokratischen Partei in der DDR gab es seit Ende der 1980er Jahre (vgl. auch Dokument Nr. 3). Am 11. September 1989 reagierte das Präsidium der SPD auf konkrete Hinweise auf eine Parteigründung. Hans-Jochen Vogel betonte, die SPD habe »keine Kompetenz, Aussagen über die Neugründung einer SPD in der DDR zu treffen«. Diese Frage müsse »durch die Menschen dort selbst beantwortet werden.« Vogel selbst bezweifelte zu diesem Zeitpunkt, dass »der Reifegrad« für eine derartige Gründung schon erreicht sei und hielt die Organisation in »demokratischen Foren« für sinnvoll (Dokument Nr. 4). In der Sitzung des Parteivorstandes am 18. September erklärte Horst Ehmke, wenn es zur Gründung einer SPD in der DDR komme, sei »Klarheit über die Haltung unserer Partei gegenüber einer solchen Neugründung keine Frage« (Dokument Nr. 6). Die am gleichen Tag verabschiedete Entschließung des Parteivorstandes zur Deutschlandpolitik beschränkte sich allerdings auf die offene Formulierung, man werde auch in Zukunft »insbesondere diejenigen Gruppen ermutigen, die mit uns in den Prinzipien der Friedenssicherung und Abrüstung, der demokratischen

---

45 Ehmke: Mittendrin, S. 398; Chatzoudis. Die Deutschlandpolitik der SPD, S. 42. Vgl. zu den Vorgängen insbesondere AdsD, Bestand SPD-Parteivorstand, Ordner Parteivorstandssitzung 18.9.1989, Anlagen (u.a. Absage, Pressemeldungen).
46 Vgl. Neubert: Geschichte der Opposition in der DDR, S. 833–845; Patrick von zur Mühlen: Aufbruch und Umbruch in der DDR. Bürgerbewegungen, kritische Öffentlichkeit und Niedergang der SED-Herrschaft, Bonn 2000, S. 250–276; Ilko-Sascha Kowalczuk: Endspiel. Die Revolution von 1989 in der DDR, München 2009, S. 360–377; Rödder: Deutschland einig Vaterland, S. 66–71; Wolle: Die heile Welt der Diktatur, S. 310–312; Ralph Jessen: Massenprotest und zivilgesellschaftliche Selbstorganisation in der Bürgerbewegung von 1989/90, in: Henke (Hrsg.): Revolution und Vereinigung 1989/90, S. 163–177.

Mitbestimmung und der sozialen und wirtschaftlichen Entwicklung übereinstimmen« (Dokument Nr. 7).

Am 7. Oktober 1989 wurde in Schwante bei Oranienburg von den Theologen Markus Meckel und Martin Gutzeit sowie ca. vierzig weiteren Personen die »Sozialdemokratische Partei der DDR« (SDP) gegründet (Dokument Nr. 9).[47] Nicht nur das bewusst gewählte Gründungsdatum (der Tag des mit offiziellen Feiern begangenen vierzigjährigen Bestehens der DDR) war eine Provokation; als Parteigründung stellte sie im Gegensatz zu den um die gleiche Zeit entstehenden Foren das Machtmonopol der Einheits- und Staatspartei SED generell in Frage. Die Parteigründer im Gemeindehaus in Schwante kamen vorwiegend aus dem Umfeld der protestantischen Kirche. Meckel und Gutzeit waren ungleich früher als andere, in der ersten Jahreshälfte 1989, bereits zu der Überzeugung gelangt, dass sich die bestehenden Formen der DDR-Opposition nicht für die Artikulierung und Durchsetzung gesellschaftlicher Interessen eigneten. Ende Juli 1989 entstand die programmatische »Vorlage zur Bildung einer Initiativgruppe mit dem Ziel, eine sozialdemokratische Partei in der DDR ins Leben zu rufen« (Dokument Nr. 2), die auf einem Seminar über »Die französische Revolution und die Menschenrechte« am 26. August in Berlin verlesen wurde. Am 12. September folgte ein Appell zum Zusammenschluss mit Gleichgesinnten (Dokument Nr. 5). Dies alles vollzog sich unter schwierigsten Bedingungen, die es erforder-

---

47 Vgl. zu den Vorarbeiten und den Umständen der Gründung: Patrick von zur Mühlen: Die Gründungsgeschichte der Sozialdemokratie in der DDR, in: Wolfgang Herzberg/Patrick von zur Mühlen (Hrsg.): Auf den Anfang kommt es an. Sozialdemokratischer Neubeginn in der DDR 1989. Interviews und Analysen, Bonn 1993, S. 38 – 60; vgl. Markus Meckel: Zum Wiederstehen der Sozialdemokratie in Ostdeutschland. Die Gründung der sozialdemokratischen Partei in der DDR (SDP), Friedrich-Ebert-Stiftung, Online-Akademie, Bonn 2007; Konrad Jarausch: »Die notwendige Demokratisierung unseres Landes«, in: Bernd Faulenbach/Heinrich Potthoff (Hrsg.): Die deutsche Sozialdemokratie und die Umwälzung 1989/90, Essen 2001, S. 52 – 67; Gero Neugebauer: Von der »Sofarunde« in die gesamtdeutsche Sozialdemokratie, in: Gero Neugebauer/Bernd Niedbalski: Die SPD in der DDR 1989 – 1990. Aus der Bürgerbewegung in die gesamtdeutsche Sozialdemokratie. Text, Chronik und Dokumentation, Berlin 1992, S. 4 – 18; Gero Neugebauer: Die SDP/SPD in der DDR: Zur Geschichte und Entwicklung einer unvollendeten Partei, in: Oskar Niedermayer/Richard Stöss (Hrsg.): Parteien und Wähler im Umbruch. Parteiensystem und Wählerverhalten in der ehemaligen DDR und den neuen Bundesländern, Opladen 1994, S. 75 – 104; Patrick von zur Mühlen: Die Gründungsgeschichte der Sozialdemokratie in der DDR. Zur Entstehung einer oppositionellen Öffentlichkeit, in: Von der SDP zur SPD. Bd. 8 der Broschürenreihe Geschichtsarbeit in den neuen Ländern. Hrsg. Historische Kommission beim Parteivorstand der SPD, Bonn 1994, S. 8 – 43; Bianca M. von der Weiden: Das Profil der Sozialdemokratischen Partei in der DDR (SDP/SPD). Von ihrer Gründung bis zum ersten Parteitag (1989/90), in: Von der Weiden/Schuh: Die deutsche Sozialdemokratie 1989/90, S. 13 – 155; Steffen Reiche: Die Gründung der SDP in der DDR und die erste Kontaktaufnahme mit der SPD, in: Franz-Josef Jelich/Stefan Goch (Hrsg.): Geschichte als Last und Chance. Festschrift für Bernd Faulenbach, 1. Aufl., Essen 2003, S. 193 – 203; Jens Walter: Von der Gründung der SDP in der DDR zum SPD-Vereinigungsparteitag – 356 Tage ostdeutsche Sozialdemokratie im Spannungsfeld der deutschen Einheit, in: Günther Heydemann/Gunther Mai/Werner Müller (Hrsg.): Revolution und Transformation in der DDR 1989/90, Berlin 1999, S. 407 – 428; vgl. auch: »Wir haben die Machtfrage gestellt!« SDP-Gründung und friedliche Revolution 1989/90. Eine Ausstellung der Friedrich-Ebert-Stiftung, Bonn 2009.

lich machten, Vorkehrungen für die eventuelle Verhaftung der Initiatoren zu treffen.[48]

Bei den Gründern bestand Einigkeit darüber, dass es sich um eine Neugründung, nicht um eine Wiederbelebung der alten Sozialdemokratie handeln sollte. Während der Gründungsversammlung hielt Markus Meckel einen Vortrag über die programmatischen Vorstellungen der neuen Partei; eine kurze Diskussion wurde abgebrochen, da die Sorge bestand, die Veranstaltung würde noch vor dem eigentlichen Gründungsakt von staatlicher Seite aufgelöst. Nach vollzogener Gründung fuhr Steffen Reiche nach Berlin, wo er die westdeutsche Presse informierte. Die SPD in der Bundesrepublik war im Vorfeld nicht einbezogen worden; die ersten Informationen über die Parteigründung wurden auf Umwegen an den SPD-Bundestagsabgeordneten Freimut Duve geleitet. Sowohl bei der Namensgebung wie auch bei der Abfassung der Statuten betonten die ostdeutschen Sozialdemokraten ihre Eigenständigkeit. Durch den »mutigen und historisch einmaligen Schritt der Parteigründung« grenzte sich die SDP von anderen Oppositionsgruppen ab. Zu ihren programmatischen Punkten zählten neben der völligen Umgestaltung der SED-Diktatur zu einem demokratischen Staat mit Gewaltenteilung, Parteienpluralität, Reisefreiheit und unabhängiger Justiz auch Stellungnahmen zur Entspannungs-, Abrüstungs-, Umwelt- und Entwicklungspolitik.[49]

Die Parteigründung spielte sich vor dem Hintergrund des Niedergangs der DDR ab, die von dem brutalen Vorgehen der Staatsorgane gegen Oppositionelle und Demonstranten begleitet war. Dennoch kam es zu beeindruckende Massenkundgebungen; nicht zuletzt durch die Unterstützung der westdeutschen Medien steigerten sich Bekanntheitsgrad und Zulauf zu den Oppositionsgruppen rasch. Hans-Jochen Vogel, der bereits im August an die DDR-Führung appelliert hatte, endlich Reformen einzuleiten, wiederholte seine Mahnung in beschwörender Form am 8. Oktober 1989 unter dem Eindruck der Massendemonstrationen in der DDR (Dokument Nr. 10). Nachdem es bei der mit Anspannung erwarteten Leipziger Montagsdemonstration vom 9. Oktober nicht zur Eskalation gekommen war, stärkte dies die Zuversicht der Opposition.[50]

Die westdeutsche SPD reagierte zunächst zurückhaltend auf die Gründung der SDP. Begrüßt wurde sie vor allem von Sozialdemokraten, die bereits seit langem Kontakte zu oppositionellen Kreisen in der DDR gepflegt hatten und die offizielle Linie der SPD-SED-»Streitkultur« eher kritisch sahen, unter ihnen Freimut Duve, Norbert Gansel und Gert Weisskirchen. Zu den Kritikern, die Plänen zur Neugründung noch im August 1989 geringe Chancen eingeräumt hatten, zählten Walter Momper und

---

48 Vgl. zu den Umständen im einzelnen z.B. Von zur Mühlen: Die Gründungsgeschichte der Sozialdemokratie, S. 18 ff.
49 Walter: Von der Gründung der SDP in der DDR zum SPD-Vereinigungsparteitag, S. 411 – 413; Zitate S. 412; Reiche: Die Gründung der SDP, S. 197.
50 Zu den Demonstrationen vgl. u.a. Rainer Eckert: Der 9. Oktober: Tag der Entscheidung in Leipzig, in: Henke (Hrsg.): Revolution und Vereinigung 1989/90, S. 211 – 223.

der Berliner Landesverband.[51] In der Sitzung des Präsidiums am 9. Oktober 1989 (Dokument Nr. 11) wurden Mutmaßungen über die Personen der Gründer angestellt und ausdrücklich betont, dass auch in anderen Gruppen, die sich inzwischen gebildet hatten, »Menschen tätig sind, die sich auf den demokratischen Sozialismus berufen«. In einer Presseerklärung vom gleichen Tag unterstrich das SPD-Präsidium seine Solidarität mit jenen, die sich »zur Friedenssicherung und den übrigen Prinzipien des demokratischen Sozialismus bekennen und dafür eintreten, diese Prinzipien in der DDR zu verwirklichen«. Man ermutige sie – »ganz gleich in welchen Gruppen oder Formen sie sich zusammenfinden«. Allerdings sei die volle Entfaltung der Demokratie und des Pluralismus »ohne eine starke Sozialdemokratie nicht denkbar« (Dokument Nr. 12). Bei dieser Zurückhaltung spielte die Befürchtung eine Rolle, dass eine allzu euphorische Reaktion im Westen die DDR-Führung möglicherweise zu harten Sanktionen gegen die SDP provoziert hätte. Zudem war die Lage in der DDR für die SPD unübersichtlich. Die Mehrheit der führenden Sozialdemokraten trat zunächst für eine Aufrechterhaltung des Gesprächsangebots an die SED ein (Dokument Nr. 14). Eine neue Qualität erhielt das Verhältnis der SPD zu den SDP-Gründern durch einen spontanen Besuch Steffen Reiches in SPD-Präsidium und Bundestagsfraktion, der sich auf dessen West-Reise Ende Oktober ergeben hatte. Nach der Begegnung mit Reiche, die viel dazu beitrug, dass sich west- und ostdeutsche Sozialdemokraten nun konkretere Vorstellungen voneinander machen konnten, ging Egon Bahr davon aus, dass es auch im Sinne der ostdeutschen Sozialdemokraten sei, den Kontakt zwischen SPD und SED zunächst nicht abreißen zu lassen. Einen ähnlichen Eindruck hatte Norbert Gansel auch in Gesprächen mit anderen SDP-Vertretern in Berlin gewonnen (Dokument Nr. 13). Schon aus Gründen der Thematisierung von Menschenrechtsverletzungen und Polizeiübergriffen wurden Kontakte weiterhin für unumgänglich gehalten. Bei seinem Treffen mit Egon Bahr sagte dieser Steffen Reiche allerdings die »Präferenz der Kontakte der SPD zur SDP« zu.[52] Zugleich unterstützten die West-SPD und insbesondere Willy Brandt die SDP bei ihrem Bemühen um die Aufnahme in die Sozialistische Internationale.[53]

Die deutschlandpolitische Diskussion der SPD im Herbst 1989

Durch die Entwicklung in der DDR geriet unvermittelt die Frage der deutschen Einheit wieder ins Blickfeld der SPD. Schon in der Präsidiumssitzung am 11. September 1989 gab Erhard Eppler zu bedenken, dass die Überlebensfähigkeit der DDR fraglich sei und man auch »Handlungsfähigkeiten« für den Fall eines Zusammenbruchs eröffnen müsse – die Partei dürfe in der derzeitigen Situation weder die Einheit fordern

---

51 Vgl. Walter: Von der Gründung der SDP in der DDR zum SPD-Vereinigungsparteitag, S. 413.
52 Vgl. Reiche: Die Gründung der SDP, S. 203. Bahr erinnerte sich mit Genugtuung, dass Reiche ihn um größerer Mengen des SPD/SED-Streitpapiers gebeten habe, das – da bereits vergriffen – über Nacht nachgedruckt wurde (Bahr: Zu meiner Zeit, S. 571).
53 Vgl. Walter: Von der Gründung der SDP in der DDR zum SPD-Vereinigungsparteitag, S. 414; Von zur Mühlen: Die Gründungsgeschichte der Sozialdemokratie in der DDR, S. 36.

noch sie ablehnen. Ähnliche Positionen vertraten auch andere Sozialdemokraten, doch gab es auch die schroffe Zurückweisung jeglichen Infragestellens der Staatlichkeit der DDR, die von Egon Bahr mit der Begründung vertreten wurde, dass man sonst den Reformkräften dort die Basis entzöge. Hans-Jochen Vogel, der vor nationalen »Gefühlsstürzen« warnte, formulierte, was als Konsens für die nächsten Wochen galt: Nur die Menschen in der DDR könnten letztlich über die Frage der Staatlichkeit entscheiden, eine Neuordnung der deutschen Verhältnisse sei nur in einem europäischen Prozess vorstellbar – eine Rückkehr in die Nationalstaatlichkeit des 19. Jahrhunderts für Sozialdemokraten »undenkbar« (Dokument Nr. 4). In den Sitzungen des Parteivorstandes und des Präsidiums fanden intensive Diskussionen über den Begriff der »Nation« und über eine angemessene Antwort auf die sich ständig verändernde Situation in der DDR statt. Am 18. September 1989 diskutierten die Mitglieder des Parteivorstandes eine deutschlandpolitische Entschließung, die einen Tag später veröffentlicht und Ende September auch von der SPD-Bundestagsfraktion befürwortet wurde (Dokument Nr. 7).[54] Dabei nahm die SPD bewusst Bezug auf den Grundlagenvertrag, ihre Thesen zur Deutschlandpolitik von 1984 und das SPD-SED-Papier, um die Kontinuität ihrer von der Union kritisierten Deutschlandpolitik zu unterstreichen.[55] Die innerparteiliche Diskussion war damit jedoch keineswegs beendet, wie die kontroversen Auseinandersetzungen in der Bundestagsfraktion zu »Einheit« und »Wiedervereinigung« zeigten.[56]

Der durch den SPD-Parteivorstand und das Präsidium immer wieder angemahnte behutsam-abwartende Umgang mit der Frage der deutschen Einheit war zu einem wesentlichen Teil der Rücksicht auf die Opposition in der DDR geschuldet. Die Entscheidungen dieser Personen und Gruppen, die eine hohes Risiko bei der Vertretung ihrer Forderungen eingingen, hatten Vorrang – auch was ihre Vorstellungen zur deutschen Einheit anging. Überdies kamen auch aus der demonstrierenden Bevölkerung nun Bekenntnisse zum Bleiben und zur demokratischen Umgestaltung der DDR. In ihrer Auffassung wurde die SPD-Parteiführung durch Äußerungen aus der neugegründeten SDP bestärkt (vgl. Dokument Nr. 2, Dokument Nr. 13). Allerdings war deren Einstellung zu dieser Frage nicht einheitlich und ließ – wie führende Vertreter betonten – für die Zukunft mehrere Optionen offen.[57] Als nahezu selbstverständlich wurde von der SPD auch vorausgesetzt, dass die anderen europäischen Staaten ein mächtiges Gesamtdeutschland in der Mitte Europas nicht wünschten und ein Verlassen des Warschauer Pakts durch die DDR zum gegenwärtigen Zeitpunkt nicht vorstellbar sei. Vor allem für die Generation der Kriegs- und Nachkriegsgeborenen in den Reihen

---

54 Vgl. Die SPD im Deutschen Bundestag, Nr. 2182, 26. September 1989.
55 Vgl. Chatzoudis: Die Deutschlandpolitik der SPD, S. 47. Zur Veränderung der dort aufgeführten Rangfolge der Gesprächspartner vgl. jedoch die Vermutung, dass dies eher zufällig geschehen war (ebenda, S. 47, Anm. 225).
56 Vgl. Protokoll der SPD-Fraktionssitzung am 3. Oktober 1989, in: AdsD, Bestand SPD-Bundestagsfraktion, Ordner 29.863: Fraktionssitzungsprotokolle 13.09.1989 – 7.11.1989.
57 Vgl. Von der Weiden: Das Profil der Sozialdemokratischen Partei in der DDR, S. 57; Sturm: Uneinig in die Einheit, S. 138 - 141.

der SPD war aufgrund der Erfahrungen mit dem Nationalsozialismus ein »unbefangener« Umgang mit dem Begriff der Nation nicht möglich. Die innere Distanz zur »nationalen Frage« wurde bestärkt durch die emotionalen Debatten im »Historikerstreit«, der auf Seiten der Linken ein ausgeprägtes Misstrauen gegen die Schaffung neuer nationaler Identitäten und gegen Versuche zur Relativierung des Holocaust zurückgelassen hatte. Dagegen entwickelte sich – in zugespitzten Formulierungen – andererseits die Überzeugung, nach der die deutsche Teilung als »Sühne« für Auschwitz zu betrachten sei.[58] Innerhalb der SPD fanden daher eher die Begriffe der »Kulturnation« und des »Verfassungspatriotismus« Anklang.

Das Urteil Rödders, Lafontaine und mit ihm »weite Teile der Sozialdemokratie« seien nicht in der Lage gewesen, »europäischen Kosmopolitismus und deutsche Nation, Freiheit und Einheit zusammenzudenken und somit zu einer konstruktiven Haltung gegenüber dem deutschen Einigungsprozess zu gelangen«[59], dürfte in seiner Pauschalität stark überzogen sein. Nicht zu bestreiten ist jedoch, dass sich nicht nur Teile der Linken in der SPD, sondern viele Westdeutsche generell mit ihrem postnationalen, westeuropäisch und zunehmend ökologisch orientierten Lebensgefühl in der Bundesrepublik als Teilrepublik gut eingerichtet, die Lebensverhältnisse in der DDR aus ihrem Weltbild aber weitgehend verdrängt hatten. Die Frage, ob sich in der DDR überhaupt eine ähnliche, auf den eigenen Staat bezogenen Identität herausgebildet habe, wurde kaum je gestellt.[60]

In der Forschung wurde mehrfach der Versuch unternommen, die sozialdemokratischen Positionen in der Deutschlandpolitik und in der Frage der deutschen Einheit mit der Flügel- und Generationenzugehörigkeit ihrer Vertreter zu verknüpfen. So sah Petra Schuh bewusst vereinfachend hauptsächlich zwei Hauptpositionen, die »postnationale, vereinigungskritische« und die »patriotisch-nationale« Position. Während sie zu der ersten Gruppe als Hauptvertreter Oskar Lafontaine und Peter Glotz zählte, wurden unter der zweiten Kategorie Hans-Jochen Vogel, Klaus von Dohnanyi und Willy Brandt genannt – ein Schema, das sich hauptsächlich an den Linien eines Generationenverlaufs orientierte.[61] Daniel Sturm betonte in seiner im Übrigen stark aus der Retrospektive wertenden Untersuchung, dass der Verlauf der friedlichen Revolution in der DDR »bis dato gültige Zuordnungen innerhalb der Sozialdemokratie durcheinandergebracht« habe. Die Haltung zu den Entwicklungen in der DDR sei nicht vom generellen politischen Standpunkt der Akteure oder vom Links-Rechts-Schema bestimmt gewesen, ebenso wenig allein von der Frage der Generationenzugehörigkeit. Als Beispiele nannte er bei den Älteren die Unterschiede zwischen der eta-

---

58 Vgl. Rödder: Deutschland einig Vaterland, S. 36 f.; Winkler: Der lange Weg nach Westen, S. 443 – 447.
59 Rödder: Deutschland einig Vaterland, S. 171.
60 Vgl. Potthoff: Im Schatten der Mauer, S. 272 f.; vgl. auch Sturm: Uneinig in die Einheit, S. 55. ff.; Winkler: Der lange Weg nach Westen, S. 431 – 447; Bernd Faulenbach: Die demokratische Linke und die Umwälzung 1989/90, in: Mike Schmeitzner (Hrsg.): Totalitarismuskritik von links. Deutsche Diskurse im 20. Jahrhundert, Göttingen 2007, S. 387 f.
61 Vgl. Schuh: Die SPD (West) im Einigungsprozeß, S. 218 ff.

tistischen Linie Bahrs und dem in der Frage der deutschen Einheit vorwärtsdrängenden Brandt, bzw. die »Linken« Eppler, Gansel und Weisskirchen, die einen wesentlich realistischeren Blick auf die DDR gehabt hätten als andere, zunehmend »strukturkonservativ« agierende Linke, als deren Exponenten ihm Oskar Lafontaine und Heidemarie Wieczorek-Zeul galten.[62] Nicht zu verkennen ist allerdings, dass auch Vertreter einer »Position der modifizierten Zweistaatlichkeit« (Bernd Faulenbach)[63] selbstverständlich für Freiheit und Demokratisierung in der DDR eintraten.

Zu einer differenzierten Beurteilung kam auch Georgios Chatzoudis, der ebenfalls den Gegensatz zwischen der »Enkel-Generation« mit ihrem bundesrepublikanischen »Zweistaatenpatriotismus« und der »Kriegs- und KZ-Generation« sah, für die eine Vereinigung der beiden deutschen Staaten die Erfüllung ihrer politischen Ziele war. Auch er betonte einen Verlauf der Diskussionslinien unabhängig von den Parteiflügeln, wobei er einen Gegensatz zwischen der Gruppe der vor allem an der Beachtung der Menschen- und Bürgerrechte orientierten Sozialdemokraten (Gansel, Weisskirchen, Duve) zu jenen konstatierte, die dem diplomatischen, vor allem an den außenpolitischen Wirkungen orientierten Ansatz Egon Bahrs zuneigten. Einen Hang zur »konfrontativen Auseinandersetzung« mit dem SED-Regime gab es nach Chatzoudis' Einteilung allerdings bei »linken« wie »rechten« Sozialdemokraten.[64] Auch Fabian Peterson bezog sowohl den Unterschied zwischen den Generationen, den verschiedenen Parteiflügeln wie auch den Einfluss der innerparteilichen Stellung einzelner Sozialdemokraten innerhalb der Partei in seine Analyse mit ein.[65]

Übereinstimmend betonten jedoch alle Autoren, dass die SPD sich mit einer Neuorientierung hinsichtlich der Deutschlandpolitik im Herbst 1989 schwer tat. Auch in der CDU gab es Stimmen, die eine Lösung der deutschen Frage nicht vordringlich in der Herstellung der deutschen Einheit sahen, doch wurde die deutsche Frage in der Union traditionell stärker als in der SPD zumindest in offiziellen Stellungnahmen für offen erklärt.[66] Spannungen entstanden eher durch den parteiinternen Konflikt um die Anerkennung der Oder-Neiße-Linie als polnische Westgrenze, der noch nicht wirklich ausgetragen war, auch wenn die Mehrheit um Bundeskanzler Kohl sie akzeptierte. Trotz der traditionellen Nähe zu den Kirchen gab es in der Union nur sehr wenige Kontakte mit Reformgruppen in der DDR; diejenigen, die sich um Dissidenten kümmerten, waren »krasse Außenseiter«[67]. Auch war das Problem einer betonten Rücksichtnahme auf die Ziele der Bürgerrechtsgruppen für die Union sehr viel weniger ein Thema als für die SPD. Helmut Kohl setzte noch bis in die Zeit nach der Maueröffnung ganz auf die gouvermentalen Kontakte. In ihrer »charakteristischen Mischung aus dem deklaratorischen Beharren auf Rechtspositionen und dem unvereinbaren Systemgegensatz zu den Kommunisten bei gleichzeitiger nüchterner Inter-

---

62 Vgl. Sturm: Uneinig in die Einheit, S. 468–471.
63 Faulenbach: Die demokratische Linke und die Umwälzung 1989/90, S. 387.
64 Chatzoudis: SPD und deutsche Einheit, S. 52 f.
65 Vgl. Peterson: Oppositionsstrategie der SPD-Führung, S. 271–568.
66 Rödder: Deutschland einig Vaterland, S. 167.
67 Potthoff: Die Koalition der Vernunft, S. 46.

essens- und Kooperationspolitik ihrer Regierenden« [68] war die Union dadurch weniger angreifbar als die heftig diskutierende SPD.

Nach dem erzwungenen Rücktritt Erich Honeckers am 18. Oktober 1989 wurde Egon Krenz dessen Nachfolger als Generalsekretär der SED; am 24. Oktober wurde er zum neuen Staatsratsvorsitzenden gewählt. Am 7. November trat die Regierung Stoph zurück, am 8. November folgte der Rücktritt des gesamten Politbüros. Zum neuen Vorsitzenden des Ministerrats wurde der als Reformer geltende Dresdner Bezirkssekretär Hans Modrow vorgeschlagen. Dies und der Verzicht der neuen Machthaber auf die Anwendung von Gewalt gegen die Opposition ließ die Hoffnung auf eine friedliche Reform der DDR wachsen. Zugleich konnte nicht ausgeschlossen werden, dass sich aus den Reihen der SED selbst Reformer finden würden, die den Prozess mitgestalten könnten.[69] Eine Reihe von Sozialdemokraten versuchte im Herbst 1989, sich selbst einen Eindruck von der Entwicklung in der DDR zu verschaffen. Mitte Oktober reisten Jürgen Schmude, Gert Weisskirchen, Reinhold Hiller und Heidemarie Wieczorek-Zeul nach Ost-Berlin, um dort mit Rainer Eppelmann und Vertretern des Demokratischen Aufbruchs zusammenzutreffen. Ende Oktober 1989 führten Horst Ehmke und Hans Büchler bei einem Besuch bei dem Pfarrer-Ehepaar Misselwitz in Ost-Berlin Gespräche mit Markus Meckel, Jens Reich vom Neuen Forum und Walter Romberg. Im Atelier von Bärbel Bohley wurde mit weiteren Oppositionellen und Walter Momper diskutiert (Dokument Nr. 11, Nr. 13).[70] Das Fazit, das aus der Entwicklung in jenen Wochen gezogen wurde, spiegelte sich in der Entschließung des Parteirates vom 30. Oktober 1989, der die Formulierung von »Prüfsteinen sozialdemokratischer Deutschlandpolitik« durch Hans-Jochen Vogel vorangegangen war (Dokumente Nr. 13, Nr. 14).[71] Mit dieser Entschließung wurde ein gemeinsamer Nenner in der intensiven deutschlandpolitischen Debatte in der SPD gefunden, auf den sich die verschiedenen Richtungen zumindest vorübergehend einigen konnten. Im Dezember wurde schließlich ein Schlussstrich unter die Kontakte mit der (allerdings bereits in Auflösung bzw. Umformung befindlichen) SED gezogen (Dokument Nr. 26).

---

68 Vgl. Potthoff: Die Koalition der Vernunft, S. 47.
69 Vgl. dazu u.a.: Winkler: Der lange Weg nach Westen, S. 503 – 517; Rödder: Deutschland einig Vaterland, S. 84 – 113; Hans-Hermann Hertle: Der Fall der Mauer. Die unbeabsichtigte Selbstauflösung des SED-Staates, Opladen 1996, S. Potthoff: Im Schatten der Mauer, S. 285 – 314; Chatzoudis: Die Deutschlandpolitik der SPD, S. 58.
70 Vgl. Wolfgang Jäger (in Zusammenarbeit mit Michael Walter): Die Überwindung der Teilung. Der innerdeutsche Prozeß der Vereinigung 1989/90. Geschichte der deutschen Einheit, Bd. 3, Stuttgart 1998, S. 148; Ehmke: Mittendrin, S. 400 f.; Chatzoudis: Die Deutschlandpolitik der SPD, S. 60.
71 Vgl. Chatzoudis: Die Deutschlandpolitik der SPD, S. 56; zur Vorgeschichte des Entschließungstextes und den Entwürfen von Egon Bahr und Norbert Gansel vgl. Sturm: Uneinig in die Einheit, S. 201 f.

Nach der Maueröffnung – Optionen auf dem Weg zur Einheit

Die Frage der Konföderation/Föderation

Die Öffnung der Mauer in der Nacht des 9. November 1989 löste im SPD-Parteivorstand und im Präsidium spontane Freude aus (Dokumente Nr. 16 – 19).[72] Am 10. November begaben sich Hans-Jochen Vogel und Willy Brandt nach Berlin. Brandts Formulierung »Jetzt wächst zusammen, was zusammengehört« wurde zum Motto der SPD für die nächsten Monate. Walter Momper, der vor dem Schöneberger Rathaus von Berlin als der »glücklichsten Stadt der Welt« sprach, wurde mit Beifall aufgenommen, Bundeskanzler Kohl hingegen, der wegen der kurzfristig anberaumten Veranstaltung seine Polenreise abbrechen musste, erntete auf dieser Versammlung Pfiffe und Zwischenrufe (vgl. Dokument Nr. 17, Nr. 18).[73] Für die SPD-Spitze ergriff Hans-Jochen Vogel schon in seiner kurzen Rede nach dem Bekanntwerden der Ereignisse in Berlin im Deutschen Bundestag am 9. November die Initiative und plädierte in dieser außergewöhnlichen Situation für die Einrichtung eines »Runden Tisches«. In dieser Institution, die er einen Tag später ausführlicher erläuterte (Dokument Nr. 14) sollten neben der Bundesregierung und Vertretern der politischen Parteien auch Repräsentanten aller relevanten gesellschaftlichen Kräfte ihren Platz finden. Der Vorschlag wurde von der Bundesregierung mit der Begründung zurückgewiesen, runde Tische brauche man nur für die Überwindung von Diktaturen.[74]

Bereits wenige Tage nach dem Mauerfall, am 12. November 1989, präsentierten die stellvertretenden Fraktionsvorsitzenden und Finanz- bzw. Wirtschaftsexperten der SPD, Ingrid Matthäus-Maier und Wolfgang Roth, Vorschläge für ein nationales Unterstützungsprogramm für die DDR (Dokument Nr. 20). Die Vorschläge zielten darauf ab, durch eine umfassende, von der Bundesrepublik zu unterstützende Modernisierung der DDR-Wirtschaft einen Beitrag zum Gelingen des Reformprozesses zu leisten und durch private Investitionen die Wirtschaft anzukurbeln. Voraussetzung dafür sollte die Schaffung entsprechender rechtlicher und wirtschaftlicher Rahmenbedingungen sein. Ein wesentliches Ziel des Programms bestand in der Schaffung von Anreizen für die Deutschen in der DDR, im Lande zu bleiben. In der ersten Dezemberhälfte entwickelten Roth und Matthäus-Maier weitere Pläne für die engere Zusammenarbeit mit der DDR bis hin zu einer Wirtschafts- und Währungsunion. Willy Brandt forderte am 6. und am 19. Dezember 1989 in seinen mit großem Beifall aufgenommenen Reden in Rostock und Magdeburg gleichfalls die Währungsunion.[75]

---

72 Zum Mauerfall vgl. u.a. Hans-Hermann Hertle: Chronik des Mauerfalls. Die dramatischen Ereignisse um den 9. November 1989, Berlin 1996, S. 118 – 177; Kowalczuk: Endspiel, S. 453 – 472; Wolle: Die heile Welt der Diktatur, S. 326 f..
73 Vgl. zur Überlieferung des Satzes von Willy Brandt: Sturm: Uneinig in die Einheit, S. 208 f.; vgl. Vogel: Nachsichten, S. 304.
74 Vogel: Nachsichten, S. 306.
75 Vgl. Schuh: Die deutsche Sozialdemokratie 1989/90, S. 242 f.; Winkler: Der lange Weg nach Westen, S. 547; Willy Brandt: Was Erneuerung heißen soll, in: Willy Brandt: »... was zusammen gehört«. Reden zu Deutschland, Bonn 1990, S. 60.

Auch die SPD-Abgeordneten im Europäischen Parlament schlugen ein entsprechendes Sofortprogramm und die Vorbereitung eines Währungsverbundes vor – ein Gedanke, der sich auch in der auf dem SPD-Programmparteitag im Dezember verabschiedeten »Berliner Erklärung« wiederfand (Dokument Nr. 27).[76] Ende November regte Horst Ehmke einen »Stufenplan« zur deutschen Einheit an, der einen schrittweisen Übergang von der Einrichtung gemeinsamer Kommissionen und Organe bis zur Bildung einer Konföderation vorsah, die sich eines Tages zu einem Bundesstaat entwickeln könnte – dies alles im europäischen Konsens, wobei vorausgesetzt wurde, dass dieser deutsche Staat nicht der NATO angehören könne (Dokument Nr. 21).[77]

Das Thema der Konföderation lag »in der Luft«. Am 17. November hatte der inzwischen zum Ministerpräsidenten der DDR ernannte Hans Modrow den Vorschlag einer »Vertragsgemeinschaft« der beiden deutschen Staaten unterbreitet. Auch wenn er damit gerade eine Vereinigung verhindern wollte, gab dies der Diskussion nur zusätzliche Nahrung.[78] Horst Ehmke hatte nach eigenen Angaben Hans-Jochen Vogel gedrängt, mit dem von ihm entworfenen Plan in die Offensive zu gehen. Der Bundeskanzler hatte gleichfalls einen Entwurf für einen Stufenplan ausarbeiten lassen, über den er unmittelbar vor seiner Rede im Bundestag am 28. November 1989 die Medien informieren ließ. In der Haushaltsdebatte des Bundestages trug Hans-Jochen Vogel, der vor Kohl sprach, einen Fünf-Punkte-Plan zur deutschen Einheit vor (Dokument Nr. 24). Im weiteren Verlauf der Sitzung stellte Helmut Kohl seinen Zehn-Punkte-Plan vor. Beide unterschieden sich in den wesentlichen Punkten nur wenig. Während Vogel von einer Konföderation als Weg zur deutschen Einheit sprach, die allerdings eng mit dem KSZE-Prozess von Helsinki und der europäischen Einigung verknüpft werden müsse, ging Kohl rhetorisch einen Schritt weiter, sprach von einer Föderation und rekurrierte mehrfach suggestiv auf die Wiedervereinigung, von deren Kommen er überzeugt sei. Dagegen betonte Vogel sehr viel stärker die Rücksicht auf die Deutschen in der DDR, denen weder die sofortige Einheit noch ein bestimmtes Wirtschaftssystem aufoktroyiert werden dürften.[79]

Karsten Voigt erklärte nach Kohls Rede für die SPD-Fraktion die Zustimmung »in allen zehn Punkten«.[80] Im Hinblick auf die von Vogel mehrfach unterbreiteten Vorschläge zum gemeinsamen Handeln von Regierung und Opposition in der Deutsch-

---

76 Vgl. Sturm: Uneinig in die Einheit, S. 390 f.
77 Jäger: Die Überwindung der Teilung, S. 162; Ehmke: Mittendrin, S. 404.
78 Vgl. Rödder: Deutschland einig Vaterland, S. 137.
79 Vogel wurde in der Presse bereits am 23. 11. 1989 mit Äußerungen zu einer Konföderation zitiert, vgl. Chatzoudis: Die SPD und die deutsche Einheit, S. 78, S. 79, Anm. 405; Ehmke: Mittendrin, S. 404; Horst Teltschik: 329 Tage. Innenansichten der Einigung, Berlin 1991, S. 54 – 58. Zu Kohls Ausführungen vgl. Verhandlungen des Deutschen Bundestages. Stenographische Berichte, Bd. 151, 11. Wahlperiode, 177. Sitzung, 28. November 1989, S. 13510 – 13514. Die Nachricht, dass Kohl einen Plan vorlegen würde, war über eine dpa-Mitteilung bereits in der Sitzung der SPD-Bundestagsfraktion am 27. 11. 1989 bekannt geworden (vgl. Sitzung der SPD-Bundestagsfraktion am 27. 11. 1989, in: AdsD, Bestand SPD-Bundestagsfraktion, 11. Wahlperiode, Sign. 2/BTFK0000078).
80 Verhandlungen des Deutschen Bundestages. Stenographische Berichte, Bd. 151, 11. Wahlperiode, 177. Sitzung, 28. November 1989, S. 13514.

landpolitik war dies durchaus konsequent. In der SPD-Fraktion und in der Partei führte die Zustimmung Voigts jedoch zu heftiger Kritik. Auf einer am 29. November 1989 einberufenen Sondersitzung der Fraktion wurde vor allem moniert, dass wesentliche Forderungen der SPD, z.B. die Anerkennung der polnischen Westgrenze, nicht angesprochen worden seien – ebenso wenig wie das Selbstbestimmungsrecht der Menschen in der DDR.[81] Die Parteilinke sah ein entscheidendes Manko darin, dass die Entwicklung eines eigenen sozialistischen Modells in der DDR nicht vorgesehen sei. Auch dass mit der Zustimmung zu Kohls zehn Punkten der Ausformulierung der deutschlandpolitischen Position der SPD auf dem Programmparteitag in Berlin im Dezember vorgegriffen worden sei, führte zu Kritik. Oskar Lafontaine sah sich durch Voigts Erklärung zu den Kanzlervorschlägen in der Entwicklung seiner eigenen Wahlkampfstrategie beeinträchtigt. Er ging mit schweren Vorwürfen an die Öffentlichkeit: Kohls Plan sei im Hinblick auf das Ausland ein »großer diplomatischer Fehlschlag«[82] (vgl. auch Dokument Nr. 26). Zu den ersten Aufgaben einer Deutschlandpolitik gehöre nicht die Diskussion von Zwischenschritten zur deutschen Einheit, sondern direkte wirtschaftliche Hilfe für die DDR, eine Lösung des Währungsproblems und die schrittweise und abgestufte Angleichung der wirtschaftlichen und sozialen Verhältnisse in den beiden Staaten. Gestärkt wurde die Position der Kritiker durch sozialdemokratische Politiker aus der DDR, die – wie Markus Meckel – das Zehn-Punkte-Programm ablehnten, »Fairness« im Umgang mit der DDR einforderten und deren Eigenständigkeit betonten.[83] In der Fraktionssitzung am 29. November 1989 wurde ein eigener Entschließungsantrag der SPD-Bundestagsfraktion verabschiedet, in dem zwar Kohls Vorschläge »begrüßt« wurden, jedoch zugleich festgehalten wurde, dass ihre Umsetzung »auf jeder Stufe das auf freier Selbstbestimmung beruhende Einverständnis der Deutschen in der DDR« erfordere. Als »unabdingbare Voraussetzung« wurde ferner die Anerkennung der polnischen Westgrenze genannt; außerdem wurde ein Verzicht auf die Modernisierung und Stationierung neuer atomarer Kurzstreckenraketen sowie die Kürzung der Rüstungsausgaben gefordert.[84]

Die tiefgreifenden Meinungsunterschiede in der SPD zeigten sich in den Sitzungen des Präsidiums am 4. und 10. Dezember 1989 (Dokument Nr. 25 und 26), in denen Vogel die Zustimmung zu Kohls Programm verteidigte und darauf hinwies, dass er durch die Uneinigkeit innerhalb der Führungsspitze daran gehindert worden sei, frühzeitig mit eigenen Vorschlägen an die Öffentlichkeit zu gehen (Dokument Nr. 26). Auch im Rückblick wies Vogel darauf hin, dass die entschiedenen Befürwor-

---

81 Vgl. dazu die Presseäußerungen einzelner Fraktionsmitglieder zit. Bei Chatzoudis: Die SPD und die Deutsche Einheit, S. 82 f.; Petra Schuh: Die SPD (West), S. 225 – 228.
82 Vgl. Presseservice der SPD, Nr. 745, 3. Dezember 1989; Sturm: Uneinig in die Einheit, S. 226; Vogel: Nachsichten, S. 312 f.
83 Zur Diskussion vgl. Chatzoudis: Die SPD und die deutsche Einheit, S. 82 f., S. 86; Sturm: Uneinig in die Einheit, S. 219 – 229.
84 Vgl. Die SPD im Deutschen Bundestag, Nr. 2807, 30. November 1989; Protokoll der SPD-Bundestagsfraktion am 29. November 1989, in: AdsD, Bestand SPD-Bundestagsfraktion, 11. Wahlperiode, Sign. 2/BTFK0000079).

ter einer auf die Einheit gerichteten Politik in der Partei zu diesem Zeitpunkt keine Mehrheit gehabt hätten, der Konföderationsgedanke dagegen tragfähig war.[85] In der öffentlichen Wahrnehmung, unterstützt durch die Medien, die sich vor allem auf Kohls 10-Punkte-Programm konzentrierten und die Zustimmung der SPD im Bundestag lediglich zur Kenntnis nahmen, geriet Vogels eigener Plan in den Hintergrund.[86] Gleichzeitig bot die SPD das Bild einer tief zerrissenen Partei, deren Vorsitzender aus den eigenen Reihen angegriffen wurde. Eine offensive Austragung des Konflikts erschien Vogel allerdings zu gefährlich – sie hätte seiner Meinung nach zwangsläufig auf die gesamte Deutschlandpolitik übergegriffen und selbst die Positionen gefährdet, in denen er mühsam eine Übereinstimmung zustande gebracht hatte.[87]

War Helmut Kohl in seinen ersten Reaktionen auf die Maueröffnung noch eher zögerlich gewesen und hatte weiter auf die Stabilität und die Kooperation mit der DDR-Führung gesetzt, so erkannte er inzwischen den Vorteil, der sich für ihn in der deutschen Frage durch die Dissonanzen in der SPD und das Kippen der Stimmung in der DDR ergab. Dort wollten sich immer weniger Bürgerinnen und Bürger auf neue gesellschaftspolitische Experimente in einer eigenständigen DDR einlassen. Durch seinen Vorstoß mit dem Zehn-Punkte-Plan, der weder mit dem Koalitionspartner FDP und Außenminister Dietrich Genscher noch mit den Regierungen anderer Staaten abgesprochen war[88], hatte Kohl die Initiative an sich gerissen. Er war entschlossen, die SPD nicht in seine Politik einzubinden, und tatsächlich gelang es der Regierung auch in den folgenden Monaten, die Opposition von den eigenen Initiativen abzuschotten und ihr selbst wichtige Informationen vorzuenthalten.

Die Diskussionen innerhalb der Führungsgremien der SPD über die Deutschlandpolitik verliefen nicht zuletzt deshalb so intensiv, weil die Partei unmittelbar vor der Verabschiedung ihres neuen Grundsatzprogramms stand. Der Entwurf enthielt ursprünglich nur eine kurze Passage zur Deutschlandpolitik. Vor dem Hintergrund der Entwicklung im Herbst 1989 wurde mit dem Papier »Die Deutschen in Europa. Berliner Erklärung der Sozialdemokratischen Partei Deutschlands« (Dokument Nr. 27) zusätzlich eine ausführliche Stellungnahme verabschiedet. In den Wochen zuvor gab es ein zähes internes Ringen um die verschiedenen von Egon Bahr und der Arbeitsgruppe Deutschlandpolitik verfassten Entwürfe (Dokument Nr. 25, Nr. 26). Vogel

---

85 Vgl. Vogel: Nachsichten, S. 309.
86 Horst Teltschik kommentierte zufrieden die sorgsam geplante Choreographie: »Wir haben unser Ziel erreicht: Der Bundeskanzler hat die Meinungsführerschaft in der deutschen Frage übernommen.« (Vgl. Teltschik: 329 Tage, S. 58) Zu den Planungen im Vorfeld der Rede vgl. Werner Weidenfeld: Außenpolitik für die deutsche Einheit. Die Entscheidungsjahre 1989/90. Geschichte der deutschen Einheit, Bd. 4, Stuttgart 1998, S. 98 – 110; Michael Mertes: Die Entstehung des Zehn-Punkte-Programms vom 28. November 1989, in: Heiner Timmermann (Hrsg.): Die DDR in Deutschland. Ein Rückblick auf 50 Jahre, Berlin 2001, S. 17 – 35.
87 Vgl. Vogel: Nachsichten, S. 313.
88 Vgl. Rödder: Deutschland einig Vaterland, S. 139 f.; Knut Ipsen: Deutschlandpolitische Vorstellungen in der Wendezeit, in: Paul Gerhard Klussmann/Frank Hoffmann (Hrsg.): Das Epochenjahr 1989 in Deutschland, Bochum 2000, S. 113 ff.; Zu den Reaktionen des Auslands vgl. Weidenfeld: Außenpolitik für die deutsche Einheit, S. 117 – 133.

legte selbst einen Alternativentwurf mit Positionen vor, hinter die es für ihn kein »Zurückfallen« mehr geben durfte. Dazu zählten ein einheitlicher deutscher Bundesstaat als Ziel, die Feststellung, dass die deutsche Einheit spätestens mit der europäischen Einheit verwirklicht werden müsse, die Konföderation als ein Zwischenschritt auf dem Weg zur Einheit, aber auch die Respektierung des Selbstbestimmungsrechts der Bürger in der DDR, wenn diese sich mehrheitlich für die sofortige Herstellung der Einheit aussprächen (vgl. Dokument Nr. 26). Die Diskussionen in der Parteispitze zogen sich bis in den Vorabend des Parteitags hinein. Der letzte strittige Punkt war die Frage, ob die Einigung über eine Vertragsgemeinschaft und eine Konföderation »vielleicht auch« oder – wie Vogel dies durchsetzen wollte und zuletzt auch konnte – »schließlich auch« zu einer bundesstaatlichen Einheit führen werde.[89]

Auf dem Parteitag, der vom 18. bis 20. Dezember 1989 in Berlin stattfand (ursprünglich war geplant, ihn in Bremen abzuhalten), standen die unterschiedlichen Strömungen innerhalb der SPD unverbunden nebeneinander. Während die Rede von Willy Brandt (Dokument Nr. 29) den Anspruch auf eine Entkoppelung der in der SPD immer wieder geforderten engen zeitlichen Verknüpfung von deutscher Einigung und europäischem Einigungsprozess deutlich herausstrich, andere Redner vor nationalem Überschwang warnten, lenkte Lafontaine den Blick bewusst auf andere Probleme, nannte die Überwindung des Nationalstaats, Internationalismus, den ökologischen Umbau der Industriegesellschaft, Arbeitszeitverkürzung und die Gleichberechtigung der Frauen als die wesentlichen Themen.[90] Als Vertreter der Sozialdemokratischen Partei der DDR sprach Markus Meckel, der mit der Betonung, dass der deutsche Einigungsprozess kein Selbstzweck sei, und mit der Aufforderung, »jeder Nationalstaatlichkeit und nationalen Romantik« zu wehren, Zustimmung erntete (Dokument Nr. 28).

Die SDP musste sich nach ihrer Gründung erst eine deutschlandpolitische Position erarbeiten. Am innerparteilichen Diskussionsprozess beteiligten sich Befürworter einer eigenständigen DDR wie auch Anhänger eines zügigen Einigungsprozesses oder Vertreter einer vermittelnden Position, wie sie von Meckel und Gutzeit eingenommen wurde. Deren Strategie zielte darauf ab, in der DDR zunächst demokratische Strukturen zu schaffen, um ihr in dem ohnehin bevorstehenden Einigungsprozess mit der Bundesrepublik eine bessere Ausgangsposition zu verschaffen. In diesem Sinne bekannte sich eine am 3. Dezember 1989 veröffentlichte deutschlandpolitische Erklärung der SDP zwar zur deutschen Einheit und zur baldigen Verwirklichung einer Konföderation, lehnte aber »eine schnelle Wiedervereinigung im Sinne eines Anschlusses« ausdrücklich ab und forderte statt dessen die baldige Einsetzung einer demokratischen Regierung. Mit dieser differenzierten Haltung geriet die SDP aber schon bald in Konflikte mit ihrer in Richtung Einheit drängenden Basis.[91]

---

89 Vgl. Vogel: Nachsichten, S. 316 f.
90 Vgl. Protokoll vom Programm-Parteitag Berlin 18. – 20. 12. 1989, Bonn o.J. [1990], S. 241 – 266.
91 Vgl. Von der Weiden: Das Profil der Sozialdemokratischen Partei in der DDR, S. 81 ff.

Die Diskussion der Übersiedlerfrage

Nach der Öffnung der Grenze nahm die Zahl der Übersiedler aus der DDR noch einmal dramatisch zu. Während 1989 insgesamt 344.000 Personen die DDR verließen, kamen allein in der Zeit zwischen der Maueröffnung am 9. November 1989 und Ende Januar 1990 225.000 DDR-Bürgerinnen und -Bürger in die Bundesrepublik.[92] Der Exodus verringerte nicht nur die Chancen für eine Stabilisierung der DDR, wo zunehmend Fachkräfte fehlten, er stellte auch Staat, Länder und Kommunen in der Bundesrepublik vor enorme Herausforderungen. Bereits im März 1989 war in einer SPD-Präsidiumssitzung vor dem Hintergrund der hohen Aussiedler- und Asylbewerberzahlen eine Diskussion über die DDR-Staatsbürgerschaft angeregt, der Gedanke jedoch sofort zurückgewiesen worden.[93] Das »Körting-Papier« – Thesen des Berliner Sozialdemokraten Ehrhart Körting, das durch seine harsche Verwerfung des bisherigen Umgangs der SPD mit der SED im Spätsommer 1989 für Aufsehen sorgte – forderte »die Anerkennung der Staatsangehörigkeit der DDR mit allen Konsequenzen« sowie die Streichung von Rentenansprüchen und sonstigen Leistungen; allein dies erhöhe durch die Erschwerung der Übersiedlung den Druck in Richtung Liberalisierung und Demokratisierung in der DDR.[94] Dagegen nannte Karsten Voigt in der Parteivorstandssitzung am 4. September die Thematisierung der Staatsbürgerschaftsfrage einen »Mauerbau in umgekehrter Richtung«[95] (vgl. auch Dokument Nr. 6). In den folgenden Wochen blieb es bei der offiziellen Linie, die Hans-Jochen Vogel mehrfach öffentlich vertrat: Verständnis für die individuelle Entscheidung der Übersiedler bei gleichzeitigem Appell, auch das Bleiben in der DDR und die Unterstützung des Reformprozesses in Betracht zu ziehen.[96] Konnte das brisante Thema des Umgangs mit den DDR-Übersiedlern im Sommer und Frühherbst 1989 innerhalb der SPD-Spitzengremien noch an den Rand gedrängt werden, so sorgten öffentlich geäußerte Vorschläge Oskar Lafontaines Ende November 1989 für Aufsehen (Dokument Nr. 22). Schon Anfang des Monats hatte er im SPD-Präsidium die Auffassung vertreten, es sei eine Begrenzung des Zuzugs durch administrative Mittel und Einschränkung der Leistungen anzustreben (Dokument Nr. 15). Nun plädierte er dafür, die Übersiedler nicht mehr automatisch als bundesdeutsche Staatsbürger anzuerkennen, denen Leistungen aus den Sozialversicherungssystemen zustünden. Anfang Dezember leitete er den Präsidiums-Mitglieder ein Gutachten der Staatskanzlei in

---

92 Vgl. Rödder: Deutschland einig Vaterland, S. 189.
93 Protokoll der Präsidiumssitzung vom 6. März 1989, S. 3, in: AdsD, SPD-Parteivorstand, Präsidium, 26. 2. – 20. 3. 1989.
94 Ehrhart Körting: Ansatzpunkte für eine neue DDR-Politik (Vorlage für die Sitzung des Präsidiums am 11. September 1989, in: AdsD, SPD-Parteivorstand, Ordner Sitzungen des Präsidiums, 11. 9. 1989 – 25. 9. 1989. Zitat S. 6.
95 Protokoll der Sitzung des Parteivorstandes am 4. 9. 1989, S. 2, in: AdsD, SPD-Parteivorstand, Sitzungen des Parteivorstandes, Ordner Parteivorstand 4. 9. 1989/Parteirat 27. 6. 1989.
96 Vgl. Hans-Jochen Vogel am 14. September 1989 im Deutschen Bundestag (Verhandlungen des Deutschen Bundestages, 11. Wahlperiode, Stenographische Berichte, Bd. 150, 156. Sitzung, S. 12037; Schuh: Die SPD (West) im Einigungsprozeß, S. 210.

Saarbrücken zu, das im Rückgriff auf ein Gesetz aus dem Jahr 1950 Möglichkeiten für eine behördliche Einschränkung der Freizügigkeit avisierte. Dies und Lafontaines öffentliche Stellungnahmen provozierten heftige innerparteiliche Kritik und eine gegenteilige Presseerklärung der SPD (Dokument Nr. 22, Nr. 23, Nr. 26).[97]

Mit der Übersiedlerfrage hatte Lafontaine ein drängendes Problem angesprochen – mit seiner populistischen, schon auf einen Abgrenzungswahlkampf gerichteten Behandlung des Themas fügte er der SPD allerdings Schaden zu. Die Klärung der Frage des Umgangs mit den Übersiedlern wurde in den ersten Monaten des Jahres 1990 noch dringlicher. Während Kohl dazu tendierte, die Regierung Modrow »am ausgestreckten Arm verhungern«[98] zu lassen und damit für die Übernahme zu den Bedingungen der Bundesrepublik vorzubereiten, zielte Lafontaines Strategie auf die Stabilisierung der sozialen und wirtschaftlichen Lage der DDR mit drastischen Mitteln.

Der Vorschlag einer Währungsunion

Über Pläne zu einer Währungsunion – sei es in Form eines Stufenmodells oder einer Stichtagslösung – wurde auf administrativer Ebene und in Expertenkreisen bereits seit längerem nachgedacht. Mitte Januar 1990 ging die SPD mit einem Vorschlag zur Schaffung einer Währungsunion erneut in die Offensive. Ingrid Matthäus-Maier präzisierte ihre Vorschläge in einem Konzept, das mittelfristig geeignet schien, den Hoffnungen der DDR-Bürger entgegenzukommen und auch die Probleme in der Bundesrepublik zu entschärfen: Bildung eines »deutsch-deutschen Währungsverbundes« bzw. Bildung einer »Währungsunion« (Dokument Nr. 31).[99] Auch der Partei- und Fraktionsvorsitzende Hans-Jochen Vogel erklärte wenige Tage später die Wirtschafts- und Währungsunion zum vorrangigen Ziel einer deutschen Konföderation.[100] Vorübergehend sah es so aus, als würde es der SPD erneut gelingen, wieder eine Vorreiterrolle zu übernehmen, zumal Oskar Lafontaine bei den Landtagswahlen im Saarland der Partei zu einem herausragenden Ergebnis verholfen hatte. Dies schien zugleich die langfristige Strategie Lafontaines gegenüber der Politik der Bundesregierung zu bestätigen. Ende Januar schlug daher Hans-Jochen Vogel dem Präsidium die Bundeskanzler-Kandidatur Lafontaines vor (Dokument Nr. 32).

---

97 Vgl. Sturm: Uneinig in die Einheit, S. 234; vgl. Vermerk »Kann der Zuzug von Übersiedlern davon abhängig gemacht werden, daß sie über eine Wohnung oder einen Arbeitsplatz verfügen?«, in: Depositum Björn Engholm 1/BEAA000126; vgl. Vogel: Nachsichten, S. 307 f.; vgl. dazu auch die Ablehnung einer »administrativen Mauer« (Norbert Gansel) in der SPD-Bundestagsfraktion und die Diskussion über den Umgang mit den Übersiedlern (Fraktionssondersitzung am 10. 11. 1989, Zitat S. 3, in: AdsD, SPD-Bundestagsfraktion, 11. Wahlperiode, 2/BTFK000076).
98 So die Beurteilung bei Rödder: Deutschland einig Vaterland, S. 190.
99 Vgl. dazu auch Vorlage von Ingrid Matthäus-Maier für die Sitzung der SPD-Bundestagsfraktion, 5. Februar 1990, in: AdsD, SPD-Bundestagsfraktion, 11. Wahlperiode, 2/BTFK000084; dies.: Währungsunion mit der DDR nicht näher, in: Die SPD im Deutschen Bundestag, Nr. 186, 25. 1. 1990.
100 Vgl. Grosser: Das Wagnis der Währungsunion, S. 155.

Bundeskanzler Kohl zögerte zu diesem Zeitpunkt noch mit einer Entscheidung zur Währungspolitik, stellte dann aber am 6. Februar 1990 seinerseits ohne vorherige Abstimmung mit dem Bundeswirtschaftsministerium oder der Bundesbank überraschend den Plan einer Währungsunion vor. Auch für diese Entscheidung waren – wie beim Zehn-Punkte-Programm im November – neben sachlichen Kriterien durchaus wahlkampftaktische Überlegungen von Gewicht, galt es für Kohl doch, sich in der eigenen Partei wie auch gegenüber Lafontaine zu profilieren. Zugleich konnte er damit die Position der CDU bei der Volkskammerwahl in der DDR verbessern, die auf den März vorverlegt worden war.[101] Die Entscheidung des Bundeskanzlers löste in finanzwirtschaftlichen Fachkreisen Kritik aus. Zweifellos wäre eine Währungsunion in Übereinstimmung mit dem schrittweisen Umbau des Wirtschaftssystems der DDR auf den ersten Blick die »schonendere« Variante gewesen – die politischen Möglichkeiten, eine weitgehend selbständige DDR noch länger zu erhalten, waren jedoch im Hinblick auf ihren schon Anfang des Jahres äußerst instabilen Zustand und die offenen Grenzen, die eine Abstimmung »mit den Füßen« ermöglichten, kaum mehr vorstellbar.[102]

Die SPD sah sich in der Währungsfrage erneut in einer komplizierten Situation, denn das Meinungsbild in der Partei war keineswegs eindeutig. Mit dem Vorschlag, nicht mehr gerechtfertigte Vergünstigungen für Übersiedler abzuschaffen, versuchte Vogel, eine »goldene Brücke« für den Kanzlerkandidaten zu bauen (Dokument Nr. 32).[103] Doch die Dissonanzen blieben und wurden von Lafontaine im Februar erneut angeheizt durch die Verknüpfung der Akzeptanz seiner Bedingungen für den Weg zur deutschen Einheit und der Annahme der Kanzlerkandidatur (u.a. keine schnelle Währungsunion mit der DDR, die nicht mit wirtschaftlichen Reformen wie Tarifautonomie, Gewerbefreiheit synchronisiert und mit den europäischen Nachbarländern abgesprochen ist; Eindämmung des Übersiedlerstroms durch administrative Maßnahmen, z.B. Erlaubnis zum Zuzug von DDR-Bürgern in die Bundesrepublik nur bei Nachweis von Wohnung und Arbeit).[104]

---

101 Kohl hatte erfahren, dass sich sein innerparteilicher Rivale, der baden-württembergische Ministerpräsidenten Lothar Späth, sich mit Vorschlägen zur Wirtschafts- und Währungsunion profilieren wollte. Vgl. Dieter Grosser: Das Wagnis der Währungs-, Wirtschafts- und Sozialunion. Politische Zwänge im Konflikt mit ökonomischen Regeln. Geschichte der deutschen Einheit, Bd. 2, Stuttgart 1998, S. 180 – 184; Rödder: Deutschland einig Vaterland, S., S. 211. Zu den Überlegungen in finanzpolitischen Fachkreisen vgl. auch Thilo Sarrazin: Die Entstehung und Umsetzung des Konzepts der deutschen Wirtschafts- und Währungsunion, in: Theo Waigel/Manfred Schell (Hrsg.): Tage, die Deutschland und die Welt veränderten. Vom Mauerfall zum Kaukasus. Die deutsche Währungsunion, München, 2. Auf., 1994, S. 160 – 225.
102 Vgl. Grosser: Das Wagnis, S. 174 – 188; S. 192 – 197; Rödder: Deutschland einig Vaterland, S. 212 – 215; Jan Priewe / Rudolf Hickel: Der Preis der Einheit. Bilanz und Perspektiven der deutschen Vereinigung, Frankfurt am Main, 1991, S. 81 – 92.
103 Vgl. Grosser: Das Wagnis, S. 189.
104 Vgl. Artikel »Deutschland einig Unverstand«, in: Der Spiegel, Nr. 9, 26. Februar 1990 (http://wissen.spiegel.de/wissen/dokument/dokument.html?titel=Deutschland%2C+einig+Unverstand&id=13507476&top=SPIEGEL&suchbegriff=stephan+hilsberg&quellen=&qcrubrik=artikel).

Die SPD musste überdies nicht nur für sich einen gemeinsamen Standpunkt finden; sie musste sich auch mit den Sozialdemokraten in der DDR verständigen. Vor allem an der Basis der SDP, die sich Mitte Januar in »SPD« umbenannt hatte, wuchs der Druck zu einem stärkeren Bekenntnis zur deutschen Einheit.[105] Auf ihrer Delegiertenkonferenz am 13. Januar 1990 stellten die ostdeutschen Sozialdemokraten ausdrücklich fest, dass ein Wirtschafts- und Währungsverbund vorrangig in Angriff genommen werden sollte: »Was sofort möglich ist, soll sofort geschehen.« (Dokument Nr. 30). Der erste ordentliche Parteitag der SPD-Ost vom 22. – 25. Februar 1990 in Leipzig, auf dem Ibrahim Böhme zum Vorsitzenden gewählt wurde, stand ganz im Zeichen der Volkskammerwahlen am 18. März. Als Vertreter der bundesdeutschen SPD forderte Lafontaine, die Flankierung der Währungsunion durch sozialpolitische Maßnahmen in Abstimmung mit den europäischen Staaten und ergänzt durch weitere Schritte zu einer europäischen Währungsunion; dagegen schlug Böhme vor, die DM spätestens zum 1. Juli als Zahlungsmittel in der DDR einzuführen.[106] Für den Abstimmungsbedarf, der hinsichtlich des Wegs zur deutschen Einheit bestand, wurde ein Gemeinsamer Ausschuss der SPD und der SPD der DDR eingesetzt (Dokument Nr. 33), der am 20. Februar eine erste Erklärung abgab (Dokument Nr. 34). Von Mitgliedern der SPD-Bundestagsfraktion, von Arbeitsgruppen unter der Federführung von Horst Ehmke und Egon Bahr sowie von dem SPD-Sozialexperten Rudolf Dreßler wurden in einem komplexen Diskussionsprozess Vorschläge zum Ablauf des Einigungsprozesses in rechtlicher, sozialer und außenpolitischer Hinsicht erarbeitet (Dokumente Nr. 35 a – d).[107] Am 7. März 1990 stellte Hans-Jochen Vogel der Presse einen Sofortplan vor, der nach den Volkskammerwahlen umgesetzt werden sollte (Dokument Nr. 36). Darin wurde die auch von der SPD in der DDR und von vielen Sozialdemokratinnen und Sozialdemokraten der Bundesrepublik bevorzugte Vereinigung nach Art. 146 des Grundgesetzes als die vorrangig anzustrebende Lösung genannt. Nach Art. 146 sollte »nach Vollendung der Einheit und Freiheit« das Grundgesetz seine Geltung verlieren, sobald eine von den Deutschen »in freier Entscheidung« beschlossene Verfassung in Kraft treten würde. Ein Beitritt nach Art. 23 wurde von der SPD allerdings nicht ausgeschlossen (Dokument Nr. 33). Diese Möglichkeit, nach der die DDR unmittelbar oder nach vorausgegangenen Verhandlungen ihren Beitritt erklären konnte, traf gerade in der SPD-Bundestagsfraktion auf Sympathie. Für die Linke in der Partei stand hinter der Bevorzugung des Art. 146 nicht nur die Ablehnung einer bloßen »Annektierung« der DDR, sondern auch die Hoffnung, auf diese Weise mit Unterstützung der Reformkräfte in der DDR in politischer und sozialer Hinsicht neue Akzente in der dann auszuarbeitenden Verfassung setzen zu können. Allerdings zeigten schon Umfrageergebnisse im Februar 1990, dass eine Mehr-

---

105 Vgl. Von der Weiden: Das Profil der Sozialdemokratischen Partei ein der DDR, S. 101.
106 Vgl. Text der Rede Lafontaines in Presseservice der SPD, Nr. 87/90, 23. Februar 1990; Sturm: Uneinig in die Einheit, S. 394.
107 Vgl. Schreiben Dieter Lasse an die Mitglieder des Präsidiums, des Geschäftsführenden Vorstandes und der SPD-Bundestagsfraktion, 2. März 1990, in: AdsD, Aktenbestand SPD-Parteivorstand, Sitzungen des Präsidiums, 5. 3. 1990 (Ordner 12. 2. 1990 – 5. 3. 1990).

heit der Bundesbürger und der Bürger in der DDR die Vereinigung nach Art. 23 bevorzugte.[108]

Der Ausgang der Volkskammerwahlen

Im Vorfeld der Volkskammerwahlen zeigte sich, dass die parteipolitischen Strukturen der Bundesrepublik zunehmend auf die DDR übertragen wurden; schon dadurch wurden die weniger organisierten Gruppen der Bürgerbewegung an den Rand gedrängt. Im Februar 1990 formierte sich die »Allianz für Deutschland«, ein Wahlbündnis von CDU, neugegründeter weiter rechts stehender DSU und Demokratischem Aufbruch. Auch wenn es in der CDU Vorbehalte gegen die Ost-CDU als Blockpartei gab, so brachte die Übernahme ihres Mitarbeiterapparats und der gesamten Infrastruktur erhebliche logistische Vorteile. Die Allianz führte unter dem Motto »Nie wieder Sozialismus« mit großem materiellen Einsatz einen äußerst aggressiven Wahlkampf, der sich vor allem gegen die SPD richtete. Dabei wurde weder mit diffamierenden Äußerungen über eine angebliche Unterwanderung der SPD durch die SED gespart, noch mit Warnungen vor einem Experiment des »Dritten Wegs«. Für die CDU schien die SPD durchaus eine Gefahr zu sein, denn mit Willy Brandt, der prominenten Ikone der Sozialdemokratie[109] und Oskar Lafontaine, der als Vertreter der »Enkelgeneration« jüngere Wähler ansprach, wurden ihr zunächst gute Chancen eingeräumt. Auch der auf dem Leipziger Parteitag im Februar zum Vorsitzenden der SPD der DDR gewählte Ibrahim Böhme besaß eine charismatische Ausstrahlung. Unter »logistischen« Gesichtspunkten war die SPD der DDR als neugegründete Partei gegenüber der ehemaligen Blockpartei CDU-Ost allerdings massiv im Nachteil. Hinzu kam, dass sie unter dem ambivalenten Eindruck litt, den die SPD der Bundesrepublik bei den DDR-Bürgern in der Frage der deutschen Einheit hinterließ. Während Helmut Kohl sich als »Kanzler der Einheit« auf vielen Wahlkampfauftritten in der DDR feiern ließ, war Lafontaine, der Kanzlerkandidat der SPD, nur selten in der DDR zu sehen und vermochte dort auch nicht zu überzeugen.[110] Verstärkt wurden diese Effekte durch einen zunächst unterschätzten Stimmungsumschwung, der auf eine möglichst rasche »Abwicklung« der DDR und den Beitritt zur Bundesrepublik setzte. Dazu trugen vermutlich Äußerungen Helmut Kohls bei, der bei einem Wahlkampfauftritt in Cottbus am 13. März 1990 die Umstellung der Kleinsparerkonten im Verhältnis 1:1 in Aussicht gestellt hatte.[111] Mit der »Allianz für Deutschland«, die sich vorbehaltlos für den raschen Beitritt der DDR zur Bundesrepublik einsetzte, erreichte die rechte Mitte bei den Wahlen am 18. März 48,1 Prozent der Stimmen. Dagegen lag die SPD weit ab-

---

108 Zu den Kontroversen in der SPD vgl. Schuh: Die SPD (West) im Einigungsprozeß, S. 247 – 252; Manfred Görtemaker: Probleme der inneren Einigung?, in: Der Weg zur Einheit. Deutschland seit Mitte der achtziger Jahre. Informationen zur politischen Bildung, Heft 250, 1. Quartal 1996, S. 51.
109 Zu den Sympathien für Willy Brandt in der DDR vgl. Mike Schmeitzner. Die SPD und die deutsche Frage 1989/90, in: Henke (Hrsg.): Revolution und Vereinigung 1989/90, S. 403 f.
110 Zum Wahlkampf ausführlich: Sturm: Uneinig in die Einheit, S. 296 – 310.
111 Vgl. Rödder: Deutschland einig Vaterland, S. 216 – 225; Horst Teltschik: 329 Tage, S. 173 f..

geschlagen bei 21,9 Prozent – dies war nicht einmal die Hälfte des kurz zuvor prognostizierten Wahlergebnisses. Der Anteil der SED/PDS lag immerhin noch bei 16,4 %. Für die SPD war der Wahlausgang ein Schock, wobei mit Vorwürfen an die Adresse der SPD der DDR nicht gespart wurde (Dokument Nr. 37).[112] Verstärkt wurde die schlechte Stimmungslage in der Partei noch durch die Nachricht, dass Ibrahim Böhme, nach der Wahl auch Vorsitzender der SPD-Volkskammerfraktion, wegen Stasi-Vorwürfen am 26. März seine Ämter in der SPD ruhen ließ und am 1. April 1990 von seinen Funktionen zurücktrat (Dokument Nr. 39). Sein Nachfolger als Parteivorsitzender wurde zunächst Markus Meckel; im Juni 1990 übernahm Wolfgang Thierse das Amt. Zum Fraktionsvorsitzenden in der Volkskammerfraktion der SPD wurde Richard Schröder gewählt.[113]

Allianz für Deutschland und die ehemalige Blockpartei LDPD, die Liberalen in der DDR, verfügten in der Volkskammer über eine Mehrheit. Da jedoch im Einigungsprozess Entscheidungen anstanden, die eine verfassungsändernde Zwei-Drittel-Mehrheit erforderlich machten, wurde von Lothar de Maizière (CDU) eine große Koalition einschließlich der SPD angestrebt. Die Frage einer Regierungsbeteiligung war in beiden sozialdemokratischen Parteien umstritten, zumal die SPD der DDR zuvor eine Koalition mit der DSU ausgeschlossen hatte. Der Eintritt in die Regierung de Maizière schränkte den politischen Spielraum der SPD-Ost ein; zugleich tangierte er die auf Abgrenzung und Konfrontation mit der Bundesregierung ausgerichtete Strategie Lafontaines, da die DDR-Regierung ja deren Verhandlungspartner im Einigungsprozess war. Allerdings war auch die Vorstellung, gemeinsam mit der PDS auf den Oppositionsbänken zu sitzen, keine verlockende Aussicht. So sprach sich auch Lafontaine für den Eintritt in die Koalition aus. (Dokument Nr. 39).[114] Von den 25 Ministerien wurden sieben mit Sozialdemokratinnen und Sozialdemokraten besetzt, u.a. das Außenministerium (Markus Meckel), das Finanzministerium (Walter Romberg) und das Ministerium für Arbeit und Soziales (Regine Hildebrandt). Mit der Regierungsbildung war zugleich die Entscheidung über die Form der Vereinigung nach Art. 23 des Grundgesetzes gefallen; dieser Weg wurde ausdrücklich in der Koalitionsvereinbarung festgehalten. Die Bundesregierung, die schon mit den Vorschlägen zur Währungsunion die »Geschäftsbedingungen« festgelegt hatte, wurde nun vollends zur dominierenden Kraft im Einigungsprozess.

Unmittelbar nach der Volkskammerwahl in der DDR nominierte die westdeutsche SPD Oskar Lafontaine zum Kanzlerkandidaten für die Bundestagswahl (Dokument Nr. 37). Damit vollzog die Parteiführung einen Schritt, auf den die Entwicklung aus parteiinternen und wahltaktischen Gründen in der Bundesrepublik seit Monaten zulief. Allerdings war mit der Kandidatur ein eindeutig festgelegtes Konzept zur Frage der deutschen Einheit verbunden, dessen Tragfähigkeit schon nicht mehr sicher war. Lafontaine ließ sich durch den Wahlausgang vom März 1990 auch in keiner Weise

---

112 Vgl. Sturm: Uneinig in die Einheit, S. 316 f.; Rödder: Deutschland einig Vaterland, S. 223. f.
113 Vgl. Sturm: Uneinig in die Einheit, S. 319 – 330.
114 Zur Diskussion vgl. Sturm: Uneinig in die Einheit, S. 332 – 338; Schuh: Die SPD (West), S. 259 f..

beirren und war fest davon überzeugt, dass sich spätestens im Herbst die Richtigkeit seiner Überzeugung erweisen werde.[115] Die Diskussion über den Kanzlerkandidaten in der Parteivorstandsitzung am 19. März 1990 ließ bereits die Probleme erkennen, die mit der Person Lafontaines für die SPD verbunden waren (Dokument Nr. 34). Auf der anderen Seite verkörperte Lafontaine nicht nur die Generation der »Enkel« in der SPD, er sprach mit seiner Kritik der Nachrüstung, Themen wie dem ökologischen Umbau der Industriegesellschaft und seinem streitbaren Politikstil die Jüngeren insgesamt an und schien geradezu das Gegenbild des schwerfällig wirkenden Kanzlers zu sein.

Die Position der SPD im Einigungsprozess

Die Auseinandersetzung über den Vertrag über die Wirtschafts-, Währungs- und Sozialunion

Die Voraussetzungen für die deutsche Einheit wurden durch zwei Staatsverträge geschaffen: den Staatsvertrag zur Wirtschaft-, Währungs- und Sozialunion und den Einigungsvertrag, in dem die rechtlichen Details des Beitritts der DDR (u.a. notwendige Änderungen im Grundgesetz, Rechtsangleichungen, Fragen der Finanzverfassung) festgelegt wurden. Hinzu kamen ein Wahlvertrag und die außenpolitische Absicherung der deutschen Einheit.

Für die SPD schuf die Regierungsbeteiligung der SPD in der DDR eine komplizierte Situation. War sie dort gezwungen, unbequeme bzw. unerwünschte Entscheidungen der Regierung de Maizière mitzutragen, so wollte sie sich auf der anderen Seite in ihrer Rolle als Oppositionspartei in der Bundesrepublik gegen Entscheidungen der Bundesregierung abgrenzen. Die Regierung Kohl blieb bei ihrer Strategie, die Sozialdemokraten so weit wie möglich von der Mitgestaltung des Einigungsprozesses auszuschließen. Sie ging dabei von der Prämisse aus, dass die SPD schon aus staatspolitischer Verantwortung und wegen der drohenden negativen Folgen für ihr Ansehen in der DDR die unter hohem zeitlichen Druck zur Verhandlung stehenden Verträge nicht ablehnen würde (vgl. auch Dokument Nr. 42, Nr. 43). Die SPD protestierte mehrfach gegen dieses Vorgehen.[116] Ingrid Matthäus-Maier forderte die Bundesregierung am 17. April auf, den Entwurf des Vertrags über die Währungsunion endlich vorzulegen, da »die Kürze der dem Bundestag zur Verfügung stehenden Beratungszeit ohnehin sehr fragwürdig« sei. Den Parlamentariern sei es nicht länger zuzumuten, über alle möglichen offiziellen und inoffiziellen Kanäle nach dem Entwurf eines Staatsvertrages »suchen zu müssen«.[117] Hans-Jochen Vogel nannte das Verhalten der Bundesregierung Ende April eine »Mißachtung des Parlaments« und forderte die

---

115 Vgl. auch Schuh: Die SPD (West), S. 260.
116 Vgl. z.B. die Kleinen Anfragen zur Währungsunion (Die SPD im Deutschen Bundestag, Nr. 762, 4. 4. 1990; Nr. 767, 4. 4. 1990; vgl. Schuh: Die SPD (West) im Einigungsprozess, S. 271.
117 Matthäus-Maier in: Die SPD im Deutschen Bundestag, Nr. 810, 17. April 1990-

Einrichtung eines Parlamentsausschusses unter Beteiligung des Bundesrates.[118] Erst kurz vor der Bundestagssitzung am 27. April 1990, in der Herta Däubler-Gmelin darauf hinwies, dass die deutsche Einheit nicht »die»Privatsache des Bundeskanzlers«[119] sei, signalisierte Kohl in einem Spitzengespräch mit Vogel Einlenken. Dem Bundestagsausschuss Deutsche Einheit, der (ohne Einbeziehung der Länder) unter dem Vorsitz von Bundestagspräsidentin Rita Süßmuth (CDU) am 11. Mai zu seiner konstituierenden Sitzung zusammentrat, gehörten von sozialdemokratischer Seite Herta Däubler-Gmelin als Stellvertreterin an, außerdem Hans-Jochen Vogel, Gerhard Jahn, Willy Brandt, Ingrid Matthäus-Maier, Harald B. Schäfer, Rudolf Dreßler, Wolfgang Roth, Anke Fuchs, Annemarie Renger, Heinz Westphal, Hans Büchler, Jürgen Schmude und Dietrich Stobbe.[120]

Die Einflussmöglichkeiten der SPD wuchsen erst nach den für die Partei erfolgreichen Wahlen in Nordrhein-Westfalen und Niedersachsen am 13. Mai 1990, die ihr die Mehrheit im Bundesrat brachten und damit Kohl zur Einbindung der Opposition veranlassten. In manchen Pressestimmen wurden die Wahlergebnisse als Zustimmung für Lafontaines Strategie gewertet, doch unterschied sich gerade der auf Ausgleich und Integration gerichtete Kurs des NRW-Ministerpräsidenten Johannes Rau von dem des Kanzlerkandidaten. Zudem gab es seit Juni erste Anzeichen für einen Stimmungsumschwung zugunsten Kohls bei den westdeutschen Wählern.[121]

Die SPD stand vor der schwierigen Aufgabe, einerseits Mängel und Defizite im Vertrag zu monieren und auf ihre Korrektur zu drängen, andererseits aber nicht den Eindruck zu erwecken, generell Gegnerin der Einigung zu sein.[122] Im Mittelpunkt der kontroversen Diskussionen standen die Frage des Umstellungskurses bei Einführung der D-Mark in der DDR, die zu erwartenden Kosten der deutschen Einheit sowie die Art und Weise, wie diese umgelegt bzw. finanziert werden sollten. Zu den Hauptproblemfeldern zählten ferner die Festlegung von Maßnahmen zur Eindämmung der zu erwartenden Arbeitslosigkeit, die finanzielle Sicherung überlebensfähiger Betriebe,

---

118 Zit. nach Peterson: Oppositionsstrategie der SPD-Führung, S. 122 f.; vgl. Entwurf »Mitwirkung von Bundestag und Bundesrat am Prozeß der deutschen Einigung, Vorlage für die Sitzung des Parteivorstandes und der Fraktion am 23./24. 4. 1990, in: SPD-Bundestagsfraktion, 11. Wahlperiode, 2/BTFK000089.
119 Herta Däubler Gmelin im Deutschen Bundestag (Verhandlungen des Deutschen Bundestages, Stenographische Berichte, 11. Wahlperiode, 208. Sitzung, 27. 4. 1990, S. 164000).
120 Zur Einsetzung und Arbeit des Ausschusses vgl. Sabine Laue: Parlamentarische Opposition und deutsche Einheit. Zur Problematik »kooperativer Opposition«, dargestellt am Beispiel der Beratungen über die Verträge zur deutschen Einheit im Bundestag, Egelsbach, Köln, New York 1992, S. 75 – 107. Vgl. BT-Ausschuß Deutsche Einheit, Stenographischer Bericht, Konstituierende und 2. Sitzung, 11. Mai 1990, S. 5; Hans-Jochen Vogel, in: Die SPD im Deutschen Bundestag, Nr. 973, 9. Mai 1990; Peterson: Oppositionsstrategie, S. 123 ff.; zu den Ausschuss-Mitgliedern vgl. Vorlage für die Sitzung der Fraktion am 8. Mai 1990, 8. Mai 1990, in: AdsD, Bestand SPD-Bundestagsfraktion, Sign. 2/BTFK00091.
121 Vgl. Peterson: Oppositionsstrategie der SPD-Führung, S. 135 f; Klaus Dreher: Helmut Kohl. Leben mit Macht, Stuttgart 1998, S. 524 f.
122 Vgl. die Stellungnahme Hans-Jochen Vogels am 14. und 22. Mai 1990, in: Presseservice der SPD, Nr. 196/90, 14. 5. 1990; Nr. 206/90, 22. 5. 1990.

die generelle Frage einer Umweltunion und die Verhinderung ungünstiger Bestimmungen im Sozial- und Arbeitsrecht für die DDR im Vergleich zur Bundesrepublik. Hinzu kam eine Fülle von Detailfragen, die sich aus den Bestimmungen des Entwurfs zum Staatsvertrag in wirtschaftlicher, sozialer und rechtlicher Hinsicht für die DDR-Bürger ergab.

Westdeutschen Finanzexperten wie Politikern fiel es schwer, die wirtschaftliche Lage der DDR realistisch zu beurteilen und damit zu einer sachlich gerechtfertigten Entscheidung über den festzusetzenden Umtauschkurs zu kommen bzw. die Auswirkungen einer Währungsunion richtig einzuschätzen. Bei fast allen Beteiligten herrschte dabei eine zu positive Beurteilung der Wirtschaftskraft der DDR vor.[123] Schon bald wurde deutlich, dass sich das ökonomisch für sinnvoll Erachtete ohnehin nicht mit den Vorstellungen der Ostdeutschen in Einklang bringen ließ. Angesichts des sich abzeichnenden finanziellen Zusammenbruchs der DDR und bei Übersiedlerzahlen von ca. 2000 Personen pro Tag setzte sich zunehmend die Meinung durch, dass – ungeachtet der wirtschaftlichen Folgen – die Einführung der D-Mark so schnell wie möglich kommen müsse. Die Bundesrepublik würde die Kosten für die kollabierende DDR ohnehin aufbringen müssen.[124] Die »Schocktherapie« eines schlagartigen Übergangs zu D-Mark und Marktwirtschaft barg sowohl für die DDR wie für die Bundesrepublik erhebliche Gefahren. Eine 1:1-Umstellung hätte die überschuldeten Betriebe, deren Schulden zudem verdeckte Staatsschulden waren, in den Ruin getrieben, aber auch bei einer 2:1-Umstellung drohten sie an der Schuldenlast zugrunde zu gehen. Von der Umstellung der Sparguthaben, bei denen es sich wegen des mangelnden Warenangebots um einen Geldüberhang ohne realen Gegenwert handelte, drohte ein Inflationsschub auszugehen, der auch die Bundesrepublik gefährdete. Noch problematischer war die Umstellung bei den Löhnen. Auch wenn diese unter Westniveau lagen, war die Arbeitsproduktivität doch wesentlich niedriger als angenommen – wie sich später herausstellen sollte, lag sie »realiter bei 30, wenn nicht gar 20 Prozent«.[125] Allerdings hätte ein ungünstiger Umtauschkurs im Hinblick auf das Lohnniveau zu so niedrigen Einkommen geführt, dass dies wiederum die Übersiedlerzahlen dramatisch in die Höhe getrieben hätte.

Innerhalb der SPD waren die Meinungen über den Umtauschkurs geteilt. Oskar Lafontaine hielt – entsprechend seinen Vorstellungen von einer langsamen Annäherung der beiden Staaten – ursprünglich die Beibehaltung beider Währungen im Rahmen floatender und später fester Wechselkurse für richtig. Nach der Volkskammerwahl sah er allerdings keine Chance mehr für die Durchsetzung seiner Vorstellungen, lehnte aber auch danach die schlagartige Währungsumstellung ab und konnte sich

---

123 Vgl. Sturm: Uneinig in die Einheit, S. 393; Rödder: Deutschland einig Vaterland, S. 301; S. 357 f.; Gerhard A. Ritter: Der Preis der Einheit. Die Wiedervereinigung und die Krise des Sozialstaats, München 2006, S. 104 – 110.
124 Vgl. Manfred Görtemaker: Beginn der deutschen Einigung, in: Der Weg zur Einheit. Deutschland seit Mitte der achtziger Jahre. Informationen zur politischen Bildung, Heft 250, 1. Quartal 1996, S. 32 f.
125 Vgl. Rödder: Deutschland einig Vaterland, S. 301; Grosser: Das Wagnis, S. 170.

den 1:1-Umtausch allenfalls in begrenztem Rahmen für Sparguthaben vorstellen. Ähnlich wie die Finanzexperten und die Bundesbank befürchtete er Massenarbeitslosigkeit durch dramatische Verwerfungen für die DDR-Betriebe, die wegen des wegfallenden Preisvorteils ihre Produkte nicht mehr würden absetzen können. Dagegen sah die finanzpolitische Sprecherin der SPD-Bundestagsfraktion, Ingrid Matthäus-Maier, und der wirtschaftspolitische Sprecher, Wolfgang Roth, gerade in der Einführung der DM eine stabile Grundlage für die ohnehin am Boden liegende Wirtschaft der DDR. Matthäus-Maier hatte sich schon Anfang März im Bundestag für einen paritätischen Kurs bei Sparguthaben, Löhnen und Gehältern ausgesprochen. Andernfalls, so befürchtete sie, würde die DDR als Billiglohnland durch Lohndumping negative Auswirkungen auf die Bundesrepublik haben. Während Vertreter der Parteilinken bei einer raschen Währungsunion zusätzlich Vorbehalte hinsichtlich einer »Kolonisierung« der DDR hegten, gab es auch Stimmen, die vor dem Ausbruch sozialer Unruhen im Gefolge der Währungsunion warnten. Dagegen sprachen sich die Sozialdemokraten in der DDR aus sozialen und psychologischen Gründen für den 1:1-Umtausch aus.[126]

Welche psychologische Bedeutung der Umtauschkurs tatsächlich hatte, zeigte sich, als am 31. März 1990 ein Beschluss aus einer Sitzung des Zentralbankrats, an der auch Bundesfinanzminister Waigel teilnahm, mit Vorschlägen zur Währungsumstellung für die Bundesbank an die Presse gelangte. Danach sollten Geldbestände und Verbindlichkeiten im Verhältnis 2:1 umgestellt werden, Kleinsparerguthaben bis 2000 Mark 1:1, Löhne nach Aufstockung durch Teuerungszuschläge 2:1. Diese Nachricht entfesselte in der DDR, wo im Wahlkampf alle Parteien für einen 1:1-Kurs eingetreten waren, einen Sturm der Entrüstung. Auch die SPD in der Bundesrepublik warf dem Kanzler »dreisten Wahlbetrug« vor (Dokument Nr. 35), wobei Lafontaine allerdings die Hoffnung äußerte, dass sich die Bundesregierung nun in Richtung seiner Position bewegen würde.[127]

Nachdem Auszüge aus dem Entwurf des Staatsvertrags am 17. April in der »Frankfurter Rundschau« veröffentlicht worden waren, kritisierte Horst Ehmke, die DDR werde damit unter »westdeutsche Oberhoheit« gestellt. Zugleich mutmaßte er, die Nichterwähnung der sog. Anschub-Finanzierung für die Arbeitslosenversicherung, für die Renten, für die Infrastruktur und für die Umwelt hänge mit der Verschleierung der Kosten für die Einigung zusammen.[128] In einer gemeinsamen Sitzung der Präsidien der SPD in der Bundesrepublik und der DDR sowie der Geschäftsführenden Vorstände der SPD-Bundestagsfraktion und der Volkskammerfraktion am 22. April stellten die Sozialdemokraten aus der DDR klar, dass von Seiten der SPD nichts veranlasst werden dürfe, was die Einführung der DM »verhindere oder gar blockiere«

---

126 Vgl. Schuh: Die SPD (West), S. 263 f.; vgl. das Interview von Matthäus-Maier mit der »Frankfurter Rundschau«, abgedruckt in: Die SPD im Deutschen Bundestag, Nr. 801, 12. 4. 1990; Vgl. Sturm: Uneinig in die Einheit, S. 399.
127 Vgl. Grosser: Das Wagnis, S. 251 f.; Peterson: Oppositionsstrategie der SPD-Führung, S. 121.
128 Die SPD im Deutschen Bundestag, Nr. 811, 17. April 1990.

(Richard Schröder, Dokument Nr. 40). Zugleich machten sie aber auch deutlich, dass Korrekturen unbedingt erforderlich seien.[129] Insgesamt zeigte die Sitzung einen erheblichen Abstimmungs- und Klärungsbedarf zwischen den beiden Parteien.

Die inhaltlichen Bedenken der SPD waren vielfältig. So kritisierte Rudolf Dreßler, dass der Staatsvertrag hinter die Forderungen des Koalitionsvertrags der DDR-Regierung, aber auch die in der Bundesrepublik geltenden Sozialstandards im Bereich des Betriebsverfassungsgesetzes oder der Unfallversicherung zurückfalle. Er monierte zudem Formulierungen im Entwurf des Staatsvertrags, die mit dem Sozialismus-Verdikt zu sozialpolitischen Rückentwicklungen führen könnten (Dokument Nr. 40).[130] Die Umweltexperten der SPD-West und -Ost, Harald B. Schäfer und Reinhard Weiß, forderten in einer gemeinsamen Erklärung die Einheit von Wirtschafts-, Währungs-, Sozial- und Umweltunion.[131] Auch wurde von der SPD befürchtet, dass bei der Währungsumstellung die DDR-Rentner unter die Armutsgrenze fallen würden, wenn kein besonderer Ausgleich für ihre sehr niedrigen Renten geschaffen werde (vgl. auch Dokument Nr. 37).[132]

Am 2. Mai legte die Bundesregierung in Absprache mit der DDR-Regierung gegen den Widerstand der Bundesbank als Umtauschkurs für Löhne, Gehälter, Renten und Sozialleistungen 1:1 fest; Sparguthaben der DDR-Bürger wurden nach Lebensalter gestaffelt bei einem Betrag zwischen 2000 und 6000 Mark 1:1 umgetauscht, oberhalb dieser Grenzen im Verhältnis 2:1. Als Tag der Einführung der DM wurde der 1. Juli 1990 festgesetzt.[133] Am 18. Mai 1990 wurde der Staatsvertrag in Bonn unterzeichnet. Nicht geregelt wurden im Vertrag zur Währungsunion die noch offenen Vermögensfragen, die Errichtung einer Treuhandanstalt und die Frage der Finanzierung der Kosten für die deutsche Einheit. Am 21. Juni sollten die Parlamente der Bundesrepublik und der DDR dem Vertrag zustimmen; erforderlich war auch die einfache Mehrheit im Bundesrat.

Kanzlerkandidat contra Partei – das Ringen um das Einverständnis Lafontaines

Die SPD war in diesen Wochen nicht nur damit beschäftigt, gegenüber der Bundesregierung Änderungen und Verbesserungen im Vertragswerk durchzusetzen – sie stand zugleich vor einer der schwersten innerparteilichen Krisen der letzten Monate. Lafontaine war am 25. April 1990 bei einem Attentat in der Stadthalle Köln-Mülheim schwer verletzt worden und konnte sich zunächst nicht mehr an der politischen Diskussion beteiligen. Bei einem Gespräch zwischen Vogel und Lafontaine Mitte Mai machte der Partei- und Fraktionsvorsitzende deutlich, dass er eine Zustimmung der

---

129 Vgl. zu den Forderungen der SPD in der DDR z.B. den Überblick bei Rolf-Dietrich Schwartz: Mehr Rücksicht auf die DDR, in: Frankfurter Rundschau, 8. Mai 1990, Presseausschnitt in: AdsD, SPD-Bundestagsfraktion, 11. Wahlperiode, 2/BTFL000091.
130 Vgl. Peterson, Oppositionsstrategie der SPD-Führung, S. 125.
131 Die SPD im Deutschen Bundestag, Nr. 947. 4. 5. 1990.
132 Vgl. Peterson: Oppositionsstrategie der SPD-Führung, S. 129 f.
133 Vgl. Grosser: Das Wagnis, S. 288 f.; Manfred Görtemaker: Probleme der inneren Einigung, S. 47.

SPD zum Staatsvertrag nach Bemühungen um Verbesserungen im Vertragswerk für die beste Lösung hielt. Lafontaine habe, so Vogel in seinen Erinnerungen, darauf heftig reagiert und mit dem Rücktritt von der Kanzlerkandidatur gedroht, wenn er sich mit seinen Vorstellungen nicht durchsetzen könne. Die folgenden Wochen waren von zum Teil dramatischen Verhandlungen mit Lafontaine dominiert.[134] Im Bundestagsausschuss deutsche Einheit brachte die SPD am 16. Mai ein Positionspapier ein, das noch einmal die Hauptkritikpunkte bzw. -Forderungen der SPD bündelte und wiederum die Offenlegung der Kosten verlangte, die in Folge des Staatsvertrags entstehen würden. Betont wurde in diesem Papier jedoch auch, man reagiere »nicht mit Verweigerung« (Dokument Nr. 42).

Lafontaine hatte inzwischen zwar eingesehen, dass die Währungsunion nicht mehr zu verhindern war und es andernfalls in der DDR zu einem Chaos komme würde. Er verlangte aber ein Nein der SPD im Bundestag, ebenso im Bundesrat mit Ausnahme Hamburgs. Durch dieses Konstrukt sei sichergestellt, dass der Vertrag angenommen würde. Auf diese Weise sollte die alleinige Verantwortung der Bundesregierung für die zu erwartenden katastrophalen Folgen der Währungsunion betont werden. Auch diese Forderung war wieder mit der Drohung des Rücktritts von der Kandidatur verbunden.[135] Diese der Öffentlichkeit kaum vermittelbare Position stellte die SPD nun buchstäblich vor eine Zerreißprobe. In der Bundestagsfraktion zeichnete sich mehrheitlich Zustimmung zum Vertrag ab, die Schwesterpartei in der DDR reagierte auf den Vorschlag verständnislos. In dieser Situation sah sich der Parteivorstand am 21. Mai 1990 nach intensiver Diskussion (Dokument Nr. 43) veranlasst, zu erklären, man könne dem Vertragswerk »in der jetzt vorliegenden Fassung« nicht zustimmen (Dokument Nr. 44). Erneut wurden als Voraussetzung für eine Zustimmung Regelungen für den Strukturwandel der DDR-Wirtschaft, die Schaffung einer Umweltunion und die Heranziehung der Vermögen von Stasi, SED und Blockparteien für die Allgemeinheit verlangt, die »innerhalb oder außerhalb des Vertragstextes« verankert werden sollten (Dokument Nr. 44). Dieses Vorgehen wurde von einem Teil des Vorstandes nur widerwillig akzeptiert; es desavouierte überdies die SPD der DDR, die dem Vertrag in der vorliegenden Fassung schon zugestimmt hatte – ein Umstand, der von der CDU entsprechend aufgegriffen wurde.[136] Auch die Bundestagsfraktion »kochte vor Wut« über Lafontaines Bevormundungsaktion, der die Lage durch eine öffentliche Darlegung seiner Vorstellungen in einem »Spiegel«-Gespräch noch verschärfte.[137] Ende Mai bewegte sich die Bundesregierung in einer Reihe von Fragen auf die

---

134 Vgl. dazu und im Folgenden: Vogel: Nachsichten, S. 332 – 337; Peterson: Oppositionsstrategie der SPD-Führung, S. 140 – 155; Sturm: Uneinig in die Einheit, S. 399 – 417.
135 Vgl. Vogel: Nachsichten, S. 332 f.; Sturm: Uneinig in die Einheit, S. 408 ff.
136 Vgl. Peterson: Oppositionsstrategie der SPD-Führung, S. 147 f.; vgl. dazu auch SPD-Bundestagsfraktion. Protokoll der Fraktionssitzung vom 22. Mai 1990, in: AdsD, SPD-Bundestagsfraktion, 11. Wahlperiode, 2/BTFK000093.
137 Vgl. Ehmke: Mittendrin, S. 428; vgl. »Eine eminente Fehlentscheidung«. Spiegel-Gespräch mit SPD-Kanzlerkandidat Lafontaine über die Währungs- und Wirtschaftsunion mit der DDR, in: Der Spiegel, Nr. 22, 28. Mai 1990, S. 26 – 29.

SPD zu, so durch das Angebot des Kanzlers im Ausschuss »Deutsche Einheit«, über Änderungen in Form von »Amendments« zu verhandeln. Am 23. Mai vereinbarten Kohl und Vogel ein Spitzengespräch; seit dem 29. Mai liefen im Kanzleramt Gespräche, die von führenden Repräsentanten beider Parteien und in Arbeitsgruppen geführt wurden. Kohl hatte erkannt, dass eine Stärkung der Position des kooperationswilligen SPD-Partei- und Fraktionsvorsitzenden die Position des auf Ablehnung bestehenden Lafontaine nur schwächen konnte.

In den Arbeitsgruppen sollten bis zum 12. Juni die von der SPD kritisierten unzureichenden Bestimmungen beim Umweltschutz, bei den Hilfen für den Übergang der DDR-Wirtschaft in die Marktwirtschaft sowie zur Verhinderung des Missbrauchs der Umtauschregelungen verhandelt werden. Aus der SPD-Fraktion kamen eindeutig zustimmende Signale, wobei auch die Erwartung zum Ausdruck kam, dass dies von Lafontaine nicht ignoriert werden würde. Dieser sorgte jedoch durch seine Ankündigung, dass er die Kanzlerkandidatur niederlegen würde, am 5. Juni erneut für Turbulenzen. Erst am 10. Juni, nach einem Gespräch zwischen Vogel, Björn Engholm, Reinhard Klimmt und Lafontaine, war klar, dass es bei der Kandidatur bleiben würde. In diesem Zusammenhang kam es zu zusätzlichen Irritationen, als in einer Gesprächsrunde in Saarbrücken der Gedanke aufkam, Lafontaine als »Kompensation« für den Verzicht auf seine Abstimmungsvorgaben die Übernahme des Parteivorsitzes auf dem für September geplanten Vereinigungsparteitag der beiden sozialdemokratischen Parteien anzubieten – Diskussionen, die wiederum den Parteivorsitzenden Vogel, der sich in den Verhandlungen mit Lafontaine, wie er rückblickend schrieb, »an der Grenze meiner Selbstachtung« bewegte, zusätzlich verletzen mussten (vgl. auch Dokument Nr. 49).[138] In einem weiteren Spitzengespräch am 12. Juni gelang es der SPD schließlich, zusätzliche Verbesserungszusagen für den Staatsvertrag durchzusetzen, so bei der Kurzarbeiterregelung, den Einfuhrsondersteuern zum Schutz von Konsumgütern in der DDR, bei der Rentenüberleitung und dem Umweltschutz. Ein Papier der Arbeitsgruppe »Deutsche Einheit« der SPD-Bundestagsfraktion lieferte eine detaillierte Gegenüberstellung der ursprünglichen Formulierungen im Vertragsentwurf, der Forderungen der SPD und der endgültigen Bestimmungen im Staatsvertrag. Die Abänderungen, die sich im Laufe des gesamten Verhandlungs- und Diskussionsprozesses über das Vertragswerk in den vorangegangenen Wochen ergeben hatten, reichten von Qualifizierungsmaßnahmen für Arbeitslose über die Aufnahme von Bestimmungen des bundesdeutschen Umweltrechtes und der Abschaltung einzelner Blöcke des Kernkraftwerks Greifswald bis zu Kontrollmöglichkeiten bei der Kontenumstellung.[139]

---

138 Vgl. Vogel: Nachsichten, S. 335; Ehmke: Mittendrin, S. 429.
139 Vgl. Zusammenstellung der Forderungen der SPD zum »Vertrag über die Schaffung einer Währungs-, Wirtschafts- und Sozialunion zwischen der Bundesrepublik Deutschland und der Deutschen Demokratischen Republik und die erreichten Ergebnisse, 13. 6. 1990, in: AdsD, SPD-Parteivorstand, Ordner Parteivorstandsprotokolle 21. 5. 1990.

Am 14. Juni 1990 gab der SPD-Parteivorstand eine abschließende Erklärung zum Staatsvertrag ab. Nach Auflistung der eingetretenen Verbesserungen, der weiterhin bestehenden Mängel und der Kritik am Vorgehen des Bundeskanzlers wurde die Bereitschaft erklärt, »das jetzt vorliegende Vertragswerk in Kraft treten zu lassen«. Verbunden sei damit allerdings »keine Zustimmung zum Verfahren des Bundeskanzlers, zur völlig unzureichenden Vorbereitung der Währungsunion und zum Inhalt des Staatsvertrages in allen seinen Bestandteilen« (Dokument Nr. 46). Hans-Jochen Vogel wiederholte diese Feststellung noch einmal ausdrücklich in seinem Redebeitrag anlässlich der Abstimmung im Deutschen Bundestag am 21. Juni 1990 (Dokument Nr. 47). Bei der Abstimmung votierten aus der SPD-Bundestagsfraktion 25 Abgeordnete gegen den Staatsvertrag. 24 von ihnen legten dazu eine gemeinsame Begründung vor (Dokument Nr. 48). Der Bundesrat stimmte dem Staatsvertrag am 22. Juni mit den Gegenstimmen von Niedersachsen und Saarland zu.

Ein Thema, das weiter aktuell blieb, war die Frage der Finanzierung der deutschen Einheit. Bundeskanzler Kohl suggerierte nachhaltig, dass niemand wegen der deutschen Vereinigung auf etwas verzichten müsse.[140] Zu diesem Zeitpunkt war allerdings bereits klar, dass die Kosten der Einheit sehr viel höher sein würden, als die Bundesregierung dies zunächst in ihren optimistischen Voraussagen über die wirtschaftliche Entwicklung angenommen hatte. Im Frühjahr 1990 ging sie noch davon aus, dass die Kosten für die Einheit aus den Sozialproduktzuwächsen der dynamisch sich entwickelnden Wirtschaft der Bundesrepublik und aus dem Wachstumsimpuls, der sich aus dem Einigungsprozess selbst und der Einführung der DM in der DDR ergeben würde, finanziert werden könnten. Zum Zeitpunkt der Vertragsunterzeichnung Mitte Mai 1990 war klar, dass das Haushaltsdefizit der DDR größer war als ursprünglich angenommen. Dennoch wurde dies nicht als besonders gravierend angesehen, da die Bundesregierung davon ausging, dass bald private Investitionen in großem Umfang in die DDR getätigt würden und außerdem die Treuhand durch ihre Tätigkeit Einnahmen aus den Privatisierungen haben würde. Die Hauptfinanzierung sollte der »Sonderfonds Deutsche Einheit« leisten, der zunächst mit 115 Milliarden DM ausgestattet wurde. Die Gelder kamen zum geringeren Teil aus Einsparungen des Bundes, zum größten Teil handelte es sich um von Bund, Ländern und Gemeinden aufzunehmende Kredite. Diese Maßnahmen erwiesen sich jedoch schon im Sommer 1990 als völlig unzureichend. Nach dem 1. Juli brach die Wirtschaft der DDR so massiv ein, dass mit einem finanziellen Kollaps gerechnet werden musste. Nachdem Ende Juni eine Notfallreserve für die DDR in Höhe von 8 Milliarden eingeplant wurde, stieg der geschätzte Bedarf Anfang August auf 79 Milliarden. Diese Kosten stiegen durch Zusagen des Einigungsvertrages an die Länder weiter. Dennoch blieb die Regierungskoalition weiterhin bei ihrer Aussage, die deutsche Einheit sei ohne Steuererhöhungen zu finanzieren.[141]

---

140 Vgl. Rödder: Deutschland einig Vaterland, S, 363.
141 Vgl. Rödder: Deutschland einig Vaterland, S. 357 – 359.

In der Frage der Finanzierung der Einheit gingen die SPD und die sozialdemokratisch regierten Länder immer wieder aufs Neue in die Offensive, ohne allerdings befriedigende Antworten von der Regierung zu erhalten. Frühzeitig gab es Warnungen vor dem Griff in die Sozialkassen.[142] In einem Entschließungsantrag der SPD-Bundestagsfraktion am 27. April 1990 wurde die Regierung aufgefordert, »unverzüglich konkrete Angaben über die Höhe der Verpflichtungen und ihre Deckung vorzulegen«. Am gleichen Tag mahnte Herta Däubler-Gmelin die Regierung im Bundestag, endlich die Kosten offen zu legen.[143] Grundsätzliche Kritik galt dabei der Finanzierung des Fonds Deutsche Einheit »auf Pump« – durch Neuverschuldung – anstelle von Einsparungen. Dabei wurde allerdings – auch von sozialdemokratischer Seite – das volle Ausmaß des erforderlichen Finanzvolumens noch unterschätzt.[144] Zur Finanzierung sollten nach Auffassung der Sozialdemokraten Mehreinnahmen bei den Steuern reserviert werden, ferner wurde die Bundesregierung aufgefordert, Subventionsabbau z.B. bei beim Mineralölverbrauch zu betreiben, auf die Senkung von Unternehmenssteuern zu verzichten, das DDR-Vermögen sowie das Vermögen der Blockparteien mit heranzuziehen und vor allem die Rüstungsausgaben zu senken. Der Verteidigungsetat könne – so Ingrid Matthäus-Maier – von 54 Milliarden in der nächsten Legislaturperiode auf unter 40 Milliarden heruntergefahren werden. Der Verzicht auf Neuanschaffungen bei Waffen- und Abwehrsystemen, vor allem beim Jäger 90, zählte zu den immer wieder genannten Sparvorschlägen (Dokument Nr. 38, Nr. 41).[145] Dies bot sich umso mehr an, als durch die Reformen in den Staaten des Warschauer Pakts und laufende Verhandlungen im Rahmen der KSZE eine grundlegende Änderung in der sicherheitspolitischen Lage zu erwarten war.

Die Diskussion über den Einigungsvertrag

Auch die Verhandlungen über den zweiten Staatsvertrag, der am 31. August unterzeichnet und am 20. September 1990 von den beiden Parlamenten und einen Tag später vom Bundesrat ratifiziert wurde, standen unter Zeitdruck. DDR-Ministerprä-

---

142 Vgl. z.B. die Stellungnahmen von Helmut Wieczorek und Günther Heyenn (Die SPD im Deutschen Bundestag, Nr. 768, 4. 4. 1990, Nr. 785, 9. 4. 1990) und Rudolf Dreßler (ebenda, Nr. 1219, 1. Juni 1990); ders. in: ebenda, Nr. 1238, 5. Juni 1990.
143 Vgl. Die SPD im Deutschen Bundestag, Nr. 905, 27. 4. 1990; Verhandlungen des Deutschen Bundestages, 11. Wahlperiode, Stenographische Berichte, Bd. 153, 208. Sitzung, S. 16401.
144 Vgl. Ingrid Matthäus-Maier: DDR-Sonderfonds: Deutsche Einheit auf Pump, in: Die SPD im Deutschen Bundestag, Nr. 1051, 16. Mai 1990; vgl. dies.: Steuerschätzung beweist: 95 Mrd. DM neue Schulden für die DDR nicht notwendig, ebenda, Nr. 1075, 17. Mai 1990.
145 Vgl. Wolfgang Roth: DDR-Strukturanpassung durch Verzicht auf Unternehmenssteuersenkung finanzieren, in: Die SPD im Deutschen Bundestag, Nr. 1114, 22. Mai 1990; Ingrid Matthäus-Maier am 23. Mai 1990 im Deutschen Bundestag, ebenda, Nr. 118, 23. Mai 1990; Heinz Westphal: SED/PDS- und STASI-Vermögen zur Finanzierung des deutschen Einigungsprozesses endlich mit heranziehen, in; ebenda, Nr. 1125, 24. Mai 1990; Ingrid Matthäus-Maier, ebenda, Nr. 1276, 13. Juni 1990; Walter Kolbow, ebenda: Nr. 1305, 19. Juni 1990; Erwin Horn, ebenda, Nr. 1322, 20. Juni 1990. Bundestagsentschließung der SPD in: ebenda, Nr. 1343, 21. Juni 1990.

sident Lothar de Maizière wie auch die SPD in der Regierungskoalition der DDR und die West-SPD traten für ein gemäßigteres Tempo bei den Verhandlungen ein, doch ließen die großen wirtschaftlichen Probleme der DDR bald wieder den Zusammenbruch noch vor dem Beitritt befürchten. Mit dem Einigungsvertrag sollten die rechtlichen und politischen Grundlagen für den Beitritt der DDR geschaffen werden, dazu zählten Änderungen im Grundgesetz, die Rechtsangleichung, die Übertragung des Sozialrechts und der politisch-institutionellen Strukturen auf die DDR und die neuen Bundesländer, eine gesamtdeutsche Finanzverfassung und eine Vielzahl anderer rechtlicher Voraussetzungen für die Vereinigung. Zwar hätte der Prozess der Rechtsangleichung auch durch eine Überleitungsgesetzgebung nach Beitritt der DDR stattfinden können, doch sprachen psychologische und praktische Gründe dafür, einen Vertrag unter zwei Partnerstaaten auszuhandeln. Anders als bei der Währungsunion war dafür im Bundestag eine grundgesetzändernde Zweidrittelmehrheit erforderlich, so dass es auch der Regierung zweckmäßig erscheinen musste, die Opposition von Anfang an mit einzubeziehen; zugleich spielten die von den Auswirkungen des Vertrags gleichfalls betroffenen Länder mit sozialdemokratischer Mehrheit im Bundesrat eine wichtige Rolle. Nachdem die Länder über die unzureichende Einbindung beim ersten Staatsvertrag verärgert waren, pochten sie nun umso mehr auf Beteiligung. So formulierten die sozialdemokratisch geführten Länder z.B. zu Beginn der dritten Verhandlungsrunde gemeinsam mit der Bundestagsfraktion ihre grundsätzliche Kritik und setzten ein Treffen des Bundeskanzlers mit dem SPD-Partei- und Fraktionsvorsitzenden am 26. August 1990 durch.[146]

Für die SPD ging es bei der Diskussion vor allem um die Frage der Finanzausstattung von Ländern und Gemeinden, die offenen Vermögensfragen, die Aufnahme von Staatszielen in die Verfassung, die Anwendung eines Volksentscheids nach Artikel 146 Grundgesetz sowie um eine Regelung für die in beiden Staaten unterschiedliche Rechtslage bei der Frage des Schwangerschaftsabbruchs.

Einer der strittigsten Punkte war die Frage des Eigentums an Grund und Boden bzw. die Behandlung der in der DDR vollzogenen Enteignungen. Während die Enteignungen in der sowjetischen Besatzungszone zwischen 1945 und 1949 mit dem Hinweis auf die Haltung der Sowjetunion nicht angetastet werden sollten[147], ging die

---

146 Vgl. dazu und im Folgenden: Jäger: Die Überwindung der Teilung, S. 478 – 525; Schuh: Die SPD (West) im Einigungsprozess, S. 287 – 307; Rödder: Deutschland einig Vaterland, S. 292 – 295; Peterson: Die Oppositionsstrategie der SPD-Führung, S. 185 – 209; Sturm: Uneinig in die Einheit, S. 419 – 432; Bericht Hans-Jochen Vogels in der Fraktionssitzung am 29. August 1990: SPD-Fraktion im Deutschen Bundestag. Protokoll der Fraktionssitzung vom 29. August 1990, in: AdsD, SPD-Bundestagsfraktion, 11. Wahlperiode, 2/BTFK000102.

147 Michail Gorbatschow bestritt später, dass dies eine nicht zu hinterfragende sowjetische Bedingung war (vgl. Michail Gorbatschow: Wie es war. Die deutsche Wiedervereinigung, Berlin 1999, S. 122 – 124). Zwar gab es entsprechende sowjetische Stellungnahmen. Nach Rödder (Deutschland einig Vaterland, S. 329) hatte die Bundesregierung die sowjetischen Äußerungen akzeptiert, ohne sie durch die Aufstellung gegenteiliger Forderungen in Frage zu stellen bzw. besondere Verhandlungen darüber zu führen. Die DDR-Regierung hatte bereits zu erkennen gegeben, dass sie nicht zur Revision der Bodenreform bereit war, und auch die Bundesregierung befürchtete für diesen Fall kaum

Bundesregierung für die nach 1949 nach DDR-Recht vollzogenen Enteignungen von dem Grundsatz »Rückgabe vor Entschädigung« aus. Die SPD hatte schon am ersten Staatsvertrag kritisiert, dass die für Investitionen so wichtige Frage nicht eindeutig geklärt worden war und auch Vorkehrungen gegen die zu erwartende Bodenspekulation fehlten. In den nun laufenden Verhandlungen forderte die SPD der Bundesrepublik gemeinsam mit der SPD-Ost in Umkehr des von der Bundesregierung verfolgten Grundsatzes, für enteignetes Grundvermögen Entschädigungen zu zahlen und Naturalentschädigung auszuschließen. Dies wurde auch von den Vertretern der sozialdemokratischen Bundesländer gefordert. Ein Entschließungsantrag der SPD-Bundestagsfraktion vom 23. August 1990 begründete die Forderung mit dem Hinweis auf »Rechtssicherheit für die dringend notwendigen Investitionen in der DDR«.[148] Damit wurde auch den Ängsten der DDR-Bürger Rechnung getragen, die eine Vertreibung aus ihren Häusern und Wohnungen durch Alteigentümer im größeren Umfang befürchteten. Der DDR-Unterhändler Günther Krause schloss sich den in der DDR populären Forderungen der SPD an. Dennoch blieb die Bundesregierung bei ihrem Kurs, machte allerdings Konzessionen für den Fall, dass Grundstücke oder Gebäude für Investitionen benötigt würden; außerdem wurden Ausnahmen vom Prinzip der Rückerstattung vor Entschädigung sowie der Begriff des unredlichen Eigentums definiert (Dokument Nr. 54). Auch die Mahnungen der SPD in bezug auf das Parteivermögen der SED und der Blockparteien zeigten Wirkung (ebenda). Die Zustimmung der SPD zum Einigungsvertrag wurde auch durch die Erhaltung des Art. 146 und die Offenhaltung einer späteren Volksabstimmung erleichtert (ebenda).

Zu den Punkten des Vertrags, die am meisten umkämpft waren, zählte die Abtreibungsregelung. Während in der Bundesrepublik die Indikationslösung (Abtreibung im Fall einer ärztlich bescheinigten sozialen, medizinischen oder eugenischen Notlage) galt, gab es in der DDR eine Fristenlösung (uneingeschränktes Recht zum Schwangerschaftsabbruch in den ersten drei Monaten). Hier war klar, dass die Parteien und die Regierung der DDR nicht bereit waren, das westdeutsche Recht zu übernehmen, wie dies von der CDU-West angestrebt wurde (Dokument 49). Während die CDU/CSU für eine Übergangsfrist das »Wohnortprinzip« durchsetzen wollten, nach dem sich westdeutsche Frauen, die in den neuen Bundesländern einen Schwangerschaftsabbruch vornehmen ließen, strafbar machen würden, trat die SPD für das »Tatortprinzip« ein, nach dem Schwangerschaftsabbrüche in der ehemaligen DDR während der dort geltenden Frist straffrei waren. Die Debatte um den § 218 wurde mit großer Erregung geführt, nicht zuletzt unter dem Eindruck des Memminger Abtreibungsprozesses von 1988/89, der aufgrund der gesamten Begleitumstände zu einem Kesseltreiben gegen die als Zeuginnen vorgeladenen Frauen geriet und heftige Diskussionen

---

überschaubare Restitutionen und schwierige juristische Auseinandersetzungen (ebenda, S. 330).Vgl. dazu die Darstellung bei Hanns Küsters: Einscheidung für die deutsche Einheit, in: Hanns Jürgen Küsters/Daniel Hofmann (Bearb.): Deutsche Einheit. Sonderedition aus den Akten des Bundeskanzleramtes 1989/90. Dokumente zur Deutschlandpolitik, München 1998, mit abweichender Interpretation.

148 Vgl. Die SPD im Deutschen Bundestag, Nr. 1726, 23. August 1990, S. 2.

über den Abtreibungsparagraphen hervorgerufen hatte.[149] Da sich die FDP in dieser Frage auf die Seite der SPD stellte (die als letzten Ausweg ein Überleitungsgesetz vorschlug) wurde schließlich ein Kompromiss gefunden, nach dem das Recht der DDR zwei Jahre lang weitergelten und in diesem Zeitraum eine gesamtdeutsche Lösung vorbereitet werden sollte. Sollte dies nicht geschehen, würde im Gebiet der früheren DDR die Fristenregelung weitergelten (Dokument Nr. 54).

Nicht durchsetzen konnte sich die SPD mit ihren Vorstellungen zur finanziellen Ausstattung der Länder und Gemeinden (wobei hier auch die SPD-regierten Bundesländer sich »eher zögerlich«[150] verhielten) und bei der Stellung der Kommunen in der Energieversorgung – hier war schon im August 1990 von der Treuhandanstalt mit drei westdeutschen Energie-Unternehmen ein Energievertrag abgeschlossen und im September von der Volkskammer gebilligt worden, der die Stromproduzenten zu Gebietsmonopolisten machte und die Möglichkeit der Beteiligung der DDR-Kommunen an der Energieversorgung massiv einschränkte (vgl. Dokument 54).[151]

Auch während der Verhandlungen zum Einigungsvertrag kam es zu krisenhaften Zuspitzungen. Am 15. August entließ DDR-Ministerpräsident de Maizière den sozialdemokratischen Finanzminister Walter Romberg, der in den Verhandlungen eine abweichende Meinung beim Länderfinanzausgleich vertreten und überdies mehrfach auf Milliardendefizite im DDR-Haushalt hingewiesen hatte. Die SPD-Fraktion der Volkskammer, in der sich ohnehin Unmut über die Regierungsarbeit angestaut hatte, entschloss sich am 20. August zum Ausstieg aus der Koalition. Zwischenzeitlich wurde ein Beitritt der DDR zur Bundesrepublik zum 15. September ohne vertragliche Regelung ins Gespräch gebracht.[152] Auch wenn Hans-Jochen Vogel und der Vorsitzende der SPD-Ost, Wolfgang Thierse, am 27. August damit drohten, dass die Einheit auf dem Weg der Überleitungsregelung hergestellt werden müsse, falls die Bundesregierung ihre Verweigerungshaltung gegenüber den Forderungen der SPD nicht aufgebe (Dokument Nr. 53) – letzten Endes war das »Druckpotential« der SPD auch beim Zweiten Staatsvertrag begrenzt und die Drohung mehr »taktisch« motiviert.[153]

Während die SPD am 20. September bei der Abstimmung über den Einigungsvertrag im Deutschen Bundestag bei einer Enthaltung geschlossen für den Vertrag stimmte, votierten dreizehn Unionsabgeordnete dagegen – einige von ihnen, weil sie gegen die liberale Regelung des Schwangerschaftsabbruchs oder die Bestimmungen zu den Vermögensfragen waren, die anderen, weil sie die Streichung des Artikel 23 des Grundgesetzes und damit die Festschreibung der Oder-Neiße-Grenze als polnische

---

149 Gisela Friedrichsen: Abtreibung – Der Kreuzzug von Memmingen, Frankfurt am Main 1991; vgl. Petra Schramm: Durch das Urteil gegen Dr. Theissen nicht einschüchtern lassen. Zu den Konsequenzen aus dem Memminger Abtreibungs-Prozeß, in: Sozialdemokratischer Pressedienst, 1989/90, 12. 05. 1989, S. 3.
150 Vogel: Nachsichten, S. 342
151 Vgl. Vogel: Nachsichten, S. 342; Priewe/ Hickel: Der Preis der Einheit, 51 f.
152 Vgl. Sturm: Uneinig in die Einheit, S. 429 f.; Peterson: Oppositionsstrategie der SPD-Führung, S. 196.
153 Vgl. Vogel: Nachsichten, S. 341.

Westgrenze ablehnten. Eine von Abgeordneten der CDU/CSU eingereichte Klage beim Bundesverfassungsgericht war zuvor abgelehnt worden.[154]

Die Auseinandersetzung um den Wahlvertrag

Bei den bevorstehenden Bundestagswahlen gingen die Meinungen auseinander, ob es bei dem schon 1989 auf den 2. Dezember 1990 festgesetzten Termin bleiben sollte, ob getrennte Wahlen in der Bundesrepublik und der DDR sinnvoll oder bereits gesamtdeutsche Wahlen möglich waren oder diese auf 1991 verschoben werden sollten. Die SPD sprach sich – unterstützt von der SPD der DDR – im Sommer 1990 dafür aus, an Wahlen im Dezember festzuhalten und die Wahlen nach einem einheitlichen Wahlrecht mit einer Fünfprozent-Sperrklausel für das gesamte Wahlgebiet durchzuführen, da alle anderen Regelungen Raum für Manipulationen böten (vgl. Dokument Nr. 47, Nr. 49). Dies richtete sich insbesondere gegen den von Innenminister Schäuble favorisierten Plan, vor dem Beitritt der DDR getrennte Wahlen auf der Grundlage von zwei verschiedenen Wahlrechten mit jeweils eigenen Sperrklauseln abzuhalten. Die SPD argwöhnte, dass dies dazu dienen sollte, in der DDR neben der von der CSU protegierten DSU auch die PDS besser zu stellen und damit die SPD zu schwächen. Dagegen hoffte die SPD, dass bei bestehender gemeinsamer Fünf-Prozent-Hürde die kleineren Reformgruppen zur SPD tendieren würden. Am 3. August einigten sich die Regierungen der Bundesrepublik und der DDR auf eine einheitlich geltende Fünf-Prozent-Klausel, die ausnahmsweise nur für diese Wahl durch die Möglichkeit von erweiterten Listenverbindungen auch den kleineren Parteien gerecht werden sollte. Das Bundesverfassungsgericht erklärte diese Regelung für verfassungswidrig; die neue Regelung sah daher eine auf das jeweilige Wahlgebiet bezogene Fünf-Prozent-Klausel vor. Für den Wahltag brachte Lothar de Maizière wegen des drohenden Zusammenbruchs der DDR den 14. Oktober ins Spiel und erreichte damit zunächst die Zustimmung Kohls; unmittelbar vor dem Wahltermin sollte die Volkskammer den Beitritt zur Bundesrepublik erklären. Dies hätte allerdings eine vorzeitige Auflösung des Bundestags erfordert. Die SPD, die mit der SPD-Ost inzwischen den 15. September als Beitrittstermin anstrebte, lehnte dies ab, da sie darin eine Manipulation zugunsten der Wahlchancen der CDU sah. Sie ging davon aus, dass sich die Folgen der überstürzten Währungsunion umso deutlicher zeigen würden, je mehr Zeit verstrichen war. Mit dem frühzeitigen Beitrittstermin konnte sich die SPD nicht durchsetzen. Für den Wahltermin blieb es schließlich beim 2. Dezember 1990.[155]

---

154 Vgl. dazu die Erklärungen in: Verhandlungen des Deutschen Bundestages, 11. Wahlperiode, Stenographische Berichte, Bd. 154, Sitzung vom 20. September 1990, S. 17932 – 17950.
155 Vgl. Schuh: Die SPD (West) im Einigungsprozess, S. 281 – 287; Jäger: Die Überwindung der Teilung, S. 471 – 477. Vgl. auch SPD-Bundestagsfraktion. Protokoll der Fraktionssitzung am 8. August 1990, S. 2 – 7, in: AdSD, SPD-Bundestagsfraktion, 11. Wahlperiode, 2/BTFK000099.

Die außenpolitischen Aspekte der deutschen Einigung

Die Herstellung der deutschen Einheit war nicht allein Angelegenheit der Deutschen in der Bundesrepublik und der DDR. Im Deutschlandvertrag vom Oktober 1954 übertrugen die westlichen Siegermächte der Bundesrepublik die staatliche Souveränität – ausgenommen davon waren die Berlinfrage, Deutschland als Ganzes und die Frage der Wiedervereinigung. Andererseits enthielt der Vertrag als Ziel ein wiedervereinigtes Deutschland mit einer freiheitlich-demokratischen Verfassung, integriert in die europäische Gemeinschaft. Die Sowjetunion, die 1948 den Alliierten Kontrollrat verlassen hatte, übertrug ihrerseits der DDR Souveränitätsrechte, eingeschränkt natürlich durch die Breschnjew-Doktrin. Nach dem Fall der Mauer fand am 11. Dezember 1989 ein von Gorbatschow initiiertes Gespräch mit Vertretern der westlichen Mächte statt. Die Bundesrepublik ihrerseits legte großen Wert darauf, dass die anstehenden Verhandlungen mit den ehemaligen Siegermächten als »Zwei plus Vier«-Verhandlungen geführt wurden.

Die am Horizont auftauchende deutsche Vereinigung löste nicht nur bei der Sowjetunion Vorbehalte aus. Auch Frankreich und Großbritannien, machten aus ihrer Abneigung gegen ein vereintes Deutschland zunächst keinen Hehl. Dazu trug nicht zuletzt Kohls Zehn-Punkte-Programm vom 28. November bei. Während die britische Regierungschefin Margaret Thatcher vor allem sicherheitspolitische Bedenken hegte, und eine internationale Destabilisierung durch einen möglichen Sturz Gorbatschows im Gefolge der deutschen Wiedervereinigung mit dramatischen Folgen für Osteuropa fürchtete, gab es in Frankreich Bedenken wegen der zu erwartenden ökonomischen und politischen Dominanz eines vereinten Deutschland. Allerdings war die französische Haltung weniger rigide, da sie mehr auf die Einbindung Deutschlands in Europa vertraute. George Bush sr., der amerikanische Präsident, betrachtete die Entwicklung in Deutschland realistisch-wohlwollend, nannte als Bedingungen für eine Wiedervereinigung neben der Forderung nach einem ergebnisoffenen, nicht überstürzten Prozess die Unverletzlichkeit der Grenzen in Europa und eine Zugehörigkeit des vereinten Deutschland zur NATO und zur Europäischen Gemeinschaft. Die schwierigste Größe bei der außenpolitischen Absicherung des Einigungsprozesses war die Sowjetunion. Ihre Truppen standen in der DDR, sie konnte nach wie vor auf der Ausübung ihrer Vier-Mächte-Rechte bestehen. In Moskau wurden Kohls »Zehn Punkte« als Affront empfunden und eine Wiedervereinigung Deutschlands zunächst abgelehnt.[156]

Doch schon Anfang 1990 zeigten sich Veränderungen in der sowjetischen Haltung. Bei einem Besuch von Bundeskanzler Kohl in Moskau im Februar fiel Gorbatschows entscheidender Satz, »dass die Deutschen ihre Wahl selbst treffen müssten«.[157] Allerdings bestand der sowjetische Partei- und Regierungschef zunächst auf Bündnisneutralität des vereinten Deutschland. Bei einem Treffen zwischen Kohl und Bush in Camp David Ende Februar 1990 wurde die westliche Verhandlungsposition gegen-

---

156 Vgl. Weidenfeld; Außenpolitik für die deutsche Einheit, S. 31 f.; Rödder: Deutschland einig Vaterland, S. 147 – 163; S. 226 – 264.
157 Vgl. Rödder: Deutschland einig Vaterland, S. 199.

über Moskau – die Beibehaltung der NATO-Mitgliedschaft Deutschlands – festgelegt. Dies war allerdings zunächst eine Position, die weder in der Bundesrepublik noch in der DDR unumstritten war. Der DDR-Ministerpräsident Modrow hatte sich für die deutsche Einigung im Rahmen bündnispolitischer Neutralität ausgesprochen. Für viele Sozialdemokraten war die Zugehörigkeit eines vereinten Deutschland zur NATO schlichtweg unvorstellbar; am vehementesten wurde diese Meinung Heidemarie Wieczorek-Zeul vertreten (Dokument Nr. 33, Nr. 35).[158] Im Zuge des Helsinki-Prozesses schien der schrittweise Ausbau eines europäischen Sicherheitssystems, das an die Stelle der bestehenden militärischen Bündnisse treten sollte, eine konsensfähige Lösung (Dokument Nr. 27, Nr. 35, Nr. 35 b). Doch gab es im Frühjahr 1990 auch andere Stimmen, so die Meinung von Norbert Gansel oder Willy Brandt, die vor einem vorzeitigen Ausscheiden aus der NATO warnten (Nr. 35, Nr. 40).

Der Prozess der internationalen Verständigung über den Status Gesamtdeutschlands wurde durch die Ereignisse in der DDR, aber auch durch die Furcht der deutschen Regierung vor einem Machtverlust Gorbatschows beschleunigt, durch den »das Fenster der Gelegenheit« wieder zugeschlagen worden wäre.[159] Dieser Zeitdruck wurde von der Bundesregierung innenpolitisch als Rechtfertigung der Beschleunigung des Einigungsprozesses instrumentalisiert. In der DDR fand die NATO-Mitgliedschaft Gesamtdeutschlands auch bei der Regierung de Maizière und dem sozialdemokratischen Außenminister Markus Meckel wenig Gegenliebe. Bei den Zwei-plus-Vier-Gesprächen konnte sich die DDR mit ihren Vorstellungen jedoch nicht durchsetzen – die wesentlichen Kontakte verliefen zwischen Washington, Moskau und Bonn. Zum entscheidenden Durchbruch in der Bündnisfrage kam es bei dem amerikanisch-sowjetischen Gipfel in Washington am 31. Mai 1990, wo Gorbatschow Deutschland zum ersten Mal das Recht zugestand, seine Bündniszugehörigkeit frei zu wählen. Auf dem Gipfeltreffen Kohls und Gorbatschows im Kaukasus im Juli 1990 wurde diese Option konkretisiert. Langwieriger waren die Verhandlungen über die anschließend auszuhandelnden Verträge, insbesondere zum sowjetischen Truppenabzug und die damit verbundenen Kosten.[160]

Am 12. September wurde schließlich der Zwei-plus-Vier-Vertrag unterzeichnet, am 12. Oktober der Abzugsvertrag und das Überleitungsabkommen und am 9. November der deutsch-sowjetische Partnerschaftsvertrag. Der Zwei-plus-Vier-Vertrag beendete völkerrechtlich die Nachkriegszeit, bestätigte die Grenzen Deutschlands, den deutschen Verzicht auf ABC-Waffen, legte die Obergrenze der Zahl der Streitkräfte fest, regelte den sowjetischen Truppenabzug und enthielt Vereinbarungen über die künftige Truppenstationierung auf dem Gebiet der ehemaligen DDR. Bis zuletzt allerdings galt, dass zwar der durch die bevorstehende deutsche Einigung erzeugte Zeitdruck durch die außenpolitischen Rahmenbedingungen mit bedingt war; es bestand

---

158 Vgl. Schuh: Die SPD (West) im Einigungsprozeß, S. 315 – 319.
159 Vgl. Rödder: Deutschland einig Vaterland, S. 227.
160 Rödder: Deutschland einig Vaterland, S. 255 – 264; Weidenfeld: Außenpolitik für die deutsche Einheit, S. 613 – 620.

aber zugleich die Gefahr, dass gerade dieser Zeitdruck die Spannungen, die innerhalb der zerfallenden Sowjetunion existierten und durch Zugeständnisse an Deutschland zusätzlich verschärft wurden, die Position Gorbatschows schwächten und ihn zu Fall bringen konnten, bevor die Vertragsverhandlungen abgeschlossen waren (vgl. auch Dokument Nr. 48).[161]

Die Kontroverse um die Anerkennung der polnischen Westgrenze

Die nachhaltigsten Irritationen traten während des Zwei-plus-Vier-Prozesses bei einem Thema auf, das auch innenpolitisch immer wieder zu Auseinandersetzungen geführt hatte: die Anerkennung der Oder-Neiße-Grenze. Die polnische Regierung unter Ministerpräsident Tadeusz Mazowiecki bestand auf Garantien für den deutschpolnischen Grenzverlauf und wünschte eine völkerrechtlich verbindliche Regelung noch vor der deutschen Einigung. In der Praxis war die Frage spätestens seit dem von der sozial-liberalen Koalition ausgehandelten Warschauer Vertrag von 1970 geregelt; dort wurde die polnisch-deutsche Grenze anerkannt und der Verzicht auf jegliche Gebietsansprüche erklärt. Aus politisch-taktischen Gründen wurde von den Unionsparteien jedoch immer wieder darauf verwiesen, dass erst ein souveränes Deutschland in der Lage sei, eine abschließende völkerrechtlich gültige Festlegung zu treffen. Dabei wurde zum einen Rücksicht auf die Vertriebenenverbände genommen; zum anderen wurde die offizielle Festlegung als Verhandlungsmasse in der Auseinandersetzung um einen definitiven Verzicht Polens auf Reparationsansprüche und bei den Vereinbarungen über die Rechte der deutschen Minderheit in Polen gesehen. Diese von Kohl verfolgte Linie nahm wenig Rücksicht auf die tiefsitzenden Ängste auf polnischer Seite. Willy Brandt richtete auf dem Berliner Programmparteitag der SPD im Dezember 1989 an die Adresse der Union die Warnung, dass der »wahltaktische Umgang mit der Ostgrenze« zu den wesentlichen »Steinen im Rucksack« gehöre, die den Deutschen den Weg in die Einheit versperren könnten (Dokument Nr. 29). In ihrem Berliner Programm legten die Sozialdemokraten ausdrücklich fest, was eigentlich selbstverständlich war, aber zur Abgrenzung gegenüber der Union wichtig erschien: »Die Westgrenze Polens ist endgültig.«[162] Auch in anderen Dokumenten wurde immer wieder darauf hingewiesen (Dokument Nr. 35 a, Nr. 36).

Im Januar 1990 griff die SPD im Bundestag eine Anregung der Bundestagspräsidentin Rita Süßmuth (CDU) vom Dezember 1989 auf und stellte den Antrag, dass im Anschluss an die demokratische Wahl der Volkskammer in der DDR die beiden deutschen Regierungen und die beiden Parlamente eine gemeinsame Erklärung zur Endgültigkeit der polnischen Westgrenze abgeben sollten, ohne dies mit dem Vorbehalt einer friedensvertraglichen Regelung zu verknüpfen. Dieser Antrag war für die

---

161 Vgl. Rödder: Deutschland einig Vaterland, S. 270 ff.
162 Grundsatzprogramm der Sozialdemokratischen Partei. Beschlossen vom Programm-Parteitag der Sozialdemokratischen Partei Deutschlands am 20. Dezember 1989 in Berlin, in: Protokoll vom Programm-Parteitag Berlin 18. – 20. 12. 1989, Bonn o. J. [1990], S. 14.

Regierung Kohl unbequem, da Außenminister Hans-Dietrich Genscher (FDP) und die Freien Demokraten die Position des Kanzlers in der Frage der polnischen Westgrenze nicht billigten; nur ein »Geschäftsordnungstrick« verhinderte die Eskalation.[163] In den nächsten Wochen sorgten die polnischen Forderungen nach Abschluss eines Friedensvertrags vor der Herstellung der deutschen Einheit und nach der Beteiligung Polens am Zwei-plus-Vier-Prozess für Auseinandersetzungen. Internationaler Druck, vor allem von Seiten Frankreichs, stützte die Position Polens. Auch Genscher zeigte Interesse für den Plan. Kohl blieb jedoch aus wahltaktischen Rücksichten auf den rechten Rand der Union bei seiner Ablehnung des Friedensvertragsplans. Hingegen griff er nun den Gedanken einer gleichlautenden Erklärung von Bundestag und Volkskammer zur polnischen Westgrenze auf, verknüpfte diese jedoch am 2. März 1990 mit der Forderung nach einem polnischen Reparationsverzicht und der Frage der Stellung der deutschen Minderheit in Polen. Auf der Grundlage einer solchen Erklärung der Parlamente sollte dann ein Vertrag zwischen der gesamtdeutschen Regierung und der polnischen Regierung geschlossen und vom gesamtdeutschen Parlament ratifiziert werden. Dieser Vorschlag hatte international eine »verheerende Wirkung«.[164] In der SPD herrschte Entsetzen über den Vorstoß des Kanzlers (Dokument Nr. 35).

Im Gegensatz zum Kurs des Bundeskanzlers und zu dessen Missfallen nahm die neue DDR-Regierung den Mazowiecki-Plan in ihre Koalitionsvereinbarung auf; der sozialdemokratische Außenminister Markus Meckel stattete im April 1990 Warschau einen Besuch ab und bekräftigte die Haltung der DDR-Regierung. SPD-West und -Ost sprachen sich über gemeinsame Erklärungen von Volkskammer und Bundestag zur polnischen Westgrenze ab (Dokument Nr. 40). Die Volkskammer verabschiedete zunächst eine eigene Erklärung zur Unantastbarkeit der Oder-Neiße-Grenze und zur Notwendigkeit der vertraglichen Regelung durch eine gesamtdeutsche Regierung. Am 21. und 22. Juni 1990 verabschiedeten der Deutsche Bundestag und die DDR-Volkskammer dann eine übereinstimmende Erklärung über den Verlauf der Grenze zwischen dem vereinten Deutschland und Polen – ohne jegliches »Junktim« – und bekräftigten die Absicht, dies durch einen völkerrechtlichen Vertrag festzulegen (vgl. Dokument Nr. 47). Nach weiteren Verhandlungen wurde schließlich am 14. November 1990 der Grenzvertrag mit Polen unterzeichnet.[165]

Die Vereinigung der beiden sozialdemokratischen Parteien

Noch vor der Vereinigung der beiden deutschen Staaten sollte es zum Zusammenschluss der sozialdemokratischen Parteien kommen. In einer gemeinsamen Sitzung von Geschäftsführendem Fraktionsvorstand der SPD-Bundestagsfraktion und dem

---

163 Vgl. zu den Einzelheiten: Weidenfeld: Außenpolitik für die deutsche Einheit, S. 481 f.; Redebeitrag Horst Ehmkes in der Bundestagssitzung am 18. Januar 1990, in: Verhandlungen des Deutschen Bundestages, 11. Wahlperiode, Stenographische Berichte, 188. Sitzung vom 18. Januar 1990, Bd. 152, S. 14515 f.; Schuh: Die SPD (West) im Einigungsprozeß, S. 311.
164 Vgl. Weidenfeld: Außenpolitik für die deutsche Einheit, S. 487 f.
165 Vgl. Schuh: Die SPD (West) im Einigungsprozeß, S. 312.

Präsidium der SPD, an der auch führende Sozialdemokraten aus der DDR teilnahmen, wurde vereinbart, die Vereinigung der Parteien unabhängig vom staatlichen Einigungsprozess »umgehend« anzustreben (Dokument Nr. 45). Eine gemeinsame Kommission zur Vorbereitung der Vereinigung trat zum ersten Mal am 17. Juni 1990 in Ost-Berlin zusammen. Trotz gegenteiliger Stimmen setzte sich die Auffassung durch, dass keine Urabstimmung erforderlich (oder erwünscht) sei, da es sich nicht um den Zusammenschluss rivalisierender Parteien handle (Dokument Nr. 49). Aufgrund der geringen Mitgliederzahl der SPD-Ost hätten ihr nach den Bestimmungen des Parteistatuts nur ca. 16 von 500 Delegierten zugestanden. Um mehr »Chancengleichheit« herzustellen, schlug das Präsidium als Verteilungsschlüssel 100 Delegierte (von 500) vor, plus 41 Parteivorstandsmitglieder West und 34 Parteivorstandsmitglieder Ost (Dokument Nr. 49). Neuwahlen der Führungsgremien waren nicht vorgesehen. Es sollten 10 Vertreter der SPD der DDR in den Vorstand aufgenommen werden; außerdem sollten aus der Schwesterpartei ein vierter stellvertretender Vorsitzender und ein weiteres Präsidiumsmitglied kommen. Sowohl die Entscheidung in der Frage der Urabstimmung wie auch die zu eventuellen Vorstandsneuwahlen waren nicht unumstritten; in der Diskussion schwangen jedoch noch die Nachwirkungen der Spekulationen um den Parteivorsitz der Gesamt-SPD mit. Wolfgang Thierse, der als Vertreter der SPD-Ost anwesend war, hätte Neuwahlen vorgezogen, konzedierte jedoch, dass auch die Partei in der DDR »an einem Wiederaufleben des Personenstreites um die Führung der Partei« kein Interesse habe (Dokument Nr. 49).

Die ostdeutsche Partei wählte auf ihrem letzten Parteitag am 26. September als Vorstandmitglieder Regine Hildebrandt, Reinhard Höppner, Käte Woltemath, Angelika Barbe, Ibrahim Böhme, Karl-August Kamilli, Harald Ringstorff, Irene Ellenberger, Thomas Schmidt sowie Wolfgang Thierse für das Amt des stellvertretenden Parteivorsitzenden. Alle Gewählten wurden auf dem Vereinigungsparteitag bestätigt. Prominente Persönlichkeiten aus der Zeit der Parteigründung der SDP schafften den Sprung in den Vorstand allerdings nicht mehr oder waren – wie Markus Meckel – gar nicht erst aufgestellt worden.[166] Der Vereinigungsparteitag fand nach den zwei getrennten Parteitagen der beiden Schwesterparteien am 27./28. September im Internationalen Congress Centrum (ICC) in Berlin statt.[167] Am 27. September wurde der Zusammenschluss der beiden Parteien vollzogen oder – wie der Parteivorsitzende Hans-Jochen Vogel in seiner Rede feststellte – man gründe sich nicht neu, man fusioniere auch nicht, wie dies andere Parteien täten, man stelle einfach fest: »Der Zustand, der 1946 durch die Zwangsvereinigung geschaffen worden ist, hat sein Ende gefunden.« (Dokument Nr. 57)[168] Am folgenden Tag wurde Oskar Lafontaine zum Kanzlerkandidaten der vereinten Partei gewählt.

---

166 Vgl. Sturm: Uneinig in die Einheit, S. 380; Protokoll vom Parteitag der SPD (Ost) in Berlin. Internationales Congress Centrum (ICC), 26. September 1990, Bonn o.J. [1990], S. 128–137.
167 Protokoll vom Parteitag Berlin 27.–28. 9. 1989, Bonn o. J. [1990]
168 Vgl. auch das auf dem Parteitag beschlossene Manifest: Sozialdemokratische Partei Deutschlands (Hrsg.): Manifest zur Wiederherstellung der Einheit der Sozialdemokratischen Partei Deutschlands. Beschlossen am 27. September 1990 in Berlin, Bonn, 1990, S. 1.

Mit der Vereinigung der beiden deutschen Staaten am 3. Oktober 1990 endete eine der ereignisreichsten Phasen der neueren deutschen Geschichte. Am 4. Oktober 1990 trat der erste gesamtdeutsche Bundestag zusammen, dem nun 144 Abgeordnete der ehemaligen Volkskammer angehörten. Der stellvertretende SPD-Parteivorsitzende Wolfgang Thierse nannte dieses denkwürdige Ereignis, das sich ein Jahr zuvor noch niemand hätte vorstellen können, denn auch »Anlaß zu staunender Freude« (Dokument Nr. 58).

Auch aus parteipolitischer Sicht war das Jahr 1989/90 für die SPD ein bewegendes Jahr. Allerdings sollte sich herausstellen, dass es nicht mehr möglich war, dort anzuknüpfen, wo die Zwangsvereinigung mit der SED 1946 die Tradition abgeschnitten hatte. Der SPD sollte es nicht gelingen, den hoffnungsvollen Neuanfang, den mutige Oppositionelle mit der SDP-Gründung 1989 initiiert hatten, in Wählerstimmen umzusetzen. Die Bundestagswahlen im Dezember 1990 brachten der SPD eine Niederlage. Die Strategie des Kanzlerkandidaten, der gehofft hatte, dass die wirtschaftlichen Folgen der Währungsunion und die rasant anwachsende Arbeitslosigkeit in den neuen Bundesländern als Folge des Kurses des Bundeskanzlers gewertet und der SPD Wähler bringen würden, war gescheitert. Dass dies auch die »Quittung« für die oft widersprüchliche Politik der SPD im Einigungsprozess war, ist nicht zu verkennen.

SPD und deutsche Einheit

Nach Jahrzehnten einer wegweisenden Ost- und Deutschlandpolitik, die einen wesentlichen Beitrag zur Entspannungspolitik in Europa geleistet, Verbesserungen im deutsch-deutschen Verhältnis erreicht und dazu beigetragen hatte, dass die Frage der Einheit der Nation auf der Tagesordnung blieb, geriet die SPD 1989 in eine Phase kontroverser Diskussionen über den einzuschlagenden Kurs. Dabei war die Ausgangslage im Herbst 1989 für die Sozialdemokratie durchaus positiv: Mit Willy Brandt verfügte sie über einen Ehrenvorsitzenden, dem gerade von den Bürgerinnen und Bürgern in der DDR große Sympathien entgegengebracht wurden. Mit der neugegründeten SDP standen frühzeitig unverbrauchte politische Kräfte als Ansprechpartner in der DDR zur Verfügung.

Bei der innerparteilichen Diskussion ging es zunächst um die Frage der Form, um Zeitpunkt und Tempo der Herstellung der deutschen Einheit, im Frühjahr und Sommer 1990 vor allem um die Frage der Währungsunion und den Einigungsvertrag. Dabei ist nicht zu verkennen, dass es einigen Mitgliedern der Spitzengremien der Partei im Herbst 1989 zunächst schwer fiel, sich auf die neue Situation und die Dynamik der Entwicklung in der DDR einzustellen. Die Frage, ob das Vertragswerk zur Währungsunion – bei aller Kritik an einzelnen Punkten – von der SPD mitgetragen werden sollte, oder ob sich die Partei, wie von Lafontaine gefordert, durch ein Nein im Bundestag davon distanzieren sollte, stand im Mittelpunkt der Auseinandersetzungen im Sommer 1990. Angesichts der Tragweite der anstehenden Entscheidungen und der unterschiedlichen Einschätzungen der wirtschaftlichen Lage in der DDR sowie der zu erwartenden Folgen der Währungsunion waren Einwände gegen den Vertrag sorgfältig zu prüfen. Die Diskussion der inhaltlichen Fragen wurde jedoch vom spektakulären Auftreten des Kanzlerkandidaten überdeckt.

Die Ursachen für die innerparteilichen Verwerfungen in den Jahren 1989/90 lagen – wie in der Forschungsliteratur mehrfach analysiert – in unterschiedlichen politischen Positionen wie auch in mentalen und generationsbedingten Prägungen, die gerade im Hinblick auf die Frage der Nation und den Weg zur deutschen Einheit zum Ausdruck kamen. Auch die Beziehungen zum jeweiligen Aufgabengebiet, z.B. das deutschlandpolitische Engagement im Bundestag oder in Arbeitsgruppen der Parteigremien, spielten eine Rolle. Von Bedeutung war ferner, dass sich die SPD-Führungsgremien in besonderem Maße den Oppositionskräften in der DDR, und insbesondere den Sozialdemokraten dort, verpflichtet fühlten. Darin unterschieden sie sich vom Bundeskanzler, dessen Beziehungen zu den Oppositionellen in der DDR distanziert waren, und von dem diese sich im Umgang nicht selten »gedemütigt« fühlten.[169] Die Rücksichtnahme auf die Willensbildung in der DDR und nicht zuletzt in der SDP bzw. SPD der DDR war unumgänglich; sie verführte die Partei aber auch dazu, die durch die Uneinigkeit in den eigenen Reihen erschwerte Klärung ihrer Position im Einigungsprozess hinauszuzögern oder vieles in der Schwebe zu lassen, wobei jedoch auch deutlich wurde, dass eine konsequente Austragung der Differenzen die Partei vor große Probleme gestellte hätte.

Mehrfach allerdings machte die SPD Ansätze, den Weg zur deutschen Einheit durch eigene Vorschläge mitzugestalten. Dies galt für Hans-Jochen Vogels Fünf-Punkte-Plan zur deutschen Einheit, der von dem prominenter platzierten Kohlschen Zehn-Punkte-Plan verdrängt wurde, wie für die von Ingrid Matthäus-Maier und anderen frühzeitig vorgetragenen Vorschläge zur Währungs-Union. Die Konfrontations-Strategie des Kanzlerkandidaten der SPD stellte die Partei hingegen vor schwere Belastungen. Sie stand im Gegensatz zu den Bemühungen des Partei- und Fraktionsvorsitzenden Hans-Jochen Vogel, der mit Blick auf die Besonderheit des deutschen Einigungsprozesses mehrfach eine Kooperation zwischen Regierung und Opposition anstrebte, ohne deswegen auf grundsätzliche Kritik am Umgang des Bundeskanzlers mit dem Prozess der deutschen Einheit oder auf die Durchsetzung notwendig erscheinender Korrekturen im Vertragswerk zu verzichten. Dass die Handlungsfähigkeit der SPD trotz der innerparteilichen Kontroversen erhalten blieb, war nicht zuletzt der Integrationsleistung ihres Parteivorsitzenden zu verdanken, der seit Herbst 1989 immer wieder durch die oft mühselige Herausarbeitung konsensfähiger Positionen zur Stabilisierung der SPD beitrug.

Auf außenpolitischem Gebiet gab es in der SPD mehr Skrupel als bei den Unionsparteien gegen eine allzu robuste Durchsetzung der deutschen Interessen im Einigungsprozess; man hielt ein sensibleres Eingehen auf die Bedenken der Nachbarstaaten für angebracht. Die Vorstellung von einer zeitgleichen Verwirklichung der deutschen Einheit im Rahmen der europäischen Integration erwies sich allerdings bei der

---

169 Vgl. Rödder: Deutschland einig Vaterland, S. 190 f.

Dynamik der Entwicklung in der DDR nicht als realistische Alternative. Mit Blick auf die schwierige innenpolitische Lage in der Sowjetunion und im Bewusstsein der von Deutschland verursachten Katastrophe des Zweiten Weltkriegs hielt man es für unverantwortlich, durch den deutschen Einigungsprozess in der Sowjetunion politische Verwerfungen zu produzieren oder die Gefühle der polnischen Seite zu verletzen. Unterschiede zur Politik der Bundesregierung zeigten sich insbesondere bei der Frage der Anerkennung der polnischen Westgrenze, wo das Taktieren des Bundeskanzlers und seine Rücksichtnahme auf Vertriebenenverbände und weiter rechts stehende Kreise in der Union zu nicht unerheblichen Irritationen bei den Verhandlungen führten.

Das Ziel der SPD, die Einheit sozial zu gestalten und vor allem die Arbeitslosigkeit für die Menschen in der DDR so gering wie möglich zu halten, stand bei den Auseinandersetzungen über die Staatsverträge im Mittelpunkt. Bei den unter großem Zeitdruck geführten Verhandlungen zum Ersten und Zweiten Staatsvertrag gelang es der SPD, in einer Reihe von Punkten Nachbesserungen durchzusetzen. Dabei konnte sie von zwei Seiten agieren: durch die aus ihren Reihen an die Bundesregierung gerichteten Forderungen, aber auch durch die Bemühungen der in der DDR-Regierung vertretenen SPD-Ost (so bei den Mindestrenten, dem Betriebsverfassungsgesetz, der Sozialplanregelung, dem Kündigungsschutz und der Streichung eines Passus' über die Zulässigkeit der Aussperrung). Darüber hinaus vermochte sie generell, die Diskussion um die Vertragsinhalte durch Problematisierung einzelner Bestimmungen direkt und indirekt zu beeinflussen. Zu den positiven Resultaten der hartnäckigen Auseinandersetzung um sozialere Lösungen rechnete die SPD beim Ersten Staatsvertrag u.a. die erreichten Regelungen zur Erhaltung überlebensfähiger Betriebe, die weitgehende Anpassung der Umweltschutzvorschriften der DDR an die der Bundesrepublik, die Heranziehung der Vermögen von PDS und Blockparteien für Zwecke der Allgemeinheit und die Vorkehrungen zur Verhinderung spekulativer Gewinne im Zuge der Währungsunion, die der SPD allerdings nicht rigoros genug waren. Beim Einigungsvertrag und den in dessen Umfeld getroffenen Vereinbarungen waren es vor allem die Regelung des § 218, die Ausnahmeregelungen beim Prinzip der Rückerstattung von Vermögenswerten, die Bestimmungen zur Rückerstattung von Vermögenswerten von in der NS-Zeit verfolgten Personen und Vereinigungen, die Regelungen bei der Frage der Parteivermögen und die Offenhaltung eines Prozesses nach Art. 146 GG einschließlich der Anempfehlung einer späteren Volksabstimmung.

Gegenüber dem Bundeskanzler, der den Ostdeutschen raschen Wohlstand und den Westdeutschen die Verschonung von finanziellen Belastungen versprach, war die SPD mit ihren unbequemen Nachfragen und Forderungen an die Gestaltung des Vertragswerks in einer ungünstigeren Position. Zudem wurden die Ergebnisse der Verhandlungen von der Auseinandersetzung über die Taktik und Konfrontationsstrategie des sozialdemokratischen Kanzlerkandidaten überlagert. Dennoch hat die SPD erreicht, was für sie als Oppositionspartei unter dem bestehenden hohen Zeitdruck und im Rahmen des vom Bundeskanzler dominierten Einigungsprozesses, der die Opposition möglichst wenig beteiligen wollte, überhaupt durchsetzbar war.

DOKUMENTE

I. Wieder auf der Tagesordnung: Die Frage der deutschen Einheit

Dokument Nr. 1
Erhard Eppler am 17. Juni 1989 im Deutschen Bundestag zum Selbstbestimmungsrecht der Deutschen, zur Frage der deutschen Einheit und zur Situation in der DDR

Verhandlungen des Deutschen Bundestages, 11. Wahlperiode, Stenographische Berichte, Bd. 149, Gedenkstunde am 17. Juni 1989, S. 11296 – 11301

Herr Bundespräsident! Verehrte Frau Präsidentin! Meine Damen und Herren!

Ich bedanke mich für die Gelegenheit, zum Deutschen Bundestag zu sprechen, dem ich 15 Jahre anzugehören die Ehre hatte, und ich bedanke mich für das ungewohnte, belastende Privileg, zu Parlamentariern zu sprechen, die mir nicht sofort antworten können. Ich will mich bemühen, dieses Privileg nicht zu mißbrauchen. Ich stehe, wenn dies gewünscht wird, in den nächsten Wochen allen Fraktionen dieses Hauses zur Diskussion zur Verfügung.

Ich freue mich, daß ich vor Ihnen das Thema wieder aufgreifen darf, das mich vor vier Jahrzehnten in die Politik getrieben hat, das über Nacht wieder drängender, brisanter geworden ist und uns mehr denn je verbindliches Reden abverlangt. Wir haben schrille Töne aus Ländern gehört, denen wir uns freundschaftlich verbunden wissen. Verwundert und verwirrt sehen wir uns mit Angstträumen konfrontiert, die mit unseren Hoffnungen nichts zu tun haben. Ein Gesamtdeutschland, dem Westen abgewandt, der europäischen Bindung müde, im Bunde mit der Sowjetunion auf dem Weg zur ökonomischen Hegemonie in Zentral- und Osteuropa, ein Viertes Reich aus der Asche der NATO erstehend – solche **Befürchtungen** sind offenbar auf einem anderen Stern angesiedelt als unsere **Hoffnungen**. (Beifall) Sie haben auch nichts zu tun mit dem Willen derer, die heute vor 36 Jahren auf die Straße gingen.

Wie kommen ernsthafte Kommentatoren ausgerechnet jetzt zu solchen Visionen? Jetzt, am Ende der achtziger Jahre, lockern sich überall ideologische Bindungen, nationale Bindekräfte und Antriebskräfte werden wirksamer. Der Marxismus-Leninismus hat nationale Konflikte nicht überwinden, er hat sie nur aufstauen können. Polen und Ungarn besinnen sich auf ihre nationalen Traditionen. Nationale Spannungen drohen Jugoslawien zu sprengen. Die baltischen Völker pochen auf Eigenständigkeit. Nationale Konflikte am Kaukasus und am Kaspischen Meer streifen den Rand des Bürgerkrieges. Es brechen also auch nationale Gegensätze auf, die schon in den Nationalstaaten des letzten Jahrhunderts angelegt waren. Das gilt auch für Westeuropa, für Flamen und Wallonen, Schotten und Iren, Basken und Bretonen.

Ich teile die Meinung derer, für die es in einer Welt der Ozonlöcher, der sterbenden Meere und Wälder Wichtigeres gibt als nationale Wünsche oder gar Vorurteile. (Beifall) Aber wir werden auch das menschenwürdige Überleben aller nur erreichen, wenn wir die ganze Wirklichkeit, also auch **nationale Realitäten** im Blick haben.

Roman Herzog hat vor einem Jahr an dieser Stelle Martin Walser so interpretiert, daß »eine gewisse Identifizierung mit dem Volk, in das man hineingeboren ist, zu den natürlichen Bedürfnissen und Regungen der meisten Menschen gehöre«. Ich füge hinzu: Wo solche Identifikation verwehrt wird oder misslingt, können andere, gefährlichere das emotionale Vakuum füllen, wie wir sie bei Jugendsekten oder auch in Fußballstadien beobachten. Die Alternative zu nationalen Loyalitäten ist keineswegs die uneingeschränkte Herrschaft der Vernunft. Neu – und für mich ermutigend – ist, daß nationale **Identifikation** sich heute nicht mehr notwendig an Nationalstaaten festmachen, auch nicht auf den Nationalstaat zielen muß, daß sie oft an weit ältere Bindungen anknüpft. Es könnte sogar sein, daß die europäischen Nationalstaaten von zwei Seiten her erodieren: von der Europäischen Gemeinschaft her und, gewissermaßen von unten, von den regionalen Traditionen, Sprachen, Dialekten und Kulturen her. (Beifall) Daher tun wir gut daran, uns wie Roman Herzog an Ernest Renans pragmatischen Begriff von Nation zu halten. **Nation als »plébiscite de tous le jours«**, das sagt längst nicht alles, was zum Thema Nation zu sagen wäre. Aber es verweist auf das politisch Entscheidende: Zu einer Nation gehört, wer sich dazu bekennt, solange er sich dazu bekennt.

Nation ist nichts Unzerstörbares, Nationen werden und vergehen, aber eben nicht durch Beschlüsse von Gipfelkonferenzen oder gar Parteitagen. (Beifall) Bezogen auf uns Deutsche: Zu unserer Nation gehört, wer sich dazugehörig fühlt. Und dieses Gefühl, zusammenzugehören, ist nach wie vor lebendig, in der DDR sogar stärker als in dieser Republik.

Es gibt einen Unterschied zwischen dem, was heute etwa im Baltikum oder in Jugoslawien brodelt, und dem, was in Deutschland geschehen könnte. Ob Slowenen, Serben und Kroaten in einem Staate leben wollen, ist allein ihre Sache. Die Wände, die sie allenfalls zwischen sich aufrichten können, berühren nicht die Statik des europäischen Hauses. Die häßliche Wand aus Eisen und Beton, die durch Deutschland gezogen wurde, hat mehr mit der Statik dieses europäischen Hauses zu tun, als uns lieb ist. Wer sie abreißen will, muß die Statik des ganzen Hauses neu durchrechnen, möglicherweise das ganze Haus um bauen. Was aus Deutschland wird, interessiert alle Europäer. So wie wir unsere Nachbarn bitten müssen, zur Kenntnis zu nehmen, daß die Deutschen noch immer tagtäglich füreinander votieren, so dürfen wir Deutschen keinen Augenblick vergessen: Es gibt wesentlich mehr **Europäer**, die an der **Teilung** Deutschlands festhalten wollen, als solche, die mit dem **politischen System der DDR** sympathisieren. Natürlich hat die Existenz der DDR etwas mit den Sicherheitsinteressen der Sowjetunion zu tun, unabhängig davon, wer sie regiert. Die Abneigung der Polen gegen eine gemeinsame Grenze mit einem gesamtdeutschen Staat wird nicht in dem Maße abnehmen, wie der katholische Einfluß auf die polnische Politik zunimmt. (Heiterkeit)

Und was wir aus Frankreich, Italien oder Großbritannien hören, deutet nicht darauf hin, daß man die ohnehin labile Balance in Westeuropa gestört sehen will. Auch in den Vereinigten **Staaten** ziehen einflußreiche Gruppen jede Form der deutschen Teilung jeder Form der Einheit vor.

Trotzdem scheint sich in der **Führung der DDR** so etwas wie **Existenzangst** breitzumachen. Auch das ist nur allzu verständlich. Polen oder Ungarn sind tausend Jahre älter als die dort herrschenden Staatsparteien. Die DDR ist nicht älter als die SED, sondern jünger. Die Existenz der DDR wurde und wird begründet in der Sprache der Staatspartei, in sozialen, ideologischen, nicht nationalen Kategorien. Perestroika in einer DDR, die immer dem natürlichen Sog des größeren, reicheren, freieren deutschen Staates ausgesetzt sein wird, ist in der Tat schwieriger und gefährlicher als anderswo. Sie ist riskanter, aber eben nicht weniger nötig. (Lebhafter Beifall)

Wir dürfen uns nicht wundern, wenn jetzt, wo nationale Wellen über Europa hinwegziehen, unsere Nachbarn wieder darüber rätseln, was wir Deutschen wollen. Wir haben bisher nicht präzise und detailliert genug sagen können, was in Deutschland geschehen soll, wenn der Eiserne Vorhang rascher als erwartet durchrostet. Vielleicht werden wir es nie so genau sagen können, daß dies alle beruhigt. Aber eines können wir heute schon sagen: Es gibt zwischen allen politischen Kräften dieses Hauses in der Deutschlandpolitik mehr Konsens als Kontroverse, auch wenn dieser Konsens notwendig stiller und unauffälliger ist als der Streit. Jedenfalls erscheint mir, was ich jetzt auflitse, als **Konsens** einer überwältigenden Mehrheit der demokratischen Kräfte:

Erstens. Die Deutschen haben, wie alle Völker, ein **Recht auf Selbstbestimmung**. Es ist nicht verwirkt, auch nicht durch das, was Deutsche Europa angetan haben.

Zweitens. Dieses Recht ordnen wir den **Erfordernissen des Friedens** unter. Diese haben immer Priorität. Was die Deutschen wieder näher zusammenbringen soll, muß dem Frieden in Europa dienen, ihn fördern; es darf ihn nicht gefährden. (Beifall)

Drittens. Wir treiben **Deutschlandpolitik** als Europäer, **in europäischer Verantwortung**. Wir wollen mit unseren Nachbarn ein Europa bauen, in dem die Deutschen wieder zusammenrücken können.

Viertens. Dies schließt einen deutschen Sonderweg aus. Bündnisfreiheit, Neutralität war ein Thema der frühen fünfziger Jahre. Es hat sich erledigt durch die normative Kraft des Faktischen.

Fünftens. Wo wir in Potentialen denken, in ökonomischen, politischen oder gar militärischen, denken wir europäisch. Die Zeiten nationaler Machtpolitik in Europa sind für uns unwiderruflich zu Ende. (Beifall)

Sechstens. **Freiheit** geht vor **Einheit**. Das hat für alle Fraktionen dieses Hauses immer bedeutet, daß Einheit in Unfreiheit nicht in Frage kommt. Aber es heißt heute auch: Mehr freie Entfaltung und Mitsprache für die Menschen in der DDR begrüßen wir auch dann, wenn sie deren Loyalität zum anderen deutschen Staat stärken und damit diesen Staat stabilisieren. (Beifall)

Auch die Bauarbeiter in der Stalinallee wollten zuerst einmal mehr Freiheit und menschlichere Arbeits- und Lebensbedingungen.

Siebtens. Wir sind ein durch und durch **westliches Land** geworden. Unsere politische Kultur ist und bleibt westlich geprägt. Auch wer unter uns überzeugt ist, daß unsere Demokratie noch längst nicht am Ende ihrer Möglichkeiten ist, pocht auf den westlichen Wertekatalog. Wo **neue Bewegungen** gegen Naturzerstörung oder Rüstungswahn demonstrieren, tun sie dies in den Formen westlicher Bürgerrechtsbewegungen.

Achtens. Die Geschichte hat uns Deutschen keine besondere Mission verliehen, aber die Geographie stellt uns vor besondere Aufgaben. Wir wandern nicht zwischen beiden Welten, aber die beiden **Blöcke**, mögen sie für die Supermächte den Reiz überschaubarer Einflußzonen haben, sind für uns als Mitteleuropäer nur ein **zeitweise notwendiges Übel**. (Beifall — Zuruf: Nicht akzeptabel!)

Neuntens. Die NATO ist gegründet worden, damit vor allem die Westeuropäer so leben können, wie sie leben wollen. Eine Überwindung der Blöcke, die eben dies sicherstellt und möglicherweise den übrigen Europäern endlich die Chance eben dazu gibt, ist für uns kein Schreckbild, sondern die Rückkehr zur europäischen Normalität. (Beifall)

Zehntens. Wenn die beiden Teile Europas zusammenwachsen, müssen auch die beiden Teile Deutschlands zusammenwachsen, aber eben so, daß das Zusammenwachsen Europas dadurch nicht gestört oder gar blockiert wird.

Wenn all dies - bei Unterschieden in der Interpretation - politischer Konsens ist, aus dem natürlich die Rechtsradikalen herausfallen, dann fragt sich, was wir falsch gemacht haben, wenn jetzt das Gespenst eines hegemoniesüchtigen deutschen Nationalstaats neu belebt werden kann.

Vielleicht hat dies zu tun mit dem Abstand zwischen **Grundsatzerklärungen** und Fernzielen auf der einen, der **praktischen Politik** auf der anderen Seite. Diese Kluft hat es immer gegeben, aber sie ist heute gefährlicher als früher. Es gab Zeiten, da ließ man die Deutschen deklamieren, weil man sicher war, daß daraus keine politische Realität würde. Es lohnte sich nicht, zu widersprechen: Zustimmung, wenn Ablehnung gesichert. (Heiterkeit)

Diese Zeiten sind vorbei. Das Gespenst der gesamtdeutschen Großmacht geht um, und nicht nur in Europa.

Niemand kann die **deutsche Zukunft** so auf dem Reißbrett entwerfen, daß kein Raum für Zweifel und Argwohn bliebe. Wie soll unser Verhältnis zur DDR in einem gesamteuropäischen Sicherheitssystem beschaffen sein? Wie könnte eine deutsche Föderation innerhalb einer europäischen aussehen?

Von daher verstehe und respektiere ich die Mitglieder dieses Hauses, die reinen Tisch machen, das **Thema der deutschen Einheit** endgültig von der **politischen Tagesordnung** streichen wollen. Ihre Haltung gründet gewiß in europäischer Friedensverantwortung. Aber ich kann sie nicht teilen. Dabei will ich nicht verfassungsrechtlich, sondern pragmatisch argumentieren. Die wir in West und Ost damit beruhigen wollten, würden uns gerade dies nicht glauben. (Beifall) Sie würden sich eher an die schroffen Repliken halten, die ein solcher Versuch auslösen müßte. Wer uns mißtraut, würde uns auch einen solchen Verzicht nicht abnehmen. Und wer uns glauben würde, den brauchen wir so nicht zu beruhigen. Es liegt nicht in unserer Hand, ob wir Europa das Thema Deutschland zumuten wollen oder nicht. Wir tun es, weil und insofern es uns gibt; es kommt darauf an, wie wir es tun. (Beifall)

Sicher sollten wir die Sprache überprüfen, in der wir unseren Konsens verständlich machen wollen, die Formeln, die bei unseren Nachbarn ganz anders wirken, als wir sie meinen. Wenn wir von **Wiedervereinigung** sprechen, dann hören unsere Nachbarn vor allem das »Wieder«. Alles, so hören viele, soll wieder so werden wie in den 74 Jahren, in denen es einen deutschen Nationalstaat gab. »Es war mir nie zweifelhaft«, schreibt **Bismarck** in seinen »Gedanken und Erinnerungen«, »daß der Herstellung des Deutschen Reichs der Sieg über Frankreich vorhergehen mußte.« Bismarck wußte: Ein Deutsches Reich setzte nicht nur die Niederwerfung der Habsburgermonarchie, sondern den militärischen Sieg über Frankreich voraus. Bismarck hat Europa den **deutschen Nationalstaat** durch eine geniale Diplomatie und drei siegreiche Kriege abgetrotzt. Geniale Diplomatie ist in Deutschland nicht die Regel. Und die Kriege können wir nicht mehr feiern, seit der so ertrotzte Nationalstaat im Inferno des von ihm ausgelösten Zweiten Weltkriegs in sich zusammenbrach. (Beifall)

Nun sitzt in diesem Hause wahrscheinlich niemand, der den Nationalstaat der schimmernden Wehr und der auftrumpfenden Großmannssucht wieder haben wollte. Aber eben diese Erinnerungen schwingen mit, wenn unsere Nachbarn das Wort »**Wieder**vereinigung« hören. Wir müssen deutlich machen, daß wir nicht Vergangenes restaurieren, sondern Neues schaffen wollen, und zwar gemeinsam mit unseren Nachbarn. (Lebhafter Beifall)

Auch das Reden von der »**Deutschen Frage**« hat seine Tücken. Ich weiß, daß dieser Begriff schon im 19. Jahrhundert seinen guten Sinn hatte. Er meint – zu Recht –, in und für Deutschland sei eben nicht alles so einfach wie für Frankreich oder Italien. Es gibt keine französische oder britische oder spanische, wohl aber eine deutsche Frage. Problematisch an dieser Redeweise ist das, was ich das mathematische Denken in der politischen Sprache nennen möchte. In aller Welt und in allen Systemen streiten sich Politiker darüber, wie man Fragen, Probleme löst. Hier das Problem, dort die Lösung, wie in der Mathematik. Das mag im Einzelfall sinnvoll sein. Aber gerade bei den großen Themen der Politik erweist sich dieses Denken als unangemessen. Denn so mathematisch sauber geht es im menschlichen Leben und damit auch in der Geschichte der Menschen nicht zu. Probleme werden meist nicht, schon gar nicht ohne Rest, gelöst, meist werden sie entschärft, relativiert, auf eine andere Ebene gehoben, neu definiert oder auch nur überlebt.

Ich bin nicht sicher, ob es auf die »Deutsche Frage« nur eine Antwort, die endgültige Antwort gibt, die Lösung für das Problem, und eben dies schwingt im Begriff der »Deutschen Frage« mit. Die Lösung hat es bisher in tausend Jahren nicht gegeben. Was Bismarck Europa abgetrotzt hat, war offenbar nicht d i e Antwort auf die »Deutsche Frage«. Aber eben auch nicht, was heute Wirklichkeit ist. Und diese Wirklichkeit ist schon nicht mehr dieselbe wie vor zwanzig Jahren. Was immer wir – oder unsere Kinder – erreichen können, wird wohl auch nur eine vorläufige Antwort, eine Zwischenantwort sein. Denn in dem Maße wie Europa enger zusammenwächst und die Nationalstaaten in Europa aufgehoben werden, verändern sie die Antworten auf das, was wir »Deutsche Frage« nennen.

In der Geschichte – anders als in der Mathematik – ist auch das Gegenteil des Falschen noch lang nicht das Richtige. Wenn wir an der Spaltung, an Stacheldraht und Wachtürmen leiden, dann heißt dies noch nicht, das die Deutschen um so glücklicher sein müssen, je einheitlicher der Staat ist, in dem sie leben. Müssen wir die **Einheit,** von der das Grundgesetz spricht, notwendig deuten als einen irgendwann erreichten Endzustand? Sind wir den Erfahrungen unserer Geschichte nicht näher, wenn wir sie verstehen als Geschehen, als **Prozeß,** als wachsende Gemeinsamkeit im Tun, im Verantworten? Dann wären wir aufgefordert, auf die Richtung dieses Prozesses einzuwirken, und das bedeutet heute konkret: dafür zu sorgen, daß, wenn die beiden Teile Europas sich näherkommen, auch die beiden Teile Deutschlands zusammenrücken, daß der Eiserne Vorhang nicht anderswo durchrostet, aber in Deutschland mit Rostschutzmitteln konserviert wird. (Beifall)

Dabei könnte sich herausstellen, daß die Deutschen um so rascher zusammenfinden, je weniger sie sich selbst zum Thema machen und je mehr sie gemeinsam Impulse für den Frieden geben, an der Bewahrung der Schöpfung arbeiten und sich um die Lebenschancen der armen Völker kümmern. (Beifall)

Wenn wir also sagen, die Deutsche Frage sei offen, dann möchte ich hinzufügen: Sie ist so offen wie alle Geschichte, und sie wird nach menschlichem Ermessen, wie alle Geschichte, nie geschlossen sein. Diese trage ist auch insofern offen, als es nicht nur eine, wohl auch keine endgültige Antwort gibt. Aber wir wollen, daß alle Teilantworten sich an dem orientieren, was wir uns als Konsens erarbeitet haben. Wenn wir mehr geschichtlich und weniger mathematisch denken, wird die Kluft zwischen feierlichem Reden und alltäglichem Handeln kleiner, die Kluft, aus der das Mißtrauen kommt. (Beifall) Dies mag komplizierter, differenzierter klingen als manches, was in Deutschland als patriotisch gilt. Aber wir wissen aus unserer Geschichte: Es ist leichter, die Nation mit simplen Parolen in Katastrophen zu führen, als umsichtig und mit Augenmaß ihren Nutzen zu mehren, Schaden von ihr zu wenden und ihrer Einheit zu dienen. (Beifall)

Gerade wenn wir in Prozessen, nicht in Endzuständen denken, bleibt vieles unberechenbar. Dazu gehört die **Zukunft der Deutschen Demokratischen Republik.** Es gibt bei vielen Menschen dort so etwas wie ein DDR-Bewußtsein, ein manchmal fast trotziges Gefühl der Zugehörigkeit zu diesem kleineren, ärmeren deutschen Staat, aus dem sie gerne etwas machen wollen. Wenn ich mich nicht täusche, war dieses Gefühl vor zwei Jahren stärker als heute. Aber noch dürfte es in der DDR eine Mehrheit geben, deren Hoffnung sich nicht auf das Ende, sondern auf die Reform ihres Staates richtet. Wenn sich die Führung der SED allerdings weiterhin in jener realitätsblinden Selbstgefälligkeit übt, die wir aus den letzten Monaten kennen, dann könnte in weiteren zwei Jahren aus dieser Mehrheit eine Minderheit geworden sein. (Beifall)

Wie angstvoll muß die SED-Führung die Wirklichkeit verdrängen, wenn sie meinen sollte, der Staat zwischen Oder und Elbe könne sich dem Geist des Wandels widersetzen, der über Moskwa, Bug und Weichsel schon das Ostufer der Oder erreicht hat! (Beifall) Es mag mit dem Bewußtsein gemeinsamer Verantwortung zusammenhängen, daß die eiskalte Rechtfertigung der Pekinger Massaker durch die SED bei vielen Menschen hier wie dort weniger laute Empörung als stille Scham ausgelöst hat. Viele Bürger der DDR empfinden, was vor Jahren Routine war, heute als Provokation. Nicht nur für uns im Westen hatten die Kommunalwahlen in der DDR etwas seltsam Irreales an sich. Da gab es alles, was zu einer Wahl gehört, Wahlkampf, Plakate, Kandidaten, eine Diskussion, die oft auch kritischer, offener war als früher, aber das alles war doch eher ein Schwimmkurs auf dem Trockenen. Was fehlte, war der Kopfsturz in das Schwimmbecken der Volksmeinung, der nun einmal zu einer Wahl gehört. (Beifall)

Um beim Wasser zu bleiben: Wir sehen ja ein, daß sich die SED auf dünnem Eis bewegt. Aber hier handelt es sich nicht nur um dünnes, sondern um tauendes Eis, um das schmelzende Eis des Kalten Krieges. Und wer sich da nicht bewegt, aus Furcht, er könne einbrechen, dürfte dem kalten Wasser nicht entkommen. Es wird viel kälter sein als das im Schwimmbad. (Heiterkeit und Beifall) Wenn das Eis des Kalten Krieges unter unser aller Füßen schmilzt, kann die DDR auf Dauer nur überleben, wenn sie eine Funktion erfüllt, die ihren eigenen Bürgerinnen und Bürgern einleuchtet und den übrigen Europäern zumindest als interessant erscheint.

Vielleicht wäre es das Experiment, in einer industriell entwickelten Gesellschaft Gemeineigentum an den großen Produktionsmitteln nicht nur mit sozialer Sicherheit, sondern auch mit freier Diskussion zu verbinden, den für jede moderne Gesellschaft notwendigen Dialog über die Zukunft anders, aber eben doch ebenso wirksam und erfolgreich zu organisieren wie im Westen, ökologische Erneuerung ohne den Widerstand privatwirtschaftlicher Interessen exemplarisch zuwege zu bringen. Da ist der Phantasie keine Grenze gesetzt, nicht der unseren, sondern der Phantasie der Betroffenen innerhalb und außerhalb der SED, die dies alles wollen und noch manches dazu.

Aber all dies ist unvereinbar mit dem Monopol einer Partei auf Macht und auf Wahrheit. (Lebhafter Beifall)

Es reicht am Ende des 20. Jahrhunderts nicht aus, jene Toleranz zu gewähren, auf die sich mancher Fürst des 18. oder 19. Jahrhunderts einiges zugute hielt, wenn er neben der privilegierten, staatlich gestützten und den Staat stützenden Wahrheit andere Konfessionen zu dulden beliebte. Dialog ist nur möglich unter Gleichberechtigten. Daher bedeutet er **Verzicht auf jede privilegierte Staatsdoktrin**. Genau dies meinten die Delegierten aus allen Kirchen der DDR, die kürzlich in Dresden feststellten: Der grundsätzliche Anspruch der Staats- und Parteiführung, in Politik und Wirtschaft zu wissen, was für den einzelnen und die Gesellschaft als Ganzes notwendig und gut ist, führt dazu, daß der Bürger sich als Objekt von Maßnahmen, als »umsorgt« erfährt, aber viel zu wenig eigenständige, kritische und schöpferische Mitarbeit entfalten kann .... Die dadurch gegebene Spannung zwischen Regierenden und Regierten verhindert den inneren Frieden, beeinträchtigt aber auch den Hausfrieden im gemeinsamen europäischen Haus.

Wer mit der Grundwertekommission der SPD einen Dialog unter Gleichberechtigten führen kann, bei dem keine Seite auf die Idee käme, nur die Wahrheit aus der

Tasche zu ziehen, um sie stolz der andern unter die Nase zu halten, der muß auch in der Lage sein, in einen solchen freien, tabufreien, kritischen Dialog mit Bürgerinnen und Bürgern des eigenen Staates einzutreten. (Beifall) In dem Gemeinsamen Papier, das die Grundwertekommission der SPD mit der Akademie für Gesellschaftswissenschaften der SED ausgearbeitet hat, ist davon die Rede, daß beide Seiten sich gegenseitig **Existenzberechtigung, Reformfähigkeit und Friedensfähigkeit** zugestehen. Gemeint waren die Gesellschaftssysteme, nicht die einzelnen Staaten. Ich bin aber bereit, dies auch auf die beiden deutschen Staaten zu beziehen. Was die Existenzberechtigung angeht, möchte ich heute hinzufügen: Keine Seite kann die andere daran hindern, sich selbst zugrunde zu richten. Was die Friedensfähigkeit betrifft: Wer möchte Michail Gorbatschow oder auch Erich Honecker die Friedensfähigkeit abstreiten? Sie sind nicht nur friedensfähig, sondern offenbar auch friedenswillig. Und was die Reformfähigkeit angeht, so geschehen im Osten inzwischen Dinge, die auch in der Grundwertekommission noch niemand ahnen konnte, als sie sich 1986 an die Ausarbeitung des Papiers machte. In diesem Papier sagen beide Parteien, jedes der Gesellschaftssysteme müsse auf die Reformfähigkeit des andern setzen, nicht auf seine Abschaffung. Auch dies möchte ich – über das Papier hinaus – auf die beiden deutschen Staaten beziehen. Aber ich tue es ohne Zuversicht, was die gegenwärtige Führung der SED betrifft.

Was in der Deutschen Demokratischen Republik zu leisten ist, wenn sie in einem veränderten Europa die Loyalität ihrer Bürgerinnen und Bürger und den Respekt ihrer Nachbarn gewinnen soll, dürfte die Generation der 75jährigen überfordern, die um ihr Lebenswerk bangt, auch wohl die der 60jährigen, die nicht mehr vom Widerstand gegen Hitler, sondern vom begeisterten Gehorsam gegenüber Stalin geprägt wurde. (Beifall) Solcher Zweifel und solche Kritik kommen nicht aus der Unfähigkeit, die Welt aus der Perspektive des andern zu sehen. Sie kommen aus der Sorge, das, was sich heute in der Sowjetunion und zwischen den beiden Teilen Europas an Hoffnungsvollem anbahnt, könne dadurch gestört oder gar zerstört werden, daß in der DDR genau das geschieht, was die SED-Führung verhindern will, aber durch ihre Ängstlichkeit eher herbeizieht. Sozialismus wird in Europa nie uniform, aber – das wissen wir heute – er wird demokratisch oder er wird nicht sein. (Beifall)

Vielleicht wird nun wieder – entgegen dem, was wir über eine Kultur des politischen Streits vereinbart haben – der Einwurf kommen, ich hätte mich in die inneren Angelegenheiten der DDR eingemischt. Nein, das will ich nicht. Aber ich will, daß sich die Bürgerinnen und Bürger der DDR in die inneren Angelegenheiten ihres eigenen Staates einmischen können, (Lebhafter Beifall) und zwar nicht so, wie die SED dies zuträglich findet, auch nicht so, wie uns dies gefiele, sondern so, wie sie es selbst für richtig und nötig halten.

Ich habe gesagt, die SED bewege sich – oder bewege sich eher nicht – auf dem abschmelzenden Eis des Kalten Krieges. In gewissem Sinn gilt das auch für uns. Nicht, was die innere Stabilität dieser Republik angeht. Sie hält mehr aus als die DDR, übrigens auch weil ihre Parteien allesamt glücklicherweise viel weniger aushalten als die SED. (Heiterkeit und Beifall)

Aber im Verhältnis zu unseren Verbündeten spüren wir schon, daß das **Eis des Kalten Krieges** nicht mehr trägt. Natürlich hatte die Eingliederung der Bundesrepublik in die westliche Verteidigung so rasch nach einer militärischen und moralischen Katastrophe damit zu tun, daß jeder den andern brauchte. Die Vereinigten Staaten brauchten die Bundesrepublik zum Aufbau einer aktionsfähigen NATO, und die Deutschen suchten Schutz vor dem Stalinismus. Ich weiß, solches Brauchen und Gebrauchtwerden gehört zu jeder Außenpolitik, aber wo es allzu offen dominiert, kann dauerhaftes Vertrauen nur schwer wachsen. Jetzt müssen wir unseren Platz in der westlichen Gemeinschaft behaupten, auch wenn das Brauchen und Gebrauchtwerden weniger dringlich wird.

Die Bundesregierungen der neunziger Jahre werden es nicht leicht haben, die Wünsche und Rechte der Deutschen immer neu in Einklang zu bringen mit den widerstreitenden Interessen zweier Weltmächte, aber auch der Europäer in West und Ost, und dies auf dem Hintergrund eines geschichtlichen Schocks, der immer noch nachwirkt. Vielleicht können wir diesen Regierungen die Arbeit dadurch erleichtern, daß wir einiges von dem Gut entsorgen, das immer noch aus den Müllhalden deutschlandpolitischer Argumente sickert.

Lassen Sie mich, wie sich dies gehört, bei mir selbst beginnen. Wie Sie wissen, habe ich meine politische Arbeit begonnen als Mitstreiter Gustav Heinemanns. Ich habe gegen die Politik Konrad Adenauers angekämpft mit der Begründung, so verspielten wir zumindest für dieses Jahrhundert die deutsche Einheit. Dazu stehe ich auch heute. Das Jahrhundert neigt sich seinem Ende zu. Aber ich habe heute wesentlich mehr Verständnis für die Motive, das Geschichtsbild und die Vision Konrad Adenauers und damit auch für seine Geradlinigkeit, die grandiose Einseitigkeit und Härte seines Handelns. Für mich ist die **Grundentscheidung Adenauers** auch heute weder die einzig mögliche noch die denkbar beste, wohl aber eine geschichtlich legitime, vor der deutschen und europäischen Geschichte verantwortbare. Adenauer hat durchgesetzt, was er im Interesse seines Landes mit vertretbaren Gründen für die zwingende Konsequenz aus der deutschen Geschichte hielt. Seine Entscheidung ist zur unbestrittenen Grundlage für das Handeln aller geworden. Sie hat eine Epoche unserer Geschichte eingeleitet, die sich – trotz der Spaltung – sehen lassen kann.

Wenn die linke Seite dieses Hauses dies so oder ähnlich sagt, könnte dies vielleicht die rechte Seite ermutigen, einen anderen Streit zu entschärfen oder zu beenden. Vielleicht könnte sie sagen: Natürlich hat Konrad Adenauer das getan, was in aller Regel das leidige Geschäft jedes handelnden Politikers ist: Er hat eine Prioritätsentscheidung getroffen. Ihm erschien, ganz gleich, wie ernst das Angebot Stalins am 10. März 1952 gemeint sein mochte, die rasche Integration der Bundesrepublik in das westliche Verteidigungssystem wichtiger, richtiger und dringlicher als die Auslotung eines Angebots, das bestenfalls zu jenem parlamentarisch-demokratischen, aber bündnisfreien Gesamtdeutschland geführt hätte, das er für gefährlich und gefährdet hielt. Für Adenauer war schlicht das eine besser als das andere – aus Gründen, die sich hören lassen –, und er hat durchgesetzt, was er für besser hielt. Kein Politiker bekommt alles auf einmal, sondern meist nur eines auf Kosten des andern. Warum sollte es bei Adenauer anders sein?

Und vielleicht könnte die Union hinzufügen: Im Grunde verhält es sich mit **Brandts Ostpolitik** ganz ähnlich. Sie war nicht der Vollzug eines Sachzwangs, über den sich nicht streiten ließe, aber sie war eine legitime Form deutscher Friedenspolitik, die Form, in der Willy Brandt glaubte, im Interesse der Deutschen Konsequenzen aus ihrer Geschichte ziehen zu müssen, und zwar nicht nur aus der Geschichte von 1933 bis 1945, sondern auch aus den Grundentscheidungen, die mit dem Namen Adenauer verbunden sind. Dies zu sagen, müßte am Ende dieser Woche leichter sein als früher.

Wenn beide Seiten sich so gegenseitig zwar nicht die Richtigkeit, wohl aber die uneingeschränkte Legitimität, die volle Verantwortbarkeit ihrer Politik bescheinigen, könnten sie den Streit um die Ernsthaftigkeit der sowjetischen Absichten getrost den Historikern überlassen. Auch nach einer solchen Entgiftung gäbe es in der Deutschlandpolitik nicht eitel Eintracht. Aber die Sprache könnte sich ändern. Wir könnten z. B. endlich ein Wort verbannen, das eher den geistigen Bürgerkrieg als den demokratischen Streit signalisiert: das Wort »Verrat«. Wir könnten gemeinsam sagen: Weder hat Adenauer die deutsche Einheit noch Brandt die deutschen Ostgebiete verraten. (Beifall) Sie taten – bei allem Risiko des Irrtums –, was sie für nötig hielten, um Schaden von unserem Volk abzuwenden.

Wenn in den neunziger Jahren die jeweilige Bundesregierung bei ihrem komplizierten Spiel mit vielen Bällen von einer wachsamen Opposition kritisiert wird, dann kann das hilfreich sein. Was wir uns aber nicht mehr leisten könnten, sind Auseinandersetzungen darüber, wer nun schon wieder, wie 1952 oder 1972, was verraten habe, die deutsche Einheit, Europa oder das Bündnis. Wir würden uns damit nach außen handlungsunfähig machen und nach innen nur denen zuarbeiten, die davon leben, nach Verrätern zu schnüffeln. (Lebhafter Beifall)

Frau Präsidentin, meine Damen und Herren, in letzter Zeit werde ich vor allem von jüngeren Menschen gefragt, ob wir denn ein souveräner Staat seien. Ich pflege darauf zu antworten: Das ist nicht nur eine Sache der Paragraphen. Vielleicht sind wir so souverän, wie wir uns verhalten. Und ich füge heute im Blick auf beide deutschen Staaten, auf ganz Deutschland hinzu: Je souveräner deutsche Politik wird, desto weniger bedarf sie des **souveränen Nationalstaats**, um die Einheit der Deutschen darzustellen und zu festigen. (Anhaltender lebhafter Beifall bei der CDU/CSU, der SPD, der FDP und den GRÜNEN)

Dokument Nr. 2
Vorlage zur Bildung einer Initiativgruppe mit dem Ziel, eine sozialdemokratische Partei in der DDR ins Leben zu rufen, 24. Juli 1989
(Versand des Dokuments am 26. August 1989)

SPD-Parteivorstand, Protokolle des SPD-Parteivorstandes, Ordner Sitzung vom 18. September 1989

Vorlage zur Bildung einer Initiativgruppe mit dem Ziel, eine sozialdemokratische Partei in der DDR ins Leben zu rufen

1. In Osteuropa ist einiges in Bewegung geraten und viele Menschen bei uns empfinden dafür eine große Sympathie. Hoffnungen und Erwartungen beginnen auch in der DDR zu wachsen. Viele Bürger haben an Selbstbewußtsein gewonnen. Dennoch muß man feststellen, daß die Situation immer noch insgesamt von einem lähmenden Ohnmachtsgefühl beherrscht wird. Dies zeigt sich u.a. darin, daß man zwar Veränderungen wünscht und erhofft, zugleich aber glaubt, selbst nichts tun zu können.
So warten viele darauf, daß die herrschende Partei sich ändert oder man wartet auf einen Mann wie Gorbatschow. Eine solche Haltung aber bleibt im Passiven und spricht sich letztlich eine Zuständigkeit und Verantwortlichkeit für diese unsere Wirklichkeit ab. Doch auch und gerade wenn die Partei sich verändert, braucht es Bürger, die selbständig ihre Verantwortung für unsere Wirklichkeit erkennen und bereit sind, sie wahrzunehmen.
Die Zeit drängt. Und nicht nur, weil die Ungeduld wächst. Solange nichts Grundlegendes gegen die Widersprüche und Negativentwicklungen in unserem Land getan wird, geht mehr und mehr Unwiederbringliches verloren.
Die Zehntausende, die enttäuscht das Land verlassen, können hier nichts mehr tun und verstärken die Resignation der Zurückbleibenden.
Was an natürlichen Lebensbedingungen und Ressourcen aufgebraucht oder zerstört ist, läßt sich nicht ohne weiteres wiederherstellen.
Wir leben von der Substanz und damit auf Kosten unserer Kinder. Wir verlieren mehr und mehr den Reichtum unseres geschichtlichen Erbes und damit unsere Identität.
Strukturen organisierter Verantwortungslosigkeit zerstören die moralischen Grundlagen und die Bereitschaft, Risiken für selbstverantwortetes Handeln in Gesellschaft und Staat auf sich zu nehmen.
Es bedarf heute grundlegender Bemühungen vieler, um die Voraussetzungen und Bedingungen zu schaffen, die für einen Demokratisierungsprozeß erforderlich sind.

2. Unsere Gesellschaft wird durch den absoluten Wahrheits- und Machtanspruch der SED bestimmt, auf den hin alle Verhältnisse in Staat und Gesellschaft geordnet sind.

Die Kluft zwischen ideologischem Anspruch und Wirklichkeit tritt jedoch immer klarer hervor.

Die notwendige Demokratisierung unseres Landes hat die grundsätzliche Bestreitung eines solchen absoluten Wahrheits- und Machtanspruches zur Voraussetzung. Dazu gehört eine offene geistige Auseinandersetzung mit den Grundlagen des Stalinismus und seiner Ausprägung in Geschichte und Gegenwart der DDR.

3. Die Demokratisierung unserer Gesellschaft bedarf grundlegender programmatischer Bemühungen und solcher Bürger, die die dafür notwendige Kompetenz mitbringen bzw. gewinnen. Hier ergibt sich ein besonders schwieriges Problem, denn das Ziel jahrzehntelanger Kaderpolitik der SED war es, geistige und politische Kompetenz außerhalb des Personenkreises derer, die zu Loyalitätserklärungen bereit waren, zu verhindern.

Angesichts dieser Lage halten wir folgende Bemühungen für notwendig:

a) Die Erarbeitung einer politischen Alternative für unser Land, die an politische Traditionen anknüpft, die an Demokratie und sozialer Gerechtigkeit orientiert sind. Zu diesen Traditionen gehört an wichtiger Stelle die des Sozialismus. Dieser ist durch die Geschichte der letzten Jahrzehnte weitgehend diskreditiert worden. Angesichts der heutigen Situation im sozialistischen Lager ist es einfach nicht mehr angebbar, welche ökonomischen und politischen Strukturen der Vision des Sozialismus entsprechen können. Um hier nach neuen Wegen zu suchen, bedarf es der schonungslos kritischen Bestandsaufnahme der geistigen, politischen, wirtschaftlichen und ökologischen Situation unseres Landes.

b) Die Herstellung und Entfaltung einer politischen Öffentlichkeit, in der über geistige, wirtschaftliche, soziale und politische Ziele und Wege in unserem Land gestritten werden kann. Eine wichtige Aufgabe ist es, das Gefühl von Verantwortung und Zuständigkeit der Bürger über Verhältnisse in unserem Land zu stärken und zu wecken und dazu zu ermuntern, sich Kompetenz zu erwerben, die gesellschaftliche Wirklichkeit aktiv mitzugestalten.

Wir brauchen Bürger, die willens und in der Lage sind, in einem demokratischen Gemeinwesen politische Macht zu kontrollieren und auch auszuüben und die in der Sphäre der Gesellschaft ihr Leben selbstverantwortlich gestalten.

4. Politische Existenz und politisches Handeln bedarf der Gemeinschaft und demokratischer Organisationsformen, in denen die Interessen und der politische Wille der in ihr Verbundenen sich entfalten und zur Geltung bringen kann. Dafür gibt es verschiedene Möglichkeiten: Vereine, Bürgerinitiativen, demokratische Bewegungen, Parteien, Gewerkschaften etc. Ohne derartige politische Organisationen ist ein demokratisches Gemeinwesen nicht möglich.

Aufgrund der Tatsache, daß die politischen Parteien und Organisationen in unserem Land diese Aufgabe zur Zeit nicht erfüllen, ist es notwendig, daß es zur Entfaltung dieser Möglichkeiten und zu Neugründungen kommt.

5. Wir, die Unterzeichnenden, halten für den künftigen Weg unserer Gesellschaft die Bildung einer sozialdemokratischen Partei für wichtig.
Wir wissen, daß dies zur Zeit legal nicht möglich ist.
Deshalb machen wir den Vorschlag, eine Initiativgruppe zu bilden, die für die Voraussetzungen einer legalen Parteigründung und ihre Vorbereitung arbeitet.

6. Ziel: Eine ökologisch orientierte soziale Demokratie
Das Grundprinzip demokratischer Erneuerung heißt Entmonopolisierung und Demokratisierung der Macht in Staat und Gesellschaft. Das bedeutet nicht die Aufhebung des Staates und seines Gewaltmonopols, sondern demokratische Kontrolle der einzelnen, mit klar begrenzten Kompetenzen ausgestatteten, staatlichen Institutionen. Das erfordert eine möglichst klare Unterscheidung von Staat und Gesellschaft und entsprechende Strukturen im Aufbau des Staates, d.h. eine Gliederung des Staates in selbständige und selbstverantwortliche Substrukturen.
Aufgabe des Staates ist es,
– die sozialen, kulturellen und politischen Grundrechte der Bürger und die ihnen entsprechende Wahrnahme von Verantwortung zu ermöglichen, zu stärken und zu schützen;
– den Schutz der natürlichen Umwelt und die Sicherung von Ressourcen und Lebensmöglichkeiten für kommende Generationen zu gewährleisten.
Allen Monopolisierungen in Staat und Gesellschaft ist entgegenzutreten, insofern sie die sozialen und politischen Rechte der Bürger beeinträchtigen und verkehren. Für die Wirtschaft bedeutet dies u.a. strikte Antimonopolkontrolle (auch im Hinblick auf den staatlichen Sektor). Unvermeidbare Monopole bedürfen strengster demokratischer Kontrolle und der Überprüfung ökonomischer Effizienz.

7. <u>Stichworte zum Programm</u>

   <u>A) Zur Ordnung von Staat und Gesellschaft</u>
   + Rechtsstaat und strikte Gewaltenteilung
   + parlamentarische Demokratie und Parteienpluralität
   + Sozialstaat mit ökologischer Orientierung
   + relative Selbständigkeit der Regionen (Länder), Kreise, Städte und Kommunen (finanziell, wirtschaftlich, kulturell)
   + soziale Marktwirtschaft mit striktem Monopolverbot zur Verhinderung undemokratischer Konzentration ökonomischer Macht
   + Demokratisierung der Struktur des Wirtschaftslebens u.a. durch betriebliche Mitbestimmung
   + Förderung von Gemeinwirtschaft und Genossenschaften (mit freiwilliger Zugehörigkeit und gleichberechtigter Privatwirtschaft).
   + Freiheit der Gewerkschaften und Streikrecht
   + strikte Religions- und Gewissensfreiheit;
   + Gleichberechtigung und Förderung von Frauen

- + Vereinigungs- und Versammlungsfreiheit für alle demokratischen Organisationen
- + freie Presse und Zugang zu den elektronischen Medien für alle demokratischen Organisationen
- + Gewährung von Asyl für politische Flüchtlinge

B) Zur Außenpolitik

- + Anerkennung der Zweistaatlichkeit Deutschlands als Folge der schuldhaften Vergangenheit. Mögliche Veränderungen im Rahmen einer europäischen Friedensordnung sollen damit nicht ausgeschlossen sein.
- + besondere Beziehungen zur Bundesrepublik Deutschland aufgrund der gemeinsamen Nation, Geschichte und der sich daraus ergebenden Verantwortung
- + Entmilitarisierung der Gesellschaft und des Gebietes der DDR
- + Schaffung einer europäischen Friedensordnung, in der Warschauer Vertrag und NATO überflüssig sind
- + erweiterter und gerechter Handel mit am wenigsten entwickelten Ländern, orientiert an deren Bedürfnissen
- + Solidarität mit entrechteten und unterdrückten Völkern und nationalen Minderheiten

Niederndodeleben, den 24.7.1989

Martin Gutzeit
Breitestr. 20
Marwitz 1421

Markus Meckel
W. Rathenau-Str. 19a
Niederndodeleben 3107

Arndt Noack
Karl-Marx-Platz 15
Greifswald 2200

Ibrahim Böhme
Chodowieckistr. 42
Berlin 1058

Pastor Helmut Becker
Semmelweisstr. 6 - Tel. 61 24 35
Halle (Saale) - 4059

Dokument Nr. 3
Beratungen im Präsidium über Massenflucht aus der DDR / Diskussion über Reisen in die DDR und über Kontakte mit Vertretern der SED, 21. August 1989

Auszug aus dem Protokoll über die Sitzung des Präsidiums, 21. August 1989, 13.30 – 15.50 Uhr, in Bonn, Erich-Ollenhauer-Haus, S. 2 – 3

[...]

TOP 1: Zur Lage

Im Vordergrund, so betonte Hans-Jochen Vogel, stehe die Massenflucht von DDR-Bürgern aus Ungarn und ihr Aufenthalt in der Ständigen Vertretung bzw. den Botschaften. Die Entwicklung müsse mit wachsender Sorge betrachtet werden. Er habe den Eindruck, daß die gegenwärtige Führung der DDR handlungsunfähig sei. Es dränge sich ein Vergleich mit dem August 1961 auf. Hans-Jochen Vogel teilte mit, er habe am letzten Wochenende in Birnbach eine längere Begegnung mit dem DDR-Rechtsanwalt Vogel gehabt. Bundeskanzler Kohl habe ihn, so berichtete Hans-Jochen Vogel, telefonisch über den aktuellen Stand informiert und werde Kanzleramtschef Seiters zu ihm schicken. Die Entwicklung müsse als äußerst ernst betrachtet werden. Hans-Jochen Vogel verwies auf die Erklärung des Geschäftsführenden Vorstandes zu diesen Vorgängen.

Sodann wies er auf die bereits vor geraumer Zeit geplanten Reisen von Mitgliedern der Fraktion in die DDR hin. Jan Oostergetelo sei heute vom Fraktionsvorstand gebeten worden, seine Reise zu verschieben. Eine gleiche Bitte sei an Horst Ehmke gerichtet worden, seinen Besuch bei Sindermann für einen späteren Zeitpunkt vorzusehen. Für den 28. August habe Egon Bahr ein Treffen mit Hermann Axen verabredet. Hierzu erbat Hans-Jochen Vogel das Präsidium um einen Rat.

Anke Fuchs berichtete von einem Gespräch mit Egon Bahr, der die Möglichkeit sehe, anläßlich eines Aufenthaltes in Ost-Berlin auf höchster Ebene die Flüchtlingsfrage zu erörtern. Oskar Lafontaine teilte mit, daß er für Ende September einen Besuch in der DDR vorgesehen hatte. Er habe die führenden Leute der DDR wissen lassen, daß er die Reise nur antreten werde, wenn vorzeigbare Ergebnisse zustande gebracht werden könnten. Er teilte mit, daß die DDR-Führung offenbar zur Lösung der Flüchtlingsfrage an eine Erklärung vom Jahre 1984 anknüpfen wolle. Über sein weiteres Vorgehen wolle er sich, so sagte Oskar Lafontaine, mit Hans-Jochen Vogel beraten.

Heidi Wieczorek-Zeul vertrat die Auffassung, die Arbeitsgruppe der Fraktion unter Leitung von Egon Bahr könne in dieser Situation nicht zu einer Tagung nach Ost-Berlin reisen. Andernfalls würden in der Öffentlichkeit falsche Eindrücke erzeugt. Selbstverständlich seien alle Bemühungen zur Lösung des Problems zu unterstützen. Sie regte an, im Blick auf das Jahr 1990 einmal generell die Ostkontakte der Partei zu diskutieren.

Herta Däubler-Gmelin sagte, angesichts der Lage könnten die Kontakte zur DDR von Spitzenvertretern der Partei nicht so fortgeführt werden, als sei nichts geschehen. Wenn unsere Regierung in der Behandlung der Flüchtlingsfrage Fehler gemacht hätte, sei ein Eingreifen von Egon Bahr zu rechtfertigen. Bis jetzt habe die Bundesregierung jedoch korrekt und umsichtig gehandelt. Sie sprach sich dafür aus, das vorgesehene Treffen mit Axen zu verschieben, und sie bat Oskar Lafontaine, ebenfalls vorerst seine Reisepläne nicht weiter zu verfolgen.

Hans-Jochen Vogel stellte fest, nach dieser Aussprache bestehe Übereinstimmung darüber, daß die Reiseaktivitäten herunterzufahren seien. An Egon Bahr werde er den Rat richten, von der Begegnung mit Axen am 28. August abzusehen. Es sei gegenwärtig schwierig, Gespräche mit Vertretern einer politischen Gruppierung zu führen, die den Gewalteinsatz in China unterstützt und nach wie vor die militärische Intervention in der CSSR im August 1968 verteidige.

Herta Däubler-Gmelin wies auf den öffentlichen Ratschlag von Horst Ehmke an die DDR-Führung hin, Reformen einzuleiten. Sie fragte, ob es die Möglichkeit gebe, auf höherer Ebene durch Vertreter unserer Partei der DDR-Führung die Situation zu verdeutlichen. Hans-Jochen Vogel sagte, auch er habe eine solche Möglichkeit geprüft. Gegenwärtig sehe er hierfür keine reale Chance. Eine solche Begegnung sei nur denkbar, wenn es ein Minimum an Erfolgsaussichten gebe.

Oskar Lafontaine berichtete, er habe, ebenso wie Horst Ehmke, in den Gesprächen mit Egon Krenz eine Wiederbelebung des Parteiensystems in der DDR angeregt und auch über eine Wiederzulassung der SPD gesprochen. Unsere Partei dürfe nicht den Eindruck entstehen lassen, sie unterhalte nur Kontakte zu der jeweiligen Führung der osteuropäischen Länder. Erforderlich sei es, auch mit der jeweiligen Opposition, was in der DDR besonders schwierig sei, im Kontakt zu stehen. Diese Auffassung wurde ausdrücklich von Anke Fuchs unterstrichen. Herta Däubler-Gmelin fragte, was wohl geschehe, wenn die DDR-Führung den Karren gegen die Wand fahre. Sie schlug vor, im Präsidium mit Egon Bahr, Jürgen Schmude und anderen Sachkennern zu prüfen, welche Maßnahmen zur Verhinderung eines solchen Ausgangs mit unabsehbaren Folgen ergriffen werden könnten.

Dieser Vorschlag wurde von Hans-Jochen Vogel aufgegriffen. Zur Erörterung der Frage sollen in die Präsidiumssitzung am 11. September Jürgen Schmude, Erhard Eppler und Horst Ehmke eingeladen werden.

[...]

Dokument Nr. 4
Beratungen im Präsidium über die Entwicklung in Osteuropa, in der Sowjetunion und in der DDR / Frage der deutschen Einheit, 11. September 1989

Auszug aus dem Protokoll über die Sitzung des Präsidiums, 11. September 1989, 13.30 – 23.25 Uhr, in Bonn, Saarlandvertretung, S. 12 – 20

[...]

TOP 3
Entwicklungen in Ost- und Mitteleuropa
Situation in der DDR

Zur Behandlung dieses Themas nahmen Erhard Eppler und Jürgen Schmude an der Präsidiumssitzung teil.

Hans-Jochen Vogel sagte, es sei schwer, Prognosen zu stellen. Wir seien Zeitzeugen des Zerbrechens von Strukturen, wie sie in der Sowjetunion über sieben Jahrzehnte oder länger bestehen, und in Osteuropa seit 40 Jahren vorhanden gewesen seien. Die Auseinandersetzung in der Sowjetunion sei besonders gekennzeichnet durch Spannungen unter den Nationalitäten. Die wirtschaftliche Entwicklung halte mit dem sich entfaltenden Pluralismus nicht Schritt. Die Hilfsmöglichkeiten für Gorbatschow von außen seien begrenzt. Dazu gehöre jedoch rasches Handeln auf dem Gebiete der Abrüstung und eine verstärkte wirtschaftliche Zusammenarbeit. Allerdings sei die generelle Frage auf diesem Sektor, die Schaffung eines effektiven Managements, eine langfristige Aufgabe. Hans-Jochen Vogel zeigte sich unsicher über den Erfolg Gorbatschows. Allerdings, auch wenn der erste Mann an der Spitze ausgewechselt werde, gebe es kein Zurück zu dem alten System.

Zur Beurteilung der Entwicklung in der DDR verwies er auf eine Reihe von Schriften und Papieren, die er den Präsidiumsmitgliedern vorgelegt hatte. Er warnte vor den Folgen, wenn von einzelnen Sozialdemokraten jetzt die Staatsbürgerschaftsfrage ins Gespräch gebracht werde. Was sich gegenwärtig abspiele, sei eine größere Fluchtbewegung als im August des Jahres 1961. Die Gründe der Menschen für ihr Übersiedeln sah er in der Hoffnungslosigkeit, in der Unmündigkeit und der permanenten Lüge der öffentlichen Medien. Der Prozeß werde beschleunigt durch die Entwicklung in der Sowjetunion. Änderungen seien in der DDR nur mit einem generellen personellen Wechsel möglich. Das gegenwärtige Verhalten der DDR-Führung finde einen Sinn nur in der Hoffnung auf ein Scheitern von Gorbatschow. Die Situation sei brisant. Ein Funken könne genügen, um große Demonstrationen in der DDR auszulösen, die möglicherweise mit Gewalt beantwortet würden. Dies werde dann auch nicht ohne Folgen für die Bundesrepublik bleiben. Niemand in Ost und West, auch nicht die Europäische Gemeinschaft, wünsche ein »Deutsches Reich«. Von den Sozialdemokraten werde die Staatlichkeit der DDR nicht in Frage gestellt. Zugleich müsse jedoch die Durchlässigkeit der Grenzen ebenso gefordert werden wie

Reformen in der DDR. Entgegenzutreten sei der infamen Behauptung, Sozialdemokraten hätten nur mit der SED gesprochen. Er selbst sei ein Zeuge dafür, daß immer auch das Gespräch mit Oppositionellen und kirchlichen Gruppen stattgefunden habe.

Erhard Eppler stellte fest, heute könne niemand mehr wissen, ob die DDR überlebensfähig sei. Der Zeitpunkt für Reformen sei offenbar verpaßt. Auf keinen Fall sei die jetzige Führung dazu in der Lage. Neue Entwicklungen würden ruckartig eintreten. Dies bedeute für uns, auch Handlungsfähigkeiten zu eröffnen für den Fall, daß die DDR nicht mehr lebensfähig sei. Erhard Eppler berichtete von Gesprächen mit jungen linken Leuten in Leipzig, die von sich aus die Frage der deutschen Einheit aufgeworfen hätten. Ihm ginge es nicht um Wiedervereinigung, doch dürfe unsere Partei in der jetzigen Lage weder die Einheit fordern noch gar sie ablehnen. Die SED habe in der DDR alles Vertrauen verspielt. Dies werde sich auch auf unser Verhalten ihr gegenüber auswirken. Jedes Gespräch von uns mit der SED werde uns in der DDR Vertrauen kosten. Unsere Partei habe von der SED immer wieder Aussagen aus dem gemeinsamen Papier eingefordert. Dies habe nichts bewirkt. Die Grundwertekommission habe sich entschlossen, bis auf weiteres Gesprächskontakte mit der SED zu suspendieren.

Jürgen Schmude empfahl, gegenüber der DDR unsererseits keinen Kurswechsel vorzunehmen. Er sehe keinen Punkt für einen Crash kommen. Es müsse eine zweite Phase der Deutschlandpolitik entwickelt werden, die allerdings erst umgesetzt werden könne, wenn in der DDR Veränderungen eintreten. Richtig sei es, wenn jetzt keine Forderung nach Wiedervereinigung gestellt werde. Allerdings solle auch kein Verzicht ausgesprochen werden. Die Partei müsse sich beide Möglichkeiten offenhalten. Allerdings gebe es in der Partei bzw. Bundestagsfraktion Probleme, wenn einzelne Abgeordnete eine aktive Wiedervereinigungspolitik forderten. Jürgen Schmude sprach sich gegen eine Konfrontation mit der SED und den Staatsorganen aus. Die Regierung habe es da leichter. Sie greife öffentlich an und gebe gleichzeitig Geld. Er schlug vor, die Gespräche mit der SED fortzuführen, die Konditionen jedoch zu verändern. So müßten Gespräche früh angekündigt und Gesprächsergebnisse direkt bekanntgegeben werden. Gegenwärtig, so stellte er fest, stünden die Übersiedler sehr im Mittelpunkt. Die Kirchenleute in der DDR machten darauf aufmerksam, welche Folgen dies für die Verbleibenden habe. Dies dürfe durch uns nicht übersehen werden. Aus der Bundestagsfraktion heraus gebe es Kontakte zu Pfarrer Eppelmann und einigen Gleichgesinnten. Einige aus diesem Kreis diskutierten die Gründung einer sozialdemokratischen Partei. Unsere Hilfe für eine Findung einer Position in dieser Frage müsse sich auf die politische Diskussion mit diesen Leuten konzentrieren. Organisatorische Hilfe sei nicht möglich. Für die Konfrontation mit den Unionsparteien sei es wichtig, jedes Rütteln an der Oder-Neiße-Grenze zurückzuweisen.

In der Sowjetunion, so beurteilte Horst Ehmke, werde sich Glasnost auch ohne Gorbatschow durchsetzen, während es Anzeichen dafür gebe, daß sich die Perestroika festlaufe. Bei der Entwicklung der zweiten Phase der Entspannungspolitik vor etwa 10 Jahren sei davon ausgegangen worden, daß innere Reformen in Ost-Europa eintreten. Es sei also falsch, wenn die Unionsparteien die SPD mit den alten Strukturen in Verbindung bringen. In Polen habe es seit fünf Jahren Kontakte von Sozialdemokraten mit Solidarnosc-Vertretern gegeben. Solidarnosc werde sich jetzt teilen. Die Katholische Kirche wolle nun eine katholische Partei. Um unsere langjährigen Kontakte zur Solidarnosc zu dokumentieren, schlug Horst Ehmke die Präsentation eines Buches über die umfassenden Seminare der Ebert-Stiftung mit allen Oppositionellen aus Osteuropa vor. Horst Ehmke vertrat die Ansicht, in der DDR werde die Sowjetunion nicht eingreifen. Er schlug vor, die Oppositionsgruppen in der DDR so zu behandeln, wie wir dies auch mit den entsprechenden Reformgruppen in Osteuropa bislang getan haben. Das bedeute aber nicht, die Kontakte zur SED abzubrechen. Wenn, dann sollte das von dort aus geschehen. Das Reformthema müsse mit der SED zum Thema der öffentlichen Auseinandersetzung gemacht werden. Konkret bedeute dies, daß – wie vereinbart – in der kommenden Woche vom 18. – 20. September die Fraktionsdelegation auf Einladung von Sindermann zum Besuch der Volkskammer nach Ost-Berlin reise. Er informierte über das offizielle Programm und teilte mit, daß er die Absicht habe, im Anschluß daran eine Reihe von Vertretern der Opposition in der DDR zu treffen. Wenn Leute in der DDR die SPD gründen wollen, so müsse dies aus der eigenen Verantwortung heraus geschehen. Eine solche Gruppierung könne kein Ableger unserer Partei sein.

Hans-Jochen Vogel sagte, das Präsidium sei aufgefordert, zu dieser Reise ein Votum abzugeben. Die Entscheidung müsse in der Bundestagsfraktion fallen. Wenn die Reise stattfinde, sei es erforderlich, daß Horst Ehmke in dieser Woche in einer Pressekonferenz die Planungen und Zielsetzungen ausführlich schildere.

Heidi Wieczorek-Zeul forderte, der Kampagne der Unionsparteien, mit der die kommunistischen Altparteien und die SPD verbunden werden solle, mit Entschiedenheit zu begegnen. Für uns gebe es keine Gründe für Entschuldigungen. Die SPD habe einen klaren Weg genommen. Dies könne auch durch den Besuch in der DDR deutlich gemacht werden. Wesentlich sei es, auf dem Gebiete der Abrüstung unsere Forderungen deutlich zu machen und dagegen die Starrheit der Unionsparteien herauszustellen. Zu den DDR-Übersiedlern gebe es eine bemerkenswerte Diskrepanz. Die Regierung und alle Parteien begrüßten dieses Menschen, an der Basis aber würden die Neuankömmlinge als Konkurrenten betrachtet.

Johannes Rau wies darauf hin, daß die Neuentwicklung in Osteuropa in ihren Auswirkungen auf unsere Wahlchancen noch nicht abzuschätzen sei. Aber jenseits von Wahlkämpfen sei es wichtig, für das weitere Vorgehen Fachleute zusammenzuholen, um aus ihrem Urteil Ableitungen zu entwickeln. Anke Fuchs sah die Chance, gerade in der kritischen Entwicklung den Weg der Sozialdemokratie aufzuweisen und vor dem Hintergrund unserer Geschichte die neuen Themen darzustellen.

Oskar Lafontaine sprach sich dafür aus, in die Offensive zu gehen. Das, was jetzt geschähe, sei Wandel durch Annäherung, sei eine Frucht unserer Entspannungspolitik. Deshalb dürfe sich die SPD auch nicht von ihrem gemeinsamen Papier mit der SED distanzieren. Gegenüber der SED sei immer klar gemacht worden, daß wir für ein pluralistisches System eintreten. So habe er Krenz auch bei seinem letzten Besuch deutlich gemacht, daß die Zeit für eine Wiedergründung der SPD in der DDR kommen werde. Solche Gründung müsse von Menschen in der DDR erfolgen, sie könne nicht von außen kommen. Oskar Lafontaine sprach sich für eine kritische Kooperation mit den offiziellen und den oppositionellen Vertretern in der DDR aus. Eine »Neuvereinigung« Deutschlands werde es in einem vereinigten Europa geben können.

Kritisch beurteilte Hans-Ulrich Klose die geplante Reise einer Delegation der Bundestagsfraktion in die DDR. Ein Blick auf das Jahr 1990 sei schwierig. Es stelle sich die Frage, ob eine Reform der Sowjetunion noch möglich ist, oder ob es bereits um eine Reform des kommunistischen Systems gehen werde. Selbst wenn in der DDR sofort gehandelt würde und unser System zu übertragen sei, werde es 25 Jahre lang dauern, bis ähnliche materielle Verhältnisse herrschen wie in der Bundesrepublik. Dies sei die Sicht der Leute in der DDR. Vor diesem Hintergrund könne sich doch sehr schnell die Frage nach der staatlichen Existenz der DDR stellen. Allerdings sei diese Frage nur von den Bürgern der DDR zu stellen und zu beantworten. Es sei zu prüfen, ob nicht die ehemaligen Siegermächte in den jetzt schwierigen Prozeß eingeschaltet werden könnten. In dem Zusammenhang sei zu prüfen, ob mit der Schaffung gesamteuropäischer Institutionen in West- und Ostdeutschland neue Wege der Kooperation beschritten werden könnten. Der offizielle Westen schweige zu den gegenwärtigen Vorgängen.

Gerhard Schröder setzte sich dafür ein, nicht den Begriff Wiedervereinigung zu verwenden, sondern mit dem Begriff Einheit zu arbeiten. Wenn über die DDR diskutiert werde, gehe es nicht darum, die konstitutionellen Formen zu betrachten, wichtiger sei es über den Prozeß zu reden und nicht über einen denkbar letzten Schritt. Er sprach sich dafür aus, die Verbindung zur SED wie bisher aufrecht zu erhalten. Es sei zu vermuten, daß, wenn es zu Reformen komme, dies, ähnlich wie in der Sowjetunion, über die Partei geschehe. Dies habe auch geopolitische Gründe. In den Kontakten mit der SED müsse es weiterhin eine klare Sprache geben. Die Frage der Einheit werde letztlich nicht von uns, sondern von den Leuten in der DDR entschieden.

Egon Bahr stellte die Frage, ob es den NATO-Staaten gelingen werde, eine westliche Ostpolitik zu entwickeln. Hierfür gebe es Anzeichen. Wir müßten unsere Meinungsführerschaft in dieser Sache behalten. Er erinnerte daran, daß unsere Ostpolitik eine Antwort auf das Scheitern der Ostpolitik der Unionsparteien gewesen sei. Es sei uns gelungen, mit unserer Ostpolitik Verkrustungen aufzubrechen und Entwicklungen, wie sie heute zu beobachten sind, einzuleiten. Die heutige Entwicklung sei bereits aus dem Papier der Bundestagsfraktion von 1984 ableitbar. Die SPD brauche ihre Thesen nicht zu revidieren. Allerdings – seit Gorbatschow habe es eine enorme Beschleunigung gegeben. Die ideologische Bedrohung aus dem Osten sei zusammengebrochen. Der Pluralismus könne von den Kommunisten nicht mehr als Popanz gebraucht werden. Vermindert habe sich auch die militärische Bedrohung, vor allen Dingen durch die schrittweise Verwirklichung von Vorstellungen, die wir Sozialdemokraten entwickelt hätten. Neu sei die Idee von Gorbatschow über das Gemeinsame Haus, das allerdings auch Verwirrung geschaffen habe. Klar sei, wenn die europäische Einheit näherkomme, stelle sich die deutsche Frage neu.

Wer heute allerdings so tue, als stehe die deutsche Vereinigung auf der Tagesordnung, der müsse den Grundlagenvertrag aufheben, der eine Kündigung nicht vorsähe. Nur ein vereintes Europa könne ein vereintes Deutschland ertragen. Anderenfalls stehe die Friedensfrage auf dem Spiel. Wer heute der DDR die Staatlichkeit nehmen wolle, mache es den Leuten in der DDR unmöglich, Reformen zu verwirklichen. Egon Bahr sprach sich dafür aus, die Delegation der Bundestagsfraktion in die DDR reisen zu lassen. Er schlug vor, neue Formen der Zusammenarbeit und Kooperation zwischen den beiden deutschen Staaten zu entwickeln. Dazu sei es denkbar, die gegenwärtig bestehende gemeinsame Arbeitsgruppe aus SPD-Bundestagsfraktion und SED in ihrem Auftrag zu erweitern, so daß auch beispielsweise Themen der Wirtschaft behandelt werden könnten. Ferner schlug er vor, das für Oktober geplante Seminar in Bonn zur Sicherheitspolitik mit einem erweiterten Themenkreis auch zur Reformpolitik wie geplant zu veranstalten. Egon Bahr sprach sich dagegen aus, eine Neugründung der SPD zu betreiben. Dies wäre ein Sprengsatz in der DDR. Unsere Partei sollte in der Sache so vorgehen wie in Ungarn und der Sowjetunion.

Herta Däubler-Gmelin widersprach der These Egon Bahrs, die Haltung der SPD heute könne bruchlos an dem Beschlußpapier der Bundestagsfraktion von 1984 anknüpfen. Die SPD habe auf die Reformfähigkeit der SED gesetzt. Die Frage, wie sich die weiteren Beziehungen zwischen SPD und SED entwickeln sollen, sei abhängig von der weiteren Einschätzung genau dieser Reformfähigkeit. Hier sehe sie auch den grundlegenden Dissens in der Haltung von einerseits Egon Bahr und Jügen Schmude und auf der anderen Seite Erhard Eppler. Sie selbst stimme eher Erhard Eppler zu. Die SED zeige sich nicht reformwillig. Es sei auch nicht absehbar, ob sie in absehbarer Zeit reformfähig werde. Unterschiede zwischen der Entwicklung in Polen und der möglichen Entwicklung in der DDR seien augenfällig; wirtschaftliche Lage, Kirche und Nationalbewußtsein, Einfluß der Kirche auf die Gesellschaft. Die von Horst Ehmke beabsichtigte Reise zur Volkskammer solle nur dann stattfinden, wenn der Nutzen für uns größer sei als der mit Sicherheit in der DDR zu erwartende Vertrauensverlust für die SPD. Sie halte den Nutzen in Anbetracht der Stellung von Sindermann und der Institution Volkskammer nicht für groß. Ärgerlich sei, daß trotz der Verabredung, heute auf dieser Präsidiumssitzung nach Diskussion über das Stattfinden der Reise zu befinden, schon in der Presse über Ehmkes Absichten zu lesen gewesen sei. Als Mindestanforderung sprach sie sich dafür aus, die Begegnungen mit Oppositionsvertretern und Kirchenleuten nicht in einer anderen Delegationszusammensetzung zu betreiben als die Gespräche mit Sindermann und den Abgeordneten.

Horst Ehmke erklärte, eine Entwicklung in der DDR ähnlich wie in Polen sei denkbar. Das heiße Reformen aus Teilen der SED heraus. Die Opposition in der DDR sei schwach. Vertreter von Oppositionsgruppen würden jeweils abgeschoben. Er wandte sich gegen den Vorschlag, den Arbeitsauftrag der bestehenden gemeinsamen Arbeitsgruppe zu verändern. Skeptisch äußerte er sich gegenüber dem Seminar. Dies könne nur unter der Beteiligung von oppositionellen Gruppen zur Durchführung gelangen. Das Hauptthema der Delegation werde die Reform in der DDR sein.

Hans-Ulrich Klose fragte, was denn die Alternative sei, wenn es keine Reformen gebe. Dazu vertrat Horst Ehmke die Auffassung, dann würden die Staatsorgane der DDR in Auseinandersetzungen auch schießen. Die Sowjetunion werde nicht eingreifen.

Hans-Jochen Vogel widersprach der Feststellung von Egon Bahr, die deutsche Frage stehe nicht auf der Tagesordnung. Dies sei so nicht zutreffend, denn das zeige auch die Diskussion in diesem Kreise. Sie werde übrigens auch im Parteivorstand und in der Bundestagsfraktion zu führen sein. Selbstverständlich habe sich seit 1984 vieles verändert. Dies könne nicht ignoriert werden.

Zusammenfassung

Er schlug vor, eine Arbeitsgruppe um die Erarbeitung eines Papieres zu folgenden Punkten zu bitten:
1. Die Auswirkungen der sozialdemokratischen Ostpolitik
2. Die Darlegung unserer von Anfang an breit angelegten Kontakte zu verschiedensten Gruppen in den kommunistischen Ländern und
3. eine inhaltliche Aussage zu den notwendigen Reformen mit den Punkten Durchlässigkeit der Grenzen, Anforderungen an die Medien (Glasnost), Forderung nach dem tatsächlichen Dialog sowie Herstellung eines Pluralismus und korrekte Wahlen und, für den Fall beginnender Reformen, Erklärung der Bereitschaft zu großen Anstrengungen mit einer neuen Führungsgruppe bei der Verwirklichung von Reformen.

Geprüft werden sollte, ob in dieses Papier eine Aussage zur Frage der Einrichtung gemeinsamer Institutionen zum Beispiel für den Umweltschutz aufgenommen werden kann.

Das Präsidium kam überein, die Deutschlandpolitische Arbeitsgruppe des Parteivorstandes zu bitten, dieses Papier zu erarbeiten. Erhard Eppler und Jürgen Schmude sollen in die Arbeit einbezogen werden.

Nicht in Frage zu stellen sei die Staatlichkeit der DDR. Die Forderung nach Wiedervereinigung bringe auch ganz Westeuropa gegen uns auf. Er könne nur davor warnen, daß die SPD sich, wie 1914, von Gefühlsstürzen überwältigen lasse. Nur die Menschen in der DDR könnten über die Frage der Staatlichkeit entscheiden. Eine staatliche Neuordnung im Herzen Europas sei nur in einem europäischen Prozeß denkbar. Eine Rückkehr in die Nationalstaatlichkeit des vorigen Jahrhunderts sei für Sozialdemokraten undenkbar.

Unsere Partei habe keine Kompetenz, Aussagen über die Neugründung einer SPD in der DDR zu treffen. Diese Frage müsse durch die Menschen dort selbst beantwortet werden. Er glaube jedoch, daß der Reifegrad für eine derartige Gründung noch nicht erreicht sei. Das Gedankengut sei wichtig. Die Organisation könne sich zunächst in »demokratischen Foren« vollziehen.

Hans-Jochen Vogel stellte fest, daß seine Vorschläge und Anregungen die Billigung des Präsidiums finden.

Zustimmend zur Kenntnis genommen wurde vom Präsidium, daß die Grundwertekommission ihre Kontakte zur SED gegenwärtig suspendiert hat. Erhard Eppler wurde gebeten, zu gegebener Zeit bei einer Veränderung auf das Präsidium wieder zuzukommen.

Zu den drei geplanten Begegnungen mit SED-Vertretern wurden folgende Festlegungen getroffen: Der Bundestagsfraktion wird empfohlen, der Einladung der Volkskammer zu folgen. Zuvor ist in einer Pressekonferenz der Rahmen der Gespräche mit den offiziellen und den oppositionellen Vertretern in der DDR zu erläutern. Dabei sind in insbesondere die Begegnungen mit Vertretern der Kirchen hervorzuheben. Herta Däubler-Gmelin betonte, sie bleibe bei ihrer skeptischen Haltung gegenüber der geplanten Reise.

Das Seminar in Bonn, das von der gemeinsamen Arbeitsgruppe veranstaltet wird, kann stattfinden, wenn zuvor eine Ausweitung und gleichberechtigte Behandlung anderer Themen vereinbart und die Teilnahme kirchlicher Gruppen aus der DDR sichergestellt wird. Die Reise der Bundestagsdelegation in Sachen Kultur soll nicht abgesagt, sondern auf einen späteren Termin verschoben werden.

[...]

Dokument Nr. 5
Aufruf der Initiativgruppe »Sozialdemokratische Partei in der DDR«, ohne Datum [12. September 1989]

Sozialdemokratische Partei in der DDR – SDP/SPD Parteivorstand, 2/SDPA000002

So kann es nicht weitergehen!
Viele warten darauf, dass sich etwas ändert.
Das aber reicht nicht aus!

Wir wollen das unsere tun.
Die notwendige Demokratisierung der DDR hat die grundsätzliche Bestreitung des Wahrheits- und Mehrheitsanspruchs der herrschenden Partei zur Voraussetzung.

Wir brauchen eine offene geistige Auseinandersetzung über den Zustand unseres Landes und seines künftigen Weges.

Das bedarf programmatischer Bemühungen und solcher Bürger, die die dafür notwendige Kompetenz mitbringen bzw. gewinnen wollen.

Wir, die Unterzeichnenden, halten für den künftigen Weg unserer Gesellschaft die Bildung einer s o z i a l d e m o k r a t i s c h e n   P a r t e i für wichtig.

Unser Ziel: eine ökologisch orientierte soziale Demokratie.

Das erfordert die klare Trennung von Staat und Gesellschaft und

- die sozialen, kulturellen und politischen Grundrechte der Bürger und die ihnen entsprechende Wahrnahme von Verantwortung zu ermöglichen, zu stärken und zu schützen;
- den Schutz der natürlichen Umwelt und die Sicherung von Ressourcen und Lebensmöglichkeiten für kommende Generationen zu gewährleisten.

Wir fordern, alle, die den nachfolgenden unverzichtbaren programmatischen Orientierungen zustimmen, auf, sich vor Ort zusammenzuschließen.

+ Rechtsstaat und strikte Gewaltenteilung
+ parlamentarische Demokratie und Parteienpluralität
+ relative Selbstständigkeit der Regionen (Länder), Kreise, Städte und Kommunen (finanziell, wirtschaftlich, kulturell)
+ soziale Marktwirtschaft mit striktem Monopolverbot zur Verhinderung undemokratischer Konzentrationen ökonomischer Macht
+ Demokratisierung der Strukturen des Wirtschaftslebens
+ Freiheit der Gewerkschaften und Streikrecht

Wir suchen mit allen, die sich zu diesen Grundprinzipien zusammenfinden, solidarische und verbindliche Organisationsformen.

Wer sich mit uns nicht in Übereinstimmung sieht, erkläre sich und bestimme seine eigene demokratische Perspektive.

Wir suchen ein Bündnis mit allen, die an einer grundlegenden Demokratisierung unseres Landes mitarbeiten wollen.

Martin Gutzeit
Breitestr. 20
Marwitz 1421

Markus Meckel
W.- Rathenau-Str. 19a
Niederndodeleben 3107

Arndt Noack
Karl-Marx-Platz 15
Greifswald 2200

Ibrahim Böhme
Chodowieckistr. 42
Berlin 1058

Dokument Nr. 6
Beratungen im Parteivorstand über die Notwendigkeit einer neuen Strategie im Umgang mit der SED und der DDR, 18. September 1989

Auszug aus dem Protokoll über die Sitzung des Parteivorstandes, 18. September 1989, 13.30 – 18.40 Uhr, in Bonn, Erich-Ollenhauer-Haus, S. 2 – 10

TOP 1: Politischer Bericht

Hans-Jochen Vogel sagte, angesichts der in den Vordergrund getretenen deutschlandpolitischen Fragen müßten andere Teile des Politischen Berichtes entfallen. Er wies auf den Entwurf einer Entschließung des Parteivorstandes zur Deutschlandpolitik und die Erklärung der Bundestagsfraktion zur Absage der Reise einer Delegation der Bundestagsfraktion von seiten der DDR-Führung hin. Zu prüfen sei, welche neuen Sachverhalte eingetreten sind, die zu der veränderten politischen Lage geführt haben. Neu sei der nicht abreißende Strom von Menschen aus der DDR, die legal oder illegal in diesem Jahr in so großer Zahl in die Bundesrepublik Deutschland kommen. Es gebe Anzeichen dafür, daß die Absage unserer Delegationsreise den Zustrom verstärkt habe. Neu sei auch die zunehmende Bewegung in der DDR selber, das Auftreten von Gruppen und Initiativen, die neben den Kirchen nun konkrete Forderungen zur Veränderung der Politik in der DDR erheben.

Als Motive für die neue Entwicklung nannte Hans-Jochen Vogel die Wirkung des gemeinsamen Papiers von SPD und SED. Für uns sei die tiefgreifende Bedeutung dieses Papieres für die politische Diskussion in der DDR nicht immer erkennbar gewesen. Hinzu komme ein Vergleich der Situation in der DDR mit den Vorgängen in der Sowjetunion, Ungarn und Polen. Ausschlaggebendes Motiv sei jedoch die Bewegungsunwilligkeit und -unfähigkeit der Regierenden in der DDR, die nicht in der Lage seien, den notwendigen Dialog zu führen. Diese Veränderungen der Sachverhältnisse müsse dazu führen, unsere eigene Position zu betrachten. Dazu stellte Hans-Jochen Vogel fest, es gebe keinen Anlaß, die Ost- und Deutschlandpolitik unserer Partei zu korrigieren. Das gelte auch für das Streitpapier. Eindeutig sei, daß die heutige Entwicklung in Osteuropa ohne unsere Ostpolitik nicht denkbar wäre.

Hans-Jochen Vogel erläuterte dann einzelne Passagen des Entwurfs der Entschließung. Dabei wies er insbesondere auf die seit langem bestehenden Kontakte zu Reformgruppen und Kirchenvertretern in der DDR aber auch in anderen osteuropäischen Staaten hin. Im Interesse der Kontaktpartner sei in der Vergangenheit über diese Beziehung wenig gesagt worden. Klar sei die Haltung der Partei, so unterstrich Hans-Jochen Vogel, gegenüber den Übersiedlern aus der DDR. In seiner Rede vor dem Bundestag habe er die jetzt hier Eintreffenden begrüßt und unsere Hilfsbereitschaft angeboten. Hilfe dürfe aber nicht zu Lasten derjenigen gehen, die selbst schon lange auf eine Wohnung oder einen Arbeitsplatz warten, vor allem dürfe es kein Ausspielen der verschiedenen Gruppen von Zuwanderern geben, und es müsse der Respekt vor de-

nen zum Ausdruck gebracht werden, die sich entschließen, in der DDR zu verbleiben.
Hans-Jochen Vogel kündigte an, daß er am Tag nach der Parteivorstandssitzung in einer Pressekonferenz die Haltung des Parteivorstandes darlegen werde.
Horst Ehmke erläuterte die Entscheidung des Präsidiums und der Bundestagsfraktion, an der Reise einer Delegation der Fraktion in die DDR festzuhalten. In beiden Gremien habe Übereinstimmung darüber bestanden, daß eine Absage nur von der anderen Seite, nicht jedoch durch uns erfolgen könne. Die SPD habe von ihrer Ostpolitik nichts zurückzunehmen. Dazu gehöre auch das Gespräch mit den Reformkräften und die Unterstützung der Bestrebungen zur Stärkung der Menschenrechte. Von dieser Linie habe sich unsere Politik gegenüber der DDR und anderer osteuropäischer Länder leiten lassen. Auf einer Pressekonferenz Ende letzter Woche habe er das Programm der Delegation erläutert und dabei auch auf die Gespräche mit den Reformgruppen hingewiesen. Die Absage von seiten der DDR sei plötzlich und - wie die Form dieser Absage dokumentiere - überhastet erfolgt. Es sei nun geplant, die vorgesehenen Gespräche mit den Reformgruppen und Kirchenvertretern zu einem recht frühen Zeitpunkt nachzuholen. Horst Ehmke wies darauf hin, daß die FDP ihre Kontakte zur DDR weiter fortzuführen gedenkt. Auch die Bundesregierung werde in dem üblichen Rahmen ihre Beziehungen zur DDR weiterlaufen lassen. Gerade vor diesem Hintergrund sei die Entscheidung, von uns aus die Delegation nicht infrage zu stellen, als richtig zu bezeichnen. Wichtigster Punkt für eine Beurteilung der weiteren Entwicklung in der DDR sei der geplante Besuch von Gorbatschow in Ost-Berlin am 7. Oktober.

Aussprache

Oskar Lafontaine bezeichnete es als interessant, daß in Teilen der Partei eine Debatte darüber geführt werde, ob die Ostpolitik richtig war. Er betonte, die Ostpolitik sei eine der stärksten Leistungen sozialdemokratischer Nachkriegspolitik gewesen. Dies sei herauszustellen. Die Wiedervereinigung stehe nicht vor der Tür – träumen könne man wohl davon. Allerdings, eine Vereinigung sei nur in einem europäischen Rahmen denkbar. Die sozialdemokratische Ostpolitik mit ihren Stationen Abbau des Kalten Krieges, Abrüstung und Entspannung, KSZE-Prozeß und gemeinsames Streitpapier von SPD und SED sei eine Linie, die in der Formel »Wandel durch Annäherung« zutreffend beschrieben worden sei. Diese Politik sei zu bestätigen. Umso unverständlicher sei es, wenn Norbert Gansel in einem Zeitungsbeitrag [eine] neue Politik des »Wandels durch Abstand« fordere. Hier würden Stichworte für den politischen Gegner gegeben. Er bezeichnete diese Aussage als einen politischen Fehler. Die Formel müsse zurückgenommen werden.

Friedhelm Farthmann betonte, in der Optik vieler Menschen komme unsere Partei durch die Absage nicht gut weg. Unser Handeln wirke blamabel. Kritisiert wurde von ihm der Aufsatz von Norbert Gansel, da damit unsere bisherige Ostpolitik falsch interpretiert werde. Friedhelm Farthmann forderte, in dem vorgelegten Entschließungspapier die sozialdemokratische Politik offensiver darzustellen.

Hans-Ulrich Klose stellte die Frage, was sich wohl verändert habe und stellte fest, in der DDR habe sich nichts verändert. Geändert habe sich die Stimmung in diesem Staat, aber auch in unserem Lande. Daraus erwüchsen auch Gefahren. Wenn dies richtig sei, sei es unsere Pflicht, durch Kontakte bestehende Gefahren zu entschärfen. Die gegenwärtige Phase lasse einen Hauch von Geschichte spüren. Die aktuelle Debatte rühre die Menschen stimmungsmäßig an. Die Entwicklung dürfe nicht parteitaktisch betrachtet werden. Hans-Ulrich Klose wandte sich gegen jede Überlegung, die Staatsbürgerschaftsfrage neu zu fassen. Er schlug vor, die Entschließung sprachlich offensiver zu fassen. Die westeuropäische Integration sei ein Hindernis für die Schaffung eines europäischen Hauses. Von uns seien deshalb Perspektiven zu entwickeln, mit denen [die] sich abzeichnende Ausgrenzung verhindert werden kann.

Die Ost- und Entspannungspolitik war, so unterstrich Dieter Spöri, eine der besten Leistungen von Sozialdemokraten. Diese Beurteilung könne auch nicht durch den Aufsatz von Norbert Gansel verändert werden. Dennoch, die von Norbert Gansel beabsichtigte Provokation werde die zweite Schiene der Kontakte verstärken, dies wirke fruchtbar. Deshalb sei zu fragen, ob mit der Entschließung auch eine Aktion der Partei gegenüber den osteuropäischen Staaten verbunden werden könne.

Norbert Gansel bestritt, in seinem Artikel die bisherige Linie der sozialdemokratischen Ostpolitik, den »Wandel durch Annäherung« kritisiert zu haben. Jetzt gebe es die historische Chance zur Entwicklung der Freiheit in Osteuropa. Von uns Sozialdemokraten sei in der Vergangenheit der Selbstwert des demokratischen Prozesses in Osteuropa nicht ernst genug genommen worden. Noch sei nicht sicher, ob sich Gorbatschow letztlich durchsetzen werde. Deshalb gebe es für die DDR gegenwärtig noch immer zwei denkbare Richtungen: eine Entwicklung wie in Ungarn und Polen oder die Herstellung eines rumänischen Systems. Vor diesem Hintergrund müsse sich unsere Partei auf der Grundlage des Streitpapieres einmischen. Dies bedeute ein klares Abwenden von der Nomenklatura, einen »Wandel durch Abstand«. Die SPD müsse registrieren, daß die deutsche Frage wieder gestellt sei. Im Grundsatzprogramm werde darauf keine Antwort gegeben. Unsere Partei sei aber verpflichtet, diese uns betreffende ureigene Frage zu beantworten. Bei seinen Überlegungen setze er auf einen inneren Wandel in der DDR. Er bezeichnete es als gut, wenn auf deutschem Boden das Experiment eines sozialistischen Staates gewagt werden könne. Die Chancen dafür seien nicht so schlecht. Er trete für die Zweistaatlichkeit ein, wer anderes wolle, behindere den Demokratisierungsprozeß in der DDR. Kritisiert wurde von Norbert Gansel, daß der Entschließungsentwurf keinerlei Forderung und keine Perspektive sowie keinen Handlungsvorschlag enthalte. Er wies auf seinen Vorschlag hin, in Briefen an die osteuropäischen Regierungen heranzutreten.

Als größte Leistung der Sozialdemokraten in der Nachkriegszeit bezeichnete Egon Bahr die Abgrenzung gegenüber den Kommunisten. Danach komme die Ostpolitik. Die SPD habe bis 1952 bis zur Selbstaufgabe hin versucht, zu retten, was zu retten ist. Dann sei auf den Trümmern einer falschen Politik der Union gegenüber Osteuropa die sozialdemokratische Ostpolitik entwickelt worden. Sie sei ungeheuer erfolgreich gewesen. Die Wenderegierung habe sie voll übernommen. Auch er sprach sich gegen einen Abbruch der Beziehungen zur SED von unserer Seite heraus. Die Deutschlandpolitik sei ein Markenzeichen unserer Partei. Sie dürfe in der Sache nicht wackeln. Den Artikel von Norbert Gansel bezeichnete Egon Bahr als interessant, aber falsch. Durch einen »Wandel durch Abstand« werde es keinen Fortschritt in der DDR geben. Der von Norbert Gansel vorgeschlagene Weg sei nur mit einer völligen Veränderung unserer Politik umzusetzen. Dies sei gefährlich. Wer eine Wandlung in der DDR von außen herbeiführen wolle, spiele mit Gefahren für die Menschen in der DDR. Es dürfe keine Destabilisierung geben, da dann auch andere Bereiche in Europa, beispielsweise der Wiener KSZE-Prozeß, gefährdet würden.

Als richtig bezeichnete Peter von Oertzen die Reiseplanung. Scharf verurteilt wurde von ihm, daß die Absage eines Seminars der Parteischule, das zur Geschichte der Partei in West-Berlin und der DDR abgewickelt werden sollte, ohne Konsultation mit ihm abgesagt wurde. Als Leiter der Parteischule könne er dieses Vorgehen der Geschäftsführung nicht billigen. Ein nochmaliger Vorfall ähnlicher Art müsse zur Niederlegung seiner Funktion führen. In der Sache selbst hätte er sich sicherlich überzeugen lassen. Eine Demokratisierung der DDR würde, so betonte er, das Verhältnis zur Bundesrepublik Deutschland erheblich verändern. Zur Lösung der deutschen Frage könne es jedoch keinen deutschen Sonderweg geben. Die Gründe für die gegenwärtigen Veränderungen sah Peter von Oertzen in der wohl größten Krise des realen Sozialismus in der DDR, ausgelöst durch die immensen wirtschaftlichen Probleme. Erforderlich sei nun eine neue progressive linke Antwort. Professor Reinhard von der SED befinde sich im Irrtum, wenn er sage, wir wollten den Sozialismus in der DDR abschaffen. Es könne allenfalls darum gehen, ihn einzuführen. Die Destabilisierung der DDR sei durch die eigenen Fehler und Versäumnisse eingetreten. Für die Zukunft seien Frieden und Stabilität nicht alles. Hinzugetreten sei die Dimension Freiheit.

Den Grund für die gegenwärtigen Entwicklungen in Polen, Ungarn und der DDR sah Wolfgang Roth nicht nur in der ökonomischen Krise, sondern auch als Folge des von uns eingeleiteten Entspannungsprozesses. Bei uns seien starke Unsicherheiten über unsere eigene Linie zu registrieren. Dies sei sicherlich darauf zurückzuführen, daß frühzeitige Kontakte zu Oppositionsgruppen in den genannten Ländern nicht hergestellt wurden. Dies könne allerdings im Falle der CSSR und der DDR noch korrigiert werden. Die nationale Frage gebe es im Bewußtsein der Menschen in beiden deutschen Staaten, aber auch unter den europäischen Völkern. Wer das nicht berücksichtige, werde eine Politik in eine falsche Richtung machen. Er forderte Norbert Gansel auf, den Begriff »Wandel durch Abstand« offiziell aus dem Verkehr zu ziehen.

Hans Eichel forderte eine offensive Anlage der neuen Debatte über die Deutschlandpolitik. Dabei müsse unser bisheriger Weg nicht versteckt werden. Die Kritik von Norbert Gansel könne er sich nicht zu eigen machen. Niemand könne gegenwärtig beurteilen, wohin die rasante Entwicklung führe. Noch sei nicht abzusehen, welche Bedeutung die Grenzen in Europa künftig hätten. Das gelte auch für die deutsch-deutsche Grenze. Weiterhin gefragt sei eine Intensivierung der Zusammenarbeit. Hier sollten insbesondere die Städte und Regionen mit den entsprechenden Gebieten in der DDR die Verbindungen knüpfen und ausbauen.

Von Walter Momper wurde die Entscheidung von Präsidium und Bundestagsfraktion zur Delegationsreise begrüßt. Gerade in einer Krise müßten Sozialdemokraten den Dialog weiterführen. Die Stimmung in der Deutschlandpolitik habe sich gewandelt. Gerade in Westdeutschland hätten viele erst jetzt entdeckt, daß es den zweiten deutschen Staat noch gibt. Als abwegig bezeichnete er jede Diskussion über die Staatsangehörigkeitsfrage. Die heutige Lage unterscheide sich gegenüber früheren Zeiten durch zwei Punkte. Zum einen gebe es eine Krise des Systems in der DDR, zum anderen sei eine Krise der Führung dieses Staates feststellbar. Es gebe geradezu eine Abwesenheit von politischer Führung. Das mache das Ganze so brisant. Überdies habe die Sowjetunion nicht mehr die Autorität, direkt regelnd einzugreifen. Die Politik des Gesprächs mit der SED sei erfolgreich gewesen. Dies gelte besonders für Berlin. Auch dürfe es keinen Abschied von dem gemeinsamen Papier geben, das immer ein Hebel in der DDR gewesen sei.

Walter Momper rechnete nicht mit einer eruptiven Entwicklung in der DDR, sondern eher mit einem Niedergang, ähnlich der Vorgänge in Polen. Aber die Menschen duckten sich nicht mehr. Die Opposition werde erkennbar. Deshalb müsse unsere Partei mit allen Kräften in der DDR reden und unsere Parteikontakte nicht verstecken. Zur Wiedervereinigungsfrage sagte er, hier seien die Leute in der DDR selber zu befragen. Viele von denen dort wünschten einen dritten Weg. Von uns aus solle keine Diskussion über die Wiedervereinigung beginnen. Andernfalls werde die Opposition geschwächt. Walter Momper forderte, weiter von der Zweistaatlichkeit auszugehen. Die Grenzen müßten durchlässig werden. Der KSZE-Prozeß müsse vorangetrieben werden. Vielleicht sei dann auch ein Friedensvertrag im Rahmen einer europäischen Friedensordnung möglich, an denen [dem?] die Vier Mächte zu beteiligen seien.

Erhard Eppler äußerte die Vermutung, daß die DDR-Führung zu dem Ergebnis gekommen ist, die Veränderungen im Osten könnten das Ende der DDR bedeuten. Vor diesem Hintergrund erkläre sich die Handlungsweise der DDR-Führung, die durch das Aufkommen der nationalen Entwicklung im Baltikum ausgelöst werde. Die SED-Führung halte offenbar in dieser Phase Reformen für gefährlicher als die Verweigerung von Reformen. In der Tat sei in dieser europäischen Entwicklungsphase die Existenzfrage für die DDR gestellt, aber – und dies müsse durch uns gesagt werden - auch die Chance für Reformen. Unsere weitere Politik müsse sich an der Zweistaatlichkeit orientieren. Allerdings sei es auch erforderlich, sich darauf ein[zu]-stellen, daß in der DDR alles zusammenfalle. Beide Möglichkeiten gelte es zu bedenken. Die deutsche Einheit könne, wie er es am 17. Juni dieses Jahres im Bundestag zum Ausdruck gebracht habe, nicht gefordert, aber auch nicht ausgeschlossen werden. Wiedervereinigungsrhetorik sei falsch, eine Ablehnung der Wiedervereinigung unbarmherzig. Die Lebensfähigkeit der DDR entscheide sich nicht bei uns, sondern in dem Lande selber. Unsere Politik, die Ost-Politik, das Gemeinsame Papier, seien zu erfolgreich gewesen. Dies verunsichere nun die SED. Aus der Sicht der SED seien Begegnungen mit der SPD immer Legitimationselemente gewesen. Diese Wirkung sei ihr bisher wichtiger gewesen als das Risiko, das für sie auch erkennbar war. Möglich sei, daß durch die neue Entwicklung eine »Distanz« entstehe. Distanz beschreibe eine Position, nicht jedoch der Begriff Abstand, der mißverständlich sei.

Ruth Winkler äußerte die Vermutung, daß die Wahrnehmung der Wiedervereinigungsproblematik ein Generationenproblem sei. Für sie sei die DDR Ausland, wie Holland, dem sie kulturell mehr verbunden sei. Erforderlich bleibe die Anerkennung der Staatlichkeit der DDR.

Klaus von Dohnanyi forderte eine klare Bestimmung unserer Position in der zu verabschiedenden Erklärung und schlug vor, wie in dem von ihm vorgelegten Papier die Verpflichtung der Vier Mächte aufzuweisen. An Norbert Gansel gerichtet sagte er, bedacht werden müsse, daß 1970 mit Leuten in der DDR verhandelt worden sei, die gleichzeitig auf Flüchtlinge schießen ließen. Auch deshalb sei der von Norbert Gansel geprägte neue Begriff falsch.

Anke Brunn begrüßte die Diskussion des Parteivorstandes und betonte, der Artikel von Norbert Gansel werde bei unseren Gegnern den falschen Eindruck erwecken. Sie schlug vor, die Thesen der Epplerrede vom 17. Juni dieses Jahres zu übernehmen. Verpflichtung unserer Partei sei es, eine Vorstellung von Deutschland zu entwickeln, nicht aber eine nationale Linie entstehen zu lassen. Eine Lösung müsse im europäischen Rahmen gesucht werden. Die Gründung von SPD-Initiativen in der DDR dürfte von außen nicht unterstützt, wohl aber in Gesprächen begleitet werden. Hier in der Bundesrepublik sei darauf zu achten, daß die jungen Zuwanderer aus der DDR nicht als Lohndrücker mißbraucht werden. Zum anderen seien die Probleme auf dem Wohnungsmarkt zu lösen.

Die Handhabung der Delegationsreise der Bundestagsfraktion bezeichnete [Hermann] Heinemann als nicht glücklich. Bei den Leuten sei ein Gefühl der Peinlichkeit entstanden. Offenbar seien wir auf dem falschen Fuß erwischt worden. Natürlich sei die Fortsetzung der Gespräche erforderlich. Den Zuwanderern müsse deutlich gemacht werden, daß sie ohne unsere Ostpolitik heute nicht hier sein könnten. Es sei klar, daß die Union durch die Zuwanderer zusätzliche Stimmen erhalten werde.

Ursula Engelen-Kefer warnte vor Tendenzen, die Aussiedler und Asylbewerber gegenüber den Umsiedlern auszuspielen.

Norbert Gansel wies darauf hin, daß er in seinem Artikel das gemeinsame Papier verteidigt habe. Einen Grundwiderspruch sehe er gegenüber Egon Bahr. In der jetzigen Phase sei für ihn das Wagnis der Demokratisierung der DDR höher zu veranschlagen als eine Stabilisierung dieses Staates. Dies bedeute für ihn, »Abstand von den Reformgegnern« in der DDR zu nehmen. Von dieser Aussage gedenke er nicht abzurücken. Er schlug vor, die Ziffer 6 seines Papiers in die Entschließung aufzunehmen. Es sei klar, daß unsere Partei für die Reformer in der DDR direkt wenig tun könne. Zu den Verhaftungen dürfe sie nicht schweigen.

Ilse Brusis beklagte, daß Regierungs- und Arbeitgebervertreter den Eindruck erweckten, mit den Zuwanderern kämen nun die richtigen Arbeitnehmer. Offenbar seien die hiesigen Arbeitslosen dumm und faul. Sie unterrichtete den Parteivorstand von ihren Eindrücken aus den Gesprächen mit dem FDGB-Vorsitzenden Tisch und Lech Wałęsa.

In seinem Schlußwort äußerte sich Horst Ehmke erstaunt über das Ausmaß an Unsicherheit. Nach den Absagen sei es notwendig, daß die Gliederungen der Partei für Begegnungen mit DDR-Vertretern die gleichen Bedingungen stellen wie die Bundestagsfraktion. Die Entwicklung in der DDR bezeichnete er als explosiv. An der deutschen Frage könne der europäische Entspannungs- und Abrüstungsprozeß Schaden nehmen. Allerdings komme die DDR nicht umhin, sich einzureihen. Für die Entscheidung der Fraktion habe es vielfältige Zustimmung auch aus der DDR und der SED gegeben. Er bedauerte, daß Dieter Haack und Norbert Gansel in diesem Punkte einen Streit in die Partei hineintrügen. Es sei unzutreffend, wenn behauptet werde, die SPD beginne erst jetzt, mit den Reformkräften in Kontakt zu treten. Aufgrund der politischen Situation sei es in der Vergangenheit nicht möglich gewesen, hierüber jeweils die Öffentlichkeit zu informieren. Ein Hantieren mit Wiedervereinigungsformeln lehnte Horst Ehmke ab, da ansonsten der Reformprozeß in der DDR gestört werde. Allerdings dürfe durch uns die Einheit nicht ausgeschlossen werden. Wenn es zur Gründung einer SPD in der DDR komme, sei Klarheit über die Haltung unserer Partei gegenüber einer solchen Neugründung keine Frage. Die von einigen Mitgliedern der Fraktion geführte »Souveränitätsdebatte« bezeichnete er als nicht sinnvoll. Erörtert werden müsse die Frage der Gleichberechtigung der Bundesrepublik Deutschland im Bündnis. Auf seine Ablehnung stieß der Vorschlag von Norbert Gansel, Briefe an die Staatsführungen in Osteuropa zu senden. Horst Ehmke wies auf die bestehenden Kontakte und die bevorstehende Reise von Hans-Jochen Vogel nach Polen und Ungarn hin.

In seiner Schlußbemerkung sagte Hans-Jochen Vogel, es gebe offenbar Übereinstimmung über die in der DDR eingetretenen Veränderungen. Insbesondere zeige sich, daß die Menschen die Angst verloren hätten. Dies führe zu Weiterungen. Das Ausmaß der qualitativen Veränderung sei noch nicht abzuschätzen. Niemand habe vor einiger Zeit die jetzt ablaufende Entwicklung in Polen und Ungarn voraussehen können. Das Thema der Deutschlandpolitik habe sich in der Bundesrepublik in den Vordergrund geschoben. Dabei zeige sich, daß unter der Oberfläche der nationalistische Funke noch immer glimme. Seinem emotionalen Auflodern müsse von Sozialdemokraten mit Entschlossenheit begegnet werden. Die Arbeitsgruppe Deutschlandpolitik habe den Auftrag, in einem umfassenden Papier die Positionen unserer Partei zur Frage der Reformen in der DDR, der Durchlässigkeit der Grenzen, der Anforderungen an die Medien und eine Reihe weiterer wichtiger Punkte darzustellen. Darüber hinaus seien Egon Bahr und Horst Ehmke gebeten worden, in einem Papier die umfassenden Kontakte unserer Partei zu den Reformgruppen nachzuzeichnen. Es sei infam, wenn der politische Gegner jetzt behaupte, so berichtete Hans-Jochen Vogel, er selbst oder andere führende Repräsentanten hätten bislang keine Kontakte zu Reformgruppen unterhalten.

Weiterhin stellte er fest, daß eine Diskussion über die deutsche Staatsbürgerschaft kontraproduktiv sei. Er erinnerte in diesem Zusammenhang auch an die Folgen, die sich aus einer Änderung für Berlin ergäben. Sodann stellte Hans-Jochen Vogel fest, daß es niemanden im Parteivorstand gebe, der aufgrund der jüngsten Entwicklung eine Kurskorrektur in der sozialdemokratischen Ost- und Deutschlandpolitik befürworte. Dem wurde nicht widersprochen. An Norbert Gansel richtete er die Bitte, die von diesem gebrauchte Formel zurückzuziehen und dies auch öffentlich deutlich zu machen. Sonst werde jeder Sozialdemokrat mit dieser Formel konfrontiert. Dies sei abträglich. Hans-Jochen Vogel wies darauf hin, daß Norbert Gansel seinen Aufsatz nicht in seiner Eigenschaft als Vorsitzender des Parteirates verfaßt habe.

Sozialdemokraten gingen bei ihrer Ost- und Deutschlandpolitik nach wie vor von folgenden Prioritäten aus: 1. Sicherung des Friedens, 2. Erhaltung und Ausbau der Freiheit, erst an dritter Stelle rangiere die territoriale Frage. Das Selbstbestimmungsrecht der Deutschen sei zuletzt im Entwurf des neuen Grundsatzprogramms bekräftigt worden.

Zu der Beschwerde von Peter von Oertzen über die Absage des Seminars der Parteischule in der DDR sagte Hans-Jochen Vogel, er bedaure diesen Vorgang. Anke Fuchs sei gebeten, eine Klärung vorzunehmen. Hans-Jochen Vogel ging dann auf den vorgelegten Entschließungsantrag ein, zu dem Erhard Eppler eine Reihe von Ergänzungs- und Abänderungsvorschlägen erarbeitet hatte.

In einer Abstimmung sprach sich der Parteivorstand dagegen aus, in der Entschließung die Vier Mächte mit ins Spiel zu bringen. Zustimmung fand der Vorschlag, den Wesensgehalt aus dem Punkt 6. der Vorlage von Norbert Gansel in die Entschließung aufzunehmen. Hans-Jochen Vogel wurde ermächtigt, eine entsprechende Formulierung zu entwickeln. Vor der Abstimmung über die Entschließung erklärte Norbert Gansel, daß er mit dem jetzt zur Abstimmung stehenden Text in Übereinstimmung stehe. Damit werde es ihm erleichtert, eine Klarstellung zu seiner Formel vorzunehmen. In einer Abstimmung wurde die Entschließung von den Mitgliedern des Parteivorstandes einstimmig beschlossen [...].

[...]

Dokument Nr. 7
Deutschlandpolitische Entschließung des SPD-Parteivorstandes vom 18. September 1989

Presseservice der SPD, Nr. 595/89, 19. September 1989

Mitteilung für die Presse

In seiner Sitzung am 18. September hat der SPD-Parteivorstand unter dem Vorsitz des Partei- und Fraktionsvorsitzenden Hans-Jochen Vogel die folgende Entschließung zur Deutschlandpolitik einstimmig verabschiedet:

I.

Die von der deutschen Sozialdemokratie gegen den erbitterten Widerstand der Union durchgesetzte Ost- und Deutschlandpolitik hat in den 70er und 80er Jahren zur Normalisierung der Beziehungen der beiden deutschen Staaten und zu wahrnehmbaren Erleichterungen für die Menschen in der DDR geführt. Sie hat auch den Helsinki-Prozeß vorbereitet, den die Union ebenfalls lange Zeit bekämpft hat.

Unsere Friedenspolitik hat dazu beigetragen, daß in der Sowjetunion, in Polen und in Ungarn erstaunliche Veränderungen Platz gegriffen haben. In Polen und in Ungarn haben kommunistische Parteien sogar ihren absoluten Macht- und Wahrheitsanspruch aufgegeben.

Im Zuge dieses tiefgreifenden Wandels hat die SPD in ihren Kontakten zur DDR-Führung ausgelotet, ob über gemeinsame Abrüstungs- und Friedenssicherungsinitiativen hinaus Wege zu einer systemöffnenden Zusammenarbeit gefunden werden könnten. Sie hat dabei stets die sozialdemokratischen Grundpositionen offensiv deutlich gemacht und die bestehenden Unvereinbarkeiten präzise herausgearbeitet. Diese sind unter anderem in den von der SPD-Bundestagsfraktion Ende 1984 beschlossenen Thesen zur Deutschlandpolitik wie folgt dargestellt:

»Die Sozialdemokraten sind Verfechter der freiheitlichen Verfassung der Bundesrepublik Deutschland, die sie mitgeschaffen haben. Daher bleiben Kommunisten ihre Gegner. Das kommunistische System lehnen wir ab, weil für uns Freiheit und Sozialismus zusammengehören. Wir werden auch weiterhin die geistig-politische Auseinandersetzung mit der SED offensiv führen und diese mit den Widersprüchen und inneren Unwahrheiten ihrer Ideologie konfrontieren. Der Maßstab dieser Auseinandersetzung sind für die SPD die Grundwerte Freiheit, Gerechtigkeit und Solidarität.«

II.

Das wichtigste Ergebnis der Kontakte zur DDR-Führung war das Gemeinsame Streit- und Dialogpapier vom August 1987, in dem die DDR-Führung unter anderem folgenden Feststellungen zugestimmt hat:

– »Die offene Diskussion über den Wettbewerb der Systeme, ihre Erfolge und Mißerfolge, Vorzüge und Nachteile muß innerhalb jedes Systems möglich sein.«
– »(Gesellschaftssysteme) stehen immer wieder vor neuen Aufgaben, die sie ohne Veränderung, Fortentwicklung und Reform nicht bewältigen können.«
– »Jedes der beiden Systeme kann die von ihm beanspruchten Vorzüge nur durch das Beispiel zeigen, das die Menschen innerhalb und außerhalb der Grenzen überzeugt.«
– »Kritik, auch in scharfer Form, darf nicht als eine Einmischung in die inneren Angelegenheiten der anderen Seite zurückgewiesen werden.«

In der DDR gab es in der Folgezeit Ansätze zu positiven Veränderungen und zu einer Diskussionsbereitschaft der DDR-Führung auch im eigenen Land. So wurden die Todesstrafe abgeschafft, eine Amnestie für politische Gefangene verkündet, die Reisemöglichkeiten verbessert, der Rechtsschutz in bestimmten Verfahren ausgebaut und eine Vielzahl von Städtepartnerschaften begründet. Das Streit- und Dialogpapier wurde im »Neuen Deutschland« zur Gänze veröffentlicht und dadurch allen Bürgerinnen und Bürgern mit der Folge zur Kenntnis gegeben, daß sich gerade oppositionelle Gruppen auf seinen Inhalt beriefen. Es kam auch zu einigen öffentlichen Diskussionen über das Streit- und Dialogpapier in der DDR unter Teilnahme von Sozialdemokraten und Oppositionellen.

III.

Diese Fortschritte durch schrittweise Veränderungen hat die DDR-Führung jedoch alsbald gebremst und dann zu beenden versucht. Dies wurde zunächst in der Absage an die innenpolitischen Reformen Gorbatschows und sodann in der Verweigerung des Dialogs mit den eigenen Bürgerinnen und Bürgern deutlich. Hinzu kam die zynische Parteinahme der DDR-Führung für die blutigen Unterdrückungsmaßnahmen der chinesischen Machthaber und die Tatsache, daß sie selbst gegenüber Demonstrationen wieder mehr und mehr zu Mitteln der Repression griff.

Diese Absage an Reformen ist die Ursache dafür, daß Zehntausende, darunter viele junge Menschen, der DDR den Rücken kehren. Es führt aber auch dazu, daß die Zahl derer von Tag zu Tag wächst, die in der DDR offen für Veränderungen eintreten und sich zu diesem Zweck auch organisieren. Wir haben diese Gruppen nicht zu belehren oder an ihrer Stelle zu handeln. Aber wir werden auch in Zukunft insbesondere diejenigen Gruppen ermutigen, die mit uns in den Prinzipien der Friedenssicherung und Abrüstung, der demokratischen Mitbestimmung und der sozialen und wirtschaftlichen Entwicklung übereinstimmen.

Die Absage des Besuches einer SPD-Delegation wird in der DDR die Veränderung des Klimas beschleunigen und kann die Spannungen weiter verschärfen. Die Kräfte, die diese Absage bewirkten, haben damit schwere Verantwortung auf sich geladen. Die für die Absage angegebenen Gründe zeigen nur, daß die augenblickliche Führung nicht nur notwendige Reformen verweigert, sondern auch zur Analyse ihrer Situation und zum kritischen Dialog über die Gründe und Folgen ihres Verhaltens unfähig ist. Die Absage ist deshalb ein Zeichen der Schwäche und der Isolierung der gegenwärtig maßgebenden Kräfte gegenüber ihrer eigenen Gesellschaft.

IV.

Wir nehmen dies zur Kenntnis und richten uns darauf ein. Wir gehen auch in Zukunft von den bestehenden Verträgen und Vereinbarungen aus. Deutsche Politik hat auch weiterhin zuerst und vor allem Krieg in Europa unmöglich zu machen.

Im Einklang mit den Prinzipien und bisherigen Ergebnissen des Helsinki-Prozesses, die es auch auf anderen Gebieten zu verwirklichen gilt, haben für uns die Reisefreiheit, also die völlige Durchlässigkeit der Grenze, die Meinungs- und Informationsfreiheit und die selbstverantwortliche Mitwirkung aller Bürgerinnen und Bürger der DDR an der Gestaltung der gesellschaftlichen Verhältnisse Priorität. Die im Grundlagenvertrag anerkannte Staatlichkeit der DDR steht solchen Veränderungen nicht entgegen. Sie würde im übrigen durch Reformen nicht destabilisiert, sondern stabilisiert. Sozialismus ist nur lebensfähig, wenn er mit Demokratie und Freiheit verbunden ist. Wir verlangen nicht, daß die DDR den – so verstandenen – Sozialismus aufgibt, sondern daß sie mit ihm endlich anfängt. Zu welchen Folgerungen künftig die Ausübung des von uns zuletzt im Entwurf des neuen Grundsatzprogramms bekräftigten Selbstbestimmungsrechtes der Deutschen führt, kann niemand vorwegnehmen und bleibt deshalb offen.

Auf dieser unveränderten Grundlage bleiben wir gesprächsbereit und gesprächsfähig. Mit den Kirchen, deren feste und besonnene Haltung wir begrüßen. Mit den Reformgruppen, mit denen wir seit langem vielfältige Kontakte unterhalten. Auch mit der SED, die erkennen muß, daß ihre starre Haltung zu gefährlichen Ausbrüchen im Herzen Europas führen kann. Wir wissen, daß sich nicht wenige in der SED dessen schon jetzt bewußt sind. Wir ermutigen auch alle anderen gesellschaftlichen und politischen Kräfte in der Bundesrepublik, gerade in diesen Tagen und Wochen den Dialog nicht abreißen zu lassen. Gesprächsverweigerung erhöht in kritischen Phasen die Gefahren.

V.

Die gegenwärtige Situation erfordert in der Bundesrepublik ein Höchstmaß an deutschlandpolitischem Konsens. Die große Rede, die Erhard Eppler am 17. Juni 1989 gehalten hat, und die breite Zustimmung, die sie im Bundestag fand, hat die Umrisse eines solchen Konsenses erkennen lassen. Wir sind bereit, an der Prüfung mitzuwirken, ob ein solcher Konsens tatsächlich erreicht werden kann.

Die Äußerungen, mit denen Sprecher der Union die jüngsten Ereignisse begleitet haben, lassen dies allerdings zweifelhaft erscheinen. Sie erinnern in fataler Weise an die Hetzkampagne, mit der die Union die erste Phase der Ost- und Deutschlandpolitik – die sie dann später übernahm – begleitet hat. Wie damals arbeiten diese Sprecher, die jeden Kontakt und jedes Gespräch diffamieren, den Gesprächsverweigerern in der DDR in die Hand und bilden mit ihnen eine unheilige Allianz. Es wird sich zeigen, ob die Besonnenen in der Union die Kraft haben, diese destruktiven Kräfte zu bändigen.

Dokument Nr. 8
Beratungen im Präsidium über die Fortführung von Kontakten mit der SED und zu Kontakten mit Reformgruppen in der DDR, 25. September 1989

Auszug aus dem Protokoll über die Sitzung des Präsidiums, 25. September 1989, 13.30 – 16.45 Uhr, in Bonn, Erich-Ollenhauer-Haus, S. 2 – 3, S. 6 – 7

TOP 1: Zur Lage
[...]
Deutschlandpolitik

Zur Deutschlandpolitik wies Hans-Jochen Vogel auf die einstimmig vom Parteivorstand verabschiedete Entschließung hin. In seiner Pressekonferenz zu dieser Entschließung habe er hervorheben können, daß sich unsere Haltung nicht geändert habe. Umso bedauerlicher sei es, daß durch Äußerungen einzelner Vertreter der Partei in der Öffentlichkeit ein anderer Eindruck habe entstehen können. Das Thema selbst habe von der Dramatik nichts verloren. Der Flüchtlingsstrom halte weiter an. Die DDR-Führung habe das »neue Forum« als staatsfeindlich bezeichnet. Dies könne einen nicht unberührt lassen.

Egon Bahr bedauerte, daß die Pressekonferenz von Hans-Jochen Vogel offenbar nicht so wie gewünscht »übergekommen« sei. Es müsse deutlich werden, daß die SPD die Fähigkeit und den Willen besitze, ihre auf diesem Wege eingeschlagene Politik weiterzuführen. In diesem Sinne seien die Äußerungen von Oskar Lafontaine im »Spiegel« zu begrüßen. Bedauerlicherweise sehe Norbert Gansel seine Aufgabe wohl darin, unsere Linie in Zweifel zu setzen. Dies werde für die bevorstehenden Wahlen abträglich sein. Wenn Norbert Gansel mit seinen öffentlichen Angriffen nicht aufhöre, die uns schwer schadeten, werde es zu einer Auseinandersetzung mit ihm kommen. Zu dem Parteivorstandsbeschluß stellte Egon Bahr die Frage, wie künftig bei Gesprächen mit SED-Vertretern aufgrund dieses Beschlusses zu verfahren sei. Bedeute der Beschluß, daß grundsätzlich mit Vertretern der SED nur gesprochen werden könne, wenn auch gleichzeitig mit Vertretern der Reformgruppen Kontakte stattfinden. Er habe die Absicht, seine Kontakte mit Hermann Axen im Rahmen der gemeinsamen Gruppe fortzuführen.

Anke Fuchs sagte, die jüngste Entwicklung habe gezeigt, daß unsere Partei einen Diskussionsbedarf gehabt habe. Nicht zuletzt deshalb habe die jüngste Entschließung auch einen gewissen Rechtfertigungscharakter. Nun komme es darauf an, gegenüber der Union die eigene Linie zu halten. Deshalb sei es wichtig, daß die Deutschlandpolitische Arbeitsgruppe nun in einem umfassenden Papier unsere klare Linie zur Deutschlandpolitik auf der Grundlage der jüngsten Diskussion darlege.

Johannes Rau wies darauf hin, daß er auf jeder Kundgebung betone, er werde bei nächster Gelegenheit, wenn dies möglich ist, auch mit Honecker reden, um gerade auf dem humanitären Sektor weiterhin Hilfe leisten zu können. Eine andere Frage sei die Außendarstellung von Kontakten zwischen Vertretern der SPD und der SED. Die geplanten Begegnungen zwischen Axen und Egon Bahr müßten vor dem Hintergrund der neuen Entwicklung gesehen werden. Jeder Eindruck von vertragsähnlichen Vereinbarungen sei zu vermeiden. Deshalb habe er seinerzeit auch Bedenken gegen das Streitpapier geäußert.

Erklärtes Ziel der Union sei es, so äußerte sich Gerhard Schröder, über die Wiedervereinigungsdebatte weit rechts stehende Wähler wieder zu binden. Dazu verwies er auf eine Plakataktion in Niedersachsen. Unsere Linie müsse fortbestehen, bei uns gebe es keinen Grund zur Selbstkritik.

Hans-Jochen Vogel stimmte Egon Bahr in seiner Beurteilung zu und betonte, es gebe zwischen seinen Aussagen und dem Entschließungstext keinen Widerspruch. Notwendig sei es, bei Kontakten mit SED-Vertretern die Sprache auf die Themen Reformen und Übersiedler zu bringen und auch die Presse zu unterrichten. Dieses Vorgehen sei nicht als Vorbedingung zu sehen, sondern entspreche unserem normalen politischen Handeln.

[...]

TOP 2: Entwicklung der Kontakte mit Gruppierungen in der DDR

Egon Bahr berichtete von den Planungen der Arbeitsgruppe Deutschlandpolitik. Er teilte mit, daß bereits für das Frühjahr ein Symposium zu sicherheitspolitischen Fragen geplant worden sei. Diese Tagung sei dann auf den 13. Oktober verlegt worden. Seinerzeit sei von uns eine Ausweitung des Themas ebenso vorgesehen gewesen wie die Beteiligung kirchlicher Gruppen. Die SED habe zugesagt, die Gäste, die wir einzuladen gedachten, mitzubringen. Darüber hinaus sei zunächst geplant gewesen, das gemeinsame Papier der Arbeitsgruppe der Bundestagsfraktion und der SED auf Pressekonferenzen in Ost-Berlin und Bonn vorzustellen. Danach habe es den Plan gegeben, eine gemeinsame Pressekonferenz am 28. August hier zu veranstalten. Beide Veranstaltungen – die Pressekonferenz und das Symposium – seien inzwischen von Seiten der SED abgesagt worden. Offen sei jetzt noch die für den 12. Oktober vorgesehene Begegnung der Arbeitsgruppe von SPD-Bundestagsfraktion und SED. Er gehe davon aus, so betonte Egon Bahr, daß auch dieses Treffen ausfalle. Die SED sei zur Zeit zur Beweglichkeit nicht fähig.

Hans-Jochen Vogel stellte fest, wenn das Treffen zustandekomme, müsse es zu Beginn zu klaren Äußerungen zu den jetzt relevanten Themen kommen. Überdies müsse hierüber in Eindeutigkeit in einer Pressekonferenz berichtet werden.

Herta Däubler-Gmelin fragte, ob jemand aus dem Führungskreis der Partei Kontakte mit Vertretern der Reformgruppen der DDR gehabt habe. Egon Bahr wies auf ein geplantes Treffen mit Konsistorialpräsident Stolpe hin. Hans-Jochen Vogel berichtete, Jürgen Schmude habe am Rande des Kirchentages von Eisenach zahlreiche Kontakte gehabt. Von Gesprächen mit derartigen Gruppen anläßlich ihres letzten Aufenthaltes in der DDR berichteten Johannes Rau und Hans-Jochen Vogel.

Hans-Jochen Vogel stellte fest, es sei notwendig, in der Praxis unsere Beschlüsse umzusetzen – sie zum Gegenstand der Begegnungen zu machen. Anke Fuchs und Erik Bettermann wurden gebeten, entsprechende Informationen zu sammeln und dem Präsidium davon Kenntnis zu geben.

Herta Däubler-Gmelin teilte mit, daß sie mit dem Dresdner SED-Bezirkssekretär Modrow zusammentreffen werde, der sich auf Einladung des Landesverbandes Baden-Württemberg in der Bundesrepublik aufhalte.

TOP 3: Programmparteitag

Anke Fuchs wies darauf hin, daß am 30. Oktober im Parteivorstand der Programmentwurf als Antrag abschließend behandelt werden müsse. Es stelle sich die Frage, ob noch zu bestimmten Themenbereichen - sie nannte die Deutschland- und Europapolitik - Veränderungsanträge erforderlich seien. Das Präsidium kam überein, möglichst keine Veränderungen vorzunehmen. Allerdings solle eine letzte Entscheidung von dem Papier zur Deutschlandpolitik abhängig gemacht werden, das am 9. Oktober im Präsidium behandelt wird.
[...]

Dokument Nr. 9
Gründungsurkunde der Sozialdemokratischen Partei in der DDR (SDP), Schwante, 7. Oktober 1989

Pressemeldung AP-085 4 pl.195 APD3807.
SPD-Parteivorstand, Ordner Sitzungen des Präsidiums 2. 10. – 16. 10. 1989

Ost-Berlin (AP) Die Gründungsurkunde der am Samstag in der DDR gebildeten Sozialdemokratischen Partei hat folgenden Wortlaut:

»Gründungsurkunde der Sozialdemokratischen Partei in der DDR (SDP)

Hiermit gründen die Unterzeichner die Sozialdemokratische Partei in der Deutschen Demokratischen Republik. Sie erklären sich in voller Übereinstimmung mit dem von der Initiativgruppe zur Bildung der SDP erklärten Grundsatz, auf eine ökologisch

Die Gründerinnen und Gründer der SDP vor dem Gemeindehaus in Schwante, 7. Oktober 1989

orientierte soziale Demokratie hinzuwirken. Die Mitglieder der SDP suchen die Zusammenarbeit mit allen demokratischen Initiativen, Gruppen und Personen in unserem Lande, ungeachtet ihrer Struktur, ihrer weltanschaulichen und sozialen Bindung.

Angesichts der außen- und innenpolitischen Situation der DDR halten es die Mitglieder der SDP jetzt für erforderlich, sich mit einer Partei mit demokratischer Zielsetzung für eine konsequente Demokratisierung von Staat und Gesellschaft einzusetzen. Seit dem 26. August 1989 wurde der Aufruf der Initiatoren zur Gründung einer Sozialdemokratischen Partei in der DDR verbreitet. Die Diskussionen über die erklärten Grundsätze verdeutlichten die Notwendigkeit, mit inhaltlichen und strukturellen Verbindlichkeiten sich jetzt gegen die zunehmende Destabilisierung unseres Landes zu verhalten und in dieser Weise an einer demokratischen Entwicklung mitzuwirken.«

Ende
AP/ sz/vf/pz/

081310 okt 89

Gründungsurkunde
der
Sozialdemokratischen Partei
in der DDR (SDP)

Hiermit gründen die Unterzeichner die Sozialdemokratische Partei in der Deutschen Demokratischen Republik. Sie erklären sich in voller Übereinstimmung mit dem von der Initiativgruppe zur Bildung einer SDP erklärten Grundsatz, auf eine ökologisch orientierte soziale Demokratie hinzuwirken. Die Mitglieder der SDP suchen die Zusammenarbeit mit allen demokratischen Initiativen, Gruppen und Personen in unserem Lande, ungeachtet ihrer Struktur, ihrer weltanschaulichen und sozialen Bindung.

Angesichts der außen- und innenpolitischen Situation der DDR halten es die Mitglieder der SDP jetzt für erforderlich, sich mit einer Partei mit demokratischer Zielsetzung für eine konsequente Demokratisierung von Staat und Gesellschaft einzusetzen. Seit dem 26. August 1989 wurde der Aufruf der Initiatoren zur Gründung einer sozialdemokratischen Partei in der DDR verbreitet. Die Diskussionen über die erklärten Grundsätze verdeutlichten die Notwendigkeit, mit inhaltlichen und strukturellen Verbindlichkeiten sich jetzt gegen die zunehmende Destabilisierung unseres Landes zu verhalten und in dieser Weise an einer demokratische Entwicklung mitzuwirken.

Schwante (Kr. Oranienburg), den 7. Oktober 1989

Die Gründungsurkunde der SDP, 7. Oktober 1989

Dokument Nr. 10
Appell Hans-Jochen Vogels an die Bürgerinnen und Bürger in der DDR und an die SED-Führung, 8. Oktober 1989

Presseservice der SPD, Nr. 632/89, 8. Oktober 1989

Mitteilung für die Presse

Zur aktuellen Situation in der DDR erklärt der SPD-Partei- und Fraktionsvorsitzende Hans–Jochen Vogel:

Wir alle stehen an dem heutigen Tage unter dem Eindruck der Nachrichten und Bilder, die aus der DDR, aus Ost-Berlin, aus Leipzig, Dresden, Potsdam und Magdeburg zu uns gelangen; Nachrichten und Bilder, die zeigen, daß sich der Wille der Menschen dort, ihre Angelegenheiten selbst in die Hand zu nehmen, ihrer Unmündigkeit und der Leugnung der Realität durch ihre Medien ein Ende zu machen, immer stärker artikuliert. Und daß die gegenwärtige Führung darauf in mehreren Städten mit dem Einsatz staatlicher Gewalt geantwortet hat.

In dieser Situation rufe ich auch von hier aus den Menschen in der DDR zu: Unsere gesamte Sympathie ist auf Eurer Seite. Wir können Euch nicht anleiten oder an Eurer Stelle handeln, aber wir ermutigen Euch, das friedliche und gewaltlose Ringen um Meinungsfreiheit und Reformen fortzusetzen.

An die gegenwärtige Führung der SED aber richte ich zunächst und vor allem die Aufforderung: Laßt alle frei, die in den letzten Tagen und in der Nacht von gestern auf heute verhaftet worden sind. Sperrt die Menschen nicht ein, sondern redet mit ihnen und hört ihnen zu.

Im übrigen stelle ich fest: Nicht westliche Machenschaften, sondern die Starrheit und die Unbeweglichkeit, das Nein zu jeglichen Reformen – auch zu denen die von der SED im Streit im Dialogpapier selbst als notwendig anerkannt worden sind – sind die Ursache dafür, daß die Spannung in der DDR von Woche zu Woche gestiegen ist, und daß immer mehr Menschen ihrer Heimat den Rücken kehren.

Generalsekretär Gorbatschow, der sich auch in dieser schwierigen Situation treu geblieben ist und dafür einmal mehr unseren Respekt verdient, hat vorgestern in Berlin die SED aufgefordert, in Zusammenarbeit mit allen gesellschaftlichen Kräften Antworten auf die Fragen zu finden, die durch die Entwicklung der Republik auf die Tagesordnung gesetzt wurden und die ihre Bürger bewegen. Die gegenwärtige Führung hat nicht mehr viel Zeit, dieser Aufforderung Folge zu leisten. Brutale Polizeieinsätze sind keine Antwort, sie sind nur geeignet, die Hoffnungslosigkeit, aber auch die Empörung der Menschen immer noch weiter zu steigern. Auf diese Weise wächst vielmehr die Gefahr, daß im Herzen Europas unkalkulierbare Prozesse in Gang kommen. Prozesse, die die Reformen in der Sowjetunion, in Polen und in Ungarn und weitere Schritte auf dem Weg zu einer europäischen Friedensordnung ernsthaft gefährden können. Wir wissen, daß nicht wenige auch in der SED, bis in die Führung hinein, das ebenso beurteilen. Wir hoffen, daß sich diese Kräfte bald zur Geltung bringen.

Übrigens, weil die Führung dort gerade ständig vom Sozialismus spricht: Sozialismus ist für uns unlösbar mit Freiheit und Demokratie verbunden. Wir wollen gar nicht, daß ein so verstandener, ein demokratischer Sozialismus in der DDR abgeschafft wird. Er existiert dort nämlich gar nicht. Wir wollen vielmehr, daß mit ihm endlich angefangen wird. Darin stimmen wir mit den meisten Reformgruppen in der DDR überein.

Wir hier in der Bundesrepublik sollten alles tun, was hilft, die Erstarrung in der DDR zu lockern, und alles unterlassen, was es schwerer macht, daß dort der von Gorbatschow vorgezeichnete Weg endlich beschritten wird. Das heißt nicht, daß wir unsere Meinung verschweigen. Deshalb bekräftigen wir das Selbstbestimmungsrecht der Deutschen und treten dafür ein, dass es zu gegebener Zeit im Sinne des europäischen Einigungsprozesses ausgeübt wird. Wir wissen: Die Teilung der Deutschen kann nur mit der Teilung Europas überwunden, die Einheit Europas und die Einheit der Deutschen nur gemeinsam vollendet werden. Unverantwortlich aber ist das leichtfertige Gerede über die Veränderung von Grenzen oder über die Wiederherstellung des Deutschen Reiches von 1937 oder gar des Bismarckreiches. Unverantwortlich ist es auch, die Lage der Menschen in der DDR als Gegenstand parteipolitischer Kampagnen zu mißbrauchen, wie das leider seitens bestimmter Unionspolitiker geschehen ist. Einer von ihnen verstieg sich dieser Tage sogar zu der Forderung, politische DDR-Häftlinge sollten nicht mehr freigekauft, sondern in den Gefängnissen belassen werden. Das ist geradezu pervers. Und die Menschen in der DDR haben Recht, wenn sie solche Kampagnen als widerwärtig empfinden.

Notwendig ist jetzt ein Höchstmaß an Konsens aller verantwortungsbewußten Kräfte. Und dazu zählen vor allem auch die Gewerkschaften.

Dokument Nr. 11
Beratungen im Präsidium zur Abstimmung mit der Bundesregierung, zur Reaktion auf die Gründung der SDP und zur Tätigkeit der Arbeitsgruppe Deutschlandpolitik, 9. Oktober 1989

Auszug aus dem Protokoll über die Sitzung des Präsidiums der SPD, 9. Oktober 1989, 13.30 – 16.15 Uhr, in Bonn, Erich-Ollenhauer-Haus, S. 2 – 6

TOP 1 und 2: Zur Lage / Deutschlandpolitische Situation

Mit Zustimmung der Anwesenden ruft Hans-Jochen Vogel die Tagesordnungspunkte 1 und 2 gemeinsam auf. Er stellt folgende Punkte zur Frage der Deutschlandpolitik heraus:

- Die Haltung von Gorbatschow, die insbesondere durch sein den Ost-Berlin-Besuch abschließendes Fernseh-Interview gekennzeichnet ist.
- Die Demonstrationen von tausenden Menschen in der DDR mit den Polizeieinsätzen, Verurteilungen bis zu einem halben Jahr Gefängnis sowie der Versammlung der neuen Gruppen in der Gethsemane-Kirche, die bei dieser Gelegenheit über ihre Übereinstimmungen beraten haben. Besonders ist deren Besonnenheit hervorzuheben.
- Die steigenden Flüchtlingszahlen
- Die Gründung einer sozialdemokratischen Partei
  Hier ist hervorzuheben, daß die betreffenden Personen und ihr Hintergrund noch nicht näher bekannt sind. Es ist auch nicht bekannt, ob sie mit der Gruppe um den Pfarrer Richter, die ihrerseits eine Vorbereitungsgruppe für die Gründung einer sozialdemokratischen Partei ins Leben gerufen hat, in Verbindung stehen. Nicht vernachlässigt werden sollte, daß auch in den anderen Gruppen, die sich derzeit gebildet haben, Menschen tätig sind, die sich auf den demokratischen Sozialismus berufen.
- Hans-Jochen Vogel berichtet über sein einstündiges Gespräch am Donnerstag, den 5. Oktober 1989, mit dem Bundeskanzler. Er hebt hierbei folgende Punkte hervor:
  - Über die damalige Situation, d.h. über die Beurteilung der Frage der Botschaftsflüchtlinge gab es keine Divergenz.
  - Über die möglichen zukünftigen Entwicklungen gab es gemessen an unseren Einschätzungen ein hohes Maß an Übereinstimmung. Er habe betont, daß die Suche nach einem Konsens davon abhängig sei, ob die Scharfmacher in der Union ihre Kamapagne beenden.
  - Zur Frage der Staatlichkeit der DDR war der Eindruck, daß für Kohl die Verbindlichkeit des Grundlagenvertrages und seiner Erklärung mit Honecker anläßlich der Trauerfeier für Tschernenko bindend bleibt.
  - Zur Frage einer eventuellen Krisenrunde der Parteivorsitzenden und/oder Fraktionsvorsitzenden wurde gemeinsam festgestellt, daß eine solche Runde im Augenblick einen dramatisierenden Eindruck hervorriefe und insofern einer späteren Verständigung zwischen beiden Gesprächsteilnehmern vorbehalten bliebe.
- Im übrigen ist die Arbeitsgruppe Deutschlandpolitik an der Arbeit. Hans-Jochen Vogel regt an, dem Papier nicht die Qualität eines Parteivorstands- oder Parteiratsbeschlusses zu geben. Es solle vielmehr eine Qualität wie die Arbeitsergebnisse der AG 90 haben.
- Hans-Jochen Vogel unterrichtet das Präsidium über die Existenz einer kleinen Runde in der Bundestagsfraktion zur kurzfristigen Abstimmung aktueller deutschlandpolitischer Fragen. Der Runde gehören, außer ihm selbst, an: Horst Ehmke, Egon Bahr, Gerhard Jahn und Hans Büchler.
- Im Augenblick ist im Bundestag der 9. November als Tag für den »Bericht zur Lage der Nation« in Aussicht genommen. Der Bundeskanzler und er haben sich verständigt, sich nicht wechselseitig mit deutschlandpolitischen Initiativen zu überraschen.

– Die Deutschlandpolitische Arbeitsgruppe ist neben der Arbeit am deutschlandpolitischen Papier beauftragt, den Entwurf des Grundsatzprogramms darauf anzusehen, ob er angesichts der jüngsten Entwicklung ergänzungsbedürftig erscheint. [...]

Egon Bahr berichtet, daß Jürgen Schmude in seiner Eigenschaft als Präses der Evangelischen Kirche zusammen mit Heidi Wieczorek-Zeul und Gert Weisskirchen nach Ost-Berlin reisen wolle. Er empfiehlt die aktuelle Diskussion in der DDR sorgfältig zu analysieren. So die Frage, welche Diskussionen zur Zeit in den Betrieben laufen. In Dresden sprächen gegenwärtig zwanzig Menschen unter Beteiligung eines Bischofs im Rathaus mit Vertretern des Stadtrats.

Die Arbeitsgruppe Deutschlandpolitik hat im jetzigen Stadium ihrer Beratungen Jürgen Schmude, Erhard Eppler und Norbert Gansel zusätzlich hinzugezogen. Außer den inhaltlichen Positionen zur bisherigen Politik und zur Beschreibung künftiger Entwicklung der deutschen Staaten im gesamteuropäischen Kontext wird das Papier Verhandlungen mit dem Ziel empfehlen, ein Protokoll zum Grundlagenvertrag zu erarbeiten. Das Präsidium einigt sich auf den Vorschlag, es parallel zu den Beiträgen der Arbeitsgruppe 90 als eigenständigen Beitrag der Arbeitsgruppe Deutschlandpolitik in die öffentliche Diskussion einzuführen.

Anschließend berät das Präsidium die deutschlandpolitische Erklärung aufgrund einer Vorlage von Egon Bahr. Nach längerer Diskussion und einer Reihe von Änderungen wird der Text in der in der Anlage beigefügten Fassung verabschiedet und anschließend in einer Pressekonferenz von Hans-Jochen Vogel, Oskar Lafontaine und Egon Bahr der Presse vorgestellt.[170]

Im Zusammenhang seiner Reise nach Polen und Ungarn in dieser Woche spricht Hans-Jochen Vogel die dortige Parteientwicklung an. Er weist darauf hin, daß der Sozialistischen Internationale jeweils nur eine Partei angehört und zu dieser Partei ein qualifiziertes Verhältnis besteht. Andererseits gibt es auch zu den anderen Parteien fortlaufende Kontakte. Geprüft werden müsse, welchen Einfluß die Veränderungen auf die Arbeitsgruppen der Bundestagsfraktion mit den Parlamentsfraktionen der kommunistischen Parteien in Ungarn und Polen habe. In der anschließenden Debatte, an der sich Oskar Lafontaine, Egon Bahr und Inge Wettig-Danielmeier beteiligen, wird dafür plädiert, die Arbeitsgruppen auszuweiten, ohne daß eine Konkretisierung im Augenblick möglich schien.

Hans-Jochen Vogel ruft den vorliegenden Textentwurf für eine Erklärung »Zur wachsenden Wohnungsnot« auf und teilt mit, warum dieser Entwurf im Geschäftsführenden Fraktionsvorstand vom gleichen Tage vertagt worden ist. Das Thema wird nach der Deutschlandpolitik Thema eins der innenpolitischen Auseinandersetzung werden. Bei zwei Punkten gebe es Klärungsbedarf. Der eine sei die Klarstellung gegenüber denjenigen, die zu uns kommen, daß sie noch für eine geraume Frist in Sam-

---

170 SPD-Pressemitteilung Nr. 634, 9.10.1989

melunterkünften untergebracht sein würden, da selbst bei Umsetzung unserer Programme eine Zwei-Jahres-Frist bis zur Fertigstellung entsprechender Wohnungen einzukalkulieren sei. Das andere seien Aussagen zur Finanzierung der Summe von 2,5 Milliarden, die die Untergrenze für ein effektives Programm ausmachen würden. Das Präsidium stimmt in der anschließenden Diskussion der Vertagung zu. Insbesondere Oskar Lafontaine macht darauf aufmerksam, daß unter Umständen in der nächsten Zeit auch Unschärfen in den Aussagen in Kauf genommen werden müssen, da die Finanzentwicklung nicht mit einer Genauigkeit prognostiziert werden kann, die es sinnvoll erscheinen läßt, immer neue Ankündigungen von Opfern unsererseits aufzuhäufen. Hans-Ulrich Klose und Anke Fuchs betonen, daß auf jeden Fall zum Thema Wohnungsbaupolitik eine einleuchtende Aussage von uns getroffen werden muß.

[...]

Dokument Nr. 12
Erklärung des Präsidiums der SPD zur Entwicklung in der DDR und zur Gründung der SDP, 9. Oktober 1989

Presseservice der SPD, Nr. 634/80, 9. Oktober 1989

Mitteilung für die Presse

Zur jüngsten Entwicklung in der DDR erklärt das Präsidium der SPD:

1. Das Präsidium der SPD verfolgt die jüngsten Entwicklungen in der DDR mit wachsender Sorge. Wer auf friedliche Demonstrationen und das Verlangen nach Freiheit und Demokratie mit Polizeieinsätzen und Massenverhaftungen reagiert, verschärft die Spannungen und lässt den Flüchtlingsstrom wieder steigen.

2. Die Verantwortung für diese Entwicklung trägt die Führung der DDR. Die Kritik an der Bundesrepublik Deutschland kann den Prozeß der Selbstkritik nicht ersetzen. In keinem System ist Stabilität ohne die Unterstützung der Bürgerinnen und Bürger möglich. Diese Unterstützung ist nicht ohne wahrheitsgemäße Darstellung der Realität, ohne ernsthaften Dialog und ohne konkrete Veränderungen zu erreichen. Mit der Verweigerung des Dialogs und realitätsferner Propaganda werden die Menschen in Wut und Verzweiflung getrieben. Eine Haltung der Isolierung nach innen und außen kann unkontrollierbare Prozesse auslösen.
Weitere Gewaltanwendung kann auch die ermutigenden Entwicklungen für Gesamteuropa gefährden und den Fortgang des Helsinki-Prozesses und die Reformbewegung in anderen Ländern des Warschauer Paktes stören. Daß von deutschem Boden nicht mehr Krieg ausgehen soll, sondern Frieden, verlangt zuerst inneren Frieden auf der Grundlage von Demokratie und sozialer Gerechtigkeit.

Das Präsidium teilt die Auffassung Gorbatschows, daß die Bereitschaft zu Reformen und zur Zusammenarbeit mit allen gesellschaftlichen Kräften in Gebot des Lebens ist.

3. In dieser Situation dankt das Präsidium für die Besonnenheit, die kritische Gruppen und Vertreter der evangelischen Kirche gezeigt haben, bittet, die Besonnenheit auch weiterhin zu wahren und erklärt sich solidarisch mit den Menschen, die in der DDR für friedliche Veränderung eintreten. Wir wissen, daß solche Veränderungen auch von Teilen der SED für notwendig gehalten und sogar gewünscht werden.

Das Präsidium appelliert an die Führung der DDR, ein Zeichen der Hoffnung zu setzen und einen Prozeß der Demokratisierung einzuleiten, dem die Menschen vertrauen können.

Dazu gehört vor allem Informationsfreiheit und der ernste Dialog über die realen Probleme des Landes und ihre Ursachen sowie ein gesicherter Weg zur Reisefreiheit. Unmittelbar fordern wir den Verzicht auf weitere Polizeieinsätze gegen friedliche Demonstranten und die Freilassung der Verhafteten.

4. Angesichts der Gründung einer »Sozialdemokratischen Partei in der DDR (SDP)« begrüßen wir, daß in der DDR immer mehr Menschen ihre Stimme erheben, die sich ausdrücklich zur Friedenssicherung und den übrigen Prinzipien des demokratischen Sozialismus bekennen und dafür eintreten, diese Prinzipien in der DDR zu verwirklichen. Sie haben das aus eigenem Entschluß getan. Wir erklären uns mit ihnen solidarisch und ermutigen sie – ganz gleich in welchen Gruppen oder Formen sie sich zusammenfinden und organisieren. Die volle Entfaltung der Demokratie und des Pluralismus ist jedenfalls ohne eine starke Sozialdemokratie nicht denkbar.

Dokument Nr. 13
Beratungen im Parteivorstand über Kontakte mit der SDP und Reformgruppen in der DDR, 30. Oktober 1989

Auszug aus dem Protokoll über die Sitzung des Parteivorstandes, 30. Oktober 1989, 10.30 – 18.00 Uhr, in Bonn, Erich-Ollenhauer-Haus, S. 4 – 16

[...]

TOP 1: Politischer Bericht

Hans-Jochen Vogel sagte, im Vordergrund der Entwicklung stehe die Deutschlandpolitik und dabei die Veränderung in der DDR. Horst Ehmke und Walter Momper seien am Wochenende in Berlin gewesen und hätten mit Vertretern der neuen Gruppen sowie der SPD Kontakte gehabt. Die Teilnahme von Steffen Reiche, einem Vertreter des Vorstandes der neuen Sozialdemokratischen Partei in der DDR, an der Präsidiumssitzung und Fraktionsvorstandssitzung in der letzten Woche sei für alle Beteiligten bewegend gewesen. Das Auftreten des Genossen Reiche habe überdies unsere Position hier in der Bundesrepublik gestützt. Zentrale Bedeutung habe für die weitere Entwicklung die Frage des Selbstbestimmungsrechtes der Menschen. Dies werde von den Reformgruppen und der SDP in aller Klarheit zum Ausdruck gebracht. Für sie gebe es kein Zurück zur Nationalstaatlichkeit. Es gehe um eine Entwicklung im europäischen Maßstab.

In der Bundesrepublik sei die Wohnungsbaupolitik von großer politischer und sozialer Bedeutung. Hier gehe es um Größenordnungen und Finanzierungen, um mietrechtliche Veränderung. Den Aussiedlern aber auch Übersiedlern müsse gesagt werden, daß die Wohnungsprobleme nicht von heute auf morgen zu lösen seien, sondern daß dieser Personenkreis auf Jahre in Sammelunterkünften leben müsse.

Von Bedeutung für unsere weitere Arbeit sei, daß, wie die vorausgegangene Diskussion gezeigt habe, nun doch ein hohes Maß an Übereinstimmung zur Ausländer-, Asylbewerber- und Aussiedlerpolitik erlangt worden sei.

Der Reformprozeß in den osteuropäischen Staaten verlaufe mit immer größerer Kraft. Ein Rückschlag beispielsweise in Polen würde sich negativ auf die Reform in der UdSSR auswirken, wie umgekehrt ein positives Voranschreiten auch den Prozeß in der Sowjetunion beförderer. In Polen komme allerdings hinzu, daß dafür gesorgt werden müsse, dieses Land im bevorstehenden Winter nicht im Chaos versinken zu lassen. Deshalb würden Vorschläge für Hilfsmaßnahmen unterstützt. Er verwies auf einen entsprechenden Aufruf der Partei. Wie die Vorgänge vom vergangenen Wochenende in der CSSR zeigten, komme der Veränderungsprozeß auch in diesem Land in Gang. Er empfahl, daß zu diesem Thema ebenfalls eine kurze Erklärung des Parteivorstandes verabschiedet werde. Darin solle eine Suspendierung der Kontakte zur KPC mitgeteilt werden.

[...]

Vor Eintritt in die Diskussion berichtete Horst Ehmke von seinem Aufenthalt am letzten Wochenende in Ost-Berlin, wo er Vertreter der Oppositionsgruppen und der SDP sowie SED-Vertreter gesehen habe. Tief berührt sei er von der Zusammenkunft von 20.000 Menschen vor dem Roten Rathaus gewesen, die mit dem Ersten Sekretär der SED in Ost-Berlin, Günter Schabowski diskutiert hätten. Eine Diskussion, von der er sich wünschte, daß sie so auch in der Bundesrepublik stattfinden könne. Überall sei er auf eine uns gegenüber durchgehende Freundlichkeit getroffen. Fast alle Teilnehmer dieser Diskussion hätten zum Ausdruck gebracht, daß die DDR nicht in Frage gestellt werde. Gefordert worden seien grundlegende Veränderungen innerhalb dieses Staates. Diese Linie werde auch von den führenden Köpfen der Oppositionsgruppen verfolgt. Allerdings gebe es dort in der zweiten Linie starke Kräfte, die offenbar eine Wiedervereinigung anstrebten. Die Reformkräfte in der SED seien offenbar noch in der Minderheit. Deshalb werde von ihnen bewußt die Diskussion auf den Straßen mit organisiert, um den Druck auf die konservativen Kräfte in dieser Partei zu verstärken.

Walter Momper, der ebenfalls an dem Wochenende in Ost-Berlin war, sagte, die Vertreter des Neuen Forums wendeten sich gegen jede Einmischung und wollten keine Wiedervereinigung. Sie wollten keine »Rekapitalisierung«. In Gesprächen mit Schabowski und dem Ost-Berliner Oberbürgermeister Krack habe er sich über die Vorgänge innerhalb der SED informieren können. Die 2 Millionen Mitglieder der SED verhielten sich nicht monolithisch. Die SED sei tatsächlich eine Volkspartei mit vielen Problemen und Differenzierungen. Die Entschlossenheit zu Veränderungen sei vorhanden. Noch in diesem Jahr werde es entscheidende personelle Veränderungen geben. Es sei interessant zu beobachten, ob die SED eine Entwicklung wie die PVAP oder die USAP nehmen werde. Auch dafür gebe es Anzeichen. Die Forderungen nach einem Streikrecht würden noch abgelehnt. Tiefgreifende Veränderung habe es in der Berichterstattung der Medien gegeben. Zu erwarten sei noch für das laufende Jahr die Reisefreiheit für alle DDR-Bürger. Die strafrechtliche Bestimmung der Republikflucht sei abgeschafft. Berlin bereite sich auf einen großen Ansturm von DDR-Besuchern vor. Es müßten Regelungen getroffen werden, die einen geordneten Ablauf ermöglichten. Ihr Machtmonopol sei die SED bislang nicht bereit, einzugrenzen. Allerdings gebe es hierüber Diskussionen. In dieser Frage liege der zentrale Unterschied der SED zur Sozialdemokratie.

Walter Momper informierte über seine Gespräche mit den Vertretern der SDP, die ihren Willen erklärt hätten, auch mit den Blockparteien zusammenzuarbeiten. Zur Zeit sei die SDP in erster Linie noch eine Partei der Pfarrer.

Besondere Probleme habe die Stadt gegenwärtig mit der Vielzahl der polnischen Besucher. Etwa 70.000 kämen pro Woche, 25.000 hielten sich illegal in der Stadt auf. Diese Leute und zahlreiche Rentner aus der DDR gingen in Berlin diversen Beschäftigungen nach. Es gebe auch Polen, die nach den Bestimmungen für Aussiedler die deutsche Staatsangehörigkeit erworben hätten, in Berlin Rente kassierten, im übrigen aber in Polen lebten. Diese Entwicklung, die auch im Hinblick auf die DDR denkbar sei, werde zu neuen Regelungen führen müssen. Der Senat habe eine Arbeitsgruppe eingesetzt, um die praktischen Auswirkungen zu prüfen.

Norbert Gansel berichtete von seinem Gespräch, das er in Begleitung von vier Mitgliedern unserer Fraktion im Berliner Abgeordnetenhaus mit Vorstandsmitgliedern der SDP in Ost-Berlin geführt hatte. Das Gespräch sei in einer sehr angenehmen, schönen Atmosphäre erfolgt. Es sei ein Gespräch unter Freunden gewesen. Souveräne Persönlichkeiten hätten ihm gegenüber gesessen, alle mit einer eigenen politischen Biographie, einschließlich des Aufenthaltes in Haftanstalten. Die SDP unterhalte Kontakte mit allen Oppositionsgruppen. Gegenwärtig würden zahlreiche Ortsvereine gegründet. Dies geschehe häufig zufällig. Auch gebe es bereits Parteibüros in Wohnungen mit festgelegten Sprechzeiten. In Ost-Berlin habe die Partei etwa 1.000 Mitglieder. Auch hätten sich viele Altgenossen wieder gemeldet.

Die SDP-Vertreter hätten erklärt, die Parteigründung sei erfolgt, um über die Zielsetzung der Foren hinauszugehen. Norbert Gansel verwies auf die Grundsatzpapiere über die Gründung der Partei. Seine Gesprächspartner hätten uns gebeten, die Kontakte mit der SED fortzusetzen und besonders die Themen Menschenrechte und Polizeiübergriffe anzusprechen. Die SDP sei daran interessiert, mit uns insbesondere

Steffen Reiche in Bonn, 23. Oktober 1989 (rechts Hans-Jochen Vogel)

über Fragen der ökologischen Entwicklung zu sprechen. Sie habe darum gebeten, daß westdeutsche Sozialdemokraten, die sich in der DDR aufhalten, immer auch mit SDP-Vertretern Kontakte aufnehmen.
[...]

TOP 6: Deutschlandpolitische Situation

Kernpunkt des Problems in der DDR, so sagte Egon Bahr, sei die Tatsache, daß die Mehrzahl der Menschen zum Verbleib im Lande nur gewonnen werden könnten, wenn sich wieder eine Perspektive öffnete. Voraussetzung hierzu sei ein Grundkonsens. Dieser Grundkonsens könne nicht mehr von der SED hergestellt werden. Hierüber entschieden nun ausschließlich die neuen Gruppen. Alleine werde die SED einen solchen Konsens nicht herbeiführen können.

In der SED werde es jetzt zu weiterem personellen Wechsel kommen. Damit würden jedoch die eigentlichen Fragen nicht entschieden. Entscheidend sei die Beantwortung der Frage nach dem Monopol der SED. Nur wenn der Monopolanspruch aufgegeben werde und Pluralismus herbeigeführt werden könne, was zugleich freie Wahlen bedeute, sei eine positive Entwicklung möglich. Dazu würden in der SED gegenwärtig zwei Modelle diskutiert: das polnische Modell mit der Quotierung und die ungarische Entwicklung, die freien Wahlen. Die SED strebe die Verwirklichung des Polen-Modells an. Er glaube allerdings, so betonte Egon Bahr, daß dies nicht mehr zu machen sei. Eher sei wahrscheinlich, daß es im Jahre 1991, dem Termin der nächsten Wahlen, zu wirklich freien Wahlen komme.

Reisefreiheit werde es schon in nächster Zeit geben. Die Konsequenz daraus müsse mit Sorge betrachtet werden, denn nach Schätzungen der Kirchen lägen gegenwärtig 1,2 bis 1,4 Millionen Ausreiseanträge vor. Die Auswirkungen, die eine Reisefreiheit für uns habe, seien noch nicht absehbar. Sie könnten für uns fast genauso unerträglich werden wie für die DDR. Deshalb müsse es geeignete begleitende Maßnahmen geben. Ohne solche Maßnahmen werde die Reisefreiheit zur Ausreisefreiheit. Neben der Reisefreiheit sei, dies zeige sich auch auf den Demonstrationen, die Aussicht auf eine Steigerung des Lebensstandards unbedingte Voraussetzung zum Bleiben. Dies bedeute tiefgreifende Änderungen des Wirtschaftssystems und mache die Hilfe der Bundesrepublik auch weiterhin erforderlich. Der Lebensstandard werde auf lange Zeit unterschiedlich bleiben, doch wenn eine Bewegung nach oben entstehe, sei die Massenauswanderung zu stoppen. Vor diesem Hintergrund sei es notwendig, daß beide Regierungen sobald als möglich in Gespräche eintreten. Die Bundesregierung verhalte sich sehr vorsichtig. Sie habe das Gespräch mit Krenz eröffnet und sei ganz offensichtlich an einer Stabilisierung der DDR interessiert. Egon Bahr erläuterte den von Norbert Gansel und ihm vorgelegten Entwurf für eine deutschlandpolitische Entschließung des Parteirates.

Sodann nahm er eine Einschätzung der SDP aufgrund eines Gespräches mit Steffen Reiche vor. Dieser habe zum Ausdruck gebracht, daß er eine Fortsetzung der Kontakte zwischen SPD uns SED wünsche. Reiche habe den Wunsch geäußert, daß beide deutsche Staaten ein Verhältnis entwickeln könnten, in dem das Reden über eine Wiedervereinigung ausgeschlossen und Helsinki verwirklicht werde. Egon Bahr zeigte sich davon tief überzeugt, daß in einer überschaubaren Phase das Nebeneinander und Miteinander zu organisieren sei. Allerdings könne heute niemand ausschließen, daß eine Welle in Richtung Wiedervereinigung entsteht, der sich niemand widersetzen könnte. In einem solchen Falle sei nicht außer acht zu lassen, daß die zur Zeit noch auf dem Papier bestehenden Rechte der Vier Mächte wirksam würden. Er gab der Hoffnung Ausdruck, daß die weitere Entwicklung kontrolliert verläuft.

Aussprache

Auf eine Frage von Erhard Eppler stellte Hans-Jochen Vogel fest, daß dem Parteirat ein Entschließungsentwurf des Parteivorstandes vorgelegt wird.

Erhard Eppler schlug vor, in der Entschließung zum Ausdruck zu bringen, daß unsere Politik so erfolgreich war, daß wir heute über die Fortsetzung dieser Politik nachdenken müßten. Auch sei hervorzuheben, daß man einen Staat nicht gleichzeitig reformieren könne, den man abschaffen wolle.

Norbert Gansel betonte, mit dem Entschließungsentwurf wolle er eine optimistische Botschaft vermitteln, für die Bundesrepublik und in der DDR. Wichtig sei es, die Forderung nach Reisefreiheit zu verbinden mit dem Angebot nach ökonomischer Unterstützung. Wenn die Union ankündige, hierfür keine Gelder zur Verfügung zu stellen, dann gebe sie erneut den Republikanern nach. Die Bundesrepublik müsse sich erheblich finanziell engagieren, denn sie müsse in jedem Falle zahlen, für einen geordneten Reise- und Besucherverkehr oder, wenn sie dies ablehne, für die massenhafte Zuwanderung von Bürgern aus der DDR in die Bundesrepublik. Er schlug vor, die Forderung zu erheben, die zusätzlichen Steuereinnahmen des Bundes für Hilfen gegenüber der DDR zu verwenden.

Von Horst Ehmke wurde der Entschließungsentwurf als insgesamt gut bezeichnet, allerdings bemängelte er, daß es keine Aussage zur Wiedervereinigungsfrage gebe. Überall im Westen, aber auch im Osten werde diese Frage diskutiert. Es gebe Angst vor einem Staat mit 80 Millionen Menschen. Deshalb dürfe dieses Thema nicht weggelassen werden. Es werde im übrigen auch im Neuen Forum und der SDP diskutiert, die eine Wiedervereinigung auf lange Sicht nicht ausschlössen.

Hermann Heinemann schlug vor, in der Entschließung einen Verzicht auf die 3. Stufe der Steuerreform zu verlangen und die so gewonnenen Mittel unter anderem zur Finanzierung der Aufgaben gegenüber der DDR zu verwenden.

Christoph Zöpel sagte, er habe Probleme mit den Begriffen »Nation«, »Einheit« und »beide deutsche Staaten«. Mit dem Begriff »Nation« sei gerade vor dem Hintergrund der deutschen Entwicklung heutige Politik nicht zu formulieren. Hervorzuheben seien die europäischen Zusammenhänge. Auch der Begriff Einheit sei zu relativieren, denn wenn die Deutschen dort blieben, wo sie sind und es eine europäische Politik gebe, die die Menschenrechte garantiere, müsse es nicht die Forderung nach Einheit geben. Er sprach sich dafür aus, diese Begriffe in der Entschließung wegfallen zu lassen und nicht von den beiden deutschen Staaten, sondern von der DDR und der Bundesrepublik Deutschland zu sprechen.

Karsten Voigt wies auf eine Passage in dem Entwurf hin, in dem das Thema Wiedervereinigung erwähnt wurde. Er sagte, die entsprechenden Sätze unterstellten, daß wir nicht für eine Wiedervereinigung seien. Er sei nicht sicher, wie die Entwicklung weitergehe. Deshalb dürfe es jetzt in dieser Sache keine Festlegung geben. Zudem wüßten wir heute nicht, was die Leute in der DDR wollten. Uns sei auch nicht bekannt, was letztlich die Mitglieder unserer Partei dazu dächten. Auch nicht sicher sei, wie die europäischen Nachbarn diese Frage letztlich sehen. So habe er gerade in Gesprächen mit Polen den Eindruck gewonnen, daß dort unter bestimmten Voraussetzungen ein vereinigtes Deutschland akzeptiert werde. Klar sei, daß es ökonomische Hilfe für die DDR geben müsse. Klar sei aber auch, daß solche Hilfe, egal ob direkt oder über die EG und damit auch aus der Bundesrepublik, Abhängigkeiten schaffe und weitere Verflechtungen fördere. Den meisten SED-Repräsentanten sei klar, daß eine Öffnung ihres Landes auch ein Weg in die Abhängigkeit sei. Die Alternative dazu heiße Nichtmodernisierung.

Vor diesem Hintergrund seien Zweistaatlichkeit, eine Konföderation oder Einstaatlichkeit möglicherweise nur graduelle Unterschiede. Hervorgehoben werde müsse im Text das Selbstbestimmungsrecht und der europäische Kontext.

Bei Intellektuellen in unserem Lande, die nicht zu den unmittelbar politisch Handelnden gehörten, so berichtete Klaus von Dohnanyi, werde ein verschüttetes

Nationalgefühl registrierbar. Ein neues Bewußtsein von Gemeinsamkeit wachse. Dies sei auch von uns zu berücksichtigen. Deshalb dürfe es in unserer Entschließung keine Formulierung geben, aus der eine negative Haltung gegenüber einer Wiedervereinigung abgelesen werden könnte. Sodann unterbreitete Klaus von Dohnanyi Vorschläge zur Abänderung der Entschließung. Er schlug vor, die Präambel des Grundgesetzes zu erwähnen, für die DDR das Recht auf Selbstbestimmung zu fordern, sich zur Frage der Vereinigung zu äußern und den Hintergrund der europäischen Dimension dieses Themas zu benennen und vor allem die Stabilität in Europa zu fordern. Es sei undenkbar zu sagen, daß wir unsere Haltung zur Wiedervereinigung ausschließlich von Entscheidungen abhängig machten, die in der DDR fallen.

Als Wiege des Deutschtums bezeichnete Friedhelm Farthmann die zentralen Gebiete der heutigen DDR. Seit Wochen sei hier und in der DDR eine intensive Diskussion über eine mögliche Wiedervereinigung feststellbar. Deshalb sei es für uns Sozialdemokraten notwendig, auch diese Option offenzuhalten. Er wünsche die Wiedervereinigung herbei, wenn es dafür ein Chance gebe.

Walter Momper entgegnete, Politik sei mit dem Kopf zu machen, nicht mit dem Bauch. Sozialdemokraten seien stolz auf ihre internationale Einstellung, die den Blick über die eigene Parzelle richte. Er erinnerte daran, daß der Austritt Österreichs seinerzeit zu größten Problemen geführt habe. Die daraus entstandenen Folgen seien völlig überwunden. Deshalb sei nicht Ein- oder Zweistaatlichkeit die Frage, sondern das Selbstbestimmungsrecht der Bürger in der DDR. In Europa werde es keine Zustimmung zu einer deutschen Einheit geben. Er als Deutscher könne dies auch nicht wollen. 80 Millionen Deutsche in der Mitte Europas – zweimal sei dies in der jüngsten deutschen Geschichte schiefgegangen. Deshalb könne Wiedervereinigung nicht Ziel unserer Politik sein. Er wünsche sich keinen neuen Staat, bestehend aus Bundesrepublik Deutschland und DDR, der automatisch eine Hegemonie erreiche. Von entscheidender Bedeutung sei die Erhaltung und der Ausbau der europäischen Friedensordnung, in der dann Grenzen keine große Rolle mehr spielten und in der Wirtschaftspotenzen ausgeglichen seien. Auch er wies auf die Rechte der Alliierten in Deutschland hin.

Björn Engholm setzte sich dafür ein, dem Parteirat einen Entwurf vorzulegen, der nicht ein deutsches Reich im Jahre 2000 beschreibe, sondern auf die heutige Situation eingehe. Dies bedeute für uns, für alle DDR-Bürger das Recht auf Selbstbestimmung zu fordern, so wie es für die Bürger der Bundsrepublik bestehe. Zum anderen sei darüber zu reden, wie die europäische Zusammenarbeit fortentwickelt werden könnte und nicht über die Einheit. Allerdings warnte er davor, Begriffe wie Nation und Heimat anderen zu überlassen. Diesen Begriffen müsse auch unsere Partei ihren Sinn geben.

Klaus Matthiesen forderte, den Prozeß in der DDR mit konkreten finanziellen Hilfen zu begleiten, sonst müsse er scheitern. Ein Verzicht auf die dritte Stufe der Steuerreform könne entsprechende Mittel freisetzen. Eine derartige Forderung an die Koalitionsparteien gerichtet, werde sie in Schwierigkeiten bringen. Deshalb sei es vernünftig, eine solche Forderung jetzt zu erheben.

Karin Junker wies auf die umfassende Diskussion in der Partei zur Deutschlandpolitik hin. Dabei könnten Kopf und Emotionen nicht getrennt werden. Es dürfe nicht der Eindruck entstehen, die CDU sei die Partei der Wiedervereinigung und Sozialdemokraten schlössen die Wiedervereinigung aus. Überdies erwarteten unsere Freunde in Westeuropa die Antwort der Sozialdemokratie.

Hans-Ulrich Klose sagte, es dürfe nicht der Eindruck entstehen, die Bundesrepublik Deutschland kaufe der DDR die Reformen ab. Den Vorstellungen von Einheit, von Vereinigung dürfe von uns nicht negativ begegnet werden. Es sei denkbar, daß in einem europäischen Haus die deutsche Einheit für alle besser sei als die gegenwärtige Lage. Voraussetzung sei die Verwirklichung des Selbstbestimmungsrechtes für die Menschen in der DDR und natürlich müsse sich ein Prozeß der Einheit in einem europäischen Rahmen vollziehen. In dem Entschließungstext fehle ihm der Aufforderungscharakter an die europäischen Nachbarstaaten, den deutschen Selbstbestimmungsprozeß mit zu ermöglichen.

Ursula Engelen-Kefer sprach sich dafür aus, in der Entschließung von der Bundesregierung die Finanzierung der konkreten Hilfe für die Übersiedler zu verlangen. Dies könne nicht den Ländern und Gemeinden aufgebürdet werden.

Johannes Rau erinnerte an die frühen Phasen der sozialdemokratischen Deutschland- und Ostpolitik. Die SPD sei die Partei gewesen, die sich in den 50er Jahren nach dem Ende der GVP am konsequentesten für die Einheit eingesetzt habe. Auch deshalb könne unsere Partei nicht zum Bedenkenträger gegenüber einem Prozeß der Einheit auftreten. In dieser Frage gebe es übrigens keine Trennung von Kopf und Bauch. Dies dürfe nicht außer acht gelassen werde. In einer Zeit, in der Kriege nicht mehr führbar sind, stelle sich die Frage der Einheit anders. Gesehen werden müßten auch die entscheidenden Änderungen, die sich im Kommunismus vollziehen. Unsere Partei werde ihre bisherige Politik weiterentwickeln müssen. Es sei über die Entwicklung des europäischen Hauses zu reden. Wenn jedoch überall in unserem Lande wie in Europa über die Wiedervereinigung geredet werde, könne sich unsere Partei nicht nur hinstellen und vor einem Wiedervereinigungsgerede warnen.

Magdalene Hoff bemängelte, daß Europa in der vorliegenden Entschließung zu wenig vorkomme. Für die Ausländer sei klar, daß sie betonten, sie könnten den Deutschen das Recht auf Wiedervereinigung nicht verweigern. Deshalb sei es für uns wichtig, die europäischen Zusammenhänge der deutschen Frage aufzuzeigen und in Klarheit zu beantworten. Es bedürfe dringend des Dialoges der Spitzen der sozialdemokratischen Parteien.

Hans-Jochen Vogel wies auf die am 2. und 3. November geplante Parteiführerkonferenz der SI hin.

Dieter Spöri setzte sich dafür ein, unsererseits klar zu betonen, daß eine Überwindung der deutschen Spaltung nur im Rahmen des europäischen Einigungsprozesses möglich sei.

Erhard Eppler bezeichnete die Diskussion des Parteivorstandes als außerordentlich spannend. Als er seine Bundestagsrede zum 17. Juni vorbereitet habe, sei von ihm geprüft worden, was neu in der Entwicklung ist. Er sei damals zu der Überzeugung gekommen, daß die Existenzfähigkeit der DDR in Zweifel stehe. Die Chance, daß dieser Staat die nächsten 10 Jahre überstehe, setze er unter 50 Prozent an. Die führenden Köpfe in den Oppositionsgruppen und der SDP hielten gegenwärtig an der Zweistaatlichkeit fest. Doch gebe es Anzeichen dafür, daß die schweigenden Massen, die hinter diesen Gruppierungen stehen, dies alles nicht so wollten. Kopf und Bauch dürfe in dieser Sache nicht rechts oder links zugeordnet werden. Nation werde von denen bestimmt, die sich dazugehörig fühlten.

Den Gedanken, die Steuerreform in der Entschließung mit aufzuzeigen, wurde von Erhard Eppler begrüßt. Mit Blick auf Europa sagte er, wenn es in der DDR krachen würde, müsse die Bundesrepublik auch unabhängig von Europa handeln und handlungsfähig sein.

Norbert Gansel wünschte, daß mit der Entschließung auch indirekt zum Ausdruck gebracht werde, daß Sozialdemokraten der Verwirklichung eines nichtkapitalistischen Modells auf deutschem Boden noch eine Chance geben möchten.

Als verständlich bezeichnete Susi Möbbeck die Diskussionsbeiträge von Friedhelm Farthmann und Klaus von Dohnanyi. Richtig sei es, wenn durch uns der Begriff Heimat besetzt werde. Mit dem Begriff Nation könne sie nichts anfangen. Priorität hätten für sie die Vereinten Nationen von Europa. Wenn Europa nicht genug Emotionen auslöse, dann müsse etwas dafür getan werden. Das Beste für unser Land sei das Fortbestehen der Zweistaatlichkeit. Einem reformierten demokratischen Sozialismus in der DDR müsse eine Chance gegeben werden, die zentrale Frage sei das Selbstbestimmungsrecht.

Anke Brunn berichtete über heftige Debatten in der Partei zur Deutschlandpolitik. Es sei erforderlich, solange hierüber keine Klarheit bestehe, diese Debatte auch auf der Bundesebene zu führen. Auch sie sprach sich dafür aus, solange keine zusätzlichen Mittel für die Hilfsmaßnahmen gegenüber der DDR bestehen, die Forderung zu erheben, auf die dritte Stufe der Steuerreform zu verzichten. Für uns werde es erforderlich, schon bald zu erklären, wie sich Sozialdemokraten die Überwindung der Trennung vorstellen. Es seien Schritte aufzuzeigen, die nicht gleichbedeutend sein müßten mit einer Einheit Deutschlands. Sie könne sich auch ein Zusammenleben zwischen zwei deutschen Staaten vorstellen.

Anke Fuchs stellte fest, Sozialdemokraten könnten nicht gegen die Wiedervereinigung sein, denn es sei möglich, daß die Geschichte sonst über uns hinweggehe. Die Entschließung für den Parteirat sei ein erster Schritt. Auf dem Parteitag müsse ein längerfristiges Konzept zur Deutschlandpolitik zur Verabschiedung kommen. Veränderungen seien nicht nur in der DDR erforderlich. Auch in unserem Lande müsse es zu Veränderungen in der Wirtschafts- und Sozialpolitik kommen. Es gehe nicht an, daß die Last, die unser Land aufgrund der neuen Entwicklung in der DDR zu tragen habe, erneut dem unteren Drittel der Bevölkerung aufgebürdet werde. Allerdings warnte sie davor, in der Entschließung des Parteirates, die in der Arbeitsgruppe Fortschritt '90 erarbeiteten Vorschläge zu konterkarieren.

Peter von Oertzen setzte sich dafür ein, den Begriff Nation stehenzulassen. Nation sei eine politische Kategorie. Das, was Kopf und Bauch gegenwärtig bewege, werde nicht von Nationalgefühlen geprägt, sondern von der Suche nach Menschenwürde und Freiheit, die in der DDR fehlten. Gesehen werde das Pathos von Menschen, die ihre Rechte einforderten. Dies sei ein bewegender Prozeß. Die Freiheit für die Bürger in der DDR sei das Entscheidende.

Hans-Jochen Vogel dankte für die intensive Diskussion zur Deutschlandpolitik. Es sei klar, daß zu diesem Zeitpunkt über die aktuellen Fragen unterschiedliche Positionen zum Ausdruck gebracht würden. Er habe die Sorge, daß für uns ein Zeitabschnitt wie in der Phase zwischen dem 28. Juni und 3. August 1914, in der Sozialdemokraten zunächst ihre Internationalität herausstellten und dann den Kriegskrediten zustimmten, wiederkehren könne. Es dürfe keine Situation entstehen, in der sich die SPD heute von einer Stimmung hinreißen lasse, auch wenn das Gefühl übermächtig werde. An diese schwierige Epoche müsse in einer Zeit erinnert werden, in der jeder den »Atem der Geschichte« vernehmen könne. Es gebe Positionen, die von Sozialdemokraten auch unter Inkaufnahme von Wahlniederlagen nicht aufgegeben werden dürften. Die Partei dürfe nicht die Kontinuität ihrer Geschichte verlieren. Dies gelte auch für den Begriff der Nation, der nicht preisgegeben werden dürfe. Die Geschichts-, Kultur-, Sprach- und Gefühlsgemeinschaft, die auch in dem Begriff Nation zum Ausdruck komme, könne sich auch auf zwei deutsche Staaten beziehen. Der Kern liege im Selbstbestimmungsrecht der Menschen. Dieses sei in der DDR nicht vorhanden, es habe den Vorrang.

Hans-Jochen Vogel wies darauf hin, daß die Reformkräfte in der DDR nicht die Absicht hätten, die gesellschaftlichen und politischen Verhältnisse der Bundesrepublik einfach zu übertragen. Das gelte auch für die SDP. Für ihn ergebe sich gegenwärtig folgende Reihung:

1. Die Menschen in der DDR wollten Freiheit, Demokratisierung und Wohlstand.
2. Notwendig sei, den Prozeß der europäischen Einigung fortzusetzen, denn wenn es einen friedenssichernden Fortschritt in der Nachkriegszeit gegeben habe, sei dieser in der europäischen Entwicklung zu suchen.
3. Auf jeden Fall vermieden werde müsse ein Rückfall in die nationalstaatliche Ära des 19. Jahrhunderts.
4. Von entscheidender Bedeutung sei die Bewegungsfreiheit der Menschen, die Möglichkeit, sich innerhalb Europas jederzeit zu jedem Ort begeben zu können.
5. Zwischen der vollständigen Trennung in Deutschland und einer möglichen Vereinigung lägen eine Vielzahl unterschiedlicher Möglichkeiten. Hans-Jochen Vogel erinnerte in diesem Zusammenhang an den Deutschlandplan der Sozialdemokratie.
6. Die Bundesrepublik sei aufgerufen, Hilfe zu leisten, eine Hilfe, die andere nicht bevormunde und unsere Nachbarn nicht verunsichere. Konkret könne dies bedeuten, ein großes Programm zum Wiederaufbau der Städte in der DDR zu entwickeln. Dies werde auch einen großen volkswirtschaftlichen Nutzen für unser Land haben.

Hans-Jochen Vogel stellte dann Einigkeit über die Behandlung der vorgeschlagenen Änderungen und Ergänzungen zur Entschließung her. Der Entschließungsentwurf wurde vom Parteivorstand einstimmig verabschiedet.

[...]

TOP 2: Vorbereitung des Programmparteitages

a) Entwurf des Grundsatzprogramms

Oskar Lafontaine berichtete, es seien über 2000 Anträge zu erwarten. Der Schwerpunkt der Anträge sei auf die Gebiete Zukunft der Arbeit, Friedenspolitik, Gleichstellung und den großen Block der Wirtschaftspolitik gerichtet. Inhaltlich, so sei aus den Anträgen zu entnehmen, werde es ähnliche Konflikte geben, wie sie bereits schon in der Diskussion der Programmkommission deutlich geworden seien.

Hans-Jochen Vogel berichtete, vom Präsidium sei beschlossen worden, die vorgesehene Eröffnungsveranstaltung des Parteitages zur Programmgeschichte zu streichen und dafür eine umfassende Befassung mit der Deutschlandpolitik im Rahmen einer eigenen Veranstaltung des Parteitages vorzusehen. Es gebe einen großen Bedarf in der Partei, dieses Thema ausführlich zu beraten. Es sei daran gedacht, Personen aus der DDR zur Teilnahme an dieser Diskussionsveranstaltung zu gewinnen. Überdies sei geplant, nach der entsprechenden Vorbereitung im Parteivorstand eine Erklärung des Parteitages zur Deutschlandpolitik zu verabschieden.

[...]

Dokument Nr. 14
Stellungnahme des Parteirats der SPD zur Deutschlandpolitik, 31. Oktober 1989

Presseservice der SPD, 680/89, 31. Oktober 1989

Mitteilung für die Presse

Der SPD-Parteirat hat auf seiner heutigen Sitzung die folgende deutschlandpolitische Entschließung verabschiedet:

I.

Frieden in Europa und Zusammenhalt der Deutschen und ihrer Familien in Ost und West – das waren die Beweggründe für die Ost- und Deutschlandpolitik der SPD. Wir haben die Realität zweier deutscher Staaten und die Grenzen im Nachkriegseuropa anerkannt, um den Eisernen Vorhang zwischen den Blöcken durchlässig zu machen: für gemeinsame Sicherheit, für wirtschaftliche Zusammenarbeit, für Menschenrechte und für die Menschen selbst. Diese Politik, von unseren politischen Gegnern lange bekämpft und diffamiert, war so erfolgreich, daß wir sie jetzt auf Grundlage dieser Erfolge weiterentwickeln können.

In der Konfrontation der hochgerüsteten Blöcke gab es Grund zu Sorge und auch Furcht. Heute bewegen uns Hoffnung und Zuversicht.

Die historische Chance für individuelle Freiheit und politische Selbstbestimmung hat sich in der Sowjetunion, in Osteuropa und nun auch in der DDR für die Menschen geöffnet. Ein neues Zusammengehörigkeitsgefühl bestimmt die Völker in Ost- und Westeuropa. Zum ersten Mal gibt es die Chance, durch Abrüstung und Zusammenarbeit Krieg in Europa unmöglich zu machen und durch einen demokratischen Reformprozeß den Frieden auf die freie Zustimmung der Menschen in Ost und West zu gründen. Zum ersten Mal gibt es die Chance, die drängenden ökologischen und ökonomischen Probleme im gemeinsamen Haus Europa gemeinsam zu lösen.

Wer in dieser Situation Aufrüstungspläne betreibt, Grenzen, sogar die des Jahres 1937 problematisiert, wirtschaftliche Hilfe verweigert und die Bewegungen der Menschen fürchtet, gefährdet diese Chance. Wir wollen sie nutzen – im Interesse Europas und der Deutschen.

II.

Über 100.000 Deutsche sind in diesem Jahr aus der DDR in die Bundesrepublik übergesiedelt und geflüchtet. Wir respektieren ihre individuelle Lebensentscheidung. Sie haben Anspruch auf unsere Zuwendung und Hilfe, wie diejenigen, die schon bislang in unserer Mitte der Hilfe und Zuwendung bedürfen.

Viele 100.000 Bürger der DDR haben in den vergangenen Wochen für die Veränderung der politischen und wirtschaftlichen Bedingungen in ihrem Staat demonstriert. Ihr Mut hat unseren Respekt, ihre Wünsche und Ziele haben unsere Sympathie. Der Parteirat begrüßt die Zeichen beginnender Einsicht bei der neuen Führung der SED und ihre erklärte Dialogbereitschaft, die ihr vom Volk abgerungen wurde. Die SED muß ihr Machtmonopol aufgeben, damit es zu wirklicher demokratischer Veränderung kommt.

Jetzt muß es auch zu einem umfassenden deutsch-deutschen Dialog kommen. An ihm müssen sich die Kirchen, die neuen oppositionellen Gruppen aus der DDR und alle gesellschaftlichen Kräfte aus beiden deutschen Staaten beteiligen. Gespräche und Verhandlungen mit der Regierung der DDR liegen weiterhin im Interesse aller Deutschen.

III.

Fluchtbewegungen aus der DDR und politische Bewegungen in der DDR haben die gleichen Ursachen: den Mangel an individueller und politischer Freiheit und wirtschaftlichen Entwicklungschancen. Die Verantwortung dafür trägt die Führung der DDR. Die Demokratiebewegung der DDR verpflichtet uns Sozialdemokraten zur Solidarität.

Der Parteirat fordert die neue Führung der DDR deshalb auf, mit der Verwirklichung von Informations-, Meinungs- und Reisefreiheit und von Rechtssicherheit zu beginnen und den Weg zu politischem Pluralismus und freien Wahlen zu öffnen.

Der Parteirat fordert die Bundesregierung auf, Reisefreiheit für DDR-Bürger und ökonomische Reformen in der DDR nach Kräften zu unterstützen. Die Chancen, daß Bürger der DDR eine Perspektive zum Bleiben in der DDR gewinnen, darf nicht an vordergründigen finanziellen Argumenten scheitern. Wer dabei heute seine Hilfe versagt, versagt moralisch vor der wichtigsten Aufgabe deutscher Politik.

Die unverantwortliche Politik der CDU/CSU/FDP-Koalition hat in der Bundesrepublik zu einer Zweidrittel-Gesellschaft und zu großer sozialer Ungerechtigkeit und Unruhe geführt. Diese Unruhe wird durch die Zuwanderungen tausender Über- und Aussiedler verschärft. In dieser Situation sind gesellschaftliche Solidarität und praktische Politik gefordert. Wir werden nicht zulassen, daß die Regierungskoalition diese sozialen Probleme mit nationalen Sprüchen zudeckt.

Mit dieser Herausforderung – Unterstützung der Reformen in der DDR und der Reisefreiheit, soziale Integration der Aus- und Übersiedler – ist unvereinbar, daß durch ungerechte Steuersenkungsprogramme für höhere Einkommensbezieher dem Staat die notwendigen Mittel für diese Aufgaben entzogen werden.

Der Parteirat wendet sich auch an die SED und ihre neue Führung. Wir sind bereit, Gespräche mit der SED fortzusetzen. Wir wollen über alle Probleme sprechen, die die Menschen in beiden Staaten bedrücken und über alle Lösungen, die die Beziehungen zwischen unseren Staaten verbessern können.

Begegnungen auch im Rahmen von Städtepartnerschaften oder auch Kultur-, Sport- und Jugendaustausch sind jetzt besonders wichtig.

IV.

Der Parteirat der SPD grüßt in Solidarität die Frauen und Männer in der DDR, die durch einen mutigen und selbstverantworteten Akt die Sozialdemokratische Partei in der Deutschen Demokratischen Republik (SDP) gegründet haben. Wir respektieren die Eigenständigkeit dieser Partei, die nach ihren Erklärungen »den Traditionen des demokratischen Sozialismus nahe steht« und als die Sozialdemokratische Partei ihres Staates die Mitgliedschaft in der Sozialistischen Internationale beantragt hat. Wir befürworten diesen Antrag und gehen davon aus, daß die Sozialistische Internationale die Vertreter der SDP von jetzt an bis zu ihrer formellen Aufnahme als Gäste zu allen Tagungen einladen wird. Der Parteirat fordert die DDR-Behörden auf, die politische Arbeit der SDP in der DDR und ihren Kontakt mit den sozialistischen und sozialdemokratischen Parteien Ost- und Westeuropas nicht zu behindern.

V.

Die Frage nach der Zukunft Deutschlands bewegt wieder die Menschen in Ost und West. Für uns Sozialdemokraten stand und steht im Mittelpunkt der Deutschlandpolitik das Selbstbestimmungsrecht. Die Bürger der DDR müssen von ihrem Recht auf Selbstbestimmung Gebrauch machen können. Wir werden ihre Entscheidung respektieren, wie immer sie ausfällt.

Für die Bürger der DDR haben individuelle Freiheit und Demokratisierung des Staates Vorrang. Daher respektieren wir die Bitte aller Reformkräfte in der DDR, nicht in ein Pathos der Wiedervereinigung zu verfallen.

In jedem Fall müssen die Beziehungen zwischen beiden deutschen Staaten in einer Weise ausgestaltet werden, wie es die Zugehörigkeit zu einer Nation und der gemeinsamen Geschichte erfordern. Beide deutschen Staaten dürfen das Zusammenwachsen Europas nicht behindern, sie müssen es fördern. Wir wollen gute Nachbarn sein in dem sich bildenden Europäischen Haus. Niemand in Europa soll Deutschland je wieder als Bedrohung empfinden.

Die Sozialdemokraten in der Bundesrepublik werden ihre Kräfte darauf richten, daß die Einheit der Deutschen gemeinsam mit der Einheit Europas vollendet werden kann.

VI.

Angesichts der Veränderungen in den osteuropäischen Staaten ist Überheblichkeit nicht angebracht. Sowohl national als auch international wartet eine Vielzahl von drängenden Problemen auf eine Lösung.

Auch unsere Gesellschaft muß sich weiter verändern,
– um die fortschreitende Umweltzerstörung zu stoppen und Arbeit für alle zu schaffen,
– um endlich die Verantwortung für das Elend in vielen Ländern der Erde anzuerkennen und nach gemeinsamen Lösungen zu suchen,

- um Frauen und Männern gleiche Chancen zu garantieren,
- um wachsende soziale Ungerechtigkeiten der Zweidrittel-Gesellschaft zu beseitigen,
- um Selbstbestimmung auch in der Arbeitswelt zu ermöglichen und Mitbestimmung auszubauen.

Die SPD stellt sich diesem Reformauftrag.

Dokument Nr. 15
Beratungen im Präsidium über die Haltung der SPD zur Frage der deutschen Einheit und zur Wiedervereinigung, 6. November 1989

Auszug aus dem Protokoll über die Sitzung des Präsidiums, 6. November 1989, 13.30 – 16.35 Uhr, in Bonn, Erich-Ollenhauer-Haus, S. 2 – 8

Vor Eintritt in die Tagesordnung sagte Hans-Jochen Vogel, in seinem politischen Leben gebe es kaum etwas Beeindruckenderes als die Ereignisse am letzten Sonnabend in der DDR. Im Verhältnis der Deutschen zur Demokratie sei ein neues Kapitel aufgeschlagen. Das Volk verhalte sich ruhig und besonnen, zum Teil fröhlich-ironisch. Es gebe Spontaneität und Forderungen würden mit großer Dringlichkeit erhoben. Ihm dränge sich der Vergleich mit der Bewegung von 1848 auf. Es bestehe die Hoffnung, daß die neue Bewegung in der DDR zu einem erfolgreichen Ergebnis komme.
[...]

TOP 1: Zur Lage

Hans-Jochen Vogel wies auf seinen politischen Bericht und den Entwurf einer Entschließung hin.

In einer ersten Aussprache tauschten die Präsidiumsmitglieder ihre Eindrücke über den Verlauf des letzten Wochenendes in der DDR und zur Einreise der 15.000 Übersiedler am Wochenende aus. Die Präsidiumserklärung wurde einstimmig gebilligt.

Hans-Jochen Vogel wies auf die bevorstehende Debatte des Bundestages zur Lage der Nation hin. Er unterrichtete das Präsidium über die Anlage seines geplanten Debattenbeitrages. Darin wolle er folgende Punkte hervorheben:

- Den notwendigen Verzicht der SED auf das Machtmonopol. In diesem Zusammenhang betonte Hans-Jochen Vogel, wie gut es sei, daß es bereits die SDP in der DDR gebe.
- Das Recht auf Selbstbestimmung herausstellen.

- Die Einbindung der deutschen Einheit in den Prozeß der europäischen Einheit, entsprechend der Parteiratsbeschließung.

Dabei sei er sich im klaren darüber, daß es auch in unserer Partei starke Kräfte gebe, die sich für eine konkrete Politik der Wiedervereinigung aussprechen. Für die vom Parteirat beschlossene Linie gebe es das Argument, daß die SDP und keiner der Redner auf der großen Kundgebung in Ost-Berlin über Wiedervereinigung gesprochen hätten. Es sei wichtig, unsere Linie in dieser Frage durchzuhalten, auch wenn eine stärkere nationale Betonung in den kommenden Wochen zu erwarten sei.

Ferner wolle er darauf hinweisen, daß die Regierung, aber auch wir ohne ein Konzept für die Zeit »nach der Mauer« sind. Und es gebe kein Konzept für das, was wir einer demokratischen Regierung der DDR an Hilfeleistungen anzubieten hätten. Überdies stelle sich schon in kurzer Frist die Frage, wie durch die Bundesrepublik für das tägliche Leben in der DDR Hilfsleistungen aufgebracht werden können. Er werde der Bundesregierung vorschlagen, gemeinsam an einem Tisch ein Konzept zu entwickeln.

Überdies werde er betonen, daß die Zeit für zwei Aussagen reif sei. Zum einen sei zu überprüfen, ob die Zuwanderung von Menschen, die zu uns kommen, ohne dafür verfassungsrechtliche Ansprüche geltend machen zu können – die Zuwanderung der Volksdeutschen –, einzugrenzen sei, und zum anderen sei der Regierung der Vorwurf zu machen, daß sie aufgrund ihrer verfehlten Steuerpolitik nun nicht die notwendigen finanziellen Mittel bereithalte, um konkrete und notwendige Programme in der Bundesrepublik und gegenüber der DDR zu finanzieren.

Eine Reihe von Mitgliedern der Bundestagsfraktion schlage vor, so berichtete er, diese Aussage zu verbinden mit der Forderung nach Aussetzen der 3. Stufe der Steuerreform. Andere hätten sich dafür ausgesprochen, jetzt zunächst die Bezieher von höheren Einkommen zu besonderen Leistungen heranzuziehen. Die Last, so betonte er, könne nicht erneut nur den kleinen Leuten aufgebürdet werden. Die Last sei von allen entsprechend ihrer Stärke zu tragen. Möglicherweise sei ein Solidarbeitrag, gegenüber steuerlichen Maßnahmen vorzuziehen.

Diskussion

Hans-Ulrich Klose sprach die Sorge aus, der Sozialdemokratie könne der Begriff der deutschen Einheit verlorengehen. Dies dürfe nicht geschehen. Es sei abzusehen, daß die Einheit Deutschlands für die Situation in Europa besser sei als die gegenwärtige Lage. Manche in der Partei müßten sich aus Verkrampfungen lösen. Natürlich sei immer der Verbund mit Europa herauszustellen, aber die deutsche Einheit könne nicht auf die Ebene der europäischen Einheit geschoben werden. Zu den Hilfsmaßnahmen für die DDR und andere osteuropäische Länder sei es notwendig, zahlreiche Kooperationen zwischen Firmen vorzusehen. Hans-Ulrich Klose sprach sich erneut dafür aus, die Zahl der Aussiedler zu kontingentieren. Andererseits müsse auch darauf hingewiesen werden, daß die Zuwanderung angesichts der Geburtenrate in unserem Land ein Glücksfall für die Bundesrepublik sei.

Björn Engholm trat dafür ein, es in der Frage der deutschen Einheit bei der Parteiratslinie zu belassen. Damit würden auch denkbare größere Schritte zu einem späteren Zeitpunkt nicht ausgeschlossen. Ferner setzt er sich dafür ein, die letzte Stufe der Steuerreform auf fünf Jahre auszusetzen, um die damit gewonnenen Gelder für Hilfsprogramme verwenden zu können. Er berichtete von Problemen an den Arbeitsplätzen. Viele deutsche Kollegen lehnten es ab, mit Gruppen von Aussiedlern aber auch Übersiedlern zusammenzuarbeiten. Es zeige sich in Schleswig-Holstein, daß DDR-Zuwanderer häufig als Leiharbeiter eingesetzt würden oder für weniger Geld – bis zu 20 Prozent – arbeiten würden. Hierdurch würden gerade in unserer Wählerschaft stärkste Vorbehalte gegen die Zuwanderung entstehen.

Gerhard Schröder setzte sich dafür ein, die Einheit Deutschlands im Rahmen des europäischen Einigungsprozesses zu belassen. Davon dürfe es auch in einer denkbaren nationalen Aufwallung keine Abweichung geben. Ferner sprach er sich dafür aus, das Vertriebenengesetz auslaufen zu lassen. Dies werde gewiß für manche Menschen Ungerechtigkeiten nach sich ziehen, doch sehe er keine andere Möglichkeit. Auch wenn die Zuwandererzahl dadurch nicht erheblich zurückgehen werde, sei ein Handeln gegenüber den Aussiedlern notwendig, denn gerade an der Basis unserer Wählerschaft mache sich Angst bemerkbar. Als einen großen politischen Fehler bezeichnete es Gerhard Schröder, wenn sich die SPD für ein großes materielles Hilfsleistungsprogramm für die Übersiedler einsetzte. Er habe auch Bedenken, von uns aus die Forderung zu erheben, die Steuerreform zu stoppen, zumal auch die Bezieher kleinerer Einkommen davon negativ betroffen würden. Es sei jetzt die Pflicht der Bundesregierung, den notwendigen finanziellen Rahmen zu schaffen. Es müsse nicht unsere Aufgabe sein, so wie die Regierung zu handeln.

Inge Wettig-Danielmeier sprach sich dafür aus, in der Frage der Einheit bei der im Parteivorstand entwickelten Formel zu bleiben. Dennoch stimme sie Hans-Ulrich Klose zu, der Begriff der Einheit dürfe uns Sozialdemokraten nicht verlorengehen. Bei zahlreichen Bürgern gebe es eine Abwehr gegen DDR-Übersiedler. Andererseits werde durch viele verwandtschaftliche Verbindungen die Bereitschaft zur Hilfe für diese Leute auch groß sein. Bedenken äußerte sie gegen eine Beendigung der Vertreibungsgesetzgebung, da die Zahlen davon nicht entscheidend beeinflußt würden. Sie sprach sich gegen die Forderung aus, die Steuerreform zurückzustellen. Besser sei es, gegebenenfalls einen Solidarbeitrag vorzusehen.

Johannes Rau sah die Gefahr, daß wir uns die Begriffe Wiedervereinigung und Einheit wegnehmen lassen. Er erinnerte daran, daß es Sozialdemokraten waren, die vor der Westbindung der Bundesrepublik aktive Wiedervereinigungspolitik betrieben haben, daß durch uns die Ostpolitik entwickelt wurde, und wir den Helsinki-Prozeß entscheidend vorangebracht hätten. Jetzt, wo der Erfolg dieser Politik greifbar sei, könne er von anderen in Anspruch genommen werden. Er sprach sich dafür aus, die Einheit im Rahmen einer europäischen Friedensordnung anzustreben, nicht jedoch ausschließlich auf die europäische Einheit zu setzen. Ferner beklagte er, daß Sozialdemokraten sich kaum direkt an Aus- und Übersiedler wandten. Die Partei müsse diese Menschen direkt ansprechen.

Die finanzielle Kraftanstrengung zur Bewältigung der Probleme hier und in der DDR werde gewaltig sein. Er sprach sich dafür aus, zunächst die Bezieher hoher Einkommen zu zusätzlichen Leistungen heranzuziehen. Wenn es eine Regelung im Bereich der Steuern gebe, dann müsse zugleich der Zusammenhang mit der Lösung sozialer Fragen hier, insbesondere im Wohnungsbau, deutlich gemacht werden. Viel schneller als von manchen erwartet werde, komme auf uns das Erfordernis der humanitären Hilfe in der DDR zu.

Sicherlich sei es ein Glücksfall, wenn angesichts der zurückgehenden Geburtenrate nun so viele Menschen in unser Land kämen. Allerdings müßten damit auch alle Probleme, die sonst über eine Generation verteilt sind, gleichzeitig gelöst werden. Es gebe jedoch keine Alternative. Es könne nicht 40 Jahre lang gesagt werden, macht das Tor auf, ohne den jetzt eintreffenden Menschen zu helfen. Bei den immer größer werdenden Zahlen würden viele DDR-Bürger jetzt zunächst zu uns kommen, hier arbeiten aber weiterhin in der DDR wohnen. Dies werde hier wie dort zu Unzufriedenheiten führen.

Oskar Lafontaine warnte vor den Folgen einer Diskussion, die eine Verschiebung der Ebenen zwischen nationalen und internationalen Lösungen zulasse. Die Sozialdemokratische Partei sei immer international ausgerichtet gewesen. Deshalb sei die Wiederherstellung eines Nationalstaates auch nicht unser Ziel, zumal der Prozeß insgesamt auf internationale Mechanismen in einer Weltgesellschaft hinauslaufe. Die Frage der Wiedervereinigung müsse nicht in einem Nationalstaat angesiedelt werden. Anzustreben sei ein ungehindertes Zusammenleben der Deutschen, denn der Traum von der Einheit sei lebendig. Als einen Grund für die Tatsache, daß die SPD bei den Wahlen keine Zuwächse habe, nannte er manche »verquaste Äußerungen« aus der SPD zur Wiedervereinigung. Die Deutschen müßten im Europäischen Haus zusammenfinden. Unmöglich sei es, das Tor unbegrenzt aufzulassen. Dies gelte langfristig auch gegenüber Bürgern aus der DDR. Es sei erforderlich, eine Begrenzung des Zuzugs durch die Herabsetzung von Leistungen und durch administrative Mittel zu erreichen, denn die Grenze des Verkraftbaren sei für unser Land und für viele unserer Bürger bereits erreicht. Es sei auch falsch und entspreche nicht den Ideen von Willy Brandt und Helmut Schmidt, daß die Wiedervereinigung sich auf dem schmalen Gürtel der Bundesrepublik vollziehen müsse. Die Zuwanderung sei kein Glücksfall, denn schon jetzt steige die Zahl der Arbeitslosen durch Aus- und Übersiedler.

Auf der ökonomischen Seite müsse Klarheit darüber bestehen, daß sich die DDR nur behutsam vorwärts entwickeln werde. Dabei werde die DDR auf Dauer unter dem Niveau der Bundesrepublik bleiben. Erforderlich seien dort Preisreform, Währungsreform und Privatisierung bestimmter Bereiche. Oskar Lafontaine warnte davor, jetzt von uns aus umfangreiche Hilfsprogramme vorzuschlagen. Ein Aussetzen der 3. Stufe der Steuerreform werde die tatsächlich benötigten Mittel nicht erbringen. Im übrigen werde unsere Partei ohne ein gewisses Maß an Zustimmung aus dem Bereich der Selbständigen und des Mittelstandes die nächsten Wahlen nicht gewinnen können. Er stimmte Gerhard Schröder in seiner Auffassung zu.

Herta Däubler-Gmelin wies auf die breite Palette von unterschiedlichen Meinungen in der Partei zur Frage der staatlichen Einheit hin. Sie reiche von einer Ablehnung der Einheit bis zur Forderung nach einer klaren Wiedervereinigungspolitik. Lange könne die Partei mit den gegenwärtigen Formellösungen nicht mehr weitermachen. Es sei Klarheit erforderlich. Sie selbst sehe eine Lösung in der Entwicklung des Zusammenlebens im Europäischen Haus. Solange das Wohlstandsgefälle bestehe, werde es eine Zuwanderung in die Bundesrepublik geben. Die Hauptlast aus dieser Entwicklung trügen Leute, die überwiegend unsere Partei wählten.

Einen Gedanken daran, DDR-Bürgern nur quotiert die Einreise in die Bundesrepublik zu erlauben, könne es nicht geben. Zwangsbegrenzungen seien weder real noch politisch durchsetzbar. Einzig möglich sei eine Begrenzung des Zuzugs von Volksdeutschen. Wenn eine Kontingentierung entfalle, könne nur angestrebt werden, DDR-Bürger nicht besserzustellen als die hiesige Bevölkerung und durch Kooperationen das Wohlstandsgefälle abzubauen. Zur Frage der Finanzierung der DDR-Hilfe sagte sie, unsere Partei werde sich einer Antwort nicht entziehen können, denn sie werde gefragt. Eine Antwort könne sein, zunächst die Besserverdienenden heranzuziehen.

Anke Fuchs äußerte, ähnlich wie Hans-Ulrich Klose und Johannes Rau, die Befürchtung, daß unserer Partei der Begriff Wiedervereinigung abhanden komme. Erforderlich sei es, gesicherte finanzielle Voraussetzungen für eine Politik der Integration zu schaffen. Damit werde durch uns deutlich gemacht, wie ernst uns die Sorgen und Ängste der Wähler seien. Es müsse Schluß sein, dem unteren Drittel der Gesellschaft alle Lasten auf die Schultern zu legen. Deshalb sei zu erwägen, einen Solidarbeitrag, eventuell in Form einer Ergänzungsabgabe für Besserverdienende, vorzusehen. Ferner sprach sie sich dafür aus, das Bundesvertriebenengesetz zu ändern und insbesondere die danach vorgesehenen Leistungen herabzusetzen und dies auch pointiert zu sagen. Offen sei für sie, wer im Hinblick auf Hilfsprogramme in der DDR unsere Ansprechpartner sein könnten und was mit möglicherweise zur Verfügung stehendem Gelde zu tun sein.

Egon Bahr fragte nach den nächsten Schritten, wenn Reisemöglichkeit bestehe und zu Weihnachten Hunderttausende von Menschen zu Aufenthalten in die Bundesrepublik kämen. Diese Situation mache sofortige Gespräche zwischen beiden Regierungen erforderlich. Nur in einem Zusammenwirken von beiden Regierungen sei es möglich, ein Programm für das Verbleiben der Menschen drüben zu schaffen. In ein Programm gehörten die Demokratisierung, die Änderung der Wirtschaft und die Reisefreiheit. Er sprach sich dafür aus, kein Geld in ein Faß ohne Boden zu werfen, sondern durch eine Ausweitung des Swing Gelder nur für konkrete Maßnahmen zur Verfügung zu stellen. Ferner seien Möglichkeiten für die Investition von privatem Kapital zu schaffen. Nur wenn die Bundesregierung solche Pläne gegenzeichne, werde das Vertrauen der Menschen herzustellen sei. Die Bundesregierung müsse aber schnell handeln.

Heidi Wieczorek-Zeul berichtete von ihren Erfahrungen auf dem Wohnungsamt der Stadt Wiesbaden. Sie wisse, daß dort häufig unter den Wohnungssuchenden das Potential der Republikaner entstehe. Sie bezeichnete es als falsch, wenn unsere Partei sich anstelle der Regierung den Kopf zerbreche. Die Regierung habe ihre Verantwortung, sie müsse Pläne zur Lösung der Flüchtlingsprobleme entwickeln. Allerdings sei es auch nicht richtig, der Bundesregierung jetzt Verhandlungen mit der DDR-Regierung zu empfehlen. Wichtig sei es, bei der Entwicklung von Lösungsmodellen den Gedanken weiter zu verfolgen, wie sich die EG in ihrem Kern weiterentwickeln und dabei zugleich eine enge Kooperation mit den osteuropäischen Staaten verwirklicht werden kann.

Zum Abschluß der Aussprache sagte Hans-Jochen Vogel, für die Debatte des Bundestages und den Entschließungsentwurf der Fraktion wolle er folgende Punkte herausstellen: Zu fordern seien freie Wahlen, ein Verzicht auf den Machtanspruch der SED und der Aufbau einer pluralistischen Gesellschaft. Kern der deutschen Frage sei das Selbstbestimmungsrecht. An dem Satz aus dem Beschluß des Parteirates, wonach die Einheit Deutschlands zusammen mit der Einheit Europas zu verwirklichen ist, wolle er festhalten. Ein Zurück zur Nationalstaatlichkeit könne es nicht geben in einer Zeit, in der Grenzen immer mehr ihre Bedeutung verlieren. Er müsse daran festhalten, daß es tatsächlich noch kein Konzept für die Bewältigung der aktuellen Situation gebe, weder auf Seiten der Regierung noch bei uns.

Bei den Hilfen für die DDR liege es entscheidend daran, was dort geschehe. Allerdings gebe es für ihn keinen Zweifel daran, daß gegenüber einer demokratischen Regierung der DDR mehr getan werde als gegenüber dieser Regierung. Es werde erheblicher Anstrengungen bedürfen, um die notwendigen Mittel für Hilfsprogramme aufzubringen. Auch Hans-Jochen Vogel äußerte Bedenken gegen eine Empfehlung an unsere Regierung, mit der DDR-Regierung zu verhandeln. Nicht einmal sicher sei er, ob Krenz noch ein Ansprechpartner sein könne.

Zur Integration stellte er fest, hier seien nicht nur politische Kategorien angesprochen, die Verfassung setze einen klaren Rahmen. Danach stehe das Recht auf Zugang aufgrund der Verfassungsnormen Asylbewerbern zu, den Deutschen aus der DDR und den Statusdeutschen sowie Flüchtlingen, die in ihrer Heimat existenziell bedroht sind. Einschränkungen des Zuzugs seien nur gegenüber Deutschstämmigen möglich, auf die die obigen Kriterien nicht zutreffen. Zudem es sei erforderlich, Asylbewerber aus Ländern, in denen es keinen Vertreibungsdruck mehr gebe - wie aus Polen und Jugoslawien - zurückzuschicken. Was die Leistungen angehe, so gebe es die Möglichkeit, die Neuankömmlinge nicht schlechter aber auch nicht besser zu stellen als die anspruchsberechtigte einheimische Bevölkerung. Die während der Präsidiumssitzung bekannt gewordenen Vorschläge für die neue Reiseordnung bezeichnete Hans-Jochen Vogel als enttäuschend. Sie werde zu einem neuen Schub von Zuwanderern führen.

Zur Frage der Finanzierung der zu lösenden Probleme erinnerte er daran, daß unsere Partei immer gegen die Steuerreform gewesen sei. Für ihn gebe es heute keinen logischen Grund, dies nicht erneut darzustellen, insbesondere mit Blick auf die fehlenden Mittel für den Wohnungsbau. Er habe die Absicht, der Bundesregierung vorzuhalten, mit ihrer Steuerpolitik belaste sie nur die kleinen Leute und sei nicht in der Lage, öffentliche Mittel für die nun fälligen Hilfsmaßnahmen bereitstellen zu können. Der Gedanke, einen Solidarbeitrag vorzusehen, der insbesondere von den Leistungsfähigen aufgebracht werden müsse, könne richtig sein.

Durch uns werde die Forderung erhoben, ein Konzept zur Lösung der Fragen zu entwickeln. Er werde der Bundesregierung eine Zusammenarbeit zur Entwicklung eines solchen Konzeptes anbieten. Damit werde auch erreicht, daß die Union uns nicht bei Gelegenheit vorhalten könne, Sozialdemokraten entzögen sich der Verantwortung.

Oskar Lafontaine sagte, der von Hans-Jochen Vogel vorgeschlagenen Form zur Lösung der finanziellen Probleme könne er zustimmen. Bedenklich werde es, wenn von uns aus jetzt der Steuertarif in Frage gestellt würde. Vor dem Hintergrund der Planungen der Gruppe Fortschritt '90 könnte uns dies den Vorwurf der Unbeständigkeit einbringen.

Anke Fuchs kündigte weitere Vorschläge für Kontakte der Partei zu Aus- und Übersiedlern an.

Johannes Rau unterrichtete das Präsidium über das vorgesehene Programm seiner DDR-Reise.

Hans-Jochen Vogel wies auf einige vorgelegte Umfragedaten hin. Danach sehe die Entwicklung für unsere Partei nicht negativ aus.

[...]

II. Zum Fall der Mauer am 9. November 1989

Dokument Nr. 16
Erklärung von Hans-Jochen Vogel nach Öffnung der Mauer, 10. November 1989

Presseservice der SPD, Nr. 701/89, 10. November 1989

Mitteilung für die Presse

Der SPD-Partei- und Fraktionsvorsitzende Hans-Jochen Vogel führte heute vor der Presse in Bonn folgendes aus:

unkorrigierte Bandabschrift

Wir alle waren gestern abend und in der Nacht Zeugen eines historischen Ereignisses. Das, was da geschah, war die Korrektur, nein die Annullierung des 13. August 1961. Die bewegenden Vorgänge in Berlin zeigen, daß die Mauer jedenfalls de facto gefallen ist, daß die Freizügigkeit in Deutschland ein entscheidendes Stück vorangekommen ist.

Meine Damen und Herren, das ist auch die Stunde Willy Brandts. Seine beharrliche Politik seit dem 13. August 1961 hat mit die Ursachen dafür gesetzt, daß die Mauer nach 28 Jahren gefallen ist. Heute nachmittag um 15.00 Uhr tritt das Berliner Abgeordnetenhaus zu einer Sondersitzung zusammen, um dieses Ereignis zu würdigen. Willy Brandt wird an dieser Sitzung teilnehmen; ich werde ebenfalls, auch in meiner Eigenschaft als ehemaliger Regierender Bürgermeister von Berlin, an dieser Sitzung teilnehmen.

Die Entscheidung, die gestern von der DDR-Führung getroffen worden ist, ist ein wichtiger Schritt zur Wiederherstellung des verlorengegangenen Vertrauens. Die Volksbewegung, die demokratische Volksbewegung in der DDR hat einen weiteren essentiellen Fortschritt erzielt. Den Worten von Seiten der Führung sind in einem wichtigen Punkt Taten gefolgt. Weitere stehen bevor, sind notwendig – freie Wahlen, ungehinderte Teilnahme aller Gruppen und Parteien an diesen Wahlen. Und ich erneuere den Vorschlag und die Bitte und die Forderung, daß auf dem Weg dorthin es jetzt auch in Ost-Berlin bald zu einem runden Tisch kommt. Der runde Tisch war in Warschau und in Budapest der eigentliche Durchbruch, der den freien Wahlen und der Demokratisierung voranging.

Zur Wiederherstellung des Vertrauens, das für den Entschluß der Menschen, ob sie bleiben oder gehen, eine wesentliche Rolle spielt, gehören weitere reale Fortschritte auf dem Weg zur politischen Erneuerung, aber genauso Anstrengungen und reale

Fortschritte zur Verbesserung der wirtschaftlichen Lage. Beide Punkte sind für die Entscheidung wichtig. Wir, die Bundesrepublik, dürfen uns nach wie vor nicht als Belehrende benehmen, aber wir dürfen uns auch nicht als Zuschauer benehmen. Diese Vorgänge betreffen auch uns unmittelbar. Und ich glaube, noch immer haben nicht alle von der Größenordnung dessen, was das alles für uns bedeutet, eine hinreichende Vorstellung. Wir müssen helfen, aber wir müssen uns auch artikulieren. In diesem Zusammenhang bemerke ich:

Erstens: Es ist richtig, daß der Bundeskanzler seine Reise nach Polen unterbricht. Ich glaube, das wird ihm auch dadurch erleichtert, daß das deutsche Parlament mit einer überwältigenden Mehrheit am Tage vor seiner Abreise zur Frage der polnischen Westgrenze eine klare, endgültige und jeden Zweifel ausräumende Entschließung gefaßt hat. Das erleichtert es ihm, bei seinen Gastgebern Verständnis dafür zu gewinnen, daß er jetzt in dieser Situation in die Bundesrepublik zurückkehren muß.

Zweitens: Ich habe gestern die Initiative ergriffen und bei Herrn Seiters und den Vorsitzenden der Fraktionen angeregt, daß wir zusammentreten. Das ist dann gestern Abend geschehen. Ich sehe darin einen Ansatz zur Verwirklichung eines Vorschlages, den ich schon bei der Debatte zur Lage der Nation gemacht habe. Wir brauchen jetzt auch in der Bundesrepublik – ich bitte das nicht zu verwechseln – einen runden Tisch. Die wiederholt von allen Seiten und auch gestern Abend von mir bekundete Gemeinsamkeit in der Bewältigung der Probleme muß einen sichtbaren Ausdruck finden. Das, was im Jahre 1977 bei der Herausforderung durch den Terrorismus selbstverständlich und notwendig war – ein Zusammenarbeiten –, das muß auch hier jetzt bei dieser vergleichsweise größeren Herausforderung selbstverständlich sein. An den runden Tisch gehören natürlich federführend die Bundesregierung, die Fraktionen und Parteien des Deutschen Bundestages, die Länder, der Städtetag, der Landkreisverband, die Wohlfahrtsverbände, die Kirchen und die Gewerkschaften. Es sind alle gesellschaftlichen Kräfte gefordert, und ich hoffe, daß die Rückkehr des Bundeskanzlers es ermöglicht, daß ein solcher runder Tisch schnell, jedenfalls Anfang nächster Woche, zusammentritt. Die Hauptaufgabe dieses runden Tisches muß darin bestehen, die Anstrengungen zur Integration der Übersiedler – und die Zahlen bewegen sich inzwischen auf 300.000 zu –, die Bemühungen zur Integration der Übersiedler zu koordinieren und auch sichtbar zu machen, welche Größenordnung diese Aufgabe hat – daß das längst aus der Verwaltungsroutine herausgetreten ist.

Weiter, unabhängig vom runden Tisch, ist notwendig, daß wir unsere Hilfszusagen für die DDR konkretisieren. Wir stimmen ja überein, daß große Anstrengungen erforderlich sind. Aber es geht jetzt nicht nur um die großen Anstrengungen. Meine Damen und Herren, es geht um Hilfen, um den Zusammenbruch von Versorgungssystemen dort drüben abzuwenden – medizinische Versorgung, aber auch schon auf anderen Gebieten. Ich muß Sie bitten, sich zu vergegenwärtigen: Wenn 250.000 Menschen die DDR innerhalb weniger Monate verlassen, dann wäre das übertragen auf unsere Größenordnung, als wenn 900.000 aktive, im Arbeitsleben stehende Menschen uns von heute auf morgen verlassen würden. Da fehlt der Fachingenieur, da fehlt der Computerspezialist, da fehlt der, der dieses Gerät bedienen kann. Dies sind

Maueröffnung in Berlin, 10. November 1989

alles Dinge, die auf den Nägeln brennen. Unabhängig vom runden Tisch muß weiter sofort eine Lösung gefunden werden für das Problem der Reisevaluta. Wir haben wiederholt angemahnt – es ist hoch an der Zeit. Wir müssen den Menschen, unter Inanspruchnahme der Gelder aus dem Zwangsumtausch – und mein Vorschlag hat ja ein positives Echo beim Finanzminister der DDR gefunden – wir müssen unter Inanspruchnahme dieser Mittel und der Mittel, die wir als Begrüßungsgeld ja ohnehin aufbringen, einen Weg finden, daß die Menschen einen gewissen Betrag – im Verhältnis 1:1 wahrscheinlich zunächst, aber meinetwegen auch in einem anderen Verhältnis gegen ihr Geld, das sie haben, eintauschen können. Wir müssen schließlich Berlin helfen.

Meine Damen und Herren, es wird hier mit großer Gelassenheit gesagt, 200.000 bis 300.000 Menschen können schon am Wochenende als Besucher in Berlin sein. Die Stadt braucht Unterstützung und Hilfe in dieser Situation.

Ein weiterer Punkt, den ich für notwendig halte, und ich begrüße, daß aus dem Kanzleramt entsprechende Absichten schon verlauten – ich halte es für dringend notwendig, daß der Bundeskanzler so rasch wie möglich insbesondere mit dem designierten Ministerpräsidenten nach seiner Wahl zusammentritt. Ich glaube, das ist ja auch ein wichtiges Stück der Entwicklung in der DDR, daß dort jetzt ein Ministerpräsident ins Amt kommt, der nicht nur eine ausführende Funktion hat, sondern wirklich ein Ministerpräsident sein will im Sinne des eigentlichen Verständnisses dieses Wortes. Ich würde es sehr begrüßen und unterstützen, daß der Bundeskanzler nicht nur telefonisch, sondern persönlich mit diesem Mann zusammentrifft, auch damit noch mehr Klarheit über die nächsten Schritte drüben bei dieser Gelegenheit gewonnen wird. Ich halte es für denkbar, daß der neue Ministerpräsident Absichten, die er ja schon hat erkennen lassen in Richtung Wahlen, in Richtung Parteienpluralismus, dann auch dem Bundeskanzler mitteilen kann – auch das wäre eine vertrauensbildende Maßnahme in Richtung der DDR.

Ich wiederhole die Bitte an Übersiedlungswillige, ihren Entschluß oder ihre Absicht erneut zu prüfen. Meine Damen und Herren, nicht alle haben die Dringlichkeit erkannt, aus der der Appell von Christa Wolf und vielen Mitunterzeichnern hervorgegangen ist. Ich unterstütze die Bitte nicht wegen unserer Probleme. Und ich benutze die Gelegenheit zu erklären, die deutsche Sozialdemokratie läßt an dem Recht der Übersiedler das, was ihnen das Grundgesetz verbrieft hat in Anspruch zu nehmen, nicht rütteln. Ich habe mit Befriedigung gehört, daß Oberbürgermeister Schmalstieg gestern nacht einen mißverständlichen Satz, der zu besorgten Auslegungen geführt hat, zurückgenommen hat. – Es ist ein grundgesetzliches Recht. Wir haben kein Recht, die Menschen zu kritisieren, die davon Gebrauch machen, aber wir haben eine Befugnis, sie zu bitten, zu überlegen, ob nicht durch diese Entscheidung von heute nacht und andere Dinge die Voraussetzungen sich für ihren Entschluß geändert haben. Denn das muß ich noch einmal sagen: Eine DDR, die ausblutet, deren Versorgungssysteme zusammenbrechen, deren wirtschaftliche Schwierigkeiten sich vermehren, die wird sich nicht reformieren, die wird in neue Verzweiflung und in neue Lethargie versinken. Deswegen äußere ich diese Bitte. Daß wir allen Anlaß haben, uns anzustrengen mit den Übersiedlern, die nach Überlegung trotzdem diese Entscheidung treffen, das habe ich schon ausgeführt.

Vorletzte Bemerkung: Wir sollten sorgfältig beobachten, mit welchem Interesse und mit welcher Aufmerksamkeit das Ausland die Vorgänge dieser Tage und Stunden verfolgt. Ich glaube, auch als Vorsitzender der stärksten Oppositionspartei kann ich unseren ausländischen Freunden in allen Himmelsrichtungen sagen, sie haben keinen Anlaß zur Sorge. Das, was da geschieht, geschieht in einem Augenblick, in dem im anderen deutschen Staat eine demokratische Revolution stattfindet, eine friedliche demokratische Revolution. Ich hoffe inbrünstig, es ist die erste demokratische Revolution auf deutschem Boden, die erfolgreich endet. Das wäre dann auch eine Korrektur von 1848. Ich glaube, es ist nicht übertrieben, diesen geschichtlichen Zusammenhang herzustellen. Und ich sage den Freunden im Ausland – kein Anlaß zur Sorge. Mit uns, die wir ja staunend und bewundernd diese demokratische Revolution beobachten, Anlaß zur Freude und zur Genugtuung, auch deswegen, weil diese Entwicklung den Frieden nicht gefährdet, sondern den Frieden sicherer macht. Das, was hier geschieht, ist auch ein unmittelbarer Beitrag zur Sicherung des Friedens in Europa.

Ich habe dann schließlich noch mitzuteilen, daß heute um 13.00 Uhr zur Vorbereitung des runden Tisches, den ich ja eben schon erwähnt habe, des runden Tisches hier bei uns, Vertreter der sozialdemokratisch regierten Länder, auch Vertreter von Wohlfahrtsverbänden und von Kommunalverbänden im Erich-Ollenhauer-Haus zusammentreten, damit wir gut präpariert in die erste Sitzung des runden Tisches gehen können.

Wir haben außerdem jetzt um 11.30 Uhr eine kurze Fraktionssitzung, wir haben morgen um 9.00 Uhr eine Präsidiumssitzung und um 10.00 Uhr eine gemeinsame Sitzung des Parteivorstandes und des Geschäftsführenden Vorstandes der Bundestagsfraktion.

Dokument Nr. 17
Beratungen im Präsidium über die Einschätzung der Lage nach der Maueröffnung, 11. November 1989

Protokoll der Sondersitzung des Präsidiums, 11. November 1989, 9.00 – 9.55 Uhr, in Bonn, Erich-Ollenhauer-Haus, S. 1 – 3

Hans-Jochen Vogel, der direkt aus Berlin zurückgekehrt war, schilderte seine Erlebnisse und Eindrücke vom Tag der Öffnung der DDR-Grenze und der Berliner Mauer. Er sagte, es sei ein historisches Ereignis, das durch die Volksbewegung in der DDR herbeigeführt worden sei. Er berichtete von der Kundgebung vor dem Schöneberger Rathaus. Die Reaktion der Teilnehmer auf die Rede von Willy Brandt habe gezeigt, daß die Menschen ihm gerade jetzt für seine politischen Lebensleistung dankbar seien. Auch Walter Momper habe für seine Rede viel Zustimmung erhalten, was übrigens auch auf Genscher zutreffe. Die Reaktionen der Kundgebungsteilnehmer auf Kohl hätten mehr seiner Person und seiner Sprache als dem Inhalt seiner Rede gegolten. Hans-Jochen Vogel sagte, die Aussage von Walter Momper, Berlin sei an diesem Tag die glücklichste Stadt der Welt, könne er nur unterstreichen.

Sodann berichtete er von seiner Fahrt mit Willy Brandt nach Ost-Berlin und dem bewegenden, etwa zweistündigen Zusammentreffen mit dem SDP-Vorstand. In dieser Partei gebe es eine ziemlich große Spannbreite. Es werde die Sorge zum Ausdruck gebracht, daß sich die Volksbewegung nun aufsplittere. Dieser Begegnung gefolgt sei ein eindrucksvolles Gespräch mit der Literatin Christa Wolf, die in eine wichtige politische Rolle hineingewachsen sei.

Hans-Jochen Vogel sagte, jetzt gehe es darum, daß der Prozeß der Veränderung in der DDR nicht abreiße. Dabei zeige sich, daß die Zentralfigur nicht Krenz, sondern offenbar Modrow sei.

Die Menschen in der DDR dürsteten nach Veränderung. Sie forderten freie Wahlen. Die Oppositionsgruppen wollten solche freie Wahlen nicht sofort, da sie noch unvorbereitet sind. Erforderlich sei die Einrichtung eines runden Tisches in der DDR. Vieles spreche dafür, so auch die Vermutung der SDP-Vertreter, daß es zu einem ungarischen Weg komme.

In der DDR gebe es das »argentinische Problem«. Es werde die Frage diskutiert, ob die Verantwortlichen für die Entwicklung der letzten Jahre zur Rechenschaft gezogen werden. Die führenden Oppositionsvertreter seien bereit, vergessen zu lassen. Ob dies realistisch sei, bleibe offen.

Größte Probleme gebe es in der Wirtschaftsentwicklung. Hier seien gewisse Maßnahmen sofort erforderlich. Er denke daran, daß westdeutsche Hilfsorganisationen bei ihnen angestellte Ärzte in die DDR entsenden. Hilfe könne auch über die Verbindungen im Rahmen der Städtepartnerschaften entwickelt werden. Viele neue Partnerschaften zwischen Regionen der Bundesrepublik und der DDR müßten entstehen. Vorbereiten müsse man sich auch auf die Abwendung einer Energiekrise in der DDR. Mittelfristig sei ein umfassendes Programm zu entwickeln, wobei den sogenannten joint ventures eine bedeutende Rolle zukomme.

Die Gesprächspartner in den Oppositionsgruppen in der DDR hätten betont, daß sie selbst versuchen wollten, die Probleme ihres Staates zu lösen. Es gebe Anzeichen dafür, daß die Arbeiter in den Betrieben der DDR dies anders sehen.

An die Bundesregierung seien folgende Forderungen zu richten: Im Bundestag müsse eine eigene Regierungserklärung und Aussprache zur Situation in Deutschland stattfinden. Die Bundesrepublik müsse zur Stabilisierung beitragen. Deshalb sei es erforderlich, daß es bald zu einem Treffen des Bundeskanzlers mit Krenz und Modrow komme. Dies schaffe Vertrauen auch in der DDR. Auch hier in der Bundesrepublik müsse ein runder Tisch eingerichtet werden unter Beteiligung der Vertreter des Staates, der Parteien, der Kirchen, der Gewerkschaften, der Arbeitgeber, der Wohlfahrtsorganisationen, der Länder und Kommunen, um Programme zu entwickeln für die Integration der DDR-Übersiedler und für die Hilfsmaßnahmen gegenüber der DDR. Die Union habe offenbar die Absicht, die Sozialdemokraten von einer solchen Zusammenarbeit auszuschließen.

Oskar Lafontaine stellte die Frage, wie es jetzt nach der neuen Entwicklung mit der Modernisierung der atomaren Systeme aussehe. Es sei unsere Aufgabe, gerade jetzt mit dem Thema der Abrüstung die Union in die Defensive zu treiben. Er betonte, die Reaktion der Menschen auf Kohl zeige, daß dieser Mann in dieser Situation nicht mehr in der Lage sei, das Gefühl der Leute zu treffen. Insbesondere die jungen Leute seien die ständigen Phrasen leid. Sie wollten etwas Konkretes auch zur Abrüstung hören.

Heidi Wieczorek-Zeul setzte sich ebenfalls dafür ein, jetzt die Fragen der europäischen Sicherheit und Abrüstung aufzuwerfen und bereits in der zu verabschiedenden Resolution des Parteivorstandes darauf hinzuweisen. Sie unterstrich, nun müsse durch uns die Modernisierung der atomaren Systeme noch entschiedener als bisher abgelehnt werden.

Horst Ehmke sagte, die USA würden auf eine Neustationierung von Lance-Raketen verzichten, doch bestehe die Absicht, neue Luft-Boden-Raketen zu stationieren. Deshalb sei es richtig, jetzt nicht das Thema Modernisierung der Waffensysteme aufzugreifen, sondern generell die Abrüstungsfrage zur Diskussion zu stellen.

Egon Bahr sagte, es gelte aufzupassen, daß die politische Entwicklung die Schritte auf dem Felde der Abrüstung nicht überhole. Beide Großmächte, die in Europa noch gebraucht würden, hätten jetzt eine noch größere Verantwortung. Egon Bahr erläuterte dann den vorgelegten Text eines Entschließungsentwurfs für den Parteivorstand. An dem Entschließungsentwurf wurden eine Reihe von Abänderungen und Ergänzungen vorgenommen. Dem Entwurf wurde einmütig zugestimmt.

Herta Däubler-Gmelin unterrichtete das Präsidium über ein Treffen mit Vertretern von Wohlfahrtsverbänden und Kirchen vom vergangenen Tag, in dem über konkrete Hilfsmaßnahmen gesprochen worden sei. Die Vertreter der Wohlfahrtsverbände hätten zum Ausdruck gebracht, daß es eine große Bereitschaft in ihren Organisationen gebe; Voraussetzung sei jedoch, daß die Bundesregierung klare Beschlüsse fasse und die materielle Basis für solche Hilfen herstelle. Herta Däubler-Gmelin äußerte sich skeptisch gegenüber Plänen, schon jetzt von uns aus konkret Vorschläge für einen »Lastenausgleich« oder ähnliches zu machen. Richtig sei es allerdings, schon heute Berlin als den Platz für die zu schaffenden Institutionen der deutsch-deutschen Zusammenarbeit zu benennen. Vorbereiten müsse sich die Partei, denn dieses habe möglicherweise wichtige psychologische Auswirkungen auf die Beantwortung des Vorschlages, den 9. November statt des 17. Juni künftig als Feiertag zu begehen.

Anke Fuchs bat die Präsidiumsmitglieder, möglichen Vorschlägen, den Programmparteitag zu verschieben, entgegenzutreten. Sie wies auf eine entsprechende Diskussion in der Antragskommission hin.

Dokument Nr. 18
Beratungen in der gemeinsamen Sondersitzung des Parteivorstandes und des Geschäftsführenden Fraktionsvorstandes der SPD-Bundestagsfraktion zur Deutschlandpolitik und zur Programmdiskussion, 11. November 1989

Protokoll über die gemeinsame Sondersitzung des Parteivorstandes und des Geschäftsführenden Fraktionsvorstandes der SPD-Bundestagsfraktion, 11. November 1989, 13.30 – 16.00 Uhr, in Bonn, Erich-Ollenhauer-Haus, S. 1 – 9

Zu Beginn der gemeinsamen Sitzung von Parteivorstand und Geschäftsführendem Fraktionsvorstand wurde Willy Brandt von Hans-Jochen Vogel herzlich begrüßt. Er sagte zu Willy Brandt: »Dein politisches Lebenswerk ist am Abend des 9. November 1989 gekrönt worden.«

Hans-Jochen Vogel bezeichnete die Vorgänge in Berlin, das Öffnen der Grenze und der Mauer, als ein historisches Ereignis. Hans-Jochen Vogel, der, ebenso wie Willy Brandt, direkt aus Berlin zurückgekommen war, sagte, das Fernsehen vermittle viel, doch das unmittelbare Erleben solcher Stunden sei noch prägender. Er schilderte seine Eindrücke von den Reaktionen der Menschen in Ost- und West-Berlin. Die Freude sei unglaublich, es habe überhaupt keine Aggressionen gegeben. Symbolträchtig sei das Bild des West-Berliner Polizisten, der seinem Ost-Berliner Kollegen die Hand gereicht habe. Nicht zu übersehen seien die Zeichen für eine Auflockerung und möglicherweise einen Zerfall des staatlichen Systems der DDR. Es gebe in dieser Stunde soviel Hoffnungen bei der Bevölkerung der DDR, die gewiß nicht alle erfüllt werden könnten. Eine herzliche Aufnahme hätten Willy Brandt und er bei unseren Freunden in der SDP gefunden.

Willy Brandt sagte, ihm seien drei Bemerkungen wichtig:

1. Es sei festzustellen und zu kritisieren, daß die Bundesregierung und die CDU der Situation nicht gerecht werden, wenn sie, wie dies geschieht, die Lage parteipolitisch zu nutzen versuche. Sie sei aufzufordern, den Vorschlägen des SPD-Vorsitzenden zu folgen und hier in der Bundesrepublik Deutschland einen runden Tisch einzurichten. Gefragt sei nicht das Erheben des Zeigefingers, sondern Förderung der Bereitschaft zur sinnvollen Hilfe. Es dürfe nicht um Propaganda gehen, sondern um die substantielle Gemeinsamkeit.
2. Die Lage in der DDR sei durch Labilität gekennzeichnet. In der SED gebe es Differenzierungsprozesse. Die Labilität könne nur überwunden werden, wenn es bald zu freien Wahlen komme. In der Zwischenzeit müsse in der DDR eine Einbeziehung der politischen Alternativgruppen in die Führung des Staates vorgenommen werden. Es sei auf den Tatbestand hinzuweisen, daß die Neugestaltung nur durch die, die dort blieben, erfolgen kann, ohne Kritik an denen zu üben, die weggegangen seien. Von ausschlaggebender Bedeutung für die Sicherheit sei die Rolle der Sowjetunion. Es gebe Hinweise darauf, daß Honecker bereits den Befehl erteilt habe, seinerzeit in Leipzig Truppen einzusetzen. Die Sowjetunion habe klargemacht, daß ihre Panzer nicht eingreifen würden. Willy Brandt berichtete, daß er nach seiner Rede vor dem Schöneberger Rathaus einen Brief von Gorbatschow erhalten habe. Gorbatschow sei offenbar von der Sorge ausgegangen, daß die Situation nach den beiden Kundgebungen am gestrigen Tage in Ost- und in West-Berlin zu Schwierigkeiten führen könne. Er habe in dem Brief zum Ausdruck gebracht, daß alle europäischen Grenzen, auch die deutsch-deutsche Grenze, ihren Bestand haben müssen. Dies sei von Gorbatschow deutlicher, als er es erwartet habe, betont worden.
3. Es komme darauf an, daß sich unsere Partei in der Frage der nationalen Einheit nicht verheddere, zumal nicht in Zeiten, wo sich die Menschen in Deutschland überall vereinten. Aus der Zweistaatlichkeit ein Dogma zu machen, sei ebenso abwegig wie im Nationalstaat die einzige Ableitung aus dem Grundgesetz zu sehen. Und hinzuweisen sei durch uns Sozialdemokraten auf den notwendigen Prozeß des Zusammenwachsens der Teile Europas.

Hans-Jochen Vogel betonte, er könne nur unterstreichen, was Willy Brandt zu den Menschen in West-Berlin gesagt habe. Und er finde es richtig, daß Walter Momper festgestellt habe, Berlin ist an diesem Tag die glücklichste Stadt der Welt. Walter Momper sei mit großer Souveränität aufgetreten. Die revolutionären Vorgänge in der DDR hätten die Erwartungen der Menschen an die Politik verändert. Dies habe sich in den unterschiedlichen Reaktionen der Kundgebungsteilnehmer auf Genscher und Kohl gezeigt. Kohl verkörpere eine Politik und eine Sprache, die von den Menschen nicht mehr ertragen werde. Die Volksbewegung in der DDR habe nicht nur die Dinge dort, sondern auch bei uns verändert. Dem müßten wir Rechnung tragen. Möglicherweise sei es gelungen, mit dem Entwurf unseres Grundsatzprogrammes diesem

Willy Brandt am Brandenburger Tor, 10. November 1989

Erfordernis bereits zu entsprechen. Tiefbewegend sei die Begegnung mit dem SDP-Vorstand unter Leitung von Ibraim Böhme gewesen. Die SDP sei noch ein kleiner Kreis, allerdings mit vielen guten Ansätzen. In dem Gespräch mit den Vertretern der SDP sei klar geworden, daß es diesen Leuten jetzt nicht um die Einheit gehe, sondern die Köpfe der Oppositionsgruppen wollten die Probleme ihres Staates selber lösen.

Hans-Jochen Vogel sagte, für die Entwicklung in der DDR seien folgende Punkte von zentraler Bedeutung:

Wichtig sei es, sicherzustellen, daß der Transformationsprozeß in der DDR, aber auch in der SED weitergehe.

Zu unterstreichen seien die Forderung nach freien Wahlen und die Einrichtung eines runden Tisches in der DDR. Christa Wolf und andere Führer von Oppositionsgruppen hätten jedoch darauf hingewiesen, daß freie Wahlen nicht zu schnell kommen dürften, da der Opposition genügend Zeit für die Vorbereitung gegeben werden müsse. Andererseits lasse die Volksbewegung wenig Zeit für Prüfungen und Überlegungen. Es bestehe ein ständiger Handlungsdruck. Es sei das Problem vorhanden, daß fast immer zu spät gehandelt werde.

Die wirtschaftliche Entwicklung könne besonders dadurch gefördert werden, daß in der DDR Inseln des wirtschaftlichen Neubeginns entstehen, die den Menschen das Vorwärtskommen zeigen. Es sei auch ein Soforthilfeprogramm nötig. Wenn die Tage der Freude vorüber seien, würden die Probleme umso deutlicher zu Tage treten. So sei es nötig, daß beispielsweise das DRK bei dieser Organisation anzustellende Ärzte in die DDR entsendet. Von Stadt zu Stadt seien Kontakte zu knüpfen, um konkrete Hilfe im direkten Miteinander zu ermöglichen. Dafür dürften keine Riesenorganisationen geschaffen werden. Der Strom der Übersiedler werde nur flacher, wenn es zu glaubwürdigen Veränderungen in der DDR komme.

Als richtig bezeichnete es Hans-Jochen Vogel, die gegenwärtige Bewegung mit dem Friedens- und Abrüstungsprozeß zu verknüpfen. Alle Bedrohungsanalysen von Bundeswehr oder NATO seien über den Haufen geworfen.

Folgende Forderungen seien an die Bundesregierung zu richten:

Es müsse in der nächsten Woche eine eigene Regierungserklärung und Debatte zur Situation in Deutschland geben. Kohl sei aufzufordern, sobald als möglich mit Krenz und Modrow zusammenzutreffen, um konkrete Maßnahmen zu verabreden. Ferner sei die Bundesregierung aufgefordert, hier in der Bundesrepublik einen runden Tisch einzurichten, um gemeinsam mit Vertretern des Staates, der politischen Parteien, der Kirchen, der Wohlfahrtsorganisationen und der Tarifpartner ein Hilfsprogramm für die DDR und Maßnahmen zur Integration der Übersiedler zu entwickeln. Die Union sei bestrebt, Sozialdemokraten aus der Zusammenarbeit auszuschließen. Die eigene Partei müsse konkret auf die Übersiedler zugehen und ihnen Hilfe anbieten. Die Partei müsse aus der Zuschauerrolle heraus.

Aussprache

Horst Ehmke, der während der historischen Tage in Paris war, berichtete über die Reaktion Frankreichs. Dort werde von vielen der Prozeß mit Anteilnahme und Sympathie verfolgt. Gerade für die Franzosen sei das Zusammenfließen von demokratischer Entwicklung und Einheit der Nation eine Selbstverständlichkeit. Andererseits gebe es auch viele, die ihre Sorge über ein Zusammenwachsen äußerten. Mitterrand habe als Reaktion auf die Entwicklung eine verstärkte Europapolitik angekündigt; dies sei zu begrüßen. Als desperat werde von den Franzosen die Lage in Polen bewertet. Es gebe den starken Willen, mit Deutschland zusammenzuarbeiten. Mitterrand habe die Absicht, und dies sei zu unterstützen, an seinem Besuch in der DDR in diesem Jahr festzuhalten. Auch werde von den Franzosen für den Europäischen Gipfel in Straßburg ein konkretes Programm von Hilfen für Osteuropa vorgelegt. Einigkeit bestehe mit Frankreich in der Auffassung, daß es keine Militarisierung der EG geben dürfe.

Herta Däubler-Gmelin betonte, die ungeheuer eindringlichen Bilder im Fernsehen, die auf allen Kanälen und einheitlich – zumindest in ganz Europa – ausgestrahlt worden seien, hätten nicht nur Informationen über die Vorgänge vermittelt, sondern auch durch ihre Botschaften der Spontaneität, Friedlichkeit, der Fröhlichkeit und des Selbstbewußtseins bei uns die Atmosphäre verändert. Sie gehe davon aus, daß die eingeleitete Entwicklung die Bedingungen für deutsche Politik dauerhaft und grundlegend veränderten. Dem müßten auch wir durch neue Überlegungen und durch einen anderen Politikstil Rechnung tragen. Bundeskanzler Kohl habe die grundlegend veränderte Situation, das neue Selbstbewußtsein der Menschen, ihre Spontaneität, die Ernsthaftigkeit und das völlige Fehlen von nationalem Pathos nicht begriffen. Seine

Art, Politik zu verkörpern, passe auch nicht mehr. Die Pfiffe vor dem Schöneberger Rathaus seien wohl auch darauf zurückzuführen, daß die Menschen das bemerkten. Auch die SPD müsse das in Rechnung stellen. Die neuen Fragen, Unterstützung der Reformen in der DDR, Hilfe für die Besucher hier und Integration der Flüchtlinge bei uns, müßten ohne Hektik, aber gründlich angepackt werden. Bei unserer Außendarstellung müsse deutlich werden, daß wir uns die Gestaltung der Zukunft, gerade auch auf der Grundlage dieser Veränderungen, zutrauten, sie warne deshalb vor einer Überbetonung der vorhandenen Probleme. Der Eindruck von Parteilichkeit müsse ebenso vermieden werden wie Töne des nationalen Pathos.

Durch Gespräche mit CDU- und FDP-Politikern habe sie den Eindruck, daß die Koalitionsparteien den von Hans-Jochen Vogel vorgeschlagenen runden Tisch nicht wollten. Dieser Vorschlag müsse jedoch weiterverfolgt werden, die Zeit arbeite für ihn. Herta Däubler-Gmelin berichtete über das Gespräch mit den Vertretern der SPD-regierten Bundesländer, der Oberbürgermeister und Vertreter der kommunalen Selbstverwaltungsorganisationen, der Wohlfahrtsverbände und Kirchen am Freitag im Ollenhauerhaus. Sie zeigte sich erfreut darüber, daß nicht nur die existierenden Probleme sehr deutlich gesehen würden, sondern der Mut, das Selbstbewußtsein und die Bereitschaft, die Probleme anpacken und lösen zu können, ebenfalls zum Ausdruck gekommen seien. Alle Organisation hätten berichtet, daß die Hilfsbereitschaft der Menschen noch stärker mobilisiert werden könne, wenn klar sei, daß die Bundesregierung auch die vorhandenen Probleme sehe und bereit sei, an ihrer Lösung, insbesondere durch finanzielle Hilfen, mitzuarbeiten.

Wolfgang Roth sagte, im wirtschafts- und finanzpolitischen Bereich seien konkrete Sofortmaßnahmen erforderlich. Es komme mehr auf uns zu, als bisher gedacht wurde. Für die erforderlichen mittelfristigen Schritte würden in einer Arbeitsgruppe der Fraktion Pläne entwickelt. In diese Arbeit würden auch die Vertreter der Länder einbezogen. Die Regierung sei an einem runden Tisch nicht interessiert. Es gebe nicht einmal innerhalb der Regierung einen runden Tisch. Waigel habe offenbar die Absicht, einen fetten nationalistischen Aspekt in seine Hilfsangebote zu formulieren.

Hans-Jochen Vogel unterbrach die Aussprache, nachdem der Entwurf für die Entschließung des Parteivorstandes verteilt war. Hierzu wurden eine Reihe von Abänderungsvorschlägen unterbreitet. Nach einer Aussprache wurde die Entschließung einstimmig verabschiedet (siehe Anlage).

In der Fortsetzung der Diskussion sagte Klaus von Dohnanyi, es sei erforderlich, daß sich unsere Partei in dieser Lage auch als eine soziale Organisation zeige, und den Übersiedlern konkrete Hilfe zukommen lasse. Die Partei mache einen schweren historischen Fehler, so betonte Klaus von Dohnanyi, wenn sie die Antwort auf die Frage nach der Zukunft Deutschlands allein der Bevölkerung der DDR übertrage und nicht sage, was wir wollen. Selbstverständlich sei für ihn das Selbstbestimmungsrecht der DDR-Bürger. Wenn die Bevölkerung der DDR keine Einheit wolle, sei das zu akzeptieren. Doch unsere Partei habe auf die Frage ebenfalls eine Antwort zu erteilen, aber sie schweige zu der Kernfrage. Dies sei nicht zu akzeptieren. Eine Partei wie die SPD dürfe sich dem Streben nach Einheit nicht widersetzen.

Volker Hauff betonte, durch die Ostpolitik sei der Konfrontation in Europa die Basis entzogen worden. Auf dieser Grundlage habe Gorbatschow seine Arbeit aufnehmen können. Diese Entwicklung werde nun durch die unblutige Revolution in der DDR weitergeführt. Die entscheidende Frage sei nun, wie das wirtschaftliche und moralische Gefälle zwischen West- und Ostdeutschland auszugleichen ist. Durch die Volksbewegung sei in der DDR ein neues Bewußtsein entstanden, das für uns eine Herausforderung sei. Die Frage von Klaus von Dohnanyi bezeichnete er als richtig. Er wies auf die sensiblen sicherheitspolitischen Probleme hin, die mit dieser Frage zusammenhängen.

Klaus Wedemeier berichtete, von der SGK seien im Rahmen der Städtepartnerschaften kommunale Investitionsfonds vorgeschlagen worden. Doch sei es Realität, daß die Taschen der Städte leer seien. Den Gemeinden müsse die Bundesregierung die finanziellen Lasten aus der Aufnahme von Aus- und Übersiedlern abnehmen. Richtig sei es, nun die Wohnungsbauprogramme wirksam werden zu lassen, sonst seien auch für uns negative Folgen bei den Wahlen zu erwarten.

Norbert Gansel wies auf das politische Klima in der Bevölkerung am 9. November hin. Es seien keine nationalistischen Töne laut geworden, man habe gesungen »So ein Tag, so wunderschön wie heute«. Vor diesen Deutschen müsse Europa keine Angst haben. Zu berücksichtigen seien auch die Empfindungen und Erwartungen des unteren Drittels der Bevölkerung hier. Die Finanzierung der praktischen Hilfen für die DDR und zur Integration der Übersiedler dürfe nicht diesen Menschen aufgebürdet werden. Es seien unsere Wähler, die auch schnell von den Republikanern anzusprechen seien. Dringend gelöst werden müsse die Finanzierung der Westbesuche. Er sprach sich dafür aus, eine bestimmte Summe 1:1 – er nannte DM 500,-- pro Jahr – DDR-Besuchern zur Verfügung zu stellen.

Hans-Jochen Vogel berichtete, die Fraktion werde Beauftragte für die Entwicklung eines Programms zur Hilfe für die DDR ernennen. Zu entwickeln seien auch konkrete Maßnahmen für die Integration der Übersiedler. Die Frage von Klaus von Dohnanyi sei in der Parteiratsentschließung, so betonte Hans-Jochen Vogel, aufgenommen. Es gebe natürlich in dieser Situation noch einen gewissen Grad der Abstraktion. Dies sei auch notwendig. Die deutschlandpolitische Arbeitsgruppe habe den Auftrag, die sozialdemokratische Antwort zu konkretisieren. Der Konkretisierungsgrad könne bis zum Parteitag wesentlich erhöht werden.

Karsten Voigt wies auf bemerkenswerte Äußerungen von Egon Krenz hin, der davon gesprochen habe, es sei denkbar zwischen der Bundesrepublik Deutschland und der DDR gemeinsame Kommissionen einzusetzen und den Grundlagenvertrag fortzuschreiben. In der SED gebe es auch maßgebliche Leute, die den Gedanken an eine Konföderation verfolgten.

Abgelehnt, so sagte Hans Koschnick, werde der Wiedervereinigungsgedanke von den führenden Köpfen in den Oppositionsgruppen der DDR. Diese Leute wollten einen eigenen Weg für ihren Staat. Dies werde wahrscheinlich aber von den Arbeitern anders gesehen. Unsere Partei habe die Aufgabe, wenn sie sich ein Programm für die nächsten 30 Jahre gebe, zu diesem Punkt eine Antwort zu finden.

Als eine strategische Meisterleistung bezeichnete Ingrid Matthäus-Maier die von Hans-Jochen Vogel vorbereitete Beschlußfassung des Bundestages zur polnischen Westgrenze. Sie setzte sich dafür ein, die bisherigen Vorschläge der Arbeitsgruppe Fortschritt '90 aufgrund aktueller Entwicklungen nicht über den Haufen zu werfen. Überdies sei es keine Katastrophe, wenn aufgrund der neuen Situation eine Ergänzungsabgabe oder eine Steuererhöhung erfolge. Doch die entsprechenden Vorschläge müßten von den Koalitionsparteien kommen. Unsere Partei könne schweigen. Ingrid Matthäus-Maier wandte sich gegen Vorstellungen, das Begrüßungsgeld heraufzusetzen. Es dürfe in unserer Bevölkerung nicht der Eindruck entstehen, wir bezahlten die Westreisen von DDR- Bürgern. Dadurch erhielten die Republikaner Zulauf, und dies sei auch ökonomisch falsch. Die Entscheidung über die Entwicklung der Wirtschaft liege in der DDR. Es müsse eine Konvertierbarkeit der Währung der DDR erreicht werden, ein Wechselkurs 1:1 sei illusorisch.

Peter von Oertzen forderte dazu auf, an die schwierige Aufgabe heranzugehen, mit allen neuen Kräften in der DDR zusammenzuarbeiten. Allerdings werde es auch erforderlich sein, die SED nicht außen vor zu lassen, denn dort stecke aufgrund der Entwicklung noch ein hohes Maß an Kompetenz. Für uns sei es eine Verpflichtung, den uns nahestehenden Kräften in der DDR mit Rat und Hilfe zur Seite zu stehen, wenn diese darangingen, einen Weg zu entwickeln, dessen Ziel es ist, einen nichtkapitalistischen Weg zu gehen. Ferner setzte sich Peter von Oertzen dafür ein, in den Diskussionsprozeß auch die linkssozialistischen Kräfte einzubeziehen, die seit langem von der SED unterdrückt wurden. Vertreter dieser Linie sollten auch zu unserem Parteitag eingeladen werden. Peter von Oertzen bemängelte, daß es aus seiner Sicht im Ollenhauerhaus keine klare Zuständigkeit für die DDR-Fragen gebe. Hier sei ein eigenes Referat gefragt, das Kontakte unterhalte, Initiativen entwickele und vor allem an die Vorstandsmitglieder Informationen weiterleite.

Mit Blick auf den Parteitag sagte Gerd Walter, es werde noch nicht deutlich erkennbar, worin die Chance für sozialdemokratische Politik in Europa liege. Es gebe viele Wünsche und Hoffnungen und auch Erwartungen, die auf eine Politik gerichtet sind, welche einen sozialdemokratischen Stempel trägt. Der Parteitag müsse Klarheit über den sozialdemokratischen Weg in dieser aktuellen geschichtlichen Situation schaffen. Sozialdemokratische Antworten seien auch notwendig zu dem Aufnahmebegehren Österreichs in die EG, zur Entwicklung der EFTA, zur Beziehung DDR-EG, zur europäischen Sicherheitspolitik und den Ängsten, die es aufgrund der deutschen Entwicklung in europäischen Nachbarländern gebe. Es sei schnellstens eine Skizze der europäischen Antwort, die einen sozialdemokratischen Stempel trägt, zu erarbeiten. Der Parteitag könne so inszeniert werden, daß die SPD die Meinungsführerschaft auf vielen Gebieten wieder erringe oder ausbaue.

Oskar Lafontaine berichtete, in der Antragskommission sei, unter dem Eindruck der jüngsten Entwicklung, über eine Verschiebung des Parteitages auf 1990 diskutiert worden. Doch habe sich dann die Meinung durchgesetzt, die Programmdebatte jetzt zu führen und zu einem Abschluß zu bringen. Sodann berichtete er, die Antragskommission habe zunächst Einigkeit darüber erzielt, daß nicht der Entwurf aus

Schleswig-Holstein, sondern der Entwurf der Programmkommission Grundlage der Beratung sei. Einigkeit sei in der Programmkommission über die Behandlung des Themas § 218 und über die Frage Volksentscheid/Volksbegehren erzielt worden. Eine ausführliche Debatte habe es zur Wirtschaftspolitik gegeben. Dazu sei der Entwurf aus dem Bezirk Westliches Westfalen zur Grundlage gemacht worden. Es sei das Maß der staatlichen Planung, die bereits schon jetzt bestehenden Einflußmöglichkeiten der Regierungen und der Regionalverwaltungen beschrieben worden. Im ökologischen Teil seien die Vorschläge des Bezirks Hessen-Süd im wesentlichen übernommen worden. Ferner habe sich die Antragskommission dafür ausgesprochen, die Einrichtung von Wirtschafts- und Sozialausschüssen entsprechend des europäischen Musters in das Programm aufzunehmen. Zum Eigentum seien ähnliche Formulierungen wie in Godesberg gewählt worden.

Der Vorabend des Parteitages, so sagte Oskar Lafontaine, sei nun als Bestandteil des gesamten Parteitages zu sehen. Diskutiert werde unter dem Thema »Deutsche in Europa«. Dabei sei es wichtig, den europäischen Ansatz hervorzuheben. Die endgültige Gestaltung sei noch offen. Eingeladen seien alle oppositionellen Gruppierungen aus der DDR sowie die SED. Der Parteitag müsse zur Deutschlandpolitik einen umfassenden Beschluß fassen. Er rate allerdings dazu, beim Problem der finanziellen Hilfestellung von schnellen Entschlüssen abzusehen. In der DDR sei ein ökonomischer Umbau hin zu mehr Privatwirtschaft erforderlich. Oskar Lafontaine wehrte sich dagegen, daß Sozialdemokraten auf neue finanzielle Herausforderungen, wie jetzt die Hilfen für die DDR, immer nur die eine Antwort erteilen: Steuern erhöhen und Spitzenverdiener zahlen zu lassen. Er erinnerte daran, daß die Arbeitsgruppe Fortschritt '90 bereits eine Reihe von Steuererhöhungen beschlossen habe, die nicht populär seien. überdies sei den Wählern nicht alles zuzumuten. Bei aller Euphorie müsse dies berücksichtigt werden, sonst würden die Republikaner Zulauf erhalten. Wir dürften die Bevölkerung nicht überfordern.

Der zentrale Punkt des Parteitages laute, was heißt Demokratischer Sozialismus heute. Helmut Schmidt habe recht, wenn er sage, gesiegt habe nicht der Kapitalismus, gesiegt habe die Freiheit. Die historische Entwicklung gebe uns die Chance, jetzt zu formulieren, was der Demokratische Sozialismus in der heutigen Zeit an Antworten zu bieten habe. Deshalb sei der Parteitag von entscheidender Bedeutung. Es gehe um Demokratie, soziale Gerechtigkeit und Ökologie. Wichtig sei es, die Kernbotschaften herauszustellen.

Wie die Diskussionen auf Bezirksparteitagen gezeigt hätten, so betonte Christoph Zöpel, werde häufig das gerade Ausgesprochene von aktuellen Entwicklungen überholt. Deshalb habe er zunächst auch für eine Verschiebung des Parteitags votiert, doch sei es jetzt wohl richtig, über das Programm zu entscheiden. Dabei müßten die innovativen Kernbotschaften noch deutlicher werden: unsere Forderungen zur Ökologie, zur Gleichberechtigung der Frau und zum Primat der Politik in der Wirtschaft. Christoph Zöpel gab zu überlegen, dem Programm eine Präambel vorzuschalten, aus der auch noch in einigen Jahren erkennbar sei, in welcher politischen Lage dieses Programm geschrieben wurde. Zum anderen warnte er davor, Begriffe nicht zu einem

Fetisch werden zu lassen. Beispielsweise sei die Forderung nach »gesamtgesellschaftlichen Steuerungselementen« noch keine Forderung nach einer Staatswirtschaft.

Anke Brunn sprach sich für die Durchführung des Parteitages, wie geplant, aus. Der Parteitag müsse eine Basis für eine breite Diskussion der Deutschlandpolitik bieten.

Oskar Lafontaine stellte die Frage, ob ein Parteivorstandsmitglied für die Verschiebung sei. Niemand sprach sich für eine Verschiebung aus. Klaus von Dohnanyi sagte, er habe inhaltliche Einwände, doch sei er auch gegen eine Verschiebung.

Dieter Spöri zeigte sich erfreut darüber, daß unsere Partei bei den Themen Ökologie und Deutschland wieder vorn liege. Zur Deutschlandpolitik könne nicht nur auf eine europäische Lösung verwiesen werden, die Partei müsse auch den Gedanken der Konföderation prüfen. Es sei unsere Aufgabe, Vorschläge für kurz- und langfristige Programme zur Hilfe gegenüber der DDR zu entwickeln. Er wies auf die Schwierigkeiten der DDR-Opposition hin, klare Vorstellungen für den weiteren Weg zu definieren. Auch deshalb müsse mit Aufmerksamkeit der mögliche Umformungsprozeß der SED beobachtet werden.

Katrin Fuchs schlug vor, die Formulierung der Abschnitte 101 bis 103 im Programmentwurf nicht jetzt zu behandeln, sondern der Arbeitsgruppe Deutschlandpolitik zu überweisen. Sie äußerte den Wunsch, an den Beratungen beteiligt zu werden.

Horst Ehmke unterstützte den Gedanken, die deutschlandpolitische Debatte gleichzeitig zu verbinden mit den inhaltlichen Fragen des demokratischen Sozialismus. Dies bedeute, daß in der Vorabendveranstaltung über die Deutschlandpolitik auch Fragen des Programms zur Debatte kommen müßten. Ferner sprach er sich dafür aus, für den Parteitag Beratungsschwerpunkte festzulegen, so daß die Kernbotschaften deutlich würden. Über Fragen, die nicht dazu gehörten und über die es weitgehend Einigkeit gebe, könne jeweils nach kurzer Aussprache abgestimmt werden.

Anke Fuchs teilte mit, daß, wie bisher, Erik Bettermann für alle Kontakte gegenüber Organisationen und Parteien in der DDR koordinierend zuständig sei. Zum Parteitag sagte sie, gerade nach den Beratungen der Antragskommission sei eine neue Schubkraft zu erwarten. Die Partei dürfe sich nicht erneut bei Kleinigkeiten aufhalten. Deshalb sei es sicherlich richtig, wenn auch schwierig, die zentralen Beratungspunkte vorher festzulegen und andere Punkte auf dem Parteitag nur kurz zu behandeln.

Inge Wettig-Danielmeier schlug vor, bei der Vorbereitung der deutschlandpolitischen Resolution die Hinweise von Klaus von Dohnanyi zu beachten. Sie sprach die Befürchtung aus, daß in Bremen nicht genügend Beratungszeit zur Verfügung stehen werde. Deshalb sei zu prüfen, den Parteitag um einen halben Tag zu verlängern.

Dokument Nr. 19
Entschließung des SPD-Parteivorstandes zum Mauerfall, 11. November 1989

Presseservice der SPD, ohne Nr., 11. November 1989

Mitteilung für die Presse

Nach gemeinsamen Beratungen des SPD-Parteivorstandes und des Geschäftsführenden Vorstandes der SPD-Bundestagsfraktion hat der Parteivorstand folgende Entschließung gefaßt:

I.

Am 9. November 1989 ist nach 28 Jahren die Mauer gefallen. Die demokratische Volksbewegung in der DDR hat die Freizügigkeit der Deutschen hergestellt. Die Entscheidung der DDR-Führung hat dem Rechnung getragen. Die Türen des europäischen Hauses sind geöffnet. Sie dürfen nie wieder geschlossen werden.

Wir freuen uns mit allen, die in diesen Tagen in Berlin und an anderen Orten in der Bundesrepublik ein friedliches Fest der Begegnung feiern und danken den Bürgerinnen und Bürgern der DDR für Mut und Besonnenheit, die diese Entwicklung möglich gemacht haben. Walter Momper hat Recht: Berlin ist in diesen Tagen die glücklichste Stadt der Welt.

Wir danken Willy Brandt: Sein Lebenswerk hat in diesen Tagen eine Krönung erfahren.

II.

Das Selbstbestimmungsrecht ist erreicht worden. Diese Chance zu nutzen, ist eine gemeinsame Verantwortung der Deutschen. Aus der Zweistaatlichkeit ein Dogma zu machen, ist ebenso abwegig, wie im Nationalstaat die einzige Ableitung aus dem Einheitsgebot des Grundgesetzes zu sehen.

In jedem Fall müssen die Beziehungen zwischen beiden deutschen Staaten in einer Weise ausgestaltet werden, wie es die Zugehörigkeit zu einer Nation und der gemeinsamen Geschichte erfordern. Beide deutsche Staaten dürfen das Zusammenwachsen Europas nicht behindern, sie müssen es fördern. Die Sozialdemokraten in der Bundesrepublik werden ihre Kräfte darauf richten, daß die Einheit der Deutschen gemeinsam mit der Einheit Europas vollendet werden kann.

Die wirtschaftliche Zusammenarbeit muß eine neue Qualität erhalten. Sie muß den Menschen in der DDR auch wirtschaftlich eine neue Perspektive bieten. Dafür sind gemeinsame Institutionen erforderlich. Sie sollten ihren Sitz in Berlin haben.

III.

Durch den Umbruch in Osteuropa und in der DDR wird die Zeit reif für gemeinsame Sicherheit und rasche Abrüstung. Nachdem sich die militärische Bedrohung für alle sichtbar drastisch vermindert hat, können die Rüstungsausgaben gesenkt werden. Geld, das dem Aufbau von Demokratie und Freiheit im Osten dient, macht den Frieden sicherer als neue Waffensysteme.

IV.

Die Einigkeit der Deutschen muß sich auch in der Bundesrepublik bewähren. Es schmerzt uns, daß wir den Menschen, die aus der DDR zu uns gekommen sind, wie auch den Aussiedlern auf längere Zeit Lebensumstände zumuten müssen, die nicht den in der Bundesrepublik üblichen Standards entsprechen. Die sozialen Lasten tragen vor allem diejenigen Bürgerinnen und Bürger in der Bundesrepublik, die für sich und ihre Familien keine Arbeitsplätze haben und Wohnungen suchen. Sie tragen die praktische Last der Integration. Es ist deshalb ein Gebot der sozialen Gerechtigkeit, daß alle im Maße ihrer finanziellen Kräfte zu dieser Integration beitragen müssen.

Auch in der Bundesrepublik brauchen wir einen »Runden Tisch«. An diesen »Runden Tisch« gehören die Bundesregierung, die Gewerkschaften, die Wirtschaftsverbände, die Parteien, die Länder, die kommunalen Spitzenverbände, die Wohlfahrtsverbände und die Kirchen.

III. Vorschläge zur Gestaltung des Wegs zur deutschen Einheit

Dokument Nr. 20
Ingrid Matthäus-Maier/Wolfgang Roth: Ein nationales Unterstützungsprogramm für die DDR, 12. November 1989

Die SPD im Deutschen Bundestag, Nr. 2625, 12. November 1989

SPD fordert nationales Unterstützungsprogramm für DDR-Reformen

Zum politischen und wirtschaftlichen Reformprozeß in der DDR erklären die beiden stellvertretenden Vorsitzenden der SPD-Bundestagsfraktion Ingrid Matthäus-Maier und Wolfgang Roth:

Auf die historischen Entwicklungen in der DDR muß die Bundesrepublik Deutschland jetzt mit einem nationalen Programm zur Unterstützung der anstehenden DDR-Reformen antworten. Der Schlüssel zur Lösung der gegenwärtigen Probleme liegt in der DDR selbst: Um den Bürgern der DDR das Bleiben in ihrer Heimat zu erleichtern, muß es rasch zu tiefgreifenden politischen und wirtschaftlichen Reformen in der DDR kommen. Die Bundesrepublik sollte der DDR das Angebot machen, den Reformprozeß in der DDR aktiv und umfassend zu unterstützen, damit sich den Bürgern der DDR Perspektiven für eine bessere wirtschaftliche und gesellschaftliche Zukunft eröffnen. Um einen wirksamen Beitrag zum Gelingen der DDR-Reformen zu leisten, ist es jetzt erforderlich, daß sich in der Bundesrepublik Deutschland Staat, Parteien und Wirtschaft zu einer großen gemeinsamen Anstrengung zusammenfinden und öffentliche und private Initiativen ergriffen werden.

Die umfassende Modernisierung und Öffnung der DDR-Wirtschaft ist auch der Schlüssel für eine dauerhafte Lösung des Devisenproblems der DDR. Die Modernisierung der DDR-Wirtschaft ist damit auch die entscheidende Voraussetzung für die Beschaffung der Devisen, die für die West-Reisen der DDR-Bürger erforderlich sind.

Das nationale Hilfprogramm der Bundesrepublik Deutschland sollte das folgende Maßnahmenbündel umfassen:

1. Die bundesdeutschen Unternehmen sind aufgefordert, die notwendige Modernisierung der DDR-Wirtschaft durch westliches know-how und umfassenden Investitionen zu unterstützen. Dabei sollten alle Formen der wirtschaftlich Zusammenarbeit zwischen den Unternehmen der Bundesrepublik Deutschland und den Betrieben der DDR genutzt werden. Dazu gehören die Bildung gemeinsamer Unternehmen (joint ventures) und Direktinvestitionen von bundesdeutschen Unter-

nehmen in der DDR. Produktive Investitionen, die die Leistungsreserven der DDR-Wirtschaft mobilisieren, liegen im Interesse aller Deutschen in Ost und West.
2. Zur kurzfristigen Verbesserung der Devisensituation der DDR im Zusammenhang mit den West-Reisen von DDR-Bürgern müssen auch die Voraussetzungen für eine Ausweitung des Reisetourismus von West nach Ost geschaffen werden. Auf diesem Feld können sich auch für die DDR-Bürger vielfältige Möglichkeiten für Privatinitiativen eröffnen. Damit neue Tourismusangebote der DDR auch angenommen werden, müssen die Einreisebedingungen wesentlich verbessert werden: West-Touristen müssen in die DDR so einreisen können wie nach Spanien oder Italien.
3. Investitionen der bundesdeutschen Unternehmen in der DDR müssen durch ein deutsch-deutsches Investitionsschutzabkommen abgesichert werden.
4. Die Bundesregierung ist aufgefordert, die Modernisierung und den Ausbau der Infrastruktur der DDR in den Bereichen Verkehr, Telekommunikation und Energieversorgung zu unterstützen. Bei der Finanzierung konkreter Infrastrukturinvestitionen sollte die Bundesregierung wirksame finanzielle Unterstützung leisten durch öffentliche Kredite und Bürgschaften.
5. Ein besonderer Schwerpunkt des nationalen Unterstützungsprogramms muß im Bereich des Umweltschutzes liegen. Umweltschutzinvestitionen in der DDR kommen auch den Menschen in der Bundesrepublik Deutschland unmittelbar zugute. Umweltschutzmaßnahmen in der DDR können ökologisch ein Vielfaches dessen bewirken, was mit dem gleichen Aufwand in der Bundesrepublik erreicht werden kann. An diesen Umweltschutzinvestitionen muß sich die Bundesregierung durch Finanzierungsbeiträge unmittelbar beteiligen.
6. Die Bundesregierung muß in Brüssel darauf hinwirken, daß es bald zu einem umfassenden Kooperationsabkommen zwischen der EG und der DDR kommt.

Um die konkreten Maßnahmen dieses nationalen Programms zur Unterstützung des Reformprozesses in der DDR zu koordinieren, ist eine Gemeinsame Kommission der Bundesrepublik Deutschland und der DDR zu bilden. Nützliche Dienste bei der Durchführung des nationalen Unterstützungsprogramms könnte auch die Schaffung einer gemeinsamen Deutsch-Deutschen-Bank leisten.

Die Sanierung der DDR-Wirtschaft ist mit staatlichen Geldern aus der Bundesrepublik Deutschland nicht zu leisten. Dies wäre auch verfehlt, da es dann nicht zu der notwendigen Modernisierung der DDR-Wirtschaft kommen kann. Das hierfür notwendige know-how und Kapital muß in entscheidendem Maße von der Wirtschaft zur Verfügung gestellt werden. Alle Äußerungen der letzten Tage zeigen, daß die bundesdeutsche Wirtschaft dazu bereit ist, ihren Beitrag zur Unterstützung der von den Menschen der DDR gewollten Reformen zu leisten.

Dieses nationale Unterstützungsprogramm kann aber nur zum Erfolg führen, wenn in der DDR jetzt durch tiefgreifende politische, wirtschaftliche und rechtliche Reformen die erforderlichen Rahmenbedingungen geschaffen werden. Zu den wirtschaftlichen Reformen gehören insbesondere: Marktgerechte Preisbildung, Dezentralisierung der wirtschaftlichen Entscheidungen, Öffnung von Spielräumen für Privatinitiative, z.b. im Handwerk, leistungsorientierte Entlohnung und Konvertierbarkeit der Währung.

Dokument Nr. 21
Horst Ehmke: Stufenplan zur deutschen Einheit, 20. November 1989

Sozialdemokratischer Pressedienst, 44. Jahrgang, Nr. 223, 20. November 1989, Z 9597 B, S. 1–3

Das erreichbare Maß an Einheit verwirklichen
Gedanken zu einer europäischen Friedensordnung

Von Professor Horst Ehmke MdB
Stellvertretender Vorsitzender der SPD-Fraktion im Deutschen Bundestag

Patriotische Gefühle und politische Vernunft in Übereinstimmung zu bringen, ist die Aufgabe der Deutschen in dieser historischen Situation.

Zunächst zu den Gefühlen: Wir Deutschen nehmen das Selbstbestimmungsrecht für uns genauso selbstverständlich in Anspruch wie andere das tun. Wir wollen als eine Nation in Freiheit zusammenleben. Die staatliche Form dieses Zusammenlebens ergibt sich nicht aus einer Rekonstruktion der Vergangenheit, sondern aus der Gestaltung der Zukunft. Die politische Vernunft sagt uns, daß wir nur in Frieden und Übereinstimmung mit unseren Nachbarn in Ost und West zueinander kommen und zusammenleben können. Wir wollen Brücke in Europa sein, nicht wieder Störenfried.

Wir beherrschen die Geschichte nicht. Die DDR könnte in Konkurs gehen und die Konkursmasse mit schweren politischen Verwerfungen an uns fallen, Die Folgen für uns und für ganz Europa wären unvorhersehbar. Eine darauf gerichtete Politik wäre eine Katastrophenpolitik. Vordringlichste Aufgabe ist es daher, durch Unterstützung der Reformen in der DDR diese politisch und wirtschaftlich zu stabilisieren. Bis unsere Landsleute in der DDR in der Lage sein werden, ihr Selbstbestimmungsrecht auszuüben, haben sie und haben wir noch eine schwierige Wegstrecke vor uns. Erst wenn das erreicht ist, können die Deutschen in der DDR und in der Bundesrepublik über die staatliche Form ihres zukünftigen Zusammenlebens in einem zusammenwachsenden Europa entscheiden. Wir können und dürfen unsere Landsleute in der DDR in dieser Frage weder bevormunden noch majorisieren, Wir werden ihre Entscheidung zu respektieren haben.

Aber auch wir Deutschen in der Bundesrepublik müssen uns im Dialog miteinander und mit den Landsleuten drüben darüber klar werden, welche Lösung wir selber wollen. Die Antwort, es käme selbstverständlich nur eine nationalstaatliche »Wiedervereinigung« in Betracht, ist ebenso ungeschichtlich wie politisch unvernünftig. Wir Deutschen haben nur während einer sehr kurzen Zeitspanne unserer Geschichte in der Form eines Nationalstaates zusammengelebt, und die Zeit der Nationalstaaten geht zu Ende. Heute kann eine lebensfähige Lösung der deutschen Frage nur noch eine europäische Lösung sein.

Die Deutschen in der Bundesrepublik und in einer demokratischen DDR hätten, grob gesprochen, drei Optionen, die aber viel eher als eine Stufenfolge möglicher Lösungen gesehen werden sollten.

Wir könnten es bei einer strikten Trennung der zwei Staaten belassen. Dagegen spricht nicht nur das Zusammengehörigkeitsgefühl der Deutschen, sondern auch die Tatsache, daß durch einen kräftigen Ausbau der Zusammenarbeit auf allen Gebieten die praktische Zusammengehörigkeit immer enger werden wird.

Die Bildung gemeinsamer Kommissionen und ähnlicher Einrichtungen könnte eine Vorstufe zu einer deutschen Konföderation sein, die als Mittelstück gut in eine europäische Föderation passen würde. Die demokratischen Gesellschaftsordnungen in beiden Staaten könnten durchaus unterschiedlich sein. Westberlin und Ostberlin wären Sitz gemeinsamer Organe. Die Mitgliedschaft der DDR in der EG wäre bei dieser Lösung naheliegend, aber nicht zwingend. Erforderlich wäre in jedem Fall eine enge Assoziierung mit der Europäischen Gemeinschaft. Da eine föderative europäische Ordnung eine Politik gemeinsamer Sicherheit voraussetzt, könnte eine Konföderation der beiden deutschen Staaten als Koppelungs-Element europäischer Sicherheit wirken. Eine solche Lösung würde viele unserer Wünsche erfüllen. Sie würde zugleich das Zusammenwachsen Europas fördern.

Eine deutsche Konföderation könnte, immer die Zustimmung der Deutschen in beiden deutschen Staaten vorausgesetzt, in einem länger dauernden Prozeß schließlich zu einem Bundesstaat weiterentwickelt werden. Dieser müßte Mitglied der EG sein, was die Zustimmung der anderen Mitglieder der Europäischen Gemeinschaft voraussetzt. Andererseits könnte ein solcher deutscher Staat nicht Mitglied der NATO sein.

Die von Gorbatschow ermöglichte Aufhebung der Teilung Europas erfordert, daß es bei der Neuordnung Europas zu keiner signifikanten Verschiebung der – durch Abrüstung entscheidend verringerten – militärischen Gewichte kommt. Die Bildung eines deutschen Bundesstaates könnte daher nur Teil einer Entwicklung des KSZE-Prozesses sein, in dem mit Zustimmung aller Beteiligten die bisherigen politischen Blöcke und militärischen Allianzen durch eine europäische Friedensordnung mit einem – von den beiden Supermächten garantierten – System kollektiver Sicherheit überwunden werden. Bis zu einem solchen Vertrag über eine europäische Friedensordnung wird nicht nur viel Zeit vergehen, es kann auch heute niemand sagen, für welche Lösung sich die Deutschen in den beiden heute existierenden deutschen Staaten dann in einer so grundsätzlich veränderten Lage aussprechen werden. Sie müssen für ihre Entscheidung auch die Zustimmung ihrer Nachbarn in West und Ost gewinnen. In einer föderativen europäischen Ordnung hätte im übrigen selbst ein deutscher Bundesstaat mit der Wiederherstellung alter nationalstaatlicher »Herrlichkeit« wenig zu tun.

Willy Brandt hat daher zu Recht gesagt, es gehe darum, in einer europäischen Friedensordnung das erreichbare Maß an Einheit zu verwirklichen.

Dokument Nr. 22
Beratungen des Präsidiums über wirtschaftliche Hilfe für die DDR und die Frage der Staatsbürgerschaft, 27. November 1989

Auszug aus dem Protokoll über die Sitzung des Präsidiums, 27. November 1989, 13.30 – 16.10 Uhr, in Bonn, Erich-Ollenhauer-Haus, S. 2 – 7

[...]

TOP 1: Zur Lage

Angesichts der raschen Entwicklung in den osteuropäischen Ländern sei es schwer, so sagte Hans-Jochen Vogel, alle Ereignisse voll aufzunehmen. Erfreulich sei die neue Entwicklung in der CSSR und die Tatsache, daß Alexander Dubček nun nach 21 Jahren Genugtuung erfahre. Vielleicht werde es diesem Manne möglich sein, die Formel des Sozialismus mit menschlichem Antlitz neu zu beleben.

Das Präsidium beschloß eine Erklärung zur Entwicklung in der CSSR und eine weitere Erklärung zur Modernisierung atomarer Waffen.

Sodann berichtete Hans-Jochen Vogel von seinen Begegnungen am letzten Wochenende in Berlin. Er sagte, aus seinen Gesprächen mit Vertretern der DDR-Oppositionsgruppen habe er entnehmen können, daß noch vor Weihnachten ein Runder Tisch in Ost-Berlin zustandekomme. Dies werde auf dem Boden der Kirche geschehen. Von den Oppositionsgruppen aber auch von Vertretern der Blockparteien werde mit großer Sorge zum Ausdruck gebracht, daß Kohl offenbar nicht gewillt sei, rechtzeitig zu helfen, sondern einer Konkursstimmung in der Union nachzugeben gedenke. Zu beobachten sei eine Diskussion in der DDR über die Wiederherstellung der fünf ehemaligen Länder auf diesem Gebiet.

Alle Gesprächspartner hätten zum Ausdruck gebracht, daß die Stimmungslage in den breiten Schichten der Bevölkerung nicht übereinstimme mit den Vorstellungen in den Köpfen der führenden Vertreter der Opposition in der DDR. Die Bevölkerung habe keinerlei Vertrauen mehr in die SED. Sie traue aber auch den neuen Leuten der Oppositionsgruppen eine Lösung der Probleme nicht – jedenfalls noch nicht – zu. Dies werde bei den Demonstrationen immer deutlicher. Wenn sich die Arbeiter jetzt verstärkt äußerten, seien die Folgen für die Staatlichkeit der DDR und was dies für uns bedeute, noch nicht zu überblicken.

Unsere erste Forderung in dieser Situation sei, so betonte Hans-Jochen Vogel, der Start von sofortigen Hilfen für die wirtschaftliche Entwicklung der DDR. Hier verweigere sich bislang die Union. Nicht unwesentliche Kräfte in dieser Partei wollten einen Anschluß der DDR durch Verweigerung der Hilfe erreichen.

Es sei gut, daß sich unsere Position zu den deutschlandpolitischen Fragen über die Aussagen in den Entschließungen von September und Oktober hinaus weiterentwickelt habe, und jetzt der Gedanke einer deutschen Konföderation klar zu besetzen sei. Dazu müsse von uns die Schaffung gemeinsamer Organe einschließlich parlamentarischer Gremien gefordert werden. Eine solche Konföderation könne Bestand haben bis zur Schaffung eines geeinten Deutschlands in einem geeinten Europa. Er habe die Absicht, dies in der bevorstehenden Haushaltsdebatte zum Ausdruck zu bringen. Eine solche Aussage müsse dann auch Aufnahme in der Berliner Erklärung des Parteitags zur Deutschlandpolitik finden.

Hans-Jochen Vogel sagte, er wisse, was die Zielsetzung Konföderation bedeute. Doch die letzten Wochen hätten gezeigt, was zu lernen sei, wenn sich das Volk den Ratschlägen der Führungen entziehe und selbst entscheide.

Befassen müsse sich das Präsidium, so führte er weiter aus, mit der Entschließung des saarländischen Landtags und dem damit in Bezug stehenden Interview von Oskar Lafontaine in der »Süddeutschen Zeitung«. Es sei ungünstig, zwei Elemente, die nicht zueinander gehörten, zu verkoppeln. Er nannte die Frage der Staatsbürgerschaft und die Probleme, die aus dem Zustrom von Menschen für die sozialen Sicherungssysteme unseres Landes entstehen. Es sei richtig und berechtigt, zu fragen, wie auf Dauer der Erhalt unserer sozialen Sicherungssysteme bei einem weiteren Zuzug großer Zahlen von DDR-Bewohnern gewährleistet werden könne. Dabei könne geprüft werden, ob bei den Rentenzumessungen künftig nur Vorzeiten der Beitragsleistung anerkannt werden, die im Geltungsbereich des Grundgesetzes erbracht wurden. Nicht in Zusammenhang damit dürfe die Staatsbürgerschaftsfrage gebracht werden. Eine Änderung sei weder politisch noch rechtlich gewollt, überdies wäre sie nicht durchsetzbar. Selbst wenn den DDR-Bürgern die deutsche Staatsbürgerschaft aberkannt würde, sehe er niemanden, der einen Übersiedler aus der DDR an der Grenze zurückweisen würde. Hans-Jochen Vogel betonte, es müsse eine gemeinsame Sprache unserer Partei zu diesem Punkt geben. Ein Streit über die Staatsbürgerschaft in unseren Reihen bekomme uns nicht.

Oskar Lafontaine betonte, für ihn sei die politische Abfolge von zentraler Bedeutung. Dazu müsse er feststellen, daß die gegenwärtige gesetzliche Regelung, die jedem Übersiedler die sofortige Inanspruchnahme unserer sozialen Sicherheitssysteme erlaubt, nicht durchhaltbar sei. Dies sei für ihn keine rechtliche, sondern eine politische Frage. Es sei die Frage, ob die Sozialdemokraten auch weiterhin für Durchgreifmöglichkeiten der Übersiedler auf die Sicherungssysteme eintreten. Die Kampagne der Regierung und mancher anderer, die darauf abzielten, alle hier willkommen zu heißen, bezeichnete er als heuchlerisch und falsch. Unsere Verpflichtung müsse es sein, alles zu tun, damit die Leute – und vor allem die Leistungsträger – in der DDR bleiben. Dies bedeute allerdings in der Konsequenz auch das Aufwerfen der Frage der Staatsbürgerschaft. Deshalb könne es notwendig werden, bis zur Verwirklichung der Einheit für eine bestimmte Zeit zwei Staatsbürgerschaften vorzusehen. Oskar Lafontaine wies auf die zustimmende Reaktion vieler Bürger im Saarland auf seine Anregungen hin. Zum anderen betonte er die Verpflichtung der Sozialdemokraten, besonders die Interessen der sogenannten kleinen Leute im Lande zu vertreten. Überdies gelte es, die Republikaner abzuwehren.

Unser Verhalten, so betonte Johannes Rau, müsse in erster Linie darauf gerichtet sein, Hilfen für die DDR-Wirtschaft zu ermöglichen. In der Öffentlichkeit dürfe in dieser Situation nicht der Eindruck entstehen, daß, nachdem die Tür für die DDR-Bürger aufgegangen sei, wir sie wieder schließen wollten. Natürlich gebe es bei vielen Bürgern in unserem Lande solche Tendenzen, dem dürfe die SPD nicht nachgeben. In der Staatsbürgerschaftsfrage dürfe die SPD nicht in eine Schieflage geraten. Daraus werde sie sich nicht wieder befreien können. Wenn eine Frage von solcher Tragweite zur Debatte gestellt werde, sei zudem eine vorherige Erörterung im Präsidium erforderlich. Erforderlich sei es, jetzt klar zu machen, daß es für Übersiedler keine Bevorzugungen gibt, sondern daß diese Menschen nicht anders behandelt werden als Einheimische in ähnlichen Notsituationen.

Hans-Ulrich Klose äußerte Bedenken gegen die geplante Aussage, die deutsche Einheit müsse in Parallelität mit der Verwirklichung der europäischen Einheit erreicht werden. Die Entwicklung in Deutschland könne vom europäischen Einigungsprozeß nicht abhängig gemacht werden. Bei der Frage der Staatsbürgerschaft warnte er davor, mögliche Stimmungen in der Bevölkerung hinterherzulaufen. Es könne keine Änderung der gegenwärtigen Bestimmungen geben. Hier dürfe auch kein Schielen auf die Reps erfolgen, es seien moralische Kategorien angesprochen. Er könne nicht mitmachen, wenn durch uns eine zweite Staatsbürgerschaft ins Gespräch gebracht werde. Doch selbst bei Anerkennung einer DDR-Staatsbürgerschaft werde es keinerlei Veränderungen im Verhalten der DDR-Bewohner geben. Viele von ihnen kämen in jedem Falle zu uns. Überdies gebe es einen großen Widerspruch. Wir könnten nicht das Selbstbestimmungsrecht der Menschen in der DDR fordern und ihnen vorab die deutsche Staatsbürgerschaft entziehen.

Herta Däubler-Gmelin betonte, in den wesentlichen Punkten gebe es gegenüber Oskar Lafontaine keine Unterschiede. Erforderlich seien schnelle wirtschaftliche Hilfen, ein Ausbau der Kooperationen. Sie sprach sie dafür aus, auch unkonventionelle Methoden der Hilfe für die Leute zu prüfen, die in der DDR bleiben. Nicht möglich sei es jedoch, nach der Parole »Macht das Tor auf« nun wo dies geschehen sei, die DDR-Bewohner wieder zurückzuschicken. Es sei immer unsere Forderung gewesen, den Bewohnern der DDR die Möglichkeit zu verschaffen, hierher zu kommen. Dies sei immer als ein unverzichtbares Recht bezeichnet worden. Auch habe immer Klarheit darüber bestanden, daß die Bewohner der DDR Deutsche so wie wir seien. Dabei könne nicht übersehen werden, daß nach unseren Normen das Abstammungsrecht und nicht das Territorialrecht Gültigkeit habe. Dies sei nicht nur für die juristische Betrachtung wichtig, sondern dies sei auch bestimmend für das politische Handeln.

Die Äußerungen von Oskar Lafontaine zur Staatsbürgerschaft bezeichnete sie als fatal. Sie seien nur dann sinnvoll, wenn auf Dauer die Existenz zweier Staaten vorausgesetzt werde. Wenn Oskar Lafontaine jedoch behaupte, nur für eine Übergangszeit sollten zwei Staatsbürgerschaften gelten, sei dies unlogisch. Hinzu komme, daß die aus den gegenwärtigen Problemen der DDR erwachsenden Kosten in jedem Fall von der Bundesrepublik aufgebracht werden müßten. Es sei sinnvoll, durch Übergangsregelungen mit der Führung der DDR die Kosten zu begrenzen und den von Oskar Lafontaine befürchteten Mißbrauch der Nutzung unserer sozialen Sicherungssysteme einzuschränken. Auf jeden Fall müsse verhindert werden, daß die unteren sozialen Schichten in der Bundesrepublik erneut belastet würden. In einem weiteren Diskussionsbeitrag zeigte Herta Däubler-Gmelin detailliert auf, daß die verfassungsrechtlichen Bestimmungen und weitere rechtliche Regelungen die Anerkennung einer eigenen DDR-Staatsbürgerschaft ausschließen. Ferner erläuterte sie, daß selbst bei einer anderen Regelung der Staatsbürgerschaft DDR-Bürger, die sich in die Bundesrepublik begeben, aufgrund der rechtlichen Voraussetzungen Anspruch auf die diversen sozialen Leistungen hätten.

Gerhard Schröder forderte dazu auf, die politische und die rechtliche Seite klar auseinander zu halten. Für ihn stünden die politischen und sozialen Fragen im Vordergrund. In den Wahlkämpfen müsse unsere Partei die sozialen Fragen in den Vordergrund stellen. Die SPD werde nicht in der Lage sein, sich in nationalen Fragen mit Rechten im Lande in Konkurrenz zu begeben. Auch er habe sich in Hannover mit dem Vorwurf auseinanderzusetzen, er rede den Republikanern nach dem Munde, weil durch ihn die sozialen Folgen, die durch die Änderungsprozesse in der DDR für unsere Bevölkerung entstehen, benannt worden sein. Die sozialen Fragen seien gerade für unsere Wähler von größter Bedeutung. Verständnis zeigte er für Oskar Lafontaines Überlegungen zur Staatsbürgerschaft.

Anke Fuchs bezeichnete eine Auseinandersetzung über die Staatsbürgerschaftsfrage als katastrophal. Unsere Partei habe es in den vergangenen Wochen erreicht, deutschlandpolitisch wieder vorne zu sein. Dies gerate nun in Gefahr. In der Frage der Staatsbürgerschaft würden wichtige Emotionen angesprochen, die auch von Sozialdemokraten nicht übersehen werden dürften. Sie riet dazu, jetzt nicht hektisch zu reagieren, sondern sich an den betreffenden Aussagen von Willy Brandt zu orientieren und nun unsererseits die Schaffung einer deutschen Konföderation zu fordern. Die Zuwanderung könne nur dann eingedämmt werden, wenn es die erforderlichen Hilfen für die DDR gebe und hier ein Zuwanderungskonzept einen Rahmen setze. In beiden Punkten müsse die SPD von der Regierung die Erfüllung ihre Auftrages verlangen. Die Fragestellung von Oskar Lafontaine sei richtig. Die Konsequenz daraus müsse eine politische Debatte über einen Solidarbeitrag sein.

Heidi Wieczorek-Zeul wies darauf hin, daß auch für EG-Bewohner volle Freizügigkeit nur gewährt werde, wenn der Nachweis einer eigenen Sicherung erbracht werde. Dies werde auch von uns unterstützt. Auch sie vertrat die Auffassung, daß unabhängig von dem rechtlichen Rahmen die entstehenden Kosten zur Lösung der Probleme in jedem Fall von der Bundesrepublik aufzubringen seien. Dabei würde es dem Präsidium nicht schlecht anstehen, mit Blick auf die Armen in unserem Lande jetzt die Forderung nach einer einmaligen Zahlung von DM 100,-- an diesen Personenkreis zu erheben. Sie erinnerte daran, daß sie vor geraumer Zeit bereits die Frage gestellt habe, was passiere, wenn die Mauer falle. Ihr damaliger Gedanke, die Frage der Anerkennung der DDR-Staatsbürgerschaft zu prüfen, sei seinerzeit von allen abgelehnt worden. Jetzt allerdings, in einer Phase, in der sich die Grenzen geöffnet hätten, sei es nicht mehr vermittelbar, die damaligen Überlegungen weiter zu verfolgen.

Egon Bahr sagte, auch für die eventuell noch 1 Million Deutsche in der Sowjetunion, die zu uns kommen, werde das soziale Netz Gültigkeit haben. Dies gelte auch für die Zuwanderer aus der DDR. Niemand könne jetzt die praktische Bewegung der Menschen verhindern. Durch uns sei immer Freizügigkeit gefordert worden. Nun, da sie vorhanden sei, könne sie durch uns nicht abgeschafft werden. Egon Bahr informierte über die in diesem Punkte auch in der Arbeitsgruppe Deutschlandpolitik geführte Diskussion. Es sei denkbar, möglicherweise zu einem späteren Zeitpunkt, in einem Vertrag zwischen der Bundesrepublik Deutschland und der DDR festzustellen, daß beide Staaten jeweils die Staatsbürgerschaft des anderen Staates anerkennen. Praktisch habe dies jedoch keine Bedeutung. Erfolgversprechend sei ausschließlich das Maß der Hilfe für die DDR.

Inge Wettig-Danielmeier stellte fest, für Äußerungen, die auf eine einheitliche Staatsbürgerschaft zielten, seien mindestens ebenso große Beifallsbekundungen bei der Bevölkerung zu erreichen, wie sie offenbar Oskar Lafontaine im Saarland erfahren habe. Das Infragestellen der Staatsbürgerschaft für DDR-Bürger sei kein geeignetes Instrument zur Lösung der Probleme. Die Zahlungsleistung werde in jedem Falle durch die Bundesrepublik zu erbringen sein. Es dürfe nicht an den inneren Schweinehund appelliert werden.

Den richtigen Riecher sprach Björn Engholm Oskar Lafontaine zu. Gerade jetzt, wo an die 10 Millionen Menschen aus der DDR erstmals das westliche Leben ganz aus der Nähe gesehen hätten, werde der Strom der Millionen nur dann auszuhalten sein, wenn in großzügigster Form wirtschaftliche Hilfen umgehend erfolgten. Sonst würden die Leistungsstarken weggehen. Von den in der DDR Übriggebliebenen könnte eine Erhebung erfolgen, mit der friedfertig die Regierung und damit auch die Grenzen weggeschoben würden. Was geschehe dann? Björn [Engholm] berichtete von praktischen Problemen mit Leiharbeitern aus der DDR in Schleswig-Holstein. Hiergegen mache sich eine gewerkschaftliche Bewegung stark, die um die sozialen Besitzstände fürchte. Die Änderung der Staatsbürgerschaftsregelung helfe jedoch in keinem Falle. Er sei davon überzeugt, daß die Deutschen jetzt ganz eng zusammenrücken wollten. Dies werde schneller als die europäische Einigung gehen. Deshalb sei es richtig, jetzt die Verwirklichung einer deutschen Konföderation zu fordern. Die SPD dürfe sich die Option auf eine Vereinigung Deutschlands nicht nehmen lassen, sonst laufe sie Gefahr, ins Abseits zu geraten.

Hans-Jochen Vogel erinnerte an den Weg, den der Parteivorstand in der Behandlung der deutschlandpolitischen Frage seit dem 18. September genommen habe. Er erläuterte die vorgesehene Passage seiner Rede in der Haushaltsdebatte zur Frage der Staatsbürgerschaft und der deutschen Einheit.

Oskar Lafontaine sagte, er stimme in den wesentlichen Punkten mit den Äußerungen der Präsidiumsmitglieder überein. Er erinnerte daran, daß er sich im Wahlkampf befinde, und er somit eine einmal bezogene Linie auch durchzuziehen gedenke. Dabei sei für ihn die politische Behandlung dieses Themas von größerer Bedeutung als die Frage der Staatsbürgerschaft. Wenn, wie Herta Däubler-Gmelin es erläutert habe, dieser Punkt ohnehin nur von untergeordneter praktischer Bedeutung sei, werde die Staatsbürgerschaftsfrage auch für ihn nicht mehr von Interesse sein. Beantwortet werden müsse jedoch der Punkt, wie der Zugriff der Zuwanderer auf die sozialen Sicherungssysteme zu begrenzen sei.

Hans-Jochen Vogel verlas dann den aufgrund der Diskussion modifizierten Text seiner beabsichtigten Erklärung für die Haushaltsdebatte und stellte die einstimmige Zustimmung des Präsidiums zu dieser Passage fest (siehe Anlage).

TOP 2: Vorbereitung des Parteitages

a) Ablauf des Parteitages

Anke Fuchs informierte über den geplanten Ablauf des Parteitages. Die hierzu vorgelegte Vorlage wurde zustimmend zur Kenntnis genommen. Ferner kam das Präsidium überein, der Anregung von Hans-Jochen Vogel zu folgen und zu sondieren, ob der französische Staatspräsident anläßlich seines Aufenthaltes in der DDR zu einem kurzen Besuch des Parteitages erscheinen könne. Zudem begrüßte das Präsidium den Vorschlag von Hans-Jochen Vogel, eine große Zahl ehemaliger politischer Häftlinge aus der ehemaligen Ost-Zone bzw. der späteren DDR zum Parteitag einzuladen.

Anke Fuchs bat darum, daß der Entwurf der deutschlandpolitischen Erklärung am Donnerstag dieser Woche an die Präsidiumsmitglieder herausgeschickt wird. Egon Bahr teilte mit, die Arbeitsgruppe werde am Donnerstag ihre Arbeit beenden und den Entwurf fertigstellen.

[...]

Dokument Nr. 23
Stellungnahme des Präsidiums der SPD zur Frage der Übersiedler aus der DDR, 27. November 1989

Presseservice der SPD, Nr. 740/89, 27. November 1989

Mitteilung für die Presse

Zur Diskussion über Fragen der Übersiedlung aus der DDR hat das SPD-Präsidium heute unter Vorsitz von Hans-Jochen Vogel folgende Erklärung verabschiedet:

Die Übersiedler sind deutsche Staatsangehörige und machen von einem Recht Gebrauch, das sie durch das Grundgesetz haben. Die SPD hat nicht die Absicht, diese Rechtslage zu ändern. Auch der saarländische Landtag hat in seiner Entschließung vom 7. November 1989 ausdrücklich auf das Grundgesetz, den Deutschlandvertrag, den Grundlagenvertrag und die anderen innerdeutschen Verträge und Vereinbarungen sowie die Entscheidungen des Bundesverfassungsgerichts vom 31. Juli 1973 und 7. Juli 1975 Bezug genommen. Jeder, der sich auch jetzt noch mit dem Gedanken der Übersiedlung trägt, sollte jedoch prüfen, ob es nicht angesichts der Veränderungen in der DDR gute Gründe dafür gibt, in der angestammten Heimat zu bleiben und sich dort für den Fortgang des Erneuerungsprozesses zu engagieren. Deshalb sollte von der Bundesrepublik aus niemand zur Übersiedlung animiert werden. Im Gegenteil: Es muß mit unserer Hilfe so schnell wie möglich alles geschehen, damit die Menschen in der DDR auch mit einer durchgreifenden Besserung ihrer wirtschaftlichen Lage rechnen können.

Diejenigen, die schon gekommen sind oder noch kommen, müssen wissen: Ihnen kann hier nicht anders begegnet werden als denjenigen, die in unserer Mitte in vergleichbarer Weise der Hilfe und Unterstützung bedürfen.

Dokument Nr. 24
Hans-Jochen Vogel im Deutschen Bundestag über einen Fünf-Punkte-Plan zur deutschen Einheit, 28. November 1989

Verhandlungen des Deutschen Bundestages, 11. Wahlperiode, Stenographische Berichte, Bd. 151, 177. Sitzung, 28. November 1989, S. 13479 – 13488

Dr. Vogel (SPD): Frau Präsidentin! Meine sehr verehrten Damen und Herren! Zunächst und vor allem richte ich an diesem Tag und von dieser Stelle aus einen solidarischen Gruß an das tschechoslowakische Volk. (Beifall bei allen Fraktionen) Es hat in einer ebenso eindrucksvollen wie gewaltlosen Erhebung damit begonnen, ein System abzuschütteln, das sich zuletzt nur noch mit brutaler Gewalt an der Macht hielt. Und es hat damit begonnen, Freiheit und Demokratie auch in diesem Herzland Europas wiederherzustellen. Wir nehmen an der Freude unseres Nachbarvolkes teil. Ich grüße zwei Männer als Repräsentanten dieser Volksbewegung, Václav Havel und Alexander Dubček – (Beifall bei allen Fraktionen) Alexander Dubček, der zugleich das lebendige Vermächtnis des Prager Frühlings von 1968 verkörpert.

Alles, was in diesen Tagen und Wochen geschieht, steht im Zeichen dieser Vorgänge, insbesondere aber der umwälzenden Ereignisse, die sich gegenwärtig in der DDR abspielen. Das gilt auch für die Haushaltsdebatte dieser Woche. Auch diese Debatte können wir nicht so führen, als ob im Grunde noch alles so sei wie vorher. Denn was da geschehen ist und noch geschieht, das berührt auch uns. Es stellt auch uns vor Aufgaben, deren Größe und Tragweite uns nur allmählich bewußt werden. Wir sind nicht Zuschauer, wir sind Beteiligte, und wir stehen auf unsere Weise nicht minder auf dem Prüfstand wie die Deutschen auf der anderen Seite der Elbe. (Beifall bei der SPD und bei Abgeordneten der GRÜNEN)

Dort, auf der anderen Seite der Elbe, ist eine Revolution im Gange, wie sie Deutschland in seiner bisherigen Geschichte so noch nie erlebt hat. Nicht eine Revolution von oben, nicht eine langfristig geplante Umwälzung, sondern eine **demokratische Revolution**, die das Volk selbst in Gang gesetzt hat und deren Richtung und Tempo das Volk selbst bestimmt. Und das mit einer Besonnenheit, mit einer Beharrlichkeit und Festigkeit, die wir immer aufs Neue nur bewundern können.

Zu Recht sind die Menschen in der DDR darauf stolz. Es ist kein Nationalismus, sondern Ausdruck eines ganz natürlichen Zusammengehörigkeitsgefühls, wenn ich sage: Auch wir sind ein wenig stolz darauf, daß Deutsche das zuwege gebracht haben, (Beifall bei der SPD, der CDU/CSU und der FDP) und dankbar dafür, daß hier in wenigen Wochen ein Bild korrigiert worden ist, das sich die Welt im Laufe von Jahrhunderten bislang vom politischen Selbstverständnis der Deutschen gemacht hat. Ich bin überzeugt, diese Bewegung läßt sich nicht mehr umkehren. Das Volk würde jeden beiseite fegen, der den Versuch wagen würde, die alten Verhältnisse wiederherzustellen. – Das ist übrigens ein Zitat aus der Regierungserklärung, die Herr Modrow am 17. November 1989 abgegeben hat. Da kann man nur sagen: Der Mann hat recht, jedenfalls in diesem Punkt.

Inzwischen hat sich in der DDR bereits eine Menge verändert. Natürlich steht vieles noch aus, so z. B. die Entlassung der **politischen Gefangenen**, von denen sich noch immer zu viele in Haft befinden. Wir verlangen die Freilassung aller politischen Gefangenen. (Beifall bei allen Fraktionen) Es steht aus die von uns nicht erst jetzt, sondern schon im März dieses Jahres und davor geforderte Rehabilitierung der in den 40er und 50er Jahren zu Unrecht Verfolgten und Inhaftierten, darunter vieler Sozialdemokratinnen und Sozialdemokraten. (Beifall bei der SPD und bei Abgeordneten der GRÜNEN) Es steht aus die förmliche Anerkennung der Tatsache, daß es 43 Jahre nach der Zwangsvereinigung in der DDR dort wieder eine sozialdemokratische Partei gibt. Wir werden übrigens besonders darauf achten, daß die SDP, die **sozialdemokratische Partei in der DDR**, die für die SED sicherlich eine Herausforderung eigener Art darstellt, in keiner Weise ausgegrenzt, sondern an dem Prozeß mit voller Gleichberechtigung beteiligt wird. (Beifall bei der SPD)

Aber Grundlegendes ist bereits geschehen. Die Mauer ist gefallen. Die Grenzen sind geöffnet. Millionen von Menschen aus der DDR haben uns besucht und von der selbsterrungenen Freiheit in einer Art und Weise Gebrauch gemacht, die zeigt, wie sehr sie gerade diese Freiheit entbehrt haben. In diesem Zusammenhang gebührt übrigens zahllosen Männern und Frauen in den Verwaltungen und unzähligen freiwilligen Helfern ein herzlicher Dank dafür, daß sie ohne Rücksicht auf ihre sonstige Belastung mit großen Anstrengungen alles getan haben, um die Abwicklung dieser Besuche in den letzten Tagen und Wochen, vor allem an den Wochenenden, so reibungslos wie nur möglich zu gestalten. (Beifall bei der SPD und bei Abgeordneten der CDU/CSU und der FDP) Auch die Informations-, Meinungs- und Demonstrationsfreiheit schreitet voran, steht nicht länger nur mehr auf dem Papier. Freie Wahlen sind zugesagt, Eine Verfassungsänderung wird vorbereitet. Die bisherige Staatspartei weiß, daß sie ihr Machtmonopol bereits verloren hat und es selbst um den Preis brutaler Gewaltanwendung nicht zurückerlangen könnte. Auch hat eine nüchterne Bestandsaufnahme und eine kritische Auseinandersetzung mit der Vergangenheit begonnen. Für eine Wirtschaftsreform sind immerhin erste Ansätze zu erkennen.

Auf all diese umwälzenden, nicht nur die Deutschen, sondern unseren ganzen Kontinent, ja, die Welt in Atem haltenden Vorgänge können wir hier in der Bundesrepublik auf zwei sehr verschiedene Weisen antworten. Wir können einmal Trennendes zurückstellen und alle politischen und gesellschaftlichen Kräfte darauf konzentrieren, der **Volksbewegung in der DDR** bei der Erreichung ihrer Ziele zu helfen, so rasch und so intensiv, wie wir dazu nur imstande sind. Das ist die eine Möglichkeit. (Beifall bei der SPD) Wir können unsere **Hilfe** aber auch von immer neuen Begegnungen abhängig machen und zugleich versuchen, in der Zwischenzeit die Ereignisse hier wechselseitig parteipolitisch auszuschlachten. (Zuruf von der CDU/CSU: Ach du lieber Gott! — Weitere Zurufe von der CDU/CSU) Die konkreten Sachpositionen, die Sie und wir zu den jetzt aktuellen Fragen einnehmen, geben übrigens für einen solchen innenpolitischen Streit wenig her; sie stimmen nämlich inhaltlich in weitgehendem Maße überein. Wir formulieren diese Positionen wie folgt.

Erstens. Wir anerkennen und bejahen das Selbstbestimmungsrecht der Menschen in der DDR nach innen, aber auch nach außen. Sie haben darüber zu scheiden, ob sie in einem eigenen Staat leben wollen oder nicht, und wie sie sich die Organisation des Zusammenlebens mit uns im einzelnen vorstellen. Das Selbstbestimmungsrecht ist und bleibt die zentrale Antwort auf die deutsche Frage. (Beifall bei der SPD und bei Abgeordneten der FDP) Für uns gilt die Antwort, die die Deutschen in der Ausübung ihres Selbstbestimmungsrechtes auf diese Frage geben werden. Und wir werben dafür, daß auch unsere Nachbarn, unsere Verbündeten, unsere Vertragspartner diese Entscheidung akzeptieren.

Zweitens. Wir haben kein Recht, die Menschen in der DDR zu bevormunden; ihr Selbstbewußtsein, das aus dem neugewonnenen Vertrauen in die eigene Kraft gewachsen ist, würde das auch gar nicht zulassen. Diejenigen, die den Menschen in der

DDR von hier aus sagen, sie hätten sich unverzüglich für den Anschluß an die Bundesrepublik zu entscheiden, verletzen diesen Grundsatz ebenso wie die, die ihnen die Beibehaltung der Zweistaatlichkeit vorschreiben (Beifall bei der SPD und bei den GRÜNEN — Dr. Bötsch [CDU/CSU]: Wer sagt denn so etwas? — Weitere Zurufe von der CDU/CSU) oder ein bestimmtes Wirtschaftssystem aufoktroyieren wollen. (Zuruf von der CDU/CSU: Sie sagen »Weiter so«?)

Drittens. Der **Prozeß der deutschen Einigung** ist aufs engste mit dem Prozeß der europäischen Einigung verknüpft. Wer beide voneinander lösen, wer einen deutschen Alleingang versuchen wollte, würde beide gefährden, den Prozeß der deutschen Einigung, aber auch den Prozeß der europäischen Einigung. (Jäger [CDU/CSU]: Wer macht denn das?) Für beide Prozesse gilt: Jetzt muß zusammenwachsen, was zusammengehört. (Beifall bei der SPD) Die Einheit und Freiheit Deutschlands soll spätestens zusammen mit der Einheit und Freiheit Europas im Einklang mit dem Helsinki-Prozeß vollendet werden. Auf dem Wege zu diesem Ziel – und ich wiederhole: auf dem Wege zu diesem Ziel, nicht als Endziel – können die Einrichtung gemeinsamer Institutionen und die Schaffung einer deutschen **Konföderation** ebenso wichtige Schritte wie die Überführung der bestehenden Bündnisse in eine europäische Friedensordnung sein. (Beifall bei der SPD) Eine solche Konföderation mit frei gewählten gemeinsamen Organen und gemeinsamen Institutionen und Gremien könnte auf wichtigen Gebieten, so auf dem der Wirtschaft, des Verkehrs, der Kultur oder des Umweltschutzes, einheitliche Lebensverhältnisse schon in der Phase herstellen, in der die Bündnisse noch bestehen. Auch die Anbindung der DDR an die Europäische Gemeinschaft könnte eine solche Konföderation erleichtern. Damit knüpfen wir übrigens an Vorschläge und Gedankengänge aus dem von Herbert Wehner im Jahre 1959 vorgelegten Deutschland-Plan an. (Austermann [CDU/CSU]: Weiß die Partei?)

Wie gestern zu hören war, wollen Sie, Herr Bundeskanzler, heute einen ähnlichen Vorschlag unterbreiten. (Heiterkeit bei der CDU/CSU und der FDP – Zurufe von der CDU/CSU: Sie Spaßvogel!) – Ich finde es erstaunlich, daß Sie die Erwähnung von Absichten Ihres Bundeskanzlers mit Heiterkeit quittieren. (Beifall bei der SPD) Wir hören, daß Sie heute ebenfalls konföderative Elemente im Rahmen eines Planes vortragen wollen; wir sind zu einer Aussprache und zu einer sachlichen Diskussion über die Positionen bereit.

Viertens. Miteinander verknüpft sind auch die **Reformprozesse in den Staaten Osteuropas und des östlichen Mitteleuropas**, die – das dürfen wir nicht vergessen – von der Sowjetunion und damit vor allem von Generalsekretär Gorbatschow ihren Ausgang genommen haben. Freiheit und Demokratie sind ansteckend; die Tschechoslowakei ist dafür der jüngste Beweis, und auch Rumänien – so hoffen wir zuversichtlich – wird folgen. Was immer der dortige Diktator noch unternimmt, auch seine Frist läuft ab. (Beifall bei der SPD und bei Abgeordneten der FDP) Das gilt aber auch umgekehrt: Jeder Rückschlag, den ein Land erleidet, gefährdet auch die Prozesse in den anderen Ländern, und das trifft vor allem wieder für Rückschläge in der Sowjetunion zu. Schon deshalb dürfen wir nichts tun, was Gorbatschow seine ohnehin fast übermenschliche Aufgabe noch weiter erschwert.

167

Fünftens. Wir sind zur Hilfe verpflichtet, und zwar nicht morgen oder übermorgen, sondern jetzt, sofort sind wir zur Hilfe verpflichtet. (Beifall bei der SPD und bei Abgeordneten der GRÜNEN) Alles, was in diesem Hause in vielen Jahren über den Fortbestand der Nation gesagt worden ist, wäre keinen Pfifferling wert, wenn wir jetzt in der Stunde, in der es darauf ankommt, daran den geringsten Zweifel ließen. (Dr. Dregger [CDU/CSU]: So wie Lafontaine!) Die Menschen in der DDR haben im übrigen den Krieg nicht allein verloren; es ist nicht ihre Schuld, daß sie ein Vielfaches an Reparationen und Kriegsfolgelasten tragen mußten, und es ist nicht ihre Schuld, daß sie am Marshall-Plan nicht teilhaben konnten. Die Hilfe liegt im übrigen auch in unserem eigenen Interesse, denn ein wirtschaftlicher Zusammenbruch der DDR würde Übersiedlerströme auslösen, deren Bewältigung uns kaum zu meisternde Anstrengungen abverlangen würde. (Beifall bei der SPD) Die Milliarden, die wir aufwenden, um den Menschen in der DDR eine bessere Perspektive zu geben, und die sie dann bestärken, in ihrer Heimat zu bleiben, sind wahrlich besser angelegt als die Milliarden, die wir sonst aufwenden müssen, um die Übersiedler bei uns zu integrieren, die dann zu Hunderttausenden ihr Land verlassen würden. (Beifall bei der SPD) Dies und nicht etwa die Frage der Staatsangehörigkeit ist auch die Sorge, die den baden-württembergischen Ministerpräsidenten nicht minder bewegt als den saarländischen Ministerpräsidenten. (Beifall bei der SPD — Oh-Rufe von der CDU/CSU) Das ist der Antrieb seiner Diskussion. (Zuruf von der CDU/CSU: Eine Frechheit! — Weitere Zurufe von der CDU/CSU)

Ich sagte, wir stimmen in diesen Positionen jedenfalls im wesentlichen überein, und das ist gut so. Das könnte bei allem, was noch streitig bleibt, eine Grundlage für eine **gemeinsame Anstrengung** darstellen, für eine Anstrengung, die der Größe der Herausforderung entspricht. Eine solche gemeinsame Anstrengung müßte sich beziehen auf eine unverzügliche Regelung des Problems der **Reisevaluta** für die Besucher aus der DDR. Hier ist die von uns vorgeschlagene Fondslösung mit festen Umtauschkursen inzwischen offenbar auch von Ihnen akzeptiert und von Herrn Seiters an die DDR-Regierung herangetragen worden. Sie muß sich auf Soforthilfen zur Überwindung aktueller **Versorgungsengpässe**, etwa auf dem Gebiet des Gesundheitswesens, beziehen.

Darüber dürfen wir allerdings die nicht minder dringende Soforthilfe für Polen in diesem Winter nicht vergessen. (Beifall bei der SPD und bei Abgeordneten der FDP)

Sie muß sich beziehen auf längerfristige Kooperations- und Hilfsprogramme für die Verbesserung der wirtschaftlichen Situation in der DDR und zur Stabilisierung ihrer Währung, deren Konvertibilität Schritt für Schritt anzustreben ist. Ich persönlich halte es übrigens durchaus für möglich, daß es rascher, als wir alle jetzt vermuten, zu einer **Währungsunion** kommt, und das allein schon aus rein faktischen Gründen. Wir sollten nicht vergessen: Die deutsche Spaltung hat mit der Einführung unterschiedlicher Währungen im Juni 1948 begonnen, und sie wird ohne einheitliche Währung nicht endgültig überwunden werden können. (Beifall bei der SPD) Sie muß sich beziehen auf die **Integration der Übersiedler**, die nicht in ihre Heimat zurückkehren wollen. Dabei dürfen wir allerdings die Gebote der sozialen Gerechtigkeit und der Gleichbehandlung gegenüber denen nicht verletzen, die in unserer Mitte schon lange auf Hilfe warten. Sie muß sich weiter beziehen auf verstärkte **Hilfen für Berlin (West)**, das in diesen Wochen und Monaten stellvertretend für uns alle besondere Leistungen erbringt. (Beifall bei der SPD und bei Abgeordneten der FDP)

Wir haben für jede dieser Aufgaben Vorschläge entwickelt, Vorschläge, die davon ausgehen, daß nicht alles von den öffentlichen Händen getan werden kann, daß zu vielem freie Verbände und Privatinitiative gebraucht werden und daß zur Modernisierung der Wirtschaft in der DDR vor allem die privaten Unternehmen gefordert sind, die Kapital und Know-how zur Verfügung stellen müssen.

Die Bereitschaft, über all das zu reden, alle Kräfte zu mobilisieren und **Mitverantwortung** zu übernehmen, haben wir in den letzten Wochen mehrfach erklärt, Mitverantwortung übrigens auch für die Beschaffung der notwendigen finanziellen Mittel durch deutliche Kürzungen im Verteidigungshaushalt und durch den Verzicht auf die bereits angekündigten weiteren Steuersenkungen für Unternehmen und Spitzenverdiener. Ich wiederhole hier und heute diese Bereitschaft.

Dabei, Herr Bundeskanzler, kommt es uns nicht auf den Namen und die Terminologie, sondern auf die Sache an. Es kommt uns darauf an, daß wir uns des Beispiels an solidarischem Zusammenwirken, das uns die Deutschen in der DDR geben, würdig erweisen. Es wäre schlimm und würde uns lange anhaften, wenn wir nicht das jetzt Selbstverständliche tun, sondern uns in der Suche nach parteipolitischen Vorteilen oder gar im Austausch von Polemik überbieten würden. (Beifall bei der SPD — Zuruf von der CDU/CSU: Ganz neue Töne!) Ansätze zu einer solch bedenklichen Entwicklung sind leider vorhanden. (Zuruf von der CDU/CSU: Ja, bei Ihnen!)

So haben Sie es bis zur Stunde abgelehnt, eine **konzertierte Aktion** ins Auge zu fassen oder die politischen und gesellschaftlichen Kräfte der Bundesrepublik auch nur zu einem gemeinsamen Gespräch in dieser Stunde zusammenzurufen. Auch im **Umgang mit Berlin**, Herr Bundeskanzler, und den Repräsentanten dieser Stadt sind Sie bislang häufig mehr als Parteivorsitzender denn als Bundeskanzler aufgetreten. (Beifall bei der SPD) Ferner wird aus Ihren Reihen der durchsichtige Versuch unternommen, die **gesellschaftspolitischen Vorstellungen der Sozialdemokratie** in die Nähe der in Osteuropa und der DDR gescheiterten kommunistischen Systeme zu rücken (Zurufe von der CDU/CSU: Denkt doch mal an eure Papiere! Guckt euch mal eure Erklärungen an!) und dabei den Begriff des demokratischen Sozialismus zu diskreditieren und zu diffamieren. Meine Herren, Ihre Sekretäre mögen sich hier noch so viel Mühe geben, das wird Ihnen nicht gelingen. (Beifall bei der SPD und den GRÜNEN)

Offenbar ist Ihnen entgangen, daß sich diese unsauberen Unterstellungen nicht nur gegen die deutschen Sozialdemokraten, sondern beispielsweise ebenso gegen die französischen und spanischen Sozialdemokraten, also auch gegen François Mitterrand und Felipe González, richten, die sich mit Stolz Sozialisten nennen und sich zum demokratischen Sozialismus bekennen, (Beifall bei der SPD) oder gegen Alexander Dubček, der sich heute wie vor 20 Jahren im Prager Frühling zu einem Sozialismus mit menschlichem Gesicht, also zum demokratischen Sozialismus, bekennt. (Beifall bei der SPD und den GRÜNEN — Zuruf von der CDU/CSU: Das ist aber einer der

Letzten!) Ebenso ist Ihnen entgangen, daß die Reformkräfte in der DDR, in Polen, Ungarn und der Sowjetunion mehr und mehr sozialdemokratische Vorstellungen entwickeln und sich immer stärker an der Sozialistischen Internationalen orientieren.

Natürlich haben Sie unsere Programme nicht gelesen; das von Godesberg nicht, in dem es heißt: Zu Unrecht berufen sich die Kommunisten auf die sozialistischen Traditionen. In Wirklichkeit haben sie das sozialistische Gedankengut verfälscht. Sie haben den Entwurf des neuen Programms nicht gelesen, der sagt: Später trennten sich die Kommunisten, die vorgeblich im Namen der Arbeiterklasse die Diktatur ihrer Partei errichteten, von den demokratischen Sozialisten, die durch Reformen in parlamentarischen Demokratien eine bessere Ordnung der Gesellschaft anstrebten. Erst recht haben Sie das Streit- und Dialogpapier nicht gelesen, in dem es unter anderem heißt: Sozialdemokraten und Kommunisten »leben seit sieben Jahrzehnten in bitterem Streit darüber, in welcher Weise« Demokratie und Menschenrechte zu verwirklichen sind.

Dieser Streit wird dadurch verschärft, daß beide oft mit denselben Begriffen verschiedene Inhalte verbinden. Die Sozialdemokraten verstehen sich als Teil der westlichen Demokratie. Für sie ist pluralistisch organisierte Demokratie mit ihren vielfältigen Formen von Gewaltenteilung und Machtkontrolle der verbindliche und notfalls unter Opfern verteidigte Rahmen, innerhalb dessen sie ihre Vorstellungen von demokratischem Sozialismus verwirklichen wollen. (Beifall bei der SPD)

Diese Ziele, die weithin auch Ziele der revolutionären Volksbewegungen in Osteuropa sind, wollen Sie als gescheitert erklären. Wenn sie diese Auseinandersetzung wirklich führen sollen, etwa unter dem unsäglichen Stichwort »Freiheit statt Sozialismus« – bitte sehr. (Lebhafter Beifall bei der CDU/CSU)

Ihr Verhalten, meine Herrschaften, erinnert an diejenigen, die sich im dunklen Wald durch Pfeifen oder Klatschen selber Mut machen müssen. (Beifall bei der SPD) Wir werden Ihnen in dieser Auseinandersetzung nichts schuldig bleiben. Übrigens auch nicht in der Frage unserer **Ost- und Deutschlandpolitik** und unserer Gesprächskontakte. Bevor Sie uns in diesem Zusammenhang angreifen, sollten Sie den Menschen lieber endlich erklären, warum Sie sowohl die Helsinki-Konferenz als auch die Schlußakte von Helsinki, also die entscheidenden Voraussetzungen für das Ingangkommen der europäischen Reformprozesse, abgelehnt haben. (Beifall bei der SPD) Wohlgemerkt – das wird Ihnen nicht erspart werden –: die Union allein in diesem Hause, zusammen auf der europäischen Ebene mit den albanischen Kommunisten und den italienischen Neofaschisten. (Beifall bei der SPD — Lachen bei der CDU/CSU)

Es ist auch heute noch hörens- und lesenswert, wie Sie damals Ihren Antrag, die Schlußdokumente der KSZE nicht zu zeichnen, Ihren Antrag, der Deutsche Bundestag möge die Zeichnung der Schlußdokumente ablehnen, begründet haben. Damals schrieben Sie u. a., meine Herrschaften:

Maßgebliche Inhalte des Schlußdokuments der Konferenz über Sicherheit und Zusammenarbeit in Europa ... erschweren zusätzlich die Ausübung des Selbstbestimmungsrechts des ... deutschen Volkes,

– dann haben Sie in Ihrer Erleuchtung weiter geschrieben: –
schaffen infolge gegensätzlicher Auslegung in grundlegender Fragen statt Entspannung neuen Konfliktstoff, (Zuruf von der SPD: Beifall!)
der sich auf Deutschland und besonders auf Berlin auswirkt, (Zuruf von der SPD: Beifall!)
– dann sagen Sie weiter: –
werden der westlichen Forderung nach Freizügigkeit von Menschen, Meinungen und Informationen nicht gerecht und dienen einer weltweiten Täuschung über die wahre Sicherheitslage in der Welt.

Und schließlich sagte die Union – das muß man sich nun wirklich zweimal vergegenwärtigen –:
Die Ergebnisse der KSZE drohen zu Instrumenten zur Durchsetzung langfristiger sowjetischer Ziele, insbesondere in ganz Deutschland, zu werden, (Lachen bei der SPD) die elementaren Interessen des Westens in Europa zuwiderlaufen.

Meine Damen und Herren, wer sich so geirrt, wer sich in einem zentralen Punkt der Einschätzung so bis auf die Knochen blamiert hat, sollte anderen keine Vorhaltungen machen. (Anhaltender Beifall bei der SPD und den GRÜNEN) Es handelt sich übrigens, Herr Kollege Dregger, um die Drucksache 7/3885. Diese bemerkenswerte Begründung ist sicherlich nicht ohne Mitwirkung des damaligen Parteivorsitzenden zustande gekommen, so vermute ich das.

Ich kann Sie nur warnen, diesen von Ihnen eingeschlagenen Weg der **innenpolitischen Konfrontation** fortzusetzen. Er stößt auch zunehmend auf Ablehnung, in der DDR übrigens mindestens so stark wie bei uns. (Beifall bei der SPD)

Niemand wird verstehen, daß Sie sich bei der Reform der Alterssicherung um einen breiten Konsens bemüht haben, daß Sie bei der Überwindung des Lehrstellenmangels, man staune an einen »gemeinsamen Tisch« – so der Bundeskanzler wörtlich – eingeladen haben, daß Sie beim Ansteigen der Asylbewerberzahlen im Herbst 1986 alle Kräfte zum gemeinsamen Gespräch versammelt haben, in einer Stunde nationaler Herausforderung aber so tun, als ob Gemeinsamkeit nicht erforderlich und innerpolitischer Streit angesagt wäre. (Beifall bei der SPD)

Ich spreche deshalb Sie, Herr Bundeskanzler, hier noch einmal ganz persönlich an: Überwinden Sie bitte Ihren Unmut, schieben Sie alle parteibedingten Ratschläge und Überlegungen beiseite, tun Sie, was die Menschen in beiden deutschen Staaten von Ihnen erwarten. Herr Bundeskanzler, wer die deutsche Einigung will, der darf nicht in dieser Stunde der Spaltung der Kräfte in der Bundesrepublik Vorschub leisten. (Beifall bei der SPD — Jäger [CDU/CSU]: Sie tun das, Herr Vogel, Sie spalten!) Dazu gehört übrigens auch, daß zwischen Ihnen und dem Regierenden Bürgermeister von Berlin unverzüglich wieder ein normaler Umgang stattfindet, so wie er unter Ihren Vorgängern ohne Rücksicht auf Parteizugehörigkeit selbstverständlich war. (Rühe [CDU/CSU]: Schöneberg!) Berlin darf gerade jetzt nicht unter persönlichen Empfindlichkeiten leiden. (Borchert [CDU/CSU]: Das müssen Sie Herrn Momper sagen!) Die Menschen verlangen ja nicht, daß Sie Herrn **Momper** lieben; aber sie erwarten, daß Sie mit dem verfassungsmäßigen Repräsentanten von Berlin korrekt zusammenarbeiten. Ich freue mich, daß dazu offenbar noch in dieser Woche ein Anlauf unternommen werden soll. Ich wünsche diesem Anlauf, daß er gelingt und zu konstruktiven Ergebnissen führt. (Beifall bei der SPD und den GRÜNEN)

Auch wenn Sie Ihrer Ablehnung einer gemeinsamen Anstrengung jetzt eine Korrektur folgen lassen, werden wir uns selbstverständlich über die Fragen auseinandersetzen, in denen wir und offensichtlich, wie man bis zum gestrigen Tage verfolgen konnte, auch die Koalitionsparteien untereinander unterschiedlicher Meinung sind. Etwa darüber, ob die wirtschaftliche Hilfe von der Erfüllung bestimmter Voraussetzungen abhängig gemacht werden darf. Natürlich wissen wir, daß das Engagement unserer privaten Wirtschaft in dem Maße erleichtert wird, in dem die DDR das System der zentralen Verwaltungswirtschaft durch ein System betrieblicher Eigenverantwortung, individueller Preis- und Kostenkalkulation und größerer Leistungsgerechtigkeit ersetzt (Zuruf von der CDU/CSU) — seien Sie doch nicht so ungeduldig! —, das sich auch des Marktes als eines Instruments zum Ausgleich von Angebot und Nachfrage und zur optimalen Nutzung der Ressourcen bedient. Natürlich ist auch ein Investitionsschutzabkommen notwendig, wie wir es mit Polen oder Ungarn bereits haben. Aber das ist doch etwas ganz anderes als die **ultimative Forderung nach Übernahme unserer Wirtschafts- und insbesondere unserer Eigentumsordnung.** Das sind doch zwei verschiedene Paar Schuhe. (Beifall bei der SPD)

Von solchen Forderungen und ihrer Erfüllung die Zusammenarbeit zur Verbesserung der Infrastruktur und der Umweltsituation oder die Mitwirkung bundesrepublikanischer Firmen abhängig zu machen, ist nicht Hilfe, sondern Bevormundung. Nein, das ist im Grunde Erpressung; (Beifall bei der SPD und den GRÜNEN — Widerspruch bei der CDU/CSU) eine Bevormundung, die übersieht, daß gerade in der schwierigen Phase des Übergangs, die mit sozialen Härten verbunden sein wird, unsere Hilfe besonders notwendig ist. Und wenn Sie uns das nicht glauben, dann hören Sie wenigstens auf die Sprecher der Reformgruppen oder auf Herrn **de Maizière**, den neuen Vorsitzenden der Ost-CDU, oder auf Herrn **Sterzinsky**, den neuen katholischen Bischof von Berlin, die das ebenso, ja noch drastischer zum Ausdruck bringen. Oder nehmen Sie doch bitte wenigstens zur Kenntnis, daß die **österreichische Bundesregierung**, der ja bekanntlich auch Ihre Freunde angehören, gerade in der letzten Woche mit der DDR eine Verstärkung der wirtschaftlichen Zusammenarbeit vereinbart hat. Es darf doch nicht wahr sein, daß Österreich hilft, und die Bundesrepublik zögert. Das darf doch nicht wahr sein! (Beifall bei der SPD und den GRÜNEN — Lebhafte Zurufe von der CDU/CSU — Dr. Stercken [CDU/CSU]: Eine Zumutung!)

Außerdem: Herr Töpfer hat seinerzeit mit Herrn Honecker ein **Hilfsprogramm zur Behebung von Umweltschäden in der DDR** ausgehandelt und sich darüber – zu Recht – sehr erfreut gezeigt. Es ist doch absurd, gegenüber Herrn Modrow zusätzliche Hilfen auf dem Gebiet des Umweltschutzes von Bedingungen abhängig zu machen, die man Herrn Honecker noch vor einem Jahr nicht gestellt hat. Wo bleibt denn da die Logik? (Beifall bei der SPD und den GRÜNEN — Zuruf von der CDU/CSU: Wo haben Sie das denn gelesen? — Weitere Zurufe von der CDU/CSU) Gleiches gilt für andere **Infrastrukturmaßnahmen**, etwa für die Erneuerung des Telefonnetzes. Ich glaube, nächst den Besuchen würde der Zusammenhalt der Deutschen durch nichts so gefördert werden, als wenn durch eine Steigerung der Leistungsfähigkeit des Telefonnetzes der DDR die Menschen nicht stundenlang wählen müssen, bis sie sich gegenseitig am Telefon erreichen. (Beifall bei der SPD)

Ich habe mich mit den Auswirkungen der demokratischen Revolution in Deutschland befaßt, die unmittelbar auf der Hand liegen. Aber es gibt noch andere Wirkungen; Wirkungen, die weiter und tiefer reichen. Und das schon deshalb, weil es sich um Vorgänge im Herzen Europas, um Vorgänge an der Trennlinie handelt, die in Jalta und Potsdam quer durch Europa gezogen worden ist. Mit dem praktischen Wegfall der Mauer ist auch diese Trennlinie durchlässiger geworden. Und wenn die demokratischen Prinzipien künftig auf beiden Seiten dieser Linie gelten, dann wird diese Trennlinie noch weiter an Bedeutung verlieren. Das bringt uns dem Ziel der europäischen Friedensordnung, des gemeinsamen europäischen Hauses ein gutes Stück näher.

Die **Europäische Gemeinschaft** sollte darauf in doppelter Weise reagieren: einmal, indem sie ihren Integrationsprozeß beschleunigt – er darf jetzt nicht verlangsamt werden –, und zum anderen, indem sie sich für die Zusammenarbeit mit den EFTA-Staaten und den Staaten des Warschauer Pakts rascher und weiter öffnet als bisher und für die Reformprozesse in diesen Ländern umfassende Hilfe, und zwar auch materielle Hilfe, leistet, mit uns zusammen. (Beifall bei der SPD) Nicht ängstliche Abschottung, mutiges Voranschreiten ist jetzt das Gebot der Stunde. Ein Europa ohne Grenzen, ein Europa, das von neuem Selbstbewußtsein erfüllt ist, ein Europa, das seine Kräfte endlich nicht mehr gegeneinander, sondern auf die Bewältigung der großen Menschheitsaufgaben richtet, ist nicht länger ein Traum. Es kann Wirklichkeit werden, wenn Europa diese historische Chance nutzt (Beifall bei der SPD) und wenn die beiden Weltmächte erkennen, wie sehr eine solche Entwicklung auch in ihrem Interesse und im Interesse ihrer Völker liegt.

[...]

Wir leben in einer Zeit gewaltiger Umbrüche, in einer Zeit auch, in der sich Entwicklungen in ungeahnter Weise beschleunigt haben. Wir erleben das jetzt gerade in der DDR und auch in der Tschechoslowakei. Wir sollten nicht so sicher sein, daß sich das nicht in anderen Zusammenhängen und auf anderen Gebieten wiederholt. Prozesse, von denen wir geglaubt haben, sie würden Jahre oder Jahrzehnte in Anspruch nehmen, laufen in viel kürzeren Zeiträumen ab. Eben deshalb ist es wichtiger denn je, daß wir nicht nur pragmatische Antworten für den Augenblick geben, sondern daß wir umfassende Vorstellungen darüber entwickeln, wie wir den neuen Herausforderungen begegnen und wie wir unserer Generation und den nächsten Generationen in einer Epoche, in der die Verflechtung aller Lebenszusammenhänge immer rascher voranschreitet und in der die Menschheit immer stärker zu einer Einheit zusammenwächst, ein Leben in Würde, in Frieden, in Freiheit und in Gerechtigkeit, ein Dasein ohne Furcht und ohne aktuelle Not ermöglichen können.

Wir Sozialdemokratinnen und Sozialdemokraten werden das in drei Wochen mit der Verabschiedung unseres neuen **Grundsatzprogramms** tun, und zwar in Berlin, in der Stadt, die lange eine Insel war und jetzt zum Ort der Begegnung der Deutschen geworden ist und die aufs Neue zu einem Mittelpunkt der Deutschen und zu einem Mittelpunkt Europas werden wird. Wir wollen damit unseren Bürgerinnen und Bürgern eine Orientierung über den Tag hinaus geben. Wir laden die anderen Kräfte unserer Republik ein, diesem Beispiel zu folgen und darzutun, welche langfristigen Ziele sie auf welchen Wegen anstreben und aus welchen Gründen sie das tun, und dann mit uns in einen Dialog und einen demokratischen Wettstreit um die besten Lösungen für die Zukunft unseres Volkes einzutreten. (Beifall bei der SPD)

Wir sind zu diesem Dialog und zu diesem Wettstreit bereit. Wir führen ihn um die großen programmatischen Fragen. Wir führen ihn über die Zukunft der Deutschen und die Zukunft Europas. Wir haben unseren Beitrag geleistet. Jetzt warten wir auf Ihre Beiträge. (Langanhaltender Beifall bei der SPD — Beifall bei Abgeordneten der GRÜNEN — Lachen bei der CDU/CSU)

Dokument Nr. 25
Beratungen im Präsidium über die deutschlandpolitische Position der SPD, 4. Dezember 1989

Auszug aus dem Protokoll über die Sitzung des Präsidiums, 4. Dezember 1989, 13.30 – 16.45 Uhr, in Bonn, Erich-Ollenhauer-Haus, S. 4 – 10

[...]

TOP 1: Deutschlandpolitik

Mit Hinweis auf die Entwicklung am letzten Wochenende sagte Hans-Jochen Vogel, nun scheine in der DDR fast alles denkbar zu werden. Es sei durchaus nicht mehr sicher, daß die SED bestehen bleibe. Es gebe Bestrebungen, eine neue linkssozialdemokratische Partei zu bilden und eine kleine kommunistische Partei zurückzulassen. Das führe dann dazu, daß es in der DDR zwei sich sozialdemokratisch nennende Gruppierungen gebe. Dies werde für uns zusätzliche Schwierigkeiten mit sich bringen. Ganz offensichtlich rücke der Wahltag in der DDR immer näher. Die Anzeichen für einen allgemeinen Auflösungsprozeß der vorhandenen Strukturen in der DDR würden immer deutlicher.

Für die Entwicklung in der Bundesrepublik sei zu sehen, daß Kohl in der Deutschlandpolitik sich Positionen angeschlossen habe, die wir schon lange vertreten. Allerdings seien die Aussagen des Bundeskanzlers unvollständig gewesen. Gefehlt habe eine klare Antwort zur Abrüstung und zur Garantie der polnischen Westgrenze. Dieser Mangel habe zu einer verständlichen Ablehnung der Kohl-Pläne im westlichen Ausland geführt. Der Fraktionsführung sei in der letzten Wochen nicht bekannt gewesen, daß der Bundeskanzler weder die Westmächte noch die Sowjetunion kontaktiert habe. Wenn es zudem noch zutreffe, daß auch Genscher vorher nicht informiert worden sei, müsse das Vertrauensverhältnis in der Koalition erheblich gestört sein.

Hans-Jochen Vogel unterstrich, daß die Aussage von Karsten Voigt zu den zehn Punkten des Kanzlers seinen Intentionen entsprach, wenn auch der Wortlaut nicht von ihm selbst gewesen sei. Er übernehme dafür die volle Verantwortung.

Die Partei habe sich mit der Tatsache auseinanderzusetzen, daß es in der Deutschlandpolitik ein breites Meinungsspektrum gebe. Dies spiegele sich im Präsidium wider und zeige sich noch mehr in der Gesamtpartei. In dieser Situation habe er im Einverständnis mit dem Präsidium die Vorstellung von einer deutschen Konföderation in die Debatte eingebracht. Dieser Vorschlag trage auch eine Weile. Er wies darauf hin, daß Horst Ehmke bei seiner Rede vor 60.000 Menschen in Potsdam die größte Zustimmung erhalten habe, als er von der Einigkeit Deutschlands gesprochen habe. Das Neue Forum in der DDR spreche nun von einer raschen Vereinigung. Uns allen sei bewußt, welche europäischen Fakten berührt werden, wenn es zu mehr als zu einer Konföderation komme.

Allerdings könne die gegenwärtige Entwicklung dazu führen, daß eine Lage entstehe, die darüber hinausführe, denn es sei nicht sicher, ob die Bevölkerung der DDR überhaupt für eine eigene staatliche Autorität zu gewinnen sei. Die SED verfalle, die Regierung Modrow könne möglicherweise nur noch als Übergangs- und Notstandsregierung handeln. Er habe nicht zu kritisieren, so betonte Hans-Jochen Vogel, daß es in der Partei verschiedene Meinungen zur deutschen Frage gebe. Allerdings müsse die Partei zu einer gemeinsamen Linie finden.

Es sei in keiner Weise klar, ob die Kosten, die aufgrund der neuen Entwicklung in der DDR durch die Bundesrepublik Deutschland aufzubringen seien, niedriger bleiben, wenn es bei einer Zweistaatlichkeit bleibe. Hierzu gebe es noch keinerlei Zahlen. Keine unterschiedliche Auffassung gebe es darüber, in erster Linie Hilfen denen zukommen zu lassen, die in der DDR bleiben und die Eingliederung hier nicht zu »prämieren«. Darin sei er mit Oskar Lafontaine einig. Klarheit sei auch zwischen ihm und Oskar Lafontaine darüber entstanden, daß die Frage der Staatsbürgerschaft nicht zur Diskussion stehe. Bevor jedoch Entscheidungen über Hilfsprogramme zu fällen sind, wolle er wissen, so betonte Hans-Jochen Vogel, welche Kosten für die unterschiedlichen Modelle entstehen. Überdies zeigte er sich davon überzeugt, daß Bürger der DDR, wenn dort die Strukturen nicht verbessert werden, auch dann hierher kommen, wenn sie nur soziale Hilfeleistungen empfangen können.

Der Parteitag müsse klare Aussagen machen. Der Berliner Parteitag werde für die weitere Entwicklung der Partei von allergrößter Bedeutung sein.

Egon Bahr informierte das Präsidium über seine Gespräche in der letzten Woche mit den Vertretern der SED Willerding und Schmidt sowie mit Ibrahim Böhme von der SDP. Die SED-Vertreter hätten erläutert, daß der Apparat der Partei zusammengebrochen sei. Die Funktionäre versuchten sich zu retten. Willerding habe die Erwartung geäußert, daß nur noch fünf bis sieben der ehemaligen 150 ZK-Mitglieder in dieses Gremium zurückkehrten. Es gebe jetzt auch in der Partei den Ruf »Wir sind das Volk«. Dies führe zu einer völligen Umwandlung. Modrow sei nun der einzige

Mann in der DDR, der regiert, mit dem geredet werden könne. Ganz offensichtlich werde daran gedacht, die SED aufzusplittern und eine neue links-sozialdemokratische Partei und eine kleine kommunistische Partei zu gründen. Es sei auch konkret eine Namensänderung geplant. Der SED-Parteitag werde somit zum ersten Parteitag einer neuen Partei. Er habe den SED-Vertretern erklärt, so betonte Egon Bahr, daß es bei uns kein Bedürfnis für eine Diskussion über das Verhältnis von Sozialdemokraten und Kommunisten gebe. Für uns sei die SDP der erste Ansprechpartner. Dies werde allerdings auch für die SDP mit Problemen behaftet sein. Ibrahim Böhme habe er ermutigt, die Anmeldung seiner Partei jetzt vorzunehmen und vor allem auch auf frühzeitige Wahlen zu drängen. Diese Vorschläge seien offenbar positiv aufgenommen worden. Zur materiellen Hilfe an die DDR wies Egon Bahr darauf hin, daß ohne Probleme der Swing voll ausgenutzt werden könne. Darüber hinaus werde es möglich sein, die privaten Investitionen in der DDR zu erhöhen, so daß zusätzliche Steuermittel durch die Bundesrepublik nicht aufgebracht werden müßten. Er riet, den Streit über die Frage, wo Hilfe erforderlich sei – in der DDR oder für die Übersiedler hier –, zu beenden. Er sei in jedem Falle abträglich. Ferner informierte er über sein Gespräch mit Stolpe, [mit] dem für den Beginn des nächsten Jahres eine Zusammenkunft in kleinem Kreis von Vertretern unterschiedlicher Gruppen aus der DDR und der Bundesrepublik, unter Einschluß von Industrievertretern, erörtert worden sei. Sodann erläuterte er den Vorschlag der Arbeitsgruppe Deutschlandpolitik für die Erklärung des Parteitages. Er sagte, kaum zuvor habe er solche Schwierigkeiten gehabt, ein Papier zustande zu bringen. Viele der Beteiligten hätten ihre Meinung im Laufe der zurückliegenden Wochen um 360 Grad gedreht.

Hans-Jochen Vogel stellte eine Reihe von Fragen, auf die in einer Entschließung der SPD Antwort gegeben werden müsse. Er nannte unter anderem folgende Punkte: Was für ein Deutschland wollen wir? Brauchen wir ein Kapitel zu den Übersiedlern? Wie sehen die Fragen der Finanzierung aus? Welche Konsequenzen gibt es für das System der sozialen Sicherung in der Bundesrepublik? Weitere Stichworte waren die Reisevaluta, die polnische Westgrenze, die Abrüstungsnotwendigkeit und der Hinweis auf die Verknüpfung des Reformprozesses in der DDR mit den sowjetischen Vorgängen. Nicht zu unterschätzen seien Sprache und Titulatur des Papiers. Er wies auf die vorgelegten Papiere von Rudolf Dreßler und Wolfgang Roth zu den praktischen Hilfsmaßnahmen ebenso wie auf die Vorschläge von Heidi Wiecorek-Zeul hin. Zugleich machte er auf das von ihm vorgelegte Papier unter der Bezeichnung »Alternative« aufmerksam.

Hans-Ulrich Klose sagte, das Papier mit der Bezeichnung »Alternative« gefalle ihm besser. Der Entwurf der Arbeitsgruppe entspreche den typischen Formulierungen eines Kompromißpapieres. Unbeantwortet lasse das Papier die Frage, was wir wollen. Es sei richtig, zunächst zu betonen, die Bevölkerung der DDR müsse entscheiden. Erforderlich sei aber auch die Antwort der SPD. Und dabei sei für ihn klar, daß wir für die Einheit votieren müßten. Dies nicht aus nationalen Gründen, sondern das Votum für die Einheit sei notwendig, weil die Menschen in der DDR nur darin die Garantie für den von ihnen erwarteten Fortschritt sähen. Er berichtete,

Anke Fuchs und er hätten Klaus von Dohnanyi gebeten – ähnlich wie dies bereits durch Wolfgang Roth geschehen sei –, Vorschläge für ein Hilfsprogramm zu erarbeiten. Diese Vorschläge müßten auf dem Parteitag mit zur Sprache gebracht werden. Der Beschlußtext des Parteitages müsse eine Vision aufzeigen, die auch die europäische Perspektive der deutschen Politik mit benenne. Dazu gehöre der Appell an die Staaten in Ost und West, an die Sowjetunion und die USA, zur Lösung der deutschen Frage beizutragen.

Die Aussagen von Hans-Ulrich Klose zum Verfahren wurden durch Gerhard Schröder unterstützt. Er sprach sich dafür aus, ein Papier mit möglichst wenig Pathos, mit einer klaren Sprache zu beschließen. In dem Papier dürfe nicht der Eindruck erweckt werden, die Entwicklung in der DDR sei durch uns ausgelöst worden. Dies sei durch die Bevölkerung der DDR geschehen. Im übrigen sprach er sich dafür aus, das von Hans-Jochen Vogel vorgeschlagene Papier zur Grundlage zu machen und es bei der Grundlinie zu belassen, die deutsche Einheit in die europäische Einigung einzubetten. Dies sei auf jeden Fall richtig, egal, wie dann die tatsächliche Entwicklung verlaufe.

Die Einbettung in den europäischen Einigungsprozeß wurde auch von Inge Wettig-Danielmeier grundsätzlich begrüßt, die allerdings eine zeitgleiche Bindung ablehnte. Auch sie sprach sich dafür aus, das »Alternativpapier« zur weiteren Grundlage zu machen.

Heidi Wieczorek-Zeul sagte, das Präsidium müsse eine selbstkritische Betrachtung seiner Arbeitsweise vornehmen. Sie habe das Gefühl, daß die Partei mit der Parteispitze in der Behandlung der aktuellen deutschlandpolitischen Fragen nicht zufrieden sei. Es hätte für das Präsidium die Notwendigkeit bestanden, zu einem früheren Zeitpunkt in einer ausführlichen, zeitlich nicht eingegrenzten Beratung alle Aspekte der Deutschlandpolitik zusammenzutragen und darüber eine Meinungsbildung herbeizuführen. Dies sei nicht geschehen. Unsere Entscheidung in dieser wichtigen Frage werde von größter Bedeutung für den Ausgang der Wahlen sein. Noch hätten wir es in der Hand, die Situation zu unseren Gunsten zu gestalten. Sie schlug deshalb vor, in einer gesonderten Sitzung des Präsidiums ausführlich alle Fragen zu behandeln und zu möglichst einheitlichen Entscheidungen zu kommen. Dabei sei ihr klar, daß die Facetten, das Spektrum der möglichen Antwort kleiner geworden seien. Die Zweistaatlichkeit stehe nicht mehr. Sie wies darauf hin, daß der bevorstehende Wahlkampf in der DDR auch unser Wahlkampf sei. Sie forderte gezielte Maßnahmen, die uns in die Offensive bringen, so die Besuche hochrangiger Vertreter der Partei in der DDR. Ferner bezeichnete sie es als erforderlich, in Berlin ein Verbindungsbüro einzurichten, das die notwendigen Kontakte in die DDR unterhalte. Überdies schlug sie eine gemeinsame Erklärung von SDP und SPD zur Deutschlandpolitik vor. Mit einer solchen Erklärung könne auch ein Stück Einheit demonstriert werden.

Der Vorschlag von Heidi Wieczorek-Zeul zu einer gemeinsamen Erklärung mit der SDP wurde von den übrigen Präsidiumsmitgliedern skeptisch beurteilt. Es wurde die Ansicht vertreten, daß damit die SDP überfordert werde.

Johannes Rau sagte, er könne gut verstehen, daß das deutschlandpolitische Thema allen unter die Haut gehe. Die gegenwärtige Entwicklung in der DDR, die Behandlung der bisherigen Spitzenfunktionäre bezeichnete er als fatal. Sie werde die Reformer treffen, aber auch wir würden davon betroffen. Er wies in diesem Zusammenhang auf den Rechtsanwalt Wolfgang Vogel hin. Er bedauerte, daß seiner Bitte, die Länder bei der Vorbereitung der deutschlandpolitischen Erklärung zu beteiligen, nicht entsprochen werde. Dadurch entstünden zusätzliche Schwierigkeiten. Johannes Rau erinnerte daran, daß er, entgegen eines offenbar vorherrschenden Eindrucks, kürzlich in der DDR gewesen sei und mit den führenden Repräsentanten des Staates zusammengetroffen sei. Offenbar werde dies in Teilen der Partei nicht wahrgenommen. Den Entwurf der Arbeitsgruppe Deutschlandpolitik bezeichnete er als verdienstvoll. Besser erschien ihm das »Alternativpapier«. Die Partei brauche eine große Perspektive, um der Herausforderung in der innenpolitischen Auseinandersetzung gerecht werden zu können. Die Ereignisse könnten uns bereits schon jetzt den Erfolg bei den Landtagswahlen kosten, wenn es nicht zu einer klaren Position der Partei komme. Die Auseinandersetzung über die Äußerung von Karsten Voigt im Bundestag werde häufig mit Scheinargumenten geführt, sie sei in der Sache richtig gewesen. Es gebe von Hans-Jochen Vogel den ehrenhaften Versuch, die gegensätzlichen Meinungen zusammenzubinden, um eine gemeinsame Linie zu ermitteln. Dies sei vor dem Hintergrund der völlig gegensätzlichen Meinungen über den Erhalt der Zweistaatlichkeit oder des Ziels der Einheit auf Dauer nicht mehr möglich.

Wir würden uns fragen lassen und die Frage beantworten müssen, welche Opfer wir zu bringen bereit seien; was wir bereit seien, unseren Wählern zuzumuten, um die Probleme, die aus der neuen Entwicklung entstanden seien, zu lösen. Es sei eine offene Debatte erforderlich. Wenn die SPD den Zug zur Einheit verpasse, verpasse sie auf lange Jahre die Chance, Wahlen zu gewinnen und wieder in Regierungsverantwortung zu gelangen. Die Partei habe sich vieles vorgenommen, sie habe Antworten auf die kompliziertesten Probleme dieser Zeit. Gerade deshalb werde ihr nicht abgenommen, wenn sie zu dieser zentralen Frage keine eigene Antwort gebe. Es sei notwendig, zu entscheiden. Und wenn es eine Mehrheit von nur drei Fünfteln zu zwei Fünfteln gebe. Wenn dies nicht gelinge, werde der politische Gegner »absahnen«. Von Berlin müsse nun ein Signal ausgehen. Es müsse Meinungsführerschaft erlangt werden. Wenn die Partei diese Chance nicht nutze, gehe die Geschichte über sie hinweg.

Hans-Jochen Vogel teilte mit, daß er voraussichtlich in nächster Zeit mit dem Ministerpräsidenten Modrow zusammentreffen werde. überdies bestehe Einigkeit darüber, schon bald in Berlin ein neues Verbindungsbüro einzurichten.

Den einzigen Konsens, den es in der SPD gegenwärtig zur Deutschlandpolitik gebe, so sagte Herta Däubler-Gmelin, sei die Tatsache der Uneinigkeit. Eindeutige Antworten seien jedoch erforderlich zur Frage der deutschen Einheit, zur Staatsbürgerschaft, zur Behandlung der Übersiedler auch im Zusammenhang mit unseren sozialen Sicherungssystemen. Hierüber müsse es bald in der Führung der Partei zu einer einheitlichen Auffassung kommen. Die aufzubringenden finanziellen Leistungen hätten etwa die gleiche Größenordnung, egal ob sie für Zahlungen in die DDR oder für die Übersiedler hier zur Verfügung gestellt werden müßten. Es gehe nicht an, daß die wichtige Zielsetzung, der Gewinn der Landtagswahlen im Saarland, die Parteiführung in einer so zentralen Frage aufsplitte. In Berlin müsse beantwortet werden, was wir anstrebten - auf Dauer eine Konföderation oder den Prozeß zur Einheit. Das Ergebnis der Wahlen in der DDR, so sagte sie, werde in jedem Falle größte Auswirkungen für uns hier haben. In der Deutschlandpolitik habe die Partei seit der Sommerpause die Definition einer geraden Linie mit einer Schlangenlinie verwechselt. Der Zusammenbruch der SED werde für uns zusätzliche Schwierigkeiten mit sich bringen. Gerade das Verhalten einiger SED-Funktionäre werde die Erinnerung an Coop und Neue Heimat hervorrufen. Herta Däubler-Gmelin forderte dazu auf, im Präsidium alle Fragen eindeutig zu klären. Sie appellierte an die Präsidiumsmitglieder, zu den Streitfragen vorerst öffentlich nicht Stellung zu nehmen.

Hans-Jochen Vogel warnte vor der Annahme, revolutionäre Entwicklungen durch einen anderen Arbeitsstil in den Führungsgremien unserer Partei durchsichtiger machen zu können. Dies sei nicht möglich. Eingehend auf letzte Woche im Bundestag, stellte er fest, er stehe zu den Intentionen der Aussagen von Karsten Voigt. Es wäre ein schwerer Fehler gewesen, wenn unsere Partei zu den Vorschlägen des Bundeskanzlers Nein gesagt hätte. Johannes Rau habe seine Bemühungen, die Partei zu einer einheitlichen Linie zu bringen, zutreffend gewürdigt. Dabei habe unsere Partei nicht die Möglichkeit, auszubrechen in die eine Richtung, die sofort die Einheit, oder die andere Richtung, die nur die Zweistaatlichkeit fordere. Deshalb riet Hans-Jochen Vogel eindringlich dazu, bei der Aussage vom Prozeßziel der bundesstaatlichen Einheit zu bleiben. Er kündigte an, daß er darüber abstimmen lassen werde, und er fragte die Präsidiumsmitglieder, wer in diesem Punkte eine andere Meinung vertrete.

Überdies schlug er vor, von nun an uns ausschließlich auf die SDP zu konzentrieren. Nur durch eine enge Zusammenarbeit mit der SDP sei Klarheit darüber zu erzielen, daß die Sozialdemokraten in der Bundesrepublik nicht für Aussagen und Handlungen einer künftig neugegründeten SED verantwortlich gemacht werden könnten. Zweifellos sei dieser von ihm vorgeschlagene Weg auch nicht ohne Risiko. Hierzu müsse sich die Partei ebenso eine Meinung bilden wie zu den Passagen des Papiers zur Frage der Staatsangehörigkeit. Hans-Jochen Vogel unterstützte die Vorschläge von Heidi Wieczorek-Zeul zu den europapolitischen Aussagen in der Erklärung. Er wies darauf hin, daß neben der Entschließung zur Deutschlandpolitik auch der Text für das Grundsatzprogramm noch zur Behandlung kommen müsse. Er bat Egon Bahr, im Laufe dieser Woche hierzu den entsprechenden Vorschlag der Arbeitsgruppe zu unterbreiten. Außerdem schlug er vor, in einer gesonderten Erklärung die Rehabilitierung der in der DDR politisch inhaftierten Sozialdemokraten zu verlangen. Johannes Rau erklärte sich bereit, hierzu einen Entwurf fertigzustellen.

Johannes Rau sprach sein Bedauern darüber aus, daß Oskar Lafontaine in seiner Pressekonferenz am Samstag, wenn auch indirekt, die Frage der Staatsbürgerschaft erneut aufgeworfen habe.

Egon Bahr betonte, die Diskussion auch im Präsidium habe gezeigt, wie schwer es ist, zu einer einheitlichen Meinung zu gelangen. Dies sei in der Arbeitsgruppe immer wieder deutlich geworden.

Zum Abschluß der Diskussion kam das Präsidium überein, in einer Sondersitzung, am Sonntag, dem 10. Dezember um 16.00 Uhr, die deutschlandpolitischen Erklärungen vorzubereiten. Egon Bahr wurde um den Entwurf eines Papieres gebeten, das dem Ergebnis der heutigen Diskussion entspreche. Egon Bahr stellte die Frage, ob die Zielsetzung einer »Bundesstaatlichen Einheit« in das Papier aufgenommen werden solle. Dies wurde von Hans-Jochen Vogel bejaht.

Nachdem Hans-Jochen Vogel die Sitzung verlassen hatte, wurde die Leitung von Hans-Ulrich Klose und Johannes Rau übernommen. Heidi Wieczorek-Zeul schlug vor, der europäischen Perspektive in der Entschließung einen eigenen Abschnitt zu widmen. Egon Bahr begrüßte die Vorschläge von Hans-Ulrich Klose zur Form der Sprache der Entschließung. Er wies darauf hin, daß unsere Aussagen unter dem starken Druck der zeitlichen Entwicklung stehen. Er machte auf die Konsequenzen für Europa aufmerksam, wenn in einer Konföderation beispielsweise über die Festlegung von Industrienormen gesprochen werden müsse. Dies bedeute für die DDR praktisch die Übernahme der EG-Regeln. Die Vorschläge zur Ergänzung des Grundsatzprogramms in der deutschlandpolitischen Passage könnten erst, so stellte Egon Bahr fest, vorgelegt werden, wenn der Text der Entschließung einhellig erarbeitet worden sei. Egon Bahr beklagte, daß der Textentwurf der Arbeitsgruppe Deutschlandpolitik bereits einem Korrespondenten des »Spiegel« vorlag, bevor er ihn in Händen gehabt habe. Dem müsse nachgegangen werden.

Dokument Nr. 26
Beratungen im Präsidium über die Verabschiedung einer deutschlandpolitischen Erklärung, 10. Dezember 1989

Auszug aus dem Protokoll über die Sitzung des Präsidiums, 10. Dezember 1989, 18.00 – 0.15 Uhr, in Bonn, Erich-Ollenhauer-Haus, S. 1 – 13

Hans-Jochen Vogel betonte, Aufgabe des Präsidiums sei es heute, den Entwurf einer deutschlandpolitischen Erklärung fertigzustellen, Vorschläge zur Veränderung der deutschlandpolitischen Passage des Programmentwurfs zu erarbeiten und eine Entschließung zur Rehabilitierung ehemaliger politischer Häftlinge in der DDR dem Parteitag vorzulegen.

Die Sache sei bedeutsam wegen der Erklärung der Sachfragen. Sie sei aber auch bedeutsam für die weitere Zusammenarbeit im Präsidium, die schon einmal reibungsloser gewesen sei. Von Anfang an habe er, so unterstrich Hans-Jochen Vogel, für die Arbeit im Präsidium die Vertraulichkeit für außerordentlich notwendig gehalten. Umso erstaunter sei er gewesen, daß ein Vermerk zur Begrenzung der Übersiedlerzahlen, den Oskar Lafontaine in seinem Justizministerium habe anfertigen lassen, einen Tag nach Zustellung bereits in den Fernsehnachrichten und im »Spiegel« veröffentlicht wurde. Dieser Vorgang mache die Zusammenarbeit nicht leichter. Wenn er die

Interviews von Oskar Lafontaine aus den beiden letzten Tagen sehe, könne in der Öffentlichkeit der Eindruck entstehen, es gehe nicht um Deutschland und Europa, sondern das Hauptthema seien die Belastungen, die hier in der Bundesrepublik entstanden sind. Er schlug vor, nach einer Erläuterung des Papiers durch Egon Bahr in der Frage der deutschen Einheit zu einer Klarheit zu kommen.

Vor Einstieg in die Beratungen zum Papier gab Erik Bettermann einen kurzen Bericht über seine Gespräche am vergangenen Freitag mit Vertretern der SED und der SDP. Die SED-Leute, Vertreter der alten Polit-Büro-Linie und der Reformer hätten übereinstimmend den Eindruck vermittelt, daß die SED in der nächsten Woche den Zwangsvereinigungsbeschluß aufhebe. Nicht zu erwarten sei, daß sich die SED eines Kürzels bediene, das Verwechslungen mit der SPD zuließe. Übereinstimmung habe es auch bei diesen Leuten darüber gegeben, daß die SED enge Beziehungen zur SPD wünsche. Die Situation in der DDR werde als dramatisch bezeichnet. Das Vorgehen der gegründeten Kontrollausschüsse werde als nicht kalkulierbar bezeichnet. Mancherorts werde der Ruf nach Lynchjustiz laut. Der Staatsapparat verfalle, er sei in Auflösung begriffen. Die SDP-Vertreter hätten darauf hingewiesen, daß Materialien der Staatssicherheit inzwischen von der nationalen Volksarmee verwahrt würden. Denkbare Versuche der Bürgerkomitees, an diese Materialien heranzukommen, könnten von der NVA mit Gewalt beantwortet werden, die dann zu einem Eingreifen der Russen zwinge. In der SDP gebe es unterschiedliche Ansichten über die Behandlung des Stasi-Materials. Einige wollten warten, bis es zur demokratischen Erneuerung komme. Sorgen mache sich die SDP auch über die Volksrätebewegung. Es werde versucht, die Bürgerkontrollausschüsse rechtsstaatlich zu kanalisieren. Als ein großes Problem erweise sich die Tatsache, daß die SDP gegenwärtig über keinen Spitzenkandidaten verfüge. Positiv verlaufen sei ein Besuch von Neil Kinnock bei der SDP.

Björn Engholm berichtete von seiner Begegnung mit Ministerpräsident Modrow, der ihm gesagt habe, die Ordnung in der DDR sei in Auflösung begriffen. Es gebe nur die Regierung, allerdings ohne Apparat. Die Polizei beachte die Anweisungen nicht mehr, an der Basis drücke sich Haß aus, es kämen auch grundkonservative Tendenzen zum Ausdruck. Waffen seien gestohlen worden. Björn Engholm sagte, aus diesem Konglomerat könne Gefahr entstehen. Nicht abzuweisen seien in der DDR aber auch in Österreich gewisse Tendenzen zu einem Großdeutschland.

Egon Bahr, der mit dem stellvertretenden Sprecher des sowjetischen Außenministers in Berlin zusammengetroffen war, berichtete, dieser habe betont, es gebe Einigkeit zwischen Gorbatschow und Mitterrand in dem Bestreben, die gegenwärtigen Grenzen in Europa, einschließlich der deutsch-deutschen, nicht zu verändern. Darüber bestehe auch Einigkeit mit dem US-Präsidenten. Das bedeute, daß die Bündnisse in einer überschaubaren Zukunft noch erhalten blieben. Es werde die Erwartung ausgesprochen, daß es zu einer verbesserten Zusammenarbeit im weltwirtschaftlichen Gefüge komme. Bonn, so sei unterstrichen worden, müsse vernünftig bleiben. Das Auftreten von Kohl werde als Störung empfunden.

Henning Voscherau sagte, nach seinen Gesprächen mit zahlreichen DDR-Bürgern könne er feststellen, daß es jetzt zahlreiche Austritte aus der SED gebe, aber auch

Übertritte in die SDP. Unsere Aufgabe sei es, die SDP mit Blick auf die Wahlen im Mai zu unterstützen. Zur Vorsicht riet er, wenn davon gesprochen würde, gegenüber der SED die Türen völlig zu schließen. Zunächst müsse die weitere Entwicklung abgewartet werden. Dort gebe es viele kompetente Leute, mit denen eine Zusammenarbeit sinnvoll sein könne.

Natürlich, so stelle Johannes Rau fest, gebe es auf der mittleren Ebene der SED Funktionäre ohne Makel. Dennoch müßten wir darauf bestehen, daß unsere Kontakte sich auf die SDP konzentrierten. Allerdings sehe er die Gefahren, die aus dem Vorhandensein von zwei Linksparteien entstünden. Dabei könne unsere Partei optisch in Schwierigkeiten geraten, wenn sie mit der SED-Nachfolgepartei in Verbindung gebracht werden könne. Deshalb seien Kontakte auszuschließen.

Es gebe viele Gründe, so unterstrich Anke Fuchs, zur SED auf Distanz zu bleiben. Diese Partei müsse jetzt erst einmal einen Neuanfang machen. Es werde sich erst nach längerer Zeit zeigen, ob es sinnvoll sei, in Kontakt zu treten. Unsere Gesprächspartner säßen in der Regierung der DDR, dies sei selbstverständlich. Ansonsten müsse unsere Unterstützung ausschließlich der SDP gelten.

Egon Bahr betonte, die SED sei tot. Es läge nicht in unserer Kraft, darauf hinzuwirken, ob es noch zu einer Abspaltung kommt, was für uns die Angelegenheit schwieriger machen würde. Natürlich gebe es auch in der SED Demokraten, die jetzt ihre Fehler gut machen wollten. Es werde die Schwierigkeit für die SDP sein, solche Leute abzulehnen, die sie auch aufgrund der Qualifikation brauche. Auf absehbare Zeit seien keine Kontakte mit der SED möglich. Unsere Bruderpartei sie die SDP. Egon Bahr bedauerte, daß Anke Fuchs das Streitpapier gegenüber der Presse »zerrissen« habe. Dies sei falsch, da dieses Papier auch heute in der DDR eine wichtige Funktion erfülle.

Zusammenfassend riet Hans-Jochen Vogel zur Vorsicht gegenüber der SED. Nach ihrem moralischen Zusammenbruch müsse es auch politische Konsequenzen geben. Die Situation habe sich für uns grundlegend durch die Arbeit der SDP verändert, sie werde Mitglied der SI, sie sei unsere Partnerpartei. Die sogenannten guten Leute aus der SED könnten zur SDP oder in die anderen neuen politischen Gruppierungen gehen. Man werde sehen, was später die neue Linie der SED sei.

Oskar Lafontaine sprach sich dafür aus, in einer großen Solidaritätsaktion der SDP zu helfen. Anke Fuchs und Erik Bettermann berichteten über die hierzu eingeleiteten Schritte. Anke Fuchs sagte, das Berliner Büro des Parteivorstandes werde reaktiviert. Es gebe zahlreiche Anregungen, gerade im Rahmen der Partnerschaften von Städten und Gemeinden, den jeweiligen SDP-Organisationen zu helfen.

Das Problem der SDP, so betonte Erik Betterman, sei die noch nicht vorhandene Struktur. Es bestehe in dieser Partei die Absicht, noch vor Weihnachten Landesverbände in den fünf alten Ländern der DDR zu bilden. Gegenüber Hilfsleistungen der SPD gebe es in der SDP noch Vorbehalte. Deshalb seien gerade die Kontakte von Region zu Region und auf der Ebene der Landesverbände von umso größerer Bedeutung. Er informierte über die konkreten Planungen zur Unterstützung der SDP.

Heidi Wieczorek-Zeul hielt es für eine Illusion, daß die SED nach den Wahlen überhaupt noch eine Rolle spielen werde. Sie verwies auf das Beispiel Ungarns. Es gebe auch gute Gründe dafür, daß die sogenannten guten Leute der SED jetzt in Mithaftung kämen. Auch deshalb müsse alle unsere Unterstützung der SDP gelten.

Gerhard Schröder informierte über die Vorschläge, gemeinsam mit der Madsack-Gruppe eine Zeitung der SDP in der DDR herauszugeben. Hierzu sei die SDP noch nicht bereit und in der Lage.

Hans-Jochen Vogel machte folgende zusammenfassende Feststellungen: Gegenüber der SED bleibt die SPD weiterhin auf Distanz. Unser Partner ist die SDP. Die SDP erhält jede Hilfe, die sie will und die wir zu leisten in der Lage sind. Das Personal in den Berliner Büros des Parteivorstandes wird aufgestockt. Die Parteigliederungen werden ermutigt, nun ihre Solidaritätsaktionen für die SDP zu verstärken. Einem Gesprächswunsch von Herrn Gysi werde er jetzt nicht nachkommen.

Deutschlandpolitische Erklärung

Johannes Rau stellte fest, die Partei sei in der Deutschlandpolitik immer an der Spitze gewesen. Dies dürfe sich nicht verändern. Wenn jetzt keine Einigkeit erzielt werde, habe er Sorge um die Wahlen im nächsten Jahr. Denn wenn es auf Bundesebene runterginge, werde auch in den Ländern ein Rückgang zu verzeichnen sein.

Hans-Jochen Vogel setzte sich vehement dafür ein, die aufgetretenen Schwierigkeiten heute zu überwinden. Wenn es nicht gelänge, die isolierten Aktionen Einzelner zu beenden, die dazu noch gegen eindeutige Absprachen im Präsidium erfolgten, gäbe es die Gefahr, daß unsere Partei die erforderliche Zustimmung nicht erringe.

Egon Bahr erläuterte das vorgelegte Papier der Arbeitsgruppe Deutschlandpolitik. Er sagte, in den letzten drei Wochen sei das Papier in den wesentlichen Positionen nicht verändert worden. Es habe jedoch Ergänzungen gegeben. Unterstützung habe die Arbeitsgruppe durch Vorschläge von Wolfgang Roth und Rudolf Dreßler zu den wirtschafts- und sozialpolitischen Fragen erhalten.

Hans-Jochen Vogel schlug vor, in der Diskussion zunächst die Kernfrage zu behandeln. Überall finde sich in unseren Papieren der Hinweis auf das Selbstbestimmungsrecht. Das sei gut. Es genüge jedoch nicht. Es sei vielmehr erforderlich, eine eigene klare Antwort zur Frage der staatlichen Einheit zu finden. Die in dem vorliegenden Papier genannten Stufen zielten in die richtige Richtung. Hans-Jochen Vogel wies auf die verschiedenen Etappen der innerparteilichen Diskussion in den letzten Wochen hin. Er nannte die Entschließung von Parteivorstand und Parteirat zur Deutschlandpolitik, die weiterentwickelten Papiere aus der Arbeitsgruppe Deutschlandpolitik sowie seine Rede im Bundestag, in der er, fußend auf einer Beratung im Präsidium, die Konföderation ins Gespräch gebracht habe.

Der zentrale Punkt der Auseinandersetzung sei die Frage, so unterstrich Oskar Lafontaine, auf welcher langfristigen Philosophie die deutsche Frage beruhe. Historisch sei die Nation ein Kampfbegriff des Bürgertums, der gegen die Feudalherrschaft gerichtet gewesen sei. Die Arbeiterbewegung hingegen habe sich in ihrer Auseinandersetzung immer als Teil der Internationale gesehen. Gerade in der heutigen Zeit könnten wir nur Bestand haben, wenn wir diese Tradition immer im Auge behielten. Unsere heutige Politik sei nur vor dem Hintergrund des Internationalismus der Arbeiterbewegung zu formulieren. Dies bedeute, daß die deutsche Frage eingebettet sein müsse in den europäischen Einigungsprozeß und in die Schaffung einer europäischen Friedensordnung. International heiße, die Westgrenze Polens anzuerkennen, mit der atomaren Bedrohung aufzuhören. Hier liege auch die wesentliche Abgrenzung gegenüber der Union. Diesen Punkt habe er zum zentralen Teil seiner Kritik an den 10 Punkten des Bundeskanzlers gemacht. Wenn bei der Lösung der Frage nicht in nationalen Kategorien gedacht werde, trete die soziale Frage in den Vordergrund. Denn es könne nicht unser Ziel sein, daß immer mehr junge Menschen die DDR verließen. In diesem Punkte gebe es eine klare Abgrenzung gegenüber der Bundesregierung. Dies müsse deutlich werden. Wenn über Nation geredet werde, müsse durch uns auch gesagt werden, was damit gemeint sei. Es könne nicht nur um die Deutschen in der Bundesrepublik und in der DDR allein gehen. Alles, was sich einordne in einen europäischen Prozeß der Einheit, sei für ihn kein Problem. Bei der Lösung der Fragen seien für ihn die sozialen Interessen des Einzelnen von zentraler Bedeutung. Nicht ausgegangen werden könne dabei von der Abstammung.

Die Parteiführung, so sagte Hans-Ulrich Klose, stehe unter Spannung. Dies zeige sich auch in der Presse. Dabei seien drei Punkte strittig: Erstens unsere Antwort zur deutschen Einheit, zweitens die Haltung zu den 10 Punkten von Kohl, drittens die Frage möglicher Einschränkungen gegenüber Übersiedlern. Für ihn sei die deutsche Einheit keine Frage eines nationalen Problems, sondern des praktischen Handelns. Sie beantworte sich aus dem Verhalten der Deutschen in der DDR. Dies Menschen hätten nicht 40 lange Jahre gewartet, um nun erneut um weitere 10 Jahre vertröstet zu werden. Sie wollten sofortige Änderungen. Eine Garantieerklärung für das positive Gelingen sei jedoch für sie nur in der Bundesrepublik zu sehen. Die Formen der erforderlichen Zusammenarbeit zur Verbesserung der Situation in der DDR machten eine staatliche Verklammerung notwendig, die auf staatliche Einheit dränge, natürlich einschließlich der notwendigen Souveränitätsverzichte gegenüber den europäischen Entwicklungen. Es sei falsch, in unserem Papier zu fordern, die deutsche Einheit dem Prozeß der europäischen Einheit unterzuordnen. Die Einordnung in den europäischen Prozeß müsse dargestellt werden. Entschieden sprach sich Hans-Ulrich Klose gegen die Position von Oskar Lafontaine aus, Einschränkungen für Übersiedler in Erwägung zu ziehen. Ferner wies er auf ein Papier von Klaus von Dohnanyi zu Soforthilfemaßnahmen hin, das dieser auf Anregung von Anke Fuchs und ihm selbst erarbeitet hatte.

Björn Engholm bezeichnete es als falsch, den Begriff der Nation nur historisch und theoretisch zu betrachten. Neben der internationalen Dimension habe sich die deutsche Arbeiterbewegung auch als Teil der Nation betrachtet. Nation bedeute, eingebettet sein in Geschichte, Kultur, Sprache und Gefühlswelt. Nation verschaffe Identität. Diese Begrifflichkeit dürfe die SPD nicht anderen überlassen. Auch die Emigranten hätten für ihre Nation gefochten. Einheit der Nation sei etwas völlig Normales und nichts Aggressives. Nation, Heimat biete den Menschen gerade in dieser Zeit Halt und Sicherheit. Einheit der Nation sei dementsprechend auch eine sozialdemokratische Aufgabe, wobei die Frage des einen Staates in diesem Zusammenhang offenbleiben könne. Aufgabe der Politik sei es jedoch, für die Angehörigen einer Nation die gleichen Bedingungen für das Leben zu schaffen. Voraussetzung dazu sei die Schaffung einer Vertragsgemeinschaft, sei die Konföderation. Und wenn es die Menschen in der DDR und Bundesrepublik so entschieden, dann auch der eine Staat. Dies müsse auch durch die Partei eindeutig bejaht werden. Wenn dies die freie Wahl der Menschen sei, frage er hier, ob es jemanden gebe, der dem widersprechen wolle.

Egon Bahr erinnerte daran, daß er den Begriff der Nation in den Grundlagenvertrag eingebracht habe. Dies habe sich als außerordentlich wichtig und richtig herausgestellt. Zudem sei damals der Brief zur deutschen Einheit formuliert worden. Er passe heute sehr gut in die Landschaft. Selbst die Bundesregierung nutze ihn. Die SPD müsse mit diesem Pfund wuchern. Es könne keinen Zweifel darüber geben, daß mit der deutschen Einheit in dem Brief immer die staatliche Einheit von Bundesrepublik Deutschland und DDR gemeint war. Dieses Ziel dürfe durch die Partei nicht aufgegeben werden, sonst laufe sie vor der Geschichte davon. Jetzt gelte es, eine Konföderation anzustreben, eine Phase, in der beide Blöcke noch weiterhin Bestand hätten. Danach seien durch Schritte auf dem Sektor der Abrüstung und der Schaffung einer Friedensordnung eine staatliche Einheit möglich, die niemanden bedrohe. Allerdings müsse die Gefahr gesehen werden, daß die Menschen in der DDR alles von heute auf morgen beiseite schieben und auf Vereinigung drängen könnten. Wie werde sich dann die Partei verhalten? Für diesen Fall gebe es keine neue Resolution, sondern mit dem Aufzeigen der Zielrichtung in unserer Entschließung werde ein Rahmen gesetzt, in dem dann zu verhandeln sei.

Egon Bahr zeigte sich fest davon überzeugt, daß es für unser Land wie für die anderen Länder Westeuropas auch große Probleme mit der wachsenden Freizügigkeit der osteuropäischen Bevölkerung gebe. Damit müßten wir fertigwerden. Es sei undenkbar, eine Mauer unsererseits durch das Ausgraben eines Gesetzes von 1950 zu errichten. Die Fragen müßten politisch gelöst werden. Dazu habe Rudolf Dreßler einige Anregungen gegeben. Die entsprechenden Gesetze seien zu überprüfen.

Nation und Staat, so unterstrich Gerhard Schröder, seien nicht eins. Die Nation bestehe auch überstaatlich, deshalb sei es richtig, bei der Verklammerung der Einheit der Nation mit der Einheit Europas zu bleiben, eines Europas, in dem nicht Nationen, sondern Regionen eine immer größere Rolle spielen müßten. Doch auch er habe nicht den Mut, dieses so auszudrücken. Vor allem würde es von den Menschen in der DDR nicht verstanden. Weil das europäische Zusammenwachsen noch nicht weit genug gediehen sei, müsse jetzt in Deutschland zunächst ein Schritt zurück in den Nationalstaat gegangen werden. Dennoch, er spüre in sich nicht den Willen, in einem Staat leben zu müssen. Es sei richtig, so wie das Oskar Lafontaine angestrebt habe, die sozialen Konsequenzen der neuen Entwicklung herauszustellen. Als unglücklich bezeichnete er die Veröffentlichung des Gutachtens durch die saarländische Staatskanzlei. Hier werde ein falscher Eindruck hervorgerufen, wenn auch der Ansatz richtig sei.

185

Die Geschichte der Arbeiterbewegung, so sagte Inge Wettig-Danielmeier, sei nicht nur international geprägt. National falle es uns Deutschen schwer, aufgrund der eigenen Entwicklung den internationalen und nationalen Elementen der Arbeiterbewegung immer die richtige Gewichtung zu verleihen. Die Revolution in der DDR mache sie als Westdeutsche stolz. Die daraus für uns erwachsene Chance, die nationale Idee mit der internationalen Idee positiv zu verknüpfen, müsse genutzt werden. Die Schaffung der europäischen Einheit als Voraussetzung der nationalen Einheit sei allerdings nicht realistisch. Die Integration der EG vollziehe sich dafür zu langsam. Sie sprach sich dafür aus, eine klare Zielperspektive zu nennen, in der die Konföderation als ein Schritt auf dem Weg bezeichnet wird. Als kurzsichtig bezeichnete sie das Vorgehen von Oskar Lafontaine, ein Rechtsgutachten zur Begrenzung der Übersiedlerzahl in die Öffentlichkeit zu tragen und darüber mit Journalisten zu diskutieren. Sie habe dieses Gutachten so verstanden, daß gerade die Aktiven, die zu uns kommen, aufgrund der alten gesetzlichen Bestimmungen aufgenommen werden müßten. Dies mache das Gutachten besonders widersinnig.

Heidi Wieczorek-Zeul äußerte die Vermutung, daß Kohl mit seinen 10 Punkten die Strategie verfolge, uns eng an sich zu binden, uns einzubinden. Ihm sei mit seinem Deutschlandplan ein Paradigmenwechsel gelungen, wegzukommen von den Themen Demokratie und Frieden hin zu Nation und Einheit, um diese Punkte in den Mittelpunkt der Wahlauseinandersetzung zu stellen. Wie immer wir es auch anstellten, uns werde es nicht gelingen, mit dem Herausstellen der Nation einen Wahlkampf zu führen. Unsere Linie heiße demokratische Freiheitsrechte, Friedenspolitik und europäischer Einigungsprozeß. Zu diesen Punkten müßten wir die öffentliche Debatte bestimmen. Unklar sei ihr, so betonte Heidi Wieczorek-Zeul, die Vorstellung der SPD über den aktiven Sicherheitsprozeß zur Auflösung der Blöcke. Auch hierüber müsse eine Auseinandersetzung mit der Union geführt werden. Insgesamt sei das Papier zu wenig europäisch orientiert. Die sozialen Aspekte, die Oskar Lafontaine bewegten, verstehe sie. Die Methode, die er wähle, um diese Fragen in die Öffentlichkeit zu stellen, könne sie nicht akzeptieren. Es müsse Klarheit darüber geben, daß durch unser Verhalten die Tendenz, die DDR zu verlassen, nicht verstärkt werde.

Er glaube nicht, so sagte Johannes Rau, daß Kohl mit seinem 10-Punkte-Plan nur innenpolitische Absichten verfolge. Wenn das so sei, dann sei er sehr erfolgreich gewesen, und die SPD sehe nicht gut aus. Wenn es in den meisten Punkten keine Gegensätze zu Kohl gebe, so dürften diese in einer so wichtigen Frage auch nicht künstlich konstruiert werden. Oskar Lafontaines Betrachtungsweise zur internationalen Orientierung der Arbeiterbewegung bezeichnete Johannes Rau als partiell. Er erinnerte an die Aussagen von Carl[o?] Schmid zur nationalen Rolle der deutschen Arbeiterbewegung. Zur Nation gehöre die Sprache, die Kultur, die Geschichte und das Gefühl. In diese Sinne gehörten die Deutschen in beiden Staaten der einen Nation an. Die Frage wäre jedoch nicht so brennend, wenn es gegenüber der DDR nicht das wirtschaftliche Gefälle gäbe und die Bürger dieses Staates nicht jahrelang in Unmündigkeit gehalten worden seien. Weil dies so ist, könne es durch uns nichts anderes geben, als an den Anfang die Einheit zu stellen. Er glaube nicht, daß der Weg zum

Nationalstaat als rückwärts gerichtet bezeichnet werden könnte. Die anderen Staaten in der EG seien Nationalstaaten, und dies sei etwas völlig Normales, auch für Deutschland. Natürlich gebe es in unserem Land eine Reihe von Fragen zur Nation, insbesondere aus der jungen Generation. Die dächte jetzt zunächst an die Nazis und nicht an Luther. Als ein Problem bezeichnete er es, daß wir für den europäischen Prozeß keine Formel hätten, außer der des europäischen Hauses. Dies sei aber eine Formulierung Gorbatschows, nicht die unsere. Überdies werde für die Menschen Europa häufig nur negativ wahrnehmbar. Er nannte die Stichworte Kohle und Stahl.

Oskar Lafontaines Art, die sozialen Fragen zu benennen, führten zu einer Erschwerung für ihre Lösung. Er fragte, wie solle denn unsere Antwort aussehen für die notwendigen Hilfen in der DDR und die Hilfen für die Übersiedler. Das Geld sei in jedem Falle aufzubringen. Nichts werde gelöst. Die Alternative, in der DDR zu zahlen, damit die Leute nicht hierher kommen, sei falsch. Es müsse darum gehen, konkret die einzelnen sozialen Fragen zu beantworten. Bei der Dimension dieses Komplexes müßten die Antworten gemeinsam mit den Unionsparteien auf vielen Feldern entwickelt werden. Er glaube nicht, daß wir Sozialdemokraten alleine dazu in der Lage seien. Richtig sei der Hinweis in der Beratungsvorlage auf den europäischen Prozeß. Eine Parallelität der Entwicklung der Einheit Deutschlands und Europas sei jedoch kaum vorstellbar.

Zur Frage der deutschen Einheit, so betonte Oskar Lafontaine, stelle er keine großen Differenzen fest. Bei den sozialen Fragen habe er die Sorge, daß uns die Wähler nicht folgen. Gerade unter diesem Aspekt müsse er wegen der saarländischen Wahlen für sich eine Zuständigkeit für die Strategie in dieser Frage reklamieren. Als falsch bezeichnete er eine zu große Nähe zur Union. Sie akzeptiere unser Entgegenkommen nicht. Im Gegenteil, die Verteufelung gehe weiter. Im Bundestag habe Kohl Wahlkampf geführt. Als er gesehen habe, daß die 10 Punkte nicht abgestimmt gewesen seien, habe er zugeschlagen und von einem diplomatischen Fehlschlag gesprochen. Er habe gedacht, dies sei richtig gewesen. In der sozialen Frage sei für ihn das wichtigste, nichts zu tun, was die Leute veranlasse hierher zu kommen. Natürlich sei klar, daß bei dem Wohlstandsgefälle ein weiterer Zuzug stattfindet. Er habe jedoch nicht die Vorstellung, die Folgen dieses Wohlstandsgefälles durch administrative Maßnahmen zu bewältigen. Es müssten die Zahlungen für Aus- und Übersiedler gestrichen werden, dürften keine Renten gezahlt werden, wenn keine Beitragszahlungen erfolgt seien, und es müsse deutliche Einschnitte beim Arbeitslosengeld geben. Nicht vermeidbar sei der normale Wechsel. Aber nicht verantwortbar sei es, den Zuzug weiterhin, so bisher, verlaufen zu lassen. Allerdings sei er gegen eine Zuzugssperre.

Herta Däubler-Gmelin bedauerte das schlechte Erscheinungsbild der SPD gerade in den vergangenen Tagen. Sie vermisse in manchen öffentlichen Stellungnahmen das Bewußtsein für die Veränderungen seit dem 9. November. Die Bedingungen für Politik hätten sich seitdem grundlegend verändert. Die Entwicklungen, insbesondere die in der DDR, fragten nicht nach unseren Zeitplänen oder danach, ob wir bequemoder liebgewordene Auffassungen aufgeben wollten. Sie ließen sich von uns auch nicht planen. Das Verhalten der Menschen in der DDR werde jedoch auch beeinflußt durch unsere Haltung, z.B. bei der Übersiedlungsfrage. Auch deshalb sei Klarheit über die strittigen Positionen dringend erforderlich.

Einigkeit hätte unter Sozialdemokraten schon immer darüber bestanden, eine europäische Friedensordnung mit Überwindung der Militärblöcke anzustreben. Die konservative Auffassung, den europäischen Geltungsbereich der NATO unter Einbeziehung der DDR zu verschieben, sei schon seit Heinemanns Zeiten zurückgewiesen worden. Die Harmonisierung der Lebensbedingungen in Deutschland und die Harmonisierung innerhalb der sich nach Mittel- und Osteuropa hin öffnenden Europäischen Gemeinschaft müsse sich im Gleichlauf vollziehen. Ein Vorziehen der Harmonisierung in Deutschland auf dem Weg von Vertragsgemeinschaft, Konföderation, Deutschem Bund oder mehr vor die der europäischen Einigung sei falsch; sie ganz abzulehnen oder auch zeitlich nachrangig zu behandeln, sei ebenfalls fatal, weil dies nationalistische Strömungen bei uns mit großer Wahrscheinlichkeit aufpäppeln würde. Dafür gäbe es historische Beispiele, wie sich an der Zeit nach dem 1. Weltkrieg ablesen lasse.

Einigkeit bestehe auch darin, daß Hilfe und Kooperation für die Reformen und Reformer in der DDR und in anderen Ländern Ost-Mittel-Europas sofort beginnen müßten. Hier müsse man die Bundesregierung ständig mahnen. Nur so könnte Hoffnung gestärkt und die Menschen in der DDR zum Bleiben und Mitmachen bewegt werden. Die SPD habe schon immer die Auffassung vertreten, es sei Aufgabe der Politik, die »Maschinen zu den Menschen« zu bringen, damit nicht die Menschen den besseren Lebensverhältnissen nachlaufen müßten. Sie halte Oskar Lafontaines letzte Aussagen für falsch und hoffe, daß er das gewünschte Wahlergebnis im Saarland erreiche. Sie befürchte jedoch, daß mit einem solchen Vorgehen die Aussichten der danach folgenden Landtagswahlen und der Bundestagswahl entscheidend verschlechtert würden. Oskar Lafontaine setze falsche Alternativen - in der Diskussion über die Staatsbürgerschaft ebenso wie jetzt mit der Zuzugssperre mit Hilfe des Notaufnahmegesetzes von 1950. Freizügigkeit gehöre zum unverzichtbaren Wertekatalog der Sozialdemokraten und dürfe nicht in Zweifel gezogen werden. Es gehe in Wirklichkeit auch um etwas anderes, nämlich darum, untragbare Belastungen im Zusammenhang mit der für die DDR und Bundesrepublik mehr als problematischen Völkerwanderung von Ost nach West zu vermeiden und da, wo finanzielle Aufwendungen nicht vermieden werden könnten, dafür zu sorgen, daß diese Belastung nicht wieder auf dem Rücken der in der Bundesrepublik sowieso schon belasteten und benachteiligten Rentner, Arbeitslosen, Wohnungssuchenden und Arbeitnehmer mit geringem Einkommen ausgetragen würden. Man müsse die Bundesregierung treiben, damit sie sage, wieviel Geld sie wo aufbringen und für Hilfe in der DDR und die Integration der Übersiedler ausgeben wolle. Aufgabe der Sozialdemokraten sei, dafür zu sorgen, daß die Belastungen auf die Schulter derer falle, die mehr tragen können. Außerdem müßten Verträge über beitragsabhängige Sozialleistungen zwischen beiden Teilen Deutschlands abgeschlossen werden, die, z.B. über gegenseitige Anerkennung von Renten, die gesetzlichen Maßnahmen ergänzen müßten, die jetzt im Hinblick auf Arbeitslosenhilfe und Krankengeld bereits beschlossen bzw. auf den Weg gebracht worden seien.

Korrekturen beim Bafög und bei anderen Gesetzen seien möglich (Wohnsitzproblematik); man müsse sich aber auch hier klarwerden, was man wolle. Sozialhilfe müsse jedermann weiterhin in Anspruch nehmen können. Sie sehe das Hauptfeld der Auseinandersetzung mit der Union nicht im Bereich der Ausgestaltung des Verhältnisses zur DDR im grundsätzlichen, also in der Frage von Einheit, Konföderation oder Deutschem Bund. Die SPD solle sich vielmehr darauf konzentrieren deutlich zu machen, daß Kohl versuche, mit nationalem Pathos die Mängel und Reformunfähigkeit seiner Politik zu überdecken und Vorschläge für die gemeinsame Lösung der anstehenden Fragen zu entwickeln.

Bei der Betrachtung der Debatte des Präsidiums, so sagte Henning Voscherau, werde zu wenig deutlich, daß sich die meisten Menschen in unserem Lande über die Entwicklung freuen. Die SPD habe hier offenbar Probleme. Daran habe Oskar Lafontaine durch seine öffentlichen Äußerungen einen Anteil. Seine eigene andere Wahrnehmung könne auch darin begründet sein, daß er nicht zu den Menschen gehöre, die auf der linksrheinischen Seite lebten. In seiner Heimat beispielsweise fühle man sich dem Mecklenburgischen durchaus verbunden. Durch die Menschen in der DDR, durch ihre Besuche in der Bundesrepublik, sei das Thema Einheit in der DDR ganz nach vorne gekommen. Darauf könne unsere Antwort nicht nur lauten, wir streben eine Konföderation an. Natürlich sei es das beste, die deutsche Frage in einem geeinten Europa beantwortet zu sehen. Solange dies jedoch nicht möglich sei, müsse die deutsche Einheit unsere volle Bejahung finden. Alles was jedoch hier an Plänen besprochen werde, könne durch Entwicklungen in nächster Zeit in der DDR schon überholt werden. Sollten wir im nächsten Jahr mit einer solchen Lage konfrontiert werden, so könne unsere Antwort nur ein Ja zur Einheit sein. Betrachtet werden müsse in dem Zusammenhang auch der Wert der Einheit der Nation und der Wert der Einheit der Partei.

Auf die Frage von Hans-Jochen Vogel, was die SPD zu tun habe, wenn sich die Bürger der DDR im nächsten Jahr für die Einheit entscheiden, sagte Oskar Lafontaine, es sei ein zeitlicher Plan über eine Frist von etwa 10 Jahren zu erarbeiten, ähnlich wie bei der Eingliederung des Saarlandes. Danach müsse dann abgestimmt werden.

Anke Fuchs erinnerte daran, daß wir auch Wahlen gewinnen müßten. In den letzten Wochen wachse bei ihr in diesem Punkte die Sorge. Dabei habe unsere Partei eine Verkrampfung nicht nötig. Die Gegensätze in der Union seien sehr groß. Die Erfahrungen der letzten Wochen hätten gezeigt, daß bei der Begegnung der Deutschen aus Ost und West die vierzigjährige Geschichte der Trennung in einem Tag zusammenfalle. Die emotionale Zuwendung sei groß. Dieser Punkt könne nicht nur abstrakt beantwortet werden. Erforderlich seien Lösungen, die von den Menschen akzeptiert werden. Wir Sozialdemokraten dürften auf den Begriff der Einheit, auf das damit verbundene Thema nicht verzichten. Zu unseren Aufgaben gehöre es auch, auf dem Weg die richtigen Antworten zu den sozialen Herausforderungen zu geben. Da komme sehr bald das Thema nach einem Solidarbeitrag auf. Sie wies sie darauf hin, daß die Vertreter der A-Länder offenbar bis jetzt nicht bereit seien, neben dem materiellen auch den rechtlichen Rahmen des Vertriebenengesetzes einzugrenzen.

Hans-Jochen Vogel stellte fest, der historische Strang der Partei sei nicht nur international, sondern auch national nachzuzeichnen. Die vier Punkte Geschichte, Sprache, Kultur und Gefühl, die Nation ausmachten, seien immer noch wirksam. Erst langsam beginne das Bewußtsein für eine europäische Dimension zu wachsen. Die Menschen in unserem Lande hätten die Trennung unterschiedlich empfunden. Der 9. November habe aber gezeigt, wie tief das Gefühl der Zusammengehörigkeit verwurzelt ist. Es würde für uns eine Katastrophe bedeuten, wenn dieses von uns nicht berücksichtigt würde. Die Reaktion auf die 10 Punkte des Bundeskanzlers, so unterstrich Hans-Jochen Vogel, sei richtig gewesen. Als falsch bezeichnete er es, wenn die Fraktion auf die achteinhalb richtigen Punkte von Kohl ein Nein formuliert hätte. Er habe es als nicht hilfreich empfinden können, daß von Oskar Lafontaine die 10-Punkte-Erklärung des Bundeskanzlers als Sammelsurium von Gemeinplätzen und Gewäsch bezeichnet wurde. Auch er hätte gerne, wie dies von ihm erwartet wurde, vier Wochen eher die Forderung nach einer Konföderation erhoben. Eine Kritik in diesem Punkte müsse er jedoch zurückweisen. Wie bekannt, habe es dazu in den letzten Monaten in der Partei keine Einigung gegeben. Er wies auf das Spektrum der Meinungen hin, die sowohl in der Arbeitsgruppe Deutschlandpolitik als auch in der Fraktion zur deutschen Frage vertreten wurden. Er als Vorsitzender habe sich nicht nach außen wenden können, ohne sicher zu sein, daß er nicht sofort Widerspruch aus den eigenen Reihen ernte.

Der Wettbewerb mit Kohl werde erschwert, wenn er sich immer wieder mit Vorschlägen aus unseren Reihen auseinanderzusetzen habe, die in der Partei schon ausdiskutiert und abgelehnt waren. Er nannte die jüngst neu entfachte Diskussion über zwei Staatsbürgerschaften und nun die durch das Hervorziehen eines alten Gesetzes hervorgerufene Auseinandersetzung über die Begrenzung der Übersiedlerzahlen durch Versagung von Übersiedlungsgenehmigungen. Zur Frage der Übersiedler und Aussiedler erinnerte Hans-Jochen Vogel an die häufigen Beratungen von Parteivorstand und Präsidium zu diesem Thema. Es habe Einigkeit darüber bestanden, daß es für deutsche Staatsangehörige keine administrative Begrenzung gebe. Es sei für ihn nicht einfach gewesen, eine Resolution des saarländischen Landtages zu verteidigen, wenn zum gleichen Zeitpunkt durch ein Interview in der »Süddeutschen Zeitung« das Thema Übersiedlerbegrenzung erneut zur Debatte gestellt werde. Völlig überrascht habe ihn nun das Gutachten. Jetzt sei ein Punkt erreicht, zu dem er öffentlich widersprechen müsse und deutlich machen werde, daß dies eine Einzelmeinung sei. Der Wahlkampf im Saarland sei wichtig. Übersehen werden dürften jedoch nicht die Wahlauseinandersetzungen in den anderen Ländern und im Bundestag.

Im Präsidium erreichte Verbindlichkeit dürfte künftig nicht in Frage gestellt werden. Deshalb, so unterstrich Hans-Jochen Vogel, dürfe auch in zentralen Punkten der deutschlandpolitischen Erklärung nichts unbestimmt bleiben. Dieser Aussage schloß Hans-Jochen Vogel folgende fünf Fragen und Feststellungen zur Entschließung zur Deutschlandpolitik an:
1. Der Brief zur deutschen Einheit wird in seinem Kernsatz durch uns bekräftigt.
   Er stellte hierzu Einstimmigkeit fest.

2. In dem Entschließungsantrag wird der einheitliche deutsche Bundesstaat als das Ziel der Entwicklung beschrieben.
Auch hierzu wurde Übereinstimmung festgestellt.
3. Beschrieben werden soll der Prozeßcharakter der europäischen und deutschen Einheit. Es bestehe Klarheit darüber, daß die deutsche Einheit spätestens mit der europäischen Einheit verwirklicht werden müsse.
Auch dazu wurde keine abweichende Meinung vertreten.
4. Die Konföderation soll als ein Zwischenschritt auf dem Weg zur Einheit beschrieben werden.
Auch hierzu wurde Einmütigkeit festgestellt.
5. Die Frage nach der Haltung der Sozialdemokraten zu einer denkbaren Entwicklung in der DDR, in der die Bevölkerung dieses Staates die Forderung nach sofortiger Herstellung der Einheit stellt, müsse durch uns mit dem Hinweis auf den Text der Entschließung beantwortet werden können. Diese bringe zum Ausdruck, daß das, was die Bürger in der DDR in freier Selbstbestimmung entschieden, von uns akzeptiert werde.

Auch dazu wurde keine andere Auffassung vertreten.

In der weiteren Beratung des Präsidiums wurde der Entschließungsentwurf Absatz für Absatz behandelt. Es wurden eine Reihe von Abänderungen und Ergänzungen vorgenommen. In der so erarbeiteten Fassung wurde der Entschließungsentwurf durch das Präsidium einstimmig verabschiedet.

Das Präsidium kam überein, dem Parteitag eine eigene Erklärung zum Verhältnis der SPD zu den Parteien in der DDR vorzulegen. Ferner bestand Einmütigkeit darüber, im Programm eine Aussage zum Zusammenbruch der kommunistischen Systeme aufzunehmen.

Dokument Nr. 27
Die Deutschen in Europa. Berliner Erklärung der Sozialdemokratischen Partei Deutschlands. Beschlossen auf dem Programmparteitag vom 18. – 20. Dezember 1989 in Berlin

Hrsg.: Vorstand der SPD, Referat Öffentlichkeitsarbeit, Bonn 1989

I.

Auf deutschem Boden ist eine demokratische Revolution im Gange. Nach der Politik der Umgestaltung in der Sowjetunion erkämpfen sich die Menschen in Polen, in Ungarn, in der CSSR, in Bulgarien und in der DDR friedfertig und gewaltlos ihr Recht auf Freiheit und Selbstbestimmung. Friedfertig und gewaltlos haben sie die Mauer überwunden, die Öffnung der Grenze erzwungen und die unnatürliche Trennung der Menschen beendet.

Damit rückt die Erfüllung eines sozialdemokratischen Traumes näher: Jetzt wächst zusammen, was zusammengehört. In Deutschland und in Europa!

II.

Wir haben die Zwangsvereinigung von SPD und KPD 1946 und die Opfer nicht vergessen, die viele Sozialdemokratinnen und Sozialdemokraten damals bringen mußten. Unvergessen ist der politische Kampf der SPD, Chancen zur deutschen Einheit zu suchen und zu nutzen: nach der Stalin-Note 1952, vor dem Eintritt der Bundesrepublik in die NATO und mit dem Deutschlandplan von 1959. Wir haben die Mauer nach ihrem Bau 1961 in zähem Ringen Schritt für Schritt durchlässiger gemacht, Erleichterungen für die Menschen erreicht, den Zusammenhalt der Nation gewahrt und gestärkt und Berlin (West) durch das Vier-Mächte-Abkommen aus der Krisenanfälligkeit befreit. Wir haben die Frage der Nation im Grundlagenvertrag verankert und mit dem Brief zur Deutschen Einheit Anspruch und Hoffnung gewahrt, »auf einen Zustand des Friedens in Europa hinzuwirken, in dem das deutsche Volk in freier Selbstbestimmung seine Einheit wiedererlangt«.

An diesem Ziel halten wir fest.

III.

Mutige Menschen in der DDR und in anderen Ländern Mittel- und Osteuropas haben die Türen von Deutschland nach Deutschland, von Europa nach Europa aufgemacht. Sie dürfen nie wieder geschlossen werden. Wir verdanken diese Entwicklung auch mutigen und weitsichtigen Politikern wie Willy Brandt und Michail Gorbatschow und unseren Freunden im Westen, die mit uns für Entspannung gearbeitet haben. Wir können jetzt beginnen zu verwirklichen, was lange als Utopie erschien: Die Ein-

Von links: Walter Momper, Björn Engholm, Heidemarie Wieczorek-Zeul, Gerhard Schröder. Programm-Parteitag der SPD, 18. – 20. Dezember 1989

heit und Freiheit Deutschlands zu vollenden. Die Einigung Europas und die Einigung der Deutschen sind miteinander eng verbunden. Das eine ist nicht auf Kosten des anderen zu erlangen. Wer von der Wiederherstellung des Reiches in den Grenzen von 1937 redet, wer einen deutschen Sonderweg befürwortet, der blockiert die Einheit Europas und die Einheit Deutschlands. Europäisches wie deutsches Interesse verlangt die Anerkennung der polnischen Westgrenze ohne Wenn und Aber.

Wir wollen ein solidarisches Europa, in dem Grenzen nicht mehr trennen. Ein Europa, in dem Kriege nicht mehr möglich sind, ein Europa ohne verfeindete Militärblöcke, ein Europa, das seine Kräfte nicht gegeneinander richtet, sondern auf die Bewältigung der großen Menschheitsaufgabe lenkt, nämlich auf die Bewahrung der natürlichen Lebensgrundlagen und auf die Überwindung des Nord-Süd-Gefälles.

Wir wollen, daß die Deutschen im Herzen Europas in Frieden und gesicherter Freiheit leben können – unter gesellschaftlichen Bedingungen, in denen das Volk den Gang der Entwicklung bestimmt und die allen Menschen ein Leben in Würde, Gerechtigkeit und Wohlstand und in einer gesunden Umwelt ermöglicht.

Wir wollen nicht zurück in das Zeitalter der Nationalstaaten, in dem diese Staaten um vermeintlicher nationaler Interessen willen in Europa blutige Kriege ausgetragen haben. Ein neuer Nationalismus der Deutschen würde weder die wirtschaftlichen Probleme der DDR noch die praktischen Aufgaben für beide Staaten lösen. Wir wollen nach vorn in ein geeintes Europa, in dem die Völker des Kontinents unter dem Schutz einer europäischen Friedensordnung den Reichtum ihrer Vielfalt erfahren können. Eine Wiederbelebung des Nationalismus, im Westen oder Osten, würde das gefährden. Was als Prozeß der europäischen Sicherheit und Zusammenarbeit in Helsinki begonnen hat, weist den Weg in die Zukunft.

Die deutsche Sozialdemokratie hat in ihrer Geschichte stets die nationalen, die europäischen und die internationalen Perspektiven miteinander verknüpft. Die Vereinigten Staaten von Europa, seit 1925 in unserem Programm, können jetzt verwirklicht werden.

IV.

Auf dem Wege zur europäischen und zur deutschen Einheit gilt es, die politische, wirtschaftliche, umwelt-, energie- und verkehrspolitische, die kulturelle und auch die abrüstungspolitische Zusammenarbeit zwischen den beiden deutschen Staaten immer enger und umfassender zu gestalten und ihr unverzüglich eine neue Qualität zu geben. Dies kann auf der Basis des Grundlagenvertrages in der Form einzelner Vereinbarungen, einer Vertragsgemeinschaft, einer Konföderation und schließlich auch in einer bundesstaatlichen Einheit geschehen. Formen und Tempo dieses Prozesses sind heute nicht im einzelnen zu bestimmen. Wir wollen unser Ziel nicht gegen, sondern mit unseren Freunden und Partnern erreichen. Die Menschen in beiden Staaten werden entscheiden, wann welche Schritte zu gehen sind. Eine Konföderation der beiden Staaten wollen wir bald erreichen. Eine solche Konföderation ist die derzeit realisierbare Verfassungsordnung, die dem Wunsch der Menschen in beiden deutschen Teilstaaten nach Einheit institutionellen Ausdruck verleiht. Sie vermeidet die Gefahr der Majorisierung oder Bevormundung und ermöglicht es, den beiden souveränen Staaten in ihren Paktsystemen und Wirtschaftsgemeinschaften auf die Errichtung einer europäischen Friedensordnung und die Entstehung der Vereinigten Staaten von Europa hinzuwirken. Sie ist deshalb schon zu einem Zeitpunkt möglich, in dem die Bündnisse noch bestehen. Ziel der Konföderation ist es, eine gemeinsame Politik und Gesetzgebung insbesondere auf den Gebieten der Wirtschaft, der Sozialpolitik, der Umwelt, des Verkehrs, der Energie, des Post- und Fernmeldewesens und der Kultur zu entwickeln und die dafür notwendigen paritätisch besetzten Kommissionen zu bilden. Sitz dieser konföderativen Organe soll Berlin sein.

Wir in der Bundesrepublik Deutschland haben keinen Anlaß zur Selbstgefälligkeit. Die Bundesrepublik ist als demokratischer Rechts- und Sozialstaat verfaßt. Doch die Lebenswirklichkeit sieht in vielen Bereichen anders aus: Bei wachsendem Wohlstand der Mehrzahl nimmt die Zahl der Menschen zu, die im Schatten dieses Wohlstandes leben. Die ökologischen Defizite sind offenbar.

Deshalb bedürfen auch bei uns Staat und Gesellschaft der Erneuerung und grundlegender Reformen. Die Deutschen in der DDR können sich auf unsere Solidarität verlassen. Sie entscheiden, mit welchem Ziel und auf welchem Weg sie ihr Selbstbestimmungsrecht ausüben. Wie immer ihre Entscheidung ausfällt, wir werden sie respektieren. Die Deutschen in der DDR verwirklichen jetzt freie, unmittelbare und geheime Wahlen, eine freie Presse, unabhängige Rechtsprechung und unabhängige Gewerkschaften. Allein sie bestimmen über ihre Wirtschafts- und Eigentumsordnung. Es ist unser Wille und unsere Pflicht, sie dabei ohne Bevormundung politisch und wirtschaftlich zu unterstützen.

Wir sind uns bewußt, daß für die vielfältigen Lasten, die die Bürgerinnen und Bürger der DDR in der Nachkriegszeit im Unterschied zu uns getragen haben, ein deutsch-deutscher Lastenausgleich von der Bundesrepublik an die DDR erforderlich ist.

Konrad Elmer. Programm-Parteitag der SPD, 18. – 20. Dezember 1989

V.

1. Die SPD schlägt vor, daß beide deutsche Staaten ein Sofortprogramm vereinbaren. Ziel des Sofortprogramms ist es, Reformen und Reformer zu unterstützen und die werdende Demokratie wirtschaftlich abzusichern. Das soll den Menschen begründete Zuversicht geben, daß es für sie und ihre Kinder sinnvoll ist, in der DDR zu bleiben oder dorthin zurückzukehren. Wenn es nicht gelingt, drohende Engpässe und Einbrüche in wichtigen Versorgungsbereichen in der DDR in den nächsten Wochen und Monaten zu verhindern und die Lebenssituation zu verbessern, wird die Abwanderung aus der DDR sprunghaft zunehmen. Die vorhandenen personellen Engpässe würden massiv verstärkt und damit dem ökonomischen Reformprozeß von vornherein die Grundlage entzogen.

Daher sind unter Beteiligung von Bund, Ländern und Gemeinden kurzfristig wirksame Maßnahmen zur Behebung von Versorgungsengpässen notwendig, insbesondere:
- Lieferung von medizintechnischer Ausstattung in Zusammenarbeit mit den in der Bundesrepublik ansässigen Herstellern;
- Unterstützung der ärztlichen Betreuung in der DDR unter Beteiligung der karitativen Organisationen und Ärztekammern;
- Vorbereitung kurzfristiger zusätzlicher Stromeinspeisung angesichts der im Win-

ter erwartbaren Energie- und insbesondere Stromengpässe sowie der akuten Probleme der Luftbelastung;
- Lieferung von Steinkohle für den Kraftwerksbetrieb und den Hausbrand, auch aus Beständen der Energieversorgungsunternehmen;
- Lieferung moderner Bautechnologien und Unterstützung beim Projektmanagement sowie bei der Einrichtung von Baustoffmärkten;
- Vermittlung der Kooperation von Reiseunternehmen mit Partnern der DDR unter Einbeziehung von Ferienheimen und Privatunterkünften sowie im Austausch von Urlaubs- und Ferienangeboten in Fremdenverkehrsregionen der Bundesrepublik;
- gemeinsame Maßnahmen zur Förderung des Sports für die Bürger beider deutscher Staaten.
- Wirtschaftspolitisch sind folgende Sofortmaßnahmen einzuleiten:
- währungspolitische Zusammenarbeit sowohl im Außenhandelssektor als auch im Binnenverhältnis, um volkswirtschaftliche Nachteile aus unrealistischen Wechselkursen für beide Staaten zu vermeiden;
- Beginn des Ausbaus der Infrastruktur, insbesondere der Kommunikationsnetze, der umweltverträglichen Energieerzeugung, des Verkehrs, insbesondere auf der Schiene, und der Stadterneuerung und Erhaltung historischer Bausubstanz. Dazu sollen Projekte vereinbart werden, die von der Bundesrepublik finanziell und durch Lieferung von Maschinen und Material unterstützt werden. Dafür ist auch das Instrument des Überziehungskredits im innerdeutschen Handel (Swing) zu nutzen;
- Rahmenbedingungen für gemeinsame Unternehmen und private Investitionen in der DDR durch Unternehmen aus der Bundesrepublik Deutschland;
- gemeinsame Maßnahmen zur Förderung des deutsch-deutschen Luftverkehrs unter Einschluß Berlins.

2. Die neue Qualität des Zusammenlebens der Deutschen verlangt praktische Solidarität und soziale Gerechtigkeit. Es ist notwendig, eine deutsch-deutsche Wirtschafts- und Sozialpolitik zu entwickeln, um zu verhindern, daß die Sozialsysteme und die Arbeits- und Wohnungsmärkte in beiden deutschen Staaten beeinträchtigt werden. Die finanziell und sozial Schwächeren in unserer Gesellschaft verlangen nach sozialer Gerechtigkeit. Sie dürfen weder auf dem Wohnungs- noch auf dem Arbeitsmarkt benachteiligt werden.

Die wiedergewonnene Freizügigkeit führt dazu, daß die Risiken in den Sozialsystemen beider Staaten nicht mehr getrennt kalkuliert werden können. Deshalb müssen die in der Bundesrepublik vor allem auf die Nachkriegssituation und die bisherige Unfreiheit in der DDR und in den osteuropäischen Staaten zugeschnittenen Gesetze überprüft werden. Wir sollten solche Regelungen überprüfen, die eine Abwanderung begünstigen. Gleiches gilt auch für die Regelungen über die Anerkennung von Rentenansprüchen. Dies ist wichtig für die wirtschaftliche und gesellschaftliche Entwicklung in der DDR und liegt im Interesse der Menschen in beiden Staaten, die zu einer grenzüberschreitenden Solidargemeinschaft finden müssen.

3. Die SPD schlägt vor, eine Vertragsgemeinschaft mit mittelfristigen Zielen zu vereinbaren. Diese soll als Vorstufe zu einer Konföderation gemeinsame Gremien, Institutionen und Konferenzen vorsehen und sich insbesondere auf die Gebiete von Wirtschaft, Umwelt, Verkehr, Energie und Kultur sowie Wissenschaft und Technologie mit dem Ziel erstrecken, die Lebensverhältnisse in beiden deutschen Staaten anzugleichen. Dazu gehören unter anderen:
- freie Wahl des Wohnsitzes zwischen beiden deutschen Staaten, mit einer Regelung der Staatsangehörigkeit, die jedem Deutschen die Möglichkeit einräumt, in jedem der beiden Staaten als Bürger mit gleichen Rechten und Pflichten zu leben;
- Vorbereitung einer Währungsgemeinschaft;
- Neuordnung des Verhältnisses der DDR zur Europäischen Gemeinschaft;
- Aufhebung sämtlicher Handelsbeschränkungen im innerdeutschen Handel;

In diesem Zusammenhang setzen wir uns für die Aufhebung der COCOM-Liste ein.

4. Die Größe der Aufgabe verlangt auch neue Ansätze zur Senkung des Rüstungsetats. Wir wollen die Modernisierung der östlichen und unserer Volkswirtschaften statt der Modernisierung der Waffen. Wir wollen sozialen Wohnungsbau und Modernisierung der Wohnungen in der DDR statt neuer Kasernen. Wir wollen Milliarden für neue Verkehrsverbindungen zwischen Ost und West statt neuer Militärflugplätze. Wir wollen, daß junge Menschen beim Wiederaufbau helfen können, statt einen zu langen Wehrdienst zu leisten. Auch wir im Westen müssen neu denken lernen.

Dementsprechend müssen beide deutsche Staaten gemeinsam Initiativen zur Beschleunigung der Abrüstung ergreifen. Dazu gehören Vorschläge
- für die zweite Phase der Wiener Verhandlungen mit dem Ziel struktureller Angriffsunfähigkeit;
- für den Abbau aller auf ihrem Boden befindlichen atomaren Waffen, insbesondere aller nuklearen Kurzstrecken- und Gefechtsfeldwaffen;
- für eine fühlbare Senkung der Rüstungsausgaben.

VI.

Berlin wird jetzt seine Rolle als deutsche und europäische Metropole in neuer Weise ausfüllen, auch als Sitz europäischer Institutionen und als Stätte internationaler Begegnungen, wie der Olympischen Spiele. Die Bürgerinnen und Bürger von Berlin (Ost) werden ihr Wahlrecht als urdemokratisches Recht durchsetzen. Berlin (West) darf kein Reservat mit eingeschränktem Wahlrecht bleiben. Die Bürgerinnen und Bürger von Berlin (West) müssen das Wahlrecht zum Deutschen Bundestag und zum Europäischen Parlament erhalten.

Berlin (West) braucht eine wirksame Unterstützung durch die Bundesregierung, um die besonderen Belastungen zu bewältigen, die durch die Freizügigkeit auf die Stadt zugekommen sind und um die Möglichkeiten zu nutzen, die Region Berlin mit ihrem Umfeld wirtschaftlich zu entwickeln und für die Menschen erlebbar zu machen. Berlin soll Sitz der konföderativen Organe sein.

VII.

Besorgnisse, die Bundesrepublik Deutschland könnte sich jetzt vom Westen abwenden, sind unbegründet. Wir wissen: Die EG hat eine Schlüsselrolle im Prozeß der gesamteuropäischen Integration. Sie dient der Überwindung der Nationalstaaten durch europäische Zusammenarbeit. Nur eine starke europäische Gemeinschaft kann einen starken Beitrag zum Aufbau Europas leisten. Wir wollen deshalb auch künftig dazu beitragen, daß sich die EG zu einer demokratischen und sozialen Union entwickelt und zu einer gefestigten Basis einer immer engeren gesamteuropäischen Zusammenarbeit wird.

Zu diesem Zweck muß sie sich für die Kooperation mit allen europäischen Staaten, insbesondere auch mit den Staaten Osteuropas und des östlichen Mitteleuropas noch weiter öffnen. Dazu vereinbaren EG und EFTA einen gemeinsamen Wirtschafts- und Sozialraum, in dem Kooperation auf allen Feldern der Gemeinschaftspolitik mit Ausnahme der Außen- und Agrarpolitik verwirklicht wird. Dazu schafft die EG die Möglichkeit einer besonderen EG-Assoziierung für die reformierten Staaten Osteuropas. Dazu strebt die EG gesamteuropäische Institutionen und Vereinbarungen mit den verschiedenen Teilen Europas (EG-Assoziierte, EFTA, Sowjetunion) im Bereich Umwelt-, Energie- und Abrüstungspolitik an. Die Möglichkeit für alle demokratischen Staaten, der EG beizutreten - wie in den Römischen Verträgen vorgesehen - gewinnt an Bedeutung und eröffnet die Chance, sie zu einer neuen gesamteuropäischen Gemeinschaft zu entwickeln. Wir wünschen und erhoffen von unseren Partnern in der EG und den Vereinigten Staaten von Amerika und Kanada, daß sie die Demokratisierungsprozesse in Osteuropa durch einen umfassenden Entwicklungsplan für die politische, ökonomische und ökologische Erneuerung Osteuropas, einschließlich der Sowjetunion, wirksam und schnell unterstützen.

Dazu zählen der Abbau von Handelsbeschränkungen, ein europäischer Kapitalfonds zur Finanzierung von privaten und öffentlichen Investitionen, die der Modernisierung von Betrieben, der Durchführung von Umweltschutzmaßnahmen wie auch einer wissenschaftlichen Kooperation dienen.

VIII.

Wer den Prozeß der deutschen Einigung voranbringen will, muß die Interessen der Großmächte und der europäischen Nachbarn berücksichtigen. Aus dieser Erkenntnis heraus haben wir auf den Helsinki-Prozeß gedrängt. Die Konferenz für Sicherheit und Zusammenarbeit in Europa, an der 33 europäische Staaten, die USA und Kanada teilnehmen, wird eine europäische Friedensordnung schaffen, in die auch das Zusammenleben der Deutschen eingebunden ist. Spätestens dann sollen die verbliebenen Vorbehaltsrechte der Vier Mächte entfallen. Die Helsinki-Konferenz hat den Weg zu Vertrauen und Abrüstung geebnet. Ihre Prinzipien sollten völkerrechtlich verbindlich werden. Sie muß sich eigene Institutionen schaffen, z.B. für den Umweltschutz und eine Sicherheitsbehörde, die zur Kontrolle der Wiener Abrüstungsverein-

Erhard Eppler. Programm-Parteitag der SPD, 18. – 20. Dezember 1989

barungen beiträgt. Die SPD unterstützt eine Gipfelkonferenz der 35 Staaten im Jahre 1990, um die dann vorliegenden Ergebnisse der Abrüstung in Kraft zu setzen.

Unmittelbar nach dem ersten Wiener Abrüstungsabkommen sollten weitere Verhandlungen mit dem Ziel vereinbart werden, die Streitkräfte um mindestens 50 Prozent zu reduzieren und strukturelle, verläßlich kontrollierbare Angriffsunfähigkeit zu erreichen. Die bestehenden Bündnisse können dann durch ein gesamteuropäisches Sicherheitssystem ersetzt werden. Unser Ziel ist es, die Militärbündnisse durch eine europäische Friedensordnung abzulösen.

Dokument Nr. 28
Grußwort des stellvertretenden Sprechers der Sozialdemokratischen Partei in der DDR (SDP), Markus Meckel, auf dem Programm-Parteitag der SPD in Berlin, 18. Dezember 1989

Protokoll vom Programm-Parteitag der SPD in Berlin 18. – 20. 12. 1989, Bonn o. J. [1990], S. 88 – 96

Zuallererst, lieber Willy, ich gratuliere dir im Namen der Sozialdemokratischen Partei in der DDR, ich gratuliere dir im Namen all derer, so glaube ich es sagen zu können, die in der DDR noch nicht organisiert sind, die aber sozialdemokratisch fühlen und dich, ich bin sicher, verehren und lieben. (Beifall)

Liebe Genossinnen und Genossen!

(Beifall) Es ist das erste Mal, daß ich eine solche Anrede benutze, und sie kommt mir nicht so leicht über die Lippen, obwohl sie genau hier ihren Platz hat. (Beifall) Wir Sozialdemokraten in der DDR können uns nicht so anreden, weil 40 Jahre SED diese alte sozialdemokratische Anrede so diskreditiert haben, daß sie eben unbenutzbar geworden ist – zunächst. Hier aber kann und will ich es sagen: Liebe Genossinnen und Genossen, (Beifall) ich bringe euch den Gruß der Sozialdemokraten in der DDR. Ihr habt uns eingeladen, und dafür danken wir euch. Wie schon die letzten Wochen gezeigt haben, fühlen wir uns bei euch nicht als Kulisse für einen Fototermin, sondern als Partner, deren Worte gehört werden. (Beifall)

So ist es uns besonders wichtig, zu dem Thema mitreden zu können, das jetzt hier verhandelt wird: die Deutschen in Europa. Da wird ein Prinzip deutlich, das wir in der politischen Entscheidungsfindung für ungeheuer wichtig halten und dem Sozialdemokraten immer folgen sollten: die Beteiligung der Betroffenen. Eines will ich euch sagen, ihr habt einen wirklich guten Entwurf zu diesem Thema vor euch.

Daß ein Sozialdemokrat aus der DDR auf einem Parteitag zu euch spricht, hat es noch nicht gegeben, jedenfalls nicht seit 1961. Wenn es bis dahin eine Frau oder ein Mann aus der Ostberliner SPD gewagt hat, zu reden und zurückzukehren – ich weiß nicht, ob es der Fall war und wann –, würde ich diese Frau oder diesen Mann gerne kennenlernen, falls sie oder er noch lebt. Das Schicksal der Sozialdemokratie in der DDR ist auf tragische Weise mit der SED verflochten. Erst wurde die SPD geschluckt, alles Sozialdemokratische dann ganz schnell ausgeschieden, unterdrückt, kriminalisiert und vernichtet. Diese leidvolle Geschichte wird noch offenzulegen und zu bearbeiten sein. Sie ist unvergessen. (Beifall)

In den letzten Jahren gab es viele Gespräche zwischen der SPD und der SED. Ich denke, das war wichtig und friedensfördernd für Europa. (Beifall) Die Ergebnisse, sowohl die abrüstungspolitischen Entwürfe wie das Papier zum Streit der Ideologien, weisen das aus. Wir haben sie begrüßt und für gut gehalten. Leider wurde dann aber

Markus Meckel und Willy Brandt. Programm-Parteitag der SPD, 18. – 20. Dezember 1989

die andere Ebene zu wenig beachtet, d.h. den Kontakt mit denen zu suchen, die in der DDR wirklich sozialdemokratisch denken und auch – ich betone: auch – Gesprächspartner hätten sein können und sollen. (Beifall)

Nach langer politischer Arbeit im Raum der Kirche entschlossen sich Anfang dieses Jahres Martin Gutzeit und ich, eine sozialdemokratische Partei zu gründen. Viele rieten uns ab und belächelten uns; auch gute Freunde. Man wollte keine Partei, schon gar nicht eine sozialdemokratische. Das sei ein Affront gegen die SED. Aber genau das wollten wir. (Beifall) Es sollte wirklich auch ein Tritt vors Schienbein der SED sein, gegen die, die sich das Erbe der Sozialdemokratie angemaßt und es dann zerstört haben. (Beifall) Es sollte sein und ist geworden ein Aufstehen gegen die Entmündigung, ein Akt der Menschenwürde.

Und so haben wir angefangen, Sozialdemokratie wieder lebendig werden zu lassen. Wir hoffen, auch gesellschaftswirksam werden zu können. So haben wir am 26. August, dem 200. Jahrestag der Erklärung der Bürger- und Menschenrechte in der Französischen Revolution 1789, den Aufruf zur Gründung einer sozialdemokratischen Partei veröffentlicht und dann am 7. Oktober, dem 40 Jahrestag der DDR, mit 43 Frauen und Männern die Sozialdemokratische Partei in der DDR gegründet. (Lebhafter Beifall) Das geschah noch unter konspirativen Bedingungen. Ich bin vorher –

wie sich dann zeigte: mit gutem Grund – untergetaucht, um dann in der Nacht vor der Gründung mit dem programmatischen Vortrag in der Tasche in Schwante wieder aufzutauchen. Jetzt ist die Partei da, ist lebendig und arbeitet seitdem, ohne jemanden zu fragen, ob sie darf. (Lebhafter Beifall) Wir wollten keine Zulassung. Wer wäre legitimiert, uns diese zu geben? (Beifall) Wir haben nur gesagt: Wir sind da; wir arbeiten. Und wir haben die Grundsätze des Statuts im Innenministerium abgegeben. Wir haben auch euch nicht gefragt. Es sollte von Anfang an klar sein: Wir sind eine selbständig denkende und handelnde Partei. (Beifall) Von daher fanden wir auch die ersten, mehr zurückhaltenden Äußerungen aus der SPD uns gegenüber recht gut. Sie zeigten: Wir sind keine Filiale der SPD.

Wir haben angefangen. Und mit etwas Stolz kann ich sagen: Wir haben es gekonnt. Tausende sind aufgestanden und sind unheimlich aktiv. Die sozialdemokratische Tradition ist in der DDR nicht tot; nicht durch das Verdienst der SED, sondern trotz der SED. (Beifall) 40 Jahre SED-Herrschaft haben sie nicht ausgelöscht. Da sind viele unter uns, deren Väter und Großväter, Mütter und Großmütter Sozialdemokraten waren. Da gibt es sogar Leute, die sich seit 1946 illegal als Sozialdemokraten getroffen haben. Es ist nicht zu vergessen: Auf dem Gebiet der DDR gab es sozialdemokratische Hochburgen. Nach dem Krieg bis zur Zwangsvereinigung gab es schon wieder 600 000 Sozialdemokraten. Das soll wieder so sein. (Beifall) Und doch wäre in 40 Jahren viel mehr an sozialdemokratischer Tradition verlorengegangen ohne die SPD und ihre Politik. Sie wurde gespannt und mit starker Anteilnahme verfolgt an den Bildschirmen und an den Radios, und sie wurde gespürt in der eigenen Wirklichkeit. Die Identifikation mit der SPD ist bei vielen DDR-Bürgern durch die Jahr hin groß. Ein Name steht dafür: Willy Brandt. Denkt an Erfurt 1970! (Beifall)

Ohne die Politik Willy Brandts und der SPD, ohne die von euch eingeleitete Entspannungspolitik und den KSZE-Prozeß wäre das nicht möglich gewesen, was in den letzten Wochen in der DDR geschah. Ich denke, auch in der SED gibt es nicht wenige, die sozialdemokratischen Ideen nahestehen. Sie haben im stillen Kämmerlein gesessen, haben zum Teil gearbeitet und konnten nicht wirksam sein, oder haben anders gehandelt, als sie dachten. Jetzt sind sie plötzlich da.

Die SED übernimmt unsere Inhalte und hat den Apparat, schnell ausgearbeitete Programme vorzulegen. Es ist ja interessant, sich unseren Aufruf, im Juli geschrieben, vorzunehmen und die einzelnen programmatischen Stichpunkte durchzusehen. Da ist kaum etwas, was nicht von anderen Parteien, den Blockparteien einschließlich der SED übernommen worden wäre. Selbst ein Punkt wie die Ländergliederung, die wir damals einbrachten, ist jetzt schon in der DDR mehrheitsfähig. Auch das ist gesellschaftsgestaltend in dem, was wir tun. Aber bei allem, was uns bei diesen Parteien programmatisch ähnlich ist, die Frage ist doch: Wer kann diese Politik glaubwürdig machen? (Beifall)

In unseren Augen hat die Partei, die den Bankrott in unserem Land herbeigeführt hat, nicht das Recht, es weiter zu führen. (Lebhafter Beifall) Die Wähler werden darüber zu befinden haben. Herr Gysi ist ein ehrlicher Mann, glaube ich. Er hat die schwere Aufgabe übernommen, das sinkende Schiff abzutakeln, und zwar so, daß möglichst wenig gesellschaftlicher Schaden auf das Konto der SED hinzukommt. Wir müssen die Frage nach der Glaubwürdigkeit und der Identität der SED stellen. Sie wird nicht nur ihre eigene Geschichte offenlegen und aufarbeiten müssen, sondern nach den geistigen Grundlagen für die stalinistische Entwicklung suchen müssen. Der Stalinismus ist ja nicht zufällig in allen Ländern, die sich fälschlicherweise sozialistisch nannten, entstanden und hat sich bis jetzt durchgehalten. Wer dies untersucht, geht an die Wurzeln der Identität. Wie steht die SED zum Marxismus-Leninismus? Das muß sie klären und sehr deutlich sagen. Sie hat uns nicht nur wirtschaftlich bankrott gemacht, sondern durch ihre Ideologie und die entsprechende Politik auch geistig und moralisch. Sie hat die Menschen ihrer Würde als mündige Menschen beraubt, ihre eigenen gemeinsamen Angelegenheiten in die Hand zu nehmen.

Die Deutschen in der DDR haben jetzt 56 Jahre Totalitarismus und Diktatur erlebt. Seit 1933 gab es auf dem Boden der DDR keine Demokratie. Da liegt viel Lernen vor uns. Doch wir sind gewiß: Wir werden es lernen, wir werden es wohl auch schnell lernen und alles dafür tun. Nur, tut uns hier bitte einen Gefallen: Fordert uns nicht zu schnellen Antworten heraus, wo man warten kann! (Beifall)

Manches ist gewiß schnell zu entscheiden in der DDR, und das gehört an den Runden Tisch; nur dort darf es entschieden werden. Er tagt heute wieder. Nur er darf die Linie festlegen, wo es langgeht. In diesem Sinne sollte die Regierung Modrow handlungsfähig gehalten werden bis zum 6. Mai. (Vereinzelter Beifall)

Für alles, was warten kann, laßt uns Zeit zur Klärung im eigenen Land! Dafür brauchen wir eine starke Öffentlichkeit mit unabhängigen Medien und demokratisch legitimierten Institutionen.

Die Mauer ist gefallen. Was das für uns als DDR-Bürger nach 28 Jahren emotional bedeutet, ist für euch wahrscheinlich kaum nachzuvollziehen. Es ist das ungeheuer schöne Gefühl, daß zusammenwächst, was zusammengehört. (Anhaltender Beifall)

Dieses Gefühl, aber auch die Angst vor den Folgen des wirtschaftlichen Bankrotts, lassen viele in der DDR nach Wiedervereinigung rufen. Was sagen wir Sozialdemokraten dazu? Zuerst sagen wir: Wir wollen handeln und tun es schon. Wir treten am Runden Tisch für die Gewährleistung von Versorgung und Produktion ein. Dafür brauchen wir eure Hilfe hier in der Bundesrepublik.

Ich möchte mich hier für alle konkrete Hilfe bedanken, vor allem für die, die schnell und unbürokratisch von sozialdemokratisch regierten Ländern und Gemeinden zum Teil schon geleistet worden ist. Mit solcher Hilfe wird deutsche Zusammengehörigkeit praktisch.

Wir sagen aber auch: Wir treten auch programmatisch für einen deutschen Einigungsprozeß ein. Aber wir wollen ihn so organisieren, daß niemand ihn befürchten muß, (Beifall) weder die sozial Schwachen noch die Völker Europas und der Welt, aber auch nicht unsere Nachkommen, deren Lebensmöglichkeiten durch einen weiteren Raubbau an der Natur immer mehr verringert würden. Die Einigung der Deutschen und die Einigung Europas sind ein und derselbe Prozeß. (Beifall)

Es muß alles ausgeschlossen werden, was diese Zusammengehörigkeit stört. Dabei kann es auch phasenhaft verschieden sein, was jeweils das andere vorantreibt.

Wenn jetzt die deutsche Frage so allgegenwärtig auf dem Tablett liegt, muß sie so behandelt und vorangetrieben werden, daß sie gleichzeitig die europäische Einigung fördert. Ein deutscher Sonderweg führt uns nicht voran. (Beifall)

Wir denken, wie ihr: Eine Konföderation der beiden deutschen Staaten wäre ein schon bald möglicher und auch wichtiger Schritt. Er ist schon jetzt, glaube ich, in beiden Staaten mehrheitsfähig. Wir sollten darangehen, dafür konkrete Modelle zu entwickeln und mit unseren Nachbarn darüber reden. Ich könnte mir vorstellen, daß unsere beiden Parteien eine Kommission bilden, die an diesen Fragen gemeinsam arbeitet. (Beifall)

In ihr sollten dann auch Sozialdemokraten aus anderen Ländern Europas teilnehmen. (Beifall) Das Aufeinander-Zugehen der beiden deutschen Staaten bietet die große Chance, daß beide wichtige Subjekte im Abrüstungsprozeß werden. Sie können eine bedeutende Rolle dabei spielen, die Militärblöcke zu Partnern im Abrüstungsprozeß umzufunktionieren. Noch ist die Gefahr der vielfältigen Waffen aller Art nicht gebannt, obwohl viele so tun und sie nicht mehr im Mittelpunkt der öffentlichen Aufmerksamkeit stehen. Der größte Teil dieses Teufelszeugs ist aber noch auf den Territorien unserer beiden Staaten vorhanden und sogar gegeneinander gerichtet. Hier haben wir gemeinsam dringliche Aufgaben. (Beifall)

Wir müssen den Prozeß der deutschen und der europäischen Einigung auf die Zukunft hin lenken, denken und gestalten und dabei jeder Nationalstaatlichkeit und nationalstaatlichen Romantik wehren. (Beifall)

Dieser Einigungsprozeß, den wir wollen, ist auch kein deutscher Selbstzweck. Wir wollen eine ökologisch orientierte soziale Demokratie auf den Grundlagen der Gerechtigkeit und der Solidarität. Das kann kein Staat in dieser Welt mehr für sich allein machen. Eine solche Demokratie muß Vorzeichen des Einigungsprozesses sein, den wir gemeinsam wollen. Wir müssen diesen Prozeß dann so gestalten, daß unser Wirtschaften ökologisch verantwortet wird und nicht auf Kosten der Völker des Südens geht. Der Erneuerungs- und Demokratisierungsprozeß in Osteuropa darf nicht gefährdet werden. Wir wollen ihn solidarisch unterstützen. In dieser Nacht hörte ich die Nachricht von einer Demonstration in Timisoara oder Temesvar oder Temmis. Ich bevorzuge jetzt den ungarischen Namen »Temesvar«. Ungarn gingen dort auf die Straße, um gegen die Zwangsumsiedlung von Tökés László, dem reformierten Pfarrer, der sich dort in der Opposition befindet und seit Monaten bespitzelt, attackiert und tätlich angegangen wird, zu protestieren. Ich denke, die Rumänen, die Ungarn, die Siebenbürger Sachsen, die Tataren und all die anderen Minderheiten in Rumänien brauchen unsere Solidarität. (Beifall) In diesem konkreten Fall schlage ich vor, daß die beiden deutschen Botschafter in Rumänien Tökés László besuchen und bei der Regierung Protest einlegen. (Beifall)

Wenn wir Deutschen uns einigen wollen, müssen unsere Nachbarn, insbesondere unsere polnischen Freunde, gewiß sein, daß wir ihre Grenzen anerkennen. (Beifall) Wir wollen dies garantieren. Europa, der alte Kontinent, ist in Bewegung gekommen. Alle europäischen, zum Teil nur die westeuropäischen Institutionen, müssen sich befragen lassen, ob und wie sie dieser Bewegung gerecht werden wollen und wofür sie eintre-

Herta Däubler-Gmelin. Programm-Parteitag der SPD, 18. – 20. Dezember 1989

ten. Der von der Sozialdemokratie in Europa wesentlich initiierte und getragene KSZE-Prozeß bietet wohl am ehesten die Chance, hier eine Perspektive zu entwickeln. Deshalb treten wir für eine Konferenz auf dieser Ebene schon in der nächsten Zeit ein.

Für die EG und den angestrebten westeuropäischen Binnenmarkt stellen sich ganz neue Fragen im Blick auf die Integration Mittel- und Osteuropas. Diese vielen Fragen, die auch ökologische und soziale Horizonte und Dimensionen haben, sollten so beantwortet werden, daß die osteuropäischen Staaten bei allen Lösungen aktiv als Partner mitwirken. Auch wir als Sozialdemokraten sollten hier gemeinsam mit den Freunden in der Sozialistischen Internationale arbeiten. Die Erfahrungen der letzten Wochen haben gezeigt, daß wir als Partner in einer solchen Arbeit akzeptiert werden. Das freut uns, und wir glauben, das ist auch für unser Land wichtig.

Wenn es uns in der DDR gelingen soll, unsere Gesellschaft im sozialdemokratischen Geist mitzugestalten, brauchen wir Verbündete. Es ist für uns eine wichtige Erfahrung, euch an unserer Seite zu wissen. Es ist gleichzeitig gut zu wissen – das ist nicht paternalistisch: Auch ihr braucht uns, (Beifall) wenn auch vielleicht in ganz anderer Weise und möglicherweise, weil bei uns jedenfalls Sozialdemokratie mit viel Schwung und Enthusiasmus verbunden ist.

Ich glaube, sagen zu können: Sozialdemokrat in der DDR zu sein ist überall spannend.

Wir brauchen uns, und wir brauchen uns gegenseitig, und wir brauchen es nicht zu verheimlichen. Deshalb laßt uns unser Bündnis ausbauen und zueinander stehen. Wir wünschen eurem Parteitag gutes Gelingen. Es wird zum Wohl aller Deutschen und Europäer sein. Vielen Dank. (Anhaltender Beifall)

Dokument Nr. 29
Rede des Ehrenvorsitzenden der SPD, Willy Brandt, auf dem Programm-Parteitag der SPD in Berlin, 18. Dezember 1989

Protokoll vom Programm-Parteitag der SPD in Berlin 18. – 20. 12. 1989, Bonn o. J. [1990], S. 124 – 142

Meine Damen und Herren! Liebe Genossinnen! Liebe Genossen! Liebe Freunde! Ich habe mich für viele Freundlichkeiten zu bedanken. Die Einladung, am 19. März nach Erfurt zu kommen, nehme ich besonders gerne an. Morgen Abend bin ich erst einmal in Magdeburg. (Beifall) Ich bedanke mich für die wirklich überzeugend europäische Rede des britischen Oppositionsführers vor diesem Parteitag. (Beifall)

Apropos Geburtstage und Alter: Als Pablo Casals, der große Cellist, 90 wurde, hat ihn jemand gefragt, ob es stimme, daß er noch jeden Morgen zwischen vier und fünf Stunden übe. Er hat gesagt: Ja, weil ich herausfinden und versuchen will, ob ich nicht hier und da noch ein bißchen besser werden kann. Also, laßt mich versuchen. (Beifall)

Meine Gedanken gehen heute 26 Jahre zurück, nämlich zum 18. Dezember 1963. Herta hat daran erinnert, und auch Walter Momper hat es getan. Welch ein Weg von jenen bescheidenen Berliner Passierscheinen bis hin zur innerdeutschen Reisefreiheit! Damals war viel Freude in der Stadt, auch damals schon. Doch es gab auch damals nicht nur Zustimmung.

Ein geschätzter CDU-Kollege, der Bundesminister Ernst Lemmer, fragte mich, ob wir uns nicht mit allzu wenig hätten abspeisen lassen. Ich habe damals gesagt, wir hätten uns vorgenommen, die offenen Themen Schritt für Schritt abzuarbeiten. Ich fügte hinzu: Noch so kleine Schritte sind mehr wert als alle großen Worte. (Beifall) In der Tat, unzulängliche Vereinbarungen und schwierige Verträge haben dazu gedient, den Zusammenhalt der getrennten Familien, der getrennten Volksteile und der gespaltenen Nation wahren zu helfen. Ich blieb der Meinung, die ganze Politik soll sich zum Teufel scheren, wo sie nicht dazu dient, Menschen in Bedrängnis das Leben etwas leichter zu machen. (Beifall)

Welche vernünftige Orientierung können wir in unserem Volk heute verwirklichen? Ich wende mich mit meiner Antwort über diesen wichtigen Parteitag hinaus an die Landsleute diesseits und jenseits der bisher so schmerzhaft trennenden Linien.

Erstens. Einander beistehen ist jetzt der Deutschen erste Bürgerpflicht. (Beifall)

Zweitens. Mit dem Einstieg in ein neues Verhältnis zwischen den beiden Staaten braucht nicht gewartet zu werden, bis die Mai Wahlen in der DDR stattgefunden haben; (Beifall) aber der Weg zu unbezweifelbarer Demokratie muß störfrei gehalten werden. (Beifall)

Drittens. Gemeinsame Interessen sprechen dafür, daß das Werk der Neugestaltung im anderen Teil Deutschlands jetzt Vorrang hat. Recht muß einkehren, Hektik gedämpft, Gewalttätigkeit vermieden, umfassende ökonomische und ökologische Zusammenarbeit eingeleitet werden.

Viertens. Es kann keine Rede davon sein, im Westen die Schotten dicht zu machen; aber die jetzt und künftig Verantwortlichen stehen in der Pflicht, sich über die sozialen Konsequenzen von Freizügigkeit und weiterreichender Einheit klarzuwerden. (Beifall)

Fünftens. Auf gar keinen Fall darf man sich zu etwas hinreißen lassen, was Konflikte mit den ausländischen – in diesem Fall sowjetischen – Streitkräften zur Folge hätten. Sie haben sich in die Ereignisse des Oktober 1989 erfreulicherweise nicht hineinziehen lassen und werden im übrigen ja auch nicht immer dort bleiben, wo sie heute sind. (Beifall)

Vor aller Augen, liebe Freunde, vollzieht sich ein Zusammenbruch der über 40jährigen SED-Herrschaft – mit viel Fehleinschätzung, Unwahrhaftigkeit, Mißachtung der Bürger: Eine gute Orientierung können wir nur geben, wenn wir uns hinreichend bewußtmachen, mit welch tiefgreifenden, ja revolutionären Umwälzungen wir es in Europa zu tun haben. Ja, erneut wird ein Jahr 89 – 1989 wie 1789 – als ein großes Jahr eingehen in die europäische Geschichte. (Beifall) Und es ist gut, sagen zu können: Die Deutschen waren dabei – jedenfalls nicht als Letzte, auch nicht mit dem geringsten Gewicht. (Beifall)

Aber Europa ist der eigentliche Gegenstand, Deutschland ein wichtiges, ein sehr wichtiges, glaube ich, Unterthema. Die Völker hatten genug vom gängelnden Führungsanspruch derer, die diesen weder verdient hatten, noch ihm gewachsen waren. Sie hatten mehr als genug davon, daß Meinungsfreiheit, Rechtssicherheit, Bürgerrechte überhaupt systematisch mit Füßen getreten wurden. Sie hatten mehr als genug von der Mißwirtschaft derer, die sich selbst nicht schlecht bedienten, aber die vielen anderen um den Ertrag ihrer geistigen und körperlichen Arbeit brachten. Was die Völker jetzt voranbringen, gibt unserem alten Kontinent ein neues Gewicht. Amerika bleibt wichtig, Ostasien wird wichtiger, aber Europa sackt nicht ab. Ich habe das Anfang des Jahres in Amerika noch anders gehört. Ich wiederhole: Europa sackt nicht ab. Daß seine Teile zusammenwachsen, entspricht einer geschichtlichen Logik. Und die Menschen spüren: Das Zukünftige ist besser gesichert, wenn hierüber gemeinsam und verantwortlich befunden wird.

Es kann nun auch als sicher gelten, daß wir – unter welcher Form von Dach auch immer – der deutschen Einheit näher sind, als dies noch bis vor kurzem erwartet werden durfte. Die Einheit von unten wächst, und sie wird weiter wachsen. (Beifall) Diese Einheit, die wächst, wird einen politischen Ausdruck finden, auch wenn dies noch einige eingeübte Statusdiplomaten im eigenen Land und in anderen Ländern aufscheuchen mag.

Aus den Wahlen im Mai wird eine neue Regierung für die DDR hervorgehen. Ob die Übergangsregierung bis dahin zurechtkommt, ohne mehr unbelastete Fachleute, zumal solche von den Vertretern der demokratischen Opposition benannt, wird sich zeigen. Die beiden deutschen Seiten dürften ihre engere Zusammenarbeit nicht durch fachliche Unzulänglichkeiten über Gebühr belasten lassen.

Liebe Freunde, wie wir Deutschen unsere inneren Probleme lösen, dazu brauchen wir – bald ein halbes Jahrhundert nach dem Krieg – kaum noch auswärtigen Rat. Über unsere Stellung in Europa und in der Welt verfügen wir freilich nicht ganz allein. Präsident François Mitterrand hat hierzu Hinweise gegeben, die zu überhören unklug wäre. Einige Staatsmänner oder Staatsfrauen scheinen sich allerdings schwerzutun, wenn die Gelegenheit bestehen könnte, einlösen zu sollen, wozu sich ihre Vorgänger auf geduldigem Papier gern bekannten. (Beifall) Freilich: Nur Naivlinge oder Stümper haben annehmen können, es würde nicht noch schwierig werden, wenn die nationalen Fragen der Deutschen – ich wähle bewußt den Plural – durch den Gang der Geschichte – lies jetzt: durch das Volk selbst – aufgerufen würden. Der Fall ist da. Und nichts wird wieder, wie es war. Wir können helfen, daß zusammenwächst, was zusammengehört – auch wenn nicht alles schon nächste Woche nachmittags um sechs passiert. Eine Wiedervereinigung von Teilen, die so noch nie zusammen waren, wird es nicht geben; (Beifall) eine Rückkehr zum »Reich« erst recht nicht. (Beifall) Das und nichts anderes war die »Lebenslüge« der 50er Jahre, an der ich ja auch mal beteiligt war, die aber weiter zu pflegen ich nicht für richtig hielt. (Beifall) Immerhin hatte ich dabei das Grundgesetz auf meiner Seite; denn es spricht nicht vom »Wieder«, sondern von Selbstbestimmung, von Einheit in Freiheit, von Europa und davon, dem Frieden zu dienen. (Zustimmung)

Es ist, liebe Freunde, kein Beweis überentwickelter Staatskunst, wenn man sich mit schweren Steinen im Rucksack auf einen Gipfel begibt. Stein Nr. 1: Der wahltaktische Umgang mit der Ostgrenze, von dem ja heute morgen schon die Rede war. Dabei ist klar, sonnenklar: Wer den künftigen Zusammenhalt der Deutschen gefährden will, der muß – und sei es nur mit advokatorischen Mitteln – gegen die heutige Westgrenze Polens anrennen; keinen Staat auf der ganzen Welt hätten wir dabei auf unserer Seite. (Beifall) Stein Nr. 2: Die deutsche Interessenlage erlaubte kein Schwanken angesichts der Europäischen Währungsunion. Wer sich vor der D-Mark fürchtet, dem muß gesagt werden, er möge gemeinsam mit uns für eine starke europäische Währung, für einen starken ECU sorgen. (Beifall) Stein Nr. 3: Statt immer noch militärische Halb-Weltmacht – ich habe nicht gesagt Halbwelt-Macht – spielen zu wollen, hätte unzweideutig rüberkommen müssen – Jochen Vogel hat es hier heute früh deutlich genug gesagt –, daß beide Seiten in Deutschland sich in dieser Situation gefordert fühlen müssen, Schrittmacherdienste für Abrüstung zu leisten. (Beifall)

Dabei war und bin ich dafür, das jeweils erreichbare Maß an Gemeinsamkeit anzustreben, wo Existenzfragen der Nation und Europas anstehen. Es bleibt immer genug übrig, worüber zu streiten sich lohnt. Es wäre müßig, wenn wir uns jetzt – hüben wie drüben – mit einer gewissen deutschen Gründlichkeit in das Thema vertieften, unter welcher Art von gemeinsamem Dach wir in Zukunft leben werden. Doch wenn es wahr ist, daß die Teile Europas zusammenwachsen, was ist dann natürlicher, als daß die Deutschen in den Bereichen, in denen sie mehr als andere in Europa gemeinsam haben, enger miteinander kooperieren. (Beifall) Denn nirgends steht auch geschrieben, daß sie, die Deutschen, auf einem Abstellgleis zu verharren haben, bis irgendwann ein gesamteuropäischer Zug den Bahnhof erreicht hat. Das ist nicht das, was in meinem Verständnis Einbettung bedeutet. Allerdings gebe ich gern zu, daß beide Züge, der gesamteuropäische und der deutsche, bei ihren Fahrten vernünftig zu koordinieren sind. Denn wer hätte etwas davon, wenn sie irgendwo auf der Strecke zusammenstießen?

Gewiß, liebe Freunde, Sicherheitsinteressen der anderen haben selbst dann Gewicht, wenn sie sich stärker an eingebildeten als an objektiven Gegebenheiten orientieren oder aus diesen ableiten. Viele von uns sehen ein, daß ein deutsches Haus nicht gut zwei militärische Bündnisse beherbergen kann. Aber ist das nicht bloß eine Momentaufnahme? Sind die Bündnisse nicht dabei – das im Osten allemal – ihren Charakter zu ändern? Werden wir es nicht insoweit in absehbarer Zeit mit einer veränderten, grundlegend veränderten Wirklichkeit zu tun haben? Bis sie eines Tages hinfällig geworden sein werden, mögen die Bündnisse noch wichtige Aufgaben erst der Vergewisserung, dann der Abwicklung zu erfüllen haben. Ich plädiere insoweit – maßgebenden Einwänden in Ost und West nachspürend – für etwas Geduld. Ich plädiere – insoweit dem Bundespräsidenten folgend – auch sonst für einige Gelassenheit. Aber ich möchte doch auch – und mißversteht dies bitte nicht – die Verbündeten der Bundesrepublik bitten und dem bisherigen Hauptverbündeten der DDR zu erwägen geben, uns nicht über Gebühr diplomatischen Finessen auszusetzen, (Beifall) die geeignet wären, die deutsche Szene mit nationalistischen Reaktionen zu belasten. (Erneuter Beifall)

Die Drei Mächte – in diesem Fall die USA, die UdSSR und Großbritannien – haben den Deutschen auf der Potsdamer Konferenz vom Sommer 1945 die Chance der Einheit in Aussicht gestellt. Die regelmäßigen Bekundungen zugunsten deutscher Einheit – etwa als ritueller Bestandteil von NATO-Texten, an denen auch ich zeitweilig mitzuwirken hatte – sind doch nicht etwa in der Erwartung abgegeben worden, niemandem werde die Probe aufs Exempel abverlangt? Und die gesamteuropäische Vereinbarung von Helsinki soll doch wohl schon gar nicht zu einem Hindernis dagegen aufgebaut werden, daß die Teile Deutschlands – einvernehmlich und in Ausübung des Rechts auf Selbstbestimmung – überflüssig gewordene Trennzäune wegräumen? Auch Vorbehalte der Vier Mächte sollten mit Blick auf die Jahrtausendwende nur mit großer Vorsicht aus der Vitrine geholt werden.

Ich kann nicht dazu raten, den Deutschen – bei ungenügender Berücksichtigung des Generationenwandels – den Eindruck zu vermitteln, es werde über ihre Köpfe hinweg über Dinge verfügt, die sie selbst angehen. (Beifall)

Die Mächtigen dieser Welt haben es, wie wir selbst, nicht mit der ersten, sondern mit einer zweiten Generation derer zu tun, die nach 1945 heranwuchsen. Im Übergang zu den 90er Jahren – 45 Jahre nach Kriegsende – taugt die Kategorie Sieger – Besiegte nicht mehr. (Beifall) Die jungen Deutschen – ich, der ich die Geschichte dieses Volkes über lange Zeit verfolgt habe, darf dies wohl sagen –, die jungen Deutschen von heute wollen Frieden und Freiheit wie die Jungen – jedenfalls die meisten – in anderen Ländern auch. Und wer will ernsthaft widersprechen, wenn ich hinzufüge: Noch so große Schuld einer Nation kann nicht durch eine zeitlos verordnete Spaltung getilgt werden. (Beifall)

Nun weiß freilich niemand, wie weit das Pendel ausschlägt, bevor die Zeit neu zu messen sein wird. Irrationale Sonderausschläge sind zu vermuten; es gibt sie schon. Wo demokratische Energien freigesetzt werden, bleibt Abfall zurück. Nationalistische Verirrungen, ständestaatliche Ladenhüter, rassistische Scheußlichkeiten – an mehr als einer Stelle in Europa ist vieles davon wieder da und verlangt, unterschiedlich von Land zu Land eine deutliche Antwort. Ein Rückfall in den Vorkriegsnationalismus darf sich Europa wirklich nicht leisten. (Beifall) Für unser Land heißt dies: Verantwortungsvolle und geschichtsbewußte Deutsche dürfen sich nicht zu nationalistischem Verhalten mißbrauchen lassen. (Beifall) Das wäre, von anderem abgesehen, gegen den aufrechten Gang.

Vor knapp 14 Tagen habe ich in Rostock – es war lange her, seit ich das letztemal da sein konnte; das war während der Nazizeit auf dem Weg von Skandinavien nach Berlin mit dem Paß eines anderen Landes – gesagt: Die deutsche Sozialdemokratie ist wieder da – in Deutschland; indem sie in der DDR wieder da ist, ist sie in Deutschland wieder da, nicht nur bei uns im deutschen Westen. Auch insoweit wächst zusammen, was zusammengehört. (Beifall) Wie immer organisatorische Dinge geregelt und der sich verändernden deutsch-deutschen Lage angepaßt werden mögen, Deutschland braucht eine sozialdemokratische Bewegung. (Beifall) Aus dem führenden Kreis der namensergänzten Einheitspartei wird jetzt bekundet, man erinnere sich auch sozialdemokratischer Werte. Das ist löblich. Und ich hielte es auch gegenüber anderen Ländern für borniert, nähme man nicht mit gebotener Aufgeschlossenheit Kenntnis von den »Mutationen«, den Artveränderungen kommunistischer Parteien. Doch unserer Wohltätigkeit sind Grenzen gesetzt, denke ich. (Beifall) Und an Gedächtnisschwund leiden wir hoffentlich auch nicht. (Beifall) Es muß in Ordnung gebracht werden, was Sozialdemokraten und – ich füge hinzu – nicht anpassungswilligen Kräften der anderen Parteien wie Jakob Kaiser zu seiner Zeit in den Jahren 1946 folgende angetan wurde. Wir lassen auch über die Entwicklung seitdem mit ihren Verfolgungen und Verfälschungen nicht einen Mantel des Verschweigens legen. (Beifall)

Die jüngeren Leute, die die Konkursverwaltung der SED übernommen haben, können sich weithin auf persönliche Nichtbeteiligung berufen, wo es sich um die Verfolgung der Sozialdemokraten handelte. Sie müssen sich trotzdem sagen lassen: Damals handelte es sich nicht um Vereinigung, sondern es handelte sich um Gefangennahme der Sozialdemokraten und um die Verfolgung unserer Idee. Und die dauerte auch in Tauwetterzeiten an. Jetzt wird es Frühjahr, und die Gefangenschaft geht zu Ende. Da muß die Wahrheit auf den Tisch. Mich braucht niemand zu belehren, daß in den Kerkern, in den geheimen Zirkeln und im Exil während der Naziherrschaft eine Sehnsucht nach Einheit anschwoll. Ein Wunsch nach Zwangsvereinnahmung war das nicht. Zu der kam es durch böse Nachhilfemethoden der damaligen Besatzungsbehörden. Es gab bekanntlich nicht nur sporadischen Widerstand, es gab einstimmig Ablehnungen, wie am 6. Januar 1946 im Rostocker Stadttheater: einstimmig durch die Mitgliederversammlung. Doch der Wille der Mitglieder zählte nicht. Opponierende Funktionäre wurden ins Zuchthaus befördert, nach Sibirien deportiert. So auch in Sachsen, so vielerorts sonst in der damaligen Ostzone. Die Wahrheit kommt auf den Tisch. (Beifall)

Aus dem Vorstand der SED war jetzt zu vernehmen, am Zusammenschluß von 1946, da legal zustandegekommen, sei nichts in Ordnung zu bringen. Das ist ein ernster Irrtum. Die Wahrheit kommt auf den Tisch. Und gravierendes Unrecht muß im Rahmen des Möglichen wiedergutgemacht werden. (Beifall) Dabei rufe ich ausdrücklich nicht nach einer »Rehabilitierung« durch Instanzen, die dazu weder moralisch noch politisch legitimiert sind. (Beifall)

Markus Meckel heute Vormittag – ein glücklicher junger Mann, geboren 1951 – fragte, was denn wohl 1961 – da war er zehn Jahre alt – mit den Sozialdemokraten im Ostsektor von Berlin gewesen sei? Ja, die Vier-Mächte-Beschlüsse ließen es zu, daß bis dahin, wenn auch drangsaliert, Sozialdemokraten im anderen Teil in allen acht Bezirken – die hatten sogar ihre Sekretariate – tätig sein konnten. Ich war damals Landesvorsitzender. Nach dem Bau der Mauer haben wir beschließen müssen: Wir entlassen euch aus eurer Loyalität, wir können euch den Druck nicht mehr zumuten. Wir hätten jetzt, gestützt auf einen Beschluß der Vier-Mächte-Kommandantur aus dem Jahre 1946, die Tätigkeit im Ostsektor von Berlin wiederaufnehmen können. (Beifall)

Aber damit hätte Unklarheit aufkommen können. Denn nach der Sommerpause, noch unter den Bedingungen der Halblegalität, hatte sich die SDP, die Sozialdemokratische Partei in der DDR, gebildet. Und ich sage hier ohne viel sonstige Worte: deren Initiatoren haben wirklich nicht nur Mut, sondern auch Einfallsvermögen bewiesen, und ihnen gebührt Respekt, Dank und Solidarität. Sie gehören zu uns, wie wir zu ihnen. (Beifall)

In der SED, wie gesagt, jetzt mit einem Zusatz versehen, was den Namen angeht – spätere Beschlüsse vorbehalten – macht man es sich offensichtlich noch zu leicht. Mit ein bißchen Namensergänzung und verspäteter Anpassung an die seit fünf Jahren aus Moskau kommenden neuen Signale läßt sich eine neubegründete Überzeugung noch nicht hinreichend nachweisen, (Beifall) jedenfalls ein erneuter Führungsanspruch nicht rechtfertigen. Apropos Signale: Es ist hart aber nicht ungerecht: Das Volk, die Völker hörten die Signale, und die SED-Funktionäre gehörten teils in die Rente, teils in den Wartestand. (Beifall) Dabei füge ich hinzu: Das Recht auf Irrtum steht Kommunisten zu wie anderen. Sie auszugrenzen wäre unvernünftig. (Beifall) Ihnen einem ergänzten Parteinamen zuliebe, neue Vorrechte einzuräumen, ist jedoch überhaupt nicht zu rechtfertigen. (Erneuter Beifall) Übrigens: Auch ein Bundeskanzler wird zu bedenken haben, daß er nicht wider Willen dazu beiträgt, das Leben abbruchreifer Strukturen zu verlängern. (Beifall)

Mir liegt daran, liebe Freunde, hinzuzufügen: nicht alles, was gegen bisherige Spitzenfunktionäre der SED vorgebracht wird, kann überzeugen. Gewiß, »Korruptniks«

gehören vor den Kadi, erst recht allerdings solche, die für die Verfolgung Andersdenkender verantwortlich sind. (Beifall) Ich gehöre zu denen, die die in der bisherigen SED ausgebrochene Jagd auf Sündenböcke als altstalinistisch und widerwärtig empfinden. (Beifall) Wer dabei war und den Mund nicht aufkriegte, sollte für nachträgliche denunziatorische Tätigkeit nicht auch noch gelobt werden. (Beifall) Das gilt auch für so manchen Würdenträger der Blockparteien. (Lebhafter Beifall) Da gibt es Leute, die möchten mit Pfunden wuchern, die sie längst verspielt haben. (Beifall)

Wir werden – grenzüberschreitend in mehrfacher Hinsicht – vieles in Ordnung zu bringen haben, bis die verschiedenen Teile unseres Vaterlandes gut zueinander passen. Meine Freunde, das sich einigende Europa hat in Zeiten, in denen es nationalstaatliche Beengungen zu überwinden gilt, unser übergeordnetes Ziel, unser Orientierungspunkt zu bleiben. Das gilt für die EG wie für unsere frühe Mahnung, daß Europa nicht an der Elbe endet. Hochachtung und wirkliche, tief empfundene Verbundenheit kennzeichnen, denke ich, unser Verhältnis zu den mittel- und osteuropäischen Nachbarn in Polen, zu den Ungarn, den Tschechoslowaken, den Bulgaren, auch dem Volk der Rumänen, (Beifall) wenngleich dort ein verspäteter Byzantiner noch immer zu meinen scheint, er habe Sozialismus in einer Familie zu verwirklichen; (Heiterkeit und Beifall) eine freundliche Haltung nicht zuletzt übrigens zu den reformhungrigen und erneuerungsbedürftigen Völkern im Staatsverband der UdSSR.

Vergessen wir nicht – obwohl außerhalb des bisherigen Ostblocks – die Völker Jugoslawiens, denen in deren eigenem und im europäischen Interesse dringend zu wünschen ist, daß sie den Zerfall ihrer Föderation zu verhindern wissen. Ich lasse hier, weil ich eh schon die Zeit über Gebühr in Anspruch nehme, ein bißchen weg, bitte das Präsidium nur, damit einverstanden zu sein, daß mein Text voll ins Protokoll aufgenommen wird. – Schönen Dank! (Heiterkeit und Beifall)

Das Europa der Völker ist dabei, sich Gehör zu verschaffen. Kulturelle Identitäten gewinnen neue Gestalt. Sein Wille zu dauerhafter Sicherung des Friedens läßt sich nicht verkennen. Sein Drang zu wirtschaftlicher Einheit wird sich, weil so elementar, kaum bremsen lassen. Sie seien auf dem Weg von Ost nicht einfach nach West, sondern nach Europa, sagte unlängst einer aus der Donauregion. Und wer wollte bezweifeln, daß von dem mühsamen und mittlerweile doch überzeugenden Vorhaben des Zusammenschlusses im europäischen Westen magnetische Wirkungen ausgegangen sind! EG und Perestroika, und die Überzeugung der Mächtigen in Washington und Moskau, daß beide es sich nicht leisten könnten, von der Last der Rüstungsausgaben erdrückt zu werden, das alles hat zusammengewirkt. Aber daß Gorbatschows Perestroika noch immer schwer abzuschätzende Kräfte freigesetzt hat, wer wollte das übersehen! Für die Schubkraft haben die Menschen gesorgt, die sich nicht länger für dumm verkaufen lassen wollten.

Es ist ein Vorteil, daß bei allem sonstigen Streit die maßgeblichen Kräfte der bundesrepublikanischen Demokratie darin einig sind, daß die Europäische Gemeinschaft so ausgebaut werden soll, wie es beschlossen ist. Durch den Gang der Entwicklung auf der Tagesordnung heraufgerückt ist die Verwirklichung einer überzeugenden EG-Ostpolitik. Sie wird sich in allem Wesentlichen ergeben müssen aus weitgehenden

Kooperationsverträgen mit den einzelnen Staaten diesseits der Sowjetunion, mit der langfristigen, aber kaum umstößlichen Perspektive einer gesamteuropäischen Wirtschaftsgemeinschaft. Die Zusammenarbeit mit der Sowjetunion selbst kommt dann hinzu, wobei ja wohl keiner denkt, daß das europäische Haus notwendigerweise bis Wladiwostok reicht. Denn das wäre, glaube ich, nicht ganz praktisch; sonst wären wir bei den alten Ideen: von San Francisco bis Wladiwostok. Das wäre dann nicht mehr ganz Europa. Objektive Gegebenheiten machen es möglich und deutsche Interessen sprechen dafür daß die DDR rascher als andere an die EG heranrückt; um die Ecke herum war sie ja bisher schon dabei. Da das nicht unvernünftig ist, sollten wir ruhig ein bißchen nachhelfen. (Beifall)

Liebe Freunde, Elemente einer europäischen Friedensordnung wollen wir einmal von ihrem hohen Begriff herunterholen. Was heißt das? Elemente einer solchen Friedensordnung beginnen sich, deutlich herauszubilden, als Ergebnis der Verhandlungen, die in ein System gemeinsam zu kontrollierender europäischer Sicherheit münden: Wien etc. Durch die Impulse, die von der neuen Gipfelkonferenz nächstes Jahr in Helsinki ausgehen mögen, mit einer gesamteuropäischen Umweltagentur – nicht irgendwann, sondern in der ersten Hälfte der 90er Jahre –, hoffentlich mit so etwas wie einer gesamteuropäischen Kulturstiftung, bei voller Ausschöpfung der Möglichkeiten, über die der sich öffnende Europarat in Straßburg und die lange dahindämmernde ECE – Economic Commission for Europe – in Genf verfügen; die beiden deutschen Staaten sitzen dort jedenfalls mit am Tisch.

Alle diese institutionellen Ansätze sind zu nutzen, wenn von der europäischen Einbettung deutsch-deutscher Politik die Rede ist.

Für Berlin ist zusätzlich zu bedenken, wie es mehr als eine der kommenden gesamteuropäischen Institutionen – vielleicht mehr als eine – gut bei sich aufnehmen kann, zusätzlich zu den Organen von so etwas wie der deutschen Konföderation.

Europäische Friedensordnung, das heißt dann auch, daß Antwort auf jene Fragen gegeben wird, die normalerweise in einem Friedensvertrag für Deutschland zu beantworten gewesen wären.

Bei alledem ist darauf zu achten, daß die Europäer und die Deutschen in Europa die globalen Probleme nicht aus dem Auge verlieren: den Hunger und die gravierenden Entwicklungsprobleme in der Dritten Welt ebensowenig wie die weltweite Bedrohung der natürlichen Umwelt. Vielerorts – ich muß euch das in allem Ernst sagen – im Süden wird befürchtet, die neuen Aufgaben in Mittel- und Osteuropa würden auf Kosten der ohnehin mager ausgestatteten Entwicklungspolitik gehen. Diese Furcht ist nicht unbegründet. Das darf aber nicht geschehen. (Beifall)

Wir müssen das eine tun und dürfen das andere nicht lassen. Wenn ich von globalen Fragen spreche, so sage ich dies auch in dankbarer Erinnerung an Professor Sacharow, der heute in Moskau zu Grabe getragen wird. Unsere europäischen und globalen Perspektiven werden wir nicht einem nationalen oder gar einem nationalistischen Zeitgeist opfern. Wenn verderbliche Parolen ausgegeben werden, haben wir dem konkret europäische und multinationale Ideen entgegenzusetzen. Und sie zu verwirklichen, soweit die Kräfte reichen. Niemand wird ernsthaft bestreiten wollen, daß sich deutsche Sozialdemokraten sehr viel Mühe gegeben haben, Vorhaben der europäischen Einigung zum Durchbruch zu verhelfen. Und dabei den Ausgleich zwischen europäischen und nationalen Interessen glaubhaft zu machen.

Unsere Vorgänger haben vor erheblich mehr als hundert Jahren nicht nur der Vision eines verträglichen, miteinander verbundenen Europa angehangen; sie legten sich auch früh für die deutsch-französische Verständigung ins Zeug, während fast überall ein gefräßiger Imperialismus ins Kraut schoß. Daß sich die SPD nach dem Ersten Weltkrieg programmatisch zu den Vereinigten Staaten von Europa bekannte, das ist hier zu Recht schon einmal festgehalten worden – wenn ich auch vermute, wir würden dafür heute eine Bezeichnung finden, die weniger im 19. Jahrhundert verwurzelt wäre.

Wir waren im Untergrund, im Gefängnis und im Exil dafür, daß Europa komme. Wir haben nach dem Zweiten Weltkrieg – als Opposition und als Regierung – die Sache Europas gefördert und vorangebracht, im Westen. Da haben wir nämlich angefangen, bevor wir die Verträge machten, die Westpolitik flottzumachen. Dann kam das andere dazu. Als wir die Ostverträge erst auf den Weg und dann über die parlamentarischen Hürden brachten, taten wir es in der Überzeugung, dies diene der Sicherung des Friedens und liege gleichermaßen im europäischen wie im nationalen Interesse. (Gorbatschow haben wir freilich nicht erfunden; der gegenwärtige Bundeskanzler erst recht nicht.) Zur Konferenz von Helsinki im Sommer '75 wäre es nicht gekommen, hätten wir den Schlüssel verweigert (wie es, den meisten kaum noch erinnerlich, die damalige Opposition von uns erwartete). Wir sind mit guten Freunden in Europa und Amerika daran gegangen, den Gedanken gemeinsamer Sicherheit zu konkretisieren.

Mein Gedächtnis müßte mich schwer täuschen, wenn wir besonders beim letzteren, bei der Ostpolitik und der gemeinsamen Sicherheit, auf die Zustimmung oder auch nur das Verständnis derer gestoßen wären, die bei uns in der Bundesrepublik seit geraumer Zeit den Eindruck erwecken möchten, sie seien schon immer dafür gewesen. (Beifall) Es ist sehr gut, wenn man hinzuzulernen versteht. Aber die Drangsalierung – ich muß dies mal so nennen dürfen – die Drangsalierung, gegen die wir uns durchzusetzen hatten, war erheblich. Sie raubte Kräfte und gefährdete Chancen. Und die Anfeindungen kamen, wie es wohl nicht anders sein konnte, aus mehr als einer gegnerischen Ecke. (Vereinzelter Beifall) Wir können jedoch stolz sein, in der Tradition derer zu stehen, die sich schon dem großsprecherischen und säbelrasselnden Wilhelminismus nicht beugten. Und was immer man der Weimarer Republik, der schwächlichen Weimarer Republik, ankreiden mag, niemand kommt daran vorbei, daß der sozialdemokratische Reichspräsident Friedrich Ebert Entscheidendes dazu beigetragen hat, daß Deutschland nach dem Ersten Weltkrieg zusammengehalten wurde. (Beifall)

Während der Nazidiktatur haben wir den Gedanken vom anderen, europabewußten Deutschland nicht untergehen lassen. Und niemand kann bestreiten, daß Kurt Schumacher und Ernst Reuter und die anderen – einige von uns sind ja noch dabei – nach dem Zweiten Weltkrieg das ihnen Mögliche daransetzten von Deutschland zu retten, was zu retten war. So war die Formel. So war der Inhalt der Aufgabe. Daher haben wir uns auch nicht mit der billigen Wiederholung von Beschwörungsformeln begnügt, sind auch nicht allzu simplen Rezepten zur automatischen Wiederherstellung der staatlichen Einheit gefolgt. Wenn ich mich selbst aus dem Jahre '62 zitieren darf: »Zwischenlösungen sind denkbar. Eine Entwicklung in Etappen ist wahrscheinlicher als die Wahl zwischen These und Antithese. Die Einbeziehung legitimer Sicherheitsinteressen aller Beteiligter wird ohnehin unerläßlich sein.«

Es gibt nicht mehr viel, verehrte Anwesende und liebe Freunde, das mich überraschen könnte. Aber wundern tue ich mich schon, wenn ich etwa der Vorwurf höre, die Sozialdemokratische Partei Deutschlands habe sich den Kommunisten angebiedert oder sich mit ihnen naiv verbrüdert. Ich könnte mehr als eine Retourkutsche fahren. Laßt mich hier nur sagen: Diese deutsche Sozialdemokratie, die ist unangefochten geblieben in ihrer Ablehnung jeder Form von Diktatur, ihrem Widerstand gegen jede Form von Gewaltherrschaft. Und worin wir immer sonst geirrt haben mögen oder womit wir unzulänglich gewesen sein mögen: Knechtschaft und Krieg haben wir nie über unser deutsches Volk gebracht. (Beifall)

Ich füge hinzu: Verdächtigend von Anbiedern zu sprechen, ist eine unwürdige Form der Auseinandersetzung. (Beifall) Oder soll unsereins beginnen vorzurechnen, wer wann mit wem Hirsche und Bären jagen ging, (Beifall) wer sich von welchem Devisenbeschaffer und Waffenhändler einspannen ließ und wer vor wem welchen Teppich ausrollte? Nein, Anbiederungsbonbons brauchen wir uns nicht ans Jackett oder an die Bluse kleben zu lassen. (Beifall) Freilich, angesichts von Kaltem Krieg und Eisernem Vorhang gab es Vorgänge, die man Deutschlands und des Friedens wegen nicht liegen lassen durfte, sondern um die man sich auch mit schwierigen Partnern – Gegnern/Partnern – zu bemühen hatte. Und deutsche Sozialdemokraten hatten einen wesentlichen Anteil daran, daß einer großen Zahl bedrängter Landsleute geholfen werden konnte, daß die beiden Staaten noch vor den jüngsten Veränderungen einander nicht im Weg standen, wo es um Rüstungsabbau in Europa ging, daß man beginnen konnte – wo sitzt Erhard Eppler? –, auch über tiefgreifende Meinungsverschiedenheiten zivilisiert miteinander zu reden. (Beifall)

Wichtig erscheint mir, der grundsätzlichen Bedeutung nachzugehen, die dem katastrophalen Scheitern kommunistischer Parteien, auch wenn sie sich anders nannten, zukommt. Waren es etwa, wie einige sagen, im wesentlichen »Abweichungen« von der rechten linken Lehre, die sie im Abgrund oder hart an dessen Rand landen ließen? Nein, daß Stalinismus und dessen Verlängerung in Wirklichkeit Antisozialismus waren, hat sich selbst in Rußland herumgesprochen. (Beifall) Und für den Stasiismus gilt Entsprechendes. Sich über das Volk zu erheben, die breiten Schichten geringzuschätzen, das war in einer Ausprägung der frühen russischen sozialistischen Bewegung angelegt – in einer Ausprägung –, so auch die absurde Vorstellung, auf Wirtschaft wie auf Staat Regeln zu übertragen, die militärischen Reglements entlehnt waren. Es war ein schweres Versäumnis, nicht noch energischer, als wir es getan haben, dagegen angegangen zu sein, daß der Begriff Sozialismus für diktatorische Herrschaftsformen und Kommandowirtschaft in Anspruch genommen wurde. (Beifall)

Auch Leuten, denen solche Klarheit zuwider ist, muß eingehämmert werden: Die geistige Fundierung der freiheitlichen Sozialdemokratie unterscheidet sich nicht graduell, sondern ist etwas prinzipiell anderes als die eines autoritären Kollektivismus. (Beifall) Und einen Sozialismus, der keiner war, konnte man auch nicht reformieren. (Beifall) Historisch bemerkenswert bleibt die im wesentlichen gewaltfreie Ablösung und Selbstaufgabe jener Parteien und Regime, die durch sowjetische Hilfe an die Macht gekommen waren und allzulange dort belassen wurden. Da nun erwiesen ist, daß jener Weg eine Sackgasse war, ist schwer zu verstehen, wozu ein dritter Weg empfohlen wird.

Wer die Verhältnisse in der DDR auch nur einigermaßen kennt, weiß, daß nicht nur die Häuser neue Farbe bitter nötig haben, sondern daß vor allem der Anschluß an moderne technische Möglichkeiten und zeitgemäße Formen des Wirtschaftens dringend gewonnen werden muß. Der Teil Deutschlands, den heute die DDR ausmacht, hat die Chance, im nächsten Zeitabschnitt einen großen Schritt nach vorn zu tun. Die Erneuerung von Produktionsapparat und Infrastruktur erfordert – anders geht das gar nicht – vielfältige Kooperation mit fortgeschrittenen westdeutschen oder europäischen Unternehmen und Instituten. Diese Zusammenarbeit kann nur gedeihen, wenn nicht geringgeschätzt wird, was drüben unter von Beginn an schwierigen Bedingungen zustande gebracht wurde. (Beifall)

Diese Kooperation darf nicht geprägt sein durch gleichschaltende Überheblichkeit; sie muß von partnerschaftlichem Denken getragen sein, und eine solche Perspektive wird es vielen noch lohnender erscheinen lassen, dort zu bleiben und zu wirken, wo sie zu Hause sind. (Beifall)

Kapitalismus mit menschlichem Antlitz sei besser als Sozialismus ohne – so höre ich es aus dem sozialdemokratischen Schweden. Doch das stimmt ja auch nur, wenn man es durchgehen läßt, als Sozialismus zu bezeichnen, was den Menschen vermeidbare Not aufhalst und ihnen tatsächlich die Chance nimmt, ein wachsendes Maß an Freiheit, Gerechtigkeit und Solidarität zu erfahren. Diese Chance nicht zu zerstören und nicht zu verbauen – dafür steht die Sozialdemokratie.

Ich sage, liebe Freunde: Die SPD ist wieder da, auch in Sachsen, Sachsen-Anhalt, in Thüringen, in Mecklenburg und in dem, was von Preußen übriggeblieben ist. Die Sozialdemokratie erlebt ihre Wiedergeburt zugleich in jenen anderen Teilen Europas, in denen sie während der zurückliegenden Jahrzehnte verfolgt und in Zwangsjacken gesteckt worden war. (Es wird dabei noch manche Zersplitterung geben; das läßt sich bei Neuanfängern selten vermeiden.) Engagierte Frauen und Männer gehen neu ans Werk in Warschau und in Prag, in Budapest und in Sofia und vielerorts sonst. Auch an manchen Stellen in der Sowjetunion wird jetzt häufiger, als man es noch zur Kenntnis nimmt, auf sozialdemokratische Gedanken zurückgegriffen. Im Revolutionsjahr 1989 drängt nicht länger nur der sozialdemokratische Gedanke zur Wirklichkeit, es drängt nunmehr auch die Wirklichkeit zum sozialdemokratischen Gedanken. Das ist eine Anleihe von dem Mann mit dem dicken Buch. (Das Kapital) (Beifall)

In der Tat, die Wirklichkeit drängt zum Gedanken, das noch Sperrige ist das Sperrfeuer von Ewiggestrigen. Sozialdemokraten, zumal deutsche Sozialdemokraten,

Egon Bahr. Programm-Parteitag der SPD, 18. – 20. Dezember 1989

Klaus Matthiesen, Dieter Spöri, Wolfgang Roth. Programm-Parteitag der SPD, 18. – 20. Dezember 1989

werden wichtige Beiträge auf dem Weg zu leisten haben, der jetzt vor uns liegt, durch die Menschen nicht überfordernde Ansprüche an Herz und Kopf. Ich wähle diese Reihenfolge. (Beifall)

Zumal: Deutschland braucht eine starke Sozialdemokratie. Dieser Berliner Parteitag wird nach allem, was ich erkennen kann, ein inhaltsstarkes Programm beschließen. Ein Programm der sozialen Demokratie, des ökologischen Umbaus, der unverkürzten Menschenrechte, der europäischen und internationalen Verpflichtung, und das fügt sich gut ein in die neuen Wegbestimmungen unserer weltweiten Parteienfamilie, unserer Internationale.

Nicht zum erstenmal kann die SPD über das eigene Land hinaus eine bedeutende, manchmal sogar bahnbrechende Rolle spielen. Als Hauptwidersacher der Kommunisten – ich wiederhole: als Hauptwidersacher der Kommunisten – war die Sozialdemokratie mehr als andere prädestiniert, das geistige Gefecht gegen sie zu führen. Gleichzeitig hatten wir die ökonomische Rationalität des Westens an die Grundwerte zurückzubinden und den Sozialstaat entwickeln zu helfen, und darin sind wir in West-, erst recht in Nordeuropa ein Stück vorangekommen. Nur: Die »neue Kultur des Zusammenlebens und Zusammenwirkens«, um die es zentral im Berliner Programm gehen wird, die war in einer Welt des waffenstarrenden Ost-West-Gegensatzes weder im Innern noch in den äußeren Beziehungen hinreichend zu verwirklichen.

Das Zerbrechen der alten Ost-West-Feindschaft hat mehr als die Berliner Mauer in die Bereiche des Musealen befördert, auch Mauern zwischen manchen veralteten Gedanken und neuer Wirklichkeit. Die neue Wirklichkeit drängte zu Gedanken der Einheit, der Zusammenarbeit und der sozialen Demokratie. Ein sozialdemokratisches Jahrhundert – Hans-Jochen war heute morgen schon mal dabei – kann dieses leider nicht mehr werden, aber von uns, von unsereins stark mitgeprägte 90er Jahre, das erscheint in greifbare Nähe gerückt. Die Gefährdungen sind nicht zu Ende, aber die Absurditäten vom Ende der Geschichte sind zu Ende, haben auch nicht lange gedauert, (Beifall) einen Sommer und einen Herbst. Nein, alternativlos geht die Geschichte nicht zu Ende, und es lohnt sehr, an vernünftigen Alternativen mitzuwirken. Ich wünsche mir meine Partei ein weiteres Mal als einigende Kraft in unseren Landen und als demokratische Gewährsmacht für Europa in Deutschland. Schönen Dank für eure Aufmerksamkeit. (Lang anhaltender lebhafter Beifall. Die Delegierten erheben sich)

IV. Konkretisierung: Um Währungs- und Sozialunion und die Frage der Sicherheitssysteme

Dokument Nr. 30
Erklärung der Delegiertenkonferenz der Sozialdemokratischen Partei der DDR zur deutschen Einheit, 14. Januar 1990

Bestand Sozialdemokratische Partei in der DDR SDP/SPD-Parteivorstand, Delegiertenkonferenz und Parteitage: Delegiertenkonferenz in Berlin, 12. – 14.1.1990, 2/SDPA000005

Vorlage des Vorstandes

Erklärung der Delegiertenkonferenz der Sozialdemokratischen Partei Deutschlands in Berlin am 14. Januar 1990 zur deutschen Frage

Wir Sozialdemokraten bekennen uns zur Einheit der deutschen Nation. Ziel unserer Politik ist ein geeintes Deutschland. Eine sozialdemokratisch geführte Regierung der DDR wird die notwendigen Schritte auf dem Weg zur deutschen Einheit in Abstimmung mit der Regierung der Bundesrepublik gehen. Was sofort möglich ist, soll sofort geschehen. Eine sozialdemokratische Regierung wird einen Wirtschafts- und Währungsverbund als vorrangige Aufgabe in Angriff nehmen. Alle Schritte des deutschen Einigungsprozesses müssen in den gesamteuropäischen Einigungsprozeß eingeordnet sein. Denn wir wollen die deutsche Einheit nur mit der Zustimmung aller unserer Nachbarn. Ihre Grenzen sind für uns unantastbar. Wir erstreben eine europäische Sicherheits- und Friedensordnung. Wir sehen dabei für uns die besondere Verantwortung, den Demokratisierungsprozeß und die wirtschaftliche Erneuerung in Osteuropa zu fördern.

Dokument Nr. 31
Ingrid Matthäus-Maier: Forderung nach Schaffung einer Währungsunion, 19. Januar 1990

Ingrid Matthäus-Maier: Signal zum Bleiben. Eine Währungsunion könnte den Umbau der DDR-Wirtschaft beschleunigen, in: Die Zeit, Nr. 4, 19. Januar 1990

Die deutsch-deutsche Politik steht unter Erfolgsdruck: Der anhaltende Übersiedlerstrom aus der DDR erschwert dort die Reformen und verschärft in der Bundesrepublik die Probleme auf dem Wohnungs- und Arbeitsmarkt sowie bei den sozialen Sicherungssystemen. Um den Exodus zu stoppen, muß den Menschen in der DDR rasch eine Zukunftsperspektive eröffnet werden, damit sie in ihrer Heimat bleiben. Die bisher vorgeschlagenen Reformansätze zur notwendigen Sanierung der DDR-Wirtschaft werden aber mehr Zeit beanspruchen, als die Menschen in der DDR und die Regierungen in Ost-Berlin und Bonn haben. Hier könnte die Währungspolitik eine Lösung bieten. Dazu sieben Thesen.

These 1: Wenn die Währung der DDR nicht allgemein als »Geld« akzeptiert wird, wird sich die D-Mark in der DDR weiter ausbreiten und die DDR-Mark verdrängen.
Geld ist in der DDR vorhanden. Woran es fehlt, ist ein ausreichendes Warenangebot und eine Währung, mit der jedes gewünschte Gut im eigenen Land und auch außerhalb gekauft werden kann. Wenn die DDR-Mark diese Währung nicht ist, wird die D-Mark diese Lücke füllen.

These 2: Die DDR braucht eine konvertible Währung.
In einer offenen Volkswirtschaft wird nur eine Währung als voll werthaltig angesehen, mit der auch außerhalb des eigenen Währungsgebietes Waren und Dienste erworben werden können. Daher gehört die Konvertierbarkeit der DDR-Mark, also die Möglichkeit, sie zu einem bestimmten Kurs in Devisen umtauschen zu können, zu Recht zu den Zielen der anstehenden Reformen.

These 3: Die Schaffung einer konvertiblen DDR-Mark aus eigener Kraft erfordert viel Zeit, die die DDR nicht hat.
Für die Stützung des Wechselkurses einer konvertiblen Mark sind Devisen erforderlich. Die für die Devisenbewirtschaftung notwendige internationale Wettbewerbsfähigkeit der DDR-Wirtschaft ist aber nur mittelfristig zu erreichen. So notwendig eine tiefgreifende Reform der DDR-Wirtschaft auch ist, sie ist kein kurzfristig wirksamer Lösungsansatz, mit dem der Übersiedlerstrom gestoppt werden kann. Die zehn Jahre, die in den fünfziger Jahren die Bundesrepublik bis zur Konvertierbarkeit der D-Mark brauchte, stehen heute nicht zur Verfügung.

These 4: Eine rasch wirksame Lösung wäre die Bildung eines deutsch-deutschen Währungsverbundes.
Wenn die beiden deutschen Staaten zusammenwachsen sollen, dann müssen die Bundesrepublik und die DDR schrittweise zu einer immer enger werdenden Zusammenarbeit im Bereich der Wirtschaft und der Währungspolitik kommen. Ein deutsch-deutscher Währungsverbund wäre ein entscheidender Schritt auf dem Weg zur deutschen Einheit.

Es gibt Stimmen, die einen Währungsverbund erst am Ende des Reformprozesses sehen. Sie verkennen, daß wegen der engen Wechselwirkungen zwischen wirtschaftlicher Annäherung und währungspolitischer Integration ein paralleles Vorgehen erforderlich ist. Parallelität kann selbstverständlich nicht vollkommen Gleichschritt von Wirtschafts- und Währungspolitik bedeuten. Auch bei der Bildung des Europäischen Währungssystems (EWS) hat die Währungspolitik bei der EG-Integration eine Führungsfunktion übernommen, die wegen des Erfolges des EWS heute niemand mehr kritisiert.

Ein Währungsverbund der beiden deutschen Staaten brächte für beide Seiten Vorteile:

Die DDR verfügte über eine auch international akzeptierte Währung, die sie für Importe verwenden kann, um damit das Investitions- und Konsumgüterangebot zu vergrößern.

Der steigende Wohlstand in der DDR würde viele DDR-Bürger veranlassen, in ihrer Heimat zu bleiben. Die Bundesrepublik würde die Kosten sparen, die durch die Zuwanderung der DDR-Bürger entstünden.

Bei der Schaffung eines deutsch-deutschen Währungsverbundes wäre zunächst eine feste Anbindung der DDR-Mark an die D-Mark denkbar. Bei fixem Wechselkurs wäre es im Ergebnis gleichgültig, ob man über D-Mark oder DDR-Mark verfügt. Unter den gegebenen Bedingungen müßten die für einen deutsch-deutschen Währungsverbund in der DDR erforderlichen Rahmenbedingungen rasch geschaffen werden.

Dazu gehören die Reform des Preissystems, die Beseitigung des Kaufkraftüberhangs, etwa durch Ausgabe von Eigentumstiteln über bisher im Staatseigentum befindliche Unternehmen und Wohnungen, und unumkehrbare Maßnahmen zur Reform des Wirtschaftssystems. Zwingend notwendig wäre auch eine unabhängige Zentralbank, eine streng stabilitätsorientierte Geldpolitik und ein nach marktwirtschaftlichen Grundsätzen funktionierendes Bankensystem.

These 5: Nur die stabile D-Mark als eindeutige und unbestrittene Leitwährung kann den Erfolg des deutsch-deutschen Währungsverbundes garantieren.
In einem Währungsverbund mit der Bundesrepublik kann die geldpolitische Steuerung in der DDR nur im Einvernehmen mit der Deutschen Bundesbank erfolgen. Entsprechende Regelungen wären notwendiger Vertragsbestandteil des Währungsverbundes.

Ein Währungsverbund könnte folgendermaßen funktionieren:

Für das Austauschverhältnis von D-Mark und DDR-Mark wird ein fester Wechselkurs politisch vorgegeben. Dieses Kursverhältnis hängt ab von der Höhe des für die

Kursstützung zur Verfügung stehenden D-Mark-Betrages (je höher das Finanzvolumen an D-Mark, desto günstiger kann der Kurs für die DDR-Mark sein) und der Höhe des hinnehmbaren Wohlstandsgefälles zwischen der Bundesrepublik und der DDR (je geringer das Wohlstandsgefälle, um so höher muß der Kurs der DDR-Mark sein).

Dieser politisch festgelegte Kurs wird durch Interventionen auf dem Devisenmarkt fixiert. Bis auf weiteres wird das einseitig dadurch erfolgen müssen, daß die DDR-Mark durch Interventionen mit D-Mark gestützt werden muß. Solange die DDR die dafür notwendigen D-Mark-Beträge nicht allein erwirtschaften kann, wird die Kursstabilität ohne Hilfe der Bundesrepublik nicht durchzuhalten sein.

Die Kursstützung könnte zu Lasten eines gemeinsamen Währungsfonds vorgenommen werden. Die Finanzierung des Währungsfonds kann durch öffentliche Haushaltsmittel oder durch Kreditaufnahme durch den Währungsfonds, gegebenenfalls mit staatlichen Kreditgarantien, erfolgen. Der Bundesbank ist nach geltender Rechtslage untersagt, DDR-Mark aufzukaufen. Die Bundesbank sollte schon allein deshalb nicht zu Interventionen zugunsten der DDR-Mark verpflichtet werden, um – wenn auch unberechtigte – Sorgen über die Stabilität der D-Mark gar nicht erst entstehen zu lassen. Das schließt nicht aus, daß die Bundesbank als fiscal agent im Auftrag und zu Lasten der Bundesregierung technisch tätig wird.

These 6: Denkbar und konsequent wäre ein Währungsverbund mit einer einheitlichen Währung, also eine Währungsunion.

Das sichtbarste Signal für wirtschaftlichen Aufschwung in der DDR wäre, die D-Mark als offizielles Zahlungsmittel in der DDR zuzulassen und die DDR-Mark schrittweise aus dem Verkehr zu ziehen. Eine gemeinsame Währung wäre die zu Ende gedachte Form eines Währungsverbundes. Dabei kann nach Lage der Dinge die einheitliche Währung nur die D-Mark sein.

Wenn die DDR-Mark völlig durch die D-Mark ersetzt wird, müssen die Geldbestände in der DDR (Bargeld, Spargeldhaben) in D-Mark umgestellt werden. Bei einem Bestand von 177 Milliarden DDR-Mark und einem Umtauschkurs von beispielsweise fünf Ost-Mark wären das rund 35 Milliarden D-Mark. Für die Umwandlung der Bargeldbestände in der DDR in Höhe von 15,6 Milliarden Mark (1988) wären bei diesem Kurs nur 3,1 Milliarden D-Mark erforderlich. Entscheidet man sich bei der Umwandlung der Geldbestände für sozial gestaffelte Kurse, kann sich ein anderer D-Mark-Bedarf ergeben.

Die Bundesbank könnte diese Umwandlung – wenn die rechtlichen Voraussetzungen geschaffen werden – durchaus allein in Zusammenarbeit mit der Zentralbank der DDR ohne öffentliche Haushaltsmittel leisten. Denkbar wäre, daß die Bundesbank durch den zur Geldversorgung notwendigen zusätzlichen Bargeldumlauf die Passiva in ihrer Bilanz erhöht und gleichzeitig von der Zentralbank der DDR in derselben Höhe werthaltige Forderungen übernimmt und in die Aktive einstellt. Das Ergebnis wäre eine reine Bilanzverlängerung ohne Auswirkungen auf das Ergebnis der Gewinn- und Verlustrechnung.

These 7: Eine Währungsunion mit der D-Mark wäre für die Bürger in der DDR ein einsichtiges und überzeugendes Signal für eine rasche wirtschaftliche Besserung, das sie zum Bleiben in ihrer Heimat veranlassen könnte.

Mit einer Währungsunion würde auf der für das konkrete Leben der Menschen entscheidenden Alltagsebene die deutsche Einheit sichtbar vorangebracht. Damit würde der Druck vermindert, die deutsche Einheit auf der darüberliegenden international politisch schwierigeren staatlichen Ebene überstürzt zu vollziehen. Wer es ernst meint mit der deutschen Einheit und den Menschen in der DDR eine überzeugende Zukunftsperspektive geben will, muß sich für eine Lösung entscheiden, die ein harmonisches Zusammenwachsen der beiden deutschen Staaten ermöglicht.

Dokument Nr. 32
Beratungen des Parteivorstandes zur Kanzlerkandidatur Oskar Lafontaines und zur Übersiedlerfrage, 29. Januar 1990

Auszug aus dem Protokoll über die Sitzung des Parteivorstandes, 29. Januar 1990, 14.00 – 18.15 Uhr, in Bonn, Erich-Ollenhauer-Haus, S. 1 – 13

Zu Beginn der Sitzung gratulierte Hans-Jochen Vogel der saarländischen SPD und allen voran Oskar Lafontaine zu dem überwältigenden Erfolg bei den saarländischen Landtagswahlen. Er sagte, dort sei nach Schleswig-Holstein das beste Ergebnis für Sozialdemokraten bei den Landtagswahlen seit 1949 erreicht worden.

Vor Eintritt in die Tagesordnung gedachte der Parteivorstand des verstorbenen Herbert Wehner.
[...]

TOP 1: Ergebnisse der Wahlen im Saarland

Oskar Lafontaine sagte, mit einem solchen Wahlergebnis habe er nicht gerechnet. Er sei davon ausgegangen, daß die 50-Prozent-Marke zu erreichen gewesen sei. Daß es darüber hinausgegangen sei, habe auch ihn überrascht. Entscheidend sei jedoch, daß der Einzug der Republikaner in den Landtag verhindert werden konnte. Dies könne sich als ein historisches Ereignis erweisen.

Hans-Jochen Vogel hob die große persönliche Leistung Oskar Lafontaines für den Wahlerfolg hervor. Er habe sich schlimmen Vorwürfen aus den Reihen der Union, aber auch von Kohl selbst, ausgesetzt gesehen. Die Niederlage Töpfers sei nun auch eine Niederlage Kohls. Das Ergebnis bedeute für uns eine weitere Klärung in der Frage des Spitzenkandidaten. Hans-Jochen Vogel betonte, Parteivorstand und Parteirat hätten im Sommer vorigen Jahres in Aussicht genommen, den Spitzenkandidaten für die Bundestagswahl, also unseren Kandidaten für das Amt des Bundeskanzlers der

Bundesrepublik Deutschland, im Frühjahr 1990 zu nominieren. Die endgültige Entscheidung sollte dann im Herbst 1990 ein außerordentlicher Bundesparteitag treffen. Es sprächen gute Gründe dafür, diesen Entscheidungsprozeß nunmehr konkret einzuleiten. Er kündige deshalb an, daß er dem Parteivorstand die Nominierung von Oskar Lafontaine vorschlagen werde. Oskar Lafontaine bringe für diese Aufgabe hervorragende Voraussetzungen mit. Seine großen Erfahrungen und seine bisherigen Leistungen als Oberbürgermeister und Ministerpräsident, sein Engagement innerhalb unserer Partei, die Unerschrockenheit, mit der er auch unbequeme Themen aufgreife und seine konzeptionellen Fähigkeiten, die er zuletzt als Geschäftsführender Vorsitzender der Programmkommission und als Vorsitzender der Arbeitsgruppe »Fortschritt '90« unter Beweis gestellt habe, qualifizierten ihn in besonderer Weise. Der überzeugende Wahlsieg, den er zusammen mit den saarländischen Sozialdemokratinnen und Sozialdemokraten an der Saar errungen habe, weise ihn überdies einmal mehr als einen Politiker aus, der die Menschen anzusprechen, mitzureißen und zu überzeugen wisse. Er schlug vor, im März im Parteivorstand und im Parteirat die Nominierungsfrage zu behandeln.

In der Aussprache schlug Karl-Heinz Hiersemann vor, die Nominierung unseres Kandidaten noch vor den bayerischen Kommunalwahlen und somit auch vor den Wahlen in der DDR am 18. März vorzunehmen. Dies werde sich positiv auswirken. Dieser Auffassung schloß sich auch Norbert Gansel an, der die Frage stellte, ob es bei der für Februar geplanten Parteiratssitzung mit der Behandlung anderer Themen bleiben könne. Davon wurde unter anderem von Hans Koschnick abgeraten. Er sagte, der Parteirat könne erst dann zusammentreten, wenn er sich auch mit der Nominierung beschäftige. Dieter Spöri warnte vor einer wochenlangen öffentlichen Diskussion über die Kandidatur. Es bestehe die Gefahr der Zerfaserung.

Hans-Jochen Vogel stellte fest, eine Parteiratssitzung könne erst einberufen werden, wenn auch die Nominierung auf der Tagesordnung stehe. Er erbat für sich und Oskar Lafontaine die Vollmacht, gemeinsam mit Johannes Rau, Herta Däubler-Gmelin, Gerhard Schröder und Norbert Gansel den Termin der nächsten Parteiratssitzung festzulegen.

Oskar Lafontaine betonte, die Absicht, ihn zum Kanzlerkandidaten zu nominieren, sei eine ehrenvolle Aufgabe. Es sei keine Koketterie, wenn er sich, wie bereits vorher angekündigt, nun Zeit nehme, um zu überlegen. Es gebe für ihn im Leben noch andere Dinge, die ihm wichtig seien. Und gerade im letzten Jahr habe er auch persönlich einiges wegstecken müssen. Bei seinem Wahlkampf habe er nicht das Kanzleramt im Auge gehabt, sondern voll auf ein gutes Wahlergebnis an der Saar gesetzt.

Wenn es nur um seine Person ginge, sei die Sache klar. Sechsmal habe er für die Partei die Rolle des Spitzenkandidaten eingenommen. Er wisse, was es bedeute, möglicherweise in einen Bundestagswahlkampf zu gehen. Alle Rohre seien schon jetzt auf ihn gerichtet. Im saarländischen Wahlkampf habe die CDU ihn in unfairer Weise angegriffen und familiäre Dinge dabei mit einbezogen. Oskar Lafontaine betonte, er sei kein bequemer Mann und er würde auch kein bequemer Kandidat sein. Wenn er die Aufgabe übernehme, dann wolle er auch gewinnen. Wenn er dieses Ziel nicht anstrebe, werde er die Aufgabe auch nicht übernehmen. Es gebe das Problem, daß, wenn er das Spiel gewinnen wolle, er auch bestimmen müsse, wie gespielt werde. Es gebe politisch-inhaltlich unterschiedliche Auffassungen. Dies dürfe im Wahlkampf jedoch nicht zu einem vielstimmigen Chor führen. Er könne und wolle nicht alles bestimmen, aber er müsse im Parteivorstand und auch in der Bundestagsfraktion mitbestimmen.

Als abträglich bezeichnete er aus den Reihen der Partei kolportierte Auffassungen, wonach Hans-Jochen Vogel der bessere Kanzler und Oskar Lafontaine der bessere Kandidat sei. Die Aussage »Lafontaine versteht nichts vom Regieren« stimme nicht. Denn seit 16 Jahren übe er Regierungsverantwortung aus, und dies ohne große Pannen. In diesem Punkte brauche er keine Belehrungen.

Oskar Lafontaine sagte, »Ihr müßt wissen, auf wen Ihr Euch einlaßt. Wenn ich Ja sage, müßt Ihr wissen, was das heißt.« Mit 46 Jahren werde er sich auch nicht mehr grundlegend ändern. Seine persönliche Neigung gehe in eine andere Richtung. Er könne sich auch eine fünf- bis zehnjährige ruhigere Phase vorstellen.

Keine Probleme habe er, so betonte Oskar Lafontaine, mit den deutschlandpolitischen Vorstellungen von Willy Brandt. Klar müsse aber auch sein, daß die Wahlen in der Bundesrepublik hier und nicht in der DDR zu gewinnen seien. Die gegenwärtigen Meinungsumfragen seien nicht entscheidend. Kohl, so betonte er, habe die Wahl noch lange nicht gewonnen.

Abschließend stellte Oskar Lafontaine fest, er könne dem Parteivorstand seine Nominierung zum Kanzlerkandidaten nicht unbedingt empfehlen.

Hans-Jochen Vogel sagte, Oskar Lafontaine habe sich ähnlich artikuliert, wie das andere Spitzenkandidaten früher geäußert hätten. Das sei durchaus verständlich. Für unsere Partei gebe es in der bevorstehenden Bundestagswahl mit Oskar Lafontaine eine realistische Chance, wenn wir alles in eine Waagschale legten.

Norbert Gansel sprach von einer überzeugenden Kandidatenrede von Oskar Lafontaine. Er habe mit Respekt gesehen, welch großen persönlichen Einsatz Oskar Lafontaine leiste. Er sei der richtige Kandidat für das Programm Fortschritt '90 und der richtige Kandidat, der es verstehe, anstelle des übertriebenen nationalen Pathos, soziale Dimensionen hervorzuheben. Wichtig sei es, nun keine Koalitionsaussagen zu treffen.

Karsten Voigt sagte, Oskar Lafontaine habe klar gemacht, daß er nicht zu verbiegen sei. Die Partei werde ihn unterstützen. Aber klar müsse auch sein, daß sie sich nicht verbiegen lasse. Ein guter Mann sei der, der Ratschläge bekomme und auch Rat annehme.

Erfahrungsgemäß werde in unserer Partei, so sagte Heidi Wieczorek-Zeul, am politischen Vorgehen Einzelner Kritik geübt. Sie wolle davon abweichen, denn die Behandlung der Übersiedlerfrage durch Oskar Lafontaine sei außerordentlich positiv zu bewerten. Sie habe unsere Partei vorangebracht. Die Linie von Oskar Lafontaine sei richtig gewesen, sie habe sich in der Partei durchgesetzt.

Inge Wettig-Danielmeier betonte, es bedürfe einer positiven Identität von Kanzlerkandidat und Partei. Darauf müsse Oskar Lafontaine Rücksicht nehmen. Wichtig sei ihr seine Position zur Frage der deutschen Einheit. Darüber müsse noch bei der Nominierung gesprochen werden.

Hans-Jochen Vogel stellte die Zustimmung des Parteivorstandes zu der Vollmacht bei der Festlegung des Termins von Parteivorstand und Parteirat zur Nominierung fest. Einstimmig verabschiedete der Parteivorstand eine Entschließung zum Wahlausgang im Saarland.

TOP 2: Politischer Bericht

Zunächst ging Hans-Jochen Vogel auf die Situation in der DDR ein. Er verwies auf die Vorverlegung des Wahltermins und auf die Beteiligung der Oppositionsparteien und Gruppen an der jetzigen Regierung. Diese Vorgänge in der DDR seien von hier aus begleitet worden. Unter den gegebenen Umständen seien vernünftige Ergebnisse erzielt worden. Die Vorverlegung des Wahltermins sei insbesondere durch den raschen Zerfall der SED hervorgerufen worden.

Die weitere Entwicklung unserer Partei in der DDR sei ermutigend. Dies habe sich nicht zuletzt bei der des Landesverbandes Thüringen gezeigt. Dort sei klar geworden, daß die SPD eine erste Rolle in einer freigewählten Regierung der DDR spielen könne. Grundlage unseres Handelns sei die Entschließung des Berliner Parteitages. Hierüber gebe es auch mit Oskar Lafontaine Übereinstimmung. Dies gelte auch für den sozialen Unfrieden, der in unserem Lande entstehe. Hans-Jochen Vogel berichtete von den Arbeiten der Fraktion zur Konkretisierung der Vorstellung von einer Konföderation. Der hierfür vorgesehene Zeitraum müsse aufgrund des Wahltermins in der DDR verkürzt werden. Jetzt sei es erforderlich, mitzuhelfen bei der Abfassung des Wahlprogramms der SPD in der DDR. Der Geschäftsführende Vorstand habe Harald B. Schäfer beauftragt, sich mit den Problemen des Atomkraftwerkes Greifswald zu beschäftigen. Eine sofortige Abschaltung scheide offenbar aus, da sonst die Stromversorgung in weiten Teilen der DDR zusammenbreche. Unsere grundsätzliche Forderung bleibe jedoch davon unberührt. Jetzt aber gelte es, zunächst die Sicherheit zu erhöhen. Verurteilt wurde von ihm der schädliche Versuch Waigels, Oppositionsparteien in der DDR gegeneinander aufzuhetzen. Die Behauptung, die SPD sei von der SED unterwandert, sei falsch. Besonders zu verurteilen seien die Vorwürfe gegen den mehrfach inhaftierten Ibrahim Böhme wegen seiner früheren SED-Mitgliedschaft.

Hans-Jochen Vogel wies auf die vorliegenden Entschließungsanträge der Fraktion zur Aussiedlerproblematik hin. Zudem sei durch den Geschäftsführenden Fraktionsvorstand ein Antrag zur Rentenfrage verabschiedet worden. Zu dem Punkt Übersiedler- und Notaufnahme-verfahren werde in der kommenden Woche eine beschlußfähige Vorlage von einer Arbeitsgruppe unter Leitung von Gerlinde Hämmerle, an der auch die Länder beteiligt seien, vorgelegt. Zum Themenbereich Abrüstung gebe es eine zusammenfassende Entschließung. Darüber hinaus sei geplant, einzelne Punkte im Rahmen der Haushaltsdebatte des Bundestages zur Abstimmung zu stellen.

Als sehr schwierig bezeichnete Hans-Jochen Vogel die Lage in der Sowjetunion. Die Stellung von Gorbatschow sei unsicher. Hier werde die nächste ZK-Sitzung von größter Bedeutung sein.

Abschließend wies Hans-Jochen Vogel auf die Planung der Bundesregierung hin, den Wahltermin auf den 2. Dezember festzulegen. Er sagte, aus unserer Sicht spreche nichts gegen einen solchen Termin.

Aussprache

Die Frage der Aus- und Übersiedler, so sagte Hermann Heinemann, werde im Landtagswahlkampf von überragender Bedeutung sein. Wenn es keine Veränderung gebe, werde bald in vielen Kommunen alles zusammenbrechen. Der Bund lasse Länder und Gemeinden im Stich. Die Bundesregierung plane keine grundsätzlichen Änderungen der Rechtslage. Aber auch zwischen unseren Ländern gebe es keine einmütigen Auffassungen. Für die Wahlauseinandersetzungen sei das Thema Fremdrentengesetz von Wichtigkeit. Von Seiten Blüms werde versucht, unserer Partei zu unterstellen, sie trete dafür ein, daß die Stasi-Leute Rente beziehen könnten. Dies müsse verhindert werden. Insofern könnte er dem Punkt 4 der vorgesehenen Entschließung der Fraktion nicht zustimmen.

Dazu sagte Rudolf Dreßler, die Bundesregierung plane offensichtlich, im Fremdengesetz eine Passage einzuführen, wonach Personen, die nicht auf dem Boden der freiheitlich-demokratischen Grundordnung stehen, vom Rentenbezug ausgeschlossen werden sollen. Diese Änderung ziele ab auf Personen, die im Sicherheitsdienst der DDR, aber auch Polens, der Sowjetunion und Rumäniens tätig waren, und solle Personenkreise treffen, die den Systemen erheblichen Vorschub geleistet hätten. Eine solche Regelung widerspreche eindeutig dem Grundsatz, wonach das Sozialrecht durch das Strafrecht in keiner Weise beeinträchtigt werden dürfe. Dieser Grundsatz sei auch nach Ende der Nazi-Zeit immer beibehalten worden. überdies gebe es weder jetzt noch künftig Menschen, auf die solche neuen Bestimmungen zutreffen würden. Die Koalition scheue sich, konkrete Zahlen zu nennen. Es gehe ihr lediglich darum, ein Ersatzfeld für die schwierigen Auseinandersetzungen zu suchen. Zuerst habe sie die Mißbrauchsdiskussion ausgelöst, jetzt gehe es um die Stasi-Rentner. Die Absichten seien eindeutig. Objektiv gebe es keinen Regelungsbedarf. Er riet dazu, zunächst die konkrete Vorlage des Regierungsentwurfs abzuwarten. Dann, so kündigte er an, werde die Fraktion eine öffentliche Anhörung beantragen. Wie schon im Falle Tiedje werde die Bundesregierung keinen Staatsrechtler finden, der den vorgesehenen Gesetzesentwurf öffentlich verteidige. Danach werde diese Vorlage wieder zurückgezogen.

In der weiteren Aussprache wurde davor gewarnt, die propagandistischen Absichten der Union auf diesem Sektor zu unterschätzen. In diesem Sinne äußerte sich Dieter Spöri. Norbert Gansel warnte im Zusammenhang mit der Fremdrentendiskussion vor einer unangebrachten Gleichsetzung von 131ern und Nazis. Er sprach die Befürchtung aus, daß die Argumentationslinie von Rudolf Dreßler nicht ausreiche. Hans Koschnick betonte, er stimme mit Rudolf Dreßlers Auffassungen überein. Er wies darauf hin, daß alle 131er versorgt worden seien. Häufig seien die Beamtenversorgungen durch entsprechende Renten ersetzt worden. Er schlug vor, zu den geplanten Anhörungen auch Vertreter aus der DDR mit einzuladen.

Die Stasi-Rentendiskussion bezeichnete Herta Däubler-Gmelin als reine Propagandafalle der Union, die hochgefährlich sei. Hier müsse mit gleicher Münze zurückgezahlt werden. Wir müßten deutlich machen, daß wir überhaupt keine Stasis bei uns wollten und daß der Gesetzesvorschlag der Union ein Instrument sei, um von ihrer Zusammenarbeit mit der Ost-CDU abzulenken.

Hermann Heinemann forderte dazu auf, einen Gegenantrag zu formulieren. Rudolf Dreßler habe zwar Recht in seiner Argumentationskette, dies sei für eine Wahlkampfauseinandersetzung jedoch nicht zu vermitteln.

In der weiteren Diskussion bezeichnete Dieter Spöri die Arbeitsaufteilung in der Deutschlandpolitik zwischen Willy Brandt und Oskar Lafontaine als außerordentlich positiv. Hierzu dürfe aber keine Legendenbildung entstehen, und es müßten Dissonanzen vermieden werden. Begrüßt wurden von ihm die Entschließungsanträge der Fraktion zur Aussiedlerfrage und zum Fremdrentengesetz. Wenn nun richtigerweise alle Sonderleistungen für Aus- und Übersiedler abgebaut würden, um die Abwanderung aus der DDR und den anderen Ländern zu mindern, wäre es inkonsequent, das Notaufnahmeverfahren nicht anzurühren. Dieser Punkt müsse unter uns geklärt werden. Denn spätestens in vier Monaten komme die CDU mit einem ähnlichen Vorschlag.

Hans Eichel sprach sich dafür aus, Übersiedler aus der DDR hier genauso zu behandeln wie Personen, die innerhalb der Bundesrepublik umziehen. Allerdings dürfe es über diese Frage keine lange Debatte geben, denn sonst würden noch mehr Menschen veranlaßt, die DDR zu verlassen. Er wies darauf hin, daß heute die Motive für den Umzug nicht nur ökonomisch begründet seien. Das hohe Maß der Bespitzelung durch die Stasis, das erst jetzt bekannt geworden sei, habe seine Auswirkungen. Es sei richtig, daß Willy Brandt bei seinen jüngsten Reden in der DDR die staatliche Einheit stark in den Vordergrund gestellt habe. Nur damit seien die Leute zur dauerhaften Bleibe zu bringen. Schnellstens müßten unumkehrbare Zeichen für einen Wandel in der DDR gesetzt werden.

Norbert Gansel bezeichnete es als richtig, daß sich unsere Partei in der Frage der Übersiedler den Positionen annäherte, die Oskar Lafontaine vertrete. Andererseits müßten die hier lebenden Übersiedler ordentlich behandelt werden. Er wies darauf hin, daß es im letzten Jahr 32 politisch motivierte Brandanschläge auf Aus- und Übersiedlerunterkünfte gegeben habe. Hier könne Bandentum ebenso eine Rolle spielen wie zügelloser Volkszorn. Er sprach sich dafür aus, recht schnell eine Währungsunion herbeizuführen. Unsere Partei müsse mit ihren Vorschlägen bald in die Öffentlichkeit treten, um den Vorsprung vor der Bundesregierung zu halten. Gesehen werden müßten auch die Chancen für die Rüstungskontrolle. Allerdings, bei aller Notwendigkeit der Abrüstung, dürfe in dieser Epoche auch der Faktor Sicherheit nicht außer Acht gelassen werden.

Henning Scherf betonte, ihm fehle ein Konzept unserer Partei zur Frage der Aus- und Übersiedler; dies bezeichnete er als einen Hauptmangel. Es sei dringend erforderlich, ein Paket von Maßnahmen zu entwickeln. Er äußerte die Befürchtung, daß die Bonner Politiker keinen vollen Überblick über die tatsächlichen Verhältnisse vor Ort hätten. Hier entstehe ein Explosionsherd. Es seien dringende und durchgreifende Lösungen erforderlich.

Herta Däubler-Gmelin ging auf die Ausführungen von Henning Scherf ein und erklärte, die Überlegungen von Ulrich Pfeiffer seien interessant, würden aber die bei unserer Politik gestellten Probleme nicht lösen. Henning Scherfs Vorschlag zu reparationsähnlichen Zahlungen an die DDR halte sie für moralisch sehr ernsthaft vertretbar. Wer auf Einheit setze, wie sie das tue, habe jedoch die verfassungsrechtliche Verpflichtung, für die Schaffung einheitlicher Lebensverhältnisse zu sorgen. Die Verbesserung des Lebens für die Menschen in der DDR koste Geld. Das müßte jetzt aufgebracht und die Verteilung der Lasten bei uns sozial gerecht organisiert werden. Klar sei nach anfänglichem Streit in der Partei heute, daß die Freizügigkeit, gerade auch von Sozialdemokraten, verteidigt und unterstrichen werden müsse. Die Beschränkung der Freizügigkeit für Menschen aus der DDR im Sinne einer Zuzugssperre sei weder zulässig noch machbar.

Politik bedeute, daß jetzt mit allen anderen zu Gebote stehenden Mitteln die Völkerwanderung von Ost nach West gestoppt werden müsse. Dies sei jedoch nur möglich, wenn es gelinge, das Wohlstandsgefälle abzubauen. Dafür seien Hilfen und hohe Investitionen in der DDR erforderlich; das Problem sei nur, daß deren Wirkung erst mit Zeitverzögerung für die Menschen in der DDR wirksam würde. Herta Däubler-Gmelin sprach sich dafür aus, die Sonderleistungen für Umsiedler insgesamt zu streichen. Wer allerdings auch das Notaufnahmeverfahren aufheben wolle, müsse sagen, wie eine Steuerung der Zuwandererströme aufrechterhalten werden könne. Sie sehe dafür im Augenblick praktikable Lösungen nicht. Nach der Welle der ersten Zuwanderer aus der DDR sei absehbar, daß die Älteren ihren Kindern folgten. Sie setzte sich für die Änderung des Rentenrechts ein: Diesen Rentnern sollten Versorgungszahlungen in einer Höhe oberhalb des Sozialhilfesatzes aber unterhalb der heutigen Rentenhöhe gewährt werden. Das so ersparte Geld sollte zur Aufstockung der Renten für die in der DDR bleibenden Rentner verwandt werden. Klargestellt werden müsse auch, daß nicht die Rentenversicherungsträger alle Übersiedler- und DDR-Hilfe-Lasten tragen müßten. Herta Däubler Gmelin sagte, wie brauchten auch politische Reformen, um die Einheit zu organisieren. Vertragsgemeinschaft sei nicht mehr ausreichend, jetzt seien klare Vorstellungen für eine Konföderation notwendig, um den Menschen in der DDR eine Perspektive zu bieten. Auch über andere denkbare Wege sei eine Klärung im Parteivorstand erforderlich.

Über eine Änderung des Notaufnahmerechts, so stellte Hermann Heinemann fest, sei bereits häufiger gesprochen worden. Dabei sei sicherzustellen, daß nach einer Änderung die weiterhin entstehenden Kosten nicht durch die Gemeinden getragen werden müßten. Insbesondere die großen Städte, die Hauptanlaufstationen, würden dann vor finanziell unlösbare Aufgaben gestellt. Eine Abschaffung der Notaufnahmeverfahren sei unumgänglich.

Auch Horst Ehmke sprach sich dafür aus, schnellstens das Notaufnahmeverfahren abzuschaffen. Sicherlich würden daraus jedoch Probleme für die Städte entstehen. Erhalten bleiben müsse jedoch das mit dem Notaufnahmeverfahren vorhandene Steuerungsinstrument. Horst Ehmke stellte fest, um den Übersiedlerstrom zu bremsen und unseren Freunden in der DDR zu helfen, sei es erforderlich, daß die Führung der Partei bis Ende Februar klare Linien zur Schaffung einer Wirtschaftsunion, einer Währungs- und Sozialunion sowie zur Konföderation entwickelt.

Johannes Rau verwies darauf, daß in den A-Ländern bereits vor längerer Zeit alle Anreize zur Übersiedlung abgeschafft wurden. Der Bund habe einen Teil der Leistungen zurückgeschraubt. Weitere Schritte seien zu erwarten. Als ein Problem in der Diskussion erweise sich, daß unsere Bürger keinen Unterschied zwischen Aussiedlern, Asylanten und Übersiedlern machten. Er warnte davor, die Beendigung der Notaufnahmeverfahren anzukündigen. Dies werde zwangsläufig zu einem Emporschnellen der Übersiedlerzahlen führen. Über diesen Punkt sei mit den Vertretern der SPD in der DDR nicht geredet worden. Kaum vorstellbar sei es, bei einer Aufhebung der Aufnahmeverfahren Übersiedler durch Polizei in die DDR zurückzuführen. Bei einer Abschaffung der Notaufnahme müsse Klarheit über die dann notwendigen anderen Wege bestehen. Unterstützung müßten alle Maßnahmen erhalten, die zu Investitionen in der DDR führen. Hier liege das größte Problem, hier müsse sehr schnell gehandelt werden.

Walter Momper wies darauf hin, daß die Bundesregierung nur von Wiedervereinigung rede und in keiner Weise handele. Jede Stadt mache inzwischen mehr als diese Regierung. Auch er sprach sich gegen die weitere Anwendung des Notaufnahmeverfahrens aus. DDR-Übersiedler sollten so behandelt werden wie Menschen in der Bundesrepublik, die einen normalen Umzug vornähmen. Dies gelte insbesondere dann, wenn in dem Herkunftsland demokratische Verhältnisse herrschten.

Philip Rosenthal sagte, für einen, der die Dinge mehr von außen sähe, seien nun folgende Punkte von Bedeutung. Zur Ausstrahlung des voraussichtlichen Kandidaten, zu seinem Profil gehöre ein klares Profil der Partei. Zu beachten sei, daß der Zusammenbruch im Osten sachlich auch unserer Partei schade. Auch deshalb sei es wesentlich, nun den dritten Weg der Sozialdemokratie, den Weg zwischen Staatslenkung und Kapitalismus deutlich zu machen. Dies sei die individuelle Beteiligung der Arbeitnehmer am Besitz der Betriebe und an den Entscheidungen. Weiterhin erforderlich sei ein Eintreten für die Vermögensbildung. Er beklagte, daß es aus unserer Partei dazu keine Initiativen mehr gegeben habe. Ferner sei der Ausbau der Mitbestimmung erforderlich. Mitbestimmung und Vermögensbildung könnten zusammen mit der Forderung nach Demokratisierung der Wirtschaft das Profil einer Partei für eine sozialdemokratische Marktwirtschaft aufzeigen.

In seinem Schlußwort betonte Hans-Jochen Vogel, unsere Partei habe zu den Fragen der Deutschlandpolitik aber auch zur Übersiedlerproblematik mit dem Berliner Beschluß ihre Konzeption festgelegt. Die Probe komme für die Menschen in der DDR mit den Wahlen am 18. März. Die Menschen dort könnten zum Verbleiben veranlaßt werden, wenn die Hoffnungen auf eine baldige Annäherung der wirtschaftlichen Bedingungen ebenso erfüllt würden wie die Gewißheit über das Ingangsetzen des Einigungsprozesses. Wichtig sei nun die Arbeit von Horst Ehmke zur Entwicklung der Vorstellungen zur Konföderation. Wenn in beiden Staaten Einheit erreicht werde auf den Sektoren Wirtschaft, Währung, Sozialsystem und Umwelt, könnten die beiden Länder weiterhin selbständige Völkerrechtssubjekte bleiben. Der Übersiedlerstrom könne beendet werden. Wenn es in dieser Richtung keine Hoffnung gäbe, werde die Auswanderung weiterhin fortgesetzt.

Um den Sozialfrieden in unserem Lande zu erhalten, müsse Klarheit darüber bestehen, daß die Regelungen, die vor dem 9. November 1989 Gültigkeit gehabt hätten, den heutigen Erfordernissen nicht mehr standhielten. Deshalb habe die Fraktion den Entschließungsantrag zur Veränderung des Vertriebenenstatuts gestellt. Hierzu habe es im Parteivorstand keine Gegenstimmen gegeben. Einigkeit bestehe offenbar auch in der Behandlung der Rentenfragen, in den Punkten 1 bis 3 des vorgelegten Papiers. Die Frage der Stasi-Renten sei höchst problematisch. Rechtlich habe Rudolf Dreßler absolut Recht, doch müsse unsere Partei die Absichten der Union taktisch angehen. Die Zustimmung zu einer Regelung, die rechtlich nicht haltbar sei, bezeichnete er als bedenklich.

Richtig sei die Formel, Menschen aus der DDR hier nicht besser zu behandeln als Leute, die hier in Not geraten seien. Richtig sei auch der Grundsatz der Gleichbehandlung von Umzügen innerhalb der Bundesrepublik Deutschland mit den Zuzügen aus der DDR. Es müsse alles abgebaut werden, was einen Anreiz zur Übersiedlung biete. Dazu gehöre auch das Notaufnahmeverfahren, das beseitigt werden müsse. Gleichzeitig müsse das Steuerungsverfahren jedoch erhalten bleiben. Er bat insbesondere die Länder um Vorschläge zur Regelung der Steuerungsverfahren.

Abschließend stellte er fest, daß der Parteivorstand mit den von ihm erläuterten Intentionen und Tendenzen übereinstimme.

[...]

TOP 4: Situation in der DDR

a) Zusammenarbeit mit der SPD in der DDR

Johannes Rau sagte, der Andrang zur Mitarbeit in dem Gemeinsamen Ausschuß sei auf unserer Seite sehr groß gewesen, nicht alle hätten berücksichtigt werden können. Es sei erforderlich, die Arbeit so zu tun, daß die Tätigkeit des Ausschusses auch öffentlich in der DDR wahrgenommen werde. Damit werde die SPD in der DDR unterstützt. Mit Stephan Hilsberg seien in der vergangenen Woche eine Reihe von Punkten für die Tätigkeit des Ausschusses beraten worden. Durch die vorgezogenen Wahlen lasse sich der entworfene Katalog nicht in vollem Umfang realisieren. Unsere erste Aufgabe sei es, technische Hilfe mit politischer Hilfe zu verbinden. Die Hilfe sollte jedoch nicht öffentlich herausgehoben werden. Die Partei in der DDR sei äußerst vital, die Organisation jedoch sehr schlecht. In der ersten Sitzung, die am 4. Februar stattfinde, werde es in erster Linie um eine Einschätzung der Möglichkeiten der SPD in der DDR gehen. Er hoffe auf eine gute Arbeit.

Karsten Voigt wies darauf hin, daß für die Schaffung einer Konföderation die Rolle der Länder in der Verfassung der DDR von großer Bedeutung sei, denn später könnten die Länder in der DDR und der Bundesrepublik untereinander selbständige Verträge abschließen. Denkbar sei es auch, unter diesen Voraussetzungen ein gemeinsames Verfassungsgericht zu schaffen. Wichtig seien auch die Bestimmungen über die Notenbank. Sie könne einen Rahmen für eine Beteiligung der Länder in der DDR an der Bundesbank bieten.

Herta Däubler-Gmelin bezeichnete es als erforderlich, an unseren Überlegungen zur Schaffung einer Konföderation oder darüber, welche sonstigen Wege denkbar seien, nicht nur die A-Länder, sondern auch die Freunde der SPD in der DDR von vornherein zu beteiligen.

Ursula Engelen-Kefer verwies auf das zentrale Problem der Arbeitslosenversicherung und des Arbeitsrechts, das etwa gleich gestaltet werden sollte, um das Zusammenwachsen der beiden Staaten zu erleichtern.

Horst Ehmke kündigte an, daß wenige Wochen vor der Wahl nicht alles geregelt werden könne. Die von ihm angekündigte Vorlage werde relativ kurz ausfallen.

Johannes Rau dankte für die Anregungen. Er bat darum, alle entsprechenden Hinweise an das Ollenhauerhaus zu richten. Ob alles berücksichtigt werden könne, sei offen. Es sei zu erwarten, daß die SPD in der DDR ein Programm vorlege, das sich nicht wesentlich von dem unseren unterscheide. Johannes Rau berichtete, daß die Länder die Bundesregierung aufgefordert hätten, sie an den Verhandlungen über eine Vertragsgemeinschaft mit der DDR zu beteiligen.

Hans-Jochen Vogel stellte die Zustimmung des Parteivorstandes zu Aufgabe und Besetzung des Gemeinsamen politischen Ausschusses fest.

Ferner informierte er den Parteivorstand über die Einrichtung eines Verbindungsbüros der Bundestagsfraktion in Berlin. Die Koordinierung für die beiden dann in Berlin tätigen Büros obliege dem Parteivorstand, in Berlin nehme diese Aufgabe Gerhard Hirschfeld wahr.

b) Solidaritätsaktivitäten unserer Partei für die SPD in der DDR

Anke Fuchs teilte mit, die Zuständigkeiten für die unterschiedlichen Sachaufgaben in der Zusammenarbeit mit der SPD in der DDR seien im Ollenhauerhaus geklärt. Gerhard Hirschfeld nehme seine Aufgabe gut wahr. Die Koordinierung werde durch die Geschäftsführung im Ollenhauerhaus wahrgenommen. Sekretär des Gemeinsamen Ausschusses sei Wolfgang Glöckner. In einer Konferenz mit den Bezirksgeschäftsführern, an der auch Stefan Finger, der Wahlkampfleiter der SPD in der DDR, teilgenommen habe, sei ein beeindruckender Überblick über die partnerschaftliche Zusammenarbeit zwischen den Gliederungen unserer Partei mit den Gliederungen in der DDR entstanden. Sie habe den Eindruck, daß gerade die dezentrale Zusammenarbeit die effektivste sei. Durch den Parteivorstand würden weiterhin eine Reihe von technischen und personellen Hilfen, gerade mit Blick auf die vorgezogene Wahl, zur Verfügung gestellt. Erforderlich sei eine enge Kooperation in den Wahlkampfaussagen, denn es sei festzustellen, daß hier in der Bundesrepublik keine Wahl wegfalle. Hinzugekommen seien jedoch die Wahlen in der DDR. Anke Fuchs bat die Mitglieder des

Parteivorstandes darum, noch weitere Termine für Wahleinsätze in den Landtagswahlkämpfen zur Verfügung zu stellen. Ferner wies sie darauf hin, daß es nicht möglich sein werde, alle zu berücksichtigen, die zum Parteitag nach Leipzig reisen wollten. Sonst gebe es eine Überfrachtung durch westdeutsche Teilnehmer.

Walter Momper forderte dazu auf, den Eindruck zu vermeiden, die SPD in der DDR sei vom Westen gesteuert. In diesem Sinne bezeichnete er das »Extra-Blatt«, das in Bielefeld gedruckt worden sei, als nicht sinnvoll. Ferner richtete er an die Bezirke und Landesverbände die Bitte, jetzt im Wahlkampf die Leute nicht zu Veranstaltungen in die Bundesrepublik einzuladen. Sie müßten vor Ort arbeiten.

Horst Ehmke widersprach der Auffassung von Walter Momper zu der Zeitung. Sie sei überall gelobt und positiv aufgenommen worden.
[...]

Dokument Nr. 33
Beratungen des Präsidiums über die Herstellung gemeinsamer Positionen mit den Sozialdemokraten in der DDR, 12. Februar 1990

Auszug aus dem Protokoll über die Sitzung des Präsidiums, 12. Februar 1990, 13.30 – 16.15 Uhr, in Bonn, Erich-Ollenhauer-Haus, S. 1 – 7

Hans-Jochen Vogel wies auf die für den Abend vorgesehene gemeinsame Sitzung des Präsidiums und des Geschäftsführenden Fraktionsvorstandes mit dem Geschäftsführenden Ausschuß der SPD in der DDR hin. Er sagte, ursprünglich sei geplant gewesen, daß an der gemeinsamen Sitzung Ibrahim Böhme und ein weiterer DDR-Vertreter teilnehmen sollten. Aufgrund der aktuellen Entwicklung finde die Zusammenkunft nun im Beisein des gesamten Geschäftsführenden Ausschusses statt.
[...]

TOP 1: Zur Lage
[...]

Entwicklung in Deutschland

Die Medien in der Bundesrepublik, so urteilte Hans-Jochen Vogel, bewerteten das Ergebnis der Reise von Kohl nach Moskau insgesamt freundlich. In den ausländischen Zeitungen würden Differenzierungen vorgenommen, die eher seiner eigenen Beurteilung entsprächen. Kohl erwecke den Eindruck, als seien im Verlauf des Einigungsprozesses die Vier Mächte und die europäischen Partner nur noch zu informieren. Bei der Ausformung des Einigungsprozesses, mit dem am Tag nach den Wahlen in der DDR begonnen werde, gehe es darum, die Frage zu lösen, wie dieser Vorgang in den europäischen Prozeß eingefügt werden könne. Es müsse auch die Frage beantwortet werden, was er für die Bürger in unserem Lande bedeute. Probleme löse Kohl mit der Frage aus, ob es noch am 2. Dezember zu einer Bundestagswahl komme. Gefragt werden müsse, was statt dessen geplant sei.

In der gemeinsamen Sitzung mit dem Geschäftsführenden Fraktionsvorstand und den Vertretern der SPD aus der DDR werde es darum gehen, den Rahmen eines Konzeptes für die Einheit abzustecken. Es sei dabei zu beachten, daß insbesondere die SPD-Bezirke in Rostock und Schwerin auf dem bevorstehenden Parteitag den Antrag stellen wollen, die DDR oder einzelne Länder sollten nach Art. 23 Satz 2 des Grundgesetzes der Bundesrepublik beitreten. Die Absicht, sofort nach den Wahlen die Länder auf dem Gebiet der DDR wieder zu gründen, sei allgemein. Die Einheit könne, so stellte Hans-Jochen Vogel fest, durch Anwendung des Art. 23 GG hergestellt werden. Die Initiative hierfür liege ausschließlich in der DDR. Politisch sinnvoll erscheine es jedoch, die Einheit durch einen Vertrag zwischen der Bundesrepublik Deutschland und der DDR zu begründen.

Bei unserem weiteren Vorgehen dürfe uns der Blick auf die Nachbarn nicht verlorengehen. Darüber hinaus sei daran zu denken, welche sozialen Veränderungen und Belastungen aus dem Prozeß der Einigung auch in der Bundesrepublik entstünden. Das sei für die Akzeptanz der Einigung nicht ohne Belang. Klarheit müsse auch unsere Haltung zu einer neuen Verfassung und zu einer Volksabstimmung geben. Auch die Hauptstadtfrage spiele zunehmend eine Rolle. Als einen schwerwiegenden Skandal bezeichnete Hans-Jochen Vogel die Tatsache, daß der Bundeskanzler ihn zu einem parteiübergreifenden Gespräch eingeladen habe, um im Hinblick auf die DDR Fragen der Parteienfinanzierung zu erörtern, sich aber beharrlich weigere, mit uns über die zentralen Punkte der künftigen Entwicklung zu sprechen.

Sodann unterrichtete Hans-Jochen Vogel das Präsidium über seine vorgesehenen Begegnungen mit Modrow und den Vertretern der DDR-Delegation.

Ziel der Zusammenkunft am Abend sei es, Positionen zu entwickeln, die nach einer weiteren Sitzung des Präsidiums mit dem Geschäftsführenden Fraktionsvorstand am 5. März und der möglichen Sitzung des Parteivorstandes am 7. März dann gemeinsam mit den Sozialdemokraten in der DDR noch vor den Volkskammerwahlen veröffentlicht werden könnten. Es müsse alles getan werden, das Zusammenwachsen zu ermöglichen und ein Zusammenstürzen zu verhindern.

In der Aussprache betonte Heidi Wieczorek-Zeul, für sie sei es undenkbar, daß einmal in den Geschichtsbüchern stehen könne, als Ergebnis der Revolution in der DDR habe die NATO obsiegt und Amerika seine Vormachtstellung in Europa ausgebaut. Ein solches Ergebnis widerspreche den tiefsten Grundüberzeugungen ihrer Politik. Solchen möglichen Ergebnissen werde sie sich mit aller Kraft widersetzen. Sie betonte, es könne und dürfe nicht zu einem einfachen Anschluß der DDR kommen, denn auch unser Grundgesetz sei überarbeitungsbedürftig. Sie warnte vor Hysterie, die es auch aus der eigenen Partei heraus gebe, die eine sofortige Einheit anstrebe. Es müsse unsere Zielsetzung erhalten bleiben, in einer Parallelität den Prozeß der deutschen und der europäischen Einheit voranzubringen. Gleichzeitig müsse der sicher-

Präsidiumssitzung am 12. Februar 1990 in Bonn mit Vertretern der SPD der DDR. Von links: Johannes Rau, Stefan Hilsberg, Hans-Jochen Vogel, Willy Brandt, Ibrahim Böhme, Markus Meckel, Gerd Döhling, Harald Ringstorff, Martin Gutzeit

heitspolitische Teil mit gelöst werden. Es sei in diesem Prozeß das System einer europäischen Friedensordnung zu schaffen. In diesem Rahmen finde besonders die KSZE ihre besondere Bedeutung. Als maximale sicherheitspolitische Vorstellung ließ sie die politische Einbindung der Bundesrepublik in der NATO gelten. Ein Entkoppeln der vielen nebeneinanderlaufenden Prozesse dürfe es nicht geben.

Im Dezember, so unterstrich Herta Däubler-Gmelin, sei es ihr wichtig gewesen, die Idee einer Konföderation konkret zu fassen. Bei den umfassenden Vorarbeiten für einen entsprechenden Vertragsentwurf sei jedoch klar geworden, daß der Aufwand für einen Konföderationsapparat enorm hoch liege. Das gelte für den personellen Einsatz ebenso wie für den materiellen. Zudem habe sich gezeigt, daß, anders als bei der Idee zum Deutschen Bund, in dem im wesentlichen die externen Fragen gemeinsam zu lösen waren, für eine heutige Konföderation gerade die internen Fragen der Wirtschafts-, Sozial-, Rechts- und Innenpolitik gemeinsam bewältigt werden müßten. Damit gingen drei Viertel der Kompetenz der Parlamente der beiden deutschen Staaten auf die Konföderation über. Sie sehe nicht, daß es hierzu im Bundestag eine Bereitschaft gebe. Zudem habe sich gezeigt, daß das auch mögliche Ziel einer Konföderation, die eine Synthese der positiven Entwicklungen in beiden Staaten bilde, nicht mehr erreichbar erscheine. Die Menschen in der DDR wollten nur noch, daß die in ihren Augen so positiven Verhältnisse in unserem Land auf sie übertragen werden.

Dennoch warnte sie davor, von der Konföderation jetzt ganz Abstand zu nehmen. Zudem gebe es in der Union kein Interesse daran, einer sozialdemokratische Regierung in der DDR ein zeitlich längerfristiges Wirken zu erlauben. Deshalb werde aus der Union heraus der Art. 23 GG befürwortet, um der DDR-Regierung, die aus den Wahlen hervorgehe, gleich den Stempel einer Übergangsregierung aufdrücken zu können. Vor diesem Hintergrund sei es ratsam, daß wir uns unsererseits nicht gegen die Anwendung des Art. 23 GG aussprechen. Markus Meckel habe wahrscheinlich Recht, daß die zentralen Fragen der Einheit bereits in einem Jahr gelöst seien. Es gebe keine Alternativen mehr. Die Leute in der DDR seien ausschließlich daran interessiert, ein schnelles Ankoppeln zu erreichen, um damit soziale Sicherheit zu finden.

Hans-Ulrich Klose meinte, er stimme in der politischen Beurteilung Heidemarie Wieczorek-Zeul zu, praktisch werde es jedoch so ablaufen, wie es Herta Däubler-Gmelin geschildert habe. Eine Ausweitung der NATO auf das Gebiet eines vereinigten Deutschlands könne er sich nicht vorstellen. Deshalb sei es nun wichtig, sobald als möglich im Rahmen der KSZE ein Konzept für die europäische Sicherheit zu entwickeln. Auch der Hinweis auf die notwendige Parallelität der Prozesse in Europa und im Sicherheitsbereich werde die Menschen in der DDR von ihrem Streben nach Einheit nicht mehr abbringen. Alle Überlegungen zur Schaffung einer Konföderation seien dadurch überholt. Der Prozeß der deutschen Einheit könne auch die europäische Einigung befördern, dies solle nicht außer Acht gelassen werden.

Anke Fuchs zeigte sich davon überzeugt, daß eine Bewältigung der Probleme nur dann möglich werde, wenn die Vorgänge getrennt würden. Es sei nicht möglich, auf die Realisierung eines europäischen Sicherheitskonzeptes zu warten. Es wäre natürlich günstig, so stellte sie fest, wenn wir die Gelegenheit hätten, nach den Wahlen unser Konzept von der Organisation der Einheit vorzustellen. Damit könnte auch innenpolitisch Druck auf Kohl ausgelöst werden, dem vorzuhalten sei, daß er im Hinblick auf die notwendigen Hilfen gegenüber der DDR untätig bleibe. Wenn Kohl jedoch dann mit einer sozialdemokratisch geführten DDR-Regierung verhandele, zeige das die Zwickmühle auf, in der wir uns befänden. Es müsse alles dafür getan werden, die ökonomische und politische Lage in der DDR nach den Wahlen zu stabilisieren. Anke Fuchs sagte voraus, daß recht bald der Ministerpräsidenten-Konferenz aus den Ländern beider deutscher Staaten eine große Rolle zukomme. Für die hiesige Landschaft sei es erforderlich, etwas Zeit zu gewinnen, um den Menschen hier, die auch Befürchtungen hätten, Zeit zu geben, sich auf die neue Situation einzustellen.

Gerhard Schröder erinnerte daran, daß er nie die deutsche Einheit in den Vordergrund gestellt habe, doch ihm sei klar, daß selbst das Modell der Konföderation nun passée sei. Für unser Vorgehen sei auch zu überlegen, was die Menschen hier wollten. Bürger der Bundesrepublik sprächen sich für ein stufenweises Zusammenwachsen aus, die DDR-Bürger wollten alles sofort. Ihnen stehe mit der Drohung der Übersiedlung ein starkes Druckmittel zur Verfügung. Ihm sei auch klar, daß der Abbau der Vergünstigungen nur begrenzt den Übersiedlerstrom bremsen könne. Vor diesem Hintergrund könne durchaus ein Rückgriff auf das Aufnahmerecht des Jahres 1950 politisch sinnvoll sein. Damit sei hier in der Bundesrepublik Zustimmung zu erreichen. Es müsse gefragt werden, wer überhaupt noch den Prozeß organisiere, die DDR-Bürger, die Rechten oder wir Sozialdemokraten. Entschieden sprach er sich gegen Überlegungen aus unseren Reihen aus, zur Lösung der Fragen Steuererhöhungen vorzunehmen. Durch uns müsse die Chance genutzt werden, über die soziale Frage die Debatte neu zu strukturieren. Ein geeignetes Mittel hierfür sei eventuell auch eine Diskussion über eine Volksabstimmung zur Vereinigung.

Herta Däubler-Gmelin warnte vor der Anwendung alter juristischer Mittel, sie würden keine zwei Tage halten. Richtig sei es, von der Regierung zu verlangen, deutlich zu machen, wie sie die erforderlichen Mittel aufbringe. Unsere Aufgabe sei es, klarzustellen, wo es keine Kürzungen geben könne. Herta Däubler-Gmelin wies auf die große Bedeutung der Kommunalwahlen am 6. Mai hin, denn voraussichtlich würden die Kommunalparlamente länger im Amt sein als die zu wählende Volkskammer.

Zum Abschluß der Diskussion sagte Hans-Jochen Vogel mit Blick auf die Zusammenkunft am Abend, der Gedanke einer dauernden Zweistaatlichkeit werde kaum mehr vertreten. Er erneuerte den Vorschlag, noch vor den Wahlen in der DDR ein gemeinsames Konzept zur deutschen Einheit zu veröffentlichen. Zum Schluß der gemeinsamen Sitzung sollte eine kleine Gruppe von ca. sechs bis sieben Personen beider Seiten beauftragt werden, ein solches Konzept zu entwerfen, das nach den Sitzungen des Präsidiums vom 5. März und der Parteivorstandssitzung am 7. März zusammen mit der SPD in der DDR veröffentlicht werden könne.

TOP 3: Konferenz des Bundes der soz[ialistischen] Parteien der EG am 8./9. Februar 1990 in Berlin

Als positiv wertete Hans-Jochen Vogel den Verlauf des Treffens in der vergangenen Woche in Berlin. Nachdem die EFTA-Parteien aufgenommen worden seien, stimme der Name des Bundes nicht mehr. Als besonders eindrucksvoll bezeichnete er die Veranstaltung in der Ost-Berliner Volksbühne. Hiermit sei die SPD in der DDR gestärkt worden.

[...]

TOP 2: Arbeit des Gemeinsamen Ausschusses mit der SPD in der DDR

Anke Fuchs wies auf die ersten Überlegungen zur Tätigkeit des Ausschusses hin. Es sei geplant gewesen, eine Vielzahl von Themen zu behandeln. Dies sei aufgrund der aktuellen Entwicklung, der Vorverlegung der Wahlen, nicht möglich. Die erste Zusammenkunft des Ausschusses am 4. Februar in Berlin habe bei den Teilnehmern aus der DDR eine zwiespältige Wirkung hinterlassen. Unsere Seite sei nach Anzahl der Köpfe und Dauer der Reden äußerst massiv aufgetreten. Von daher sei zu überlegen, ob für die künftigen Begegnungen innerhalb des Ausschusses auf unserer Seite eine Reduzierung vorgenommen werden könne. Hans-Jochen Vogel sagte, es sei wohl nicht in erster Linie die Anzahl der Teilnehmer von Bedeutung gewesen, sondern eher die Tatsache, daß es nicht von allen Vertretern der SPD aus der Bundesrepublik die notwendige Sensibilität gegeben habe. Heidi Wieczorek-Zeul wies darauf hin, dass auch die Anzahl der teilnehmenden Mitarbeiter auf unserer Seite hoch gelegen habe. Zudem könnten einzelne Kommissionsmitglieder gebeten werden, nicht zu jeder Zusammenkunft zu erscheinen.

Hans-Jochen Vogel stellte fest, daß die von Anke Fuchs angesprochene Problematik bei der Vorbereitung des nächsten Treffens berücksichtigt werden solle. Überdies bat er, daß die Protokolle über die gemeinsame Sitzung dem Präsidium und dem Geschäftsführenden Vorstand der Bundestagsfraktion zur Verfügung gestellt würden.

Herta Däubler-Gmelin berichtete, sie habe gemeinsam mit Inge Wettig-Danielmeier in einem ausführlichen Dialog mit Frauen aus der SPD in der DDR soziale Fragen beraten. Unter den DDR-Frauen gebe es große Ängste. Es werde befürchtet, daß mit einer Vereinigung ein erheblicher Sozialabbau vorgenommen werde. Deshalb sei in der DDR bereits ein Runder Tisch der Frauen geschaffen worden. Hilfestellung hierfür solle es aus der Bundesrepublik geben. Die Koordinierung habe Inge Wettig-Danielmeier übernommen. Ferner berichtete sie, daß Markus Meckel darum gebeten habe, rechtliche Stellungnahmen zur Eigentumsproblematik der DDR und der Flut von Wiedergutmachungsansprüchen zu erhalten.

Für die Abwehr der Schmutzkampagne der CDU hier in der Bundesrepublik und in der DDR sei es erforderlich, so sagte Hans-Jochen Vogel, geeignetes Material über die Zwangsvereinigung in der DDR zur Verfügung zu stellen. Er erinnerte an die entsprechenden Planungen aus der letzten Sitzung der Bundestagsfraktion. Anke Fuchs teilte mit, daß die Materialien »40 Jahre Zwangsvereinigung« gegenwärtig in einer Auflage von 50.000 Stück gedruckt und umgehend in die DDR versandt würden. Die Auslieferung beginne Anfang nächster Woche. Der in der Bundestagsfraktion gewünschte Druck von Materialien zu diesem Thema, bezogen auf die Städte Berlin und Leipzig, werde ebenfalls ausgeführt und der Parteiorganisation, wie üblich, zum Verkauf angeboten. Darüber hinaus werde dieses Thema eingehend im nächsten »intern« behandelt.

[...]

Dokument Nr. 34
Erklärung des Gemeinsamen Ausschusses der SPD und der SPD der DDR über den Weg zur deutschen Einheit, 20. Feburar 1990

Presseservice der SPD, 81/90, 20. Februar 1990

Mitteilung für die Presse

In seiner gestrigen Sitzung in Berlin hat der Gemeinsame Ausschuß der SPD und der SPD in der DDR unter Vorsitz des stellvertretenden Ministerpräsidenten, **Johannes Rau**, und des Ersten Sprechers der SPD in der DDR, **Stephan Hilsberg**, die folgende Erklärung zum Weg zur deutschen Einheit beschlossen:

Die DDR und die BRD sind auf dem Weg zur deutschen Einheit.

Dieser Weg muß zügig, aber ohne Überstürzung organisiert werden. Dazu braucht die DDR eine stabile, handlungsfähige Regierung. Ohne sie gäbe es nur eine ungeordnete Übergabe ohne soziale Sicherung. Deshalb wird der 18. März darüber entscheiden, ob die berechtigten Interessen der Menschen in der DDR eingebracht werden oder in einem bedingungslosen Anschluß untergehen. Deshalb müssen unmittelbar nach dem 18. März drei Prozesse nebeneinander vorangebracht und miteinander verzahnt werden.

Das wichtigste Ziel der Sozialdemokraten ist, daß die Öffnung, die Einführung der Marktwirtschaft, die deutsche Einheit und die Mitgliedschaft in der Europäischen Gemeinschaft für die Bewohner der DDR mit sozialer Sicherheit und sozialer Gerechtigkeit verbunden sind. Die harte Arbeit der Menschen in der DDR während der letzten vierzig Jahre muß ihnen in einem einheitlichen Deutschland ebenso wie den Bewohnern der BRD gerechte Erträge und soziale Sicherheit gewährleisten.

An erster Stelle der Schritte stehen die Einführung der DM (Währungsunion), die wirtschaftlichen Reformen und die Sozialunion.

An zweiter Stelle steht die staatsrechtliche Vorbereitung der Einheit, die in der Verantwortung der deutschen Parlamente und Regierungen erfolgen soll.

An dritter Stelle stehen die Einbindung in die Europäische Gemeinschaft und die völkerrechtliche Vorbereitung der Einheit durch Abstimmung der beiden deutschen Regierungen vor gemeinsamen Verhandlungen mit den vier Mächten zur Vorbereitung der KSZE-Konferenz im Herbst.

Die Sozialdemokraten sind bereit, diesen Prozeß verantwortlich zu führen. Wir organisieren die Einheit und tun dies unbelastet von den 40 Jahren der Diktatur, in der Tradition unserer Geschichte und unserer Erfahrung. Unter sozialdemokratischer Verantwortung hat noch keine Schicht der Gesellschaft in Angst vor Not oder vor Verfolgung leben müssen.

Dokument Nr. 35
Gemeinsame Beratungen des Präsidiums der SPD und des Geschäftsführenden Vorstandes der SPD-Bundestagsfraktion zu Erklärungen von Bundeskanzler Kohl zur polnischen Westgrenze / Diskussion über die Anwendung von Artikel 23 oder 146 des Grundgesetzes

Protokoll über die gemeinsame Sitzung des Präsidiums der SPD und des Geschäftsführenden Vorstandes der SPD-Bundestagsfraktion, 5. März 1990, 12.30 – 15.15 Uhr, in Bonn, Ollenhauer-Haus, S. 1 – 6

Vor Eintritt in die Tagesordnung äußerte sich Hans-Jochen Vogel zu den jüngsten Erklärungen des Bundeskanzlers zur polnischen Westgrenze. Die Stellungnahme, die Kohl am Freitag von einem Regierungssprecher habe verlesen lassen, sei lebensgefährlich. Die außenpolitischen Folgen bezeichnete er als verheerend. Er verwies insbesondere auf die Reaktionen in Polen, in Frankreich, aber auch in den USA. Dort werde überall Mißtrauen geweckt. Das in den letzten 20 bis 30 Jahren, insbesondere durch sozialdemokratische Außen- und Sicherheitspolitik im Ausland erworbene Vertrauen werde gefährdet. Die Anerkennung der polnischen Westgrenze von Bedingungen abhängig zu machen, stelle einen neuen Höhepunkt in den ständig wechselnden und unklaren Äußerungen durch Kohl zu diesem Thema dar. Er gefährde damit letztlich unseren Weg zur Einheit. Die Sache habe auch einen innenpolitischen Aspekt. Die Art und Weise, wie die FDP und der Außenminister brüskiert würden, finde kaum ihresgleichen. Der Koalitionspartner werde jeweils durch die Presse informiert. Hans-Jochen Vogel teilte mit, der Geschäftsführende Vorstand der Bundestagsfraktion habe im Bundestag einen Antrag eingebracht, mit dem die Bundesregierung zu einer Regierungserklärung am Donnerstag dieser Woche zu diesem Thema aufgefordert werde. Ersatzweise sei eine aktuelle Stunde beantragt worden. Aus der Mitte unserer Partei würden erste Forderungen nach einem konstruktiven Mißtrauensantrag laut. Dies sei jetzt nicht aktuell. Hans-Jochen Vogel stellte die Zustimmung des Präsidiums mit den vorgesehenen Schritten des Geschäftsführenden Vorstandes der Bundestagsfraktion fest.

Oskar Lafontaine bat darum, nun nicht von uns aus mögliche polnische Forderungen nach Entschädigung zu erheben. Norbert Gansel sprach von Scham und Fassungslosigkeit über die Kohl-Äußerungen. Er fragte nach dem Warum. Gerhard Schröder meinte, wir müßten uns darüber im klaren sein, daß die Kohl-Linie in diesem Punkte nicht unpopulär sei.

Folgende Tagesordnung wurde behandelt:

Zusammenarbeit und Zusammenschluß der beiden deutschen Staaten

Das sozialdemokratische Konzept für die deutsche Einheit	BE: Hans-Jochen Vogel Horst Ehmke

Einbeziehung der DDR in die
Europäische Gemeinschaft   BE: Heidemarie Wieczorek-Zeul

Hans-Jochen Vogel verwies zunächst auf den vorgelegten Entwurf einer Entschließung für den Parteivorstand. Er sagte, für den Entwurf hätten Gruppen der Fraktion Vorarbeit geleistet. Auch habe es über das Papier eine Verständigung mit der SPD in der DDR gegeben. Der Entwurf stützte sich auf den Beschluß des Berliner Parteitages. Sodann erläuterte Hans-Jochen Vogel die einzelnen Passagen des Papiers. Danach wies Horst Ehmke auf die ebenfalls vorgelegten Papiere »Die Einbettung Deutschlands in ein europäisches Sicherheitssystem« und »Die Zusammenarbeit und das Zusammenwachsen der beiden deutschen Staaten« hin. Er stellte fest, daß die beiden Papiere für den Gang der weiteren Beratung von großer Bedeutung seien. Hier seien Materialien zusammengefaßt worden, die auch über den Wahltag in der DDR hinaus Bedeutung hätten. Fixiert sei der Stand der Meinungsbildung zum 1. März dieses Jahres. Es sei gegenwärtig nicht geplant, über die beiden Papiere Beschluß zu fassen.

In der anschließenden Aussprache setzte sich Hans-Ulrich Klose dafür ein, in der Entschließung offen zu lassen, ob gemäß Art. 146 GG oder nach Art. 23 GG verfahren werde. Eine Bevorzugung des Art. 146 gehe an den voraussichtlichen Entwicklungen vorbei. Überdies äußerte er Bedenken gegen das Vorhaben, eine neue Verfassung auszuarbeiten. Dazu fehle die Kraft.

Gerhard Schröder wandte sich gegen Hans-Ulrich Klose. Der Weg nach Art. 146 sei konstruktiv. Er ermögliche den notwendigen geregelten Übergang. Überdies erlaube es der Art. 146 auch, einige unserer Forderungen an eine neue Verfassung durchzusetzen. Allerdings bewege diese Frage die Menschen in unserem Lande nur am Rande. Wichtiger seien für sie die wirtschaftlichen und sozialen Folgen der Entwicklung und das Interesse der Bürger in der DDR nach den künftigen Wechselkursen.

Johannes Rau sprach sich für den vorgelegten Entwurf aus. Er sagte, es sei denkbar, daß die Volkskammer gleich zu Beginn ihrer Tätigkeit ein Vorgehen nach Art. 23 GG ankündige, um damit Länderinitiativen zu binden. Bedenken äußerte er zu bestimmten Phasen des Sicherheitspolitischen Papiers. So seien die Vorstellungen über die Aufstellung einer Bereitschaftspolizei auf dem Gebiet der DDR so nicht hinnehmbar. Überdies müsse die Zuständigkeit der Länder für die Polizei festgeschrieben werden. Zur Frage der bundesstaatlichen Ordnung sei in unseren Papieren eine besondere Gewichtung der Länder vorzunehmen. Auch in Sicherheitsfragen müsse eine Beteiligung der Länder vorgesehen werden.

Harald B. Schäfer sagte, hier gebe es die Tendenz, den Prozeß der Einheit zu dämpfen, während die Mehrzahl der Bewohner der DDR offenbar die Einigung sofort anstrebten, um damit ihre wirtschaftlichen, finanziellen und Umweltprobleme zu lösen. Diese unterschiedliche Betrachtungsweise werde auch weiterhin vorherrschen.

Oskar Lafontaine bezeichnete es als richtig, daß in dem Papier für den Einigungsprozeß auch die Einbeziehung Europas an vorderer Stelle mitgenannt werde. Natürlich gebe es unterschiedliche Interessenlagen der Bevölkerung in der Bundesrepublik und in der DDR. Dies müsse auch bei der Vorbereitung von Wahlkämpfen hier beachtet werden. Die Übersiedlerfrage sei das gegenwärtig wichtigste Thema in unserem Lande. Dies interessiere in erster Linie die Menschen, nicht beispielsweise die Frage der weiteren Stationierungen von Truppen. In der DDR stehe die Frage des Anschlusses an den Wohlstand der Bundesrepublik an erster Stelle der Tagesordnung. Dabei sei zu bedenken, daß der Lebensstandard in der DDR höher liege als der in den EG-Ländern Portugal und Griechenland, aber auch in allen anderen RGW-Staaten. Sollte der Weg zu schnellem Wohlstand in der DDR gegangen werden, bedeute dies für uns in der Bundesrepublik ein Herunterfahren von Leistungen und Einkommen. Bekannt seien, so betonte Oskar Lafontaine, seine Bedenken gegen die sofortige Einführung einer Währungsunion. Hier stehe er in Übereinstimmung mit zahlreichen Instituten. Er rate sehr dazu, die sozialen Implikationen dieses Prozesses in der DDR frühzeitig zu sehen. Eine überschnelle Einführung der Währungsunion werde zu einem hohen Anstieg von Arbeitslosenzahlen in der DDR führen, und dies wiederum bringe einen Anstieg der Zahl der Aussiedler mit sich.

Die SPD, so unterstrich Oskar Lafontaine, sei nicht Regierungspartei. Dies müsse bei unseren öffentlichen Aussagen bedacht werden. Deshalb sei es unzweckmäßig, beispielsweise die Forderung nach Steuererhöhungen zu erheben. Die Regierung müsse handeln. Oskar Lafontaine wies auf die wachsenden Probleme im Rentenbereich hin. Tagtäglich würden Regelungen nach einem Dreiklassenrecht geschaffen, dem Recht der Bundesrepublik, nach dem Recht der DDR und dem Fremdrentenrecht. Keiner wisse, wie dies später zusammengeführt werden könne. Entschieden setzte er sich dafür ein, Geldzuwendung für Übersiedler zu streichen und ihnen auch nicht die Rentengarantien der Bundesrepublik zu gewähren. Der vorgelegte Entwurf versuche, die Positionen der SPD in Ost und West zu den zentralen Fragen zueinander zu bringen. Dies sei richtig. Es blieben jedoch Interessensunterschiede auch über den Wahltag hinaus.

Norbert Gansel erklärte sich mit dem vorgelegten Entwurf einverstanden. Von ebenso großer Bedeutung sei jedoch die Regelung der sicherheitspolitischen Fragen. Um das internationale Vertrauensverhältnis zu erhalten, dürfe der Weg zur deutschen Einheit nicht mit einem Vertragsbruch beginnen. Dies gelte auch für die Mitgliedschaft der Bundesrepublik in der NATO. Er erinnerte in diesem Zusammenhang an die Mitgliedschaft auch in der Westeuropäischen Union. Auch die DDR habe Verpflichtungen, die bei dem weiteren Einigungsprozeß berücksichtigt werden müßten. Als falsch bezeichnete er es, schon jetzt festzustellen, ein vereintes Deutschland könnte nicht Mitglied der NATO sein. Es gehe darum, einen rechtlichen Rahmen für ein neues europäisches Sicherheitssystem und den Übergang dazu zu schaffen.

Heidi Wieczorek-Zeul unterstützte die Aussagen von Oskar Lafontaine. Ferner wies sie auf ein Papier hin, das sie zusammen mit Hermann Scheer zu den Sicherheitsfragen erarbeitet habe. Darin werde der Übergang der Bundesrepublik auf dem Weg aus der NATO aufgezeigt. Sie könne nicht dem Weg Genschers in der NATO-Frage folgen. Die SPD müsse sich für eine Beseitigung der militärischen Integration der Bundesrepublik in der NATO einsetzen. Ferner sprach sie sich dafür aus, in dem Entwurf auch die EG-Frage mit anzusprechen.

Wahlveranstaltung in Erfurt vor den Volkskammerwahlen, 3. März 1990

Wolfgang Roth wies darauf hin, daß die Diskussion über die Anwendung der Art. 23 oder 146 GG recht bald überholt sein könne. Auch wenn sich die SPD in der DDR für den Art. 146 entschieden habe, sei sie doch in dieser Frage gespalten. Die Äußerungen von Oskar Lafontaine zur Währung bezeichnete er als richtig. Es werde jedoch dabei übersehen, daß de facto die DM schon jetzt bei allen wichtigen Geschäftsabschlüssen von Firmen in der DDR zur Grundlage gemacht würde. Dies sei die Realität des Marktes, die es nun zu legalisieren gelte. Um die Welle der Übersiedlungen einzudämmen, sei es notwendig, recht bald in der DDR eine aktive Arbeitsmarktpolitik zu betreiben und auch eine Rentenregelung zu finden, die dann allerdings viel Geld kosten würde. Die Finanzierung sei auf unserer Seite möglich durch einen Verzicht auf weitere Steuersenkungen und zusätzliche Einsparungen in den öffentlichen Haushalten. Als abstrakt bezeichnete er die Vorstellung, hier und in der DDR könnten unterschiedliche Wahlkämpfe geführt werden. Schon heute seien wir gezwungen, auf Äußerungen der SPD in der DDR gleichlautend zu reagieren. Dies gelte auch umgekehrt. Deshalb werde es erforderlich sein, in vielen Fragen einen gemeinsamen Nenner zu finden.

Ingrid Matthäus-Maier wandte sich gegen eine Steuerdebatte. Sie forderte eine Debatte über Einsparungs- und Umschichtungsmöglichkeiten. Selbstverständlich gebe es, wie Oskar Lafontaine gesagt habe, eine unterschiedliche Interessenlage der Menschen in der Bundesrepublik und in der DDR. Um den Übersiedlerstrom zu stoppen, sprach sie sich dafür aus, die Notaufnahmeverfahren aufzuheben, eine dreimonatige Sperrfrist für Eingliederungsgelder zu verhängen und beispielsweise die

Trabis nicht mehr zuzulassen. Überdies seien Direkthilfen für die DDR, so für den Haus- und Wohnungsbau, erforderlich. Außerdem müsse die Währungsunion rasch verwirklicht werden. Nicht sie werde Übel mit sich bringen. Die heutigen Schwierigkeiten in der Wirtschaft der DDR seien durch die SED verursacht worden. Ein Ansteigen der Zinsen werde durch die Währungsunion nicht hervorgerufen. Er gehe auf den allgemeinen hohen Kapitalbedarf insbesondere durch die USA zurück. Überdies gebe es keine Alternative zur Währungsunion.

Willfried Penner wandte sich dagegen, die Anwendung des Art. 23 GG zurückzuweisen. Sie sei der wahrscheinlichere Weg. Möglicherweise seien wir froh, wenn ihn die DDR-Regierung wähle, um die Zahl der Übersiedler nach dem 18. März herabzusetzen. Abgelehnt wurden von ihm denkbare Vorstellungen, Bereitschaftspolizei für äußere Sicherheit vorzusehen.

Anke Fuchs unterstützte Hans-Ulrich Klose in seiner Beurteilung der Art. 23 und 146 GG.

Die Anwendung dieser Artikel sei, so betonte Egon Bahr, keine reine innerdeutsche Angelegenheit. Sowohl die DDR wie auch die Bundesrepublik hätten internationale Verpflichtungen, die erfüllt werden müßten, über die es, bei einer Ablösung, zu geordneten Verhandlungen kommen müsse. Beide Staaten würden auch während der Übergangszeit nicht bindungslos sein.

Im weiteren Verlauf der Aussprache wurden eine Reihe von Abänderungs- und Ergänzungsvorschlägen zu dem Entwurf der Entschließung gemacht.

Heidi Wieczorek-Zeul widersprach der vorgesehenen Formulierung über die Truppenpräsenz der Verbündeten im Punkt 2 des Entwurfs. In einer Abstimmung wurde der Entwurf in der von Horst Ehmke veränderten Fassung gebilligt.

Hans-Ulrich Klose beantragte im vierten Abschnitte, den ersten Absatz, betreffend die Art. 23 und 146 GG, durch eine von ihm schriftlich vorgelegte andere Formulierung zu ersetzen. Für diesen Vorschlag votierten in der Abstimmung zwei Mitglieder des Präsidiums und in einer weiteren Abstimmung vier Mitglieder des Geschäftsführenden Fraktionsvorstandes.

Sodann ließ Hans-Jochen Vogel, getrennt nach Präsidium und Geschäftsführendem Fraktionsvorstand, über den in einigen Punkten abgeänderten Entwurf abstimmen. Die Mitglieder des Präsidiums billigten den Entwurf bei einer Enthaltung, die Mitglieder des Geschäftsführenden Fraktionsvorstandes stimmten dem Entwurf ebenfalls, bei drei Enthaltungen, zu.

Einbeziehung der DDR in die Europäische Gemeinschaft

Heidi Wieczorek-Zeul erläuterte das dem Präsidium sowie dem Geschäftsführenden Vorstand der SPD-Bundestagsfraktion von ihr und Gerd Walter vorgelegte Papier. Sie betonte, der Entwurf sei in Zusammenarbeit mit den für die EG-Fragen zuständigen Mitgliedern der Bundestagsfraktion sowie mit Verantwortlichen in unserer Europa-Fraktion erarbeitet worden. Sie erläuterte die Einzelheiten des Papiers, das dem Parteivorstand in seiner Sitzung am 19. März vorgelegt wird.

Wahlveranstaltung in Erfurt vor den Volkskammerwahlen, 3. März 1990

Horst Ehmke warnte in der Aussprache davor, den weitern Verlauf des Prozesses der deutschen Einheit abhängig zu machen von der Zustimmung der Parlamente jedes einzelnen EG-Mitgliedslandes zu einzelnen Aspekten der betreffenden Regelungen. Es dürfe durch diesen Prozeß nicht zu Verzögerungen kommen, die hier zu zusätzlichen, schwer zu überwindenden Schwierigkeiten führten.

Sozialunion

Rudolf Dreßler erläuterte seinen Entwurf zur Schaffung einer Sozialunion mit der DDR. Die entsprechende Vorlage war den Teilnehmern verteilt worden. Nach kurzer Aussprache wurde vereinbart, daß dieses Papier am 9. 3. in die Beratung der Arbeitsgruppe Fortschritt '90 eingebracht und nach einer Erörterung des Gemeinsamen Ausschusses mit der SPD in der DDR am 12. März dem Geschäftsführenden Fraktionsvorstand und dem Präsidium zur möglichen Entscheidung nochmals vorgelegt wird. Die Ergänzung aus den beiden vorauslaufenden Beratungen werden dann in den Sitzungen beider Gremien jeweils vorgelegt.

Dokument Nr. 35 a
Vorlage: Entwurf von Richtlinien zur deutschen Einigung, 2. März 1990

Anlage zu Nr. 35

2. März 1990

Entwurf

Der Prozeß der deutschen Einigung tritt mit der Wahl der Volkskammer am 18. März 1990 in ein neues Stadium. Die Parlamente und die Regierung der beiden deutschen Staaten müssen nach diesem Datum dem Prozeß der Einigung konkrete Strukturen geben und eine Vielzahl wichtiger Entscheidungen treffen. In Abstimmung mit unserer Schwesterpartei, der Sozialdemokratischen Partei Deutschlands in der DDR, legen wir dafür folgende

Richtlinien

vor:

1.

Die Parlamente und die Regierungen beider deutschen Staaten bekennen sich sogleich nach der Wahl vom 18. März 1990 in übereinstimmenden Beschlüssen

– zum Ziel der bundesstaatlichen Einheit,
– zur Endgültigkeit der in Europa bestehenden Grenzen, insbesondere der polnischen Westgrenze und
– zur Einfügung der deutschen Einigung in die europäische Einigung und des deutschen Bundesstaates in eine gesamteuropäische Friedensordnung.

2.

Zur Einfügung des deutschen Bundesstaates in eine gesamteuropäische Friedensordnung bedarf es im Zuge des Helsinki-Prozesses des schrittweisen Ausbaus eines europäischen Sicherheitssystems, an dem die USA, die Sowjetunion und Kanada beteiligt sind. Dieses Sicherheitssystem soll an die Stelle der bestehenden militärischen Bündnisse treten. Die Friedensordnung soll für die Staaten, zwischen denen bisher kein Friedensvertrag besteht, friedensvertragliche Qualität erlangen. Für die Übergangszeit sind Regelungen zu vereinbaren, die die gegenwärtigen strukturellen Bindungen der beiden deutschen Staaten und ihrer Streitkräfte sowie die Stationierungsrechte der USA und der Sowjetunion auf deutschem Boden in ein neues Sicherheitssystem einbringen. Diese Regelungen bedürfen der Abstimmung mit den Vier Mächten, der

Wahlveranstaltung in Erfurt mit Willy Brandt, 3. März 1990

Konsultation mit unseren Nachbarn und sodann der Behandlung im Rahmen einer KSZE-Konferenz. Mit ihrem Wirksamwerden entfallen die Vorbehaltsrechte der Vier Mächte.

Ein deutscher Vorschlag für die in Absatz 1 genannten Übergangsregelungen wird zur Vorbereitung der Verhandlungen mit den Vier Mächten ausgearbeitet. Beide deutsche Staaten unterstützen auch in diesem Zusammenhang gemeinsam alle Anstrengungen für umfassende Abrüstungsmaßnahmen und ergreifen entsprechende Initiativen auch für den Bereich ihrer Streitkräfte.

3.

Beide Seiten verständigen sich über ein konkretes Konzept für die Herstellung der bundesstaatlichen Einheit und die dafür erforderlichen Übergangsregelungen. Die notwendigen Verhandlungen sind im Geiste der Partnerschaft und der Gleichberechtigung zu führen. Für den Bereich der DDR sind diejenigen Sonderregelungen anzustreben, die auch nach der Herstellung der bundesstaatlichen Einheit notwendig sind; so beispielsweise auf dem Gebiet des Bodenrechts oder der Erziehung.

4.

Die bundesstaatliche Einheit sollte anschließend an die vertragliche Vereinbarung durch das Inkrafttreten einer neuen Verfassung gemäß Art. 146 GG hergestellt werden, die vom Volk in freier Entscheidung beschlossen wird. Dieser Weg hat den Vor-

zug, daß das Volk selbst die deutsche Einheit begründet. Auch der Beitritt gemäß Art. 23 GG würde jedoch die vorherige Verständigung über das konkrete Einigungskonzept, die Verfassung des neuen Bundesstaates und die Übergangsregelungen erfordern.
Das Grundgesetz der Bundesrepublik hat sich bewährt. Die neue gemeinsame Verfassung soll deshalb vom Grundgesetz ausgehen und dieses in den Punkten ändern oder ergänzen, in denen die Errichtung des Bundesstaates das erforderlich macht oder die besonderen Erfahrungen der DDR das wünschenswert erscheinen lassen.

5.

Beide Seiten bilden alsbald einen Rat zur deutschen Einigung. Aufgabe dieses Rates ist es,

– den Einigungsprozeß zu begleiten und sich zu allen grundsätzlichen Fragen beratend zu äußern sowie
– den Entwurf einer gemeinsamen Bundesverfassung auszuarbeiten.

Der Rat setzt sich aus einer gleich großen Anzahl von Vertretern der beiden Parlamente, der Vertreter der Länder der Bundesrepublik sowie der wiederzuerrichtenden Länder der DDR zusammen. Er faßt seine Beschlüsse mit qualifizierter Mehrheit, die ein wechselseitiges Überstimmen der einen durch die andere Seite ausschließt.

6.

Auf den für das tägliche Leben der Menschen besonders wichtigen Gebieten der Wirtschaft, der Währung, der sozialen Sicherheit, der Umwelt und des Verkehrs kann und soll die Einheit schon vorab in Angriff genommen werden. Diese Maßnahmen sind mit unseren Verpflichtungen innerhalb der EG und mit der weiteren Entwicklung der EG in Einklang zu halten.
Für Fälle dringenden Bedarfs sind Soforthilfen für die Versorgung der Bevölkerung und die Sicherung der Produktion zu vereinbaren und zu leisten.

7.

Auf die Verwirklichung sozialer Gerechtigkeit und auf den Schutz der Schwächeren – etwa im Mietrecht – ist beim Einigungsprozeß besonders zu achten. Schnellstmöglich sind Maßnahmen zu vereinbaren, die die Beweggründe zur Übersiedlung in die Bundesrepublik ausräumen, die Übersiedlung aus der Bundesrepublik in die DDR jedoch erleichtern.

8.

Zur Vorbereitung und Begleitung der in den Ziffern 6 und 7 bezeichneten Schritte werden eine oder mehrere gemeinsame paritätisch besetzte Parlamentskommissionen, Länderkommissionen und Regierungskommissionen gebildet. Die Parlaments- und die Länderkommissionen sollen in der Regel gemeinsam tagen.

9.

Die Zuständigkeiten und die Verantwortlichkeiten der Verfassungsorgane der beiden deutschen Staaten bleiben bis zu ihrer ordnungsgemäßen Veränderung unberührt.

Dokument Nr. 35 b
Vorlage: »Die Zusammenarbeit und das Zusammenwachsen der beiden deutschen Staaten«, 5. März 1990

Anlage zu Nr. 35

Vorlage für die gemeinsame Sitzung des Präsidiums mit dem Geschäftsführenden Vorstand der Bundestagsfraktion am 5. März 1990, Bonn, Erich-Ollenhauer-Haus

<u>Die Zusammenarbeit und das Zusammenwachsen der beiden deutschen Staaten</u>

Die Einigung Deutschlands, das Zusammenwachsen der beiden deutschen Staaten, kann in unterschiedlichen Formen erfolgen:

1. <u>Ausarbeitung einer Bundesverfassung</u> – etwa durch einen Rat zur Deutschen Einigung wie ihn die SPD in der DDR vorgeschlagen hat – und Volksabstimmung gem. Art. 146 GG. Der praktische Einigungsprozeß würde über gemeinsam vereinbarte Parlaments-, Länder- und Regierungskommissionen laufen.

2. <u>Beitritt nach Art. 23 GG</u>
Für den Fall, daß die DDR ihren Beitritt zur Bundesrepublik Deutschland erklärt – sei es unmittelbar, sei es nach vorausgegangenen Verhandlungen mit der Bundesrepublik über die notwendig werdenden Übergangsregelungen –, stellen sich folgende Aufgaben:

2.1 Eine Absprache der beiden deutschen Staaten mit den Siegermächten, die dann in den KSZE-Rahmen eingebettet werden muß, über eine sicherheitspolitische Übergangslösung. Dies ist notwendig, um die mit den Bündnisverpflichtungen in Zusammenhang stehenden Fragen zu regeln

2.2 Innerstaatlich muß der Deutsche Bundestag mit Zustimmung des Bundesrates ein Eingliederungsgesetz erlassen, das mindestens folgende Regelungen enthält:

a) Verfassungsfragen, z.B.
  • Regelung des Status, den das eingegliederte Gebiet im Bund-Länder-Verhältnis erhält (ein oder mehrere Bundesländer)

- wie viele Abgeordnete das eingegliederte Gebiet in die Organe des Bundes entsendet
- nach welchem Wahlverfahren jeweils zu wählen ist
- wann die erste Wahl stattfindet.

b) Wie und in welcher Form (Gesetze, Verordnungen) und mit welchen Fristen Regelungen über die Angleichung von Währung und Wirtschaft getroffen werden.
c) Besondere soziale Schutzgesetze (hierzu siehe unten 3.2 e)
d) Einführung des Bundesrechts
- Erstreckung von Bundesrecht, teils sofort, teils mit Übergangsregelungen
- Weitergelten von bisherigem DDR-Recht (befristet und für einzelne Bereiche)
- Eine dauernd abweichende Rechtsetzung für das frühere Gebiet der DDR – etwa ein anderes, sprich besseres, Bodenrecht – ist beim Beitrittsverfahren nicht möglich.

e) Grundgesetzkonforme Regelung des Öffentlichen Dienstes
f) Sonderregelungen
- Im Bereich der Finanzverfassung
- für die Überführung der Monopole und Sondervermögen in den Bereich des Bundes (Eisenbahn, Post, Monopole).

3. Vertrag zur deutschen Einheit

Zur zügigen Herstellung eines Bundesstaates schließen sich die beiden deutschen Staaten zu einem »Deutschen Bund« zusammen.

Der Deutsche Bund umfaßt die Bundesrepublik Deutschland, die DDR und Berlin (West und Ost). Er erkennt die in Europa bestehenden Grenzen, insbesondere die polnische Westgrenze, ausdrücklich an.

Da der praktische Einigungsprozeß bereits in vollem Gange ist, erfordert der Zusammenschluß im Deutschen Bund keine Übertragung von politischen Entscheidungsbefugnissen, sondern nur von Initiativ-Rechten und Mitwirkungs-Rechten (Konsultation, Koordinierung und Kontrolle).

3.1 Politische Zielsetzung

Politische Ziele der beiden deutschen Staaten im Deutschen Bund sind:

a) Die zügige Herstellung eines Bundesstaates der Deutschen, der Teil einer europäischen Friedensordnung werden soll.
b) Die Wahrung der Menschen- und Bürgerrechte im Sinne der Menschenrechtspakte der Vereinten Nationen, der Europäischen Menschenrechtskonvention und des Abschließenden Dokuments der Wiener KSZE-Folgekonferenz.
c) Eine Politik Gemeinsamer Sicherheit mit dem Ziel, die Militärbündnisse durch ein (von den Großmächten garantiertes) europäisches Sicherheitssystem abzulösen (zu möglichen Schritten siehe Anhang).
d) Ablösung der Nachkriegsordnung mit den Vorbehaltsrechten der Siegermächte durch eine gesamteuropäische Friedensordnung.

3.2 Aufgaben des Deutsches Bundes in Vorbereitung des Bundesstaates sind:

a) Die stufenweise Schaffung einer Sozial-, Wirtschafts- und Währungsunion zur Herstellung einheitlicher Lebensverhältnisse.
b) Der Schutz der Umwelt als besondere Priorität.
c) Das Eintreten für die Aufnahme der DDR in die Europäische Gemeinschaft.
d) Die enge Zusammenarbeit auf allen sonstigen Gebieten, wie z.B. Gesundheit, Verkehr, Kommunikation, Kultur und Wissenschaft, innere Sicherheit etc etc.
e) Eine soziale Schutzgesetzgebung gegen Gefahren, die sich bei einem Zusammenwachsen der beiden deutschen Staaten ergeben:
   - Z.B. muß im Boden- und Mietrecht der Aufkauf von Grundstücken und Häusern durch Nicht-DDR-Bürgern zu Spottpreisen verhindert werden. Die Mieter sind gegen ungerechtfertigte Kündigungen und unangemessene Mieterhöhungen zu sichern.
   - Gleiches gilt für die Frage des Schutzes von erworbenen Vermögensrechten einschließlich der Entschädigungsfragen.
f) Die Erarbeitung einer Bundesverfassung (s. unten 3.3 Ziff. g). Die DDR wird zur Vorbereitung eines Bundesstaates der Deutschen auf ihrem Gebiet eine föderative Struktur schaffen.
g) Die Behörden der beiden Staaten leisten sich gegenseitig Rechts- und Amtshilfe.

3.3 Organe
Die Organe des Bundes sollten von den beiden Seiten paritätisch – nicht nach der Bevölkerungszahl – zusammengesetzt werden.

a) Vorzusehen sind
   - Eine Deutsche Versammlung
   - Ein Deutscher Länderrat
   - Ein Deutscher Rat
   Sitz der Organe soll Berlin (Ost und West) sein.
c) Die Mitglieder der Versammlung werden von den beiden Parlamenten aus ihrer Mitte gewählt. Die Versammlung hat ... Mitglieder.
d) Die Mitglieder des Länderrates werden je zur Hälfte von den Ländern der beiden deutschen Staaten entsandt. Der Länderrat hat ... Mitglieder.
e) Die Mitglieder des Deutschen Rates werden von den beiden Regierungen je zur Hälfte ernannt. Der Rat hat ... Mitglieder.
f) Für Beschlüsse der Organe werden qualifizierte Mehrheiten verlangt. Es darf keine Majorisierung der einen oder anderen Seite geben.
g) Der Versammlung und dem Länderrat des Deutschen Bundes obliegen ferner:
   - Die Auslegung der Vertragsakte (mit qualifizierter Mehrheit) und
   - Die Ausarbeitung des Entwurfs einer bundesstaatlichen Verfassung.

3.4 Die Durchführung von Beschlüssen des Bundes bleibt den Einzelstaaten (bzw. den Ländern in ihnen) vorbehalten.

3.5 Eine eigene Staatsangehörigkeit des Deutschen Bundes wird nicht vorgesehen. Den Staatsangehörigen der beiden deutschen Staaten soll nicht nur die freie Wahl des Wohnsitzes zustehen, sondern auch die Möglichkeit, »in jedem der beiden Staaten als Bürger mit gleichen Rechten und Pflichten zu leben« (Berliner Erklärung der SPD).

3.6 Der Gründungsvertrag muß vorsehen,

- daß der Grundlagenvertrag vom 21.12.1972 sowie andere zwischen den beiden Staaten geschlossenen Verträge in Kraft bleiben, soweit sie dem Gründungsvertrag nicht widersprechen.
- daß die für die beiden deutschen Staaten bestehenden völkerrechtlichen Rechte und Pflichten von der Gründung des Deutschen Bundes unberührt bleiben.

3.7. Der Gründungsvertrag des Deutschen Bundes tritt in Kraft, wenn er von den zwei frei gewählten Parlamenten jeweils mit 2/3-Mehrheit ratifiziert worden ist. Der Deutsche Bund endet

- entweder mit dem Inkrafttreten einer bundesstaatlichen Verfassung für Deutschland, die durch Volksentscheid in beiden deutschen Staaten angenommen worden ist. Für die Bundesrepublik gilt für diesen Fall Art. 146 GG (vgl. oben 1.)
- oder durch den Beitritt der DDR nach Art. 23 GG.

Dokument Nr. 35 c
Vorlage: »Die Einbettung Deutschlands in ein europäisches Sicherheitssystem«, 5. März 1990

Anlage zu Nr. 35

Vorlage für die gemeinsame Sitzung des Präsidiums mit dem Geschäftsführenden Vorstand der Bundestagsfraktion am 5. März 1990, Bonn, Erich-Ollenhauer-Haus

DIE EINBETTUNG DEUTSCHLANDS IN EIN EUROPÄISCHES SICHERHEITSSYSTEM

1. Die Lage:

Durch die Demokratisierungsprozesse in Osteuropa und die Öffnung der Grenzen auch für die Deutschen hat sich die sicherheitspolitische Lage Europas verändert:

- Das kommunistische System in Osteuropa ist zusammengebrochen; die Gesellschaften demokratisieren sich, suchen die Zusammenarbeit mit dem Westen und stellen keine Bedrohung mehr dar.

- Die Warschauer Vertragsorganisation büßt ihre militärische Funktionsfähigkeit mehr und mehr ein.
- Die Grundlagen der westlichen Strategie, Vorneverteidigung und Flexible Response, verlieren ihre Legitimation und Glaubwürdigkeit.
- Die Fortsetzung der Wiener Abrüstungsverhandlungen (Wien II) kann nicht in der bisherigen, an konfrontativen Strukturen orientierten Weise erfolgen; statt zwischen den Bündnissen wird die Sicherheit in Europa zwischen allen 35 KSZE-Staaten verhandelt werden.

Da die Bündnisse in ihrer bisherigen Form überholt sind, steht jetzt die Schaffung eines Europäischen Sicherheitssystems auf der Tagesordnung. Es soll Teil einer Europäischen Friedensbewegung sein, die auch die Vorbehaltsrechte der Siegermächte des Zweiten Weltkriegs in bezug auf Deutschland ablöst.

2. Unser Ziel:

a) Ziel ist ein <u>Sicherheitsvertrag zur Schaffung eines Europäischen Sicherheitssystems</u>, in dem die Bündnisse aufgehen und in das die Streitkräfte der Teilnehmerstaaten eingebunden werden.
Bis zur Ablösung durch das Europäische Sicherheitssystem bleiben die Bündnisse in modifizierter Form bestehen.
Wichtige Aufgabe der Bündnisse wird die politisch-militärische Überleitung der Blöcke in ein Europäisches Sicherheitssystem und die Kontrolle von Vereinbarungen zur Abrüstung und Umstrukturierung der Streitkräfte.
b) Vertragspartner des <u>Europäischen Sicherheitsvertrages</u> sind alle KSZE-Teilnehmerstaaten. Für sie gilt:
- Die Friedenspflicht untereinander und nach außen sowie eine politische und militärische Beistandspflicht, die alle früheren Bündnisverpflichtungen ablöst.
- Regionale Unterbündnisse sind im Europäischen Sicherheitssystem nicht zugelassen.
- Für die Streitkräftekontingente der Mitgliedsstaaten werden Ober- und Untergrenzen festgelegt. Die Streitkräfte-Strukturen werden rein defensiv ausgelegt.
- Land- und luftgestützte Nuklearwaffen werden – als weiterer Schritt zu der von uns angestrebten allgemeinen nuklearen Abrüstung – vom Boden der Nichtnuklearstaaten abgezogen.
- Chemische Waffen werden aus Europa verbannt.
- Die USA, Kanada und die Sowjetunion übernehmen zusätzlich zu ihrer Mitgliedschaft im Europäischen Sicherheitssystem die Rolle von Garantiemächten. Dafür stellen sie in Europa Streitkräfte zur Verfügung.
- Der Geltungsbereich des Europäischen Sicherheitssystems erstreckt sich vom Atlantik bis zum Ural unter Einschluß der angrenzenden Seegebiete und Binnenmeere.

3. Übergang zu einem Europäischen Sicherheitssystem:

a) Solange die beiden deutschen Staaten existieren, bleiben sie in ihren Bündnissen. Ihre Bündnisverpflichtungen werden aber im Sinne der Vertrauensbildung und einer Politik gemeinsamer Sicherheit modifiziert.

b) Für den Fall, daß sich die beiden deutschen Staaten zu einem Bundesstaat zusammenschließen, wird eine weitere Übergangsstufe erforderlich:

– Es muß bestimmt werden, daß sich die Garantieverpflichtung des NATO-Vertrages nicht auf das Gebiet der bisherigen DDR erstreckt. Ferner, daß sich die Garantieverpflichtung des Warschauer Vertrages, insbesondere die der Sowjetunion gegenüber der heutigen DDR, nicht auf das Gebiet der bisherigen Bundesrepublik erstreckt.

– Amerikanische Bündnistruppen bleiben auf dem Boden der bisherigen Bundesrepublik, sowjetische auf dem Boden der bisherigen DDR stationiert.

– Es wird festgelegt, daß keine Stationierung und kein Einsatz von Einheiten der Bundeswehr auf dem Gebiet der bisherigen DDR erfolgen darf. Auf diesem Gebiet werden aufgrund besonderer Vereinbarung eigene Verbände der Territorialverteidigung gebildet.

c) Zugleich wird der Einstieg in ein Europäisches Sicherheitssystem eingeleitet, und zwar zunächst in der mitteleuropäischen Region der Wiener Verhandlungen (Deutscher Bundesstaat, Benelux-Länder, Dänemark, Polen, CSSR, Ungarn). Die KSZE-Teilnehmerstaaten bilden dafür einen gemeinsamen Sicherheitsrat.

4. Ziele für die Gespräche mit den Vier Mächten:

Wie am 14. Februar 1990 in Ottawa beschlossen, führen die beiden deutschen Staaten Gespräche mit den Vier Mächten über die Einbettung eines zukünftig geeinten Deutschlands in die Gesamteuropäische Sicherheits- und Friedensordnung.

Die beiden deutschen Staaten sollten als Ergebnis der Gespräche eine Empfehlung für die geplante KSZE-Konferenz anstreben:

– Mandat für die Ausarbeitung eines Europäischen Sicherheitssystems und der Übergangsstufen zu einem solchen System.

– Schnellstmögliche Ratifizierung des Ersten Vertrages der Verhandlungen über konventionelle Streitkräfte in Europa (VKSE), Wien I.

– Mandat für den sofortigen Beginn der Verhandlungen von Wien II mit dem Ziel der drastischen Reduzierung der Streitkräfte in Europa und ihrer strikt defensiven Umstrukturierung. Dazu gehört die Reduzierung der deutschen Streitkräfte parallel zur drastischen Reduzierung der sowjetischen und amerikanischen Streitkräfte in Mitteleuropa auf ein vergleichbares Niveau.

– Mandat für sofortige Verhandlungen über die Beseitigung aller Nuklearwaffen mit einer Reichweite bis zu 500 km unter Einschluß nuklearer Gefechtsfeldwaffen (3. Null-Lösung).

5. Sofortmaßnahmen angesichts der veränderten Lage:
a) Die neue Lage erfordert von beiden Bündnissen:
   – Aufgabe der Strategie der Vorneverteidigung bzw. offensiver Verteidigungskonzepte sowie Umstrukturierung bzw. Auflösung der dafür speziell vorgesehenen Streitkräfte.
   – Verzicht der beiden Bündnisse auf den Ersteinsatz von Kernwaffen und Abzug aller nuklearen und chemischen Waffen vom deutschen Boden.
   – Weitere Maßnahmen der Vertrauensbildung.
b) Von den deutschen Regierungen erfordert die neue Lage:
   – Reduzierung der Wehrdienstpflicht auf maximal 12 Monate.
   – Verzicht auf Großmanöver.
   – Einstellung aller Tiefflugübungen.

Dokument Nr. 35 d
Vorlage: »Erste Schritte zur Sozialunion Bundesrepublik Deutschland-DDR«, 5. März 1990

Anlage zu Nr. 35

Rudolf Dreßler MdB
Stellv. Vorsitzender der SPD-Bundestagsfraktion

Erste Schritte zur Sozialunion Bundesrepublik Deutschland – DDR
Diskussionspapier
Stand: 5. März 1990

Kurzfassung*

[...]

I. Vorbemerkungen:

1. Die **Sozialunion** zwischen der Bundesrepublik Deutschland und der DDR als Vorbereitungsstufe zu einem einheitlichen deutschen Bundesstaat kann **nur in Verbindung mit einer Wirtschafts- und Währungsunion** verwirklicht werden. Umgekehrt gilt, daß die Realisierung der Wirtschafts- und Währungsunion an eine Sozialunion gebunden ist.

---

*) Die thesenartigen Aussagen unter Ziffern II. und III. dieser Kurzfassung sind im ausführlichen Teil näher erläutert.

2. Das Ziel der **Sozialunion**, die Schaffung einheitlicher und solidarisch finanzierter Sozialleistungen für alle Bürger eines vereinigten Gesamtdeutschlands ist kurzfristig in keinem der verschiedenen Sozialleistungsbereiche, sondern **nur mittelfristig** und zudem in nach Sozialleistungsbereichen unterschiedlichen Zeiträumen erreichbar. Für eine noch nicht exakt definierte **Übergangsphase** sind **unterschiedliche Leistungsniveaus** in den Gebieten der beiden Staaten unvermeidbar.

3. Zu erwarten steht, daß das Gebiet der DDR in Zukunft eine Zone überdurchschnittlichen wirtschaftlichen Wachstums sein wird. Das Ausmaß dieses Wachstums hat bedeutsamen Einfluß auf die Dauer der Übergangsphase. Nicht zuletzt deshalb muß alles getan werden, daß die Menschen in der DDR eine Perspektive haben, in ihrer Heimat bleiben zu können.

4. Ohne **fühlbaren West-/Ost-Finanztransfer in allen Sozialleistungsbereichen** kann das Ziel einer Sozialunion nicht erreicht werden. Der Umfang dieses Transfers ist zum gegenwärtigen Zeitpunkt nicht seriös quantifizierbar.

5. Voraussetzung für die Sozialunion ist die **schrittweise Überwindung** der **grundlegenden organisationspolitischen Unterschiede** in den bisherigen Sozialbürokratien beider Staaten. Dabei wird die einfache Übernahme bundesdeutscher Organisationsschemata und -prinzipien dem Problem nicht gerecht. Sinnvolle Elemente der Sozialleistungsorganisation der DDR müssen erhalten und für das Gesamtsystem nutzbar gemacht werden.

II. Arbeitsförderung und Sicherung bei Arbeitslosigkeit in der DDR

Der ökonomische Reformprozeß in der DDR bedingt erhebliche Umstrukturierungen auf dem Arbeitsmarkt. Die notwendigen Aufgaben können – bei angemessener Unterstützung des Bundes und bundesdeutscher Unternehmen – bewältigt, Massenarbeitslosigkeit in der DDR also vermieden werden. Damit kann auch das weitere Übersiedeln in die Bundesrepublik abgebremst werden.

1. Organisation / Aufbau von Arbeitsämtern

1.1 Für den Aufbau von Arbeitsämtern sollte – falls von der DDR erwünscht – Beratungspersonal der Bundesanstalt für Arbeit bereitgestellt werden. Dafür kommen nur erfahrene Fachkräfte in Frage.

1.2 Um die produktive Arbeitsförderung (Maßnahmen der Fortbildung und Umschulung) schnell in Gang zu bringen, müssen vorhandene räumliche Kapazitäten genutzt werden. Bei der Ausstattung der Qualifizierungseinrichtungen muß die bundesdeutsche Wirtschaft helfen; ein entsprechendes Angebot liegt seit Ende Januar vor.

1.3 Notwendig ist es, für ein regional und berufsbezogen ausreichendes Bildungsangebot in der DDR zu sorgen. Wo immer möglich, sollten den Betrieben angegliederte Beschäftigungsgesellschaften Träger von Bildungsmaßnahmen sein.

2. Leistungen

2.1 Die Qualifizierung von Arbeitnehmerinnen und Arbeitnehmern muß bei der Arbeitsförderung Vorrang haben. Daneben muß die betriebsunabhängige Arbeitsvermittlung einen hohen Stellenwert bekommen, noch gibt es in der DDR mehr offene Stellen als Arbeitslose. Weiter kommt es darauf an, Instrumente zur Förderung der Arbeitsaufnahme, der beruflichen Rehabilitation, zur Kurzarbeit und zur Arbeitsbeschaffung zu entwickeln.

2.2 Die Absicherung bei Arbeitslosigkeit muß vom Staat und den Betrieben auf eine Versicherung übergehen. Wegen des niedrigeren Lebensstandards in der DDR sollte der Ende Februar eingeführte Leistungssatz von 70 Prozent beibehalten werden. Es sollte auch bei einer Mindestsicherung bei Arbeitslosigkeit bleiben.

2.3 Der Geltungsbereich des AFG ist auf die Bundesrepublik einschließlich Berlin (West) beschränkt. Bei diesem Territorialprinzip muß es grundsätzlich bleiben. Folgende Ausnahmen erscheinen zweckmäßig:
- DDR-Bewohner, die an beruflichen Bildungsmaßnahmen in der Bundesrepublik teilnehmen wollen, sollten gefördert werden können, wenn nach Abschluß der Bildungsmaßnahme eine Arbeitsaufnahme in der DDR erfolgt.
- Fortbildungs- und Umschulungsmaßnahmen der BA für rückkehrwillige Übersiedler sollten in der DDR ermöglicht werden.

2.4 Die Arbeitskräfte werden in der DDR zur Bewältigung des ökonomischen Umbaus dringend gebraucht. Deshalb wird das Eingliederungsgeld abgeschafft. Neue Übersiedler erhalten ihren Arbeitslosengeldanspruch aus der DDR hier in der Bundesrepublik im Verhältnis 1:1. Bei einem Leistungssatz von 70 % wären das im Durchschnitt rund 670 DM.

Für neue Übersiedler wird der Anspruch auf Fortbildungs- und Umschulungsmaßnahmen in der Bundesrepublik abgeschafft.

3. Finanzierung

Arbeitsförderung und Arbeitslosenversicherung müssen auch in der DDR beitragsfinanziert werden. Da die Leistungen schneller zur Verfügung stehen müssen, als die Beiträge eingehen können, ist eine Anlauffinanzierung sicherzustellen, zu der der Bund einen angemessenen Beitrag leistet. An den Kosten für Qualifizierungsmaßnahmen müssen sich auch die westdeutschen Unternehmer beteiligen.

III. Sozialversicherung

1. Organisation der Sozialversicherung

Bis zur endgültigen organisatorischen Neuordnung der heutigen Einheitssozialversicherung der DDR, die längere Zeit in Anspruch nehmen wird, sind folgende **kurzfristige Maßnahmen** notwendig:

1.1 **Herauslösung** der Sozialversicherung der Arbeiter und Angestellten **aus dem**

FDGB und Zusammenlegung mit der heutigen Staatlichen Sozialversicherung der DDR (die für Selbständige und Mitglieder der landwirtschaftlichen Produktionsgenossenschaften zuständig ist).

1.2 **Regionale Gliederung** auf der Ebene der neu zu gründenden Länder statt der bisherigen Zentralverwaltung.

1.3 **Selbstverwaltung** der Versicherten mit freien Sozialwahlen.

1.4 **Getrennte Rechnungsführung** innerhalb der Sozialversicherung für die einzelnen Zweige (Rentenversicherung, Krankenversicherung, Unfallversicherung). Der heutige Gesamtbeitrag zur Sozialversicherung ist für die einzelnen Zweige getrennt auszuweisen. Mindestrenten, Kriegsopferversorgung und Familienhilfen sind direkt dem Staatszuschuß zuzurechnen.

Damit ist zunächst im Gebiet der DDR die Sozialversicherung ähnlich organisiert wie heute die Bundesknappschaft in der Bundesrepublik (Renten- und Krankenversicherung unter einem Dach mit getrennter Finanzierung, einheitliche Trägerschaft für Arbeiter und Angestellte). Im Zuge der Rechtsangleichung zwischen beiden Teilen Deutschlands ist zu prüfen, in welcher Weise im Gebiet der DDR Renten-, Kranken- und Unfallversicherung organisatorisch getrennt und voneinander abgegrenzt werden sollen. Dabei darf das **Organisationsmodell der Bundesrepublik nicht unkritisch als Maßstab gelten**, weil es selbst mit zahlreichen Mängeln behaftet ist (z.B. bei Prävention und Rehabilitation). Deshalb bedarf es einer umfassenden **kritischen Bestandsaufnahme** und gegebenenfalls einer Neuordnung der Sozialversicherung auch in der heutigen Bundesrepublik.

Die **einheitliche Trägerschaft für Arbeiter und Angestellte**, die heute in der DDR verwirklicht ist, sollte auf jeden Fall beibehalten werden.

Auch die **Einbeziehung des öffentlichen Dienstes in die allgemeine Sozialversicherung** soll im Bereich der DDR bestehen bleiben. Ein beamtenähnliches Versorgungssystem kann auch schon deshalb nicht aufgebaut werden, weil die Übernahme der Versorgungslasten für die heute bereits im Rentenalter befindlichen ehemaligen Beschäftigten des öffentlichen Dienstes die Gemeinden und die neu entstehenden Länder im DDR-Gebiet finanziell völlig überfordern würde.

2. Krankenversicherung

    2.1 Organisation
    - Nach einer **Übergangsphase**, in der die Aufgaben der Krankenversicherung in der DDR unter dem organisatorischen Dach der **bisherigen gemeinsamen Sozialversicherung verbleiben**, aber rechnerisch getrennt geführt und ausgewiesen werden, Einführung einer **Spartentrennung** zumindest zwischen Renten- und Krankenversicherung.
    - Für das dann zu gestaltende Krankenversicherungssystem muß gelten
      keine ähnlich **zergliederte Krankenkassenlandschaft**, wie in der Bundesrepublik;

keine **Sonderrisikogemeinschaften**;
gleiches Recht für alle Kassen;
Zwang zur Bildung **größerer Einheiten**.
- Sollten sich unter diesen Voraussetzungen verschiedene Kassenarten etablieren, muß das **Prinzip der Wahlfreiheit** für alle Versicherten bei Kontrahierungszwang für alle Kassen eingeführt werden.

2.2 Leistungsrahmen
- Unverzügliche Einführung **gleicher rechtlicher und qualitativer Leistungsverhältnisse** in der Krankenversicherung in Gesamtdeutschland.
- Übernahme der besseren allgemeinmedizinischen und **präventiven** Ausrichtung im Gebiet der DDR für Gesamtdeutschland.
- Festhalten am **Sachleistungsprinzip**.

2.3 Finanzierung

2.3.1 Einnahmeseite
- **Volle Beitragsfinanzierung** der KV im Gebiet der DDR als **mittelfristiges** Ziel.
- In einer **Übergangsphase** zur Sicherung gleicher Leistungsverhältnisse in West und Ost, **West-Ost-Finanztransfer** aus öffentlichen Mitteln.
- Herstellung von **Kosten- und Leistungstransparenz** im DDR-Gesundheitswesen.
- **Allgemeine Versicherungspflicht** in der KV für Arbeiter und Angestellte.
- Schrittweise **Harmonisierung der Beitragsbemessungsgrenzen** in der KV von West und Ost auf bundesrepublikanischem Niveau.
- **Stufenweise Anhebung der Beitragslast** der Versicherten in der DDR und parallel dazu **Absenkung des öffentlichen Finanzierungsanteils**.

2.3.2 Ausgabenseite
- Übergangsphase mit **angepaßtem Entlohnungsniveau** für die Leistungserbringer im Gebiet der DDR.
- Übergangsphase mit **dualer Finanzierung** aus KV-Beitragsmitteln und öffentlichen Haushalten als **Grundlage der Honorierung** im ambulanten und stationären Bereich.
- **Echte Preise** für Arznei-, Heil-, Hilfsmittel und Zahnersatz auf der Basis von Preisverhandlungen zwischen KV und Leistungserbringern.
- Ausbau und Ergänzung der **Arzneimittel-Positiv-Liste**.

2.4 Versorgungsstrukturen
- **Keine schematische Übertragung** der bundesdeutschen Versorgungsstrukturen auf den Bereich der DDR. Stattdessen sinnvolle Kombination positiver Elemente aus beiden Bereichen.
- Kombination des **Ambulatorium-/Polikliniksystem** mit der Möglichkeit der Niederlassung als Arzt in eigener Praxis für die ambulante Versorgung.

- Mittelfristiger Übergang der Trägerschaft von Polikliniken und Ambulatorien in die **Trägerschaft der Krankenkassen**.
- **Befriedigung** des hohen investiven **Nachholbedarfs** in baulicher und apparativer Ausstattung des **stationären Sektors** aus öffentlichen Mitteln. Als Zwischenschritt **individuelle Kooperationen** zwischen bundesdeutschen und DDR-Kliniken bei dem **Einsatz von Personal** und der **Nutzung von Gebrauchtgeräten**.

3. Rentenversicherung

Die Rentensysteme beider deutscher Staaten müssen schrittweise vereinheitlicht werden. Dabei geht es nicht um den sozialversicherungsrechtlichen »Anschluß« der DDR. In dem künftigen gesamtdeutschen Rentenrecht sollten vielmehr **Elemente aus beiden Rentensystemen** kombiniert werden. Aus der **Bundesrepublik** sollten das **Versicherungsprinzip**, das **relative Versorgungsniveau** und die **Dynamisierung** übernommen werden, aus der DDR die **Mindestsicherung** innerhalb des Rentensystems, die Einbeziehung **aller Erwerbstätigen** in die Versicherungspflicht und die **einheitliche Trägerschaft für Arbeiter und Angestellte**.

3.1 Sofortige Rentenreform in der DDR

- Einführung einer **lohnbezogenen Versicherung** nach dem Muster der Bundesrepublik. Nach 45 Berufsjahren soll die Rente (entsprechend dem in der Bundesrepublik erreichten Rentenniveau) etwas mehr als 70 % des Nettolohnes eines vergleichbaren Arbeitnehmers betragen (entsprechend den Einkommensverhältnissen der DDR). Damit werden die **Renten in der DDR spürbar erhöht**, was eine attraktive Alternative zur Übersiedlung eröffnet.
- In den neuen lohnbezogenen Sozialversicherungsrenten der DDR sollen die Renten aus der **Freiwilligen Zusatzrentenversicherung** aufgehen; das gilt auch für die **Sonderleistungen**, in denen sich vielfach die Privilegien des SED-Staates widerspiegeln (Staatsversorgung, Versorgung von Parteifunktionären usw.). Diese Systeme werden für die Zukunft abgeschafft.
- **Jährliche Anpassung** der Renten entsprechend der Nettolohnentwicklung. Mit der neuen Lohndynamik erhalten die Rentner der DDR auch einen Inflationsschutz (in dem Umfang, in dem die Arbeitnehmer durch Lohnerhöhungen für den Subventionsabbau entschädigt werden).
- **Beibehaltung der Mindestrenten der DDR**. Das ist wichtig, um Rentner in den bevorstehenden ökonomischen Anpassungsprozessen zu schützen. Darüber hinaus sind die Mindestrenten ein fortschrittliches Element, das bewahrt, weiterentwickelt und in ein späteres gesamtdeutsches Rentenrecht eingehen muß.
- Erhöhung der **Beitragsbemessungsgrenze** von heute 600 M (weniger als 50 % des durchschnittlichen Bruttolohnes in der DDR) auf ca. 2.300 M (= ca. 180 % des durchschnittlichen Bruttolohnes). Nur so kann die Sozialversicherung auch für Arbeitnehmer mit mittlerem Einkommen eine angemessene Alterssicherung bieten. Die Beitragsmehrbelastung bleibt tragbar, weil gleichzeitig

die freiwillige Zusatzrentenversicherung entfällt, der heute 80 % der Beschäftigten der DDR angehören.
- **Beibehaltung der Versicherungspflicht der Selbständigen.** Auch dies ist ein fortschrittliches Element der DDR-Gesetzgebung, das auf die Bundesrepublik übertragen bzw. in das gesamtdeutsche Recht übernommen werden muß.

Die Mehraufwendungen müssen zunächst weitgehend mit Hilfe der Bundesrepublik finanziert werden. Abgesehen von der Erhöhung der Beitragsbemessungsgrenze sollen den Arbeitnehmern der DDR zunächst noch keine Erhöhung der Abgaben zugemutet werden.

3.2 Parallelreform in der Bundesrepublik

In der Bundesrepublik (bzw. im westlichen Landesteil Gesamtdeutschlands) sind sinngemäß diejenigen fortschrittlichen Elemente einzuführen, die aus dem heutigen DDR-Recht beibehalten und in das künftige gesamtdeutsche Rentenrecht übernommen werden sollen. Das betrifft die Einführung der Sozialen Grundsicherung und die Versicherungspflicht der Selbständigen. Für beide Projekte liegen bereits detaillierte Beschlüsse des Bundesparteitages 1988 von Münster vor.

3.3 Weitere allmähliche Angleichung der beiden Rentensysteme

In Deutschland werden – auch nach der Rentenreform in der DDR und selbst bei sofortiger staatlicher Vereinigung – noch **gewisse Zeit zwei Rentensysteme nebeneinander** existieren, die zwar in ihrer Rechtssystematik annähernd strukturgleich, in ihrer Leistungshöhe aber unterschiedlich sind. Ausgehend von der Rentenreform in der DDR wird sich dann aber die Höhe der **Renten im Gebiet der DDR allmählich an die der Bundesrepublik angleichen.** Die geschieht automatisch durch die neue Lohndynamik und in dem Umfang, in dem die DDR den Einkommensrückstand aufholt. Gleichzeitig können dann die Arbeitnehmer der DDR einen größeren Teil der Ausgaben mit Beiträgen finanzieren.

Wenn die DDR den ökonomischen Rückstand weitgehend aufgeholt hat, kann sowohl bei den Leistungen als auch hei der Finanzierung **vollständige Rechtsgleichheit** zwischen den Rentenversicherungen in beiden Teilen Gesamtdeutschlands hergestellt werden.

3.4 Renten für Übersiedler und Aussiedler in der Bundesrepublik

- Das **Fremdrentengesetz** soll mit Wirkung für alle Über- und Aussiedler, die ab einem bestimmten Stichtag in die Bundesrepublik kommen, aufgehoben werden. Für jüngere Personen (z.B. Jahrgang 1955 und jünger) soll das Fremdrentengesetz auch dann nicht mehr gelten, wenn sie vor dem Stichtag übergesiedelt sind.
- Wer heute in der Bundesrepublik Leistungen bereits nach dem Fremdrentengesetz erhält, soll uneingeschränkten **Bestandsschutz** genießen.
- Übersiedler, die nicht mehr unter das Fremdrentengesetz fallen, bekommen im Zuge der Normalisierung stattdessen ihre – durch die dortige Rentenreform wesentlich erhöhten – **DDR-Renten in die Bundesrepublik gezahlt.** Das

entspricht dem »Exportprinzip«, das im Verhältnis zwischen den EG-Staaten angewandt wird.
- Künftig werden auch **Renten aus der Bundesrepublik in das Gebiet der DDR gezahlt.**
- Die **Rentenansprüche von Aussiedlern**, die ab dem Stichtag aus den osteuropäischen Ländern (Polen, CSSR, Sowjetunion, Ungarn, Rumänien) in die Bundesrepublik kommen, müssen ebenfalls entsprechend dem »Exportprinzip« geregelt werden, und zwar durch Sozialversicherungsverträge (bzw. im Falle Polens durch einvernehmliche Änderung des bestehenden deutsch-polnischen Vertrages).
- Im übrigen sind Übersiedler und Aussiedler, die vom Auslaufen des Fremdrentengesetzes betroffen sind, durch Einführung der **Sozialen Grundsicherung** in der Bundesrepublik vor Altersarmut zu schützen.

Dokument Nr. 36
Entschließung des SPD-Parteivorstands über Schritte zur deutschen Einheit, 7. März 1990

Presseservice der SPD, Nr. 104/90, 7. März 1990

Mitteilung für die Presse

Der SPD-Parteivorstand hat heute unter Vorsitz von Hans-Jochen Vogel die jetzt notwendigen Schritte zur deutschen Einheit festgelegt. Die Entschließung hat folgenden Wortlaut:

7. März 1990

Der Prozeß der deutschen Einigung tritt mit der Wahl der Volkskammer am 18. März 1990 in ein neues Stadium. Die Parlamente und die Regierung der beiden deutschen Staaten müssen nach diesem Datum dem Prozeß der Einigung konkrete Strukturen geben und eine Vielzahl wichtiger Entscheidungen treffen. In Übereinstimmung mit den Beschlüssen des Leipziger Parteitages unserer Schwesterpartei, der Sozialdemokratischen Partei Deutschlands in der DDR, sprechen wir uns für unseren Verantwortungsbereich für folgende

Schritte zur deutschen Einheit

aus:

1.

Die Parlamente und die Regierungen beider deutschen Staaten bekennen sich sogleich

nach der Wahl vom 18. März 1990 in übereinstimmenden Beschlüssen
- zum Ziel der bundesstaatlichen Einheit,
- zur Endgültigkeit der gegenwärtigen Außengrenzen der beiden deutschen Staaten, insbesondere der polnischen Westgrenze und
- zur Einfügung der deutschen Einigung in die europäische Einigung und des deutsche Bundesstaates in eine gesamteuropäische Friedensordnung.

2.

Auf den für das tägliche Leben der Menschen besonders wichtigen Gebieten der Wirtschaft, der Währung, des Arbeitsrechts, des Tarifvertrags- und des Betriebsverfassungsrechts, der sozialen Sicherheit, der Umwelt und des Verkehrs kann und soll schon vorab die Einheit vorangebracht werden. Das gilt insbesondere für eine sozial abgesicherte Wirtschafts- und Währungsunion. Diese Schritte sind mit unseren Verpflichtungen innerhalb der EG und mit der weiteren Entwicklung der EG in Einklang zu halten.

Für Fälle dringenden Bedarfs sind Soforthilfen für die Versorgung und soziale Sicherung der Bevölkerung sowie für die Sicherung der Produktion zu vereinbaren und zu leisten. Schnellstmöglich sind Maßnahme zu treffen oder zu vereinbaren, die die Beweggründe zur Übersiedlung in die Bundesrepublik abbauen.

3.

Auf die Verwirklichung sozialer Gerechtigkeit und auf den Schutz der Schwächeren – etwa im Mietrecht – ist beim Einigungsprozeß besonders zu achten. Dabei wird eine freie und unabhängige Gewerkschaftsbewegung von besonderer Bedeutung sein.

4.

Zur Vorbereitung und Begleitung dieser Schritte werden eine oder mehrere gemeinsame paritätisch besetzte Parlamentskommissionen, Länderkommissionen und Regierungskommissionen gebildet.

Die Parlaments- und die Länderkommissionen sollen in der Regel gemeinsam tagen.

5.

Zur Einfügung des deutschen Bundesstaates in eine gesamteuropäische Friedensordnung bedarf es im Zuge des Helsinki-Prozesses des schrittweisen Ausbaus eines europäischen Sicherheitssystems, an dem die USA, die Sowjetunion und Kanada beteiligt sind. Dieses Sicherheitssystem soll an die Stelle der bestehenden militärischen Bündnisse treten. Die Friedensordnung soll für die Staaten, zwischen denen bisher kein

Friedensvertrag besteht, friedensvertragliche Qualität erlangen. Für einen zeitlich zu definierenden Übergang sind Regelungen zu vereinbaren, die die gegenwärtigen strukturellen Bindungen der beiden deutschen Staaten und ihrer Streitkräfte sowie die Truppenpräsenz ihrer jeweiligen Verbündeten auf deutschem Boden in ein neues Sicherheitssystem einbringen. Diese Regelungen bedürfen der Abstimmung mit den Vier Mächten, der Konsultation mit unseren Nachbarn und sodann der Behandlung im Rahmen einer KSZE-Konferenz. Mit ihrem Wirksamwerden entfallen Vorbehaltsrechte der Vier Mächte. Im Verlauf des dynamischen Einigungsprozesses darf Deutschland seine Partner und Nachbarn nicht vor vollendete Tatsachen stellen. Die deutsche Einheit darf nicht mit einer Vertragsverletzung beginnen.

Ein deutscher Vorschlag für die in Absatz 2 genannten Übergangsregelungen wird zur Vorbereitung der Verhandlungen mit den Vier Mächten ausgearbeitet. Beide deutsche Staaten unterstützen auch in diesem Zusammenhang gemeinsam alle Anstrengungen für umfassende Abrüstungsmaßnahmen und ergreifen entsprechende Initiativen auch in ihren jeweiligen Bündnissen und für den Bereich ihrer Streitkräfte. Die Einfügung der deutschen Einigung in die europäische Einigung zielt auf die Integration aller europäischen Staaten zu einem gemeinsamen Wirtschaftsraum. Der zügigen Einbindung der Wirtschaft der DDR müssen alle mittel- und osteuropäischen Länder folgen könne.

6.

Beide Seiten verständigen sich über ein konkretes Konzept für die Herstellung der bundesstaatlichen Einheit und die dafür erforderlichen Übergangsregelungen. Die notwendigen Verhandlungen sind im Geiste der Partnerschaft und der Gleichberechtigung zu führen. Für den Bereich der DDR sind diejenigen Sonderregelungen zu vereinbaren, die auch nach der Herstellung der bundesstaatlichen Einheit notwendig sind; so beispielsweise auf dem Gebiet des Bodenrechts.

7.

Das Grundgesetz der Bundesrepublik hat sich bewährt. Die neue gemeinsame Verfassung soll deshalb vom Grundgesetz ausgehen und dieses in den Punkten ändern oder ergänzen, in denen die Errichtung des Bundesstaates das erforderlich macht oder die besonderen Gegebenheiten der DDR das geboten erscheinen lassen.

Die bundesstaatliche Einheit sollte anschließend an die vertragliche Vereinbarung durch das Inkrafttreten einer neuen Verfassung mit der Folge des Art. 146 GG hergestellt werden, die vom Volk in freier Entscheidung beschlossen wird. Dieser von den Müttern und Vätern des Grundgesetzes für die Einheit vorgesehene Weg hat den Vorzug, dass das Volk selbst die deutsche Einheit begründet. Der Vollzug eines Beitritts gemäß Art. 23 GG, den nach dem Grundgesetz allein die gewählten Volksvertretung der DDR einleiten könnte, darf ebenfalls nicht ohne vorherige Verständigung über die sicherheitspolitische Einbindung des neuen Bundesstaats, die Einbeziehung in die EG, das konkrete Einigungskonzept, die Verfassung des neuen Bundesstaates und die Übergangsregelungen abgeschlossen werden.

8.

Beide Seiten bilden alsbald einen Rat zur deutschen Einigung. Aufgabe dieses Rates ist es,

– den Einigungsprozß mit gestaltenden Vorschlägen zu begleiten und sich zu allen grundsätzlichen Fragen, und zwar auch zu den sicherheitspolitischen und EG-politischen Fragen beratend zu äußern sowie
– den Entwurf der erforderlichen Verfassungsbestimmungen auszuarbeiten.

Der Rat setzt sich aus einer gleich großen Anzahl von Vertreterinnen und Vertretern der Bundesrepublik Deutschland und der DDR zusammen, die jeweils zur Hälfte von den jeweiligen Parlamenten und den jeweiligen Ländern bestimmt werden. Er fasst seine Beschlüsse mit qualifizierter Mehrheit, die ein wechselseitiges Überstimmen der einen durch die andere Seite ausschließt.

Dokument Nr. 37
Beratungen des Parteivorstandes über das Ergebnis der Volkskammerwahlen in der DDR / Nominierung des Kanzlerkandidaten, 19. März 1990

Auszug aus dem Protokoll über die Sitzung des Parteivorstandes, 19. März 1990, 14.00 – 19.35 Uhr, in Bonn, Erich-Ollenhauer-Haus, S. 2 – 16

[...]

TOP 4: Vorbereitung der Bundestagswahl 1990

a) Verfahren zur Nominierung des Kanzlerkandidaten

Hans-Jochen Vogel erinnerte an die Parteivorstandssitzung im Januar, in der er für die heutige Sitzung seinen Vorschlag zur Nominierung des Kanzlerkandidaten angekündigt habe. Sein Vorschlag laute, Oskar Lafontaine zum Kanzlerkandidaten für die Bundestagswahl 1990 zu nominieren. Anschließend bat er Oskar Lafontaine, das Wort zu nehmen.

Oskar Lafontaine betonte, er wolle seine Äußerungen mit dem Blick auf die DDR beginnen. Das Wahlergebnis sehe zunächst wie ein Rückschlag aus. Es habe auch alle Kräfte an den Rand gedrückt, die die Revolution getragen hätten, und dazu gehörten auch die Gründer der SPD in der DDR. Das Ergebnis spiegele nicht die politische Entwicklung in diesem Staat wieder. Ausschlaggebend für den Wahlentscheid sei für den Wähler die Situation in der Bundesrepublik gewesen. Gerade in den letzten Wochen sei deutlich geworden, daß die Leute die Realisierung ihres Wunsches nach einer schnellen Vereinigung und damit nach baldiger Einführung der DM in erster Linie durch die Bundesregierung erwarten. So sei gewählt worden. Dies sei, gerade angesichts des großen Einsatzes von Willy Brandt, eine Tragik. Willy Brandt habe große Zustimmung in der DDR gefunden, ihm gelte all unser Dank.

Kohl habe mit der Versprechung, bald die Währungsunion herzustellen, den Wahlerfolg der von ihm unterstützten Gruppierungen in der DDR durchgesetzt. In dieser Situation, so betonte Oskar Lafontaine, hätten viele gefragt, ob er selbst jetzt bereit sei, zur Kanzlerkandidatur anzutreten. Er betonte, er denke, daß dies der richtige Zeitpunkt sei, die Herausforderung anzunehmen. Hätten Sozialdemokraten in der DDR die Regierung gestellt, würde Kohl sie so behandeln, wie die Regierung Modrow. Kohl sitze jetzt in der Falle, die er mit seinen großen Versprechungen selbst geschaffen habe. Diese stünden im klaren Widerspruch zu der realen sozialen Situation. Oskar Lafontaine erinnerte daran, daß er bereits mit seiner Einschätzung zur Übersiedlerfrage Recht hatte. Dies werde auch auf die neue Situation zutreffen.

Das nächste große Thema sei die Währungsunion, die große Auswirkungen für die DDR habe. Er rede nicht der schnellen Einführung der Währungsunion das Wort, sondern wenn ihm die Kanzlerkandidatur übertragen werde, werde er zunächst eine Auseinandersetzung über die notwendige soziale Absicherung einer Währungsunion suchen.

Ein weiterer wichtiger Punkt für das Herangehen an die Aufgabe der Kanzlerkandidatur sei die Einbettung der deutschen Einheit in den Prozeß der europäischen Einheit. Viele unserer Freunde und Nachbarn im Ausland betrachteten die Entwicklung mit großer Sorge. Umso wichtiger sei es, die europäische Dimension des Prozesses nicht hintanzustellen. Zum innenpolitischen Teil wies Oskar Lafontaine auf die Ergebnisse der Arbeitsgruppe Fortschritt '90 hin. Das vorrangige Ziel bleibe die ökologische Erneuerung der Industriegesellschaft und damit die entsprechenden Veränderungen im Bereich von Steuern und Abgaben. Alle Planungen müßten jedoch solide finanziert sein. Versprechungen, Sozialleistungen über Kredite zu finanzieren, werde es nicht geben. Er betonte, daß sich die Arbeitsgruppe bei der Frage der Pflege auf eine Versicherungslösung verständigt habe. Bei der Grundsicherung stimmten alle im Ziel überein, allerdings gebe es auch Einigkeit in der Auffassung, daß angesichts der hohen Leistungen, die für andere Aufgaben aufzubringen sind, jetzt hierfür keine Mittel zur Verfügung gestellt werden könnten.

Die genannten Leitlinien seien eine gute Grundlage für einen Sieg bei der Bundestagswahl und bei den bevorstehenden Landtagswahlen. Die Partei müsse die Kandidatur mit voller Kraft mittragen. Die, die anderer Auffassung seien, sollten, so forderte Oskar Lafontaine, entweder selbst antreten oder schweigen. Mit einem klaren politischen Profil sei die schwierige Aufgabe lösbar. Dazu passe aber kein diffuses Meinungsbild über unsere Partei. Bereits sechsmal habe er als Spitzenkandidat die Partei zu Wahlerfolgen führen können. Der Erfolg sei jedoch nur möglich gewesen unter Mitwirkung aller Mitspieler, bei einer klaren, von ihm vorgegebenen Spielanlage. Wenn der Parteivorstand bereit sei, diese Voraussetzungen zu akzeptieren, sei er bereit, die Spitzenkandidatur zu übernehmen.

Diskussion

Karsten Voigt sagte, es sei nicht sicher, ob Kohl in einer Falle sitze. An Oskar Lafontaine gewandt, sagte er, er werde diesen weniger kritisieren als Oskar Lafontaine seinerzeit Helmut Schmidt. Aber auf Kritik könne er selbst von vornherein nicht verzichten. Sie müsse selbstverständlich nicht öffentlich erfolgen. Eine Kapitulationsurkunde könne er Oskar Lafontaine nicht geben.

Klaus von Dohnanyi zeigte Bewunderung für Oskar Lafontaines »Diagonalstrategie«. Kritik übte er an der Haltung Oskar Lafontaines zur Frage der Einheit, zu den Übersiedlern und zur Währungsunion. Wenn er den Eindruck habe, daß die Wahltaktik der Partei den notwendigen deutschlandpolitischen Schritten entgegenstehe, werde er nicht schweigen. Das gelte insbesondere zu Fragen der Währungsunion.

Norbert Gansel betonte, er unterstütze die Kandidatur von Oskar Lafontaine, die innenpolitische Lage hier spreche zudem für diese Kandidatur. Gewinnen werde keiner, der eine Bremsfunktion im Prozeß der Einheit einnehme. Es müsse uns darum gehen, deutlich zu machen, daß dieser Prozeß durch uns mit mehr Kompetenz auf dem Wirtschafts- und Sozialsektor besser gewährleistet werde.

Diese Auffassung wurde auch von Hans Koschnick unterstrichen, der betonte, wenn der Eindruck entstehe, Sozialdemokraten seien nicht für die Einheit, gebe es keine Chance. Dies werde dann bereits schon in Niedersachsen deutlich werden.

Dieter Spöri stellte fest, Oskar Lafontaine wolle keine Bremserpolitik, sondern den seriöseren Weg im ökonomischen und sozialen Bereich auf dem Weg zur Einheit. Das Wahlergebnis in der DDR bezeichnete er als deprimierend. Es biete uns jedoch eine strategisch günstige Konstellation. Es sei kein Bremsen, wenn Sozialdemokraten Kohl nach den finanziellen und sozialen Linien für die Politik der Einheit fragten. Er äußerte Bedenken gegen eine sofortige Währungsunion. Sie müsse sozial abgesichert sein.

Wenn der Parteivorstand so wie bisher weiterdiskutiere, so stellte Rudolf Dreßler fest, werde die Hürde für den Kandidaten zu hoch. Es könne jetzt nicht jeder seine einzelnen Bedingungen benennen. Die SPD werde niemals stromlinienförmig auftreten, aber es müsse den Grundkonsens geben. Er wies darauf hin, daß niemand in der Arbeitsgruppe Fortschritt '90 verlangt habe, Sozialleistungen über Kredite zu finanzieren. Zudem sagte er, in der Arbeitsgruppe sei noch keine Entscheidung über die Behandlung der sozialen Grundsicherung getroffen worden. Hier seien noch immer Beratungen im Gange.

Gerade Oskar Lafontaine, so stellte Walter Momper fest, traue er zu, in der Partei die notwendige Solidarität herzustellen. Der Populismus Oskar Lafontaines sei gut, er sei nicht eine Sache des Bauches, sondern des Kopfes.

Solidarität, so betonte Inge Wettig-Danielmeier mit Blick auf die Kanzlerkandidatur, sei keine Einbahnstraße. Sie gehe davon aus, daß der Kandidat auch auf die

Partei zugehe. Kohl sehe sie noch nicht in der Falle. Klarheit müsse es in unserem Wahlkampf zur Frage der Einheit geben. Oskar Lafontaine habe heute bei ihr in diesem Punkte Zweifel hinterlassen.

Die Partei brauche Führung, so unterstrich Horst Ehmke. Die gegenwärtige Diskussion sei kein Ruhmesblatt. Die Partei sei nicht zu führen durch das Laufenlassen einer Debatte, an deren Schluß Zusammenfassungen stünden. Die Beschlüsse der Partei hätten Geltung. Es sei aber Aufgabe des Kandidaten, die Linien der Auseinandersetzung vorzugeben. Daran habe sich die Partei zu orientieren. Die Partei habe sich auf einen gnadenlosen Wahlkampf der Rechten vorzubereiten. Auch die PDS könne auftreten.

Peter von Oertzen unterstützte die Kandidatur von Oskar Lafontaine, dem er zutraue, den Erfolg zu erzielen. Von seiner Seite werde es keine öffentliche Kritik geben. Interne Auseinandersetzungen und Kritik seien hilfreich und erforderlich. Zur Frage der Währungsunion meinte Peter von Oertzen, es gebe Situationen, in denen fast alle möglichen Lösungen schlecht seien. Hier müsse Politik entscheiden. Er riet dazu, die Währungsunion bald zu ermöglichen.

Große Übereinstimmung zwischen Kandidat und Partei forderte Katrin Fuchs. Denkbar sei, daß der gesamte Parteivorstand Ja zur Kandidatur sage, dies müsse nicht immer für die ganze Partei gelten. In der Frage der Einheit stimme sie in vielen Punkten mit Oskar Lafontaine überein. Zur sozialen Grundsicherung gebe es unterschiedliche Beurteilungen. Geredet werden müsse über den Zeitpunkt der Einführung.

Der Kanzlerkandidat, so betonte Anke Brunn, habe Anspruch auf Unterstützung. Die Menschen hier erwarteten, daß wir ihre sozialen Interessen vertreten. Die Menschen in der DDR erwarteten eine baldige Einheit. Beides sei nicht direkt in Übereinstimmung zu bringen. Die Versprechen von Kohl würden sich als Lüge erweisen. Es werde ein längerer zeitlicher Prozeß gebraucht. Oskar Lafontaine werde keine Positionsänderung vornehmen müssen.

Jeder Eindruck, so urteilte Hans Eichel, der als Bremsen in der Frage der Einheit empfunden werden könne, werde zu großen Problemen führen. Richtig sei es für den Einigungsprozeß, die Lösung der sozialen Probleme herauszustellen. Dies müsse emotional jedoch auch mit dem Streben nach Einheit verbunden sein. Zudem dürfe nicht übersehen werden, daß wir vor der letzten Bundestagswahl stehen. Danach werde ein gesamtdeutsches Parlament gewählt.

In der Frage der Währungsunion teile er die Auffassung derer, so sagte Wolfgang Roth, die für eine baldige Verwirklichung eintreten. Eingedenk der Erfahrungen im letzten Wahlkampf sei es wichtig, daß es zu einer Integration der Stäbe des Kandidaten und des Ollenhauerhauses komme, um unnütze Dualitäten zu vermeiden. Im übrigen säßen auch in der Fraktion nicht nur inkompetente Leute.

Wer die Kandidatur übernehme, so forderte Karl-Heinz Hiersemann, habe Anspruch darauf, öffentlich nicht kritisiert zu werden. Mit Blick auf Kohl sagte er, es gebe jetzt zu der Linie von Oskar Lafontaine keine Alternative.

Klar sei für ihn, so stellte Klaus Matthiesen fest, daß Oskar Lafontaine für die Einheit ist, aber für eine professionell bessere, geordnete Politik der Einheit eintrete.

Das zeige sich daran, daß Oskar Lafontaine in zentralen Punkten, wie dem Übersiedlerproblem, in den vergangenen Monaten Recht bekommen habe. Der Parteivorstand müsse weiterhin ein diskutierendes Gremium sein. Doch Klarheit müsse es jedoch auch darüber geben, daß dieser Kandidat seine Geschichte, seine Linie hat, die nicht umzubauen seien. Darauf müsse sich der Parteivorstand völlig einstellen.

Auch nach den Wahlen in der DDR sei, so betonte Gerhard Schröder, ein Erfolg in Niedersachsen möglich. Es gebe unterschiedliche Interessen der Wähler hier und in der DDR. Die Leute entschieden sich nach ihrem subjektiven Interesse. Oskar Lafontaine habe dies klar erfaßt. Daraus sei auch die richtige Strategie für Niedersachsen abzuleiten. Nach dem mangelhaften Abschneiden in der DDR sei es jetzt umso notwendiger, in Niedersachsen zu obsiegen, um auf diese Weise die Bundesratsmehrheit für uns zu gewinnen.

Oskar Lafontaine betont, er dränge sich nicht in die Rolle. Seine persönlichen Wünsche seien andere. Doch er sei gebeten worden, diese Rolle zu übernehmen, dies habe nichts mit Ehrgeiz zu tun. Wenn er dieses Spiel spiele, dann müsse dies, so wie im Saarland praktiziert, aus einem Guß heraus geschehen. An Karsten Voigt gewandt stellte er fest, niemals habe er verlangt, daß es keine Diskussion mehr geben könne. Ohne Erfolg bleibe der, der Argumente des Gegners aufnehme. Dies gelte auch in der Diskussion um die Einheit. Hier sei die europäische Einbettung von uns hervorzuheben. Wenn jedoch mehr auf national-staatliche Modelle orientiert werde, könne er nur noch schweigen. Das Thema Währungsunion werde ein zentrales Thema der Auseinandersetzung sein. Die Ankündigung, die Währungsunion werde zum 1. Juli verwirklicht, werde nicht realisiert. Kohl müsse dies zurücknehmen. Allerdings dürfe sein Rückzug ihm nicht durch leichtfertige Äußerungen aus unseren Reihen erleichtert werden. In der Frage der Währungsunion werde seine Auffassung sich genauso durchsetzen wie in der Übersiedlerfrage. Die Währungsunion sei stümperhaft vorbereitet worden. Die Währungsunion sei anzustreben, wenn sie sozialpolitisch abgesichert und wirtschaftspolitisch entsprechend begleitet werde.

Hans-Jochen Vogel stellte fest, in der Aussage von Oskar Lafontaine zur Währungsunion knüpfe dieser an die Beschlußfassung des Parteivorstandes vom 7. März an. Die zum Komplex Arbeitsgruppe Fortschritt '90 diskutierten Fragen würden einmünden in den Entwurf eines Regierungsprogramms, das von Oskar Lafontaine gemeinsam mit dem Präsidium bis zum Mai dieses Jahres erarbeitet und dann dem Parteivorstand zur Diskussion vorgelegt werde. Oskar Lafontaine habe um das Maß an Loyalität gebeten, das er als Kanzlerkandidat erwarten könne. Hierzu habe es keine abweichende Meinungsäußerung gegeben. Eine Blankovollmacht habe Oskar Lafontaine nicht erbeten. Aus Fehlern der Vergangenheit sei gelernt worden. Die Stäbe, so kündigte Hans-Jochen Vogel an, würden zusammenarbeiten. Die Verantwortung für den Wahlkampf liege beim Spitzenkandidaten. Das Ollenhauerhaus werde auf diese Kandidatur zugeschnitten arbeiten. Die Diskussion des Parteivorstandes bezeichnete Hans-Jochen Vogel als sinnvoll, wenn sie zu dem erforderlichen Maß an Klarheit beigetragen habe.

Als Vorsitzender der Partei mache er den Vorschlag, Oskar Lafontaine nun zum

Kanzlerkandidaten zu nominieren. Er sei sicher, daß damit ein optimales Ergebnis für die SPD zu erzielen sei. Hans-Jochen Vogel fragte nach der Art der Meinungsbildung im Vorstand. Er wies darauf hin, daß vorgesehen sei, die Spitzenkandidaten in Hannover nach der Sitzung von Parteirat und Parteivorstand zu bestellen. Nach kurzer Diskussion kam der Parteivorstand überein, in geheimer Abstimmung über die Kanzlerkandidatur zu entscheiden.

Hans-Jochen Vogel gab das Ergebnis der Abstimmung bekannt. Er sagte, Oskar Lafontaine habe sich an der Abstimmung nicht beteiligt. Es seien 30 Stimmzettel abgegeben worden. Auf Oskar Lafontaine seien 30 Stimmen entfallen.

TOP 4 [*eigentlich: 5, d. Hg.*]:
»Erste Schritte zur Sozialunion Bundesrepublik – DDR« Diskussionspapier

Rudolf Dreßler verwies auf die schriftliche Vorlage. Er bat darum, kritische Hinweise und Fragen schriftlich mitzuteilen. Er betonte, die Unions-Parteien hätten bis jetzt kein Konzept zu dem wichtigen Thema der Sozialunion vorgelegt. Dies sei auch nicht zu erwarten, da sie sich weigerten, die Kosten zur erforderlichen Verwirklichung eines solchen Konzeptes zu quantifizieren. Denn völlig zweifelsfrei sei, daß vor der Einführung einer Währungsunion eine Anpassung der Renten erforderlich werde, wolle man nicht die Rentner der DDR der Verarmung aussetzen. Sodann erläuterte er die unterschiedlichen Systeme der Sozialversicherungen in der DDR und in der Bundesrepublik. Er wies darauf hin, daß das Papier mit der SPD in der DDR abgestimmt sei.
[...]

TOP 1: Ergebnisse der Wahlen in der DDR
[*in Abänderung der ursprünglichen Abfolge der Tagesordnung, d. Hg.*]

Das Ergebnis der DDR-Wahlen sei für unsere Schwesterpartei, so unterstrich Hans-Jochen Vogel, zu einer herben Enttäuschung geworden. Diese Empfindung werde auch von uns voll geteilt. In den letzten Tagen habe es Hinweise auf ein Erstarken der Allianz gegeben. Keinen Hinweis habe es jedoch auf das tatsächliche Ergebnis gegeben. Das Ergebnis dürfe kein Anlaß für Kritik an dem Wahlkampf und für öffentliche Kritik an unserer Schwesterpartei sein. Vom Ausgangspunkt im Monat Oktober aus betrachtet, sei das Wahlergebnis durchaus ein Erfolg. Es habe sich gezeigt, daß die alten Parteien mit einer besseren Organisation und mit mehr Material hätten auftreten können. Was jetzt in der DDR geschehe, müsse von der SPD in der DDR entschieden werden. Dies gelte auch für die Frage Regierungsbeteiligung oder Opposition. Die Schwesterpartei habe vor der Wahl erklärt, sie werde keiner Koalition beitreten, in der auch die DSU mitwirke. Dabei wolle sie offenbar bleiben. Bei dieser Entscheidung gebe es sowohl ein Pro wie ein Contra. Hans-Jochen Vogel teilte mit, es sei in Aussicht genommen, noch in dieser Woche einen intensiven Meinungsaustausch mit der Führung der DDR-SPD vorzunehmen. Schon jetzt sei klar, daß die Partei bereit sei, an einer Veränderung der DDR-Verfassung in dem Rahmen mitzuarbeiten, wie dies in ihren Programmen angekündigt sei.

Bei Betrachtung der Wahlergebnisse müßten die auffallenden Unterschiede beim Abschneiden unserer Schwesterpartei in Stadt und Land, im Norden und Süden ebenso betrachtet werden wie die Probleme, die es in der Arbeitnehmerschaft für die SPD gegeben habe. Hier zeige sich, daß auf dem Sektor der Gewerkschaftsarbeit noch keine Veränderungen eingetreten seien. Festgestellt werden muß auch, daß die Partei im ländlichen Bereich zum Teil noch nicht existiere. Dies sei mit Blick auf die Kommunalwahl am 6. Mai von nicht zu unterschätzender Bedeutung. Der Zusammenhang mit den Wahlen in Niedersachsen und Nordrhein-Westfalen am 13. Mai könne nicht übersehen werden. Es sei noch einmal eine große, möglichst zentrale Anstrengung erforderlich, um eine organisatorische Hilfestellung zu leisten. Die Meinungsbildung in unserem Lande werde erheblich belastet, wenn die Konservativen erneut eine Mehrheit erzielen könnten.

Das Wahlergebnis in der DDR, so betonte Hans-Jochen Vogel, sei darauf zurückzuführen, daß es den Konservativen gelungen sei, den Eindruck zu vermitteln, Geld und Wohlstand seien nur dann schnell zu erlangen, wenn die Kräfte, die hier die Regierung tragen, Unterstützung finden. Zudem habe die Behauptung von einer angeblichen Nähe der SPD zur PDS eine große Rolle gespielt. Von seiten der Konservativen habe es eine äußerst brutale Wahlkampfführung gegeben, die er so selbst in der Bundesrepublik selten erlebt hätte. Die Forcierung bestimmter Fragen durch Kohl habe auch Ängste hervorgerufen, damit sei die PDS gestützt worden. Der Erfolg der PDS könnte dazu führen, daß diese Partei auch im Bundesgebiet auftrete. Damit müßten wir uns beschäftigen. Hans-Jochen Vogel empfahl dringend, an den von unserer Partei in dem Beschluß vom 7. März festgestellten Positionen zum Einigungsprozeß festzuhalten. Das Wahlverhalten der Bürger in der DDR und in der Bundesrepublik sei nicht identisch, dies hätten bereits die bayerischen Kommunalwahlen gezeigt. Jetzt komme es darauf an, sich mit aller Kraft auf die Wahlkämpfe in Niedersachsen und Nordrhein-Westfalen zu konzentrieren. Ibrahim Böhme habe in einer hervorragenden Haltung das Wahlresultat angenommen. Besonderen Dank gelte Willy Brandt, der bis in den Wahlabend hinein an der Seite unserer Schwesterpartei gestanden habe. Falsch wäre es jetzt, eine wochenlange Diskussion über den Ausgang der Wahlen zu führen. Deshalb sei es richtig gewesen, als eine Antwort heute die Nominierung unseres Kanzlerkandidaten vorzunehmen.

Willy Brandt sagte, er sei keines Trostes bedürftig. Von Tragik sei auch nicht zu sprechen. Für ihn sei der Wahlkampf der interessanteste seines Lebens gewesen. Dabei sei bemerkenswert, daß er in seinem Alter dieses Land nicht einmal gekannt hätte. Es sei ein schönes Erlebnis gewesen. Die Tatsache, daß diese Wahlen stattgefunden hätten, sei, unabhängig vom Wahlergebnis, der zentrale Punkt. Diese ersten freien Wahlen hätten ihre geschichtliche Bedeutung. Selten habe er soviel Falsches, soviel Irriges über einen voraussichtlichen Wahlausgang gehört. Niemand sei vorgewarnt gewesen. Das Wahlergebnis habe einen heiklen Punkt hervorgebracht, denn in einigen Städten hätten SPD und PDS die Mehrheit. Diese arithmetische Konstellation sei keine politische. Die SPD könne nach den Kommunalwahlen nicht mit den Kommunisten zusammengehen, ein anderes Verhalten würde sonst erhebliche negative

Rückwirkungen auch hier haben.

Eine Vorbelastung sei entstanden. Entgegen der Erwartungen für gesamtdeutsche Wahlen bringe die DDR für uns nun ein Minus ein. Allerdings könne dies in einer Frist von zwei Jahren zu einem Pari gebracht werden. Überraschend sei die hohe Wahlbeteiligung, die fast demonstrativen Charakter trage. Bei dem so eindeutigen Erfolg der Allianz müsse gesehen werden, daß die CDU obsiegt habe und nicht die so aggressiv, mit gewaltigem Materialeinsatz auftretende DSU, deren Erfolg eher bescheiden ausgefallen sei. Überraschend sei auch, daß die SPD so weit entfernt von einer führenden Rolle plaziert wurde. Mit Ausnahme von Berlin sei sie überall weit hinter den Erwartungen zurückgeblieben. Überraschend sei weiterhin das Abschneiden der Kommunisten, die im Herbst nur auf 4 bis 5 Prozent veranschlagt wurden und nun das Dreifache erreicht hätten. Hier müßten die spezifischen Wählergruppen in den staatlichen Organen, allerdings auch in den Betrieben und Hochschulen, gesehen werden. Für manche überraschend, für ihn nicht, sei das schlechte Abschneiden der Gruppen, die den Wandel ermöglicht hätten. Die SPD gehöre ja auch hinzu. Unter dieser Voraussetzung sei ihr Abschneiden dann anders zu beurteilen. Zum Erfolg der Allianz sagte Willy Brandt, die Wahl mußte gewonnen werden von denen, die Einheit ohne jeden Abstrich wollten und damit Wohlstand und Mitteltransfer versprachen. Ihn erinnere dieser Vorgang an die Wahlen von 1949. Zudem habe die Union den Wahlkampf mit zwei guten Apparaten geführt, dem großen der DDR-CDU und dem eigenen hier. Von uns sei im Wahlkampf hervorragend improvisiert worden. Zudem habe es auf Seiten der Union ein gutes Zusammenspiel zwischen Bonn, München und Wiesbaden gegeben. Die anderen hätten generalstabsmäßig gearbeitet, einschließlich des Einsatzes von Kolonnen zum Abreißen sozialdemokratischer Wahlplakate.

Willy Brandt sagte, er sei angetan von den Hilfsaktivitäten der Basis unserer Partei für die Freunde in der DDR. Zum Teil seien die Hilfen wie ein Steckenpferd betrieben worden. Eine Strategie habe er jedoch nicht entdecken können. Willy Brandt schlug vor, rasch eine Dokumentation über die Wahlkampfmethoden der Union und der Versprechungen des Bundeskanzlers im Wahlkampf fertigzustellen und mit diesen Materialien in der weiteren nun laufenden Auseinandersetzung zu arbeiten. Gekippt sei die Stimmung etwa zweieinhalb Wochen vor der Wahl. In dem Sinne sei die Wahl zu spät gekommen. Zu lange habe bei den Wählern die Unsicherheit gedauert, die Sorge um die Sparguthaben, die Sorge um die Arbeitslosigkeit und daß Bonn kein Geld zur Verfügung stellen werde.

Willy Brandt warnte nochmals eindringlich vor einem Hineinstolpern in eine Zusammenarbeit von PDS und SPD. Er sprach sich für weitreichende Abkommen mit der CDU bei der Wahl der Oberbürgermeister aus. Im Wahlkampf der DDR habe bei den Wahlentscheidungen die Außenpolitik, die Europapolitik, aber auch die Oder-Neiße-Frage kaum eine Rolle gespielt. Er müsse respektieren, wenn der Vorstand der SPD in der DDR bereits heute beschließe, keine Verhandlungen über eine Regierungsbeteiligung aufzunehmen. Er könne sich einen anderen Weg vorstellen, selbst wenn es dann nicht zu einer Regierungsbeteiligung komme. Bei der SPD in der

DDR handele es sich, dies sei vielleicht manchmal übersehen worden, um eine ganz neue Partei, in der es noch keine Erfahrungen gebe. Sicher sei es nicht richtig, von uns aus den Versuch zu unternehmen, in dieser neuen Partei alte Traditionen wieder aufleben zu lassen. Unsere Partei müsse bei einem weiteren Zusammengehen mit unseren Freunden in der DDR dies beachten und möglicherweise hier Anpassungen vornehmen. Diese neue Partei verfüge über keine Kontakte in die produzierende Wirtschaft und in den öffentlichen Dienst. Es gebe ein sehr hohes Maß an Basisdemokratie. Ständig würden neue Dokumente gefertigt. Unsere Freunde seien noch nicht in der Lage, konsequent vor Ort zu arbeiten. Der Verzicht auf Bevormundung sei wichtig gewesen. Doch nun beginne ein neuer Abschnitt der Zusammenarbeit, der verbindlicher gestaltet werden müsse.

Auf unserer Seite dürfe es keinen Zweifel gegenüber der Frage der Einheit geben. Seinen Versuch, unterschiedliche Nuancierungen in unserer Partei zu diesem Punkte als Verbindungen in einem Prozeß darzustellen, seien mißlungen. Zusätzliche Belastungen würden uns entstehen durch die Umfirmierung ehemals kommunistischer Parteien in Ost-Europa in sogenannte sozialdemokratische. Wenn er dem Parteivorstand angehörte, würde er dazu raten, auch hier bei uns über Fragen der Terminologie gerade auch vor diesem Hintergrund zu sprechen. Auch nach dem Wahlergebnis sei unsere Verantwortung nicht geringer geworden. Unsere Partei dürfe sich nicht einbinden lassen in Entscheidungen, an denen sie nicht beteiligt gewesen sei.

Diskussion

Als erschreckend bezeichnete es Hans Koschnick, daß die SPD der CDU und der PDS die Arbeitswelt überlassen hätten.

Herta Däubler-Gmelin unterstützte den Vorschlag von Willy Brandt zur Herstellung einer Dokumentation. Sie sagte, sie gehöre zu denen, die frühzeitig die Forderung erhoben hätten, auf die Einheit zu setzen und entsprechende Beiträge zu liefern. Es habe die Annahme gegeben, daß es über die DDR gelingen könnte, die sozialdemokratische Position auch hier zu stärken. Dieser Versuch sei nun mit den Wahlen in der DDR schiefgegangen. Nun müsse alles daran gesetzt werden, durch einen Erfolg in Niedersachsen einen Ausgleich zu schaffen. Natürlich habe es während des Wahlkampfes bei unserer Schwesterpartei, aber auch bei uns, eine Reihe von Mängeln gegeben. Dennoch, es sei eine unglaubliche Leistung, wie die SPD in der DDR innerhalb von 5 Monaten von Null auf über einhunderttausend Mitglieder gewachsen sei. Natürlich sei vieles unvollkommen geblieben. Auch durch unsere Partei hier hätte einiges besser und schneller organisiert werden können. Unter dem Strich, so sagte Herta Däubler-Gmelin, hätten auch noch größere Bemühungen keine tiefgreifenden Auswirkungen auf das Wahlergebnis erbracht. Rühe habe den Apparat des Adenauerhauses nur an den Apparat der Blockpartei CDU ankoppeln müssen, um eine effektive Wahlkampfführung zu gewährleisten.

Das Ergebnis sei äußerst enttäuschend. Unsere Aufgabe sei es, unsere Freunde in der DDR wieder aufzurichten und ihr Selbstbewußtsein zu stärken. Niedersachsen bedürfe unserer vollständigen Unterstützung, doch dürften die DDR-Kommunalwahlen nicht außer Acht gelassen werden. Es sei notwendig, die Beratungen und die gegenseitigen Absprachen zwischen der SPD in der Bundesrepublik und in der DDR ab sofort auf institutioneller Ebene zu führen. Hierzu sei ein Kontakt im Detail zwischen der Volkskammerfraktion und der Bundestagsfraktion und den beiden Parteiführungen erforderlich. Solchen Kontakt hätte es auch schon vor der Entscheidung über die Koalitionsfrage in der DDR-SPD geben müssen. Diese Entscheidungen dürften nicht mehr allein fallen. Aufgabe des Ollenhauerhauses sei es, in den nächsten drei Wochen zu prüfen, welche Defizite bei der Vorbereitung der Kommunalwahlen in der DDR gegeben seien, und alles daran zu setzen, den entsprechenden Ausgleich zu schaffen und vor Ort mitzuhelfen, ein gutes Wahlergebnis zu erzielen. Das Bild nach dem 6. Mai müsse positiver sein, sonst sei eine negative Abstrahlung auf Niedersachsen zu erwarten.

Im Süden der DDR, so stellte Karl-Heinz Hiersemann fest, sei die SPD erstickt von dem professionellen Auftreten der DSU. In unseren Parteibüros sei unser Material liegengeblieben. Die SPD sei nicht in der Lage gewesen, die Verteilung sicherzustellen. Überall seien große organisatorische Mängel feststellbar. Gekippt sei die Stimmung durch das Argument, wenn die SPD gewählt werde, gebe es kein Geld. Das SPD-Potential sei größer als dies in diesem Wahlergebnis zum Ausdruck gekommen sei. Auch er forderte personelle und organisatorische Hilfen bei der Vorbereitung der Kommunalwahlen.

Peter von Oertzen warnte davor, von einem Desaster zu sprechen. Ein Vergleich mit Weimarer Wahlergebnissen zeige, ohne politische Bewertungen vorzunehmen, daß auf dem Gebiet der damaligen DDR Sozialdemokraten und Kommunisten bei etwa 44 Prozent gestanden hätten. Wenn man heute diese Gruppierungen zusammenzähle, erbrächten sie 42,5 Prozent. Eines der zentralen Problem sei das gute Abschneiden der PDS. Häufig seien gerade junge Menschen als PDS-Anhänger zu finden. Es gebe auch Persönlichkeiten in dieser Partei – Werktätige und kritische Intelligenz aus der Linie der PDS-Reformer –, mit denen wir uns beschäftigen müßten. Entschieden sprach sich Peter von Oertzen für die Linie von Willy Brandt aus. Es dürfe keine Einheitsfront geben. Von zentraler Bedeutung für die weitere Auseinandersetzung mit der PDS sei die Lösung der Gewerkschaftsfrage.

Peter Conradi stellte fest, wenn tatsächlich erst in den letzten zwei Wochen die Stimmung gekippt sei, sei dies der Beleg dafür, daß es auf unserer Seite keine Strategie gegeben habe. Dies sei bedauerlich. Der Schmutzwahlkampf werde auch in der Bundestagswahl auf uns zukommen. Wir müßten uns rechtzeitig darauf einstellen.

Der Stimmungsumschwung, so betonte Hermann Heinemann, sei in dem Augenblick eingetreten, als Kohl sich offen für die CDU ausgesprochen habe. Damit seien alle moralischen Bedenken gegen diese Blockpartei entfallen. Große Unzufriedenheit habe es in der Parteiorganisation über die Parteiführung in Berlin gegeben. Von dort seien weder Ideen noch andere Formen von Unterstützung gekommen.

Anke Fuchs wies darauf hin, daß die CDU mit der Ost-CDU einen perfekten Apparat gehabt habe. Unsere Hilfe sei notgedrungen improvisiert gewesen. Überdies sei es unsere Pflicht gewesen, in jeder Weise Rücksicht auf die Freunde in der DDR-Partei zu nehmen, die sich gegen jede adäquate Beantwortung des Schmutzwahlkampfes ausgesprochen hätten. Allerdings sei es auch hier schwierig gewesen, geeignete Mittel gegen diese üble Kampagne zu finden. Die anzufertigende Dokumentation über die CDU-Wahlversprechen müsse offensiv in die weitere Wahlauseinandersetzung eingebracht werden. Nach der Wahlniederlage in der DDR müsse sich unsere Partei nun voll auf einen Erfolg in Niedersachsen und Nordrhein-Westfalen konzentrieren. Die Hilfe für Niedersachsen sei ihr wichtiger als die Kommunalwahl in der DDR. Mit Niedersachsen werde die Bundestagswahl vorbereitet. In unseren Wahlkampfaussagen müßten wir von den Problemen der Menschen hier ausgehen. Anke Fuchs sprach sich dafür aus, einen zeitlichen Ablauf des Einigungsprozesses ins Auge zu fassen, der mit der Verwirklichung des EG-Binnenmarktes übereinstimmen könne, um aus der Beliebigkeit zeitlicher Dispositionen herauszukommen. Die Frage, wie wir mit der PDS umgehen, werde zu einer Kernfrage unserer weiteren Politik und der Glaubwürdigkeit. Am besten wäre es, zu einem eigenständigen Konzept und klaren Handeln zu kommen, so daß dieses Problem erst gar nicht entstehen könne.

Walter Momper warnte davor, die SPD in der DDR jetzt in ein Loch fallen zu lassen. Gerade unter dem Aspekt der bevorstehenden gesamtdeutschen Wahlen müsse durch uns dazu beigetragen werden, die Organisation aufzubauen und die Funktionäre zu qualifizieren. Die Vornehmheit im Umgang mit der Führung der SPD in der DDR sei nicht weiter zu praktizieren. Mit den Pastoren müsse deutlich geredet werden. Hilfen seien für die Kommunalwahlen am 6. Mai erforderlich. Die Stärke der PDS sei ein großes Problem. Es sei durchaus denkbar, daß sich aus dieser Partei eine neue grün-alternative Linkspartei entwickele. Wenn jedoch die Sorgen der Staatsbediensteten der DDR gelöst würden, sei denkbar, daß die PDS schnell an Einfluß verliere. Die nationale Frage sei eine soziale Frage. Da habe Oskar Lafontaine Recht. Allerdings dürfe unsere Partei nicht den Eindruck erwecken, wir säßen bei dem Prozeß der Einheit im Bremserhaus. Er meinte, Oskar Lafontaine solle seine Prognosen, zum Beispiel zur Währungsunion, nicht mit Daten verknüpfen. Überdies gebe es nach wie vor einen sehr dynamischen Prozeß.

Ihm seien 24 Stunden nach der Wahl noch nicht alle Gründe für das Abschneiden klar, sagte Johannes Rau. Unsere Partei habe viel geholfen. Dank sei an die Mitarbeiter zu richten. Eine strategische Linie habe es für die Hilfsaktionen jedoch nicht gegeben. Dies hätte bedeutet, daß wir uns stärker in der SPD in der DDR hätten einmischen müssen. Bestimmte Formen der Kritik an der »Pastorenpartei« könne er nicht akzeptieren. Gemessen an den Voraussetzungen, an der mangelnden Erfahrung, habe diese junge Partei Großes geleistet. Recht bald müsse Klarheit darüber geschaffen werden, in welchen Gremien die notwendigen engeren Abstimmungsprozesse zwischen beiden Parteien erfolgten. Hierüber solle demnächst im Präsidium gesprochen und ein Vorschlag erarbeitet werden. Richtig sei die Beurteilung von Anke Fuchs zu den bevorstehenden Wahlen. Insbesondere sei die Struktur der DDR-Kommunen zu beachten, die sich völlig von westdeutschen Gegebenheiten unterschieden. Es werde schwierig sein, für die ca. 8.000 Gemeinden in der DDR auf unserer Seite die notwendigen Vorarbeiten zu treffen. Allerdings gebe es auch nicht die Alternative, sich nur auf wenige Städte. zu konzentrieren. Der Einsatz von Mitarbeitern allein sei keine Gewähr. Das Ergebnis hänge auch mit politischen Stimmungen zusammen.

Auch Norbert Gansel forderte dazu auf, die SPD in der DDR jetzt nicht in ein Loch fallen zu lassen. Sie bedürfe unserer Hilfe, sie müsse insbesondere Zugang zu den Betrieben finden. Der Einbruch für uns sei entstanden nach der offenen Unterstützung von Kohl für die DDR-CDU. Dadurch sei es vielen DDR-Bürgern möglich geworden, diese Partei zu wählen. Sie hätten damit die Einheit gewählt. Die Sozialdemokraten seien in dieser Phase in Ost und West nur als Bedenkenträger aufgetreten. Für eine Rolle der SPD in der Regierung oder in der Opposition gebe es jeweils gute Gründe. Für uns sei es nun erforderlich, voll einzusteigen und mit der Partei in der DDR gemeinsam die Entscheidungen zu treffen. Eine klare Abgrenzung forderte Norbert Gansel gegenüber der PDS. Denkbar sei jetzt aber, daß die SPD in der DDR ihre Beschränkung für die Aufnahme von ehemaligen SED-Mitgliedern öffnet, um so den Einfluß der PDS zu schmälern.

In Niedersachsen werde unsere Partei, so berichtete Gerhard Schröder, die »Flappe nicht hängenlassen«. Dazu gehöre allerdings, daß aus den eigenen Reihen nicht unentwegt abträgliche Szenarien mit aufgebaut werden. Weder der Ausgang der DDR-Wahlen noch das Auftreten von Frau Süssmuth müßten zu Erschütterungen führen. Süssmuth sei schließlich auch die Bestätigung der Schwäche des gegenwärtigen Ministerpräsidenten. Hier werde viel davon geredet, die Freunde in der SPD in der DDR nicht in ein Loch fallen zu lassen. Hilfe sei jedoch zunächst hier erforderlich. Noch gebe es nicht die gemeinsame SPD. Die Unterschiede der Interessen zwischen den Bürgern der DDR und der Bundesrepublik seien objektiv vorhanden. Deshalb sei es richtig, von den sozialen Belangen in den Wahlauseinandersetzungen auszugehen.

Hans Eichel wies darauf hin, Wahlerfolge in einem geeinten Deutschland werde es nur bei einer gemeinsamen Strategie der beiden Parteien in den beiden deutschen Staaten geben. Die Sozialdemokraten in der DDR hätten als Bürgerbewegung in den letzten fünf Monaten viel geleistet. Nun entstehe eine gemeinsame Partei. Dies würde dazu führen, daß es auch bei uns zu Veränderungen bei einer Vielzahl von traditionellen Begriffen kommen müsse. Die Bedeutung der niedersächsischen Wahl wurde auch von ihm unterstrichen. Gleichzeitig müsse unsere Unterstützung aber auch der SPD in der DDR gelten. Die SPD in der DDR müsse sich auf eine Blutzufuhr vorbereiten, sich öffnen gegenüber dem demokratischen Aufbruch, aber auch gegenüber den Leuten um Berghofer.

Inge Wettig-Danielmeier sprach von einer Wechselwirkung des DDR-Wahlergebnisses auf die Bundesrepublik. Deshalb sei es wichtig, der SPD in der DDR bei der Vorbereitung der Kommunalwahl behilflich zu sein, die unmittelbar vor der niedersächsischen Landtagswahl liege, die gewonnen werden könnte. Das Abschneiden der einzelnen Parteien bei der DDR-Wahl sage noch nichts über die tatsächlichen dauerhaften Wähleranteile. Es seien Swings von mehr als 10 Prozent bei weiteren Wahlen zu erwarten. Wichtig sei ein Herangehen an die Gewerkschaftsfrage. Der

FDGB sein kein Partner. Es zeige sich, daß die konservativen Verbände der Bundesrepublik ihre Strukturen nun auch auf die DDR übertrügen. Auch hier sei unsere Aufmerksamkeit gefordert.

Philip Rosenthal war der Auffassung, Kohl habe die DDR-Wähler mit Wahlversprechungen bestochen. Für die Zukunft sei es wichtig, unsere Alternative zwischen Kapitalismus und DDR-Sozialismus, die Demokratisierung der Wirtschaft, die Mitbestimmung des einzelnen Menschen am Arbeitsplatz, hervorzuheben.

Egon Bahr bot seine Mithilfe an der fertigzustellenden Dokumentation an. Wahlkampfmethoden, in ihrer brutalen und üblen Art von den Konservativen in der DDR getragen, habe es bislang in der Bundesrepublik so nicht gegeben. Mehr und mehr werde die SPD in der DDR und in der Bundesrepublik als eine Gesamtpartei betrachtet. Dies verpflichte uns, Hilfen bei der Vorbreitung der Kommunalwahlen in der DDR nicht abzulehnen. Bereits jetzt werde von Vertretern der SPD in der DDR die Auffassung vertreten, es sei ein Fehler der westdeutschen Sozialdemokraten, die DDR-SPD alleine handeln zu lassen. Skeptisch äußerte sich Egon Bahr zu der Frage, ob die Rechnung von Oskar Lafontaine aufgehe. Kohl habe nun durch seinen Erfolg in der DDR Zeit gewonnen und könne mit einem bequemen Partner kooperieren. Die Wirtschafts- und Währungsreform werde sehr schnell zu machen sein, die formale Vereinigung werde 1992 erfolgen.

Heidi Wieczorek-Zeul wandte sich gegen die Verwendung des Begriffes »Pastorenpartei«. Viele bei uns hätten sich mit diesen Leuten gern gezeigt. Als Fehler bezeichnete sie es, daß nach wie vor Unklarheit über die Referenzpunkte unserer Deutschlandpolitik bestehe. Unbeantwortet sei die Frage, auf wen wir direkt zielten, auf die Bürger hier oder in der DDR. Dies habe auch zu Schwierigkeiten in den Wahlaussagen geführt. Es bleibe eine Ambivalenz. Ein Fehler sei auch das Eingehen auf den von Kohl herbeigeführten Paradigmenwechsel gewesen. Mit der 10-Punkte-Erklärung des Kanzlers sei die Auseinandersetzung über die Freiheit weggeführt worden zu den Diskussionen über die Nation. Wenn die Partei sich allerdings schon auf diesen Weg eingelassen habe, hätte sie drei Wochen vor den Wahlen, als überall in der DDR ein Absacken deutlich wurde, auf volle Wahlauseinandersetzung schalten müssen, statt dessen habe sich der Parteivorstand mit einem ausführlichen Papier zur deutschen Einheit befaßt. Kohl sei bei seinem Wahlkampf in der DDR durch uns nichts entgegengesetzt worden.

Dieter Spöri wehrte sich gegen Defätismus. Analysen, weshalb es schwer sein werde, die Bundestagswahl zu bestehen, seien abträglich. Richtig sei es, das Ziel zu verfolgen, in erster Linie hier in der Bundesrepublik die Wahlen zu gewinnen und die Wahlauseinandersetzung auf unsere Bevölkerung zu beziehen. Bedauerlicherweise hätten die führenden Vertreter der SPD in der DDR zahlreiche Vorschläge, mit welchen Mitteln gegen die brutalen Wahlkampfmethoden der Konservativen vorgegangen werden könne, abgelehnt. Letztlich habe dies Christoph Mattschi, Präsidiumsmitglied, hier in der Parteivorstandssitzung deutlich gemacht. Deshalb dürfe es zu diesem Punkte keine Legendenbildung geben.

Hans-Jochen Vogel sagte in seinem Schlußwort, in der Aussprache habe Übereinstimmung darüber bestanden, daß letztlich die Versprechungen des Bundeskanzlers, die Hinweise auf das Geld, Hauptgrund der Wahlentscheidung der Mehrzahl der DDR-Bürger gewesen seien und nicht programmatische Aussagen. Nicht teilen könne er die Kritik an der Beratung des Parteivorstandes zum Papier über den Weg zur Einheit. Auf der Grundlage dieses Papieres werde nun die Zusammenarbeit mit der SPD in der DDR erleichtert. Es werde sich zeigen, daß die DDR-Regierung einen Weg einschlage, der in diesem Papier aufgezeichnet sei. Als richtig herausgestellt hätten sich auch die von uns gesetzten Akzente der außenpolitischen Begleitung und der sozialen Absicherung des Einigungsprozesses. Das Verhältnis zwischen den beiden Parteien müsse nun weiterentwickelt werden. Aus dem Nebeneinander müßten konföderale Strukturen entwickelt werden. Das Präsidium werde sich in seiner nächsten Sitzung mit diesen Fragen beschäftigen. Es sei daran gedacht, ständige Vertreter beider Seiten in die jeweilige Sitzung von Parteivorstand und Fraktion einzuladen.

Alsbald sei mit der SPD in der DDR über folgende Fragen zu sprechen: die Koalitionsfrage in der DDR, die Vorbereitung der Kommunalwahlen, die einen hohen Stellenwert für die nachfolgenden Landtagswahlen hätten, die Zusammenarbeit mit den Gewerkschaften und Berufsverbänden und das Verhältnis zur PDS. Hier rate er zu äußerster Distanz. Noch in dieser Woche fertiggestellt werden sollten die Dokumentationen über die Wahlkampfführung der Konservativen und die Zusagen des Bundeskanzlers an die DDR-Bevölkerung. In den letzten Wochen habe es in der Stimmung und der Einschätzung des möglichen Wahlausganges Pendelausschläge gegeben. Das Wahlergebnis bedeute noch keine Verfestigung der Wählerpotentiale. Gerade nach diesem Wahlausgang sei es richtig gewesen, die sozialdemokratische Antwort mit der Nominierung des Kanzlerkandidaten zu geben.

[...]

Dokument Nr. 38
Oskar Lafontaine, Ingrid Matthäus-Maier und Rudolf Dreßler zu den Plänen der Bundesregierung zur Währungs-, Wirtschafts- und Sozialunion, 2. April 1990

Presseservice der SPD, Nr. 146/90, 2. April 1990

Mitteilung für die Presse

Zu den Plänen der Bundesregierung zur deutsch-deutschen Wirtschafts-, Währungs- und Sozialunion erklären **Oskar Lafontaine, Ingrid Matthäus-Maier und Rudolf Dreßler**:

1.

Die SPD hat seit Wochen darauf hingewiesen, daß der Bundeskanzler seine in der DDR gemachten vollmundigen Versprechungen einerseits und seine Beteuerung andererseits, dies sei durch Steuermehreinnahmen locker zu finanzieren, nicht einhalten kann. Schneller als erwartet, wird der Bundeskanzler von der Wirklichkeit eingeholt. Wenige Tage nach der DDR-Wahl haben sich unsere Voraussagen in dramatischer Weise bestätigt.

Mit seiner am Wochenende klar gewordenen Absicht, bei der Währungsunion mit der DDR einen generellen Umstellungskurs von 2:1 anzuwenden, bricht der Bundeskanzler das Wahlversprechen, das Kohl und die CDU im DDR-Wahlkampf abgegeben haben. Damit begeht der Bundeskanzler einen dreisten Wählerbetrug.

Die SED-Herrschaft endete mit einem Wahlbetrug bei der »Kommunalwahl«. Der Aufbau in der DDR und die deutsche Einheit dürfen nicht mit einem Wahlbetrug einer demokratisch gewählten Regierung beginnen.

Daß Kohl sich jetzt auf billige Art aus seinen Versprechungen herauszureden versucht, beschädigt das Amt des Bundeskanzlers. Mit seiner Wählertäuschung erschüttert der Bundeskanzler in der DDR die Glaubwürdigkeit der Demokratie. Er verschärft auch die wirtschaftliche Krise der DDR.

Damit ist Bundeskanzler Kohl dafür verantwortlich, wenn die Übersiedlerzahlen wieder ansteigen. Nachdem die Bundesregierung durch ihre monatelange Weigerung, die Notaufnahmelager zu schließen und die finanziellen Anreize für Übersiedler abzuschaffen, die bundesdeutschen Steuerzahler bereits mit Milliarden-Kosten belastet hat, kommen durch steigende Übersiedlerzahlen erneut unnötige Belastungen auf die Bundesrepublik und die DDR zu.

Statt die Wirtschafts-, Währungs- und Sozialunion politisch solide und handwerklich sauber vorzubereiten und durchzuführen, richtet die Regierung Kohl ein unverantwortliches Chaos an. Die Bundesregierung ist nicht in der Lage, die deutsche Einigung sozial gerecht, wirtschaftlich vernünftig und außenpolitisch abgesichert zu gestalten.

Mit dem geplanten Umstellungskurs von 2:1 auch für Löhne leistet die Bundesregierung den Versuchen Vorschub, die DDR zu einem Billiglohnland zu machen und auf diesem Umweg auch für die Arbeitnehmerinnen und Arbeitnehmer in der Bundesrepublik die Löhne zu drücken.

2.

Jeder weiß, daß es die deutsche Einheit nicht zum Nulltarif geben wird. Die Bundesbürger sind auch zu solidarischer Hilfe bereit. Der Versuch der Bundesregierung, jeden, der nach den Kosten der Einheit fragt, als Gegner der deutschen Einheit hinzustellen, ist ein zum Scheitern verurteiltes Ablenkungsmanöver.

Auch die Bürger unseres Landes wollen wissen, um welche Größenordnungen es bei den Kosten geht und wie sie solide finanziert werden sollen. Wenn die Bundesregierung weiterhin aus wahltaktischen Gründen diese Kosten und die von ihr geplante Finanzierung verschweigt oder nur scheibchenweise offenlegt, diskreditiert sie die deutsche Einigung. Politische Glaubwürdigkeit und finanzpolitische Solidität und Seriosität erfordern es, daß jetzt endlich die Karten auf den Tisch gelegt werden. Die Bundesregierung muß jetzt endlich sagen, was die deutsche Einheit kostet und wie sie solide finanziert werden soll.

Statt bei den Verteidigungsausgaben drastisch zu kürzen und auf die angekündigten Steuersenkungen für Spitzenverdiener und Unternehmen zu verzichten, will die Bundesregierung in die Kassen der Renten-, Arbeitslosen- und Krankenversicherung greifen und die Mehrwertsteuer erhöhen. Wenn die Bundesregierung an diesen Plänen festhält, kommt die soziale Gerechtigkeit bei der deutschen Einheit unter die Räder. Dann würde die deutsche Einigung dazu mißbraucht, um die Politik der Umverteilung von unten nach oben, die diese Bundesregierung seit 1982 betrieben hat, auf die Spitze zu treiben.

Wir Sozialdemokraten werden uns dieser Politik der sozialen Ungerechtigkeit mit allen Kräften widersetzen.

3.

Es ist unredlich, wenn Kohl jetzt nach der DDR-Wahl behauptet, er habe nie einen Kurs von 1:1 versprochen: Kohl ist – und das wußte und wollte er – von den Bürgern in der DDR so verstanden worden. Der CDU-Vorsitzende de Maizière hat gestern bestätigt, daß die Union im DDR-Wahlkampf ausdrücklich einen Umstellungskurs von 1:1 auch für Löhne und Renten versprochen hat. Gerade wegen dieses Versprechens sind CDU und DSU in der DDR auch gewählt worden.

Wer heute – wenige Tage nach der DDR-Wahl – der Meinung ist, es könne nur 2:1 umgetauscht werden, hätte das vor der Wahl in der DDR klar und deutlich sagen müssen. Alle Probleme, die heute bestehen, waren auch schon vor der DDR-Wahl bekannt. In Kenntnis dieser Probleme, in Kenntnis der Bilanz der Staatsbank und in Kenntnis der Kosten sind die Zusagen in der DDR gemacht worden.

4.

Wir fordern die Bundesregierung auf, ein solides Finanzierungskonzept vorzulegen: Die unsolide Schuldenpolitik der Regierung Kohl hat zu einem besorgniserregenden Anstieg der Zinsbelastung geführt. Das engt die finanzpolitische Handlungsfähigkeit des Bundes ein und untergräbt die Funktionsfähigkeit unseres Staates. Deshalb lehnt die SPD es ab, bei der Finanzierung der deutschen Einheit den von der Bundesregierung eingeschlagenen Weg des maßlosen Schuldenmachens mitzugehen.

Mit der Ankündigung, zur Finanzierung der deutschen Einheit in die bundesdeutschen Sozialkassen zu fassen, übertragen Kohl und Blüm ihr Betrugsmanöver von der DDR jetzt auf die Bundespolitik. Statt Offenlegung der deutsch-deutschen Kosten kommt bei Kohl die Androhung von Beitragserhöhungen; statt ein Konzept für die Sozialunion vorzulegen, starten Kohl und Blüm eine Verunsicherung für die bundesdeutschen Beitragszahler.

Wir fordern die Bundesregierung auf, endlich die Konsequenzen aus dem weltweiten Entspannungsprozeß zu ziehen und die Verteidigungsausgaben drastisch zu kürzen. Dazu gehört der sofortige Stopp des Jägers 90 und die Einstellung aller Tiefflüge. Wir fordern die Bundesregierung auch auf, keine neuen Kurzstreckenraketen nachzurüsten, die auch auf Städte in der DDR gerichtet sind.

Angesichts der finanzpolitischen Herausforderungen, die mit der deutschen Einigung verbunden sind, ist es völlig unverständlich und unverantwortlich, daß die Bundesregierung bis heute an ihrem Plan festhält, die Steuern für Spitzenverdiener und Unternehmen um 25 Mrd DM zu senken. Diese Steuerpläne sind weder wirtschaftspolitisch gerechtfertigt noch finanzpolitisch vertretbar. Die SPD fordert die Bundesregierung auf, auf diese Pläne sofort und endgültig zu verzichten und damit Handlungsspielraum zu schaffen für die Finanzierung der anstehenden Aufgaben.

Wenn die Bundesregierung sich weiterhin weigert, auf diese Pläne ausdrücklich zu verzichten, besteht die ernste Gefahr, daß sie nach der Bundestagswahl die Bundesbürger mit einer Mehrwertsteuererhöhung zur Kasse bittet. Dies würde unter dem Deckmantel der deutschen Einheit die Umverteilungspolitik der letzten Jahre auf die Spitze treiben: Es wäre unerträglich, wenn die breite Mehrheit der Verbraucher, der Arbeitnehmer und Rentner über eine Mehrwertsteuererhöhung dafür zahlen müßte, daß die Bundesregierung den Spitzenverdienern und Unternehmen neue Steuergeschenke macht.

Solange sich Kohl weigert, bei den Militärausgaben spürbar zu kürzen und auf seine Pläne zu verzichten, Spitzenverdienern und Unternehmen neue milliardenschwere Steuergeschenke zu machen, solange können seine Beteuerungen, die Bundesregierung werde nach der Bundestagswahl die Steuern nicht erhöhen, niemanden überzeugen. Auch wenn der Bundeskanzler jetzt eine Steuererhöhung noch so weit von sich weist – spätestens nach dem Wahlbetrug in der DDR weiß jeder Bundesbürger, daß die Versprechungen dieses Bundeskanzlers leider nichts wert sind.

Dokument Nr. 39
Beratungen des Präsidiums über Regierungsbildung in der DDR, Zusammenarbeit mit der SPD der DDR, Währungsunion und Zeitplan des Bundeskanzlers, 2. April 1990

Auszug aus dem Protokoll über die Sitzung des Präsidiums der SPD, 2. April 1990, 13.30 – 17.15 Uhr, in Bonn, Erich-Ollenhauer-Haus, S. 2 – 7, 8 – 12

Zu Beginn der Sitzung begrüßte Hans-Jochen Vogel den Geschäftsführer der SPD in der DDR, Stephan Hilsberg.

[...]

TOP 1: Zur Lage

[...]

Auf die Entwicklung in der DDR eingehend, wies Hans-Jochen Vogel auf den Rücktritt von Ibrahim Böhme als Partei- und Fraktionsvorsitzender hin. Er brachte den Mitgliedern des Präsidiums den Text des Rücktrittsschreibens zur Kenntnis und sagte, dies sei ein bewegender Brief. Welche Schuld früher Verantwortliche in der DDR auf sich geladen hätten, zeige, daß auch nach der Überwindung des Systems solche Vorgänge hingenommen werden müßten. Auch für Ibrahim Böhme gelte, daß, bis zum Beweis eines Gegenteils, er als unschuldig zu betrachten sei. Hans-Jochen Vogel schlug vor, eine Erklärung des Präsidiums zu dem Rücktritt zu veröffentlichen. Er teilte mit, es sei dafür Sorge getragen worden, daß Ibrahim Böhme nun zur Ruhe kommen könne.

Ferner wies er auf seine Unterredung mit Markus Meckel, Martin Gutzeit und Richard Schröder vom vergangenen Wochenende hin. Dabei habe er den Eindruck gewonnen, daß am heutigen Tage eine Entscheidung über die Frage der Aufnahme von Koalitionsverhandlungen in Ost-Berlin fallen werde.

Zur Gesamtsituation sagte Oskar Lafontaine, das Ergebnis der bayerischen Wahlen gebe eine für uns positive Stimmung wieder. Dazu habe auch die Diskussion des Wochenendes über den Geldumtausch beigetragen. Wenn unsere Partei nun nach den DDR-Wahlen ausweislich der »Spiegel«-Umfrage nur drei Prozent hinter den Unionsparteien liege, sei dies eine vergleichweise gute Ausgangslage. Das gelte auch für die Tatsache, daß er selbst immer noch knapp vor dem Bundeskanzler liege. Das Gesamtbild zeige, wie sehr sich unsere Partei voll im Meinungstrend der Wähler befinde.

Als außerordentlich schwierig bezeichnete Stephan Hilsberg die gegenwärtige Lage für unsere Partei in der DDR. Nach dem Rücktritt von Ibrahim Böhme werde die Entscheidung über mögliche Koalitionsverhandlungen noch schwieriger. Der Rücktritt bedeute in den Augen der Mehrzahl der Menschen eine Anerkennung der Verdachtsmomente. Die Angst in der Bevölkerung sei groß. Der Eintritt in eine Koalition würde für die Partei, so betonte Stephan Hilsberg, eine erhebliche Belastung mit sich bringen, zumal der amtierende Vorsitzende, wie bekannt, umstritten sei und zu den Befürwortern einer Koalition gehöre. Denkbar sei, daß in einem solchen Prozeß in der Partei etwas wegbreche. Aber auch dieses werde die SPD überstehen, denn sie gehöre zu den Gruppierungen, welche die Demokratie mit hervorgebracht hätte. Die Partei müsse Gelegenheit finden, sich auf sich selbst zu konzentrieren und aus eigener Kraft die gegenwärtigen Probleme zu lösen. Dank sagte Stephan Hilsberg für die Hilfe im Wahlkampf. Daß ein Fünftel der Wähler die SPD gewählt habe und nicht auch zur CDU gelaufen sei, sei nach Lage der Dinge nicht zu unterschätzen. Dies sei der Teil der Bevölkerung, der einen eigenen Beitrag zum Aufbau des Landes leisten wollte. Er rief dazu auf, jene Kräfte in der DDR zu unterstützen, die aus eigener Kraft die Veränderung herbeiführen wollten. Neben der Entwicklung eigener Kraft benötige die SPD der DDR natürlich auch weiterhin die Hilfe aus der Bundesrepublik. Dies gelte insbesondere für die Vorbereitung der Vereinigung beider Parteien. Dazu sei ein gemeinsames Planen und Arbeiten insbesondere auf die erste gesamtdeutsche Wahl hin von jetzt an erforderlich. Dazu gehöre auch der vielfältige Austausch zwischen Vertretern der Parteien, um das Kennenlernen zu verbessern und den gemeinsamen Weg vorzubereiten.

Auf Vorschlag von Hans-Jochen Vogel verabschiedete das Präsidium einstimmig eine Erklärung zum Rücktritt Ibrahim Böhmes (siehe Anlage)

Koalitionsfrage in der DDR

Seine drei Gesprächspartner, so berichtete Hans-Jochen Vogel, hätten ihm am Wochenende berichtet, es gebe mit der CDU ein hohes Maß an Übereinstimmung in den wesentlichen Fragen. Der »Knackpunkt« für die SPD in der DDR bleibe die DSU. Hans-Jochen Vogel vertrat die Auffassung, daß eine Übernahme der Oppositionsrolle für die Partei in der DDR durch die starke Präsenz der PDS erheblich erschwert werde, die in allen Fragen die SPD immer überbieten werde. Andererseits müsse berücksichtigt werden, daß de Maizière offensichtlich nicht bereit sei, der Bonner Union, so wie diese es wünsche, zu folgen. Eine Mitwirkung der SPD in der Regierung könne dazu beitragen, die DDR-Position zu stärken und die Verantwortung der Sozialdemokraten in diesem Prozeß hervorzuheben. Dies könne dann auch stabilisierend für die Partei wirken.

Oskar Lafontaine sagte, in der ersten Enttäuschung nach dem Ausgang der DDR-Wahlen habe es bei ihm die Tendenz gegeben, nun die anderen die Sache mal machen zu lassen. Dann jedoch, nach Abwägung vieler Gesichtspunkte, sei er zu dem Schluß gekommen, daß eine Große Koalition auch für uns sinnvoll sei. Sich einer Zusammenarbeit zu verweigern, sei schwierig. Die Rolle der Opposition, in der DDR sei nicht einfach auszufüllen. Der objektive Interessengegensatz zwischen DDR und Bundesrepublik Deutschland werde auch unter einer CDU-geführten DDR-Regierung nicht aufgehoben, und eine Regierungsbeteiligung der SPD werde sich insgesamt für die Partei in der DDR positiv auswirken. Jetzt müßten wir alle größtes Interesse am organisatorischen Aufbau der Partei in der DDR haben. Die Parteiorganisation müsse stabilisiert werden. Bedenken äußerte Oskar Lafontaine gegen eine mögliche Übernahme des Finanzressorts durch einen Sozialdemokraten.

Gerhard Schröder vertrat die Auffassung, als Koalitionsmitglied werde der Aufbau der Partei in der DDR schwieriger. Die SPD in der DDR sei eine völlig neue Partei ohne Traditionsbezüge. Damit habe sie aber auch große Chancen, neue Schichten in der Wählerschaft anzusprechen und damit eine demokratische Sammlungsbewegung zu werden.

Heidi Wieczorek-Zeul verurteilte das »Kohl- Unterstützungsmanöver« einiger Fraktionsmitglieder, die über die BILD-Zeitung für eine Große Koalition votiert hatten. Damit werde Druck auf die SPD in der DDR ausgeübt. Sie sprach sich dafür aus, daß die SPD in der DDR eine Regierung der Allianz tolerieren solle, um im Rahmen dieser Tolerierung Einfluß zu nehmen. Die DSU bezeichnete sie als fremden- und ausländerfeindlich. Mit ihr sei eine Zusammenarbeit nicht möglich.

Inge Wettig-Danielmeier sah das Problem wie unsere Partei neben der PDS in der Opposition Profil gewinnen könne. Eine größere Chance sei durch eine Stabilisierung der Partei in Regierungsverantwortung gegeben. Sie wies auf die Gefahren hin, die aus der Gewerkschaftsbewegung der DDR erwachsen können. Mit der Entscheidung der DGB-Gewerkschaften, keine neuen Gewerkschaften zu bilden, werde es möglicherweise dann für das gesamte Deutschland eine Gewerkschaftsbewegung geben, in der keine sozialdemokratische Mehrheit mehr vorhanden sei. Es sei dringend erforderlich, über diese Fragen mit dem DGB zu sprechen.

Wenn die SPD in der DDR, so unterstrich Herta Däubler-Gmelin, in allen relevanten Entscheidungen mit den Allianz-Parteien stimmen werde und müsse, dann sei es auch sinnvoll, in der Regierung mitzuarbeiten und so die Kraft der Regierung im Interesse der Bevölkerung der DDR zu verstärken. Voraussetzung einer Zusammenarbeit sei, daß eine sachliche und personelle Ebene der Übereinstimmung gefunden werde, mit der dann auch die offene DSU-Frage zu lösen sei. Die Auswirkungen einer Koalitionsbeteiligung der SPD in der DDR auf die Bundesrepublik bezeichnete sie als nicht entscheidend. Richtig sei es, jetzt die Organisation der Partei in der DDR zu stärken.

Als zu schwach bezeichnete Anke Fuchs die SPD in der DDR. Ihr fehle das Gewicht, um unbestritten die Oppositionsrolle einnehmen zu können. Dies sei, so betonte sie, ein weiterer Grund für eine Regierungsbeteiligung. Die Sorge vor dem weiterhin großen Einfluß der PDS in den Gewerkschaften wurde auch von ihr unterstrichen. Sie berichtete über ihre diesbezüglichen Gespräche mit DGB-Vertretern.

Sein Bedauern äußerte Hans-Jochen Vogel über die öffentlichen Äußerungen von Fraktionsmitgliedern zur Koalitionsfrage. Ebenso verurteilte er eine Unterschriftenaktion innerhalb der Fraktion, die eine entgegengesetzte Zielrichtung habe. Solche Vorgänge dürften sich nicht wiederholen. Er stellte fest, zur Koalitionsfrage gebe es hier und in der DDR unterschiedliche Meinungen. Er stimme mit Oskar Lafontaine überein und er warnte vor den Umarmungsversuchen der PDS. Eine Tolerierung alleine bezeichnete er als nicht ausreichend. Eine Meinungsbildung zur Frage der Koalition sei allerdings nicht Sache unserer Partei.

Heidi Wieczorek-Zeul sagte, wenn es in der DDR zu einer Großen Koalition komme, sei dies nicht unter Berufung auf eine hiesige Einflußnahme zu begründen.

Währungsunion / Zeitplanung der Bundesregierung

Herta Däubler-Gmelin erläuterte die zeitliche Planung, in der die Bundesregierung zur Einführung der Währungsunion bis zum 1. Juli 1990 kommen wolle. Durch die Regierung geplant sei ein Staatsvertrag mit der DDR über die Währungs-, Wirtschafts- und Sozialunion. Die Bundesregierung gehe davon aus, daß bis Ostern die DDR-Regierung stehe. Für die Verhandlungen zwischen Bundesregierung und DDR-Regierung über den Staatsvertrag seien nicht mehr als 14 Tage angesetzt. Die Regierung habe die Absicht, ein Ratifikationsgesetz mit zahlreichen Anlagen dem Bundesrat Anfang Mai vorzulegen, um bis zum 11. Mai die Bundesratsstellungnahme einzuholen. Dann solle zwischen dem 14. Mai und der Woche vom 28. Mai das Ratifizierungsverfahren im Bundestag laufen. Ein Ratifizierungsgesetz bedeute, daß Einzelheiten nicht zur Abstimmung kommen, sondern nur Zustimmung und Ablehnung möglich seien.

Oskar Lafontaine stellte die Frage, wie unser Verhalten zur Frage der Währungsunion ist. Er unterstrich nochmals seine Auffassung, daß ein Kurs von 1:1 nicht machbar sei und auch der vorgesehene Termin 1. Juli nicht eingehalten werden könne. Die Ankündigung eines Umtauschkurses 1:1 sei die zentrale Wahlkampfaussage der CDU in der DDR gewesen. Sie habe den Wahlsieg für die Union sichergestellt. Nun sei die Union daran zu messen.

Er erinnerte an seine Vorschläge zur wirtschafts- und sozialpolitisch abgesicherten Einführung der DM in der DDR. Wenn jedoch die Regierung den Wechselkurs 1:1 festlege, werde es, so sagte Oskar Lafontaine, von uns dagegen keinen Widerspruch geben. Auch die SPD in der DDR könne bei ihrer Forderung bleiben. Entscheidend sei, daß ein solches Vorgehen ökonomisch nicht vertretbar und für die Betriebe in der DDR katastrophal sei. Kohl müsse den Betrieben ungeheure Geldmengen als Betriebsmittel zur Verfügung stellen. Dies sei nicht vorstellbar.

Hans-Jochen Vogel wies auf den unglaublichen Druck hin, den die Bundesregierung gegenüber der DDR ausüben werde. In einem Zeitraum von 14 Tagen müsse dort entschieden werden. Das Ratifizierungsgesetz habe umfassende Anlagen, die, bei Zustimmung der Volkskammer, in der DDR direkt wirksam werden würden. Von höchster Bedeutung für diesen Prozeß sei die Einschätzung der Widerstandsfähigkeit der DDR-Regierung und der DDR-Bevölkerung. Es sei denkbar, daß Kohl, trotz der Vielzahl an sachlichen Einwänden, nun doch einen Umtauschkurs von 1:1 festlege. Von dem Augenblick an sei die soziale und politische Entwicklung in der DDR überhaupt nicht mehr kontrollierbar. Unkontrollierbar seien aber auch die Kosten, die hier aufzubringen seien. Bei einem solchen Vorgehen würden hier sehr schnell die Auswirkungen deutlich, z.B. durch die Aufwendungen für die Finanzierung des DDR-Staatsapparates. Hans-Jochen Vogel schlug vor, zu diesem Fragenkomplex eine gemeinsame Sitzung von Präsidium und Geschäftsführendem Fraktionsvorstand sowie dem Präsidium der SPD in der DDR am Sonntag, dem 22. April 1990, um 15.00 Uhr durchzuführen. Als weitere Punkte sollten behandelt werden die sicherheitspolitischen Aspekte und die Vorschläge von Heidi Wieczorek-Zeul zur europäischen Einbettung.

Das Präsidium stimmte dieser Sitzung zu.

Hans-Jochen Vogel stellte fest, es werde zur Einführung der DM kommen. Dies bedeute für uns, von der Regierung Auskunft über die Höhe der Kosten für unseren Staat zu verlangen sowie detaillierte Klärungen zur sozialen und wirtschaftlichen Abwicklung des Prozesses. Vor der DDR-Wahl habe die Union den Umtauschkurz 1:1 genannt. Jetzt werde der Kurs von 1:2 gefordert. Dies werde von den Menschen in der DDR als tiefe soziale Ungerechtigkeit empfunden. Es gehe eine Protestwelle durch die DDR. Diese Stimmung könne sich für Kohl hier in der Bundesrepublik negativ auswirken. Vor diesem Hintergrund sei es denkbar, daß Kohl, um seinen Ruf als gesamtdeutscher Kanzler zu retten, auf einen Kurs von 1:1 einschwenke. Hans-Jochen Vogel riet dazu, dann nicht unsererseits in eine Währungskurs-Debatte einzutreten.

In dieser Auffassung wurde Hans-Jochen Vogel von Oskar Lafontaine unterstützt. Er betonte, daß unsere Forderung richtig gewesen sei, an den Anfang den Aufbau eines sozialen Sicherungssystems zu stellen und daneben die Wirtschaftsreform einzuleiten, um danach eine währungspolitische Moderierung vorzunehmen. Dies wäre der richtige Weg gewesen. Wenn jetzt jedoch die Regierung mit dem Kurs 1:1 fahre, würden von uns dazu keine abweichenden Vorschläge gemacht. Kohl sitze dann in der Falle.

Kommunalwahlkampf in der DDR

Anke Fuchs äußerte die Auffassung, daß es vermutlich bei dem Wahltag 6. Mai bleiben werde. Unsere Partei sei nicht in der Lage, flächendeckend Unterstützung zu geben. Mit der SGK sei jedoch vereinbart worden, daß umfassende Hilfen zur Verfügung gestellt würden. Überdies werde gegenwärtig durch Mitarbeiter des Parteivorstandes und der DDR-SPD in allen Bezirken in der DDR eine Bestandsaufnahme über die organisationspolitische Leistungskraft erhoben. Forciert werden sollten zur Vorbereitung des Wahlkampfes die ohnedies schon bestehenden vielfältigen regionalen Kontakte zwischen der Bundesrepublik und der DDR.

Stephan Hilsberg sagte, die Wahllisten seien bereits vielerorts fertiggestellt worden. Auf unseren Listen kämen auch Parteilose und Vertreter des Bündnisses '90 zu Kandidaturen. Ein Verschieben der Kommunalwahlen bezeichne er als falsch, denn weithin seien keinerlei Strukturen mehr vorhanden bzw. die PDS halte die Position.

Hans-Ulrich Klose berichtete von einer umfassenden Liste, die zusammen mit Anke Fuchs und Erik Bettermann zur Unterstützung der SPD in der DDR erarbeitet worden sei. Geplant seien Hilfen, um die Organisationsstruktur auch mit Blick auf die gesamtdeutschen Parlamentswahlen zu verbessern. Ein kleines Team von Mitarbeitern aus der SPD-DDR und von uns reise gegenwärtig durch alle Bezirke, um eine organisationspolitische Erhebung vorzunehmen. In einer Konferenz am 5. April würden auf der Grundlage dieser Erhebung Konsequenzen erarbeitet. Zudem werde unsere Parteischule in den nächsten Wochen Trainingskurse für hauptamtliche Mitarbeiter und Funktionäre in Zusammenarbeit mit der Friedrich-Ebert-Stiftung anbieten. Ferner seien detaillierte Vorschläge zur Vertiefung der Zusammenarbeit entwickelt worden. Die Teilnahme an den jeweiligen Sitzungen der anderen Parteien, der Besuch von Konferenzen und Fachtagungen und die Mitarbeit in Kommissionen. Noch vor den Kommunalwahlen würden alle Mitglieder in der DDR in einer Kartei erfaßt, so daß sie noch vor den Kommunalwahlen direkt mit Informationsmaterial versorgt werden könnten. Ferner seien Vorarbeiten für die Herausgabe eines »intern«-ähnlichen Informationsdienstes geleistet worden. Im Kommunalwahlkampf wolle unsere Partei den Vorstand in Berlin bei seinem Bemühen unterstützen, den Wahlkampf mit einem zentralen Slogan zu begleiten. Die personelle und materielle Unterstützung werde durch die Bundes-SGK mit deren Landes- und Stadtorganisationen übernommen. Hierbei sollten insbesondere die Partnerschaften genutzt werden. Wichtig sei es, bundesweit bekannte Oberbürgermeister und Landräte in der DDR einzusetzen. Der Einsatz von Bundesprominenz sei für Niedersachsen und Nordrhein-Westfalen erforderlich. Erörtert werden müsse die künftige Rolle des Gemeinsamen Ausschusses, wenn sich gleichzeitig diverse permanente Kontakte zwischen den bestehenden Gremien entwickelten. Es sei daran zu denken, eine gemeinsame Kommission für die Wahlkampfberatung einzusetzen.

Hans-Jochen Vogel stellte fest, auch im Kommunalwahlkampf bleibe es bei der Eigenverantwortung der Schwesterpartei, eine Bevormundung werde es nicht geben. Eine materielle und finanzielle Unterstützung durch den Parteivorstand werde nicht möglich. Erforderlich sei die Einrichtung einer gemeinsamen Begleitgruppe. Oskar Lafontaine forderte, die Wahlkampfunterstützung dürfe nicht erneut so zufällig sein wie in der Volkskammerwahl. Zudem müßten alle Wahlkampfmaßnahmen mit dem Kanzlerkandidaten abgestimmt werden.

Inge Wettig-Danielmeier betonte, es müßten in einigen Fällen die Partnerschaftsbezirke, die ihrer Aufgabe nicht nachgekommen wären, ausgetauscht werden. Ferner wies sie darauf hin, daß eine Reihe von Bundesländern CDU-Beamte in Verwaltungen der DDR einsetzten.

Stephan Hilsberg berichtete, die Partei habe inzwischen eine Agentur beauftragt, einen auf die DDR-Bedingungen hin entwickelten Wahlkampf vorzubereiten. Auch im Kommunalwahlkampf müsse die Partei mit eigener Kraft die vor ihr stehenden Probleme lösen. Sie dürfe dabei nicht über den Löffel barbiert werden, sonst sei sie in den nächsten Jahren weg. Der Wahlkampf müsse dazu beitragen, die Strukturen in der SPD in der DDR zu stärken.

Anke Fuchs sagte, unsere Partei wolle durch ihre Hilfe dazu einen Beitrag leisten. Sie teilte mit, daß hauptamtliche Mitarbeiter des Parteivorstandes jetzt im Kommunalwahlkampf nicht eingesetzt würden.

Hans-Jochen Vogel stellte fest, daß in Niedersachsen und Nordrhein-Westfalen die Landtagswahlkämpfe vor der DDR-Wahl rangierten, auf Bundesebene jedoch der

Kommunalwahlkampf in der DDR mit den beiden Landtagswahlkämpfen gleichzusetzen sei.

TOP 4: Zusammenarbeit mit der SPD in der DDR

Berliner Büro

Hans-Ulrich Klose sagte, für die Verbesserung der Zusammenarbeit sei in Berlin ein ständiges Büro einzurichten. Er schlug vor, dafür im Stellenplan zwei zusätzliche Stellen, eine Referenten- und eine Sekretärinnenstelle, zu schaffen. Als Referent stehe für diese Position Peter Wardin zur Verfügung. Ferner seien bis zum 6. Mai in Berlin eingesetzt Gerhard Hirschfeld, Jürgen Itzfeldt und Frank Stauß. Darüber hinaus arbeite Monika Kramme in der Rungestraße mit Stephan Hilsberg zusammen. Das Präsidium stimmte der Ausweitung des Stellenplans und der Bestellung von Peter Wardin zu. Hans-Jochen Vogel kündigte an, daß nach der Osterpause über die weitere Tätigkeit von Gerhard Hirschfeld, der jetzt einen Urlaub angetreten habe, zu sprechen sei.

Zusammenarbeit der Parteien

Hans-Jochen Vogel schlug vor, vierteljährlich abwechselnd hier und in der DDR Sitzungen des Präsidiums der beiden Parteien durchzuführen. Der Geschäftsführende Fraktionsvorstand sollte ebenfalls mit dem entsprechenden Gremium der SPD in der DDR vierteljährliche Treffen veranstalten. So könne ein Sechs-Wochen-Rhythmus der Begegnungen in unterschiedlichem Rahmen entstehen. Der Zeitpunkt des Beginns solle von der SPD in der DDR bestimmt werden. Dietrich Stobbe nehme, so sagte Hans-Jochen Vogel, an den Sitzungen von Fraktion und Fraktionsvorstand der DDR-SPD teil. In dieser Phase sei es gut, wenn Dietrich Stobbe diese Aufgabe auch bis zu den Kommunalwahlen im DDR-Parteivorstand wahrnehme. Danach könne eine andere Regelung gefunden werden. Parteivorstand und Fraktion der SPD in der DDR seien gebeten worden, ebenfalls Vertreter in die entsprechenden Gremien auf unserer Seite zu entsenden. Das Präsidium stimmte diesen Vorschlägen zu.

Gemeinsamer Ausschuß

Hans-Jochen Vogel teilte mit, durch Johannes Rau sei vorgeschlagen worden, die für den 25.4. und 2.5.1990 vorgesehenen Sitzungen des Gemeinsamen Ausschusses entfallen zu lassen. Ferner kündigte er an, daß Johannes Rau Vorschläge zur Tätigkeit des Gemeinsamen Ausschusses im Präsidium unterbreiten werde.

Vereinigung der Parteien

Hans-Jochen Vogel wies auf Tendenzen bei einer Reihe von Verbänden hin, bereits jetzt die Vereinigung vorzunehmen. Für uns zeichne sich ab, jetzt zunächst im Mai des nächsten Jahres auf dem Ordentlichen Parteitag einen entsprechenden Auftrag zu beschließen und als Zeitpunkt der Vereinigung das Jahresende 1991 oder den Jahresbeginn 1992 in Aussicht zu nehmen. Geprüft werden müsse, ob die Vereinigung erst nach der staatlichen Einheit oder bereits nach Zustandekommen des einheitlichen Wirtschafts- und Währungssystems anzustreben sei. Oskar Lafontaine gab zu bedenken, daß möglicherweise auch über den Tag der Vereinigung hinaus die DDR-SPD eine gewisse Eigenständigkeit behalten könne, um eine Sonderrolle (CSU) einzunehmen.

Stephan Hilsberg sprach sich dafür aus, schon jetzt eine gemeinsame Kommission zur Vorbereitung der Vereinigung einzusetzen. Er denke daran, daß über das gemeinsame Statut dann auf getrennten Parteitagen zu entscheiden sei.

Hauptstadtfrage

Es gebe noch keinen Anlaß, so stellte Hans-Jochen Vogel fest, in die Meinungsbildung zur Hauptstadtfrage einzutreten. Das sei erst dann erforderlich, wenn die Vereinigung erfolge. Es wäre gut, wenn die Mitglieder der Fraktion und der Parteiführung, die sich zu dieser Frage äußerten, jeweils nur im eigenen Namen sprächen. Herta Däubler-Gmelin äußerte die Bitte, wenn die Entscheidung für Berlin falle, nicht in den Reichstag zu gehen.
[...]

TOP 5: Einbeziehung der DDR in die EG

Heidi Wieczorek-Zeul erläuterte das von ihr und Gerd Walter erarbeitete Papier. Nach einer kurzen Diskussion wurden einige Änderungen vorgenommen. Hans-Jochen Vogel stellte fest, das Papier werde zur Kenntnis genommen und in der Sitzung am 22.April vorgelegt.

Hans-Jochen Vogel sagte, die Frage der Einbettung des Einigungsprozesses in das Sicherheitssystem müsse in der Sitzung am 22.4. ebenfalls behandelt werden. Hierzu bereite der AK I unter Horst Ehmke seine Vorschläge vor, die am 22.4. in der Gemeinsamen Sitzung und am 23.4. im Geschäftsführenden Fraktionsvorstand sowie am 24.4. in der Bundestagsfraktion zur Diskussion kommen sollten. Der zeitliche Rahmen sei durch das Handeln der Bundesregierung, die Bildung der DDR-Regierung und dem Termin der zwei + vier Verhandlungen am 28. April gesetzt. Ihm erscheine es nicht möglich, in diesem zeitlichen Rahmen noch eine zusätzliche Parteivorstandssitzung anzuberaumen. Hierzu kam es zu einer Aussprache. Insbesondere Heidi Wieczorek-Zeul unterstrich, daß es notwendig sei, die Partei in den Meinungsbildungsprozeß voll mit einzubeziehen. Deshalb sei es ratsam, eine Parteiratssitzung einzuladen.
[...]
Hans-Jochen Vogel teilte mit, daß sich Heidi Wieczorek-Zeul und Klaus Wettig bereit erklärt hätten, die DDR-Volkskammer-Fraktion, in den europapolitischen Fragen zu beraten. Es werde eine entsprechende Unterrichtung erfolgen. [...]

Dokument Nr. 40
Gemeinsame Beratung der Präsidien der SPD in der Bundesrepublik und der DDR und der Geschäftsführenden Vorstände der SPD-Bundestagsfraktion und der SPD-Volkskammerfraktion über die Währungsunion und die Koalitionsfrage in der DDR, 22. April 1990

Auszug aus dem Protokoll über die gemeinsame Sitzung der Präsidien der SPD in der Bundesrepublik und der DDR sowie der Geschäftsführenden Vorstände der SPD-Bundestagsfraktion und der SPD-Volkskammerfraktion, 22. April 1990, 15.00 – 22.20 Uhr, in Bonn, Erich-Ollenhauer-Haus, S. 1 – 13

Zu Beginn der Sitzung begrüßte Hans-Jochen Vogel die Vertreter der SPD in der DDR, an ihrer Spitze den stellvertretenden Vorsitzenden der Partei, Karl-August Kamilli, und den Vorsitzenden der Volkskammerfraktion, Richard Schröder. Grußworte richtete Hans-Jochen Vogel auch an Willy Brandt. Es sei verabredet worden, so stellte er fest, daß künftig die Präsidien beider Parteien sowie die Geschäftsführenden Vorstände der Fraktionen in regelmäßigen Abständen tagen. Heute sei eine gemeinsame Sitzung aller vier Gremien anberaumt, um über die Fragen des Staatsvertrages zu beraten. Solche Zusammenkünfte werde es auch künftig geben.
Folgende Tagesordnung wurde behandelt:

1. Lage nach der Regierungsbildung in der DDR BE: Richard Schröder
   Hans-Jochen Vogel
2. Deutschland im Übergang zu einer europäischen
   Friedensordnung BE: Horst Ehmke

[...]

TOP 1: Lage nach der Regierungsbildung in der DDR

Hans-Jochen Vogel wies auf die zu diesem Tagesordnungspunkt vorgelegten Papiere hin. Insbesondere machte er auf den Entschließungsentwurf zum weiteren Fortgang der deutschen Einigung und auf den beabsichtigten Antrag der Fraktion zur Mitwirkung von Bundestag und Bundesrat am Prozeß der deutschen Einigung aufmerksam.
  Richard Schröder ging in seiner Einleitung zunächst auf die Regierungsbildung in der DDR ein. Er sagte, nach den Wahlen sei durch die Partei nochmals betont worden, daß es keine Koalition mit der PDS, aber auch keine Koalition mit der DSU geben werde. Zugleich sei jedoch beschlossen worden, die Gespräche mit der CDU über eine Regierungsbildung aufzunehmen. Bei der Beurteilung der Vorgänge um die Regierungsbildung sei beachtenswert, daß es Unterschiede zwischen den ehemaligen Blockparteien gebe. Die CDU der DDR und die LDPD seien Parteien, die bereits 1945 gegründet worden seien, die ihre eigenen Leidensgeschichte hätten.
  Das Gespräch mit der CDU sei anders als gedacht verlaufen. Es habe besonders

mit de Maizière von vornherein ein hohes Maß an Übereinstimmung gegeben. Mancherlei Schwierigkeiten hätten überwunden werden können. Inhaltlich seien die Gespräche fast ausschließlich auf der Basis der von den Sozialdemokraten geleisteten Vorarbeiten verlaufen. Dies habe auch im Ergebnis seinen Niederschlag gefunden. Die Allianzparteien seien unter sich von vornherein nur auf eine »Handschlagkoalition« ausgerichtet gewesen. Die hohe Konsensfähigkeit mit den Koalitionspartnern zeige auch, daß diese Parteien keine Ableger ihrer Schwesterpartei in der Bundesrepublik Deutschland seien. Mit den Koalitionsparteien sei es gelungen, die DSU entscheidend zurückzudrängen, sie völlig herauszudrängen sei nicht möglich gewesen. Insbesondere dieser Umstand habe zu schwierigen Diskussionsprozessen innerhalb der SPD geführt. Die Vorarbeit der SPD spiegele sich in der Regierungserklärung und in der Koalitionsvereinbarung wider. Partei und Fraktion könnten die Vereinbarung gut tragen. Die Zustimmung zum Art. 23 GG sei ausweislich des Protokolls über die Koalitionsverhandlung verbunden gewesen mit der Übereinstimmung in der Frage, daß auch eine Änderung des Grundgesetzes nach Art. 146 nötig sei. Ein entsprechender Passus sei infolge eines technischen Versehens zunächst im Text nicht aufgeführt worden. Auch de Maizière vertrete die Auffassung, daß eine Modernisierung des Grundgesetzes erforderlich sei.

Ausführlich befaßt habe sich die Fraktion mit dem Stasi-Komplex, so berichtete Richard Schröder. Dabei bestehe Übereinstimmung darüber, die Probleme nicht mit der Brechstange zu lösen. Allerdings dürfe es auch nicht dazu kommen, daß jedermann Einsicht in die Unterlagen erhalte. Dies würde zu unerträglichen Zuständen führen. Klarheit bestehe, daß die von der Stasi begangenen Verbrechen verfolgt werden müßten. Bei der Betrachtung der Stasi-Aktivitäten dürfe nicht nur auf die Zuträger geachtet werde, über die es Akten gebe, wesentlich sei auch eine Beurteilung der Stasi-Bediensteten, über die keine Vermerke zu finden seien.

Die West-Mark, so stellte Richard Schröder fest, müsse nun relativ schnell eingeführt werden. Auch wenn damit manche Schwierigkeiten in der Bundesrepublik, insbesondere bei den Währungshütern, entstünden. Die Glaubwürdigkeit der neuen politischen Entwicklung in der DDR hänge an dieser Frage. Durch uns dürfe nichts geschehen, was den Prozeß der Einführung der DM verhindere oder gar blockiere. Deshalb könne auch der Staatsvertrag nicht als Untat betrachtet werden, wenngleich einzelne Passagen und Absichten zu kritisieren seien. Die vorgesehene Generalklausel des Staatsvertrages, die die DDR in bestimmten Bereichen verfassungslos mache, könne so nicht akzeptiert werden. An ihrer Stelle müsse ein Baustein geschaffen werden, der diesen Zustand vermeide.

Zur Lage nach der Regierungsbildung in der DDR sagte Hans-Jochen Vogel, erstmals sei eine demokratisch legitimierte Regierung der DDR gebildet worden. Es handele sich um eine Koalitionsregierung unter Beteiligung der Sozialdemokraten. Dort herrsche Klarheit über das rasch zu verwirklichende Ziel einer Währungs-, Wirtschafts- und Sozialunion. Für uns hier sei das Vorgehen der Bundesregierung undeutlich. Die Art der Information sei skandalös. Hans-Jochen Vogel erinnerte an die Beschlüsse des Berliner Parteitages zur Deutschlandpolitik und die Erklärungen von Parteivorstand und Parteirat zu diesem Thema. Darin sei unterstrichen worden, daß die Sozialdemokraten Partnerschaft und keinen Anschluß wünschen, einen Einigungsprozeß, der sozial abgesichert ist und eine Einigung, die sich im europäischen Rahmen vollzieht. Diesen Kriterien entspreche die Koalitionsvereinbarung und die Regierungserklärung in der DDR. Beide Dokumente enthielten wesentliche sozialdemokratische Positionen. Gerade die soziale Absicherung bleibe allerdings in dem bekanntgewordenen Entwurf des Staatsvertrages in einer Reihe von Punkten noch offen.

Zur Umstellung der Währung gebe es in der Regierungserklärung de Maizières Klarheit. Der Entwurf des Staatsvertrages lasse hingegen hierzu viele Lücken. Für uns sei es erforderlich, Kohl auf die von ihm geweckten Erwartungen festzunageln. Noch herrsche Unklarheit über die von der Bundesregierung in Aussicht genommenen Zahlungen an die DDR. Es werde über einen Mittelbedarf für das zweite Halbjahr 1990 in Höhe von 40 Milliarden bis 60 Milliarden DM gesprochen. Auch bestehe noch keine Klarheit darüber, wie die Finanzierung erfolgen solle. Auf jeden Fall sei damit zu rechnen, daß Länder und Gemeinden in einem erheblichen Maße herangezogen würden.

Die Haltung der DDR-Koalitionsregierung zu den Artikeln 23 und 146 GG, insbesondere mit der von Richard Schröder erwähnten Ergänzung, entspreche dem, was in den Beschlüssen unserer Partei festgehalten worden sei. Als erfreulich bezeichnete er es, daß der Umweltschutz und die Arbeit als Staatsziele beschrieben worden seien.

Hans-Jochen Vogel schlug vor, zu folgenden Punkten eine gemeinsame Linie festzulegen:

– Behandlung der polnischen Westgrenze in beiden Parlamenten
– Planungen zum 17. Juni
– Kooperation zwischen beiden Parteien und Fraktionen zur Behandlung des Staatsvertrages
– Zusammenarbeit bei der Bildung der neuen Länder in der DDR und
– die Entwicklung von Vorstellungen zum Zusammenwachsen der beiden Parteien.

Diskussion

»Herta Däubler-Gmelin regte an, heute den Weg abzustecken, auf dem die SPD die wichtigsten ihrer inhaltlichen Verfahrensüberlegungen zum deutschen Einigungsprozeß vor der endgültigen staatsrechtlichen Einheit durchsetzen wolle. Neben inhaltlichen Fragen, wie z. B. § 218 u. a., gehe es um die partnerschaftliche Erarbeitung der gesamtdeutschen Verfassung auf der Grundlage des Grundgesetzes und die Klarheit, daß sie vor den ersten gesamtdeutschen Wahlen in einer Volksabstimmung von der Bevölkerung beschlossen werden muß. Mit der Neukonstituierung sollten in der neuen gesamtdeutschen Verfassung nicht nur Präambel, Art. 23, Art. 146 verändert werden, sondern auch die Staatsziele erweitert und andere sozialdemokratische Forderungen diskutiert werden. Sie regte an, diese Punkte in zwischenstaatliche Vereinbarungen aufzunehmen, entweder durch Erweiterung des Währungs-, Wirtschafts-,

Sozialunion-Vertrages oder durch einen zweiten Vertrag, auf dessen Notwendigkeit im ersten Staatsvertrag dann allerdings Bezug genommen müßte.«

Angelika Barbe stellte die Frage, ob unsere Parteien in der Lage seien, als Alternative einen eigenen Staatsvertrag auszuarbeiten, um damit eine bessere Argumentationsgrundlage zu haben.

Oskar Lafontaine erinnerte an seine Auffassung vom Begriff der Einheit. Es gehe nicht um die Wiederherstellung des Nationalstaates, sondern um die gesellschaftliche Einheit, die allerdings erst in einem Jahre dauernden Prozeß hergestellt werden könne. Bei der Entscheidung über die Herstellung der Währungs-, Wirtschafts- und Sozialunion sei es gerade seine Aufgabe als Kanzlerkandidat, darauf zu achten, daß dieser Prozeß nicht gegen die Interessen der Bürger hier laufe. Hier bestehe der Eindruck, daß die Bevölkerung bisher nicht beteiligt war. Auch stelle er fest, daß die Forderung nach einem Umtauschkurs von 1:1 nicht populär sei. Im Hinblick auf die soziale Entwicklung sei das hohe Tempo der Einigung schädlich. Die schlagartige Ausweitung der DM auf die DDR werde viele Betriebe in der DDR in größte Schwierigkeiten bringen. Im Koalitionsvertrag und in dem vorliegenden Entwurf des Staatsvertrages sei als Tag der Umstellung der 1.7.1990 festgeschrieben. Es sei schwer vorstellbar, wie die erforderlichen Strukturen bis zu diesem Zeitpunkt geschaffen werden sollen. Als Stichwort nannte er Krankenkassen und Finanzverwaltungen. Sozialpolitische Verwerfungen seien nicht zu vermeiden, und unklar bleibe, was der Bevölkerung der Bundesrepublik zugemutet werde. Richard Schröder stellte fest, dies sehe aus Sicht der DDR anders aus. Jetzt gebe es Schwarzhandel, jetzt herrsche das Chaos. Mit der Einführung der DM würde ein Neubeginn gesetzt.

Die Handlungsweise der Bundesregierung gegenüber Parlament und Bevölkerung bezeichnete Willy Brandt als einen Skandal, der von den Medien nicht aufgegriffen werde. Die Folge sei auch ein unverantwortlicher Umgang mit öffentlichen Mitteln. Das ständig neue Ankündigen von Schritten und Maßnahmen führe zu einer Verschleuderung von Geldern. Willy Brandt riet dazu, die Auseinandersetzung über die Frage des Nationalstaates auf das zu begrenzen, was notwendig ist. Die Bundesrepublik sei als Mitgliedsland der EG kein Nationalstaat im alten Sinne mehr. Gegenwärtig finde der Prozeß der Umformung im europäischen Rahmen statt. Zur Sicherheitsfrage sagte Willy Brandt, die Bundesrepublik müsse »bekloppt sein«, wenn sie jetzt aus der NATO austreten wollte. Jetzt gelte es, erst einmal zu sehen, was die anderen wollen und wie die neuen Daten für die Sicherheitspolitik dann aussehen. Das Zusammenführen der beiden Parteien hänge mit der Anberaumung der ersten gemeinsamen Wahl zusammen. Willy Brandt sprach sich dafür aus, in absehbarer Zeit eine gemeinsame Arbeitsgruppe aus beiden Parteien einzurichten, die eine Verschmelzung vorbereitet.

Karl-August Kamilli erinnerte an seine Ablehnung der Koalition in der DDR. Durch das Eingreifen der westlichen Parteien sei der totalitäre Charakter der CDU und der PDS der DDR verschleiert worden. Ihm sei die Ost-CDU unsympathischer als die DSU. In der jetzigen Phase der Vereinigung dürften die Sozialdemokraten in der Bundesrepublik nicht als Bremser dastehen. Die Einführung der DM und die Vereinigung müsse bald erfolgen.

Die Haltung beider Parteien zum Staatsvertrag, so betonte Horst Ehmke, sei von weittragender Bedeutung. Es sei für ihn nicht vorstellbar, daß die Sozialdemokraten in der Bundesrepublik anders votierten als in der DDR. Allerdings, was bei uns schwerfalle, sei in der Regel gut für die DDR. Bei Zustimmung zum Staatsvertrag sei die Einsetzung eines parlamentarischen Ausschusses zur deutschen Einheit, wie er jetzt in der DDR geplant sei, auch hier zu fordern. Bedenken äußerte Horst Ehmke dagegen, verfassungsrechtliche Fragen in den Staatsvertrag über die Währungsreform aufzunehmen. Ferner erläuterte er die Verabredung mit Markus Meckel über den Wortlaut der gleichlautenden Anträge der SPD in der Volkskammer und im Bundestag zur polnischen Westgrenze.

Manfred Becker vertrat die Auffassung, daß manche Reden westdeutscher Sozialdemokraten, die an die Bevölkerung der Bundesrepublik gerichtet seien, sich kontraproduktiv für die Sozialdemokraten in der DDR auswirkten. Dies müsse bei allen Meinungsäußerungen bedacht werden. Deshalb sei ein hoher Abstimmungsbedarf zwischen beiden Parteien gegeben.

Harald B. Schäfer sah die Gefahr, daß bei dem notwendigen Handeln die ökologischen Notwendigkeiten auf der Strecke bleiben. Dieser Punkt tauche weder im Staatsvertrag noch in den Koalitionsvereinbarungen in ausreichendem Maße auf. Es seien direkte Schritte zur ökologischen Wirtschaft in der DDR nötig. Gefragt wurde von ihm nach der Haltung der SPD zu den Kernkraftwerken Greifswald und Stendal.

Gottfried Timm stellte fest, der Entwurf des Staatsvertrages werde im Ergebnis als der Schritt zur Einheit gesehen, ein Schritt, der sofort gegangen werden müsse. Dem werde sich kaum jemand widersetzen.

Als schockierend bezeichnete Ingrid Matthäus-Maier die Zusammenarbeit mit der DSU und die Zuordnung des Innenministeriums an diese Partei. Als umgehend erforderlich wurde von ihr die schnelle Herbeiführung der Währungs-, Wirtschafts- und Sozialunion bezeichnet, die selbstverständlich damit gepaart sei, daß die DDR in einer Reihe von Sektoren ihre Souveränität aufgeben müsse. Gewarnt wurde von ihr vor einer ausufernden Form von Übertragungen von Eigentumsanteilen an Betrieben an DDR-Bürger, denn der Staat und die Betriebe dürften für die schwierige Übergangsphase nicht die Möglichkeiten zur Finanzierung der notwendigen Betriebsmittel verlieren.

Wolfgang Thierse sagte, die DDR-SPD habe zu keinem Zeitpunkt die Chance gehabt, das Innenministerium zu bekommen. Spekulationen, Meckel habe darauf verzichtet, um Außenminister zu werden, seien falsch. Er verstehe den von Oskar Lafontaine beschriebenen Interessengegensatz zwischen Bürgern der DDR und der SPD. Durch die SPD in der Bundesrepublik dürfe jedoch nicht der 1. Juli als Datum der Umstellung in Frage gestellt werden. Die SPD dürfe nicht als Bremser erscheinen, sonst verliere sie auf lange Zeit ihre Chancen in Ost und West.

Anke Fuchs sprach sich dafür aus, Kohl daran zu hindern, ausschließlich die Länder und Gemeinden sowie die Versicherungsträger zur Finanzierung der neuen Aufgaben in der DDR heranzuziehen. Ferner schlug sie vor, zu prüfen, was durch Sozialdemokraten an Forderungen zur Ergänzung des Grundgesetzes für den neuen Staat einzubringen sei. Anke Fuchs schlug eine enge Verzahnung beider Parteien im organisationspolitischen Bereich vor. So sei es denkbar, bereits jetzt die Mitgliederadressverwaltung gemeinsam vorzunehmen und eine direkte Verbindung unseres Parteivorstandes zu den Bezirken der SPD in der DDR herzustellen. Beide Parteien müßten sich schon jetzt auf die gesamtdeutschen Wahlen einstellen.

Henning Voscherau konnte keine durchgängige Interessenkollision zwischen den Bürgern in der DDR und der Bundesrepublik feststellen. Der Umstand, daß Kohl fast allein agieren könne, hinge auch damit zusammen, daß sich die sozialdemokratischen Ministerpräsidenten gegenüber dem Bundeskanzler bei ihren Zusammenkünften nicht durchgesetzt hätten. Deshalb sei eine Initiative der sozialdemokratischen Ministerpräsidenten unter Führung von Oskar Lafontaine erforderlich. Zu den Zielsetzungen des Staatsvertrages, insbesondere zur schnellsten Einführung der Währungsunion, gebe es, so wie die Sache jetzt laufe, keine Alternative.

Die Opferbereitschaft für die Einheit, so stellte Stephan Hilsberg fest, sei bei den Bürgern der DDR höher als in der Bundesrepublik. Forderungen nach der Qualität des Einigungsprozesses seien verständlich, eine Verschiebung des Zeitpunktes widerspreche jedoch den Interessen der Menschen in der DDR. In der Frage der Zusammenarbeit der Parteien, so betonte er, sollte nichts überstürzt werden. Anzustreben sei eine Föderation beider Parteien. Unterschiedliche Strukturen werde es auch nach der Vereinigung geben.

Rudolf Dreßler wies auf zahlreiche Formulierungen des Entwurfs des Staatsvertrages hin, in denen der Sozialismus auch in der Ausprägung, die in weiten Teilen unserer Partei Zustimmung finde, verdammt werde. Dies sei Sprengstoff für unsere Partei. Erforderlich sei in den nächsten vier Wochen eine ausschließliche Konzentration auf diesen Staatsvertrag. Über die uns alle tiefgreifend berührenden sicherheitspolitischen Aspekte könne zu einem späteren Zeitpunkt verhandelt werden. Notwendig sei ein gemeinsames Vorgehen beider Parteien, um eine sozialpolitische Rückentwicklung infolge des Staatsvertrages zu vermeiden. Rudolf Dreßler wies darauf hin, daß die Bundesregierung ausschließlich CDU-Beamte als Berater für die DDR-Minister entsende. Hier müsse durch unsere Partei gegengehalten werden. Die Sozialunion müsse vor oder zeitgleich mit der Währungsunion in Kraft gesetzt werden.

Auch Egon Bahr unterstrich, daß es kein unterschiedliches Abstimmungsverhalten der beiden Parteien zu dem Staatsvertrag geben könne. Wenn die Freunde in der DDR dem Vertrag zustimmten, werde die SPD in der Bundesrepublik ihn nicht ablehnen. Egon Bahr regte an, daß die SPD in der DDR nun die Chancengleichheit auf die Tagesordnung setze. Er wies auf die höchst unterschiedliche Ausstattung der alten und neuen Parteien in der DDR hin. Außerdem forderte er konkrete Schritte beider Parteien zu ihrer Vereinigung.

Christoph Matschie stellte fest, in jedem Falle müsse es, wenn der Termin 1. Juli nicht eingehalten werden könne, einen Zwischenschritt geben, um DM für den Urlaub bereitzustellen. Bei dem jetzt laufenden Tempo sei klar, daß Arbeitslosigkeit nicht verhindert werden könne. Erforderlich sei eine sozial verantwortlich gestaltete Umstellung. Sonst besteht die Gefahr eines Anwachsens der Rechtsradikalen und der PDS in der DDR.

Den Ministern der SPD in der DDR müsse klar sein, so betonte Wolfgang Roth, daß ihnen mit ihren westlichen Partnern Wahlkampfprofis gegenübersäßen, die bei den Verhandlungen nur den eigenen Wahlerfolg vor Augen hätten. Gerade deshalb sei eine enge Kooperation unter den Sozialdemokraten in beiden Staaten erforderlich. Das beschworene Chaos laufe schon seit November, es könne nur durch die rasche Einführung der DM beendet werden.

Martin Gutzeit konzedierte Interessengegensätze zwischen der Bevölkerung der Bundesrepublik und der DDR. Als erforderlich bezeichnete er in den nächsten 14 Tagen einen intensiven Meinungsaustausch über den Entwurf des Staatsvertrages.

Besorgt zeigte sich Dietrich Stobbe über den Gang der Diskussion in der Sitzung, denn in den vergangenen Wochen habe sich gezeigt, daß die Zusammenarbeit zwischen der SPD West und SPD Ost sehr gut möglich sei. Dies belege auch die Koalitionsvereinbarung, die Eingang in die Regierungserklärung gefunden habe. Der jetzt vorliegende Staatsvertrag sei der Kern der inneren Einheit. Deshalb müßten sich beide Parteien darauf konzentrieren und gemeinsame Vorstellungen entwickeln. Ein getrenntes Vorgehen werde der SPD jede Chance bei gesamtdeutschen Wahlen entziehen.

Dem stimmte Walter Momper zu. Er betonte, er sehe keine substantielle Kritik an dem Staatsvertrag. Behutsamkeit sei angebracht, sozialpolitische Absicherungen seien zu fordern, der Schutz für die Betriebe in der DDR sei festzuschreiben. Zur Finanzierung der Umstellungen sei hier in der Bundesrepublik die Forderung zu erheben, aus der Rüstung Geld abzuziehen und die geplante Unternehmenssteuerreform abzusetzen. Nicht weiter festgehalten werden dürfe, so betonte Walter Momper, an der Fiktion der Unabhängigkeit der Partei in der DDR. Es seien wechselseitig legitimierte Vertreter in die Vorstände zu entsenden, um recht bald einer Vereinigung nahezukommen.

Christine Lucyga bedauerte, daß durch das schnelle Tempo der Umstellung bei der Währungsunion Leute begünstigt würden, die bislang als Funktionsträger des Staates höhere Einnahmen erzielt hätten.

Renate Schmidt stellte die Frage, inwieweit durch die Koalitionsvereinbarung sichergestellt sei, daß die Vorstellungen der Sozialdemokraten zum § 218, zur Unterstützung der Alleinerziehung und zur Kindergeldregelung verwirklicht würden. Die bisherigen Vereinbarungen in der DDR seien nichtssagend und von »erhabener Allgemeinheit«.

Brigitte Schulte hob hervor, die de-Maizière-Regierungserklärung vertrage sich nicht mit den Vorstellungen, die Kohl im Staatsvertrag niedergelegt habe. Gerade mit Blick auf die Wahlen am 6. und 13. Mai müsse der Dissens zwischen den Regierungen der Bundesrepublik und der DDR deutlich gemacht werden.

Inge Wettig-Danielmeier schloß sich der Beurteilung von Rudolf Dreßler und Renate Schmidt zu dem Staatsvertrag bzw. zur Koalitionsvereinbarung an. Sie sprach sich dafür aus, der Verwirklichung der Sozialunion Priorität einzuräumen. Als erforderlich bezeichnete sie es, beide Parteien zu verzahnen, um frühzeitig auf die ersten gesamtdeutschen Wahlen vorbereitet zu sein.

»Herta Däubler-Gmelin erklärte, sie sei befriedigt darüber, daß die Diskussion Einigkeit darüber ergeben habe, daß die von ihr genannten Punkte vereinbart werden müßten. Sie sei damit einverstanden, dafür einen 2. Staatsvertrag vorzusehen und auf diesen im 1. Staatsvertrag Bezug zu nehmen.«

Richard Schröder unterstrich, im Einigungsprozeß sei es jetzt von größter Bedeutung, daß die DM eingeführt werde. Natürlich verursache dies zunächst ein Chaos. Dies bedeute einen Sprung ins kalte Wasser. Die negativen Folgen dieses Vorganges würden jedoch recht bald überwunden sein. Die Mehrzahl der Menschen sei auch bereit, solche Folgen zunächst auf sich zu nehmen. Die Arbeiter seien bereit, eine Durststrecke zu gehen. Die Dynamik der DM sei auch erforderlich gegen die Agitation der PDS, die es bis jetzt geschickt zu nutzen wisse, vorhandene Schwierigkeiten insbesondere gegen die SPD zu wenden. Die DDR brauche den Akt der Einführung der DM, der die erforderlichen Initiativen freisetze. Das Privatisierungsprogramm für Betriebe in der DDR, die Übertragung von Eigentumsanteilen an die Mitarbeiter wurde von Richard Schröder nachdrücklich verteidigt. Das Programm stelle auch ein Stück Selbstwertgefühl für die DDR-Bevölkerung dar. Er sprach die Hoffnung aus, daß der Einigungsprozeß nicht zu sehr von den Wahlkampferfordernissen beeinträchtigt werde. Ferner wies er darauf hin, daß der von Bonn vorgelegte Staatsvertrag in vielen Punkten nicht dem Koalitionsvertrag und der Regierungserklärung von de Maizière entspreche. Als übertrieben bezeichnete er die Besorgnisse der SPD in der Bundesrepublik gegenüber der Wirkungsweise von CDU-Beamten aus der Bundesrepublik in der DDR.

Hans-Jochen Vogel rief die Entschließung zur Abstimmung auf. Die Entschließung wurde mit einigen Ergänzungen vom Präsidium und vom Geschäftsführenden Fraktionsvorstand einstimmig gebilligt. Ferner stellte Hans-Jochen Vogel die Zustimmung des Geschäftsführenden Vorstandes und die zustimmende Kenntnisnahme des Präsidiums zur Einbringung eines Antrages im Bundestag mit dem Ziel der parlamentarischen Mitwirkung am Einigungsprozeß fest.

Die Ergebnisse der Diskussion faßte Hans-Jochen Vogel wie folgt zusammen:

1. Es herrsche Übereinstimmung in der Auffassung, daß die Phase, in der es möglich gewesen wäre, über feste Wechselkurse zwischen der DM und der Mark Ost einen geordneten Übergang in ein neues System zu finden, nicht mehr herstellbar ist. Dieses Kapitel sei endgültig abgeschlossen. Einen Schritt zurück gebe es nicht mehr.
  Dazu merkte Oskar Lafontaine an, daß unter bestimmten Bedingungen auch ein anderes Handeln möglich gewesen wäre.
2. Weiter habe er in der Diskussion den Eindruck gewonnen, daß zu der vorgesehenen Umstellung der Sparguthaben, der Renten und der Löhne Übereinstimmung bestehe.
  Offen sei es, wie die Umstellung der Schulden geregelt werden müsse.

3. Beiden Seiten, beiden Parteien sei klar, daß die Entscheidung über die Frage des Ja oder Nein zum Staatsvertrag über die Einführung der Währungs-, Wirtschafts- und Sozialunion uns vor die schwierigste Aufgabe der letzten Jahre stelle. Sie werde weit über den Zeitpunkt der Entscheidung hinaus von größter Bedeutung sein. Hans-Jochen Vogel kündigte an, daß Anfang Juni in einer Sitzung in gleicher oder ähnlicher Besetzung hierzu ein Votum für den Parteivorstand, der voll einbezogen werden müsse, vorbereitet werden müsse.

Die Tendenz in der SPD in der DDR, dem Staatsvertrag zuzustimmen, sei eindeutig. Diese Zustimmungstendenz werde verbunden mit der Forderung nach sozialer Sicherung und Vermeidung sozialer Brüche. In der SPD in der Bundesrepublik Deutschland herrsche gegenwärtig die Meinung vor, es müsse mehr Zeit und mehr Sorgfalt darauf verwandt werden, die erforderlichen Schutzmaßnahmen und die Regelung der sozialen Sicherungen vorzubereiten. In der Bundesrepublik bestehe Klarheit darüber, daß auch die Realisierung eines sozialdemokratischen Konzeptes der Vereinigung Geld koste. Für uns entscheidend sei es, wer das Geld aufbringe und für was es verwandt werde. Diese Diskussion könne hier in der Bundesrepublik dazu führen, daß uns die Antwort auf die Haltung zu dem Staatsvertrag noch schwieriger wird. Hans-Jochen Vogel sagte, er werde alles dafür tun, daß beide Parteien zu übereinstimmenden Voten in diesem Punkte kommen.

4. Die Vorschläge von Herta Däubler-Gmelin, in den Staatsvertrag oder in einer Präambel dazu unsere Forderungen zu den Punkten Neuwahlen des gemeinsamen deutschen Parlamentes, Volksabstimmungen zur Vereinigung, Ergänzung der Verfassung und Einrichtung eines gesamtdeutschen Ausschusses beider Parlamente zur Vorbereitung der Vereinigung mit einzubeziehen, wurden von Hans-Jochen Vogel begrüßt. Er stellte fest, daß diese Vorschläge zum Teil bereits in der verabschiedeten Entschließung aufgenommen seien.

5. Beachtung finden müßten, so betonte Hans-Jochen Vogel, die Warnungen von Rudolf Dreßler. Ein Staatsvertrag, dessen Formulierungen das sozialdemokratische Grundverständnis in Frage stellen, könne er nicht akzeptieren. Hans-Jochen Vogel warnte vor Bestrebungen der Regierung, ihre Ideologie in den Rang der Verfassung zu erheben.

6. Für die erforderlichen schnellen Abstimmungsprozesse zwischen beiden Parteiführungen in den nächsten Wochen schlug Hans-Jochen Vogel die sofortige Benennung von kompetenten Vertretern beider Parteien vor. Verantwortliche seien zu benennen zu den Themen Finanz-, Sozial-, Wirtschafts-, Rechts-, Ökologie- und Frauenpolitik. Er teilte mit, daß er selbst in Zusammenarbeit mit Dieter Stobbe und Gerhard Jahn und bei Zuarbeit von Walter Zöller die Koordinierung dieser Aufgabe übernehmen werde. Oskar Lafontaine sei aufgrund seiner Funktion in diesen Prozeß voll eingebunden. Von großer Bedeutung sei, daß die Minister der SPD in der DDR in diesen Prozeß ebenfalls eingebunden seien.

Richard Schröder teilte mit, die Vertreter der SPD der DDR würden am Dienstag benannt. Er selbst sei mit Martin Gutzeit der zuständige Ansprechpartner für Hans-Jochen Vogel.

Für das Feld der Außenpolitik wurden als Ansprechpartner Horst Ehmke, Markus Meckel und Hans Misselwitz benannt.

Als erforderlich bezeichnete es Hans-Jochen Vogel, für die Verzahnung der Länder bzw. für deren Neubildung in der DDR ebenfalls Koordinatoren festzustellen.

7. Hans-Jochen Vogel wies darauf hin, daß die Union in der Bundesrepublik gegenwärtig hochrangige Berater in die Ministerien der DDR entsende. Er bot an, für die von der SPD in der DDR gestellten Minister ebenfalls Experten zu benennen. Ferner wies er darauf hin, daß die CDU hier Beamte für einen Einsatz in der DDR auswählt. Er stellte fest, Gerhard Jahn und Anke Fuchs seien in der Lage, über Betriebsgruppen der Partei uns nahestehende Beamte für solche Einsätze vorzuschlagen.

8. Begrüßt wurde von Hans-Jochen Vogel der Bericht von Horst Ehmke über die Vorbereitung eines gemeinsamen Antrages der SPD in der Volkskammer und im Bundestag zur Frage der polnischen Westgrenze.

9. Hans-Jochen Vogel forderte die Vertreter der SPD in der DDR auf, Vorschläge zur Gestaltung des 17. Juni zu machen. Bedenken äußerte er gegen eine Sitzung im Reichstagsgebäude.

10. Als notwendig bezeichnete Hans-Jochen Vogel die weitere Diskussion über den Prozeß der Vereinigung der beiden Parteien. Er kündigte an, nach der Neuwahl eines Parteivorsitzenden in der DDR werde er mit diesem über die Vorbereitung der Vereinigung sprechen. Es sei denkbar, daß danach von beiden Parteien eine kleine Gruppe eingerichtet werde. Für unsere Partei sei es von Bedeutung, bei dem nächsten Ordentlichen Parteitag im Frühjahr 1991 eine Vorgabe machen zu können. Die organisationspolitische Zusammenarbeit müsse unter der Verantwortung der Geschäftsführer beider Parteien bereits jetzt intensiviert und konkret ausgeformt werden.

11. Besorgt hingewiesen wurde von Hans-Jochen Vogel auf die Tatsache, daß über die Fragen des Vereinigungsprozesses sich in der Öffentlichkeit, neben den Politikern, nur Wirtschafts- und Finanzexperten äußerten. Es sei bedauerlich, daß von den Intellektuellen, von Künstlern kaum Meinungsäußerungen zu hören seien.

TOP 2: Deutschland im Übergang zu einer europäischen Friedensordnung

Zu Beginn dieses Tagesordnungspunktes hatte die Mehrzahl der Vertreter der DDR-SPD die Sitzung wegen ihrer Rückkehr nach Berlin verlassen.

Horst Ehmke erläuterte den Entwurf zu dem Positionspapier »Von der Konfrontation der Blöcke zu einem europäischen Sicherheitssystem«. Dieses Papier sei in seiner Fassung vom 20. März zur Grundlage der Koalitionsvereinbarungen in der DDR zu Fragen der Sicherheitspolitik geworden. Es diene dazu, die Positionen unserer Partei zu Beginn der »2 plus 4« – Verhandlungen und des weiteren KSZE-Prozesses festzulegen.

Heidi Wieczorek-Zeul erläuterte den von ihr vorgelegten Entschließungsentwurf. Gerade in der zentralen Frage der Haltung zur NATO sei, so betonte sie, jetzt eine grundsätzliche Weichenstellung erforderlich. Dies mache eine Grundsatzdebatte und eine Entscheidung notwendig. Sie wies darauf hin, daß ihr Papier über die zwei + vier-Verhandlungen und die KSZE-Verhandlungen in Wien hinausgehe und eine Alternative zur Integration in der NATO biete.

In der Aussprache bezeichnete Egon Bahr das Thema zwar nicht als vordringlich, langfristig werde es jedoch möglicherweise weiterreichende Bedeutung haben als die jetzige Entscheidung über die Währungs- und Wirtschaftsunion. Es sei ein neues sicherheitspolitisches Ziel zu definieren, das in absehbarer Zeit verwirklicht werden müsse. Auch deshalb sei von der NATO auszugehen. Er unterstützte den Vorschlag von Horst Ehmke. Es dürfe kein neues Provisorium akzeptiert werden.

Oskar Lafontaine sah den Konflikt zwischen beiden Positionen nicht so groß, wie er zunächst scheine. Einigkeit bestehe darüber, daß ein europäisches Sicherheitssystem geschaffen werden müsse. Er erinnerte daran, daß er sich Anfang der 80er Jahre gegen die Integration in der NATO gewandt habe. Unter den veränderten Bedingungen habe man jedoch weiterdenken müssen. Dies habe ihn dazu geführt, daß es jetzt nicht die Forderung geben könne, aus der NATO auszuscheren. Eine Weiterentwicklung sei erforderlich.

Brigitte Schulte sagte, für sie sei der entscheidende Punkt, ob langfristig die europäische Sicherheit mit oder ohne die USA gedacht werde. Für sie sei nur ein Modell mit Beteiligung der USA denkbar. Dabei werde die NATO in einer geänderten Form für eine lange Übergangszeit bis zur Schaffung eines Sicherheitssystems in der KSZE erforderlich sein.

Hans-Jochen Vogel stellte fest, beide Papiere gingen von zwei Phasen aus. Während die Vorschläge der Arbeitsgruppe von Horst Ehmke mehr den Zeitpunkt des Überganges behandelten, ziele der Vorschlag von Heidi Wieczorek-Zeul mehr auf den anzustrebenden endgültigen Zustand. Dies müsse bei der weiteren Diskussion der Papiere berücksichtigt werden. Allerdings sei es womöglich eine Überforderung, bereits jetzt unsere Antwort für die Endphase im Detail zu formulieren. Das Papier von Heidi Wieczorek-Zeul sei als eine Hilfe zu betrachten. Hans-Jochen Vogel sprach sich jedoch dafür aus, zur Grundlage der weiteren Beratungen den Vorschlag von Horst Ehmke zu bestimmen.

Heidi Wieczorek-Zeul stellte fest, ihr zentraler Punkt sei nicht ein Raus aus der NATO, sondern die Fixierung der europäischen Sicherheitspolitik im gesamteuropäischen Maßstab.

Hans-Jochen Vogel stellte die Frage der Beratungsgrundlage zur Abstimmung. In getrennten Abstimmungen sprachen sich die Mitglieder des Präsidiums und des Geschäftsführenden Vorstandes mit Mehrheit für das Ehmke-Papier als Beratungsgrundlage aus.

Sodann traten Präsidium und Geschäftsführender Vorstand in die abschnittsweise Beratung ein. Es kam zu einer Reihe von Einzelabstimmungen.

Der Antrag von Heidi Wieczorek-Zeul, den Text ihrer Entschließung zum Punkt 2 Europäischer Bundesstaat aufzunehmen, wurde in getrennten Abstimmungen vom Präsidium und dem Geschäftsführenden Fraktionsvorstand abgelehnt.

Der Antrag von Heidi Wieczorek-Zeul, den Punkt 6 der Vorlage aus dem Ehmke-Papier an die letzte Stelle zu setzen und die Punkte 7 und 8 vorzuziehen, wurde von den Mitgliedern des Präsidiums gebilligt und von den Mitgliedern des Geschäftsführenden Vorstandes abgelehnt.

Auf Ablehnung beider Gremien stießen die Anträge von Heidi Wieczorek-Zeul, von der Seite 6 ihres Papieres die Einleitung und den ersten und den zweiten Spiegelstrich zu übernehmen.

Ein Antrag von Egon Bahr, in den letzten Satz die Worte »nicht-strategische Nuklearwaffen« aufzunehmen, wurde ebenfalls von beiden Gremien abgelehnt.

Der Antrag von Harald B. Schäfer, den vorletzten Absatz auf der Seite 8 zu streichen, fand die Zustimmung der Mitglieder des Präsidiums, wurde jedoch von den Mitgliedern des Geschäftsführenden Vorstandes abgelehnt.

In der Schlußabstimmung wurde das Papier in der geänderten Form von den Mitgliedern des Präsidiums, bei einer Gegenstimme und einer Stimmenthaltung, und von den Mitgliedern des Geschäftsführenden Vorstandes in der Fassung des Geschäftsführenden Vorstandes, bei drei Stimmenthaltungen, gebilligt.

Hans-Jochen Vogel bat Horst Ehmke und Heidi Wieczorek-Zeul, für eine der nächsten Sitzungen des Präsidiums und des Geschäftsführenden Vorstandes einen Vorschlag dazu zu entwickeln, in welchem Rahmen die längerfristigen Zielsetzungen der SPD zur europäischen Friedensordnung, zu den europäischen Sicherheitsstrukturen, der Einordnung der Sicherheitspolitik in die Vereinigten Staaten von Europa ausgearbeitet werden können.

Dokument Nr. 41
Positionspapier der SPD zu den sicherheitspolitischen Aspekten der Einigung Deutschlands im Rahmen der Europäischen Integration, 25. April 1990

Presseservice der SPD, ohne Nr., 25. April 1990

Positionspapier der SPD zu den sicherheitspolitischen Aspekten der Einigung Deutschlands im Rahmen der Europäischen Integration

<u>Von der Konfrontation der Blöcke zu einem Europäischen Sicherheitssystem:</u>

Zu der Diskussion über die sicherheitspolitischen Aspekte der Einigung Deutschlands und Europas nimmt die SPD wie folgt Stellung:

1. <u>Die Lage</u>

Durch die Demokratisierungsprozesse in Mittel- und Osteuropa und die Öffnung der

Grenzen auch für die Deutschen hat sich die sicherheitspolitische Lage Europas grundlegend verändert:

- Die kommunistischen Systeme in Mittel- und Osteuropa sind zusammengebrochen; die Länder demokratisieren sich und suchen die Zusammenarbeit mit dem Westen. Sie stellen keine Bedrohung mehr dar und definieren ihre Sicherheitsinteressen selbst. Die Sowjetunion befindet sich in einem tiefgehenden Reformprozeß. Sie ist heute für die Mitgliedsstaaten der NATO weniger eine Bedrohung als zuvor.
- Die Warschauer Vertrags-Organisation büßt ihre militärische Funktionsfähigkeit mehr und mehr ein.
- Der Prozeß der deutschen Einigung führt einen Mitgliedsstaat der NATO und einen der WVO zusammen.
- Grundelemente der bisherigen westlichen Strategie, wie Vorneverteidigung, Flexible Response und nuklearer Ersteinsatz haben ihre Glaubwürdigkeit verloren. Für die NATO stellt sich die Frage, welche Folgen sie daraus zieht.

2. Das Ziel

Als Teil einer Europäischen Friedensordnung steht jetzt ein Europäisches Sicherheitssystem auf der Tagesordnung, das die Blöcke ersetzt. Die Bündnisse sind in ihrer bisherigen Form überholt. Sie müssen den Übergang zu einem Europäischen Sicherheitssystem mitorganisieren. Spätestens mit einem Europäischen Sicherheitssystem werden die Vorbehaltsrechte der Siegermächte des Zweiten Weltkrieges in Bezug auf Deutschland vollständig abgelöst.

3. Kräfte der Veränderung

Beim Aufbau eines Europäischen Sicherheitssystems geht es nicht um eine völlig neue Aufgabe. Europa kann an bisherige Entwicklungen der sicherheitspolitischen Kooperation zwischen Ost und West – zwischen den Bündnissen wie im KSZE-Rahmen – anknüpfen. Dazu gehören insbesondere:

- die Ergebnisse der Stockholmer Konferenz über Vertrauensbildung, mit denen Ost und West die Gefahr von Überraschungsangriffen reduziert und Transparenz für militärische Aktivitäten eingeführt haben;
- der INF-Vertrag, der über die Abrüstung hinaus ein neues amerikanisch-sowjetisches Verhältnis in Nuklearfragen eingeleitet und beide Länder sowie NATO und Warschauer Vertrag für internationale Kontrollen geöffnet hat;
- das Mandat für die Wiener Verhandlungen über konventionelle Abrüstung, das die Zustimmung beider Bündnisse zum Konzept der strukturellen Angriffsunfähigkeit sowie die Bereitschaft zum Abbau militärischer Asymmetrien enthält, und der Fortschritt dieser Verhandlungen;
- das sowjetische-amerikanische Einvernehmen zu einer drastischen Reduzierung

ihrer in Europa stationierten Truppen, durch das ein Einstieg in die Abrüstung auch der anderen in Europa vorhandenen Streitkräfte erleichtert wird;
– die auf dem Gipfeltreffen in Malta erreichte amerikanisch-sowjetische Verständigung darüber, daß beide Mächte füreinander nicht mehr Gegner sind, und die sich abzeichnende Einigung bei den START-Verhandlungen;
– die in den Vereinigten Staaten, Belgien und anderen NATO-Ländern stattfindende Diskussion über die Verringerung der außerhalb ihrer Grenzen stationierten Streitkräfte;
– die sowjetischen Vereinbarungen mit Ungarn und der CSFR über den Abzug der sowjetischen Truppen.

Noch weiter entwickelt sind Formen des wirtschaftlichen, politischen und rechtlichen Zusammenwachsen Europas:

– Die Europäische Gemeinschaft entwickelt sich in zunehmendem Maße zum Kern einer gesamteuropäischen Kooperation. Alle europäischen Staaten, einschließlich der UdSSR, wünschen eine enge Kooperation mit der EG und sind zum Teil daran interessiert, die EG-Mitgliedschaft zu erwerben. Der von uns angestrebten Fortentwicklung der EG zu einer Europäischen Politischen Union als Ausgangspunkt für die Schaffung der Vereinigten Staaten von Europa kommt für die Europäische Friedensordnung eine den Bereich der Sicherheitspolitik weit überschreitende grundsätzliche politische Bedeutung zu.
– Der Europarat weitet sich zu einer gesamteuropäischen Institution aus.
– Die Staaten Mittel- und Osteuropas akzeptieren die KSZE-Bestimmungen zu den Menschenrechten nicht nur, sie sind inzwischen dabei, sie zu verwirklichen. Freie Wahlen schaffen einen grundlegenden Wandel. Sie sind Grundlage für die Herausbildung eines einheitlichen europäischen Rechtsraumes.

4. Die notwendigen nächsten Schritte

Auf dem Feld der Sicherheitspolitik reichen die bisherigen Schritte nicht aus. Sie hinken hinter dem immer schneller werdenden Tempo der europäischen Entwicklung her. Angesichts der schnellen Veränderungen müssen die Planungen der Ost-West-Sicherheitskooperation beschleunigt werden. Dazu gehören:

– ein rascher Abschluß der ersten Phase der Wiener Verhandlungen über Konventionelle Abrüstung (Wien I);
– eine Verständigung über den sofortigen Beginn der Verhandlungen von Wien II, die auf der für den Herbst vorgesehenen KSZE-Konferenz erfolgen sollte. Ziel von Wien II muß die weitere drastische Reduzierung der Streitkräfte in Europa und ihre defensive Umstrukturierung sein. Erforderlich ist auch eine Neugestaltung der Wiener Abrüstungsverhandlungen (Wien II). Ihre Fortsetzung kann nicht in der bisherigen, an konfrontativen Strukturen und Bündnissen orientierten Weise erfolgen;
– Abzug aller atomaren Kurzstreckenwaffen mit einer Reichweite bis zu 500 Kilome-

tern unter Einschluß der atomaren Gefechtsfeldwaffen und Verhandlungen über die Abrüstung aller Atomwaffen in Europa, unter Einbeziehung der britischen und französischen Atompotentiale;
– ein weiterer vertraglicher Ausbau Vertrauensbildender Maßnahmen.

5. Die militärpolitischen Konsequenzen

Auf dem Weg zu einem Europäischen Sicherheitssystem müssen die Sowjetunion und die NATO ihre militärischen Strategien und Doktrinen ändern und den neuen Gegebenheiten in Europa anpassen. Die Streitkräfte beider Seiten müssen bei Aufrechterhaltung ihrer Defensivfähigkeit einerseits unfähig zum Angriff und andererseits fähig zur blockübergreifenden Kooperation werden. Dazu gehören weitere einschneidende Reduzierungen.

Wenn die WVO zerfällt und auch die einzelnen WVO-Staaten nicht mehr konfrontativ ausgerichtet sind, muß sich auch die militärische Funktion der NATO, die aus der Ost-West-Konfrontation hervorgegangen ist, verändern. Dazu

– muß die bisherige Strategie der Vorneverteidigung, der Flexible Response und des nuklearen Ersteinsatzes abgelöst, müssen die entsprechenden Einrichtungen beseitigt und muß der Auftrag der Streitkräfte geändert werden;
– muß auf die geplante Modernisierung der nuklearen Kurzstrecken- und Gefechtsfeldwaffen sofort verzichtet werden; das gilt auch für luftgestützte nukleare Abstandswaffen;
– müssen alle nuklearen und chemischen Waffen aus Deutschland abgezogen werden.

Die Bewahrung der Sicherheit durch die Überleitung der Blöcke in ein Europäisches Sicherheitssystem und die Mitwirkung an der Organisation der Abrüstung wird zur zentralen politischen Aufgabe der NATO.

Von der Bundesregierung erfordert die neue Lage kurzfristig:

– eine erhebliche Verringerung des Personalumfanges der Bundeswehr, unter Begleitung durch geeignete Maßnahmen der Rüstungskonversion;
– die Reduzierung der Wehrpflicht auf maximal 12 Monate,
– den Verzicht auf Großmanöver und Mob-Übungen;
– die Einstellung aller Tiefflugübungen, sowie von Luftkampfübungen und Luftbetankungen über bewohntem Gebiet;
– den Stopp von Rüstungsprogrammen wie dem Jäger 90 und anderer Großwaffensysteme.

6. Deutschland im Übergang zu einem Europäischen Sicherheitssystem

a) Solange die beiden deutschen Staaten existieren, bleiben sie Mitglied in ihren Bündnissen. Ihre Beziehungen zueinander werden aber im Sinne der Vertrauensbildung und einer Politik Gemeinsamer Sicherheit modifiziert.

b) Für den wahrscheinlichen Fall, daß sich die beiden deutschen Staaten zu einem Bundesstaat zusammenschließen, bevor ein Europäisches Sicherheitssystem etabliert ist, wird es notwendig, die innerstaatlichen und die völkerrechtlichen Vorgänge zu synchronisieren. Dabei ist es erforderlich, den Rahmen für eine stabile Dauerlösung auf der für Herbst 1990 geplanten KSZE-Konferenz zu vereinbaren und entsprechende Bausteine in Auftrag zu geben (s. unten Ziff. 7 und 8). Gleichzeitig müssen Übergangsregelungen etwa folgender Art vereinbart werden:

– Das vereinigte Deutschland gehört der NATO an, die ihre militärischen Funktionen im obengenannten Sinne ändern muß (Ziff. 5) und sich über das derzeitige Gebiet der Bundesrepublik Deutschland hinaus nicht nach Osten ausdehnen darf: Für das Gebiet der heutigen DDR werden Sonderregelungen in Bezug auf Funktion, Umfang und Bewaffnung der dortigen deutschen Streitkräfte vereinbart. Auf diesem Gebiet werden weder Streitkräfte der NATO noch der Bundeswehr stationiert;
– Während der Übergangszeit bleiben – in schrittweise reduziertem Umfang – amerikanische und andere Bündnistruppen auf dem Boden der heutigen Bundesrepublik, sowjetische auf dem Boden der heutigen DDR stationiert;
– Die vier Mächte bleiben in der Übergangszeit in Berlin.

c) Als Beitrag zur Schaffung eines Europäischen Sicherheitssystems

– verzichtet das geeinte Deutschland völkerrechtlich verbindlich auf die Herstellung und den Besitz von ABC-Waffen einschließlich der spezifischen Trägersysteme und auf die Verfügung über sie;
– wird gleichzeitig mit den amerikanisch-sowjetischen Reduzierungen, die Gegenstand von Wien I sind, die schrittweise Halbierung und defensive Umstrukturierung der deutschen Streitkräfte insgesamt eingeleitet. Die endgültigen Obergrenzen und defensiven Strukturen der Streitkräfte aller Teilnehmerstaaten werden in den Wien-II-Verhandlungen festgelegt und im KSZE-Rahmen verifiziert.

Jede Übergangslösung muß zeitlich befristet sein. Sie darf nicht auf sicherheitspolitische Aspekte der deutschen Einigung beschränkt werden, sondern muß den Aufbau eines Europäischen Sicherheitssystems einleiten. Sie muß nicht nur die Sicherheitsinteressen des Westens und der Sowjetunion berücksichtigen, sondern auch den Sicherheitsinteressen der Länder Mittel- und Osteuropas gerecht werden, die heute parlamentarische Demokratie und nationale Selbständigkeit entwickeln.

7. Zusätzliche Bausteine für ein Europäisches Sicherheitssystem

Parallel zu den Regelungen für Deutschland müssen daher im Rahmen der KSZE zusätzliche Bausteine für ein Gesamteuropäisches Sicherheitssystem geschaffen werden. Dazu gehören:

– eine Verifikationsagentur zur Überprüfung der Vereinbarungen über konventionelle

Abrüstung und militärische Vertrauensbildung,
- ein Krisenmanagement-Zentrum,
- die Schaffung eines Organs zur Streitschlichtung,
- die Schaffung eines Europäischen Sicherheitsrates der Außen- und Verteidigungsminister,
- die Koordinierung der militärischen Luftaufklärung und -überwachung,
- Vereinbarungen über die Kooperation der militärischen Stäbe,
- der Aufbau einer deutsch-polnischen, nach dem Muster der deutsch-französischen Brigade.

8. Grundzüge eines Europäischen Sicherheitssystems

Ziel aller dieser Schritte ist ein Europäisches Sicherheitssystem, in dem die Bündnisse aufgehen, nationale Alleingänge ausgeschlossen sind und in das die Streitkräfte der Teilnehmerstaaten eingebunden werden. Der Geltungsbereich des Europäischen Sicherheitssystems soll sich vom Atlantik bis zum Ural unter Einschluß der angrenzenden Seegebiete und Binnenmeere erstrecken.

Unterbündnisse sollen nicht zugelassen werden.

Mitglieder des Europäischen Sicherheitssystems sollten alle KSZE-Teilnehmerstaaten sein. Mit seinem Aufbau soll in der Mitte Europas begonnen werden, in der heute die Militärpotentiale konzentriert sind, also in der zentraleuropäischen Region, wie sie in Wien definierter Gegenstand der Verhandlungen ist.

Zur Mitgliedschaft gehört:

- die gemeinsame Verpflichtung auf die VN-Charta;
- die Friedenspflicht untereinander und nach außen;
- die Akzeptanz institutioneller Kontrollen im Interesse der Vertrauensbildung;
- die Anerkennung einer obligatorischen Streitschlichtung;
- eine Beistandspflicht.

Für die Streitkräfte der Mitgliedsstaaten werden Obergrenzen festgelegt. Die Streitkräftestrukturen werden defensiv ausgelegt.

Land- und luftgestützte Nuklearwaffen sowie chemische Waffen werden aus Europa verbannt.

Die USA und Kanada, wie die Sowjetunion Mitglieder der KSZE, stellen Streitkräfte im Europäischen Sicherheitssystem zur Verfügung.

Es werden integrierte (multinationale) KSZE-Streitkräfte gebildet.

Dokument Nr. 42
Positionspapier der SPD für den Bundestagsausschuss Deutsche Einheit, 16. Mai 1990

Die SPD im Deutschen Bundestag, Nr. 1058, 16. Mai 1990

Ausschuß »Deutsche Einheit«: Position und Änderungsverlangen der SPD

Für die heutige Sitzung des Ausschusses »Deutsche Einheit« hat die SPD folgendes Positionspapier erarbeitet:

Für die katastrophale Situation der DDR auf wirtschaftlichem und ökologischem Gebiet und für die Vergiftung des gesellschaftlichen Klimas durch die Stasi-Aktivitäten sind die SED/PDS und die mit ihr über 40 Jahre hin verbündeten Blockparteien verantwortlich. Es ist deshalb heuchlerisch, wenn nunmehr die PDS als Kritikerin dieser Situation und der Anstrengungen auftritt, die zur Verbesserung der Verhältnisse unternommen werden.

Bundeskanzler Kohl trägt jedoch seinerseits die Verantwortung für das Verfahren und den beispiellosen Zeitdruck, unter dem der Staatsvertrag zustandekommen soll. Er ist auch dafür verantwortlich, daß die DM abrupt und ohne Schutz- und Umstellungsfristen für die Unternehmen am 1. Juli 1990 in der DDR eingeführt werden soll. Wir haben ein besonneneres Vorgehen vorgeschlagen, das die Menschen einbezieht und Fehler vermeidet, die angesichts der ultimativen Fristsetzung geradezu unvermeidlich erscheinen. Das hätte die Unsicherheit und Ängste unter den Menschen in der DDR wesentlich vermindert und würde auch die Arbeitslosigkeit in der DDR weniger stark ansteigen lassen, als das nunmehr zu erwarten steht. Ebenso hätte das von uns befürwortete Vorgehen auch die Risiken für die DM – etwa für die Zinsentwicklung – verringert. Herr Kohl hat unsere Vorschläge mißachtet, deshalb hat er für diese negativen Auswirkungen einzustehen.

Wir reagieren auf dieses Verfahren der Bundesregierung jedoch nicht mit Verweigerung.

Zusammen mit unserer Schwesterpartei wollen wir die noch bestehenden Möglichkeiten nutzen, um Verbesserungen zu erreichen und die Risiken zu verringern. Dabei geht es jetzt vor allem um folgende Bereiche:

- Um die Wahrung der sozialen Gerechtigkeit und die Verhinderung existentieller Notlagen in der Übergangszeit.
- Um Maßnahmen zur Rettung überlebensfähiger Betriebe.
- Um die Wahrung der ökologischen Belange.
- Um Klarheit über die Höhe der von der Bundesrepublik zu erbringenden Leistungen und darüber, wie sie finanziert werden sollen.
- Um den Ausschluß von Stasi- und SED-Geldern vom Umtausch und um die Verhinderung von Spekulationsgewinnen. Sowie
- um Hilfen für die DDR bei der Umsetzung des neuen Regelwerks.

Für den ersten Bereich sind aufgrund der Initiativen der DDR-Regierung bereits beträchtliche Verbesserungen erzielt worden. So durch die Sicherung einer Sockelrente, einen gestaffelten Lohnzuschlag, die mit der sofortigen Einführung unseres Lohnsteuersystems verbundenen Erleichterungen für die Arbeitnehmer und die Übernahme der Sozialplanregelung. Damit dürfte die Unterschreitung der Armutsgrenze auch für die Bezieher niedriger Renten und Löhne vermieden werden.

Vorbehaltlich einer abschließenden Prüfung der vorliegenden Fassung des Entwurfs des Staatsvertrages fordern wir den Ausschuß »Deutsche Einheit« auf, von der Bundesregierung vor der endgültigen Beschlußfassung und der Unterzeichnung des Staatsvertrages folgende Änderungen zu verlangen:

1. Die Bedeutung des Schutzes der Umwelt und die enge Verknüpfung mit der Bildung der Wirtschaftsunion erfordert es, der Schaffung einer Umweltunion gleichen Rang wie der Wirtschaftsunion zu geben. Der Staatsvertrag ist deshalb zu erweitern auf eine Umweltunion, die den Aufbau der gemeinsamen Wirtschaftsordnung ökologisch sichert. Aufzunehmen ist insbesondere auch eine Regelung, in der sich die DDR verpflichtet, den Umweltschutz nicht nur auf Anlagen zu beziehen, sondern auch auf die Produkte entsprechend den Bestimmungen, wie sie insbesondere in der Straßenverkehrszulassung, dem Chemikaliengesetz und seinen Verordnungen in der Bundesrepublik Deutschland gelten.
2. Die Bundesrepublik Deutschland hat alle wirtschaftlichen und strukturpolitischen Maßnahmen einzusetzen, um den Strukturwandel der Wirtschaft in der DDR zu erleichtern, die Schaffung moderner und qualifizierter Arbeitsplätze zu unterstützen, den Zusammenbruch längerfristig wettbewerbsfähiger Unternehmen zu vermeiden und diesen die Umstellung zu ermöglichen.
Vorrangig sind zu fordern:

   – Maßnahmen, die für eine Übergangsfrist Erzeugnissen der DDR-Produktion den Wettbewerb mit Erzeugnissen aus der Bundesrepublik erleichtern.
   – Die Umstrukturierung und Produktivitätssteigerung bestehender Betriebe.
   – Die Gründung neuer mittelständischer Unternehmen.
   – Die Schaffung von Ersatzarbeitsplätzen.
   – Die Einführung moderner Technologien.
   – Die Verbesserung der Qualifikation von Arbeitnehmern und Unternehmern.
   – Der Ausbau der komplementären wirtschaftsnahen Infrastruktur.
   – Eine befriedigende Regelung der Betriebsschulden.

Zur Erleichterung der ummittelbar nach der Einführung der Währungsunion zu erwartenden Übergangsprobleme wird ein kurzfristiges Aktionsprogramm aufgestellt. Zur Finanzierung ist ein Strukturhilfefonds einzurichten.
Zur Bewältigung von Übergangs- und Umstellungsproblemen ist ein richterliches Verfahren zur Abwendung von Konkursen durch Vergleichsverfahren oder Vertragshilfeverfahren einzuführen.
3. Die von der DDR zu übernehmenden Verpflichtungen, neues dem Staatsvertrag

entsprechendes Recht zu schaffen, erfordert auch die Fähigkeit, dessen Anwendung und Durchsetzung zu sichern. Der Staatsvertrag muß ergänzt werden um Regelungen, die dazu notwendige Hilfe beim Aufbau demokratischer Strukturen im personellen und sachlichen Bereich für Verwaltung und Rechtsprechung leisten sollten.
4. Von der DDR ist die vertragliche Verpflichtung einzufordern und sicherzustellen, daß Guthaben von Institutionen der Staatssicherheit, der ehemaligen Staatspartei SED, ihrer Hilfsorganisationen sowie vergleichbarer Organisationen vom Umtausch von Geld ausgeschlossen werden. Zur Verhinderung von Umgehungen ist eine allgemeine Obergrenze zu bestimmen, von der an ein Nachweis über die Herkunft der zum Umtausch angemeldeten Gelder zu führen ist.
5. Die Bundesregierung wird aufgefordert, im einzelnen und im ganzen darzulegen, welche Beträge aufgrund des Staatsvertrages aus den öffentlichen Haushalten der Bundesrepublik Deutschland aufgebracht werden müssen. In gleicher Weise ist von der Bundesregierung offenzulegen, auf welche Weise und von wem die erforderlichen Mittel aufgebracht werden sollen. Dabei ist Klarheit darüber zu geben, welche Anteile auf den Bund und welche Beträge auf die Bundesländer fallen sollen.

Dokument Nr. 43
Beratungen des Parteivorstandes zur Haltung der SPD zum Staatsvertrag über die Währungsunion, 21. Mai 1990

Auszug aus dem Protokoll über die Sitzung des Parteivorstandes, 21. Mai 1990, 10.45 – 17.15 Uhr, in Bonn, Erich-Ollenhauer-Haus, S. 1, S. 3 – 13

Hans-Jochen Vogel begrüßte als Vertreter der SPD in der DDR Gottfried Timm, stellvertretender Vorsitzender der Volkskammerfraktion. Johannes Rau und Gerhard Schröder sprach er die besten Glückwünsche des Parteivorstandes zu den Wahlsiegen in Nordrhein-Westfalen und Niedersachsen aus. Erstmals in der Geschichte unseres Landes hätten nun die sozialdemokratisch geführten Länder eine Mehrheit im Bundesrat.

[...]

TOP 2: Politischer Bericht
und TOP 3: Entwicklung in der DDR

Haltung der SPD gegenüber dem Entwurf des Staatsvertrags zwischen der Bundesrepublik und der DDR

Seit Freitag letzter Woche, so sagte Herta Däubler-Gmelin einleitend, liege der Staatsvertrag vor, zu dem die SPD ihre Haltung festlegen müsse. Unzweifelhaft sei, daß das Ratifikationsgesetz zum Staatsvertrag der einfachen Mehrheit im Bundestag und Bundesrat bedürfe. Zur Bewertung des Inhalts erinnerte sie an die von der Partei in den vergangenen Monaten zur deutschen Einheit formulierten Zielsetzungen. Ausgehend von der Berliner Parteitagserklärung und vom Beschluß »Schritte zur deutschen Einheit« seien erhebliche Mängel festzustellen: Die Sozialdemokraten hätten immer betont, daß die Einheit sozial verträglich gestaltet werden müsse und weder in der DDR noch bei uns zu sozialen Verwerfungen führen dürfe. Dem werde der Staatsvertrag nicht gerecht, obwohl unbezweifelbar sei, daß gerade durch den Einfluß der Sozialdemokraten in Ost und West auf sozialem Gebiet erhebliche Fortschritte erzielt worden seien. Das ergebe der Vergleich des jetzigen Staatsvertrages mit dem ersten Entwurf, der um Ostern herum bekannt geworden sei. Mängel blieben die außerordentlich hohen unkalkulierbaren Risiken, die in der abrupten Einführung der D-Mark wie auch im Tempo liegen, das der Bundeskanzler einseitig vorgegeben habe, ohne sich um fachliche Mahnungen oder um politischen Konsens zu kümmern.

Die Bundestagsfraktion habe fünf Forderungen zur Ergänzung des Vertrages erhoben: Einmal die Herstellung einer Umweltunion durch Aufnahme von Umweltschutzbestimmungen, weitere strukturpolitische Maßnahmen zum Schutz überlebensfähiger Betriebe und Arbeitsplätze in der DDR, der Ausschluß von Stasi-, SED- sowie Ost-CDU- und Blockparteigeldern vom Umtausch, bzw. Einziehung der Vermögen; schließlich Schaffung vollständiger Klarheit über die zusätzlich zu der Finanzierungsregelung des Vertrages aufzubringenden Mittel.

Die Bundestagsfraktion schlage vor, mit der Bundesregierung über diese Forderungen zu verhandeln. Herta Däubler-Gmelin schlug vor, dies in der Stellung der Partei niederzulegen, die abrupte Einführung der D-Mark und das Tempo des Einigungsprozesses zu kritisieren und festzustellen, daß die SPD dem Vertrag in seiner jetzt vorliegenden Fassung nicht zustimmen könne. Die Sozialdemokraten ließen sich nicht für die unkalkulierbaren Risiken der abrupten Einführung der D-Mark verantwortlich machen. Wenn diese Linie eingeschlagen werde, müsse bis zum Abschluß der Verhandlungen offen bleiben, ob die SPD dem Staatsvertrag zustimme oder nicht. Schließlich müsse die SPD auch die weiteren Schritte hin zur staatlichen Einheit im Auge behalten. Es gehe hier um die Festlegung des Termins für die ersten gesamtdeutschen Wahlen nach einem Beitritt der DDR. Es müsse dem Bundeskanzler klargemacht werden, daß er diese Schritte nicht seinem bisherigen Vorgehen entsprechend alleine ohne Absprache festlegen könne; vielmehr müsse dies nach Einigung über die Parteigrenzen hinweg unter Einbeziehung des Bundesrates geschehen.

Herta Däubler-Gmelin wies darauf hin, daß es durch die Ereignisse vom letzten Wochenende schwerer geworden sei, unsere Haltung glaubwürdig zu machen. Es gehe um grundsätzliche Entscheidungen, die durch taktische Überlegungen ergänzt werden müßten, durch sie aber nicht in Zweifel gezogen werden dürften. Bisher, so erklärte sie, habe niemand verlangt, den Vertrag scheitern zu lassen. Sie hielte das auch für falsch, die Menschen in der DDR würden das nicht verstehen. Sie halte ein

Unterzeichnung des Staatsvertrags zur Währungs-, Wirtschafts- und Sozialunion, 18. Mai 1989. Sitzend von links: Walter Romberg, Theo Waigel; dahinter Lothar de Maizière, Helmut Kohl

Scheiternlassen des Vertrages auch weder für zweckmäßig noch für klug, da in diesem Fall der Beitritt der DDR gemäß Artikel 23 GG nur noch eine Sache von Tagen sei, was dann zu den gleichen Problemen führen würde, die heute gelöst werden müßten. Nur sei das wirtschaftliche Chaos dann noch größer und eine Schuldzuweisung auf die Sozialdemokraten hin möglich.

Johannes Rau sagte, in den letzten Tagen habe es zahlreiche Beratungen gegeben. Am Mittwoch hätten die Ministerpräsidenten ihre Linie zu dem Vertrag festgelegt. Sie entspreche den Punkten, die auch die Bundestagsfraktion an Zusatzforderungen gestellt habe. Einvernehmlich hätten die Ministerpräsidenten dem vorgesehenen Fonds zugestimmt. Damit sei gewährleistet worden, daß es keine Eingriffe in die vorhandenen Finanzstrukturen der Länder und Kommunen gebe. Dies sei ein Fortschritt.

Bei der Beurteilung des Staatsvertrages müsse berücksichtigt werden, welche Stellung Oskar Lafontaine dazu einnehme, der immer starke Bedenken gegen die Art der Einführung der DM geäußert habe. Mit seiner Position werde eine große Wirkung auf die Menschen in der Bundesrepublik aber auch in der DDR ausgelöst.

Die Absicherung der überlebensfähigen Betriebe in der DDR sei von zentraler Bedeutung. Die Einschätzung Oskar Lafontaines über das voraussichtliche Chaos in der DDR nach Einführung der DM werde von vielen Fachleuten nicht geteilt. Johannes Rau schlug vor, die Stellungnahme des Parteivorstandes in Anlehnung an die

Entschließung der Bundestagsfraktion und den von den Ministerpräsidenten genannten Bedingungen ergebnisoffen zu formulieren. Das bedeute, wenn bestimmte Konditionen entfallen, werde mit Ja oder Nein gestimmt. Eine Nichtbeachtung unserer Forderungen zur Besetzung des Schiedsgerichtes könne nicht zu einem Nein führen. Dies sehe anders aus bei unseren Vorschlägen zur Arbeitsplatzsicherung. Aufpassen müßten wir alle bei unserem weiteren Vorgehen, daß sich die Kritik an den Verträgen nicht letztlich gegen die SPD richtet.

Gottfried Timm wies auf die enge Kooperation zwischen der SPD in der DDR und in der Bundesrepublik bei der Vorbereitung und dem Zustandekommen des Staatsvertrages hin. Die Minister, die Staatssekretäre und die Fraktion der SPD in der DDR hätten ohne den Rat der Fachleute der SPD-West nicht die weitreichenden Erfolge erzielen können. Nur aufgrund der Zuarbeit der SPD in der Bundesrepublik sei der heutige Staatsvertrag zustandegekommen. Insbesondere im Bereich der sozialen Fragen habe die SPD größte Erfolge erzielt. Das gelte auch für das Arbeitskampfrecht, den Kündigungsschutz und die sozialen Pflichtversicherungen. Die SPD sei die einzige Partei der Volkskammer gewesen, die mit eigenen Positionen in die Verhandlungen gegangen sei. Viele der jetzt getroffenen Vereinbarungen ließen der DDR den erforderlichen Spielraum. Am Donnerstag letzter Woche habe die Fraktion dem Vertrag zugestimmt, der nun ratifiziert sei.

Wenn es am 2. Juli durch ein Scheitern des Vertrages nicht zur Einführung der DM komme, sei in der DDR ein Chaos zu befürchten. Der Übersiedlerstrom würde erneut anwachsen. Der Geist des Vertrages sei zu bejahen. Der Regelung bedürften noch Fragen des verbesserten Schutzes für die DDR-Produkte, offene Eigentumsbestimmungen und die Frage des Umtausches von SED- und Blockpartei-Vermögen. In diesem Punkte sei mit de Maizière verabredet worden, daß unter rechtsstaatlichen Gesichtspunkten Lösungen gesucht werden. Die SPD in der DDR halte einen zweiten Staatsvertrag über die Form der staatlichen Einigung für erforderlich. Ein Wahltermin am 2. Dezember sei nicht zu akzeptieren. Die deutsche Einheit müsse sorgfältig und einvernehmlich vorbereitet werden.

Hans-Jochen Vogel stellte fest, in der Beurteilung der Folgen der Einführung der DM in der DDR gebe es zwischen Oskar Lafontaine und einer Reihe anderer weitreichende Meinungsunterschiede. Es gäbe auch Fachleute, die ein Chaos ausschlössen. Zudem werde die Bundesregierung sich in die Lage versetzen, durch entsprechende finanzielle Interventionen katastrophale Verhältnisse – jedenfalls zunächst – zu vermeiden. Hans-Jochen Vogel wies weiter auf das vorgelegte Positionspapier der Fraktion zum Staatsvertrag hin, das, bei einer Gegenstimme, gebilligt worden sei. Zwischen ihm und Oskar Lafontaine gebe es keine Differenz in der Frage, daß ein Nichtzustandekommen des Vertrages verhindert werden müsse, da ansonsten das dann zu erwartende Chaos uns zugeschrieben würde. Hans-Jochen Vogel schlug vor, nach einer Diskussion die Position des Parteivorstandes in einem Beschluß zusammenzufassen.

Aussprache

Die Frage von Peter von Oertzen, ob die Festschreibung der sozialen Marktwirtschaft in dem Staatsvertrag diese Wirtschaftsordnung in einen verfassungsrechtlichen Rahmen setze, wurde von Herta Däubler-Gmelin verneint. Sie sagte, sie halte diese Umschreibung auch für skandalös und falsch; eine verfassungsrechtliche Bindung trete damit jedoch zweifelsfrei nicht ein; wir müßten jedoch auch der politischen Festschreibung entgegentreten.

Wolfgang Roth stellte fest, nach dem Wegfall der Grenzen sei der Schritt zur Währungsunion nicht zu vermeiden gewesen. Völlig ungenügend seien in dem Vertrag die Aussagen zur Strukturanpassung. Hier müsse unsere Partei eindeutige Nachbesserungen verlangen. In der gegenwärtigen Fassung könne er dem Vertrag nicht zustimmen.

Karsten Voigt erinnerte daran, daß durch Vertreter unserer Partei die Diskussion über die Währungsunion und den Umtausch 1:1 begonnen wurde. Er sagte, er sei auf ein Ja zu dem Vertrag festgelegt. Dennoch sei es selbstverständlich richtig, weitere Verbesserungen zu fordern. Ferner setzte er sich für einen zweiten Staatsvertrag über die Form der Vereinigung ein.

Hans Koschnick stellte fest, die Partei könne die Entscheidung nicht in den Bundesrat abschieben. Jetzt sei es unsere Aufgabe, den Vertrag zu verbessern. Am Ende werde unsere Partei nicht Nein sagen können.

Der Wahlerfolg habe gezeigt, so unterstrich Horst Ehmke, daß die Deutschlandpolitik von Oskar Lafontaine sich als richtig erwiesen habe. Dies belegten auch jüngste Meinungsumfragen. Die SPD könne nur mit Oskar Lafontaine gewinnen, und sie werde mit Oskar Lafontaine gewinnen. Oskar Lafontaine habe bei seiner Nominierung in Hannover klar seine Meinung zur DM-Einführung gesagt. Es sei notwendig, daß unsere Partei nun nicht für das zu erwartende Chaos nach Einführung der DM mitverantwortlich gemacht werden könne. Deshalb dürfe der Vertrag in seiner heutigen Fassung nicht gebilligt werden. Horst Ehmke sprach sich dafür aus, heute noch keine Entscheidung zu fällen, sondern in einer Entschließung unsere Forderungen gegenüber der Bundesregierung festzulegen.

Hans-Ulrich Klose sah folgende Möglichkeiten der Entscheidung:

1) Eine volle Ablehnung, die zum Scheitern des Vertrages führte. Dies bedeute in der Tat ein Chaos in der DDR, für das wir verantwortlich gemacht würden.
2) Die Ablehnung des Vertrages bei Sicherstellung, daß der Vertrag zustandekommt. Dies sei eine taktische Position mit für uns zweifelhafter Wirkung.
3) Ein »Ja, aber«. Dies bedeute das Formulieren von Bedingungen, die so formuliert werden müßten, daß ein Scheitern ausbleibe. Damit wäre es gegebenenfalls möglich, sich auf den zentralen Punkt der Festlegung des Termins für die gesamtdeutschen Wahlen zu konzentrieren.
4) Ein »Ja, und zwar wie folgt«. Damit werde klar, daß die SPD die Verantwortung für die Verwirklichung der Verträge mit übernehme, jedoch ihre Bedingungen und ihre Kritik klar zum Ausdruck bringe.

Er neige den Punkten 3) und 4) zu.

Dieter Spöri stellte fest, die Frage der Zustimmung konzentriere sich auf die Währungsunion. Von allen Fachleuten erwartet werde eine große Zahl von Arbeitslosen. In dem Vertrag fehlten Festlegungen zur Strukturpolitik. Ohne solche Regelungen könne er dem Vertrag nicht zustimmen. Deutsche Einheit und soziale Gerechtigkeit müßten verklammert werden.

Heidi Wieczorek-Zeul vermißte, wie sie sagte, in einer so entscheidenden Frage, ähnlich wie vor der Entscheidung über die Rentenpolitik, eine Diskussion über die strategische Orientierung, um daran das weitere Vorgehen zu messen. Unsere Partei habe sich ohne diese Grundvoraussetzung in den Meinungsbildungsprozeß begeben. Wenn jetzt nicht ein Stopp-Signal komme, werde Kohl uns auch in frühzeitige gesamtdeutsche Wahlen führen. Die Partei dürfe der sich abzeichnenden Entwicklung des Plattmachens der DDR-Betriebe nicht zustimmen. Was Oskar Lafontaine auf diesem Sektor wolle, werde auch von der Mehrheit der Bevölkerung mitgetragen.

Erhard Eppler wies auf die unterschiedlichen Prognosen über die Folgen der DM-Einführung hin. Scheitere der Vertrag an der Haltung der SPD, werde die DDR sofort nach dem Art. 23 greifen, und es komme zu gesamtdeutschen Wahlen. Der Wahlkampf werde dann voll gegen uns laufen. Überdies sollte Kohl nicht unterschätzt werden. Er habe das Interesse und die Macht, ein Chaos zumindest auf eine bestimmte Zeit zu verhindern. Im Falle einer Ablehnung des Vertrages würde Kohl das Chaos laufen lassen. Es sei das Bestreben der Unionsführung, die Sozialdemokratie, wie seinerzeit Bismarck, von der Schaffung der deutschen Einheit fernzuhalten, um sie künftig beschuldigen zu können. Die Partei könne nicht Nein zu den Verträgen sagen, sonst komme sie, wie nach 1949, in die Situation einer Minderheit. Die Partei solle ihre Forderungen zur Verbesserung der Verträge erheben, diese dürften jedoch kein Vorwand für ein Nein sein. Er könne Oskar Lafontaine nicht raten, einen Wahlkampf gegen Kohl zu führen, in dem Willy Brandt, Hans-Jochen Vogel und führende andere Vertreter der Partei nicht voll hinter ihm stehen könnten.

Der Fonds für die deutsche Einheit, so betonte Rudolf Scharping, sei jetzt für Länder und Gemeinden kalkulierbar. Dies sei positiv. Die finanziellen Belastungen daraus würden jedoch, zum Beispiel über Zinsen, auf die Millionen Menschen verteilt. Die zentrale Forderung unserer Partei nach Erhalt der Arbeitsplätze in der DDR sei mit dem Vertragstext nicht erfüllt. Unsere Forderungen zur Vertragsverbesserung dürften nicht mit einem Augenzwinkern formuliert werden. Die Partei könne auch nicht, nachdem Kohl sie monatelang vor die Tür gestellt habe wie ein Notar dem Vertrag zustimmen.

Kohl hätte einen Erfolg, so stellte Henning Scherf fest, wenn der Parteivorstand über das weitere Vorgehen beim Staatsvertrag uneins werde. Nicht wegstehlen könne sich die Partei von ihrer Mitverantwortung in dem Gesamtprozeß, die auch durch die einmütige finanzielle Regelung, die unter dem Vorsitz des Saarlandes zustandegekommen sei, dokumentiert werde. Dennoch sei es unsere Pflicht, jetzt Nachbesserungen auszuhandeln, ohne dabei die SPD in der DDR abzuhängen.

Norbert Gansel teilte mit, er tendiere zu einem Ja zum Staatsvertrag. Viele entscheidende Verbesserungen im Vertrag seien auf unser Drängen zustandegekommen. Der Bundesrat könne nicht Nein sagen. Es müsse ein Ja mit Oskar Lafontaine geben. In einigen Jahren werde niemand mehr fragen, wie ein mögliches Nein zustandegekommen sei. Vor der Geschichte würden wir damit nicht bestehen. Entscheidend sei es, für die Dauer der parlamentarischen Beratungen unsere Antwort offenzuhalten. Insbesondere gebe es Klärungsbedarf zur Frage der Volksabstimmung und zum Zeitpunkt der Wahlen. Norbert Gansel schlug vor, den Parteirat vor den entscheidenden Abstimmungen zu einer Sitzung zusammenzurufen.

Walter Momper unterstützte Erhard Eppler in seinen Auffassungen. Die Wahlchancen unserer Partei seien durch das Hervorheben der sozialen Rolle der SPD in Ost und West nicht schlecht. Walter Momper zweifelte daran, daß es zu einem Chaos nach der Einführung der DM kommen müsse. Die DDR-Bürger seien auf Härten eingestellt, und die Bundesregierung habe Reservemittel in Bereitschaft. Er sehe keinen Sinn in einer Strategie, die von einem Chaos ausgehe. Unsere Forderung nach Verbesserung in der Strukturpolitik lasse die Frage unbeantwortet, wer die Mittel dazu aufbringe. Walter Momper sprach sich gegen Verzögerungen beim Inkrafttreten des Staatsvertrages aus, und er warnte vor einem Auseinanderdriften der SPD in Ost und West. Zudem werde es schwierig sein, mit der Position der Ablehnung des Staatsvertrages in der DDR Zustimmung zu gewinnen.

Anke Brunn kritisierte die mangelhaften Festlegungen für die notwendigen strukturpolitischen Maßnahmen in der DDR. Zudem sei durch uns die Forderung nach stärkerer Berücksichtigung der föderalen Strukturen zu erheben. Dies seien entscheidende Bedingungen für unsere Zustimmung. Eindringlich wies sie darauf hin, daß in der gegenwärtigen Phase das Miteinander von Parteivorstand und Spitzenkandidaten von größter Bedeutung sei.

Heute könne er, so formulierte Karl-Heinz Hiersemann, weder Ja noch Nein zum Staatsvertrag sagen. Durch Veränderungen müsse sichergestellt werden, daß die Konkursgefahr für viele Betriebe entscheidend herabgesetzt werde. Denn komme es zu Zusammenbrüchen in der Wirtschaft, werde auch mit dem Staatsvertrag schnell der Weg nach Art. 23 beschritten. Kohl dürfe es nicht erlaubt werden, mit unserer Zustimmung einen Durchmarsch zu machen. Deshalb könne es kein Ja unserer Partei ohne Erfüllung von Bedingungen geben. Es gebe Stimmen in der Partei, die einen Sonderparteitag wollten. Eine Chance, die Auseinandersetzung erfolgreich zu bestehen, gebe es nur mit Oskar Lafontaine.

Kohl, so sagte Peter von Oertzen, habe uns den Stuhl vor die Tür gesetzt, um gegen die Sozialdemokraten »Kanzler der Deutschen« zu werden. Ein Hinterherhecheln nutze uns nichts, die Regierung sei in einem solchen Prozeß immer im Vorteil. Deshalb sei es richtig, unsererseits die Auseinandersetzung über das Thema einer gerechten Gesellschaftsordnung in Deutschland zu führen. Damit werde unsere Glaubwürdigkeit unterstrichen. Von daher sei es möglich, der Regierung unser Ja zu den Verträgen »vor die Füße zu spucken« und dabei unsere politischen Bedingungen zu nennen. Das Kernstück des Vertrages dürfe nicht behindert werden. Ein Nein führe zum Chaos in der DDR. Die Sozialdemokraten dürften die Verträge nicht zum Scheitern bringen.

Johannes Rau wies darauf hin, daß Hamburg im Bundesrat gegen seinen Partner nicht Nein sagen könne. Die A-Länder hätten in ihrer Entschließung nach ausführlicher Beratung ihre Voraussetzungen für eine Zustimmung formuliert. Diese Punkte seien auch in der Fraktionsentschließung enthalten. Eine Ablehnung des Vertrages könne beispielsweise nicht erfolgen, wenn die Forderung nach der Besetzung der Schiedsgerichte nicht erfüllt werde. Dies könne jedoch anders aussehen, wenn es um entscheidende Fragen auf dem Felde der Arbeitsplatzsicherung gehe. Die Bundesregierung sei schlau. Ein Chaos werde zumindest herausgezögert, wenn es überhaupt entstehe. Sie habe 7 Milliarden DM Lohnkostenzuschüsse in Reserve. Er habe eher den Eindruck, daß es zu einem Boom komme.

Sodann stellte er fest, daß ein jetzt ausgesprochenes Ja zu den Verträgen uns die Möglichkeit nehme, noch Bedingungen zu formulieren. Das Nennen von Bedingungen aus nur taktischen Erwägungen, um doch mit Ja zu stimmen, sei nicht akzeptabel. Ebensowenig könne ein Nein angekündigt werden, wenn wir noch bemüht seien, unsere Bedingungen durchzusetzen. Er sprach sich dafür uns, unsere Bedingungen ergebnisoffen zu formulieren. In Nordrhein-Westfalen gebe es die Stimmung, trotz vieler Einwände, den Vertrag mitzutragen. Gerade in den Anlagen zum Vertrag seien viele Punkte aufgenommen, die auf unsere Forderungen zurückgingen.

Klaus Wedemeier sagte, er habe aus der Zeitung erfahren, daß Oskar Lafontaine die Ablehnung des Staatsvertrages vorschlage, den Vertrag im Bundesrat aber passieren lassen wolle. In dieser Situation Bedingungen zu stellen, sei nicht sinnvoll, da dies nur als Taktik aufgenommen werde. Unsere ganze Diskussion sei überlagert durch die bereits erfolgten Veröffentlichungen. Der Bundesrat werde den Vertrag in keinem Falle anhalten, da Hamburg gewiß dafür votiere.

Egon Bahr sprach sich für ein Offenhalten unseres Votums aus. Er wies auf den bevorstehenden Gipfel zwischen den USA und der Sowjetunion hin, dort werde Entscheidendes für den Vereinigungsprozeß geschehen.

Karin Junker setzte sich dafür ein, in unsere Diskussion auch die Belange der DDR mit einzubeziehen. Sie wisse nicht, wie eine Ablehnung der Verträge durch uns den Menschen in der DDR deutlich gemacht werden könne. Wichtig sei es jetzt, unsere Bedingungen zu formulieren. Dies dürfe nicht aus taktischen Gesichtspunkten geschehen. Ein unterschiedliches Stimmverhalten von Ost- und West-SPD sei unvorstellbar.

Hans Eichel meinte, unsere Partei habe nach wie vor Probleme mit der Haltung gegenüber der Einheit. Dies werde durch die aktuelle Diskussion wieder deutlich. Unsere Partei könne nicht nur auf die Bundestagswahlen am 2. Dezember zielen, sie müsse zugleich auch die gesamtdeutschen Wahlen im Auge haben. Unser Ringen um die Verbesserung der Verträge dürfe nicht taktisch sein. Auch müsse die SPD deutlich machen, daß sie das Inkrafttreten des Vertrages zum 1. Juli nicht verhindern wolle.

Die Bundestagswahlen, so sagte Anke Fuchs, seien zu gewinnen, dies insbesondere mit unserem Kanzlerkandidaten. Wenn die Sozialdemokraten gemeinsam aufzeigten, wie ihr Weg zur Einheit aussehe, habe sie auch keine Angst vor den Landtagswahlen in der DDR und den gesamtdeutschen Wahlen. Am Ja der SPD zu dem Vertrag habe es bislang keinen Zweifel gegeben. Entsprechend sei unser Verhalten gegenüber der SPD in der DDR gewesen. Dennoch sei es richtig, jetzt noch einmal über den Inhalt des Vertrages zu streiten. Am Ende werde jedoch, so stellte sie fest, ein Ja stehen.

Klaus Matthiesen warnte davor, daß die SPD sich bei der Auseinandersetzung um die Verträge überheben könne. Die Sache sei sehr weit vorangetrieben. Ein Nein zu den Verträgen würde zwangsläufig schnellstens auf den Art. 23 zuführen. Die danach folgenden gesamtdeutschen Wahlen würden für uns schrecklich enden. Er sprach sich dafür aus, unsere Forderungen zum Vertrag an den Bundeskanzler zu richten und zusätzliche Abmachungen innerhalb und außerhalb des Staatsvertrages zu verlangen. Bundestagsfraktion und Bundesrat müßten jedoch dann für ihre Entscheidung den Rücken freibehalten.

Inge Wettig-Danielmeier wandte sich gegen die von Oskar Lafontaine vorgeschlagene Linie. Gerade die Menschen im Grenzbereich zur DDR hätten kein Verständnis für eine Ablehnung des Vertrages. Der Staatsvertrag sei besser als erwartet. Nachbesserungen seien allerdings auf dem Sektor der Strukturpolitik erforderlich.

Jürgen Vahlberg kündigte an, er werde den Verträgen zustimmen.

Hermann Heinemann sprach sich dafür aus, unsere Bedingungen zu formulieren, insbesondere auf die mangelnden Strukturhilfen und auf das Erfordernis des Nichtumtausches des SED-Vermögens zu verweisen. Unsere Bedingungen müßten allerdings ergebnisoffen bleiben. Geteilt wurde von ihm die Einschätzung von Oskar Lafontaine über die Folgen der DM-Einführung in der DDR.

Philip Rosenthal forderte, unser eindeutiges Ja zur Vereinigung herauszustreichen und keinen Beschluß zu fassen, mit dem Oskar Lafontaine nicht einverstanden sein könne.

Hans-Jochen Vogel sagte, dies sei eine der schwierigsten Diskussionen gewesen, die wir seit seiner Wahl zum Vorsitzenden gehabt hätten. Sie habe gezeigt, daß sie uns nicht unserer Verantwortung für die notwendigen Entscheidungen enthebe, die auch noch in Jahren Bestand haben müßten und nicht Oskar Lafontaine allein aufgebürdet werden könnten. Er gestehe, daß er im Hinblick auf die Prognosen nicht klüger geworden sei. Anzeichen dafür, daß ein Chaos in der DDR sogleich nach Einführung der DM zu erwarten sei, sähe er nicht – im Gegenteil, beide Regierungen in Ost und West würden alles daran setzen, das Chaos zu vermeiden. Überdies, so unterstrich er, wünsche er sich auch keine Katastrophe in der DDR. Unsere Partei, so fuhr er fort, habe das schwere Handicap, daß alle mit Oskar Lafontaine darin einig seien, daß der Vertrag nicht scheitern dürfe. Zugleich setze sie aber ein hohes Maß an Vertrauen in diejenigen, die vor diesem Hintergrund nun in die Verhandlungen um eine Ergänzung der Verträge gehen müßten. Es müßten Genies sein, die unter diesen Voraussetzungen noch den allergrößten Druck erzeugen könnten.

Hans-Jochen Vogel wies darauf hin, daß bei bevorstehenden gesamtdeutschen Wahlen unsere Partei 37 bis 38 Prozent in der DDR erreichen müsse, um zu obsiegen. Der Wahltermin sei nicht mehr allzu weit entfernt, und der Vorgang vom Wochenende werde sich in die Köpfe der Menschen in der DDR einprägen. Die Wahlaussichten würden auch nicht besser, wenn die führenden Repräsentanten unserer Partei etwas anderes sagen müßten als sie denken. Es dürfe von ihnen nicht mehr verlangt werden, als sie zu liefern in der Lage seien. Es habe in den letzten Tagen Situationen gegeben, die die weitere Zusammenarbeit nicht leichter gemacht hätten. Hans-Jochen Vogel betonte, er bemühe sich nach Kräften darum, Oskar Lafontaine, die Ministerpräsidenten und den Parteivorstand auf einer Linie zu behalten. Diese Operation könne jedoch nur gelingen, wenn die Bedingungen des Parteivorstandes zu dem Vertrag im Ergebnis offen formuliert und von allen mitgetragen würden. Zudem dürfe es in drei Wochen, wenn die Entscheidung fällig sei, nicht erneut für uns eine mit dem Wochenende vergleichbare Situation geben. Unsere Partei wolle mit Oskar Lafontaine Wahlen gewinnen. Er werde seinen Anteil dazu wie bisher leisten. Allerdings müßten alle – der Parteivorstand und er selbst – auch noch in 10 und 20 Jahren – vor den heute zu treffenden Entscheidungen geradestehen können. Er könne deshalb nicht nur den Aspekt der nächsten Wahlen sehen.

Hans-Jochen Vogel rief dann zur Entscheidung über die Entschließung auf. Zunächst ließ er über den letzten Satz der Entschließung abstimmen. Die Vorstandsmitglieder stimmten diesem Satz einstimmig zu. Sodann wurde, ebenfalls einstimmig, der andere Teil der Entschließung gebilligt. Dann stimmten die Parteivorstandsmitglieder der gesamten Entschließung einstimmig zu. Hans-Jochen Vogel stellte fest, daß vor den entscheidenden Abstimmungen in den parlamentarischen Gremien eine Beratung im Parteirat und eine Entscheidung im Parteivorstand erfolgen werde.

Hans-Jochen Vogel schlug vor, unsere Verhandlungskommission für die Gespräche mit der Regierung zu besetzen mit Herta Däubler-Gmelin, Gerhard Jahn und einem Ministerpräsidenten. Er nannte Johannes Rau. Er selbst halte sich bereit, zu einem späteren Zeitpunkt in die Verhandlungen einzugreifen. Diesem Vorschlag stimmte der Parteivorstand zu.

TOP 4: Einfügung des neuen deutschen Bundesstaates in die außen- und sicherheitspolitischen Strukturen

Horst Ehmke erläuterte das vom Präsidium und dem Geschäftsführenden Fraktionsvorstand beschlossene Positionspapier der SPD zu den sicherheitspolitischen Aspekten der Einigung Deutschlands im Rahmen der europäischen Integration »Von der Konföderation der Blöcke zu einem europäischen Sicherheitssystem«. Das Papier wurde zur Kenntnis genommen. Ferner teilte er mit, daß eine Arbeitsgruppe unter dem Vorsitz von Heidi Wieczorek-Zeul den Auftrag erhalten habe, ein Konzept der SPD für langfristige Zielsetzungen einer europäischen Friedens- und Sicherheitspolitik zu erarbeiten.

Heidi Wieczorek-Zeul sagte, es gehe darum, einen Entwurf für eine Neuordnung des europäischen Sicherheitssystems zu entwickeln. Ihr Ansatz sei die EG, die, ausgeweitet um die ost- und südosteuropäischen Staaten, sich zu den Vereinigten Staaten von Europa entwickeln sollten, die dann auch zu einer gemeinsamen Außen - und Militärpolitik kommen müßten.

Die vorgesehene Besetzung des Ausschusses wurde vom Parteivorstand gebilligt.
[...]

Dokument Nr. 44
Änderungs- und Ergänzungsforderungen des SPD-Parteivorstandes zum Vertrag über die Währungs-, Wirtschafts- und Sozialunion, 21. Mai 1990

Presseservice der SPD, Nr. 205/90, 21. Mai 1990

Mitteilung für die Presse

Der SPD-Parteivorstand verabschiedete auf seiner heutigen Sitzung unter Vorsitz von Hans-Jochen Vogel die folgende Erklärung:

Die SPD tritt für die Vereinigung der beiden deutschen Staaten zu einem deutschen Bundesstaat zum frühestmöglichen verantwortbaren Termin ein. Die Vereinigung der beiden deutschen Staaten muß in den gesamteuropäischen Friedensprozess eingebettet werden.

Bundeskanzler Kohl trägt die Verantwortung für das Verfahren und den beispiellosen Zeitdruck, unter dem der Staatsvertrag zustandekommen soll. Er ist auch dafür verantwortlich, daß die DM abrupt und ohne Schutz- und Umstellungsfristen für die Unternehmen am 1. Juli 1990 in der DDR eingeführt werden soll. Wir hatten ein besonneneres Vorgehen vorgeschlagen, das die Menschen einbezieht und Fehler vermeidet, die angesichts der ultimativen Fristsetzung geradezu unvermeidlich erscheinen. Das hätte die Unsicherheit und Ängste unter den Menschen in der DDR wesentlich vermindert und würde auch die Arbeitslosigkeit in der DDR weniger stark ansteigen lassen, als das nunmehr zu erwarten steht. Ebenso hätte das von uns befürwortete Vorgehen auch die Risiken für die DM – etwa für die Zinsentwicklung – verringert.

Herr Kohl hat diese Vorschläge mißachtet; deshalb hat er für diese negativen Auswirkungen einzustehen.

Der SPD-Parteivorstand kann dem Vertragswerk in der jetzt vorliegenden Fassung nicht zustimmen, weil es

– eine abrupte Einführung der Deutschen Mark in der DDR bewirkt, ohne daß bisher ausreichende Anpassungsmaßnahmen für die Unternehmen in der DDR vorgesehen sind, und weil es
– keine geeigneten Maßnahmen vorsieht, die für eine Übergangsfrist der DDR-Produktion den Wettbewerb mit Erzeugnissen aus der Bundesrepublik erleichtern, so daß insgesamt nicht genügend Vorsorge getroffen ist, daß der mit dem Übergang zur marktwirtschaftlichen Ordnung in der DDR verbundene Strukturwandel wirtschaftlich und sozial verträglich abläuft – mit entsprechenden Rückwirkungen auch für die Menschen in der DDR wie in der Bundesrepublik.

Die SPD fordert deshalb insbesondere folgende Änderungen und Ergänzungen innerhalb oder außerhalb des Vertragstextes:

1. Maßnahmen, um den Strukturwandel der Wirtschaft in der DDR zu erleichtern, die Schaffung moderner und qualifizierter Arbeitsplätze zu unterstützen, den Zusammenbruch längerfristig wettbewerbsfähiger Unternehmen zu vermeiden und diesen die Umstellung zu ermöglichen. Dazu gehören u.a. eine befriedigende Regelung der Betriebsschulden und Maßnahmen, die für eine Übergangsfrist Erzeugnissen der DDR-Produktion den Wettbewerb mit Erzeugnissen aus der Bundesrepublik erleichtern. Zur Bewältigung von Übergangs- und Umstellungsproblemen ist auch ein richterliches Verfahren zur Abwendung von Konkursen durch Vergleichsverfahren oder Vertragshilfeverfahren einzuführen.
2. Die Bedeutung des Schutzes der Umwelt und die enge Verknüpfung mit der Bildung der Wirtschaftsunion erfordert es, der Schaffung einer Umweltunion gleichen Rang wie der Wirtschaftsunion zu geben. Es bedarf einer Regelung, in der sich die DDR verpflichtet, den Umweltschutz nicht nur auf Anlagen zu beziehen, sondern auch auf die Produkte entsprechend den Bestimmungen, wie sie insbesondere in der Straßenverkehrszulassung, dem Chemikaliengesetz und seinen Verordnungen in der Bundesrepublik gelten.
3. Es ist sicherzustellen, daß die Vermögen des Stasi, der SED und ihrer Hilfsorganisationen sowie der Blockparteien für Zwecke der Allgemeinheit herangezogen werden. Dies ist unabdingbar, weil diese Parteien und Organisationen für die katastrophale Situation der DDR auf wirtschaftlichem und ökologischem Gebiet und für die Vergiftung des gesellschaftlichen Klimas über 40 Jahre hindurch verantwortlich waren. Es ist deshalb auch heuchlerisch, wenn heute die PDS als Kritikerin der schwierigen Situation und jener Anstrengungen auftritt, die zur Verbesserung der Verhältnisse unternommen werden.
4. Der Weg zur deutschen Einheit und ihre Gestaltung einschließlich der ersten gesamtdeutschen Wahlen kann nicht als eine Privatangelegenheit des Bundeskanzlers behandelt werden. Sie können nur im Konsens aller staatlichen Ebenen und der maßgebenden politischen Kräfte in der Bundesrepublik und der DDR wahrgenommen werden. Darüber muß vor der Ratifizierung des Staatsvertrages Einvernehmen geschaffen werden.

Die SPD wird ihre endgültige Entscheidung im Lichte der Antworten treffen, die auf ihre Forderungen gegeben werden.

Dokument Nr. 45
Beratungen mit Vertretern der SPD der DDR in der gemeinsamen Sitzung des Geschäftsführenden Fraktionsvorstandes der SPD-Bundestagsfraktion und des SPD-Präsidiums über Fragen der Währungsunion und die Vereinigung der beiden Parteien, 13. Juni 1990

Protokoll über die gemeinsame Sitzung von Geschäftsführendem Fraktionsvorstand und Präsidium, 13. Juni 1990, 20.00 – 24 Uhr, in Bonn, Erich-Ollenhauer-Haus, S. 1 – 5

Zu Beginn der Sitzung begrüßte Hans-Jochen Vogel die Vertreter der SPD in der DDR, Wolfgang Thierse, den neugewählten Parteivorsitzenden, Richard Schröder und Stephan Hilsberg. Hans-Jochen Vogel kündigte an, daß Oskar Lafontaine an den bevorstehenden Sitzungen des nächsten Tages teilnehmen werde. Von ihm wurden folgende Besprechungspunkte vorgeschlagen:

1. Bewertung des Staatsvertrages
2. Vorbereitung der gleichlautenden Polen-Entschließung von Volkskammer und Bundestag
3. Staatliche Einigung und Einigung der Parteien

Hans-Jochen Vogel wies einleitend auf die Beschlußfassung des Parteivorstandes vom 21. Mai zum Staatsvertrag hin. Er erinnerte an die vier konkreten Forderungen. Das Ergebnis der Verhandlungen, so stellte er fest, sei aus der vorgelegten Synopse zu entnehmen. Insbesondere seien Verhandlungserfolge auf den Gebieten Erhaltung überlebensfähiger Betriebe, Umweltschutz, Behandlung der Vermögen von PDS und Blockparteien und Verhinderung von spekulativen Gewinnen erzielt worden. In Abweichung von der bisherigen Praxis habe die Koalition offenbar nun die Absicht, mit den maßgeblichen Kräften hier und in der DDR das weitere Vorgehen auf dem Weg zur Einheit abzustimmen. Erfreulich sei, daß die Berliner Abgeordneten nun das volle Stimmrecht erhielten. Zu den Verhandlungserfolgen gehörte ferner eine Verbesserung der Beteiligung der Bundesländer. Insgesamt betrachtet sei durch unsere Forderungen eine nicht unbeträchtliche Bewegung in das Vertragswerk gekommen.

Nun sei es Aufgabe von Parteirat und Parteivorstand, auf der Grundlage der vorliegenden Fakten Schlußfolgerungen vorzunehmen. Hierzu liege ein Entschließungsentwurf vor, der dem Parteirat mit der Bitte um ein Votum zugeleitet werde, um dann im Parteivorstand beschlossen zu werden. Die Fraktion werde ihr Abstimmungsverhalten in Anlehnung an die Entscheidung des Parteivorstandes am Donnerstagabend festlegen.

Die Verantwortung des Bundeskanzlers für die Folgen des Staatsvertrages werde mit der Entschließung eindeutig unterstrichen. Einigkeit bestehe unter uns darüber, daß der Staatsvertrag jetzt nicht scheitern dürfe. Dies sei auch von Oskar Lafontaine in dem bekannten »Spiegel«-Interview zum Ausdruck gebracht worden. Ein gespaltenes Abstimmungsverhalten in Bundesrat und Bundestag sei für ihn nur schwer vorstellbar, so betonte Hans-Jochen Vogel. Aus diesem Grunde komme er auf der Grundlage des vorgelegten Entschließungsentwurfes dazu, der Fraktion ein Ja zu dem Staatsvertrag zu empfehlen.

Wolfgang Thierse erinnerte daran, daß der Termin zur Umstellung auf die DM, der 1. Juli 1990, erstmals von der SPD in der DDR von Ibrahim Böhme ins Gespräch gebracht worden sei. Dies habe in allen Bevölkerungskreisen der DDR einen großen Erwartungsdruck ausgelöst. Nach einem schwierigen Vorlauf, nach anstrengenden Verhandlungen, in denen erhebliche Veränderungen herbeigeführt worden seien, sei die SPD in der DDR mit dem Staatsvertrag zufrieden, aber nicht begeistert. Einige Punkte seien noch absolut unbefriedigend, so die Absicherung der Betriebe und die Regelung des Eigentums an Grund und Boden, insbesondere in der Landwirtschaft. Besonders hob er hervor, daß die Mehrzahl der Nachforderungen der SPD der Bundesrepublik darauf gerichtet gewesen sei, die Situation der DDR-Bevölkerung zu verbessern. Dies sei überall positiv bewertet worden. Das gemeinsame Vorgehen beider Parteien in dieser Frage sei der erste gelungene Versuch für das künftige Zusammenwirken. Schlecht wäre es allerdings, wenn nun die West-SPD sich gegen den Vertrag aussprechen würde.

Richard Schröder meinte, die teilweise unterschiedliche Beurteilung des Vertrages zwischen West- und Ost-SPD beruhe auf der verschiedenen Herkunftsweise. Für die Sozialdemokraten in der DDR bedeute der Staatsvertrag in erster Linie eine rechtsstaatliche Absicherung und die Einführung der sozialen Marktwirtschaft, ein Ende der bisherigen materiellen Nöte. Der Staatsvertrag bringe den Bruch mit dem bisherigen System. Nach dem plötzlichen Fall der Mauer habe es kaum mehr eine Chance gegeben, einen langsamen Übergang zu organisieren. Die Einwände der westlichen Sozialdemokraten bezeichnete er als richtig. Von größter Bedeutung für die SPD in der DDR sei es jedoch, daß der Vertrag, so wie er nun ist, zustandekommt. Aus diesem Grunde sei nun auch eine Zustimmung der SPD der Bundesrepublik notwendig.

In der Aussprache äußerten sich Rudolf Dreßler, Gerhard Jahn, Herta Däubler-Gmelin, Norbert Gansel, Ingrid Matthäus-Maier, Heidemarie Wieczorek-Zeul, Willfried Penner, Anke Fuchs, Harald B. Schäfer, Renate Schmidt, Hans-Ulrich Klose, Johannes Rau, Dietrich Stobbe, Wolfgang Roth, Horst Ehmke und Björn Engholm. Es wurden einige Änderungen zum Text der Entschließung vorgeschlagen.

Die Entschließung wurde sodann, mit einigen Abänderungen, von den Mitgliedern des Präsidiums einstimmig gebilligt.

2. Vorbereitung der gleichlautenden Polen-Entschließung von Volkskammer und Bundestag

Horst Ehmke erläuterte den Stand der Vorbereitungen für den Text zu einem gleichlautenden Beschluß der beiden deutschen Parlamente zur polnischen Westgrenze. Der jetzt im Bundeskanzleramt erarbeitete Entschließungstext sei im wesentlichen akzeptabel, allerdings enthalte die vorangestellte Präambel in zwei Punkten, die Verbrechen am polnischen Volk und die Vertreibung betreffend, unakzeptable Formulierungen. Um eine neue Belastung des deutsch-polnischen Verhältnisses zu verhindern, dürfe es im Bundestag zu diesem Punkt nicht zu einem Streit kommen. Deshalb sei es erforderlich, die Bundesregierung vorher zur Abänderung bzw. Streichung dieser Passagen zu bewegen.

Über diesen Vorschlag bestand Einigkeit. Hans-Jochen Vogel stellte fest, dem operativen Teil des Entschließungsentwurfs sei zuzustimmen. In der Präambel müsse unsere Auffassung durchgesetzt werden, sonst könne es nur eine Streichung geben.

3. Staatliche Einigung und Einigung der Parteien

Hans-Jochen Vogel stellte fest, es sei nicht notwendig, unsere Positionen zu den Schritten auf dem Wege der Einigung zu wiederholen. Die Entscheidung über den zeitlichen Ablauf liege nicht bei uns, sondern allein in der DDR. Er wies auf die jüngste Entwicklung in der Volkskammer hin, wo die DSU aber auch das Bündnis 90 eine baldige Beschlußfassung nach Art. 23 anstrebten. Aufgrund dieser Entwicklung sei damit zu rechnen, daß es zwischen dem 2. Dezember und dem 13. Januar zu gesamtdeutschen Wahlen komme. Darauf müsse sich die Partei einstellen.

Richard Schröder erläuterte das »putschartige« Vorgehen einer bestimmten Gruppe in der CDU-Fraktion der Volkskammer. Er wies zugleich aber darauf hin, daß auch Mitglieder der SPD-Fraktion sich für eine sofortige Anwendung des Artikels 23 ausgesprochen hätten. Durch Intervention der SPD-Fraktion sei die überfallartige Vorgehensweise verhindert worden. Allerdings habe er von seiner Fraktion den Eindruck, daß sie nicht mehr in der Lage sei, das angestrebte Ziel, Wahlen zur Mitte des nächsten Jahres durchzuführen, zu halten. Allenfalls wäre eine Bandbreite im Rahmen der Verlängerung der Legislaturperiode des Bundestages vorstellbar. Alles laufe also auf einen Wahltermin im Dezember oder Januar hinaus.

Hans-Jochen Vogel stellte fest, er habe schon seit einiger Zeit das Empfinden, daß sich die Volkskammer bald in Richtung des 23er-Beschlusses bewege. Die Einschätzung von Richard Schröder habe zusätzliche Klarheit geschaffen. Hierauf hätten sich beide Parteien einzustellen. Hans-Jochen Vogel wies auf die Notwendigkeit hin, besonders in der DDR zusätzliche Zustimmung zu gewinnen – dies belegte er mit entsprechenden Zahlen –, um einen Wahlsieg der Sozialdemokraten in den Bereich des Möglichen zu bringen. Jede politische Aktivität der Sozialdemokraten hier löse in der DDR Reaktionen aus, wie umgekehrt durch die Haltung der DDR-SPD hier Wirkungen erzielt würden. Dies müsse künftig immer bedacht werden. Klarheit gebe es, daß uns kein rechtlich belastbares Verhinderungspotential gegen die Anberaumung baldiger gesamtdeutscher Wahlen zur Verfügung stehe. Alle entsprechenden Prüfungen hätten dies bestätigt.

Einigkeit bestehe darüber, daß nun die Frage der staatlichen Einheit abgekoppelt werden müsse von der Vereinigung der Parteien. Letztere sollte umgehend angestrebt werden. Er wies auf die für den 17. Juni geplante erste Zusammenkunft der gemeinsamen Kommission beider Parteien zur Vorbereitung der Vereinigung hin. Ferner teilte er mit, daß Herta Däubler-Gmelin gebeten worden sei, einen Entwurf für einen zweiten Staatsvertrag bzw. für einen Einigungsvertrag vorzubereiten.

In der Diskussion, an der Gerhard Jahn, Henning Voscherau, Harald B. Schäfer, Heidemarie Wieczorek-Zeul, Norbert Gansel, Wolfgang Roth, Wolfgang Thierse, Helmut Becker, Brigitte Schulte, Dietrich Stobbe und Anke Fuchs teilnahmen, wurde die Einschätzung von Hans-Jochen Vogel geteilt. Es bestand Einigkeit darüber, die Vereinigung der beiden Parteien nun umgehend anzustreben. Norbert Gansel vertrat die Auffassung, für die Vereinigung müsse es unbedingt die in der Satzung vorgesehene Urabstimmung geben. In diesem Punkte wurde ihm von anderen Diskussionsteilnehmern widersprochen.

Zum Abschluß der Diskussion stellte Hans-Jochen Vogel fest:

1. Es gebe Einigkeit darüber, daß der Vereinigungsprozeß der Parteien jetzt konsequent angegangen und in engem zeitlichen Rahmen verwirklicht werden müsse. Dazu habe es im Verlauf der Diskussion keinerlei Widerspruch gegeben.
2. Verständigung sei darüber erzielt worden, daß der Entwurf eines Einigungsvertrages für die staatliche Ebene zu entwickeln ist. Darin müsse eine nicht allzu große Zahl von Punkten aufgenommen werden, die vor der Vereinigung der Regelung bedürften.
3. Aus der Diskussion habe er den Eindruck gewonnen, daß es keine Bundestagswahl mehr geben werde, sondern die nächsten Wahlen in dem neuen Bundesstaat stattfänden. Es werde keine Überraschung sein, wenn der Wahltag zwischen dem 2. Dezember und dem 13. Januar liege.
4. Gefehlt hätten in der Diskussion Hinweise auf eine programmatische Ausrichtung der Partei für den neuen Bundesstaat. Die Vorlage der Arbeitsgruppe Fortschritt '90 könne die Grundlage für ein neuzuentwickelndes Programm sein.

Dokument Nr. 46
Stellungnahme des SPD-Parteivorstandes zum Ersten Staatsvertrag, 14. Juni 1990

Presseservice der SPD, Nr. 252/90, 14. Juni 1990

Mitteilung für die Presse

Der SPD-Parteivorstand hat heute die folgende Entschließung zum Staatsvertrag verabschiedet:

1. Die demokratischen Revolutionen im Osten und in der Mitte Europas, die Politik der Sowjetunion, das wachsende Bewußtsein gemeinsamer Sicherheit, gemeinsamer Interessen und Werte zwischen Ost und West haben die historische Chance eröffnet, die europäische und die deutsche Teilung zu überwinden. Diese

Chance müssen alle Deutschen in gemeinsamer Verantwortung nutzen. Wir Sozialdemokraten fördern sie nach besten Kräften in der Kontinuität der Ost- und Deutschlandpolitik Willy Brandts.

Die politische Auseinandersetzung um den Staatsvertrag zwischen der Bundesrepublik Deutschland und der Deutschen Demokratischen Republik ist deshalb keine Auseinandersetzung über das Ja oder Nein zur deutschen Einheit, sondern über den richtigen Weg und über die vom Bundeskanzler zu verantwortende Politik.

Es geht um die Frage, wie auf den für das tägliche Leben der Menschen besonders wichtigen Gebieten der Währung, der Wirtschaft, der sozialen Sicherheit und der Umwelt die Einheit vorangebracht werden kann, ohne daß es auf dem Gebiet der heutigen DDR nach dem Ruin der kommunistischen Kommandowirtschaft zu wirtschaftlichen, sozialen und menschlichen Katastrophen kommt und wie die Lasten und Kosten zwischen den Deutschen gerecht verteilt werden können. Es geht auch um die Frage, wie in der ersten Phase der deutschen Einigung die europäische Einigung gefördert wird, indem unsere Entscheidungen mit unseren Partnern in der EG abgestimmt werden, indem die wirtschaftliche Zusammenarbeit mit den Staaten Osteuropas und der Sowjetunion verbessert wird und indem das Vertrauen unserer Nachbarn durch die Bekräftigung der polnischen Westgrenze und der Friedensfähigkeit Deutschlands gestärkt wird.

Es geht schließlich auch darum, daß im Prozeß der deutschen Einigung nicht nur Regierungen oder Parlamentsmehrheiten entscheiden, sondern daß die Zustimmung des ganzen deutschen Volkes zu seinem neuen Staat und seiner neuen Verfassung erbeten wird, und daß sich dabei alle Kräfte um einen möglichst breiten gesellschaftlichen Konsens bemühen.

2. Der Übergang in der DDR von einem politischen System der Unterdrückung zur Demokratie und der Übergang von einer Kommandowirtschaft zu einer sozial und ökologisch verpflichteten Marktwirtschaft sind historisch ohne Beispiel.

Der Bundeskanzler hat durch sein Verhalten bewiesen, daß er den damit verbundenen historischen Chancen und Herausforderungen für die deutsche und europäische Einigung nicht gerecht zu werden vermag.

In einer Situation, in der es darum geht, in der Außenpolitik Vertrauen zu vermitteln und in der Innenpolitik den Konsens zu suchen, hat er den entgegengesetzten Weg eingeschlagen.

Bei unseren Nachbarn und Verbündeten, hat er durch den unseligen Streit über die polnische Westgrenze immer wieder Mißtrauen gesät.

In der Bundsrepublik hat er versucht, die Opposition und den Bundestag von der Mitwirkung auszuschalten und Deutschlandpolitik wie eine Privatangelegenheit zu behandeln.

Er hat die Länder der Bundesrepublik Deutschland von den Vorbereitungen zum Staatsvertrag ausgesperrt, sie über die Vorstellungen der Bundesregierung unzureichend informiert und erst zu einem Zeitpunkt beteiligt, als nach seiner eigenen Behauptung keine Änderungen am vereinbarten Vertrag mehr möglich waren. Das ist ein Verstoß gegen die föderalen Prinzipien des Grundgesetzes.

Bei den Menschen in der DDR hat er nur Erwartungen und Hoffnungen geweckt und sich vor der Verantwortung gedrückt, auch auf die großen wirtschaftlichen und sozialen Probleme vorzubereiten, die die Einführung der Währungs- und Wirtschaftsunion mit sich bringen.

Das Verhalten des Bundeskanzlers läßt nur den Schluß zu, daß er die tatsächlichen oder vermeintlichen Interessen seiner Person und seiner Partei über die Interessen der Menschen an einem Wandel mit möglichst geringen wirtschaftlichen und sozialen Verwerfungen stellt.

3. Die SPD und ihr Kanzlerkandidat Oskar Lafontaine haben frühzeitig auf die Bedeutung einer sozial abgesicherten Wirtschafts- und Währungsunion für den Prozeß der deutschen Einigung hingewiesen. Um die Chancen einer Währungsunion richtig zu nutzen und bruchartige Umwälzungen zu vermeiden, haben wir verlangt, die Währungsunion sorgfältig vorzubereiten und durchzuführen und sie in die Wirtschafts- und Sozialpolitik wirksam einzubetten. Den vom Bundeskanzler gewählten Weg, zuerst die Währungsunion zu vereinbaren und sich dann erst den dramatischen Problemen der wirtschaftlichen und sozialen Folgen zuzuwenden, haben wir abgelehnt.

Wir haben davor gewarnt, daß die DM abrupt, ohne ausreichende struktur- und wirtschaftspolitische Flankierung und ohne wirksame Schutz- und Umstellungsmaßnahmen für die Unternehmen in der DDR eingeführt werden soll. Das hat der Kanzlerkandidat der SPD, Oskar Lafontaine, vor allem aus Sorge um die wirtschaftliche soziale Entwicklung, zurecht als »eminente Fehlentscheidung« kritisiert. Er hat immer wieder darauf hingewiesen, daß viele Betriebe, die nach einer angemessenen Übergangszeit durchaus wettbewerbsfähig wären, der geplanten Schocktherapie nicht standhalten könnten und dadurch vermeidbare Arbeitslosigkeit entsteht.

Wir haben davor gewarnt, die sozialen Folgen der geplanten Wirtschafts- und Währungsunion für die Menschen in der DDR und auch in der Bundesrepublik Deutschland zu vernachlässigen.

Wir haben davor gewarnt, den Weg zur deutschen Einheit zu mißbrauchen, um die föderale Ordnung der Bundesrepublik Deutschland auszuhebeln und zentralstaatliche Ansprüche durchzusetzen.

Wir haben darauf hingewiesen, daß die Länder wegen des Zeitdrucks nicht die Möglichkeit hatten, die im Staatsvertrag und im Zustimmungsgesetz getroffenen Regelungen verantwortlich daraufhin zu prüfen, ob sie erforderlich und sinnvoll sind. Das gilt vor allem für die besondere Lage Berlins.

Wir haben uns dennoch bemüht, die Folgen, für die der Bundeskanzler die Verantwortung trägt, im Interesse der Menschen in der DDR und in der Bundesrepublik Deutschland abzumildern.

4. Nachdem der Parteivorstand am 21. Mai 1990 und die SPD-regierten Bundesländer am 22. Mai 1990 deutlich gemacht haben, daß sie das von der Bundesregierung vorgelegte Vertragswerk vom 18.5.1990 nicht für zustimmungsfähig halten,

war der Bundeskanzler gezwungen, auf die Verhandlungsvorschläge der SPD einzugehen, obwohl er genau das noch kurz vor den Landtagswahlen in Nordrhein-Westfalen und Niedersachsen entschieden abgelehnt hatte.

Der Bundeskanzler hat damit eingestanden, daß die Kritik der SPD in der Sache und zum Verfahren berechtigt ist. Erst durch die massive Kritik der SPD und erst durch ihre konkreten Vorschläge konnten einige Fehlentwicklungen korrigiert bzw. vermieden, einige Risiken gemindert und Folgen abgemildert werden.

Dem beharrlichen Drängen der SPD in der DDR und in der Bundesrepublik und ihres Kanzlerkandidaten ist es zu verdanken,

- daß überlebensfähige Betriebe größere Chancen erhalten und sich dadurch die Zahl der Menschen, die arbeitslos werden, verringert;
- daß die Umweltvorschriften in der DDR weitgehend den in der Bundesrepublik geltenden Vorschriften angepaßt und vier Blöcke des Kernkraftwerks Greifswald stillgelegt worden sind;
- daß die zu Unrecht angehäuften Vermögen der SED/PDS, der Ost-CDU und der übrigen Blockparteien und der sogenannten Massenorganisationen beschlagnahmt worden sind und nunmehr für allgemeine Zwecke herangezogen werden sollen;
- daß die Guthaben hoher Funktionäre dieser Organisationen sowie der Stasi nicht in das Regel-Verfahren der Währungsumstellung einbezogen werden sollen;
- daß die Aussicht besteht, daß Devisenspekulanten nicht auf Kosten westdeutscher Steuerzahler auch noch Gewinne einstreichen;
- daß das föderale Prinzip, auf dem Weg zur deutschen Einheit nicht vollständig zugunsten zentralstaatlicher Regelungen geopfert wird.

Schon vorher hat die SPD der DDR mit unserer Unterstützung wesentliche soziale Verbesserungen durchgesetzt. Insbesondere

- die Aufrechterhaltung der Mindestrente, die wir »soziale Grundsicherung« nennen, die die Bundesregierung jedoch mit der irreführenden Bezeichnung »Sockelbetrag« abwerten möchte;
- die Gültigkeit des gesamten Betriebsverfassungsgesetzes, einschließlich der Sozialplanregelung;
- das Inkrafttreten des gesamten Kündigungsschutzes;
- die Streichung der Passage über die Zulässigkeit von Aussperrungen.

Nur unserem gemeinsamen Bemühen ist es zuzuschreiben, daß an die Stelle der zunächst vorgesehenen ergänzenden Sozialgemeinschaft eine der Wirtschaftsunion vergleichbare Sozialunion getreten ist.

5. Die Initiative der SPD hat zu substantiellen Veränderungen des von der Bundesregierung vorgelegten Vertragswerkes geführt. Wir konnten im Interesse der Menschen in beiden deutschen Staaten wichtige Verbesserungen erreichen. Der vom Bundeskanzler zu verantwortende beispiellose Zeitdruck auf dem Weg zur Wäh-

rungs- und Wirtschaftsunion hat aber verhindert, das Vertragswerk insgesamt so zu gestalten, daß es vermeidbare Risiken bannt. Wir kritisieren unverändert die unberechenbaren Risiken, die das vom Bundeskanzler benutzte Verfahren, der von ihm eingeschlagene Weg und das von ihm bestimmte Tempo mit sich bringen.

Die SPD vermißt im Staatsvertrag grundsätzliche Aussagen über die offenen Vermögensfragen (Enteignungen). Dadurch sind Unsicherheit bei den Bürgern und Bürgerinnen in der DDR und bei möglichen westlichen Investoren entstanden. Ebenso fehlen Regelungen über den Verkauf volkseigener Grundstücke seit dem 9.11.1989. Das volkseigene Vermögen der DDR soll nach dem Staatsvertrag zur Verbesserung der Wirtschaftsstruktur und zum Ausgleich des Staatsvertrags herangezogen werden. Es ist fahrlässig, dieses Vermögen durch Bodenverkäufe weit unter dem Wert zu verringern. Die in der Anlage IX zum Staatsvertrag für den Eigentumserwerb privater Investoren aufgeführten Bedingungen bieten keinen ausreichenden Schutz gegen die zu erwartende Bodenspekulation in der DDR.

Wir sehen es aber als unsere Pflicht an zu verhindern, daß es statt der gebotenen Überwindung der deutschen Teilung zu sozialem Chaos in der DDR und zu einer Vertiefung der sozialen Spaltung in ganz Deutschland kommt.

Bei der nun notwendigen Entscheidung, ob das Vertragswerk in der jetzt vorliegenden Form in Kraft treten soll oder nicht, läßt sich die SPD von der Überlegung leiten, welche Folgen ihre Entscheidung für die praktischen Lebensbedingungen der Menschen in der DDR und in der Bundesrepublik haben wird.

Der Bundeskanzler hat wenige Tage vor der Volkskammerwahl durch seine Ankündigungen und Festlegungen bei den Menschen in der DDR Erwartungen und Hoffnungen geweckt. Wenn der Währungsumtausch nicht an dem Tag stattfindet, auf den sich die Menschen in der DDR mit ihren persönlichen Lebensplanungen einrichten mußten, werden Hoffnungslosigkeit, Resignation, Verzweiflung oder ohnmächtige Wut die Reaktion sein.

Wirtschaftliche Vorentscheidungen, die im Hinblick auf den Stichtag getroffen sind, werden für Menschen und Betriebe nicht mehr revidierbar sein. Die krisenhafte Entwicklung in der DDR müßte sich noch verschärfen. Sie hätte auch negative Auswirkungen auf die Länder Osteuropas und auf die Sowjetunion.

Der Bundeskanzler verfügt nach den letzten Landtagswahlen nicht mehr über eine Mehrheit im Bundesrat für das Zustimmungsgesetz zum Staatsvertrag. Er ist auf die Hilfe der Sozialdemokraten angewiesen, um für die Folgen seiner leichtfertigen Politik nicht schon jetzt einstehen zu müssen. Da diese Folgen aber zunächst und vor allem die Menschen in der DDR treffen würden, hält der Parteivorstand es für unvermeidbar und notwendig, daß der Staatsvertrag zu dem angekündigten Termin am 1. Juli 1990 in Kraft tritt.

Die Bereitschaft der SPD, das jetzt vorliegende Vertragswerk in Kraft treten zu lassen, bedeutet keine Zustimmung zum Verfahren des Bundeskanzlers, zur völlig unzureichenden Vorbereitung der Währungsunion und zum Inhalt des Staatsvertrages in allen seinen Bestandteilen.

Wolfgang Thierse, Richard Schröder. Sitzung des Parteirats in Bonn, 14. Juni 1990

Der Bundeskanzler wird von nun an versuchen, seine Verantwortung zu verwischen. Er wird versuchen, die Kritiker, die er monatelang ausgegrenzt hat, mithaftbar zu machen. Er wird versuchen, die Mehrheit im Bundesrat und die Opposition im Bundestag, die er monatelang von der Mitentscheidung ausgeschlossen hat, in die Mitverantwortung zu ziehen. Wir werden darauf bestehen: Für die Folgen des von ihm eingeschlagenen Kurses trägt er allein die politische Verantwortung.

6. Die Zukunft unseres demokratischen, ökologisch orientierten und sozialen Bundesstaates hängt davon ab, daß die nächsten Schritte im Einigungsprozeß sorgfältiger vorbereitet werden:

   – Die SPD wird in Bund, Ländern und Gemeinden am Einigungsprozeß konstruktiv und verantwortlich mitwirken. Wir verlangen jedoch auf allen Seiten ernsthaften Willen zur fairen Zusammenarbeit. Prüfstein für uns ist, ob die Bundesregierung bereit ist, den Zeitpunkt und die Ausgestaltung der ersten gesamtdeutschen Wahlen im Konsens aller verantwortlichen politischen Kräfte und staatlichen Ebenen zu regeln.
   – Wir müssen verhindern, daß die DDR auf Dauer zum wirtschaftlichen Notstandsgebiet wird. Die notwendigen Maßnahmen, um die zu erwartende Massenarbeitslosigkeit und den Zusammenbruch von Unternehmen in Grenzen zu halten, sanierungsfähige Betriebe zu sanieren und langfristig neue Investitions-

und Beschäftigungschancen aufzubauen, dürfen nicht zu Lasten der Schwächeren im geeinten Deutschland gehen.
- Jetzt müssen die Weichen für eine zukunftsorientierte Energieversorgung ohne Kernkraft in der DDR gestellt und die Voraussetzungen für eine umfassende ökologische Sanierung der DDR geschaffen werden. Der Umweltschutz muß Staatsziel in Deutschland werden.
- Das Sozialstaatsgebot des Grundgesetzes muß insbesondere durch ein Recht auf Arbeit und Recht auf Wohnung konkretisiert werden.
- Die Rechte und Chancen der Frauen im geeinten Deutschland müssen endlich auch in der Praxis dem Verfassungsgebot der Gleichberechtigung entsprechen. Deshalb dürfen Einrichtungen zur Erleichterung der Vereinbarkeit von Familie und Beruf in der DDR nicht zerschlagen und entsprechende Regelungen nicht abgeschafft werden. Die Möglichkeit, Kinder und Beruf zu vereinbaren, muß im geeinten Deutschland allen Bürgerinnen und Bürgern offenstehen. Wir erkennen die Verantwortung und das Selbstbestimmungsrecht der Frauen bei der Entscheidung über den Schwangerschaftsabbruch an. Dieses Selbstbestimmungsrecht muß bei der Herstellung der deutschen Einheit gesichert werden.
- Wir erwarten, daß Bundesregierung und DDR-Regierung rasch gemeinsame Grundsätze für ein Gesetz beschließen, das einen gerechten und sozialen Ausgleich zwischen den Interessen der heute auf enteigneten Grundstücken wohnenden und arbeitenden Menschen und den ehemaligen Eigentümern ermöglicht. Es ist notwendig, daß die DDR rasch ein wirksames Grundstücksverkehrsgesetz beschließt, das eine nachträgliche Überprüfung aller seit dem 9.11.1989 getätigten Bodenverkäufe auf ihre rechtliche Zulässigkeit und den angemessenen Preis vorschreibt. Der Verkauf innerstädtischer Grundstücke muß mit Bindungen an vorhandene Stadtplanungen und einem Vorkaufsrecht der Gemeinde zum Verkaufswert verbunden werden. Nur so läßt sich die Gefahr einer ausufernden Bodenspekulation in der DDR vermindern.
- Wir verbinden die Herstellung der staatlichen Einheit mit der klaren Absage an Nationalismus und Zentralismus. Der Föderalismus ist für uns machtbegrenzendes Gestaltungsprinzip, das weiter ausgebaut werden muß. Wir tragen damit auch dazu bei, den europäischen Einigungsprozeß in Richtung auf einen europäischen Bundesstaat voranzutreiben. Die Vereinigten Staaten von Europa wollen wir als ein Ziel unserer Außenpolitik in der Verfassung verankern.
- An der Nahtstelle zwischen zwei sich auflösenden Militärblöcken haben wir Deutsche besondere Verantwortung für Frieden und Abrüstung in ganz Europa. Umfang und Bewaffnung unserer Streitkräfte müssen drastisch reduziert, der Rüstungshaushalt muß jetzt gekürzt werden. Wir wollen die Friedfertigkeit Gesamtdeutschlands dadurch betonen, dass wir in unserer Verfassung ausdrücklich auf die Herstellung, Lagerung und den Besitz von atomaren, biologischen und chemischen Massenvernichtungswaffen verzichten.
- Wir wollen die Auflösung des Ost/West-Konfliktes und die Reduzierung der Rüstungskosten dazu nutzen, um die Kräfte auf die globalen Probleme der

Menschheit, insbesondere auf die Klimakatastrophe, Unterentwicklung, Hunger und Elend in der Dritten Welt zu lenken.
7. Das Grundgesetz fordert in seiner Präambel das gesamte deutsche Volk dazu auf, die Einheit Deutschlands zu vollenden. Diese Aufforderung richtet sich nicht nur an Regierungen und Parlamente, sondern an das ganze deutsche Volk. Praktische Solidarität, Unternehmungsgeist und Bereitschaft zum Teilen werden in der vor uns liegenden schwierigen Phase des sich vereinigenden Deutschlands zu einer Bürgerpflicht. Dem entspricht das Bürgerrecht, über die Verfassung des gemeinsamen Bundesstaates in einer Volksabstimmung zu entscheiden.
Die neue bundesstaatliche Republik Deutschland darf nicht nur durch Staatsverträge begründet werden. Sie muß ihre demokratische Tradition auf eine demokratische Entscheidung gründen, an der mitzuwirken alle Deutschen berufen sind.

Dokument Nr. 47
Hans-Jochen Vogel zur Währungs- Wirtschafts- und Sozialunion im Deutschen Bundestag, 21. Juni 1990

Auszug aus den Verhandlungen des Deutschen Bundestages, 11. Wahlperiode, Stenographische Berichte, Bd. 153, 217. Sitzung, 21. Juni 1990, S. 17162 – 17170

Dr. Vogel (SPD) (von der SPD mit Beifall begrüßt):
[...]
Herr Präsident! Meine sehr verehrten Damen und Herren! Die Sozialdemokratische Partei Deutschlands bekennt sich in beiden Teilen unseres Landes zur deutschen Einheit. (Beifall bei der SPD) Wir wollen diese **Einheit** jetzt **in Freiheit vollenden**. Die Einheit der Deutschen – das füge ich hinzu – ist für uns kein Selbstzweck. Sie ist kein Wert, der anderen Werten, etwa dem Frieden oder der Freiheit, übergeordnet ist und deshalb keiner weiteren Rechtfertigung bedarf. Wir wollen die Einheit um der Menschen willen. (Beifall bei der SPD)
Wir wollen sie, weil sie das friedliche Zusammenleben nicht nur der Deutschen, sondern auch unserer Nachbarn, aller Europäer, erleichtert und ihrem Wohlergehen dient. Wir wollen sie, weil ein **geeintes Deutschland in einem geeinten Europa** mehr zur Bewältigung der großen Menschheitsaufgaben beitragen kann. (Beifall bei der SPD)
Vergessen wir auch an diesem Tage nicht: Daß wir heute auf dem Wege zur deutschen Einheit sind, verdanken wir zuerst und vor allem dem, was zunächst in **Polen**, in der **Tschechoslowakei**, in **Ungarn** und unter Führung Michail Gorbatschows in der **Sowjetunion** in Gang gekommen ist (Beifall bei der SPD, bei Abgeordneten der CDU/CSU und bei Abgeordneten der FDP) und was ohne die **Ost- und Deutsch-**

landpolitik der sozialliberalen Koalition unter Willy Brandt und Helmut Schmidt und ohne den Helsinki-Prozeß nicht in Gang gekommen wäre. (Beifall bei der SPD und bei Abgeordneten der FDP)

Das hat noch am Sonntag in ihrer eindrucksvollen Rede auf der Gedenkveranstaltung zum 17. Juni die Präsidentin der Volkskammer ausdrücklich bestätigt. Wir verdanken es sodann den Gruppen, die in der DDR für Frieden, Gerechtigkeit und die Bewahrung der Schöpfung eingetreten sind, den Gruppen, die – wie die christlichen Friedensbewegungen – solche Einsichten und Erfahrungen im besonderen Maße verkörpern und sich schon zu Beginn der 80er Jahre unter dem Ruf »**Schwerter zu Pflugscharen**« zusammenfanden. (Beifall bei der SPD und bei Abgeordneten der GRÜNEN) Sie vor allem haben entscheidend dazu beigetragen, daß ein unerträglich gewordenes System hinweggefegt und die Mauer zum Einsturz gebracht wurde.

Die deutsche Einigung kann aber auch helfen, die Teilung Europas zu überwinden. Sie mindert die Konfrontation und macht den Frieden sicherer. Sie macht **radikale Abrüstung** und drastische Senkungen der Rüstungsausgaben überall in Europa, vor allem auch bei uns möglich. (Beifall bei der SPD) Sie bringt uns einer umfassenden **Europäischen Union**, d. h. also den Vereinigten Staaten von Europa, die wir Sozialdemokraten bereits 1925 in unserem Heidelberger Programm gefordert haben, ein gutes Stück näher. Deshalb wollen wir die deutsche Einigung gerade auch als Teil der europäischen Einigung – nicht aus nationalem Egoismus, nicht auf Kosten anderer Völker und schon gar nicht als Ausdruck eines nationalen Triumphes. Auch darum begrüßen wir, daß wir heute endlich – gemeinsam, in Einstimmigkeit – zu der Aussage über die **Endgültigkeit der polnischen Westgrenze** kommen, die wir schon lange gefordert haben. (Beifall bei der SPD und des Abg. Cronenberg [Arnsberg] [FDP])

Wir wollen die deutsche Einheit nicht so, wie Bismarck das Deutsche Reich, den Nationalstaat von 1871, schuf – damals als Ausdruck des Machtwillens einer restaurativen Staatsauffassung, die damals im Inneren spaltete, was sie nach außen vereinigte. Wir wollen die deutsche Einheit als Ausfluß eines allgemeinen Menschenrechtes, das allen Völkern zusteht, nämlich als Ausfluß des **Selbstbestimmungsrechtes**. (Beifall bei der SPD und der Abg. Frau Nickels [GRÜNE]) Wir wollen sie nicht als Akt der Obrigkeit, wie es **1871** der Fall war, sondern als Akt des Volkes unter der Devise »**Wir sind das Volk**«, der Devise, unter der die erste demokratische Revolution auf deutschem Boden siegreich und erfolgreich war.

Auf dieser Grundlage streiten wir mit Ihnen über die deutsche Einigung. Aber wir streiten nicht über das Ob, wir streiten über das Wie. Wir streiten nicht über das Ziel, sondern über den besten Weg dorthin. (Beifall bei der SPD) Nehmen Sie bitte zur Kenntnis: Wer Ihre Politik, die Politik des Bundeskanzlers, in konkreten Punkten ablehnt, wer beispielsweise zu diesem Staatsvertrag nein sagt, ist noch lange kein Gegner der deutschen Einheit. Diese Gleichsetzung ist unzulässig. (Beifall bei der SPD und den GRÜNEN) Und wer nationales Pathos schwer erträglich findet und für mehr Nüchternheit eintritt, ist noch lange kein schlechter Deutscher. (Beifall bei der SPD)

Das gilt auch für den **Staatsvertrag**, über den wir heute entscheiden. Auch hier geht es um das Wie. Wir alle – auch die aus unseren Reihen, die am Ende dieses Tages mit Nein stimmen werden – sagen: Es ist vernünftig, mit der Verwirklichung der Einheit auf den Gebieten zu beginnen, die für das tägliche Leben der Menschen wesentlich sind, also auf dem Gebiet der Wirtschaft, der sozialen Sicherheit und der Umwelt, auch auf dem Gebiet der Währung. Darüber streiten wir nicht. Worüber wir streiten und uns in demokratischer Weise zur Meinungsbildung auseinandersetzen – das ist nämlich der Vorzug und das Privileg der Demokratie, daß diese Auseinandersetzung möglich ist –, (Beifall bei der SPD) das ist der abrupte, unflankierte Übergang von einem System in das andere, das ist die Frage, ob es richtig ist, die Schleusen von einem Tag auf den anderen mit einem Ruck zu öffnen; ob die Schutz- und Anpassungsmaßnahmen ausreichend sind; ob es als Folge des von Ihnen gewählten Weges nicht zu tieferen sozialen Brüchen und Erschütterungen kommen wird als unvermeidbar; ob nicht mehr Betriebe zusammenbrechen und mehr Menschen arbeitslos werden, als das ohnehin unvermeidlich ist. Die Frage muß doch gestellt und von Ihnen ertragen werden, damit wir uns damit auseinandersetzen. (Beifall bei der SPD)

Sie wissen doch selber, daß ernst zu nehmende Experten das befürchten und bis in die letzten Tage hinein gewarnt haben. Kein anderer als Herr Pohl, der Wirtschaftsminister der DDR, hat erst am 15. Juni 1990 die Vermutung geäußert, die **Arbeitslosigkeit in der DDR** werde alsbald auf etwa 1 Million steigen. Und es kommt doch nicht von ungefähr, daß Herr Kollege Haussmann die Zahl der Arbeitslosen vor zwei Tagen sogar auf 1,8 Millionen vorausgeschätzt und die deutsche Wirtschaft kritisiert hat, weil sie sich nicht genügend investitionsbereit zeige. (Dr. Weng [Gerlingen] [FDP]: Das ist unwahr!) – Entschuldigung, man wird doch einen Wirtschaftsminister zitieren dürfen. (Dr.-Ing. Kansy [CDU/CSU]: Aber richtig!)

Es kommt doch nicht von ungefähr, daß Herr Stolpe in einer eindrucksvollen Festrede zum 17. Juni mit Betonung gesagt hat, die **Arbeitsförderung ohne Zwischenarbeitslosigkeit** sei die wichtigste innergesellschaftliche Friedensfrage. (Beifall bei der SPD) Dazu hat doch nicht nur die eine Seite dieses Hauses applaudiert, dazu haben Sie doch alle im Schauspielhaus in Berlin applaudiert. Das kann man doch nicht einfach beiseite schieben. Der saarländische Ministerpräsident hat doch recht, wenn er diese Sorgen artikuliert, wenn er diese Sorgen ausspricht. (Beifall bei der SPD und den GRÜNEN – Dr. Rüttgers [CDU/CSU]: Wo ist er denn?) Ob es Ihnen behagt oder nicht: Er drückt doch nur aus, was viele Menschen bei uns und in der DDR empfinden. Es ist doch Sinn der Demokratie, daß solche Empfindungen ausgesprochen und zum Gegenstand der Debatte werden. (Beifall bei der SPD)

Zu dieser Kritik sind wir um so mehr berechtigt, als das Konzept, mit dem wir es jetzt zu tun haben, ohne unsere Mitwirkung entstanden ist. Sie haben im Gegenteil diese Mitwirkung, zu der wir bereit waren, zu der ich mich im Namen meiner Fraktion hier und an anderer Stelle immer wieder bereit erklärt habe, über viele Monate hin ausdrücklich abgelehnt. Auch die Länder sind an der Gestaltung des Konzeptes nicht beteiligt worden. Die Termine, die Sie, Herr Kollege Seiters, immer nennen, waren bestenfalls Informationstermine, aber doch nicht Gelegenheiten zur Mitgestaltung, zur Veränderung und zur Einbringung von Vorschlägen. (Beifall bei der SPD und den GRÜNEN)

Das hat sich erst nach dem 13. Mai 1990 geändert – das räume ich ein –, und zwar nicht so sehr aus besserer Einsicht, sondern weil die niedersächsischen Wählerinnen und Wähler dies durch die Veränderung der **Mehrheitsverhältnisse im Bundesrat** erzwungen haben. (Beifall bei der SPD und bei Abgeordneten der GRÜNEN) Bis dahin – die Feststellung kann ich Ihnen nicht ersparen – haben Sie die deutsche Einigung weithin als eine persönliche, als eine fast private Angelegenheit angesehen, auch als ein Instrument zur Befestigung der Macht Ihrer Partei und als Instrument – das war der Sache nicht angemessen – zur Bekämpfung der deutschen Sozialdemokratie. (Beifall bei der SPD – Widerspruch bei der CDU/CSU) Deshalb haben Sie das Konzept, nach dem jetzt vorgegangen werden soll, und die großen Risiken, die mit ihm verbunden sind, zu verantworten; Risiken, die in erster Linie die Menschen in der DDR betreffen, die aber auch unsere Mitbürgerinnen und Mitbürger in der Bundesrepublik berühren und die nicht wenige in der einen oder anderen Form, etwa in der Gestalt hoher Zinsen, schon zu fühlen bekommen.

Natürlich wissen wir: Der Übergang von der **Kommandowirtschaft** zu einer sozialen und ökologisch verpflichteten Marktwirtschaft ist nicht ohne tiefe **Umstellungsprozesse** und nicht ohne Risiken möglich. Wir wissen auch: Eine ganz elementare Vorentscheidung, von der vieles abhängt, ist erfreulicherweise schon am 9. November letzten Jahres mit der Öffnung der Grenzen und mit dem Fall der Mauer getroffen worden. Außerdem sagen wir klipp und klar: Für den katastrophalen wirtschaftlichen und ökologischen Zustand der DDR, für die Vergiftung der dortigen Gesellschaft durch die abgefeimten Praktiken des sogenannten Staatssicherheitsdienstes – diese psychische Vergiftung der Gesellschaft wird uns alle miteinander noch viel länger beschäftigen als die Verseuchung des Bodens durch Umweltlasten (Dr. Weng [Gerlingen] [FDP]: Wer hat das denn gemacht?) – und dafür, daß an zu vielen Schaltstellen noch die alten Kader sitzen, sind nicht die verantwortlich, die sich jetzt in der DDR und in der Bundesrepublik darum bemühen, diese Zustände zu überwinden. Die Verantwortung dafür tragen allein die SED und die Blockparteien, darunter natürlich auch die Ost-CDU und die Ost-LDPD. (Anhaltender Beifall bei der SPD)

Ich füge hinzu: Es ist nackte Heuchelei, wenn jetzt ausgerechnet die **SED-Nachfolgerin PDS** als angebliche Beschützerin derer auftritt, an deren Ängsten, Sorgen und Nöten sie selber in erster Linie schuld ist. (Beifall bei der SPD und bei Abgeordneten der GRÜNEN sowie des Abg. Dr. Rüttgers [CDU/CSU]) Es ist aber auch schwer zu verstehen, daß für die LDPD der Regierung ein Justizminister – jedenfalls bis zum heutigen Tage – angehört, der schon unter Ulbricht in demselben Amt schweres Unheil angerichtet hat. (Beifall bei der SPD und bei Abgeordneten der FDP und der GRÜNEN sowie des Abg. Rühe [CDU/CSU]) Wir meinen: Der SED-PDS stünde es besser an, zu schweigen und ihr noch immer gewaltiges Vermögen für die wenigstens teilweise Wiedergutmachung dessen zur Verfügung zu stellen, was sie den Menschen angetan hat, vor allem denen, die Verfolgung und Haft in der Vergangenheit erdulden mußten. (Beifall bei der SPD sowie bei Abgeordneten der CDU/CSU und der FDP)

Diese SED-PDS täte besser daran, sich zu dem ungeheuerlichen Vorwurf zu erklären, daß unter ihrer Verantwortung mehrfacher Morde beschuldigten **Terroristen Unterschlupf**, ja ein Leben voller Privilegien und sogar die Möglichkeit zur ungestörten Fortsetzung ihrer mörderischen Aktivitäten gewährt wurden. Ein Verhalten, das an Niedertracht kaum zu überbieten ist. (Beifall bei der SPD, der CDU/CSU und der FDP) Ich werde jeden deutschen Politiker hier in der Bundesrepublik – gleich welcher Couleur – gegen die Behauptung in Schutz nehmen, daß er dies gewußt oder auch nur für möglich gehalten hätte. Ich füge hinzu: Dies muß unverzüglich zum Gegenstand staatsanwaltschaftlicher Ermittlungen drüben und hüben gemacht werden. (Beifall bei der SPD und bei Abgeordneten der CDU/CSU und der GRÜNEN sowie der Abg. Frau Unruh [fraktionslos])

Aber darum geht es heute nicht. Wahrscheinlich – das hat der Beifall gezeigt – ist sich auch über das, was ich soeben gesagt habe, das ganze Haus einig. Es geht nicht um das, wofür andere verantwortlich sind. Es geht um die Risiken, die mit dem vorliegenden Staatsvertrag verbunden sind, und zwar nicht um die unvermeidbaren, die in jedem Fall eingetreten wären, sondern um die vermeidbaren.

Wir haben sogleich nach Bekanntwerden des ersten Entwurfes zum Staatsvertrag alles unternommen, damit diese Risiken vermindert werden, und zwar in enger Kooperation, im Einvernehmen mit den Sozialdemokraten in der DDR. Den Sozialdemokraten in der DDR und diesem Zusammenwirken ist es zu danken, daß aus der zunächst lediglich vorgesehenen sozialrechtlichen Einzelregelung, die, wie die Denkschrift auswies, nur ergänzend zur Währungsunion hinzutreten sollte, eine **Sozialunion** geworden ist, die diesen Namen verdient.

Die Lohnzuschläge, die in der DDR bei niedrigem Einkommen ab 1. Juli 1990 gezahlt werden sollen, der Vertrauensschutz für die Mindestrente – das ist es nämlich, auch wenn der Ausdruck vermieden wird –, die Pflicht zur Aufstellung von Sozialplänen bei Massenentlassungen, das Inkrafttreten des gesamten Kündigungsschutzrechtes – das alles fehlte in der ersten Vorlage der Bundesregierung und ist erst nachträglich eingefügt worden. Dafür wollte die Bundesregierung die Zulässigkeit der Aussperrung ausdrücklich festgestellt haben. Das ist erst auf unseren gemeinsamen Einspruch drüben und hüben gestrichen worden. Das alles ist einigermaßen erhellend. Es zeigt, was der Bundesregierung von Anfang an am Herzen lag und was erst auf Druck und Forderung nachträglich hineingekommen ist. Es zeigt, daß das Prinzip der Zweidrittelgesellschaft, das uns hier zu schaffen macht, drauf und dran war, auch in die DDR transferiert zu werden. (Beifall bei der SPD)

Bemerkenswert ist des weiteren, daß in der Präambel des Staatsvertrages eine ganz zentrale Feststellung fehlte, nämlich die Feststellung, daß der Vertrag überhaupt nur dank der Tatsache geschlossen werden kann, daß in der Deutschen Demokratischen Republik im **Herbst 1989** eine **friedliche, demokratische Revolution** stattgefunden hat. Auch zur Aufnahme dieser Feststellung ist die Bundesregierung erst von drüben und von uns gedrängt und veranlaßt worden. (Widerspruch bei der CDU/CSU – Kraus [CDU/CSU]: Ihr lauft doch offene Türen ein!) – Entschuldigung, das sind die nackten Tatsachen. (Dr. Rüttgers [CDU/CSU]: Das stimmt doch nicht!)

Legen Sie doch bitte nebeneinander den ersten Entwurf, den Herr Seiters uns allen übermittelt hat, und das schließliche Ergebnis, und fragen Sie, wer die Aufnahme dieser Feststellung verlangt hat. (Beifall bei der SPD)

Wir haben weitere Verbesserungen verlangt. Das waren und sind unsere hauptsächlichen Forderungen: Erstens. Es muß verhindert werden, daß **überlebens- und konkurrenzfähige Betriebe** zusammenbrechen, weil ihnen in der kritischen Anfangsphase nicht geholfen wird. Jeder Betrieb, der gerettet wird, bedeutet weniger Arbeitslose und mehr Hoffnung für die Menschen in der DDR. Das ist entscheidend. (Beifall bei der SPD) Daß es auch für uns eine Kostenersparnis bedeutet, rangiert für mich deutlich an zweiter oder dritter Stelle.

Zweitens. Die **katastrophalen Umweltverhältnisse** in der DDR müssen energisch verbessert werden. Das hilft übrigens den Menschen – da sind wir uns ja einig – in beiden Teilen Deutschlands. Deshalb muß die Umweltunion den gleichen Rang erhalten wie die anderen Unionen. Sie darf nicht nur als Anhängsel betrachtet werden. (Hornung [CDU/CSU]: Das stand doch von vornherein drin!)

Drittens. Die Milliardenvermögen der SED, die dreistelligen Millionenvermögen der Ost-CDU, der anderen Blockparteien und der sogenannten Massenorganisationen müssen für Zwecke der Allgemeinheit herangezogen werden. (Beifall bei der SPD und der Abg. Frau Unruh [fraktionslos]) Es darf doch nicht sein, daß die Bürgerinnen und Bürger der Bundesrepublik deshalb höhere Leistungen erbringen, weil Herr Gysi weiterhin 10 000 Parteiangestellte beschäftigen will, wie er das öffentlich erklärt, oder weil er die Schalck-Golodkowski-Firmen in Liechtenstein, in Portugal oder sonst irgendwo – auch in der Bundesrepublik, auch im südlichen Teil der Bundesrepublik – nicht herausrücken will. (Hornung [CDU/CSU]: Mit denen haben Sie verhandelt!) – Zu der Frage, wer mit Herrn Schalck-Golodkowski verhandelt hat, sollten Sie sich lieber einmal hier vorne bei der CSU erkundigen. (Beifall bei der SPD – Zurufe von der CDU/CSU) – Ist Ihnen der Name März irgendein Begriff? Wir wollen die Sache dann vielleicht bei anderer Gelegenheit weiterverhandeln.

Es darf auch nicht sein, daß die Ost-CDU ein Vermögen behält, das ihr Generalsekretär auf mehrere Hundert Millionen schätzt.

Viertens. Außerdem muß den **Spekulanten** das Handwerk gelegt werden, den Umtauschspekulanten, aber auch den Bodenspekulanten, die sich ja schon in der DDR tummeln.

Auf allen vier Gebieten hat es erfreulicherweise Bewegungen gegeben. Die Parteivermögen sind beschlagnahmt. Ich erkenne ausdrücklich an, daß die hiesige CDU die Beschlagnahme auch des Vermögens der Ost-CDU mit gefordert und unterstützt hat. Ich erkenne das ausdrücklich an. (Beifall bei der SPD)

Die Umweltbestimmungen sind ergänzt und verbessert. Vier Blöcke des Kernkraftwerks Greifswald sind stillgelegt, der fünfte wird alsbald folgen. Für die Erhaltung überlebensfähiger Betriebe und die Vermeidung von Arbeitslosigkeit ist ebenfalls Zusätzliches geschehen, so durch Maßnahmen, die die DDR-Produkte in bestimmten Branchen für eine kurze Übergangszeit – es kann nur eine kurze Zeit sein – steuerlich begünstigen, und vor allem durch eine Kurzarbeiterregelung, die als Überbrückungsmaßnahme auch die Einrichtung von Beschäftigungsgesellschaften möglich macht, also gerade das, was Herr Stolpe als ganz besonders wichtig zur Vermeidung von Zwischenarbeitslosigkeit gefordert hat. (Beifall bei der SPD) Das begrüßen wir, weil es die Risiken mindert.

Uns ging es dabei gar nicht um die Frage, ob der Text des Staatsvertrags oder des Ratifizierungsgesetzes geändert wird. Das ist eine Frage, die Sie hochgespielt haben. Uns ging es darum, daß der Übergang in der Zeit nach dem 1. Juli 1990 schonender gestaltet wird. Dafür sind – und ich glaube, darüber sind wir uns doch einig – **Gesetzgebungsmaßnahmen in der DDR** wichtiger als die eine oder andere Textkorrektur. Solche Maßnahmen der DDR, für die ich der Volkskammer und der Regierung der DDR hier danke, hat es in beträchtlichem Umfang gegeben. Übrigens – obwohl Sie das mit großem Eifer ständig in Abrede stellen – haben Sie ja selbst den Text des Vertragswerks in letzter Minute noch geändert. In einer Bestimmung, die Sie erst am vergangenen Freitag im Ausschuß Deutsche Einheit in den Entwurf eingefügt und sogar an den Beginn des Ratifizierungsgesetzes gestellt haben – es ist jetzt der zweite Artikel des Ratifizierungsgesetzes –, in dieser Bestimmung haben Sie jetzt ausdrücklich mit der DDR vereinbart, daß sich die **Durchführung der Wirtschaftsunion** – man höre – an der Sozialpflichtigkeit des Eigentums, am sozialen Wohn- und Mietwesen, am Verbraucherschutz, am Ausbau der Infrastruktur, an Schutz- und Umstellungsfristen, an der Einführung eines Vergleichs- und Vertragshilfeverfahrens und – wörtlich – am Vorrang einer aktiven Arbeitsmarktpolitik vor der bloßen Arbeitslosenunterstützung zu orientieren hat. Das stimmt weithin wörtlich mit den Inhalten, ja mit den Formulierungen überein, die von unserer Seite bei den Verhandlungen im Bundeskanzleramt und im Bundesrat gefordert worden sind. Diese Formulierungen sollen heute beschlossen werden. Das begrüßen wir. Das zeigt, daß dies eben bisher nicht im Vertragswerk stand; sonst würden Sie diese Formulierungen ja heute nicht beschließen. Ebenso haben Sie die Bestimmungen über die Beteiligung der Länder im Regierungausschuß und im Schiedsgericht entsprechend unseren Forderungen geändert. Hören Sie also bitte mit dem Märchen auf, Sie hätten mit uns nur ein bißchen geplaudert oder ein Frühstück mit uns eingenommen und Sie hätten nichts verändert. Das ist schlicht die Unwahrheit. Ihr eigener Beschluß widerlegt Sie. (Beifall bei der SPD)

Natürlich ist es wahr, daß Sie bedauerlicherweise nicht alle unsere Forderungen erfüllt haben. So wäre es besser gewesen, wenn für die **Schulden überlebensfähiger Betriebe** eine umfassendere Regelung getroffen worden wäre, etwa durch die Übernahme weiterer Teile der Schulden auf das Treuhandvermögen. Unzulänglich sind zu unserem großen Bedauern auch die **Interessen der Frauen in der DDR** gewahrt. (Beifall bei Abgeordneten der SPD) Den Frauen – das hören Sie doch genauso wie wir – wird im Augenblick in der DDR überall zuerst gekündigt, und sie werden auch dort alleingelassen, wo es möglich wäre, ihnen zu helfen.

Ob den **Spekulanten** wirklich wirksam begegnet worden ist, wird sich zeigen. Wir hätten es Stasi- und SED-Funktionären schwerer gemacht, ihre Beute in D-Mark umzutauschen. Auch das Bodenrecht hätten wir so gestaltet, daß sich die Hunderttausende, die sich gutgläubig auf Grundstücken, die ihnen der Staat verkaufte, ein Eigenheim gebaut oder ein Nutzungsrecht erworben haben, weniger Sorgen und die westdeutschen Bodenspekulanten mehr Sorgen hätten machen müssen, als es nach ihren Vereinbarungen der Fall ist. Die **Sozialpflichtigkeit des Eigentums**, die Sie heute in das Vertragswerk als Orientierung hineinschreiben wollen, wird sonst zur Farce.

Diese und andere Defizite des Vertragswerks haben Sie zu verantworten. Sagen Sie nicht, Sie wollten die Eigenständigkeit der DDR und ihrer Verfassungsorgane nicht antasten. Darauf haben Sie nämlich gerade dort, wo Sie wirklich interessiert waren – etwa bei der Durchsetzung des Rechts auf Grundstückserwerb der Bundesbürger –, keinerlei Rücksicht genommen. (Frau Matthäus-Maier [SPD]: Leider!)

Noch eine Feststellung ist hier notwendig. In Ihrer **Erklärung** zu den sogenannten **offenen Vermögensfragen** sagen Sie, daß Sie die Bodenreform der Jahre 1945/46 – also die Übertragung der Rittergüter, des landwirtschaftlichen Großgrundbesitzes auf neue Eigentümer – zur Kenntnis nehmen. Sie erkennen sie nicht an, aber Sie nehmen sie zur Kenntnis. (Dr. Bötsch [CDU/CSU]: Es geht nicht nur um Rittergüter! Das wissen Sie genau!) Sie sprechen davon, daß die Prüfung nachträglicher Entschädigungen vorbehalten bleibt. (Zurufe von der CDU/CSU: Mit Recht!) Ich kann da nur warnen. Eine Wiederherstellung ostelbischen Großgrundbesitzes ist mit uns nicht zu machen (Beifall bei der SPD – Zurufe von der CDU/ CSU: Märchen sind das! Das ist doch Quatsch!) und die Bereitstellung von hohen Milliardenbeträgen, um nach 45 Jahren, womöglich mit Zins und Zinseszins, Entschädigungen zahlen zu können, auch nicht. Nehmen Sie dieses Geld lieber, um beispielsweise die Kriegsopfer in der DDR mit denen in der Bundesrepublik gleichzustellen! Das ist nämlich bisher nicht vorgesehen. (Beifall bei der SPD)

Es ist gute Gelegenheit, wenn diese Befürchtungen unbegründet sind, heute durch die Sprecher der Regierung klipp und klar zu erklären, daß die Wahl des Wortes – man nimmt es nur zur Kenntnis, man anerkennt es nicht – eine andere Bedeutung hat. Wir sind befriedigt, wenn Sie das hier klarstellen. Ein von uns ausgehandelter Vertrag hätte anders ausgesehen. (Unruhe bei der CDU/CSU)

Aber heute haben wir über das Vertragswerk so, wie es uns vorliegt, zu entscheiden. Es muß angenommen oder abgelehnt werden. Sie haben in einer vergleichbaren Situation im Jahre 1972, nämlich bei den Ostverträgen, den Weg in die Enthaltung gewählt. Das wollen wir nicht. Nach unserem Politikverständnis muß eine verantwortungsbewußte große politische Kraft in einer Frage von solcher Bedeutung ja oder nein sagen. Darauf haben auch die Menschen in der DDR einen Anspruch. (Beifall bei der SPD — Dr.-Ing. Kansy [CDU/ CSU]: Sehr wahr, Herr Vogel!) Wir haben in den letzten Wochen um das Ja oder Nein in aller Öffentlichkeit lebhaft und kontrovers gerungen. (Dr. Rüttgers [CDU/CSU]: Und wie!) Sie haben das mit Polemik und teilweise mit Schmähungen begleitet, Schmähungen, die sich vor allem gegen den saarländischen Ministerpräsidenten richten und die ich mit Nachdruck im Namen meiner Fraktion zurückweise. (Beifall bei der SPD — Zuruf von der CDU/ CSU: Wo ist er denn?) Sie sollten übrigens nicht übersehen: Der saarländische Ministerpräsident hat mit seinen Positionen in der Vergangenheit mehr als einmal recht behalten. (Dr. Rüttgers [CDU/CSU]: Deshalb wird er auch Vorsitzender!) Sie haben etwa in der Übersiedlerfrage später genau das getan, was Sie ihm zuvor vorgeworfen haben. Daran darf erinnert werden. (Beifall bei der SPD)

Wir haben es uns nicht leichtgemacht, und wir haben uns unserer Diskussion nicht zu schämen. Es kommt ja auch darauf an, worüber ein Meinungsstreit geführt wird. Wer – wie Sie – vor einiger Zeit wochenlang über eine Steuerbefreiung für Flugbenzin gestritten hat, (Beifall bei Abgeordneten der SPD — Lachen bei der CDU/CSU) sollte anderen keinen Vorwurf machen, wenn sie um die richtige Antwort auf eine Herausforderung ringen, von der das Wohlergehen von Millionen von Menschen abhängt. (Beifall bei der SPD)

Einige Mitglieder meiner Fraktion werden auf Grund dieser Diskussion mit Nein stimmen. Kollege Glotz wird im Laufe der Debatte die Erwägungen vortragen, auf denen dieses Nein beruht. Die große Mehrheit meiner Fraktion teilt diese Erwägungen nicht, aber sie respektiert sie und anerkennt, daß diese Kolleginnen und Kollegen von einem verfassungsmäßigen Recht, nämlich dem Recht des **Art. 38** des Grundgesetzes, Gebrauch machen. Das ist auch ein Stück gelebte Demokratie und gelebter Parlamentarismus. Beifall bei der SPD — Dr. Lippelt [Hannover] [GRÜNE]: Das gibt es bei uns immer!)

Die Mehrheit geht von einem Wort **Dietrich Bonhoeffers** aus, der sich 1944 in einem Brief aus dem Gefängnis in Tegel mit der ethischen Bedeutung des Erfolgs auseinandergesetzt hat und dazu geschrieben hat: Eine politisch verantwortliche Arbeit ist immer nur möglich, wenn sie auch die Wirklichkeit ganz ernst nimmt und annimmt, die gegen den eigenen Willen entstanden ist. – Ein kluges und wahres Wort! (Beifall bei Abgeordneten der SPD und der CDU/CSU)

Richard von Weizsäcker hat als Abgeordneter 1976 in einer ähnlichen Situation – es ging um das Sozialversicherungsabkommen mit Polen – vor dem Bundestag ausgeführt, Verträge zeigten schon vor der Ratifizierung – nach der Regierungsunterschrift – erhebliche Wirkungen. Deshalb, so sagte er, habe bei der Entscheidung über ihre Annahme oder Ablehnung jeder in eigener Verantwortung abzuwägen, was für ihn schwerer wiege: die unausgeräumten Zweifel und Bedenken oder die Folgen, wenn der unterschriebene Vertrag im Parlament nicht ratifiziert wird.

Ein Scheitern des Vertrages, das wir Sozialdemokraten – Sie haben recht mit dem Hinweis – bei dem Stimmenverhältnis von 18:27 im Bundesrat morgen bewirken könnten, würde nach all dem, was bereits an Fakten geschaffen wurde, in der DDR einen Schock auslösen und aller Voraussicht nach unkontrollierbare Entwicklungen in Gang setzen. Das wollen wir nicht. Deshalb und in Anbetracht der von uns erreichten Verbesserungen wird die große Mehrheit meiner Fraktion heute nacht mit Ja stimmen. (Beifall bei der SPD und bei Abgeordneten der CDU/CSU)

Selbstverständlich bedeutet das keine Billigung des von Ihnen gewählten Verfahrens. Ebensowenig übernehmen wir eine Mithaftung für die von mir kritisierten Fehlentscheidungen, die Sie gegen unseren ausdrücklichen Widerspruch durchgesetzt haben. Sie sind und bleiben von Ihnen allein zu verantworten.

Jetzt richtet sich der Blick in die Zukunft. Sie wird zeigen, ob die Warnungen berechtigt waren und die Befürchtungen eintreffen oder nicht. Wir hoffen – das sage ich mit aller Deutlichkeit –, daß es nicht der Fall ist. Wir wollen, daß es drüben so gut wie möglich geht; das ist unsere Hoffnung. (Beifall bei der SPD)

Wenn sich die Lage allerdings entgegen dieser Hoffnung dramatisch entwickelt, dann werden vor allem die Menschen in der DDR darunter leiden, und sie werden fragen: Was geschieht jetzt? Wir werden dieser Frage dann nicht ausweichen, schon deshalb nicht, weil sonst ein neuer Übersiedlerstrom droht. Wir werden dann all das nachholen müssen, was heute verweigert wird, nicht um Schaden zu verhüten, sondern um den eingetretenen Schaden zu reparieren. Ich sage Ihnen: Das wird dann um ein Vielfaches teurer werden, als wenn heute ausreichende Vorsorge getroffen wird. (Beifall bei der SPD und bei Abgeordneten der GRÜNEN) Wahrscheinlich wird sich dann auch der Druck auf eine überstürzte Herstellung der staatlichen Einheit elementar verstärken, auch wenn – das muß man den Menschen in der DDR sagen – von den Problemen, um die es dann geht, die überstürzte staatliche Vereinigung kein einziges von heute auf morgen lösen wird.

Unabhängig davon muß die staatliche Vereinigung ebenso sorgfältig wie zügig vorbereitet werden. Das setzt voraus, daß der **Zwei-plus-Vier-Prozeß** zu akzeptablen Ergebnissen geführt hat und die inneren Aspekte der Vereinigung in einem Vereinigungsvertrag – wir halten diesen Weg für vernünftig, weil er die Partnerschaft zwischen der DDR und der Bundesrepublik möglich macht – befriedigend gelöst sind.

Zur ersten Voraussetzung gehört die **Ablösung der alliierten Vorbehaltsrechte.** Es wird ein ganz wichtiger Prüfstein sein, daß bei dieser Gelegenheit passiert, was im Deutschlandvertrag und in anderen Verträgen steht, daß nämlich die Vorbehaltsrechte ihr Ende finden. (Beifall bei der SPD) Dazu gehört die **Neuorientierung der Bündnisse.** Dazu gehört der Aufbau eines europäischen Sicherheitssystems mit arbeitsfähigen Institutionen für Streitschlichtung und Rüstungskontrolle und radikal abgesenkten Obergrenzen für Waffen und Personalstärken in Zentraleuropa. (Beifall bei der SPD) Die Halbierung der Bundeswehr im Rahmen der Wiener Verhandlungen – zu diesem Ergebnis sollte man rechtzeitig zum Abschluß der Zwei-plus-Vier-Verhandlungen kommen – ist eine verantwortbare, nein, eine notwendige und hilfreiche Maßnahme.

Zur zweiten Voraussetzung gehören die **Errichtung der Länder in der DDR**, eine verständnisvolle **Rechtsangleichung**, die über die Eigenidentität der DDR auf bestimmten Gebieten nicht einfach hinweggeht, und eine Verständigung über die notwendigen **Übergangslösungen**, ferner ein **Wahlrecht**, das in beiden Teilen Deutschlands in gleicher Weise gilt. (Beifall bei der SPD und bei Abgeordneten der FDP) Es ist für uns nicht vorstellbar, daß in einem Parlament, dem ersten deutschen Parlament, Abgeordnete miteinander Verantwortung übernehmen sollen, die nach unterschiedlichen Wahlgesetzen und unterschiedlichen Kriterien dorthin entsandt worden sind. (Beifall bei Abgeordneten der SPD) Ich sage es noch deutlicher: Für uns ist eine Voraussetzung, daß sich die **5-%-Klausel** auf das ganze Wahlgebiet erstreckt. Sie können doch im Ernst nicht wollen, daß durch Aussetzung der 5-%-Klausel beispielsweise die PDS in diesen Bundestag einzieht; das kann doch nicht im Ernst Ihre Absicht sein. (Beifall bei der SPD und der FDP) Ich nenne diese Partei; man könnte auch noch andere Parteien nennen.

Ich sage Ihnen voraus: Wenn Sie diesen Fehler machen, werden Sie vor dem Verfassungsgericht nicht begründen können, warum Gruppen, die bei uns unter 5 % bleiben, dann hier vom Parlament ausgeschlossen werden. (Beifall bei der SPD und bei Abgeordneten der FDP) Ich bitte Sie, an der bewährten Praxis dieses Parlamentes festzuhalten, daß in Fragen des Wahlrechts eine breite und große Mehrheit angestrebt wird. Das gehört mit zur parlamentarischen und demokratischen Stabilität. (Frau Dr. Vollmer [GRÜNE]: Das ist ein sehr enges Demokratieverständnis, das hinter den 5 % steht!)

Der **Zeitpunkt der ersten gesamtdeutschen Wahlen** hängt für uns nicht von bestimmten Termin sondern von der Bewältigung dieser Voraussetzung ab. Genau das hat übrigens auch Herr Ministerpräsident des Maizière am 17. Juni vor der Volkskammer in Ihrer und meiner Anwesenheit gegenüber einem Antrag ausgeführt, der bekanntlich den Beitritt noch am gleichen Tage herbeiführen wollte. (Dr. Briefs [GRÜNE]: Sie kriegen kein Dreiparteiensystem!) Ich füge hinzu: Wann immer Wahlen stattfinden, werden Sie uns bereit finden, und es werden dann nicht zwei sozialdemokratische Parteien, sondern es wird eine sozialdemokratische Partei sein, die um das Vertrauen der Wählerinnen und Wähler in ganz Deutschland wirbt. (Beifall bei der SPD — Dr. Rüttgers [CDU/CSU]: Wie heißt denn der Vorsitzende?)

Die **staatliche Vereinigung** wird zu gegebener Zeit nach Art. 23 vollzogen werden; das ist eine Realität. Wir bleiben jedoch dabei: Darüber, wie die **Verfassung** lautet, die im geeinten Deutschland gilt, muß das Volk selbst entscheiden. Das ist für uns keine Formalie, sondern eine Frage von ganz hoher politischer Bedeutung. (Beifall bei der SPD) Denn wie der größere deutsche Bundesstaat zustande kommt, das wird seine Identität und sein Selbstverständnis weit in die Zukunft hinein prägen. Darum ist es an der Zeit, aus dem Grundgesetz der Bundesrepublik, das selbstverständlich für diese Entscheidungen die maßgebende Rolle spielt, durch unmittelbare Entscheidung des Volkes die Verfassung des geeinten Deutschlands werden zu lassen, wie es die Väter und Mütter des Grundgesetzes wollten. (Beifall bei der SPD und der Abg. Frau Unruh [fraktionslos])

Es wäre gut, der weitere Weg zur deutschen Einheit könnte stärker als bisher im Miteinander der verantwortlichen Kräfte zurückgelegt werden als im Gegeneinander. Wir haben das gefordert; Sie haben es eingeräumt. Die Zukunft wird zeigen, wie ernst es Ihnen damit ist. Der bisherige Verlauf der Vorbereitungen für einen zweiten Staatsvertrag und für die ersten gesamtdeutschen Wahlen, über die wir der Presse immer neue Mitteilungen, auch heute wieder, entnehmen, dämpft unseren Optimismus in dieser Richtung. Für den Abschnitt des Prozesses der deutschen Einigung, der jetzt vor uns liegt, brauchen wir **Solidarität**, die von Herzen kommt. Es wäre nicht wahr, wenn ich nicht aussprechen würde, daß jedenfalls bei mir und bei vielen meiner Generation bei diesen Vorgängen auch das Gefühl berührt und angesprochen ist. Ich schäme mich dessen nicht. (Zustimmung bei der SPD) Wir brauchen Solidarität, die von Herzen kommt, ebenso wie nüchterne **Besonnenheit**.

Wir brauchen aber gerade in der Bundesrepublik – das geht nicht in eine Richtung; das meint alle – mehr **geistiges Engagement** als bisher. Denn die Bundesrepublik muß sich jetzt auch darüber klarwerden, was die Einheit ihr und nicht nur der DDR an Wandlungen und Verwandlungen abverlangt. Es ist bei aller Wichtigkeit ein Irrtum, anzunehmen, über den Erfolg der Einigung entscheide lediglich, ob die D-Mark die in sie gesetzten Erwartungen erfüllt. Das ist wichtig. Aber ob die Einigung wirklich gelingt, hängt mehr noch als von den materiellen Leistungen der Bundesrepublik von ihrer Fähigkeit ab, sich ebenso, wie das jetzt vor allem der DDR abverlangt wird, auf das künftige Deutschland einzustellen, das als ein neues Ganzes mehr sein soll als nur die Summe seiner Teile oder eine hochgerechnete Bundesrepublik. (Beifall bei der SPD)

Wir dürfen uns nicht nur als eine erweiterte Bundesrepublik verstehen. Wir müssen uns und dem neuen deutschen Staat eine europäische Identität geben, eine Identität, die uns im Herzen Europas als eine Kraft des Friedens, der Verständigung und des Ausgleichs wirken läßt.

Die **Bundesrepublik** – das wissen wir heute – war nicht das letzte Wort der deutschen Geschichte, aber – und das sollten wir mit Dankbarkeit für die, die vor uns hier Politik gemacht haben, anerkennen – sie war **Schauplatz** jenes **Wandels der Deutschen**, der das größere Deutschland für die Nachbarn überhaupt erst erträglich macht. (Beifall bei Abgeordneten der SPD) Und dazu haben beide großen politischen Kräfte dieses Landes in der Aufeinanderfolge ihrer Verantwortung beigetragen, (Beifall bei der SPD und bei Abgeordneten der CDU/CSU) Adenauer genauso wie Willy Brandt und Helmut Schmidt. (Dr. Graf Lambsdorff [FDP]: Wir nicht?)

Ich glaube, dieser Wandel muß sich im neuen deutschen Bundesstaat fortsetzen. Das sind wir uns und der jüngeren Generation schuldig, die nichts weniger will als einen Rückfall in die nationalstaatlichen Irrungen der Vergangenheit. Das sind wir aber auch unseren europäischen Nachbarn, unseren Freunden und Verbündeten und vor allem denen schuldig – ich bin dankbar dafür, daß fast alle Redner das heute angesprochen haben –, denen unser Volk im Zweiten Weltkrieg schweres Leid zugefügt hat. (Beifall der Abg. Frau Nickels [GRÜNE]) Gerade ihnen – ich nenne dabei neben anderen ganz bewußt heute die Völker der Sowjetunion – wollen wir in einer Phase unserer Entwicklung, in der es die Geschichte – und das war nicht immer so – mit dem deutschen Volk gut meint, in der wir über alle Sorgen und Probleme hinweg – das möchte ich ausgesprochen haben – Anlaß zur Freude haben, weil sich das Streben nach Freiheit und Demokratie als elementar und allen ausgeklügelten Repressionen überlegen erwiesen hat, (Beifall bei der SPD und bei Abgeordneten der CDU/CSU und der FDP sowie der Abg. Frau Nickels [GRÜNE]) weil Millionen unserer Landsleute und andere in Europa endlich nach 40 Jahren wieder frei atmen können und ihre Würde zurückerlangt haben – mir kommt die Freude über das bei all dem Streit, der auch notwendig ist, manchmal zu kurz; (Beifall bei der SPD, der CDU/CSU und der FDP sowie bei Abgeordneten der GRÜNEN)

Wir freuen uns, daß wir diesen Streit führen können –, gerade diesen Völkern möchte ich am heutigen Tag zurufen: Wir wollen — — (Zuruf von der CDU/CSU)

— Jeder blamiert sich so gut er kann; es ist wirklich fast peinlich. (Kraus [CDU/CSU]: Ja, richtig!) Ich rufe diesen Völkern zu: Wir wollen aus der Chance, die uns die Geschichte bietet, das Beste machen – nämlich ein Deutschland, das niemandem durch Größe und Stärke imponieren will, sondern das sich durch Freiheitlichkeit, Friedfertigkeit, soziale Gerechtigkeit, Sicherung der Menschenwürde und durch internationale Aufgeschlossenheit und Hilfsbereitschaft Vertrauen und Wertschätzung erhält und weiter erwirbt; ein Deutschland, vor dem nie wieder andere Völker – wie in der Vergangenheit – Angst haben müssen. In einem solchen Deutschland wollen wir leben. Auf dieses Deutschland freuen wir uns, und dieses Deutschland wollen wir Sozialdemokraten mitgestalten. (Anhaltender Beifall bei der SPD)

Dokument Nr. 48
Erklärung einer Gruppe mit »Nein« zum Staatsvertrag über die Währungsunion stimmender SPD-Bundestagsabgeordneter, 21. Juni 1990

Auszug aus den Verhandlungen des Deutschen Bundestages, 11. Wahlperiode, Stenographische Berichte, Bd. 153, 217. Sitzung, 21. Juni 1990, Anlage 14, S. 17293 – 17294

Erklärung nach § 31 GO der Abgeordneten Frau Adler, Antretter, Frau Blunck, Dr. von Bülow, Frau Bulmahn, Conradi, Erler, Duve, Frau Fuchs (Köln), Frau Ganseforth, Gilges, Dr. Glotz, Häuser, Müller (Düsseldorf), Frau Dr. Niehuis, Oesinghaus, Peter (Kassel), Reuter, Rixe, Schmidt (Salzgitter), Verheugen, Weisskirchen (Wiesloch), Dr. Wieczorek, Frau Wieczorek-Zeul (alle SPD) zur Abstimmung über den Entwurf eines Gesetzes zu dem Vertrag vom 18. Mai 1990 über die Schaffung einer Währungs-, Wirtschafts- und Sozialunion zwischen der Bundesrepublik Deutschland und der Deutschen Demokratischen Republik

Wir sind für die Vereinigung der beiden deutschen Staaten. Wir lehnen aber den Weg ab, den die Bundesregierung zur Erreichung dieses Zieles einschlägt. Wir verweisen ausdrücklich auf den Beschluß der Führungsgremien unserer Partei, der SPD, vom 14. Juni 1990, in dem es heißt: »Die politische Auseinandersetzung um den Staatsvertrag zwischen der Bundesrepublik Deutschland und der Deutschen Demokratischen Republik ist keine Auseinandersetzung über Ja oder Nein zur deutschen Einheit, sondern über den richtigen Weg und über die vom Bundeskanzler zu verantwortende Politik.« Wir sind davon überzeugt: Die Regierung Kohl hat zur Vereinigung der beiden deutschen Staaten den falschen Weg eingeschlagen.

Wir wissen, daß die Mehrheit unserer Fraktion sich nach langen ernsthaften Abwägungen letztlich für ein Ja entschieden hat. Wir respektieren diese Entscheidung, wie diese Mehrheit unsere Entscheidung respektiert. Wir werden uns nicht gegeneinander ausspielen lassen.

Unsere Ablehnung gründet sich auf drei Motivbündel:

Erstens. Dieser Staatsvertrag verordnet der Wirtschaft der DDR eine Schock-Therapie. Wir wissen, daß es für die Überleitung einer Planwirtschaft in eine Marktwirtschaft keine Modelle gibt und daß jeder Umwandlungsprozeß mit Risiken belastet sein wird. Wir befürchten aber, daß der Staatsvertrag in der vorliegenden Fassung krisenhafte ökonomische Entwicklungen verstärken und eine dramatische Massenarbeitslosigkeit auslösen könnte, deren soziale Folgen die Demokratie in beiden Teilen Deutschlands gefährden müßten. Die Betriebe in der DDR werden der Konkurrenz des Weltmarktes abrupt ausgesetzt, ohne daß ihnen die Chance zur Anpassung an die neuen Bedingungen gegeben worden wäre; und dies in einer Situation, in der die Infrastruktur der DDR, insbesondere das Schienen-, Straßen- und Kommunikationsnetz, völlig unzureichend ist. Immer noch fehlt ein Konzept zum planmäßigen, ökologisch orientierten Ausbau der Infrastruktur, mit dem bereits Ende vorigen Jahres hätte begonnen werden müssen. Ohne eine solche Infrastruktur werden private Investitionen ein frommer Wunsch bleiben. Experten sagen einen Flächenbrand von wirtschaftlichen Zusammenbrüchen vorher. Die beharrlichen Bestrebungen der SPD haben zu einer Verbesserung der Überlebensbedingungen für die Betriebe der DDR geführt. Wenn wir heute, am Ende dieses Prozesses, aber die Chancen und Risiken abwägen, die durch den Staatsvertrag ausgelöst werden, kommen wir zu dem Ergebnis: Die Bundesregierung hat der Gefahr der Massenarbeitslosigkeit mit all ihren unwägbaren politischen und menschlichen Auswirkungen nicht ausreichend entgegengewirkt. Dies gilt im besonderen für die Frauen in der DDR, die zu einem hohen Prozentsatz im Erwerbsleben stehen und deren Arbeits- und Lebensbedingungen durch diesen Staatsvertrag noch krasser verschlechtert werden als für Männer. Auf Grund der finanziellen Situation der Betriebe und der Gemeinden ist zu befürchten, daß Kindertageseinrichtungen in großem Umfang geschlossen werden und damit die Möglichkeiten der Erwerbstätigkeit für Frauen drastisch eingeschränkt werden. Ein deutliches Absinken des Familieneinkommens wäre die unvermeidbare Konsequenz.

Der Weg, den die Bundesregierung geht, wird zu einer Explosion der konsumtiven Ausgaben im Bundeshaushalt der Bundesrepublik führen. Zukunftsinvestitionen in eine neue Infrastruktur der DDR werden grob vernachlässigt. Das wird zur Folge haben, daß der Teil Deutschlands, den wir heute noch DDR nennen, ein »Wirtschaftsgebiet zweiter Ordnung« wird: ein bloßer Absatzmarkt, ein Land der abhängigen Filialen. Wir halten es für unverantwortlich, daß traditionsreiche deutsche Industriegebiete so herabgestuft werden. Damit wird eine eigenständige wirtschaftliche Entwicklung aus der »Region DDR« heraus unverantwortlich erschwert.

Der Staatsvertrag ermöglicht im übrigen einen leichtfertigen Umgang mit Grund und Boden in der DDR. Es fehlen die notwendigen Sicherungen gegen Bodenspekulation. Es fehlen Verbote der Weiterveräußerung, Planungsinstrumente der öffentlichen Hand, Vorkaufsrechte der Gemeinden. Die Gefahr ist groß, daß unter solchen Bedingungen eine vorausschauende und verantwortungsvolle Stadtentwicklung unzumutbar erschwert wird.

Mit unseren Bedenken gegen die ökonomischen Wirkungen dieses Staatsvertrages vertreten wir sowohl die Interessen der Menschen in der Bundesrepublik als auch die Interessen der Menschen in der DDR. Wir denken an die hohen Kosten, die dieser Staatsvertrag gerade den Durchschnittsverdienern der Bundesrepublik aufbürden wird. So haben wir bereits heute den höchsten Realzins in der Geschichte der Bundesrepublik; und der Hypothekenzins ist um nahezu zwei Prozent gestiegen. Die Bundesregierung täuscht unsere Mitbürgerinnen und Mitbürger, wenn sie diesen Tatbestand mit all seinen schwerwiegenden Wirkungen auf Wohnungsbau und Mieten kleinredet. Wir denken aber genauso an die Bürgerinnen und Bürger in der DDR, von denen viele ohne eine Chance der Umstellung betroffen sein werden von Arbeitslosigkeit, Mietsteigerung und einer Verschlechterung ihrer Lebensverhältnisse. Eine Vereinigung der beiden deutschen Staaten, die in der ersten entscheidenden Phase auf den Knochen der Durchschnittsverdiener in beiden Teilen Deutschlands durchgeführt wird, wollen wir nicht mittragen, weil wir der Überzeugung sind, daß auch eine gerechtere und sozial verträglichere Organisation der deutschen Einheit möglich gewesen wäre.

Zweitens. Der Staatsvertrag bringt in der vorliegenden Form unseres Erachtens ernste Gefahren für die europäische und internationale Einbindung der Bundesrepublik und des größeren Deutschland. Dies liegt besonders an der Dynamik, die dieser Staatsvertrag auslösen wird. Wir gehen davon aus, daß es in der Logik dieses Vertrages liegt, daß sich die DDR in relativ kurzer Frist genötigt sieht, die Beitrittserklärung gemäß Art. 23 des Grundgesetzes zu stellen. Gleichzeitig sind die internationalen Verhandlungen, in denen über ein neues Europäisches Sicherheitssystem verhandelt wird, noch keineswegs zu einem erkennbaren Ende geführt. Wir halten es für mehr als fragwürdig, mit dem ökonomischen Instrumentarium eine fast unbremsbare Dynamik auszulösen, während gleichzeitig auf der internationalen Ebene den Zukunftsinteressen unseres Staates noch längst nicht Genüge getan ist.

Wir stellen nicht in Abrede, daß die heute offenen Fragen der Sicherheitspolitik in einigen Monaten geklärt sein können. Aber wir stellen fest, daß am Tag der Abstimmung über den Staatsvertrag zentrale Probleme, die die Sicherheit der Bundesrepublik betreffen, vollständig ungeklärt sind. Dazu gehören das künftige Europäische Sicherheitssystem, der Grad der Souveränität Gesamtdeutschlands, der Abzug von Nuklear- und Chemiewaffen und Umfang und Dauer der Anwesenheit ausländischer Truppen auf deutschem Boden.

Gleichzeitig schafft der Staatsvertrag Fakten, die bei unseren Nachbarn im Osten, insbesondere in der Sowjetunion, den Eindruck verstärken könnten, daß ihre Sicherheitsinteressen nicht gewahrt werden. Wir wollen weder vergessen noch verdrängen, daß Hitler-Deutschland im Zweiten Weltkrieg die Sowjetunion überfallen hat und daß bei diesem Überfall 27 Millionen Bürgerinnen und Bürger der Sowjetunion ihr Leben lassen mußten. Aus diesem Grund halten wir es für unverantwortlich, daß die Bundesregierung durch eine haltlose Forcierung des Tempos beim Einigungsprozeß die politischen Verwerfungen und Konflikte in der Sowjetunion weiter verstärkt. Die Bundesregierung läßt zu, daß der Rhythmus und die Geschwindigkeit der deutschen

Vereinigung ohne Rücksicht auf Rhythmus und Geschwindigkeit der internationalen Vereinbarungen über ein Europäisches Sicherheitssystem bestimmt wird. Jetzt werden die Grundlagen für ein Europa mit neuem Gesicht gelegt. Anfangsphasen einer neuen Zeit haben konstitutiven Charakter. Verwerfungen in diesen Anfangsphasen lassen sich nie mehr gänzlich reparieren. Für die unkalkulierbaren Risiken einer solchen Politik wollen wir keine Mitverantwortung übernehmen.

Drittens. Die Bundesregierung hat bei der Vorbereitung dieses Staatsvertrages ein Verfahren gewählt, das die Rechte von Bundestag und Bundesrat mißachtet. Sie hat versucht, das Parlament von der Gestaltung des Staatsvertrages auszuschließen. Die Einsetzung eines Ausschusses »Deutsche Einheit«, die schließlich am 13. Mai dieses Jahres auf das ständige Drängen der Opposition hin zustande kam, geschah zu einem Zeitpunkt, als eine Fülle von Entscheidungen längst nicht mehr revidierbar war. Der beispiellose Zeitdruck hat die Bundesländer daran gehindert, eine verantwortliche Prüfung des Staatsvertrages vorzunehmen; im Vorgehen der Bundesregierung liegt eine schwerwiegende Verletzung des demokratischen und föderativen Prinzips. Die historische Aura des Augenblicks wurde dazu benutzt, um das nüchterne Wirken des demokratischen Prozesses zwischen Regierung und Opposition, zwischen Bund und Ländern auszuhebeln. Unsere Ablehnung des Staatsvertrags ist deshalb auch eine Kritik des Verfahrens, das Bundeskanzler und Bundesregierung bei der Vorbereitung des Staatsvertrags gewählt haben.

Die Vereinigung der beiden deutschen Staaten, wie sie durch diesen Staatsvertrag begonnen wird, ist kein Zusammenfügen, sondern ein Zusammenfallen. Nichts zeigt dies deutlicher als das Beiseiteschieben der Männer und Frauen, die in der DDR die Revolution in Gang gesetzt haben. Die Einheit der Deutschen muß von den Menschen selbst gestaltet werden. Wir wollen die Einheit; aber wir wollen die Einheit nicht als Anschluß. Aus all diesen Gründen haben wir uns nach ernsthafter Selbstprüfung entschieden, zu diesem Staatsvertrag nein zu sagen.

V. Der Weg zum Einigungsvertrag (Zweiter Staatsvertrag) und der Zusammenschluss der SPD der Bundesrepublik und der DDR

Dokument Nr. 49
Beratungen des Parteivorstandes über Fragen des Vereinigungsprozesses von SPD (West) und SPD (Ost), 25. Juni 1990

Protokoll über die Sitzung des Parteivorstandes, 25. Juni 1990, 14.00 – 19.30 Uhr, in Bonn, Erich-Ollenhauer-Haus, S. 1 – 16

Zu Beginn der Sitzung begrüßte Hans-Jochen Vogel den Vorsitzenden der SPD in der DDR, Wolfgang Thierse, und die Vorsitzende des Parteirates der DDR-SPD, Sabine Riebe.

Hans-Jochen Vogel gratulierte Gerhard Schröder zur Wahl zum Ministerpräsidenten Niedersachsens und wünschte ihm allen Erfolg.

[…]

Im Zusammenhang behandelt wurden

<u>TOP 1</u>: Politischer Bericht

<u>TOP 2</u>: Vorbereitung der Vereinigung der sozialdemokratischen Parteien der Bundesrepublik Deutschland und der DDR (Antrag zur Änderung des Parteistatuts) und in Verbindung damit zweiter Staatsvertrag

und <u>TOP 6</u>: Außerordentlicher Parteitag am 27. und 28. September 1990

Hans-Jochen Vogel teilte mit, daß über die zu beratenden Punkte eine Zusammenkunft der Landes- und Bezirksvorsitzenden stattgefunden habe. Erstmals sei die gemeinsame Kommission zur Vorbereitung der Vereinigung am 17. Juni in Ost-Berlin zusammengetreten. Das Präsidium habe am Vormittag getagt. Einstimmig werde vom Präsidium die Vereinigung der Parteien, unabhängig vom staatlichen Einigungsprozeß, vorgeschlagen. Es bestehe Übereinstimmung darüber, daß diese Vereinigung kein Sachverhalt sei, der sich im Rahmen des Parteiengesetzes bewege, da es sich im Verhältnis der beiden Parteien nicht um eine jeweils »andere« Partei handele. Eine Urabstimmung wie sie bei einer Verschmelzung von bislang konkurrierenden Parteien im selben Territorium vorgegeben sei, sei nicht erforderlich. Gegen eine Stimme empfehle das Präsidium, auf dem bevorstehenden Vereinigungsparteitag keine Neuwahl des Vorstandes vorzunehmen. Dagegen spreche, daß bei einer Neuwahl die Zahl der Delegierten aus der DDR-SPD, den Bestimmungen des Parteiengesetzes entsprechend, erheblich geringer sein müsse, als jetzt möglich. Die Botschaften des Parteitages, nämlich die Vereinigung, die Wahl des Kanzlerkandidaten und das Regierungsprogramm, dürften nicht überdeckt werden durch denkbare Auseinandersetzungen um Vorstandswahlen. Die Tatsache, daß uns die möglichen Kandidaten aus der DDR noch nicht bekannt seien, sei auch zu berücksichtigen. Wolfgang Thierse habe darum gebeten, auf dem Parteitag die neuen Parteivorstandsmitglieder durch einen besonderen Akt in den Parteivorstand aufzunehmen.

Einstimmig vertrete das Präsidium die Auffassung, daß es zur Vereinigung der Parteien keiner Urabstimmung bedürfe. Die politische Gleichstellung einer Abstimmung über die Verfassung mit der Urabstimmung würde dazu führen, daß in der Partei über das Statut abgestimmt werden müsse. Dies wolle sicherlich niemand. Hans-Jochen Vogel wies auf einen von Norbert Gansel vorgeschlagenen dritten Weg hin, der vorsehe, nach einem Vereinigungskongreß im Herbst eine Urabstimmung nach den Bundestagswahlen vorzunehmen und die Vereinigung für das nächste Jahr zu planen. Dagegen sei einzuwenden, daß die Partei dann nicht als Einheit in den Wahlkampf gehen könne.

Zur Präsenz der Schwesterpartei schlage das Präsidium vor, in drei Etappen zu verfahren. Auf dem Vereinigungsparteitag soll die Schwesterpartei durch 100 stimmberechtigte Delegierte und den 34 stimmberechtigten Vorstandsmitgliedern vertreten sein. Dies sei eine optimale Relation. Auf dem ersten ordentlichen Parteitag im Frühjahr 1981 solle nach dem aus dem günstigeren der im Parteiengesetz vorgesehenen beiden Schlüsseln verfahren werden. Danach erhielten die Vertreter aus den Landesverbänden der DDR eine Delegiertenzahl, die aus der Zahl der abgegebenen Wählerstimmen und der Mitgliederzahl ermittelt werde. Auf dem darauffolgenden ordentlichen Parteitag solle dann wieder der bislang gültige Delegiertenschlüssel – also nur nach der Mitgliederzahl – zur Anwendung kommen. Analog dazu sollten durch den Vereinigungsparteitag 10 Vertreter der SPD der DDR in den Parteivorstand aufgenommen werden, darunter ein weiterer stellvertretender Vorsitzender und ein Präsidiumsmitglied. Auf dem Parteitag 1991 soll diese Zahl auf 5 heruntergehen und ab 1993 soll der PV wieder aus 40 Mitgliedern bestehen.

Auf einer gemeinsamen Sitzung beider Parteivorstände am 31. August und 1. September solle die Nominierung von Oskar Lafontaine als gesamtdeutscher Kanzlerkandidat erfolgen. Auch sei ein intensives Gespräch über die zu erwartende deutsche und europäische Entwicklung ohne Zeitdruck geplant. Ferner müsse in dieser gemeinsamen Sitzung der Entwurf des Wahlprogramms verabschiedet werden. Das Wahlprogramm werde unter der Federführung von Oskar Lafontaine und unter Mitwirkung von Wolfgang Thierse vorbereitet. Oskar Lafontaine sei gebeten worden, zur Frage, was Sozialdemokraten tun, wenn die pessimistischen Prognosen in der DDR eintreffen, ein Programm zu entwickeln.

Als wenig erquicklich bezeichnete Hans-Jochen Vogel die öffentlichen Diskussionen der letzten Zeit über die Führung der Partei. Sie müßten mit der Parteiratssitzung ein Ende haben. An der Basis gebe es hierfür kein Verständnis. Viele, insbesondere

Reinhard Klimmt, hätten mitgeholfen, daß es nicht zu noch größeren Ausuferungen gekommen sei. Andere hätten sich wenig förderlich verhalten. Hans-Jochen Vogel betonte, wer die Absicht verfolge, den Vorsitzenden gegen seinen Willen aus dem Amt zu drängen, müsse wissen, daß dies nur durch Abwahl auf einem Parteitag möglich sei. Mit Medienaktivitäten und »Bild«-Zeitungs-Interviews werde dieses von manchen verfolgte Ziel nicht zu erreichen sein. Von der Mehrheit der Landes- und Bezirksvorsitzenden sei die zwischen ihm und Oskar Lafontaine getroffene Vereinbarung begrüßt worden. Wie bereits zur Parteiratssitzung am 14. Juni, bestehe Einvernehmen zwischen ihm und Oskar Lafontaine über folgende Erklärung: »Wir haben den Gremien der beiden Parteien einvernehmlich Vorschläge für die mit der Vereinigung zusammenhängenden Fragen gemacht. Ebenso werden wir den Gremien der dann vereinigten Partei seinerzeit für die auf dem nächsten ordentlichen Parteitag im Frühjahr 1991 zu treffenden Entscheidungen und Vorschläge unterbreiten. Das gilt auch für den Parteivorsitz.« Ihm sei klar, so betonte Hans-Jochen Vogel, daß die Frage des Parteivorsitzes nicht ausschließlich zwischen dem Vorsitzenden und dem Kanzlerkandidaten ausgemacht werden könne. Dies sei nicht die Sache weniger Personen, sondern des gesamten Vorstandes.

Wolfgang Thierse begrüßte den nun gefaßten Beschluß über den Vereinigungsparteitag am 27. und 28. September. Von besonderer Bedeutung sei es, daß der Parteitag in der Stadt stattfinde, in der die Zwangsvereinigung vollzogen wurde. Mit den Vorschlägen zur Anzahl der Vertreter der DDR-SPD auf dem Parteitag erklärte er sich einverstanden. Mit dieser Zahl werde der Öffentlichkeit die Gleichberechtigung zwischen der großen und der kleinen Partei demonstriert. Ferner wurden von ihm die Vorschläge zur Erarbeitung des gemeinsamen Wahlprogramms und des Statuts der Partei begrüßt. Er sagte, für das Wahlprogramm sei das Arbeitsergebnis der Gruppe Fortschritt '90 eine wichtige Basis. Hinzugesetzt und berücksichtigt werden müßten die speziellen Interessen der DDR-Bürger.

Mit Blick auf den politischen Stil sei er dafür gewesen, an den Beginn der Gemeinsamkeit Neuwahlen zu stellen. Er respektiere jedoch die Bedenken, und sei somit mit der jetzt vorgesehenen Beteiligung von Vertretern der SPD der DDR am Parteivorstand einverstanden. Die neuen Vorstandsmitglieder müßten jedoch durch ein Vertrauensvotum des Parteitages in den Parteivorstand aufgenommen werden. Kein Interesse habe die Partei in der DDR an einem Wiederaufleben des Personenstreites um die Führung der Partei, dies schade allen.

Willy Brandt begrüßte die zwischen Hans-Jochen Vogel und Oskar Lafontaine getroffene Vereinbarung und schloß sich den Empfehlungen des Präsidiums, die daraus folgten, an. Zur Frage der Vertretung der Schwesterpartei auf dem Parteitag sagte er, das Parteiengesetz habe für diesen Fall keine Gültigkeit. So eine Sache sei nicht vorgesehen. Die sich jetzt abzeichnende Lösung fand seine Billigung. Auch 1991 auf dem ordentlichen Parteitag müsse das Parteiengesetz nicht in vollem Umfang Anwendung finden. Er schlug vor, für den Vereinigungsparteitag die Bezeichnung zu wählen »Gemeinsamer Parteitag der deutschen Sozialdemokratie« und nicht von einem Wahlprogramm, sondern von einem Regierungsprogramm zu sprechen. Als begrüßenswert bezeichnete er es, wenn Oskar Lafontaine nicht allzu spät deutlich machen würde, welche Führungspersonen neben dem Kanzlerkandidaten für bestimmte Hauptgebiete vorgesehen seien.

Aussprache

Peter von Oertzen wies zur Urabstimmung darauf hin, daß ein Rechtsgutachten der Fernuniversität Hagen, das von der Bundesgeschäftführung angefordert wurde, zu dem Schluß komme, eine Urabstimmung sei unumgänglich. Hierzu sagte Anke Fuchs, dieses Gutachten sei nur eine Meinungsäußerung, die zu diesem Punkt eingeholt worden sei. Andere Stellungnahmen kämen zu dem Schluß, daß die Urabstimmung des Parteiengesetzes auf den nun vorgesehenen Zusammenschluß der beiden Parteien nicht anwendbar sei, da es sich bei den Parteien nicht um konkurrierende Gruppierungen im selben Territorium handele.

Im weiteren Verlauf der Debatte sprach sich zu diesem Punkt Norbert Gansel vehement für eine Urabstimmung aus. Für die Partei müsse das gelten, was durch die Sozialdemokraten auch auf der staatlichen Ebene gefordert werde. Dieser Auffassung schloß sich Henning Scherf an, der, ebenso wie Norbert Gansel, vom Risiko einer Anfechtungsklage sprach. Der Vorschlag von Norbert Gansel wurde von Peter Conradi unterstützt, der davon sprach, daß eine Partei, die plebiszitäre Elemente für das Grundgesetz fordere, im eigenen Bereich eine Urabstimmung nicht umgehen könne.

Peter von Oertzen machte sich den Vorschlag von Norbert Gansel ebenfalls zu eigen. Das Risiko, eine gerichtliche Prüfung nicht zu bestehen, sei hoch. Nachhaltig wurde auch von Rudolf Scharping eine Urabstimmung in der Partei gefordert. Verknüpft damit könne eine Aktion zur Beitragserhöhung sein. Die Mitgliedschaft müsse Gelegenheit haben, sich zum Vereinigungsprozeß zu äußern. Falls eine Urabstimmung zeitlich möglich sei, sollte sie nach Auffassung von Dieter Spöri anberaumt werden. Für die Abhaltung einer Urabstimmung sprach sich auch Anke Brunn aus, die der Auffassung war, wenn diese nicht stattfinden solle, müsse sie auch aus dem Statut gestrichen werden. Die Beteiligung der Mitglieder der Partei an dem Vereinigungsprozeß dürfe nicht umgangen werden. Den Mitgliedern eine Chance zur Mitgestaltung der Vereinigung zu geben, so forderte Katrin Fuchs, sei Pflicht der Parteiführung. Deshalb sei eine Urabstimmung – notfalls auch im Briefwahlverfahren – erforderlich. Bis jetzt habe die Parteibasis keine Möglichkeit der Einwirkung gehabt.

Herta Däubler-Gmelin legte die Gründe dar, die aus ihrer Sicht eine Urabstimmung überflüssig, ja sinnlos machten. Die Voraussetzungen, die nach dem Parteiengesetz und unserem Statut für eine Urabstimmung zur Auflage machten, seien nicht gegeben. Hinzu komme, daß es niemanden gebe, der einer Vereinigung der Parteien widerspreche.

Sabine Riebe informierte darüber, daß der Parteirat der DDR, bei nur einer Gegenstimme, den Vorschlag von Norbert Gansel abgelehnt habe. Walter Momper stellte fest, eine Abstimmung, in der über nichts zu entscheiden sei, müsse als überflüssig bezeichnet werden. Eine Urabstimmung werde von den Mitgliedern der Partei, die allesamt für die Vereinigung seien, auf Ablehnung stoßen. Eine Parallelität mit unserer Forderung nach Volksabstimmung über die neue Verfassung sei nicht gegeben.

Johannes Rau fragte, über was abgestimmt werden könne, wenn über alle Punkte der Vereinigung Übereinstimmung erzielt sei und in keinem Bereich der Mitgliedschaft dagegen Widerspruch laut werde. Auch angesichts des Termindrucks sei eine Urabstimmung unvorstellbar, sie würde in der Mitgliedschaft nicht motivieren, sondern abstoßend wirken.

Klaus von Dohnanyi sagte, wenn unsere Partei den Standpunkt vertrete, daß uns das durch die Zwangsvereinigung in der DDR verlorengegangene Vermögen zustehe, und darüber gebe es keinen Zweifel, könne schlecht auf der anderen Seite für den Zusammenschluß der Parteien eine Urabstimmung gefordert werden. Auch Hermann Heinemann sprach sich gegen eine Urabstimmung aus, die nur schädlich wirke. Erforderlich sei es, sich mit aller Kraft auf die Vorbereitung der Landtagswahlen in der DDR zu orientieren. Diese Auffassung wurde auch von Hans Koschnick geteilt, der darauf hinwies, daß die Partei nach 1945 von Kurt Schumacher nicht als einfache Nachfolgerin der SPD, sondern für alle Strömungen offen wiederbegründet wurde. Somit sei eine Urabstimmung hinfällig.

Inge Wettig-Danielmeier lehnte eine Urabstimmung ab. Sie sprach sich dafür aus, die Bestimmungen über die Urabstimmung, einschließlich der Errichtung von Wahllokalen, im Statut zu belassen, damit für denkbare künftige Fälle kein Mißbrauch möglich werde. Überdies dürfe es keine Verschiebung der Vereinigung geben. Eine Urabstimmung, so sagte Ilse Brusis, werde von den Mitgliedern nicht gewollt. Wenn der Parteivorstand damit komme, fühlten sich die Mitglieder nicht ernstgenommen. Gegen eine Urabstimmung wandte sich auch Rudolf Dreßler. Er fragte, was damit erreicht werde, wenn hier mit der Forderung nach Urabstimmung indirekt behauptet werde, die SPD der DDR sei eine andere Partei als unsere.

Rudolf Scharping sagte, bei der Prüfung der Frage von Neuwahlen auf dem Vereinigungsparteitag dürften die Vorgänge bei Union und FDP nicht übersehen werden. Beide Parteien starteten ihre gesamtdeutsche Existenz mit Neuwahlen. Auch unserer Partei stehe ein Neubeginn, der mit Neuwahlen dokumentiert werde, gut zu Gesicht. Dabei seien Übergangsregelungen ohne Schwierigkeiten zu vereinbaren.

Für Neuwahlen sprach sich Dieter Spöri aus, der davor warnte, eine Diskrepanz zwischen dem Prozeß der Vereinigung der Parteien und dem staatlichen Vereinigungsprozeß entstehen zu lassen. Die jetzt geplante Zuwahl, »das Ankleben«, könne nicht die notwendige demokratische Legitimierung ersetzen. Diese Auffassung wurde auch von Heidi Wieczorek-Zeul geteilt, die betonte, ein Anfang sei nur mit der Neuwahl des Parteivorstandes möglich. Die befürchteten Querelen um die Vorstandsposten würden sich in Grenzen halten. In diesem Sinne äußerte sich auch Gerhard Schröder.

Eine »Anbaulösung« lehnte Anke Brunn ab. Neuwahlen, so betonte Katrin Fuchs, gehörten für sie bei einem Vereinigungsparteitag zum demokratischen Selbstverständnis. Sie seien auch Ausdruck der Mitwirkungsrechte der Parteibasis. Susi Möbbeck forderte ebenfalls Neuwahlen und wies darauf hin, daß bei der bevorstehenden Vereinigung der Jugendorganisationen beider Parteien selbstverständlich eine Neuwahl des Vorstandes stattfinden werde. Die Identität der neuen Partei müsse, so betonte Volker Hauff, auch aus der Neuwahl des Vorstandes heraus entwickelt werden. Als richtig bezeichnete er den Termin der geplanten Vereinigung. Wahlen, so sagte Hans Eichel, müßten am Anfang der Vereinigung der Parteien stehen.

In ihren Ausführungen gegen die Anberaumung von Neuwahlen unterstrich Herta Däubler-Gmelin die kollidierenden Interessen des Parteitages im unmittelbaren Vorfeld der Bundestagswahl. Bei der Vereinigung müsse eine große Zahl von Delegierten aus der DDR die Möglichkeit der Teilnahme erhalten. Damit seien Neuwahlen nach unserem Verständnis jedoch nicht durchzuführen. Das Bild des Parteitages dürfe nicht von Auseinandersetzungen über Neuwahlen geprägt werden. Im Vordergrund müßten die Einigung, die Herausstellung des Kanzlerkandidaten und das Wahlprogramm stehen. Deshalb sei der gemeinsame Verfahrensvorschlag von Hans-Jochen Vogel und Oskar Lafontaine vernünftig, die Neuwahlen im Frühjahr des nächsten Jahres durchzuführen und uns im Herbst auf den Vereinigungsprozeß und den Wahlkampf zu konzentrieren.

Ebenfalls gegen Neuwahlen sprach sich Hermann Heinemann aus, der betonte, es müsse jetzt Schluß sein mit den Auseinandersetzungen in der Parteispitze um die Führungsfragen. Insbesondere müßten die »Wasserträger« stillgestellt werden. Die Stimmung in der Partei sei katastrophal. Heute müsse eine Beendigung der Auseinandersetzung erfolgen. Hans Koschnick äußerte die Sorge, daß bestimmte Sachfragen hochgespielt werden würden, da in einer Reihe von Personalfragen noch keine endgültigen Lösungen gefunden würden. Dem müsse bald ein Ende bereitet werden. Eine schnelle Beendigung der Auseinandersetzungen um den künftigen Vorsitz forderte auch Katrin Fuchs. Inge Wettig-Danielmeier machte darauf aufmerksam, daß die Delegierten zum Wahl- und Vereinigungsparteitag in der Regel nicht gewählt worden seien, um sich an Neuwahlen zu beteiligen. Zu einem Wahlparteitag würden häufig andere Delegierte entsandt. Sie wies darauf hin, daß künftig bei Wahlen zum Parteivorstand die Quote auch bei der Besetzung der stellvertretenden Vorsitzenden Anwendung finden müsse.

Nicht mehr hinzukriegen seien, so unterstrich Ilse Brusis, Neuwahlen bis September. Die jetzt vorgesehene Besetzung des Parteivorstandes sei für eine Übergangsfrist legitim. Rudolf Dreßler stellte die Frage, welchen politischen Zielen die Aktivitäten und Auseinandersetzungen der letzten Woche gedient hätten. Es sei insgesamt ein negatives Bild entstanden.

Walter Momper sagte, unsere Partei müsse jederzeit darauf vorbereitet sein, daß die Volkskammer einen Beschluß nach Art. 23 GG fasse. Deshalb könne er nur dringend raten, offensiv an einen Wahltermin 9. oder 16. Dezember heranzugehen. Die Partei dürfe der Entwicklung der staatlichen Einheit nicht mehr hinterherlaufen. Der Kanzlerkandidat müsse dies offensiv und positiv aufnehmen und diese Stimmung auch gegenüber der Bevölkerung der DDR deutlich machen. Die Einschätzung, nur Bundestagswahlen seien durch uns zu gewinnen, sei falsch. Bei gesamtdeutschen Wahlen stünden unsere Chancen genau so gut wie die unserer Gegner. Die Diskussion der letzten Tage habe der Partei ebenso wie dem Kanzlerkandidaten geschadet, von dem erwartet werde, daß er nun einen Maßnahmenkatalog für die wirtschaftliche Förderung der DDR entwickele. Eine Sonthofen-Strategie sei nicht zu akzeptieren.

Dieter Spöri warnte davor, die Wahlkampfanlage mit Sonthofen zu vergleichen. Zu entwickeln sei ein Konzept, mit dem die Sozialdemokraten aufzeigten, welche Schritte sie zur Bewältigung der zu erwartenden Krise ergreifen werde. Ein offenes Herangehen an die gesamtdeutschen Wahlen forderte auch Klaus von Dohnanyi. Er betonte, unsere Partei brauche eine Strategie für eine Regionalpolitik in der DDR, die ähnlich wie die Berlin-Förderung ausgerichtet sei. Hans Eichel bedauerte, daß die Partei in ihrer Gesamtheit sich noch nicht völlig auf den deutschen Einigungsprozeß, auf seine Dynamik eingestellt habe.

Hans-Ulrich Klose erläuterte die finanziellen Aspekte der Vereinigung. Seine Berechnungen hätten ergeben, daß in den nächsten vier Jahren zur Unterstützung der Aufbauarbeit der SPD in der DDR Mittel in Höhe von 25 bis 45 Millionen Mark erforderlich seien, um die notwendige Infrastruktur zu schaffen. Bei der Kalkulation dieser Summe sei er davon ausgegangen, daß die SPD in der DDR, von einer gegenwärtigen Mitgliederzahl um 30.000 ausgehend, jedes Jahr um weitere 10.000 Mitglieder anwachse. Den größten Posten für die Ausgaben seien im Personalbereich zu sehen. Auf der Grundlage der in der Bundesrepublik üblichen Ausstattung werde es in den fünf Landesverbänden etwa je 10 Regionalgeschäftsstellen geben, hinzu komme die Landesgeschäftsstelle. Für diese Geschäftsstellen sei ein Personaleinsatz von ca. 150 Mitarbeitern erforderlich. Darüber hinaus müsse es eine Kopfstelle des gemeinsamen Parteivorstandes in Berlin geben. Hier sollten 10 Mitarbeiter eingesetzt werden. Insgesamt seien also 160 Stellen einzuplanen. Die DDR-SPD beschäftige gegenwärtig eine größere Anzahl von Hauptamtlichen.

Ein Hauptproblem werde es sein, die Frage zu lösen, was mit den Mitarbeitern der Rungestraße nach dem Zusammenschluß der Parteien geschehe. Es müßten frühzeitig Pläne entwickelt werden, wie diese Mitarbeiter bei der regionalen Parteiorganisation, aber auch bei den entstehenden Landtagsfraktionen, eine Anstellung finden könnten. Die Rungestraße in ihrer jetzigen Größenordnung könne es nicht weiter geben.

Zur Finanzierung der zusätzlichen Ausgaben gebe es zwei Möglichkeiten: Zum einen müsse versucht werden, forciert an die Gelder aus der anstehenden Wiedergutmachung heranzukommen. Hans Ulrich Klose verwies darauf, daß die CDU und die FDP hier durch den Zusammenschluß mit den ehemaligen Blockparteien zu Riesenvermögen gelangten und damit ihre finanziellen Probleme in der Bundesrepublik lösen könnten. Er sagte, möglicherweise werde das Bundesverfassungsgericht angerufen werden müssen, um die Chancengleichheit der Parteien zu sichern. Die Erlangung von Wiedergutmachungszahlungen sei außerordentlich kompliziert und zeitaufwendig. Eine zweite Möglichkeit, die unmittelbar umgesetzt werden könne, sei der Versuch, durch Beitragserhöhungen die erforderlichen Mittel aufzubringen. Er wies auf die dazu vorgelegten Beschlußentwürfe zur Beitragserhöhung und zur Aufteilung der Mittel zwischen den Bezirken und dem Parteivorstand hin.

Hans-Ulrich Klose bat darum, dem Vorschlag zur Beitragserhöhung zuzustimmen. Die Frage der Erhöhung der an den Parteivorstand abzuführenden Gelder unterliege der Beschlußfassung von Parteivorstand und Parteirat. Hierüber könne im August entschieden werden. Erforderlich sei jedoch eine große Solidaritätsaktion unter Mithilfe der Bezirke.

Bei allen Problemen, die die Berliner Partei auch im finanziellen Bereich habe, sei, so unterstrich Walter Momper, der Vorschlag von Hans-Ulrich Klose für eine Beitragumverteilung zur Bildung eines Solidaritätfonds zur Unterstützung der SPD in der DDR zu begrüßen. Sein Landesverband werde sich diesem Vorschlag nicht widersetzen. Energisch forderte Walter Momper eine öffentliche Debatte über das Zustandekommen und die künftige Verwendung des Vermögens der Blockparteien.

Rudolf Scharping äußerte Bedenken gegen die von Hans-Ulrich Klose geforderte zusätzliche Abgabe von 50 Pfenning pro Mitglied für den DDR-Solidaritätsfonds. Dies sei durch die Bezirke nicht zu verkraften. In ähnlicher Weise äußerte sich auch Heidi Wieczorek-Zeul. Sie betonte, daß sie sich als Bezirksvorsitzende gegen die Inhaftungnahme der Bezirke wenden müsse. Ein Umsetzen des Vorschlages von Hans-Ulrich Klose führe dazu, hauptamtliche Mitarbeiter hier zu entlassen. Allerdings sei ein Solidarbeitrag notwendig.

Sabine Riebe bedauerte, daß die Fraktion der SPD in der Volkskammer nicht energisch genug die Forderung des Parteirates im Hinblick auf das Vermögen der Blockparteien verfolgt habe. Hermann Heinemann wandte sich dagegen, bei der notwendigen Schaffung eines Solidaritätsfonds für die DDR-Parteiorganisation die Bezirke in obligo zu nehmen, da sei Geld nur einzusparen, wenn Personal entlassen würde, dies sei jedoch nicht möglich. Anke Brunn schlug vor, die Finanzierung des Aufbaus der Parteiorganisation in der DDR durch Einführung eines Solidaritätsbeitrages in Höhe von DM 1,-- für eine befristete Zeit vorzunehmen. Sie bemängelte die Vorbereitung der fälligen Entscheidungen für die Vereinigung der Parteien. Die Vorstandsmitglieder hätten schon vor Wochen die erforderlichen Unterlagen erhalten müssen.

Volker Hauff forderte eine energische Kampagne gegen die Möglichkeit der Verwendung der Vermögen der Blockparteien für CDU und FDP in der Bundesrepublik. Die sich abzeichnenden finanziellen Ungerechtigkeiten könnten für unsere Partei existenzbedrohend sein. Entscheidende juristische und politische Zwecke zur Abwendung der Gefahr seien erforderlich. Hier könne die SPD der DDR nicht allein handeln.

Anke Fuchs betonte, der jetzt erforderliche organisatorische Ausbau der SPD im Gebiet der DDR werde durch hauptamtliche Kräfte aus der Parteizentrale und aus den Patenschaftsbezirken unterstützt. Es sei ein langer Atem erforderlich, es würden einige Jahre gebraucht, um das erforderliche Niveau zu erreichen. Unabhängig davon müsse sich unsere Partei in den Stand versetzen, einen guten Wahlkampf in der DDR zu führen, um erfolgreich abschneiden zu können.

In seinem Schlußwort sagte Hans-Jochen Vogel, der politische Ablauf habe es nicht zugelassen, vor dieser Vorstandssitzung die Vorbereitungen für die Vereinigung der Parteien auf die Tagesordnung einer früheren Parteivorstandssitzung zu setzen. Hinsichtlich des Vermögens der Blockparteien habe gerade er sich von Anfang an bemüht, zu Klärungen zu gelangen. Nicht zuletzt auf unsere Initiativen hin seien die Vermögen beschlagnahmt worden.

Sodann rief Hans-Jochen Vogel zu Entscheidungen in folgenden Punkten auf:

1. Einstimmig beschlossen wurde, einen außerordentlichen Parteitag zur Vorbereitung der Vereinigung am 26. September nach Berlin einzuberufen und den gemeinsamen Parteitag am 27./28. September in Ost-Berlin zu veranstalten.
2. Hans-Jochen Vogel rief zur Abstimmung über das Konzept von Norbert Gansel auf. Für das Konzept stimmten sieben Vorstandsmitglieder, zwei enthielten sich der Stimme. Damit war der Vorschlag von Norbert Gansel abgelehnt.
3. Bei sechs Gegenstimmen und zwei Enthaltungen sprach sich der Vorstand gegen die Abhaltung einer Urabstimmung zur Frage der Vereinigung mit der SPD der DDR aus.
4. Dem Vorschlag des Präsidiums auf dem Vereinigungsparteitag, keine Neuwahlen durchzuführen, jedoch durch einen Akt dem Parteivorstand in seiner erweiterten Besetzung das Vertrauen bis zum nächsten ordentlichen Parteitag auszusprechen, stimmte der Parteivorstand, gegen 11 Stimmen, zu.
5. Bei einer Stimmenthaltung billigte der Vorstand den Delegiertenschlüssel für den Vereinigungsparteitag: 400 Delegierte West, 100 Delegierte Ost plus 41 Parteivorstandsmitglieder West und 34 Parteivorstandsmitglieder Ost.
6. Damit zugleich wurde beschlossen, auf dem Gemeinsamen Parteitag 10 Vertreter der DDR-SPD in den Vorstand aufzunehmen sowie einen vierten Stellvertreter und ein weiteres Präsidiumsmitglied aus den Reihen der DDR-Partei zu bestimmen. In einer zweiten Stufe, auf dem nächsten ordentlichen Parteitag, werden die Delegierten der Landesverbände in der DDR auf der Grundlage der Anzahl der entrichteten Mitgliedsbeiträge und der Wählerstimmen, entsprechend dem Parteiengesetz, ermittelt. Vom ordentlichen Parteitag 1993 an erfolgt die Ermittlung des Delegiertenschlüssels nach der jetzt gültigen Bestimmungen. Über die Zahl der Präsidiumsmitglieder, so stellte Hans-Jochen Vogel fest, sei ein eigener Beschluß des Parteitages erforderlich.
7. Die vorgelegten Texte für die Änderung des Parteistatuts wurden vom Parteivorstand mit Zustimmung zur Kenntnis genommen. Hans-Jochen Vogel bat darum, eventuelle Änderungswünsche umgehend der Bundesgeschäftsführung anzuzeigen.
8. Zustimmung fand der Antrag an den Parteitag zur Erhöhung der Mitgliedsbeiträge. über eine mögliche Änderung der Aufteilung soll zu einem späteren Zeitpunkt entschieden werden.

Norbert Gansel machte darauf aufmerksam, daß in diesen wichtigen Fragen eine Anhörung des Parteirates erforderlich sei. Hans-Jochen Vogel stellte fest, dies werde mit der am nächsten Tag folgenden Sitzung erfolgen. Er bat jedoch um Verständnis dafür, daß die Presse, angesichts der vielen Fragen, unterrichtet werden müsse.

Zweiter Staatsvertrag

Herta Däubler-Gmelin wies darauf hin, daß Bundesminister Schäuble den Plan habe, noch in dieser Woche im Kabinett die Weichen für den zweiten Staatsvertrag zu stellen. Für uns stelle sich die generelle Frage einer Mitarbeit an diesem Vertrag. Es müsse Klarheit darüber geben, ob Sozialdemokraten mit der Regierung über das Vertragswerk verhandelten. Eine Umfrage bei den A-Ländern habe ergeben, daß von dort aus ein Zusammenwirken von Beginn an geplant sei.

Folgende Regelungen müßten in den Staatsvertrag aufgenommen werden: Der Termin des Beitritts nach Art. 23 GG und einheitliche Wahlmodalitäten mit einer einheitlichen Fünf-Prozent-Klausel. Dieses Wahlrecht müsse vor den Wahlen Gültigkeit haben. Angesprochen werden der Name der Republik und die Hauptstadtfrage.

Mit dem zweiten Staatsvertrag sollten, so betonte Herta Däubler-Gmelin, eine Reihe von Änderungen der Verfassung angestrebt werden. So sei der Verzicht auf Massenvernichtungsmittel zu verankern. Ferner solle die Ausrichtung Deutschlands auf Europa hervorgehoben werden und das Sozialstaatsprinzip mit den Bereichen Arbeitsplätze und Wohnraum grundsätzlich verankert werden. Als Staatsziel solle der Umweltschutz aufgenommen werden. Von besonderer Bedeutung sei der Schutz des Lebens und die den § 218 berührenden Fragen. Hinzu komme eine deutlichere Verankerung des Prinzips des Föderalismus. Einigkeit bestehe darüber, eine geänderte Fassung einer Volksabstimmung zu unterziehen, vor oder nach den gesamtdeutschen Wahlen.

Im zweiten Staatsvertrag geregelt werden müsse auch die Erhaltung und Finanzierung von DDR-Institutionen, insbesondere auf dem kulturellen und sozialen Sektor, und Maßnahmen zum Schutze der DDR-Wirtschaft.

Aussprache

Karsten Voigt forderte vor weiteren Entscheidungen absolute Klarheit über das Verfahren. Gerade im bevorstehenden Wahlkampf, bei der sich abzeichnenden Massenarbeitslosigkeit in der DDR müßten durch uns in der Auseinandersetzung um den Staatsvertrag die sozialen Fragen und die Umweltpolitik hervorgehoben werden. Die Streichung des Artikels 146 sei nur dann hinnehmbar, wenn eine Volksabstimmung durchgesetzt werden könne. Magdalene Hoff erinnerte daran, die internationalen Einbindungen der Bundesrepublik in den zweiten Staatsvertrag mit aufzunehmen. Henning Scherf forderte eine klare Entscheidung darüber, wer das Mandat der Partei in dieser Sache wahrnimmt. Die qualifizierte Linie unserer Partei müsse vorher klar definiert werden. Handelnde seien nach seiner Auffassung nicht die Fraktion, sondern die Länder.

Heidi Wieczorek-Zeul hob die strategische Bedeutung unseres Verhaltens in dieser Sache hervor. Es müsse denkbar sein, auch ein Nein zum Staatsvertrag sagen zu können, wenn damit eine Mobilisierung unserer Wähler erreichbar erscheine. Skeptisch zeigte sie sich gegenüber möglichen erneuten Verhandlungen zwischen der Bundesregierung und der Bundestagsfraktion während des Wahlkampfes. Besser sei es, die Federführung den Bundesländern zu überlassen und nicht der Fraktion. In den Sachfragen gelte es, unsere besondere Aufmerksamkeit auf die Eigentumsfrage und den § 218 zu richten.

Peter von Oertzen meinte, unsere Partei dürfe der Streichung des Art. 146 nicht zustimmen, solange in wesentlichen Punkten keine befriedigenden Lösungen erzielt worden seien. Allerdings sei dieser Artikel auch kein wirksamer Weg, wenn die SPD die Wahlen nicht gewinne. Zum Wahlrecht gab er zu überlegen, ob es, angesichts der Bürgerbewegung in der DDR, gerecht sei, von vornherein mit der Fünf-Prozent-Hürde zu arbeiten.

Die Vorschläge von Herta Däubler-Gmelin zum Staatsvertrag bezeichnete Johannes Rau als überzeugend. Sie seien mit den A-Ländern abgestimmt. Die A-Länder würden eine aktive Rolle bei den Arbeiten am zweiten Staatsvertrag einnehmen. Er warnte dringend davor, in dem Staatsvertrag den Länderfinanzausgleich und die Hauptstadtfrage mit aufzunehmen. Er bat die Vertreter der DDR, dies von vornherein mit zu berücksichtigen. Anke Brunn forderte Schutzbestimmungen im zweiten Staatsvertrag für die Frauen in der DDR und eine angemessene Regelung zum § 218. Horst Ehmke stellte fest, es müsse eine einheitliche Fünf-Prozent-Klausel geben. Dazu solle die politische Unterstützung der FDP gesucht werden. Klaus von Dohnanyi sah die Notwendigkeit, die steuerliche Förderung von Investitionen in der DDR, ähnlich der Berlin-Förderung, zu verankern. Sabine Riebe setzte sich für eine einheitliche Fünf-Prozent-Klausel ein und betonte die Notwendigkeit, die bestehende Fristenregelung in Kraft zu lassen. Darin wurde sie von Renate Schmidt unterstützt, die forderte, im Staatsvertrag die Dauer des Zivildienstes ebenso zu regeln wie die Möglichkeit der Betreuung kranker Kinder, wie dies in der DDR geregelt sei. Von Hans Eichel wurde gefordert, Wohnen als ein Grundrecht zu verankern und eine Regelung des Verbots der Aussperrung vorzusehen. Überdies müsse die Zonenrandförderung in einem bestimmten Rahmen erhalten bleiben.

Anke Fuchs fragte nach den Themen, mit denen die Mobilisierung unserer Wählerschaft, in Zusammenhang mit dem zweiten Staatsvertrag, erreichbar sei. Es könne nicht darum gehen, auf allen Gebieten Kompromisse zu finden, es müsse Raum bleiben für eine klare Abgrenzung in der Wahlauseinandersetzung. Hier sei sicherlich der § 218 ein zentraler Punkt. Zur Verhandlungsführung äußerte sich Karl-Heinz Hiersemann ähnlich wie Henning Scherf. Auch er lehnte eine Regelung der Hauptstadtfrage im zweiten Staatsvertrag ab.

Hans Koschnick wies darauf hin, daß es trotz der politischen Mehrheit im Bundesrat nicht möglich sein werde, Verfassungsfragen durch einen Staatsvertrag zu regeln. Er empfahl, die Hauptstadtfrage durch das erste frei gewählte Parlament entscheiden zu lassen. Norbert Gansel sprach sich dafür aus, durch uns so schnell als möglich die Punkte vorzulegen, die mit dem Staatsvertrag zu regeln sind. Er regte an, angesichts der Fünf-Prozent-Klausel das Bündnis '90 für uns zu gewinnen. Als Namen des neuen Staates schlug er vor »Republik Deutschland«.

In ihrer Schlußbemerkung sagte Herta Däubler-Gmelin, in den Verhandlungen um den zweiten Staatsvertrag komme auf die A-Länder eine tragende Rolle zu, die ihre Arbeit noch mehr als bisher koordinieren müßten. Die Bundestagsfraktion werde auf die Länder zugehen.

Hans-Jochen Vogel stellte fest, daß der Parteivorstand, bei zwei Gegenstimmen, auf einem einheitlichen Wahlrecht mit der Fünf-Prozent-Klausel bestehe.

Zur Frage der Hauptstadt kam der Vorstand überein, zunächst die Vorschläge der DDR-Seite abzuwarten und diese Frage nicht in den Staatsvertrag aufzunehmen. Hans-Ulrich Klose schlug vor, gerade zu diesem Punkt die notwendige Auseinandersetzung über die kulturelle Dimension des Einigungsprozesses auszulösen.

Anke Brunn stellte fest, unser Abstimmungsverhalten sei davon abhängig, was im Vertrag stehe. Die Zustimmung der Länder werde nicht leicht zu erreichen sein. Katrin Fuchs betonte die strategische Bedeutung unseres Vorgehens in dieser Frage, der Wahlkampf müsse im Vordergrund stehen.

Zur generellen Haltung der Partei gegenüber dem Staatsvertrag sagte Hans-Jochen Vogel, die Mehrzahl der Entscheidungen, die zu treffen seien, wolle auch unsere Partei. Die andere Seite komme nach Fertigstellung des zweiten Staatsvertrages wieder mit der Frage nach einem Ja oder Nein auf uns zu. Unsere Antwort, auf die wir uns rechtzeitig vorbereiten müßten, werde mit Oskar Lafontaine frühzeitig abgestimmt. Sie werde von der anderen Seite gewiß erneut mit der Haltung gegenüber der Einheit Deutschlands gleichgesetzt. Darauf müsse sich unsere Partei rechtzeitig einstellen.

Er unterstrich, Parteivorstand, Bundestagsfraktion und die A-Länder gingen von den realen Möglichkeiten aus.

Peter von Oertzen sagte, da Verfassungsfragen Grundsatzfragen seien, werde er sich gegebenenfalls das Recht nehmen, offen abweichende Meinungen zu vertreten.

[...]

Dokument Nr. 50
Stellungnahme des Parteirats der SPD zum Zweiten Staatsvertrag, 26. Juni 1990

Presseservice der SPD, Nr. 265/90, 27. Juni 1990

Mitteilung für die Presse

In seiner Sitzung am 26. Juni hat der Parteirat der SPD die folgende Entschließung zum **Zweiten Staatsvertrag** zwischen der Bundesrepublik Deutschland und der DDR verabschiedet:

Der Parteirat der SPD bekräftigt noch einmal, daß es im Zuge des Vereinigungsprozesses zwischen beiden deutschen Staaten zu einer Vertiefung und Erweiterung der demokratischen Substanz in der neuen Republik kommen muß. Wir Sozialdemokraten bekennen uns damit zugleich zu den demokratischen Zielen des Umwälzungsprozesses in der DDR. Mit Nachdruck werden wir deshalb bei der Neufassung der Rechtsordnung des vereinigten Deutschlands darauf drängen, das Grundgesetz in folgenden Punkten zu präzisieren:

– Unabdingbar ist die Verankerung des Schutzes der Umwelt und des »Rechts auf Arbeit« in der Verfassung. Die Sicherung von Bildung und Kultur, von Wohnen und Gesundheit sind als wesentliche Staatszielbestimmungen aufzunehmen. Der soziale Gehalt der Grundrechtsnormen ist hervorzuheben.
– Die Mitbestimmung der Beschäftigten in Betrieben, Unternehmen und Dienststellen ist verfassungsrechtlich zu garantieren. Das Gleichgewicht zwischen den Tarifparteien verlangt die Sicherung des Streikrechts und das Verbot der Aussperrung.
– Die neue Verfassung muß unmittelbare Bürgerbeteiligung zulassen. In gesetzlich festzulegenden Grenzen sollen Volksbegehren und Volksentscheid in Gemeinden, Ländern und Bund parlamentarische Entscheidungen ergänzen.
– Die föderativen Gestaltungsrechte von Ländern und Kommunen sind zu stärken. Dies gilt auch für ihre Entscheidungsautonomie im Zuge des europäischen Einigungsprozesses und die Sicherung ihrer finanziellen Eigenständigkeit.
– Internationale Zusammenarbeit, Abrüstung und Nord-Süd-Solidarität müssen Verfassungsrang erhalten. Das Asylrecht bleibt gewährleistet. Das Ausländerwahlrecht auf kommunaler Ebene ist zu bestätigen. Herstellung, Gebrauch und Lagerung von Massenvernichtungsmitteln sind zu verbieten.
– Die tatsächliche Gleichstellung von Frauen und Männern ist als vorrangige Staatsaufgabe festzuschreiben. Ferner sind das Recht der Frauen, selbst über die Fortsetzung einer Schwangerschaft zu bestimmen, und der Schutz werdenden Lebens durch das staatliche Angebot sozialer Hilfen in der Verfassung sicherzustellen.

Die Verfassung der neuen Republik muß aus einer Abstimmung des ganzen deutschen Volkes hervorgehen.

Dokument Nr. 51
Entschließungsantrag der SPD-Bundestagsfraktion zum Vermögen von SED/PDS und Blockparteien und zur Chancengleichheit bei den Wahlen, 9. August 1990

Die SPD im Deutschen Bundestag, Nr. 1618, 9. August 1990

SPD-Entschließungsantrag: Vermögen von SED/PDS und Blockparteien beeinträchtigt Chancengleichheit bei Wahlen

Die SPD-Bundestagsfraktion hat zur heutigen Debatte nachstehenden Entschließungsantrag im Deutschen Bundestag eingebracht:

Der Bundestag wolle beschließen:

I. Der Bundestag stellt fest:
1. Die Chancengleichheit der Parteien bei der ersten gesamtdeutschen Bundestagswahl wird durch die fortbestehende Verfügungsgewalt der SED/PDS und der früheren Blockparteien in der DDR, insbesondere die CDU, die LDP (früher LPDP), die NPDP und die Demokratische Bauernpartei Deutschlands (DBD), über die in 40 Jahren angehäuften Vermögenswerte verletzt.
Auch die Übernahme der alten umfangreichen personellen und technischen Parteiapparate durch SED/PDS und die früheren Blockparteien LDP und NDPD (die sich im Bund Freier Demokraten – die Liberalen (BFD) zusammengeschlossen haben), CDU und DBD sowie deren Beteiligung an Zeitungen, Verlagen und Druckereien führen zu massiven Wettbewerbsverzerrungen, da die neuen Parteien in der DDR, also SPD, DSU sowie die Bürgerrechtsbewegungen weder über vergleichbare Vermögenswerte noch über entsprechende Apparate oder Publikationsmöglichkeiten verfügen.
2. Die Chancengleichheit der Parteien bei der ersten gesamtdeutschen Bundestagswahl wird zusätzlich verletzt, wenn Parteien in der Bundesrepublik Deutschland durch Vereinigung mit früheren Blockparteien Vermögensvorteile oder sonstige Nutzungen aus deren Vermögen, soweit dieses nicht unmittelbar auf Mitgliedsbeiträgen beruht, zufließen.

II. Der Bundestag fordert die Bundesregierung auf,

durch Vereinbarungen mit der Regierung der DDR sicherzustellen, daß die bisher nicht erfüllten Aufträge der Volkskammer vom 31. Mai 1990 zur Sicherstellung und Einziehung des in 40 Jahren angehäuften Vermögens der SED/PDS und der ehemaligen Blockparteien so rechtzeitig umgesetzt werden, daß die Chancengleichheit bei

den Landtagswahlen und der ersten gesamtdeutschen Bundestagswahl nicht beeinträchtigt wird.
Dies betrifft

1. die bereits zum 30. Juni 1990 fällig gewesene Vorlage des Berichts der vom Ministerpräsidenten der DDR gemäß § 20 des Parteiengesetzes der DDR eingesetzten Kommission über die Vermögenswerte aller Parteien und mit ihnen verbundenen Organisationen, juristischen Personen und Massenorganisationen der DDR im In- und Ausland,
2. die tatsächliche Wahrnehmung der treuhänderischen Verwaltung des Vermögens der Parteien und ihnen verbundenen Organisationen durch die Kommission gemäß § 20 b des Parteiengesetzes der DDR,
3. die unverzügliche Ausarbeitung gesetzlicher Vorschriften zur Einziehung der Vermögenswerte der SED/PDS und der früheren Blockparteien sowie der mit ihnen verbunden Massenorganisationen entsprechend dem Beschluß der Volkskammer vom 31. Mai 1990.

III. Der Bundestag fordert die Bundesregierung ferner auf,

durch Vereinbarungen mit der Regierung der DDR sicherzustellen, daß Wettbewerbsnachteile der seit dem Herbst 1989 in der DDR ohne jede organisatorische Voraussetzungen neu gegründeten Parteien und Bürgerrechtsbewegungen gegenüber der SED/PDS und den früheren Blockparteien in angemessener Weise rechtzeitig vor der ersten gesamtdeutschen Bundestagswahl ausgeglichen werden.

IV. Der Bundestag erwartet

1. von Parteien in der Bundesrepublik Deutschland, die sich mit ehemaligen Bockparteien der DDR vereinigen, also von FDP und CDU, daß sie vor der Vereinigung nachweisen, daß ihnen aus dem Vermögen der ehemaligen Blockparteien keinerlei Vermögensvorteile oder sonstige Nutzungen zufließen;
2. daß andere ehemalige Blockparteien der DDR, die an der ersten gesamtdeutschen Bundestagswahl teilnehmen, spätestens bis zur Einreichung ihrer Wahlvorschläge nachweisen, daß ihr in 40 Jahren in der DDR angehäuftes Vermögen sich nicht mehr in ihrer Verfügungsgewalt befindet und ihnen hieraus keinerlei Vermögensvorteile oder Nutzungen zufließen.

Begründung

Der im Grundgesetz und dem Parteiengesetz niedergelegte und vom Bundesverfassungsgericht in mehreren Entscheidungen immer wieder betonte Grundsatz der Chancengleichheit der Parteien ist eine Grundvoraussetzung für die Durchführung demokratischer Parlamentswahlen. Diese Chancengleichheit ist verletzt, wenn – und sei es auch nur in einem Teil des Wahlgebietes – einigen der sich zur Wahl stellenden Parteien erhebliche Vermögenswerte und insbesondere personell und sachlich komplett eingerichtete Apparate zur Verfügung stehen, während die anderen Mitbewerber ohne vergleichbare Voraussetzungen antreten müssen. Eine solche durch massive Wettbewerbsverzerrungen geprägte Situation besteht derzeit in der DDR. Sie droht sich bei der bevorstehenden ersten gesamtdeutschen Bundestagswahl auch in der Bundesrepublik negativ auszuwirken. Hier ist Abhilfe dringend geboten.

Die Herrschaft der SED in der DDR hat in der Vergangenheit zu einer Vermischung von Partei- und Staatsvermögen geführt. Die SED hat sich unter Ausnutzung ihres Machtmonopols im Laufe von vier Jahrzehnten Vermögenswerte in Milliardenhöhe unter Ausschaltung öffentlicher Kontrolle angeeignet, Enteignungen zum eigenen Vorteil vorgenommen und Mittel aus dem Staatshaushalt zu ihren Gunsten zweckentfremdet.

Nach dem vorläufigen Zwischenbericht der vom Ministerpräsidenten der DDR eingesetzten Kommission verfügte die SED im Oktober 1989 nach eigenen Angaben u.a. über 50 Betriebe, 20 Verlage, 258 Verwaltungsgebäude, 31 Schulen und Bildungsstätten sowie eine große Anzahl von Immobilien. Über die seither eingetretenen Veränderungen in ihren Vermögensverhältnissen liegen noch keine prüfungsfähigen Angaben vor.

Auch die früheren Blockparteien haben in der Vergangenheit auf Kosten der Allgemeinheit zum Teil durch unmittelbare Zuwendungen der SED riesige Vermögen angehäuft. Für die CDU werden in dem vorläufigen Bericht der Regierungskommission der DDR u.a. 16 Produktionsbetriebe, 5 Zeitungsverlage, 4 Buch- und Kunstverlage, etwa 30 Handelseinrichtungen, ein Hotel, Ferienlager und Immobilien genannt.

Für die NDPD ist Eigentum an 8 Betrieben, 6 Verlagen, Schulungshäusern, Ferienlagern, für die LDP ein Buchverlag, 5 Zeitungsverlage und Immobilienbesitz aufgelistet.

Schon aus dieser unvollständigen Übersicht wird deutlich, welche unaufholbaren Chancenvorteile SED/PDS und die früheren Blockparteien – CDU und die jetzt im BFD zusammengeschlossenen Parteien NDPD und LDP – weiterhin haben.

Die hierdurch geschaffenen Wettbewerbsverzerrungen werden noch verschärft und bei der ersten gesamtdeutschen Bundestagswahl auf das gesamte Gebiet des vereinigten Deutschland ausgeweitet, wenn sich Parteien in der Bundesrepublik wie FDP und CDU mit früheren Blockparten der DDR vereinigen und dadurch in den Besitz der von diesen in vier Jahrzehnten angehäuften Vermögensvorteile und sonstigen Nutzungen bringen.

Der Bundestag erwartet sowohl von den früheren Blockparteien der DDR als auch von ihren Schwesterparteien in der Bundesrepublik, die sich mit ihnen vereinigen, daß sie vor der organisatorischen Vereinigung, jedenfalls aber rechtzeitig vor der gesamtdeutschen Bundestagswahl, sicherstellen und nachweisen, daß ihnen keinerlei Nutzungen und sonstige Vorteile aus dem auf Kosten der Allgemeinheit angehäuften Vermögen mehr zufließen.

Darüber hinaus hat die Bundesregierung unverzüglich gegenüber der Regierung der DDR, insbesondere dem Ministerpräsidenten, mit allem Nachdruck darauf zu drängen, daß die Aufträge der Volkskammer vom 31. Mai 1990 endlich umgesetzt werden.

– Die vom Ministerpräsidenten eingesetzte unabhängige Kommission hat statt des nach dem Gesetz bis zum 30. Juni 1990 vorzulegenden Berichts über die Parteivermögen bisher lediglich einen Teilbericht erstellt. Dies lag nicht nur an der unzureichenden Rechenschaftslegung durch die Parteien, sondern auch daran, daß die Kommission erst mit Verzögerung von fast einem Monat durch den Ministerpräsidenten berufen worden ist.
– Die nach § 20 b des Parteiengesetzes der DDR sofort durchzuführende treuhänderische Verwaltung des Vermögens der betroffenen Parteien nach dem Stande vom 7. Oktober 1989 ist bisher nicht wirksam geworden.
– Wegen dieser Versäumnisse sind der SED/PDS und den früheren Blockparteien die ihnen aus der Vergangenheit zugewachsenen enormen Vermögenswerte – der vorläufige Bericht der Kommission nennt allein für die SED/PDS ca. 8 – 10 Milliarden Mark – bisher weitgehend ungeschmälert erhalten geblieben. Ihre flächendeckenden, personell und technisch komplett ausgerüsteten Apparate verschaffen ihnen zusätzliche Wettbewerbsvorteile gegenüber den neuen Parteien wie der DSU und insbesondere der SPD und den anderen Bürgerrechtsbewegungen, die bisher in keiner Weise wirksam ausgeglichen worden sind. Dies ist bei den Volkskammerwahlen im März 1990 und den Kommunalwahlen im Mai 1990 offenkundig geworden. Es ist schon jetzt abzusehen, daß sich dies bei den bevorstehenden gesamtdeutschen Bundestagswahlen wiederholen wird, wenn nicht rechtzeitig Einhalt geboten wird. Deshalb müssen die betreffenden Parteien in der DDR und in der Bundesrepublik die erforderliche Selbstreinigung unverzüglich durchführen. Darüber hinaus muß die Bundesregierung in jeder geeigneten Weise in Verhandlungen und ggfs. in Vereinbarungen mit der Regierung der DDR dafür Sorge tragen, daß die Wettbewerbsverzerrungen beseitigt und daß die Chancennachteile für die seit dem Herbst 1989 gegründeten Parteien und Bürgerrechtsbewegungen ausgeglichen werden.

Dokument Nr. 52
Aufforderung an Bundeskanzler Helmut Kohl zu einem Spitzengespräch über den Einigungsvertrag

Presseservice der SPD, Nr. 369/90, 24. August 1990

Mitteilung für die Presse

In einem Brief an den Bundeskanzler hat heute die SPD-Führung dazu aufgefordert, daß der Einigungsvertrag noch vor seiner Paraphierung zum Gegenstand eines Spitzengesprächs gemacht wird, zu dem die SPD-Führung gegebenenfalls auch noch am Wochenende bereit ist. Der Brief hat folgenden Wortlaut:

»Sehr geehrter Herr Bundeskanzler,

Herr Ministerpräsident Lafontaine hat gestern in der deutschlandpolitischen Debatte des Bundestags erneut zum Ausdruck gebracht, daß die deutsche Sozialdemokratie bereit ist, kooperativ an der Überwindung der sich immer mehr verschärfenden Krise in der DDR und an der Lösung der Fragen mitzuwirken, die sich im Zusammenhang mit der Herstellung der staatlichen Einheit Deutschlands ergeben. Wir unterstreichen diese Bereitschaft und wiederholen sie. Ihnen und uns ist dabei bewußt, daß in Anbetracht der Mehrheitsverhältnisse im Bundesrat und der Tatsache, daß Verfassungsänderungen in Mitte liegen, solche Lösungen nur dann zustande kommen, wenn sie auch für uns zustimmungsfähig sind.

Gerade deshalb müssen wir Sie mit großem Ernst darauf hinweisen, daß sich die Verhandlungen über den Zweiten Staatsvertrag nach dem gegenwärtigen Stand in einer schweren Krise befinden. Dies vor allem deshalb, weil sowohl die von Ihrer Seite geforderte Regelung der offenen Vermögensfragen, das heißt der Rechtsverhältnisse an eigentumsrechtlich umstrittenen Grundstücken, als auch das von Ihnen als unabdingbar erklärte Wohnortprinzip bei der Anwendung des Paragraphen 218 StGB nicht akzeptabel erscheinen.

Von der befriedigenden Regelung der Grundstücksfrage hängen nach übereinstimmender Auffassung aller Experten sowohl die Bewahrung des sozialen Friedens in der DDR als auch die Gewährleistung der Rechtssicherheit für die dringend erforderlichen Investitionen ab. Das Beharren auf dem Wohnsitzprinzip bei der Anwendung des Paragraphen 218 bedeutet, daß die DDR gerade auf diesem Gebiet weiterhin als Ausland behandelt wird. Außerdem wird diese Regelung von sehr vielen Frauen zutreffenderweise als eine Demütigung, ja als eine Provokation empfunden.

Erhebliche Bedenken bestehen ferner

- gegen die einseitige Belastung der DDR-Länder mit den finanziellen Risiken, die sich aus der Überbesetzung des öffentlichen Dienstes ergeben;
- die Absicht, dem Volk entgegen dem klaren Auftrag des Artikels 146 des Grund-

gesetzes die Entscheidung über die endgültige Verfassung des vereinigten Deutschlands vorzuenthalten und auch deshalb, weil
- die Höhe der finanziellen Leistungen, die im Zuge der deutschen Einigung zu erbringen sind, ebenso im Dunkeln bleiben wie die Antwort auf die Frage, wie und von wem diese Leistungen aufgebracht werden sollen.

Wir halten es für unerläßlich, daß diese Themen unverzüglich zum Gegenstand eines Spitzengesprächs gemacht werden, bevor der Vertragsentwurf paraphiert wird oder sonst Entscheidungen fallen, die eine Modifikation des Entwurfs erschweren oder gar ausschließen. Für ein solches Gespräch stehen wir Ihnen jederzeit – und auch am Wochenende – zur Verfügung.

Mit vorzüglicher Hochachtung

(Dr. Hans-Jochen Vogel)

(Oskar Lafontaine)   (Johannes Rau)   (Dr. Herta Däubler-Gmelin)«

Dokument Nr. 53
Hans-Jochen Vogel und Wolfgang Thierse zum Zweiten Staatsvertrag, 27. August 1990

Presseservice der SPD, Nr. 372/90, 27. August 1990

Mitteilung für die Presse

Die Präsidien der Sozialdemokratischen Parteien Deutschlands haben unter Vorsitz von **Hans-Jochen Vogel** und **Wolfgang Thierse** zum gegenwärtigen Stand der Auseinandersetzungen über den Zweiten Staatsvertrag folgende gemeinsame Entschließung gefaßt:

1.

Die Sozialdemokratischen Parteien sind zur parteiübergreifenden Zusammenarbeit bereit, um der sich immer weiter verschärfenden Krise in der DDR zu begegnen. Sie sind nicht bereit mitzuwirken, wenn die Öffentlichkeit über das Ausmaß der Krise und über das Ausmaß der erforderlichen Anstrengungen getäuscht werden soll. Sie sind auch nicht bereit, Mitverantwortung für Regelungen zu übernehmen, die den betroffenen Menschen nicht helfen, sondern ihre Schwierigkeiten vermehren.

2.

Die Union wird aufgefordert, nicht länger an einer die Frauen diskriminierenden und demütigenden Sonderregelung bei der Anwendung des § 218 StGB festzuhalten und damit die Verabschiedung des Zweiten Staatsvertrages zu verhindern. Die von seiten der SPD bei dem Spitzengespräch vorgeschlagene Lösung ermöglicht eine Verständigung, bei der die Union ihre Minderheitsmeinung deutlich machen kann.

Weiter wird die Bundesregierung aufgefordert, den Vorschlägen der SPD für die Regelung der offenen Vermögensfragen, für die finanzielle Ausstattung der DDR-Länder und für die von Art. 146 GG vorgezeichnete Umwandlung des Grundgesetzes in eine Verfassung zu folgen.

3.

Die Regelung der Fragen, die im Entwurf des Zweiten Staatsvertrages behandelt werden, reicht nicht aus, um die Krise in der DDR zu mildern. Der Kanzlerkandidat der SPD, Oskar Lafontaine hat im Deutschen Bundestag zehn Punkte für ein Sofortprogramm vorgelegt, auf das die Bundesregierung bisher nur unzureichend eingegangen ist. Ein solches Programm muß insbesondere folgende Maßnahmen umfassen:

- öffentliche Investitionsprogramme zur Verbesserung der wirtschaftlichen und ökologischen Infrastruktur,
- Maßnahmen zur Förderung des Wohnungsbaus und zur Sanierung des vorhandenen Baubestandes,
- Maßnahmen zur Verbesserung der Agrarwirtschaft,
- die Einführung einer Förderungspräferenz für Investitionen in der DDR gegenüber entsprechenden Investitionsförderungen in der Bundesrepublik,
- durchgreifende Erleichterungen bei der Abwicklung von Altschulden der Betriebe.

4.

Falls die Bundesregierung ihre Verweigerungshaltung nicht aufgibt, muß der Weg der Überleitungsregelung gewählt werden. Die SPD wird dafür im gegebenen Falle noch in dieser Woche konkrete Vorschläge vorlegen. Dabei wird gewährleistet, daß die Bevölkerung der DDR an den entsprechenden Gesetzgebungsverfahren durch die von der Volkskammer benannten stimmberechtigten Mitglieder im Deutschen Bundestag und durch Vertreter der in der Bildung begriffenen Länder im Bundesrat mitwirken.

Dokument Nr. 54
Beratungen in der gemeinsamen Sitzung des SPD-Parteivorstandes West und Ost zum Einigungsvertrag, 31. August 1990

Auszug aus dem Protokoll der Gemeinsamen Sitzung des Parteivorstandes West und Ost, 31. August 1990, erster Teil, 10.30 – 13.00 Uhr, in Bonn, Bundeshaus, S. 2 – 11

[...]

Hans-Jochen Vogel eröffnete die gemeinsame Sitzung der Vorstände. Er begrüßte ausdrücklich den gemeinsamen Ehrenvorsitzenden, Willy Brandt. Hans-Jochen Vogel wies darauf hin, daß man zum ersten und voraussichtlich vorletzten Mal in dieser Zusammensetzung tage.

Die gemeinsame Sitzung des Vorstandes West und Ost sei einberufen worden, um eine Information über die Verhandlungen zum Zweiten Staatsvertrag und ihr Ergebnis zu ermöglichen. Der nun ausgehandelte Entwurf zum Zweiten Staatsvertrag, dessen letztgültige Fassung gedruckt noch nicht vorliege, sei kein Staatsvertrag der SPD, sonst sähe er anders aus. Hans-Jochen Vogel wies auf die noch offenen Streitpunkte hin:

1. Es bleibe die Frage offen, ob die Investitions- und Handlungsfähigkeit der Länder und Kommunen in der DDR gewährleistet sei, wie hoch der Finanzbedarf wirklich sei und wie er aufgebracht werden könnte. Finanzminister Waigel habe zureichende Informationen nicht geliefert. Auch angesichts der zusätzlich zu erwartenden Belastungen durch den öffentlichen Dienst in der DDR sei mehr als fraglich, ob die von Waigel genannte Ausstattung von 70 Milliarden für die Länder und Kommunen in der DDR ausreiche und sie ihren Finanzbedarf für Investitionen befriedigen können. Hans-Jochen Vogel wies darauf hin, daß der Haushalt des Landes Nordrhein-Westfalen doppelt so hoch sei. Die Diskussion über die Höhe der Kosten und über die gerechte Verteilung ihres Aufkommens stehe erst am Anfang.
2. Die Einengung der kommunalen Handlungsfähigkeit in der Energieversorgung sei völlig unbefriedigend. Für die Städte und Gemeinden in der DDR, sagte Hans-Jochen Vogel, hätten die Vertreter der SPD in den Verhandlungen zwar Erfolge (Wegerecht, Konzessionsabgabe) erreichen können, aber ein Versorgungsrecht für die Kommunen habe nicht durchgesetzt werden können.

Hans-Jochen Vogel unterstrich, daß die SPD bei den Verhandlungen zum Zweiten Staatsvertrag – im Unterschied zu dem Verfahren beim Ersten Staatsvertrag – als gleichberechtigter Partner mitgewirkt habe. In der letzten Woche sei der von ihm bereits im November letzten Jahres geforderte Runde Tisch verwirklicht. Insgesamt seien verantwortbare Regelungen gefunden worden, die nicht bloß taktischen Erwägungen standhielten, sondern Fortschritte im Interesse der Menschen in der DDR und in der Bundesrepublik bedeuten.

Hans-Jochen Vogel faßte die Verhandlungserfolge wie folgt zusammen:
1. Ein Durchbruch sei beim § 218 erzielt worden. Der Gesetzgeber sei beauftragt worden, spätestens bis zum 31. Dezember 1992 eine Regelung zu treffen, die den Schutz des vorgeburtlichen Lebens und die verfassungskonforme Bewältigung von Konfliktsituationen schwangerer Frauen besser gewährleiste als dies in beiden Teilen Deutschlands derzeit der Fall sei. Hans-Jochen Vogel legte besonderen Wert auf die Feststellung, dass das Strafrecht in diesem Zusammenhang keine Erwähnung mehr finde.

Zu diesem Thema zeichneten sich offenbar in den Gesprächen neue Mehrheiten im Bundestag ab. Zwischen den Teilnehmern an dem Spitzengespräch sei schriftlich Übereinstimmung darüber herbeigeführt worden, daß im Zusammenhang mit der Erfüllung des oben genannten Gesetzgebungsauftrages der Bestimmung des Art. 38 GG besondere Bedeutung zukomme. Diese Bestimmung gewährleistet allen Abgeordneten die freie Gewissensentscheidung, ohne Rücksicht auf Fraktions- oder Koalitionszugehörigkeit.

Mit Art. 143 sei eine Übergangsfrist eingefügt worden, nach deren Ablauf das materielle Recht in der DDR weiterhin solange Gültigkeit habe, bis der gesamtdeutsche Gesetzgeber neues Recht geschaffen oder das Bundesverfassungsgericht eine Entscheidung getroffen habe.

Schließlich sei eine Änderung des Strafgesetzbuches, die das Wohnortprinzip zur Folge gehabt hätte, unterblieben.

2. Zum Verhandlungserfolg gehörten ferner, fuhr Hans-Jochen Vogel fort, die Regelungen über offene Vermögensfragen. Im eigentlichen Staatsvertrag gebe es zwar nur allgemeine Regelungen, darunter allerdings eine, die den Ausschluß von Rückerstattungsansprüchen verfassungsfest mache. Der Entwurf eines entsprechenden Volkskammergesetzes sei dem Vertrag als Anlage beigegeben worden. Darin sei das Prinzip der Rückerstattung vor Entschädigung durch sehr weitgehende Ausnahmeregelung durchbrochen worden. Der Begriff des unredlichen Eigentums bzw. Rechtserwerbs sei definiert. Immobiliengeschäfte nach dem 9. November 1989 würden überprüft und gegebenenfalls rückgängig gemacht. Der § 10a ff. schaffe Investitionssicherheit bei Grundstücken und Gebäuden, die Gegenstand von Rückübertragungsansprüchen sind oder sein können. Weiter sei die Rückerstattung von Vermögenswerten [*von Bürgern und Vereinigungen, d. Hg.*] geregelt, »die in der Zeit vom 30. Januar 1933 bis zum 9. Mai 1945 aus rassischen, politischen, religiösen oder weltanschaulichen Gründen verfolgt wurden und deshalb ihr Vermögen infolge von Zwangsverkäufen, Enteignungen oder auf andere Weise verloren haben.«

3. Hans-Jochen Vogel wies ferner darauf hin, daß trotz der völlig unzureichenden Regelung hinsichtlich des Finanzbedarfs für die DDR wenigstens habe erreicht werden können, daß nach der Herstellung der deutschen Einheit die jährlichen Leistungen des Fonds »Deutsche Einheit« zu 85 Prozent als besondere Unterstützung an die Länder der DDR und zu 15 Prozent zur Erfüllung zentraler öffent-

licher Aufgaben des Bundes auf dem Gebiet dieser Länder verwendet würden. Schließlich habe auch erreicht werden können, daß zur Hilfe beim Aufbau der Landesverwaltungen und beim Abbau der personellen Überbesetzung in der DDR eine Clearing-Stelle von Bund und Ländern gebildet werde.
4. Unsere Position in der Frage des Parteienvermögens, fuhr Hans-Jochen Vogel fort, sei auf zwei Ebenen befriedigend geregelt worden. Unser Anspruch auf Chancengleichheit bei der Wahlvorbereitung und im Wahlwettbewerb habe durch eine von Hans-Ulrich Klose formulierte Protokollerklärung Eingang in den Vertrag gefunden. Was das Milliarden-Vermögen der PDS und der Blockparteien anbetreffe, bleibe es bei der Enteignung unrechtmäßig erworbenen Vermögens und seiner Verwaltung durch die Treuhand; die Parteivermögenskommission in der DDR bleibe in ihrem Recht.
5. Mit Freude und Genugtuung, sage Hans-Jochen Vogel, sei als Verhandlungserfolg festzustellen, daß die Tür zu einem Prozeß nach Art. 146 GG – wonach das Grundgesetz seine Gültigkeit an de Tage verliert, an dem eine Verfassung in Kraft tritt – offengehalten werden konnte. Es sei in Art. 5 sogar erreicht worden, daß den gesetzgebenden Körperschaften des vereinten Deutschlands empfohlen werde, sich innerhalb von zwei Jahren mit der Frage der Anwendung des Art. 146 GG und in deren Rahmen einer »Volksabstimmung« zu befassen.

Ob die nach Meinung der Länder in der Bundsrepublik notwendig gewordene Stimmrechtsverteilung im Bundesrat ein besonders freundliches Willkommen für die neuen fünf DDR-Länder darstelle, stellte Hans-Jochen Vogel in Frage. Er betonte aber zugleich, daß Herr de Maizière und Herr Krause zu jedem Zeitpunkt in der Lage gewesen wären, diese Festlegung zu verhindern; insofern sollten die Richtigen für dieses Ergebnis verantwortlich gemacht werden.

Hans-Jochen Vogel erklärte, daß er es für einen Fehler halte, daß versucht worden sei, die Hauptstadtfrage in den Staatsvertrag aufzunehmen. Diese Frage sei einzig und allein der Entscheidung des gesamtdeutschen Parlaments vorbehalten. Dies gelte seiner Meinung nach ebenfalls für die Entscheidung über einen gesetzlichen Feiertag der deutschen Einheit. Nun sei der 3. Oktober aber im Einigungsvertrag festgeschrieben.

Hinsichtlich der Aufbewahrung und Verwaltung der Stasi-Akten in der DDR betonte Hans-Jochen Vogel, daß er Verständnis für die Wünsche der DDR-Volkskammer habe und immer geneigt gewesen sei, eine Regelung so dicht wie möglich am Beschluß der Volkskammer zu treffen. Die Zuordnung der Verwaltung der Stasi-Akten zu einer Behörde mit Sitz in Koblenz bedeute nicht, daß die Akten körperlich aus den Archiven der DDR entfernt würden. Im übrigen äußerte Hans-Jochen Vogel die ihn bedrückende Vermutung, daß aus dem Stasi-Sumpf im Hinblick auf die kommende Bundestagswahl noch schreckliche Blasen aufsteigen und das politische Klima verpesten könnten.

Für ihren Beitrag zu Verhandlungen und Spitzengesprächen bedankte Hans-Jochen Vogel sich namentlich bei Oskar Lafontaine, Herta Däubler-Gmelin, Wolfgang Clement und Reinhold Kopp. Er bedankte sich ebenfalls bei Wolfgang Thierse und der Schwesterpartei in der DDR für den engen Kontakt und die Kooperation.

Abschließend verwies Hans-Jochen Vogel auf die Frage des Stimmverhaltens bei der Dritten Lesung des Einigungsvertrages; das Präsidium habe vorbehaltlich einer befriedigenden Regelung zum § 218 eine Tendenz für die Zustimmung zu diesem Vertrag bereits erklärt.

Oskar Lafontaine betonte, daß Verhandlungen und Spitzengespräche unter starkem Druck gestanden hätten, weil die ökonomische Lage in der DDR zu schnellem Handeln zwinge. Die Engpässe in der DDR auf ökonomischem Gebiet hätten Antworten ohne zeitlichen Aufschub erforderlich gemacht. Die SPD habe ihre Vorstellungen weitgehend durchsetzen können. Dies gelte zum einen für die sozialen Fragen und den finanziellen Status der Kommunen. Oskar Lafontaine betonte, daß die Gemeinden in der DDR ohne den Verhandlungserfolg der SPD weitaus schlechter dastünden als jetzt. Davon unbenommen enthalte der Vertrag Fehler, die von uns nicht hätten beseitigt werden können. Dies gelte zweitens für die Auseinandersetzung um den § 218. Ihm sei es bei der Regelung des materiellen Rechts insbesondere auch darum gegangen, kulturelle Identitäten in der DDR zu wahren, also auch der DDR nicht einfach das bundesdeutsche Recht überzustülpen. Für ihn sei deshalb der im Staatsvertrag enthaltene Satz ausschlaggebend, daß das materielle Strafrecht in der DDR weitergelte, wenn eine Einigung auf ein neues Gesetz zur Schwangerschaftsunterbrechung durch den gesamtdeutschen Gesetzgeber nicht zustande kommt.

Die völlig unbefriedigende Lösung hinsichtlich der Energieversorgung hätte man, so fuhr Oskar Lafontaine fort, ohne den ökonomischen Druck nicht hingenommen. Er kündigte an, dies im Bundesrat zum Thema zu machen und gegebenenfalls von dort aus Änderungen zu erwirken. Unzureichend geregelt und ungeklärt seien ferner die Frage des öffentlichen Dienstes in der DDR und die Frage des Finanzbedarfs. Die Frage des Finanzbedarfs sei aber angesichts der Weigerung des Finanzministers zu vernünftiger Kooperation in der Kürze der Zeit von unserer Seite aus nicht zu klären gewesen. Im übrigen verwies Oskar Lafontaine darauf, daß Fehler im Vertrag, von denen sicher auch einige erst in nächster Zeit entdeckt würden, im Bundestag mit Mehrheit korrigiert werden könnten.

Oskar Lafontaine betonte, daß das Hauptanliegen der SPD, nämlich die ökonomische Engpaßbeseitigung voranzubringen, die sozialen Fragen, insbesondere die Wohnungsfrage, besser zu regeln, beim § 218 ein kulturelles Miteinander, statt der Konfrontation, zu erreichen und in der Frage der Parteienvermögen klare und gerechte Regelungen zu treffen, erreicht worden sei. Der Erfolg der SPD sei das Arbeitsergebnis langer Verhandlungen. Der Vertrag führe weiter, doch die drängendsten Aufgaben stünden vor uns.

Wolfgang Thierse betonte, aus der Sicht der SPD in der DDR habe man sich diesmal in einer anderen Situation als beim Ersten Staatsvertrag befunden, zum einen weil man viel freier gewesen wäre, auch Nein zu sagen, zum anderen, weil die letzte Entscheidung in Bonn gelegen habe. Bei der Bewertung des Einigungsvertrages sehe er dieselben Probleme wie die von Hans-Jochen Vogel und Oskar Lafontaine erwähnten, aber in einer anderen Hierarchie. Hervorgehoben werden müßten zunächst die klaren Verbesserungen in der Vermögens- und Eigentumsfrage. Die Sicherung der finanziellen Grundlage der Arbeit der Länder und Kommunen sei nur unzureichend erreicht. Für ihn ergäben sich viele schlimme Bedenken. Es werde, betonte Wolfgang Thierse, in der nächsten Zukunft auch um eine Bewährung des Föderalismus in Deutschland gehen. In diesem Zusammenhang könne man nicht verschweigen, daß die neue Stimmrechtsverteilung im Bundesrat einen fatalen Eindruck gegenüber den neuen DDR-Ländern hinterlassen habe. Die wirtschaftlichen Förderprogramme, fuhr Wolfgang Thierse fort, die nach dem ersten Staatsvertrag nun möglich seien, fänden seine und der DDR-SPD Zustimmung. Ein völlig ungeklärtes Problem stellten die 1,7 Millionen Staatsangestellten dar, von denen sicher nur ein Teil in den öffentlichen Dienst übernommen werden könnte. Der Kritik an diesem Teil des Einigungsvertrages müsse aber ehrlicherweise hinzugefügt werden, daß niemand – auch nicht die SPD in der DDR – für dieses Problem ein schlüssiges Konzept hätte vorweisen können. Es sei schließlich gut, daß die Frage des § 218 so gelöst worden sei, es wäre sonst ein dramatisches Thema geworden. Die SPD müsse auch in Zukunft beweisen, daß sie für Frauen zu kämpfen bereit ist. Zusammengefaßt, schloß Wolfgang Thierse, sage die SPD in der DDR zu diesem Einigungsvertrag Ja, allerdings mit wichtigen Einschränkungen und Bedenken im einzelnen. Gemeinsame Aufgabe sei es, die Darstellung des Verhandlungserfolges der SPD zu verbinden mit der Darlegung der offenen Fragen und Sorgen.

Renate Schmidt dankte ausdrücklich den Verhandlungsführern der SPD. Zur Bewertung des Streits um den § 218 verwies Renate Schmidt darauf, daß das Streichen des Wohnortprinzips lediglich die Abwehr einer unerträglichen Zumutung gewesen sei. Der eigentliche Erfolg bestünde in der nun offenen Chance, nach Ablauf von zwei Jahren eine Fristenregelung mit flankierenden Maßnahmen, also dem Rechtsanspruch für soziale Hilfe und Beratungen, in Deutschland durchzusetzen. An unsere Juristen richtete sie die Frage, welche Prüfungs- und Klagemöglichkeiten jetzt und in zwei Jahren gegen geltendes DDR-Recht bestünden.

Hans-Jochen Vogel antwortete, daß bis 31. Dezember 1992 eine Prüfung des geltenden Rechts nicht möglich sei; danach habe das Bundesverfassungsgericht dieselben Prüfungsmöglichkeiten wie in der Bundesrepublik auch. Ausgeschlossen sei aber eine automatische Übertragung bundesrepublikanische Rechts auf das Gebiet der DDR. Erneut warnte Hans-Jochen Vogel davor, daß die SPD sich an einer Diskussion über die Verfassungsmäßigkeit geltenden Rechts in der DDR beteiligt.

Auf eine Frage von Katrin Fuchs sagte Hans-Jochen Vogel, daß die Eigentumsfrage auch bei Wohnungen durch die Definition der Unredlichkeit befriedigend in § 4 des Gesetzes zur Regelung offener Vermögensfragen geklärt sei.

Peter Conradi betonte, daß er Hans-Jochen Vogels Interpretation teile, dennoch aber befürchte, daß die CDU nach Ablauf von zwei Jahren eine einstweilige Anordnung beantragen werde. Ferner wolle er kritisch darauf hinweisen, daß der erwähnte Art. 38 GG von besonderer Bedeutung für Mandatsträger sei. Er möge bitte richtig verstanden werden, sagte Peter Conradi, wenn er zuspitze: Die Gewissensfreiheit des Abgeordneten stehe nicht zur Disposition von Spitzengesprächen.

Norbert Gansel meine, so wie die Dinge stünden, gäbe es nur ein Ja, wenn auch kein freudiges Ja, zum Zweiten Staatsvertrag. Die Freude über die Einigung leide unter den Begleitumständen. Jetzt sei es wichtig, unsere Erfolge nach draußen darzustellen, wobei der Eindruck korrigiert werden müsse, als wäre es uns ausschließlich um den § 218 gegangen. In der Öffentlichkeit müsse klarer als bisher werden, daß wir die Chancen für die wirtschaftliche und soziale Entwicklung in der DDR durch unsere Verhandlungserfolge verbessert hätten. Die Finanzierungsprobleme, betonte Norbert Gansel, und damit auch die Diskussion um die Frage der Steuererhöhungen, werde sich zuspitzen. Ihn hätten öffentliche Anmerkungen von Gerhard Schröder zur Möglichkeit von Umsatzsteuererhöhungen irritiert. Die SPD müsse hingegen deutlich machen, daß sie von der Bundesregierung nicht nur Ehrlichkeit und Klarheit verlange, sondern auch für Gerechtigkeit bei der Frage des Steueraufkommens eintrete. Die SPD müsse für einen solidarischen Beitrag für die Entwicklung in der DDR eintreten, dessen Belastung auf starke und schwache Schultern ungleich verteilt werden müsse. Am günstigsten sei es, in einer Art Scherenoperation verbesserte Investitionsmöglichkeiten in der DDR zu verknüpfen mit der Besteuerung von Gewinnen aus nichtinvestierten Vermögen und einem Steuerzuschlag für hohe Einkommen. Es sei jetzt die Zeit, betonte Norbert Gansel, daß die SPD eine Debatte um deutsche Innenpolitik und Reformpolitik offensiv beginne.

Harald Ringstorff verwies darauf, daß die bedenklichen Regelungen der Energieversorgung im Zweiten Staatsvertrag hoffentlich im Bundesrat verändert werden können. Die geplante Änderung des Art. 51 Abs. 2 erscheine in der DDR als aufgezwungene Lösung, die künftige Länder der DDR stimmten dem nicht zu. Ringsdorf machte darauf aufmerksam, daß Waigel sich in seinen Haushaltsmodellen immer mehr den Zahlen nähere, die der von Kohl und de Maizière geschaßte Finanzminister Romberg vorgelegt habe. Unklar sei ihm im übrigen geblieben, ob der Entschädigungsfonds nur aus dem Treuhandvermögen bedient werden solle.

Jürgen Vahlberg betonte, daß ab nächster Woche die Diskussion über Einnahmemöglichkeiten voll entflammen werde. Auch er habe das Interview von Gerhard Schröder nicht mit Freude gelesen. Auch wenn Steuererhöhungen unausweichlich seien, sollte die SPD nicht vor den Wahlen Belastungsvorschläge machen. An Waigel und der Union sei es, mit Finanzierungsvorschlägen überzukommen.

Anke Fuchs beglückwünschte die Verhandlungsführer der SPD, die aus dem Einigungsvertrag mehr gemacht hätten als ursprünglich wahrscheinlich gewesen sei. Auch wenn die Auseinandersetzungen im § 218 in der Öffentlichkeit übergewichtig dargestellt worden seien, bedeute das Ergebnis einen Erfolg für Frauen. Diese und andere Erfolge der SPD müßten nun zum Thema gemacht werden. Zugleich müßten wir deutlich machen, betonte Anke Fuchs, daß der Einigungsvertrag die Probleme in der DDR nicht löse. Insbesondere müßte Handeln in den Kommunen angemahnt werden. Wer denn, wenn nicht die Kommunen, könnten durch Investitionen Arbeitsplätze schaffen? Anke Fuchs machte darauf aufmerksam, daß nach ihrer Beobachtung vor Ort der Unmut in der DDR darüber zunehme, daß an Schaltstellen von Wirtschaft und Verwaltung Leute des alten SED-Systems säßen. Anke Fuchs riet, dies deutlicher zum Thema zu machen.

Markus Meckel meinte, es sei gut, daß es zum Einigungsvertrag kommt, der von uns initiiert und in wesentlichen Punkten mitgestaltet sei. Er erinnerte daran, daß der Koalitionsbruch in der DDR durch einen Verrat der CDU-Verhandlungsführung zustande gekommen sei. Bei den Gesprächen über den Einigungsvertrag seien die DDR-Interessen weder von de Maizière und Krause noch von Schäuble, sondern von der West-SPD vertreten worden. Im Zusammenhang mit den zentralen Themen des Bundestagswahlkampfes, Beschäftigung und soziale Probleme, müßte deutlich gemacht werden, daß de Maizière und Krause Wahlkampfhilfe für Kanzler Kohl betrieben hätten und es die West-SPD gewesen sei, die für die Menschen in der DDR und in der Bundesrepublik eingetreten sei.

Stephan Finger begrüßte die Gemeinsame Sitzung beider Parteivorstände, betonte aber, daß sie schon früher nötig und sinnvoll gewesen wäre. Zu der Diskussion um die Stasi-Akten meinte Stephan Finger, daß es für DDR-Bürger existentiell wichtig sei, ob ihnen in Zukunft noch individuell Zugang zu den Akten möglich ist, um sich gegen öffentliche Vorwürfe durch Gerichtsverfahren zu schützen. Dem Einigungsvertrag könne man zustimmen. Nun müsse deutlich gemacht werden, daß Bundeskanzler Kohl die DDR-Interessen nicht wahrnehme.

Auch Wolfgang Roth erklärte den Einigungsvertrag für einen bedeutenden Erfolg der SPD. Er enthalte allerdings keine ausreichenden Maßnahmen gegen den sich vollziehenden Zusammenbruch des Wirtschaftskreislaufes in der DDR. Aus einer Arbeitslosigkeit von bereits jetzt 1,5 Millionen, die zum Teil durch die Definition von Kurzarbeit verdeckt würde, entstünden für den Kernbereich der Wirtschaft keine Bewegung und keine Zukunft. Insbesondere kleine und mittlere Unternehmen im industriellen Sektor seien schwer betroffen. Nötig seien, betonte Wolfgang Roth, wirksame Instrumentarien, um westdeutsches Kapital in die DDR zu lenken. Eine Stärkung der Angebotsseite, also die massive Förderung von Investitionen in der DDR, sei verteilungspolitisch bedenklich, aber unvermeidlich. Auch wegen dieser in Zukunft unvermeidlichen verteilungspolitischen Schlagseite rate er den Gewerkschaften dringend, sich rechtzeitig um Vermögensbildung in Arbeitnehmerhand (Produktivkapital) zu kümmern. Allein mit öffentlichen Nachfrageprogrammen sei die Wirtschaft der DDR nicht flott zu machen. Wolfgang Roth wies darauf hin, daß auch er den Vorschlag einer Mehrwertsteuererhöhung durch Gerhard Schröder für unglücklich halte, zumal die Wirkung einer Umsatzsteuerregelung gerade in der DDR sozial höchst ungerecht sei. In dieser und damit zusammenhängenden Fragen konstatierte Wolfgang Roth ein Abstimmungs- und Koordinationsdefizit in der Partei, das unverzüglich beseitigt werden müsse. Wolfgang Roth schlug vor, die Arbeitsgruppe Fortschritt '90 unter Vorsitz von Oskar Lafontaine um Mitglieder aus der SPD in der DDR zu erweitern und in ein oder zwei rasch anzuberaumenden Sitzungen den Handlungsbedarf in Sachen Finanzbedarf und Steueraufkommen abzustimmen.

Konrad Elmer fragte, warum es nicht möglich gewesen sei, wie beim § 218 auch für das Hochschulrahmengesetz in der DDR im Einigungsvertrag zu erreichen, daß das DDR-Gesetz befristet weitergelte, bis ein neues vom Grundgesetz geschaffen sei.

Durch die nun getroffenen Bestimmungen des Staatsvertrages werde die funktionierende paritätische Mitbestimmung an Hochschulen der DDR vom Tisch gefegt.

Roland Nedeleff beklagte, daß bereits beim Ersten Staatsvertrag nicht klargemacht worden sei, welchen positiven Anteil die SPD daran habe. Er befürchte, daß derselbe Fehler beim Zweiten Staatsvertrag erneut passiere, so daß der Eindruck entstehen könnte, daß die Erfolge für die Menschen eine Leistung Helmut Kohls seien. Das müsse unbedingt verhindert werden. Konrad Elmer schlug vor, für die Öffentlichkeitsarbeit der SPD eine Synopse der Positionen von Regierung und SPD und des letztendlichen Ergebnisses zu erstellen.

Zur Strukturkrise in der DDR betonte Dieter Spöri, daß es wenig sinnvoll sei, allein kurzfristige Investitionspräferenzen bzw. -zulagen aufzuerlegen. Investoren wünschten dauerhafte Standortvorteile, z.B. solche, die sich aus dem Steuersystem ergäben. Er verwies auf den Vorschlag von Herrn [Stihl?], ein gespaltenes Steuersystem für die BRD und die DDR einzuführen.

Dieter Spöri betonte, daß er es für töricht halte, Kohl mit Hiobsbotschaften über Steuererhöhungen ins Messer zu laufen. Es sei nicht Sache der SPD, öffentlich zu diesem Zeitpunkt Instrumente zu konkretisieren. In internen Diskussionen trete er aber nachdrücklich dafür ein, daß für die SPD nur ein Instrument infrage kommen könne, das soziale Gerechtigkeit und burden-sharing miteinander verbinde. Dies könne mit einem Zuschlag zur Einkommenssteuer, gegebenenfalls zeitlich befristet, gewährleistet werden.

Hans Koschnick wies darauf hin, daß in dem erwähnten Interview von Gerhard Schröder dieser eine Kombination von Erhöhung der Mehrwertsteuer und Erhöhung des Spitzensteuersatzes vorgeschlagen habe. Er halte es schon für nötig, unsere Solidarität zu betonen und deutlich zu machen, welchen Beitrag die SPD leisten wolle.

Johannes Gerlach betonte seine Sorge, ob die Festlegungen über die Energieversorgung im Zweiten Staatsvertrag noch zu ändern seien. Er verwies darauf, daß die SPD in der DDR sich eine energie- und umweltpolitische Kompetenz erworben habe, die nicht in Gefahr geraten dürfe.

Christina Lucyga wies darauf hin, daß die CDU versuchen werde, den Einigungsvertrag als ihren Erfolg zu besetzen. Es werde der Versuch gemacht werden, den Vertragserfolg mit dem Verhandlungsführer der DDR, Herrn Krause, zu identifizieren. Der Beitrag und Erfolg der SPD müsse deshalb in der Öffentlichkeit professionell dargestellt werden. Zu warnen sei davor, unsere Kritik überzubetonen.

Hans-Jochen Vogel griff einige aufgeworfene Fragen auf. Zur Frage von Harald Ringstorff verwies er darauf, daß die Entschädigungsregelungen einem Bundesgesetz vorbehalten bleiben. Alle Hinweise darauf, daß die West-SPD die Interessen der Menschen in der DDR bei den Vertragsverhandlungen wahrgenommen habe, mache er sich ausdrücklich zu eigen. Es sei aber insbesondere Aufgabe der SPD in der DDR, dies den Bürgerinnen und Bürgern in der DDR deutlich zu machen. Für die kritischen Anmerkungen zur Stimmrechtsverteilung im Bundesrat äußerte Hans-Jochen Vogel Verständnis. Die jetzt getroffene Regelung sei allerdings weniger gravierend als ursprüngliche Vorschläge in der Diskussion. Erneut betonte Hans-Jochen Vogel, daß die Kritik an die richtige Adresse zu leiten sei. Herr de Maizière und Herr Krause hätten sich der ihnen obliegenden Einspruchsmöglichkeiten enthalten. Zu der Diskussion über die Stasi-Akten wies Hans-Jochen Vogel darauf hin, daß ihm zur Stunde weder das entsprechende Gesetz der Volkskammer noch die Vereinbarung des Einigungsvertrages im Wortlaut bekannt seien. Um Mißverständnissen vorzubeugen, wolle er aber betonen, daß nicht der Ort der körperlichen Verwahrung der Stasi-Akten, sondern das Maß des Einflusses der DDR-Bürger auf die Verwaltung der Akten entscheidend sei. Er sei dafür offen, die Regelung im Zweiten Staatsvertrag zu ändern, wenn sie sich als unbefriedigend herausstellen sollte. Er erinnerte in diesem Zusammenhang daran, daß auch ein Änderungsvertrag zum Wahlrecht möglich gewesen sei. Hans-Jochen Vogel betont erneut seine Sorge, daß das Thema der Staatssicherheit und ihrer Akten als schier unerschöpfliche Quelle von Munition für einen Schmutzwahlkampf mißbraucht werden würde. Zur Anmerkung von Peter Conradi über die Rolle des Art. 38 GG im Einigungsvertrag wies Hans-Jochen Vogel darauf hin, daß für ihn die Wahrnehmung entscheidend sei, daß sich in der Frage des § 218 eine neue parlamentarische Mehrheit abzeichne. Im übrigen müsse schon beachtet werden, daß die sogenannte Gewissensfrage bei der gesetzlichen Regelung der Schwangerschaftsunterbrechung eine größere Rolle spiele als in der Masse der übrigen Gesetzgebung. Auf einen Zwischenruf von Karl-August Kamilli sagte Hans-Jochen Vogel die Prüfung der Frage zu, ob eine Regelung zum Zivildienst in einen Entschließungsantrag der SPD-Fraktion in der Zweiten und Dritten Lesung des Einigungsvertrages aufgenommen werden könnte. Auf die Frage von Konrad Elmer bemerkte Hans-Jochen Vogel, daß bei den gegenwärtigen Mehrheiten im Deutschen Bundestag ein Versuch zur Änderung des Hochschulrahmengesetzes aussichtslos erscheinen müsse.

Hans-Jochen Vogel bedankte sich für die ausführliche und kompetente Diskussion beider Vorstände.

Die Parteivorstände seien sich einig darüber, daß die Krisenüberwindung in der DDR, die Herstellung der Handlungsfähigkeit ihrer Länder und Kommunen und die Frage des Finanzbedarfs und der sozial gerechten Regelung des Steueraufkommens Kernpunkte der politischen Auseinandersetzung in der nahen Zukunft seien. Konkrete Steuererhöhungsvorschläge in der Öffentlichkeit seien zum gegenwärtigen Zeitpunkt nicht hilfreich. Es bleibe dabei, daß die SPD bereit sei, mit der Regierung Kohl kooperativ über Einnahmeverbesserungen zu reden. Auch über die Erfolgsbotschaften, betonte Hans-Jochen Vogel, habe die Diskussion Einigkeit gezeigt. Angesichts des Beitritts der DDR zum Grundgesetz hätte der Zweite Staatsvertrag jetzt ausgehandelt werden müssen. Die SPD sei ihrer Verantwortung gerecht geworden. Sie habe die Eigentums- und Vermögensfrage entscheidend verbessert, soziale Auseinandersetzungen, z.B. in der Wohnungsfrage, gemindert, die Handlungsfähigkeit der Kommunen in der DDR gestärkt, einer Neuregelung des § 218 ohne Erwähnung des Strafrechts den Weg geebnet und die Tür für einen Weg vom Grundgesetz zur Verfassung des deutschen Volkes nach Art. 146, die Option einer Volksabstimmung eingeschlossen, weiter geöffnet.

Hans-Jochen Vogel begrüßte den Vorschlag einer synoptischen Darstellung der Verhandlungen und ihrer Ergebnisse und bat Erik Bettermann und Herta Däubler-Gmelin, zusammen mit Wolfgang Clement und Vertretern der DDR-SPD für eine Umsetzung im Referat Öffentlichkeitsarbeit des Parteivorstandes Sorge zu tragen.

Hans-Jochen Vogel stellte den Antrag, den erstatteten Bericht über die Verhandlungen, Spitzengespräche und das Ergebnis zum Zweiten Staatsvertrag zustimmend zur Kenntnis zu nehmen und der SPD-Fraktion zu empfehlen, dem Vertrag bei der abschließenden Lesung des Deutschen Bundestages zuzustimmen. Dieser Antrag wurde vom Vorstand der SPD in der DDR mit einer Enthaltung und vom Vorstand der SPD-West ohne Gegenstimmen und ohne Enthaltung beschlossen.

[...]

Dokument Nr. 55
Herta Däubler-Gmelin im Deutschen Bundestag zur Haltung der SPD zum Zweiten Staatsvertrag, 5. September 1990

Auszug aus den Verhandlungen des Deutschen Bundestages, 11. Wahlperiode, Stenographische Berichte, Bd. 154, 222. Sitzung, 5. September 1990, S. 17495 – 17502

Frau Dr. Däubler-Gmelin (SPD): Frau Präsidentin! Meine Damen und Herren! Der Einigungsvertrag liegt auf dem Tisch. Zusammen mit seinen Anlagen hat er den Umfang eines dicken Buches. Das alles hat viel Arbeit gekostet. Wir haben Ihnen, Herr Bundesminister Schäuble, ausdrücklich zugestimmt, als Sie all denen gedankt haben, die in Bund und Ländern mitgearbeitet haben. Die Zeit war in der Tat sehr knapp bemessen. Was da in wenigen Wochen zusammengetragen, was da abgeklärt, was da ausgehandelt wurde, ist wirklich erstaunlich. Auch wir Sozialdemokraten danken allen, die dabei mitgeholfen haben, und schließen Sie, Herr Bundesminister Schäuble, ausdrücklich mit ein, auch wenn Sie Ihre Wahlkampfspitzen von vorhin ruhig hätten seinlassen können. (Beifall bei der SPD) Das sind Rituale, meine Damen und Herren, die die Kooperation nur erschweren. Das sollten Sie doch langsam wissen. Wir stellen ausdrücklich fest: Trotz der Sommerpause ist der Deutsche Bundestag früher und besser informiert worden als beim ersten Staatsvertrag. Allerdings, Herr Schäuble, halten wir das für eine Selbstverständlichkeit und nicht für eine besondere Gnade der Bundesregierung, auch wenn Sie sich dabei engagiert haben. (Beifall bei der SPD und den GRÜNEN)
Partnerschaftliche Zusammenarbeit in den Fragen der deutschen Einheit haben wir Sozialdemokraten seit dem letzten Herbst angeboten. Diesmal gab es sie; auch die Bundesländer waren einbezogen. Letztlich hat die Vernunft gesiegt, auch wenn die sozialdemokratische Mehrheit im Bundesrat, die wir seit den niedersächsischen Landtagswahlen dort haben, ihr erst zum Durchbruch verhelfen mußte. (Bei-

fall bei der SPD und bei Abgeordneten der GRÜNEN) Das Ergebnis ist wichtig. Der Einigungsvertrag markiert einen entscheidenden Abschnitt der deutschen Einigung. Wir werden ihm zustimmen.

Ein Journalist hat dieser Tage diesen Einigungsvertrag mit einem Kursbuch verglichen; dick genug ist er ja. Mir gefällt der Vergleich mit einem Bauplan noch besser, mit einem Bauplan für das Haus, das wir Deutsche uns jetzt gemeinsam bauen, genauer: das wir jetzt ausbauen, das wir jetzt umbauen, nachdem die trennende Mauer zwischen uns eingerissen ist.

»Das alte Gehäuse DDR ist geborsten.« Das hat Jens Reich, der Mitbegründer des Neuen Forum gesagt, jener Bürgerbewegung in der DDR, die zusammen mit vielen Bürgerrechtlern – auch viele Sozialdemokraten waren darunter – die friedliche Revolution des letzten Herbstes getragen hat. Und er hat Recht. Es ist gut, daß dieser **Bauplan für das geeinte Deutschland** jetzt vorliegt. Es ist vor allen Dingen gut für die Menschen in der DDR; denn in der DDR läuft im Augenblick gar nichts. Fast alles stockt wie gelähmt. Darunter leiden viele. Wir wissen das alle von unseren Bekannten und Verwandten aus der DDR aus Telefongesprächen, aus Briefen.

Ich sage Ihnen: Mich macht traurig, was ich jetzt höre. Meine Verwandten waren glücklich, als die Mauer gefallen war und sie endlich reisen durften. Sie haben gejubelt, als der alte SED-Apparat mit seiner Unfreiheit und Unterdrückung einstürzte; denn schließlich hatte der Vater – ein alter Sozialdemokrat – ja nicht nur bei den Nazis, sondern auch in der DDR im Gefängnis gesessen. Viele haben bei der friedlichen Revolution mitgemacht. Sie haben mit der Freude auf die Einheit die Hoffnung auf ein besseres Leben verbunden, auch wenn sie – da stimme ich Ihnen zu, Herr Bundesminister Schäuble – realistisch genug waren, nicht alles über Nacht zu erwarten. Was wir jetzt hören, klingt ganz anders. Jetzt haben sie Angst – und die redet ihnen niemand ein – um die Zukunft ihrer Familie. Die Frau ist wie so viele arbeitslos. Ihre Firma hat schon seit März keine Aufträge mehr. Der Mann weiß auch nicht, was aus ihm werden wird, weil die Zukunft seines Betriebes unsicher ist. Dabei arbeitet er bei einem der führenden Büromaschinenhersteller in der DDR. Einen Betriebsrat, der ihnen helfen könnte, haben sie noch nicht. Und von der Treuhandanstalt, die wir am 1. Juli 1990 errichtet haben, haben sie in ihrem Betrieb im Süden der DDR auch noch nichts gehört.

Und die Tochter? Sie arbeitet in einer LPG, in einem Betrieb für Rinderzucht. Auch sie steht vor dem Aus, weil das Fleisch nicht abgesetzt werden kann. Das ist eine verdammt schwierige Situation. (Beifall bei der SPD und den GRÜNEN) Das wäre sie für jeden von uns. Es ist eben alles zu Bruch gegangen: nicht nur die staatliche Existenz, das verhaßte politische System oder die verkrustete Wirtschaftsordnung, sondern auch die privaten Zukunftsplanungen. Das ist ein bißchen viel auf einmal. Das ist besonders deshalb schwer zu verkraften – ich glaube, das müssen wir einfach zur Kenntnis nehmen –, weil im Augenblick nirgendwo Änderungen sichtbar werden, weil überall – in Verwaltungen, Schulen, Betrieben und Verbänden – immer noch die alten Bonzen sitzen. (Beifall bei der SPD)

Ich sage Ihnen: Diese Lähmung muß jetzt endlich überwunden werden. Die alten

Seilschaften müssen weg, Änderungen müssen her. Deshalb halten wir den Einigungsvertrag mit guten Regelungen für so wichtig. Das heißt, der Bauplan – um dieses Bild wieder aufzugreifen – muß großzügig, muß zukunftsweisend angelegt sein, damit sich alle in diesem gemeinsamen Haus, in unserem gemeinsamen Land wohlfühlen. Er muß präzise sein und, Herr Bundesinnenminister, er muß natürlich auch gut durchgerechnet sein. Darauf komme ich noch. Wir finden, die jetzt wichtigsten Fragen sind im Einigungsvertrag zufriedenstellend geregelt. Deswegen stimmen wir ihm zu. Wir sagen aber auch: In anderen Bereichen muß ergänzt und sorgfältig nachgearbeitet werden. Auch das ist im übrigen keine Schande. Das wird die Aufgabe des ersten gesamtdeutschen Parlamentes sein. In drei Punkten schließlich sind wir nicht mit dem einverstanden, was jetzt gelten soll. Da haben wir uns nicht durchsetzen können. Über diese Punkte, Herr Bundeskanzler, werden wir weiter mit Ihnen streiten.

Zunächst aber zu den vernünftig geregelten Fragen. Ich will die vier nennen, die wir für die wichtigsten halten: erstens die Festlegungen zu den noch offenen Fragen zum Eigentum, zu Grund und Boden, zweitens den Durchbruch bei § 218, drittens die Verfassungsfragen, in denen wir ein Stück weitergekommen sind, (Stratmann-Mertens [GRÜNE]: Oje!) viertens die Riesenvermögen der SED – jetzt PDS – und der alten Blockparteien, die jetzt endgültig für gemeinnützige Zwecke und den Wiederaufbau der DDR verwendet werden. (Dr. Rüttgers [CDU/CSU]: Sie haben die Gewerkschaften vergessen!) – Keine Sorge, ich komme schon noch darauf. Ich kann im übrigen die Blockparteien auch genauer definieren und die »Ost-CDU« genauer benennen, wenn Sie das wünschen, Herr Kollege Rüttgers. (Beifall bei der SPD — Dr. Rüttgers [CDU/ CSU]: Aber die Gewerkschaften nicht vergessen!)

Zum ersten Punkt, **Eigentum an Grund und Boden, Regelung der offenen Vermögensfragen**: Dieser Punkt ist besonders wichtig, für uns und für die Menschen in der DDR, und zwar zum einen deshalb, weil es um Gerechtigkeit geht. Hier in der Bundesrepublik fragen nämlich viele ehemalige DDR-Flüchtlinge – und sie fragen das zu Recht –: Was wird aus meinem Haus, aus dem Grundstück, das mir die SED-Regierung einfach weggenommen hat?

Millionen Männer und Frauen in der DDR sagen – ebenfalls mit Recht –: Es darf doch nicht sein, daß mir jetzt mein Haus oder mein Grundstück weggenommen wird, das ich korrekt gekauft und das ich vollständig bezahlt habe, mein Haus, in dem ich seit Jahren wohne, in das ich viel Zeit und noch mehr Arbeit investiert habe!

Beide Aussagen, meine Damen und Herren, sind richtig. Weil das so ist, mußte ein vernünftiger Interessenausgleich her – wie im übrigen auch beim Mietrecht und auch bei den Schrebergärten. Diesen vernünftigen Interessenausgleich stellt der Einigungsvertrag her.

Klare Regelungen sind notwendig, um lange und teure Prozesse mit unsicherem Ausgang zu vermeiden; eindeutige Regelungen vor allem deshalb, damit die Gemeinden planen können, damit dringend benötigte Investitionen nicht weiter verzögert, sondern Arbeitsplätze geschaffen werden.

Ich will die drei Schwerpunkte der Regelungen nochmals besonders hervorheben, die wir für richtig halten. Erstens. Zwischen 1945 und 1949 ist vielen Menschen Unrecht geschehen. Da hat es viel menschliches Leid gegeben. Vieles kann heute nicht mehr rückgängig gemacht werden, auch die **Enteignungen** nicht. Das müssen alle akzeptieren, auch wenn es schwerfällt. Zweitens. Zur Frage von **Entschädigung oder Rückgabe**: Was geht vor? Diese Frage ist besonders schwierig. Der Einigungsvertrag stellt klar: Entschädigung statt Rückgabe des weggenommenen Hauses oder des enteigneten Grundstücks wird immer dann gewährt, wenn die Rückgabe nicht möglich ist oder wo sie zu neuen Ungerechtigkeiten führen würde. Das wird in den allermeisten Fällen so sein. Diese Regelung ist vernünftig.

Drittens. **Gemeinden und Landratsämter** brauchen die Möglichkeit, **investitionshemmende Auseinandersetzungen** über Rückgabe oder Entschädigung schnell zu beenden. Investitionen müssen vorgehen. Auch das wird so gemacht.

Aber, meine Damen und Herren, lassen Sie uns eines nicht vergessen: Wenn Entschädigung gezahlt wird, muß noch dreierlei klargestellt werden. Herr Bundesinnenminister, ich glaube, es wird auch Ihre Aufgabe sein, ganz sorgfältig darauf zu achten.

Erstens. Die Gemeinden dürfen nicht finanziell ausbluten.

Zweitens. Wer Entschädigung bekommt, darf nicht auch noch die immensen Bodenwertsteigerungen kassieren, die es in der Zwischenzeit gegeben hat oder die noch kommen.

Drittens. Wir werden gemeinsam dafür sorgen müssen, daß auch die Lastenausgleichszahlungen für Flüchtlinge aus der DDR angemessen auf diese Entschädigungsleistungen angerechnet werden. Das ist ein Gebot der Gerechtigkeit, auch gegenüber unseren Steuerzahlern. (Zustimmung bei der SPD)

Meine Damen und Herren, nächster Punkt: Bei § 218 sind wir stolz auf den Durchbruch. Jetzt endlich soll es eine Regelung geben, die sich nicht mehr hinter dem Strafrecht versteckt. Wir haben uns gemeinsam auf einen Weg verständigt, der den Frauen mehr Rechte und mehr Hilfen bringt und der die Zahl der Abtreibungen senken soll. Das ist gut. Ich bitte Sie, Herr Bundesinnenminister Schäuble, meine Kolleginnen und Kollegen von den Regierungsfraktionen, von dieser Einigung nichts zurückzunehmen. (Beifall bei der SPD) Ich freue mich, daß Sie das Wohnortprinzip fallengelassen haben. Es wäre nicht nur juristisch absurd gewesen und hätte zu untragbaren Ergebnissen geführt, keineswegs nur in Berlin. Das, verehrter Graf Lambsdorff, haben dann ja auch Sie erkannt – nach Beratung. (Heiterkeit und Beifall bei der SPD) Frauen vor Gericht zu stellen, wenn der Schwangerschaftsabbruch in einem Krankenhaus im gleichen Land, aber eben auf dem Gebiet der dann damaligen DDR vorgenommen worden wäre, das hätte die Frauen zusätzlich gedemütigt, und es hätte vor allem den Weg zu vernünftigen Zukunftslösungen verbaut. Verstanden hätte es sowieso niemand. Wir, Oskar Lafontaine und ich, hatten uns dafür verbürgt, daß das nicht in den Staatsvertrag hineingeschrieben wird, und das haben wir gehalten. (Beifall bei der SPD)

Das ist ein Erfolg für die Frauen, im übrigen gerade für die Frauen, die sich im Sommer zusammengetan haben. Es waren Frauen – ich darf das betonen – aus allen Parteien und aus den wichtigsten Frauenverbänden, aus dem Bund und den Ländern, aus der DDR und der Bundesrepublik. Wir haben uns zusammengesetzt und gesagt, daß wir erstens in der Übergangszeit keine Strafen für die Frauen wollen und daß wir zweitens Hilfe statt Strafe im Rahmen einer gesamtdeutschen Regelung wollen, auch wenn das viel Geld kostet. (Beifall bei der SPD) Meine Damen und Herren, jetzt werden wir einen Gesetzentwurf einbringen, der dieser Weichenstellung gerecht wird, und wir werden dafür die Mehrheit bekommen. Dafür werden wir Frauen schon sorgen. (Beifall bei der SPD)

Meine Damen und Herren, zum dritten Punkt. Ich sagte, daß wir auch in der Diskussion um die **Verfassungsfragen** weitergekommen sind. Sie haben die beschlossenen Änderungen aufgezählt, Herr Bundesinnenminister. Ich stimme dem zu, aber ich sage zugleich: Wir sind noch nicht am Ziel. Der Einigungsvertrag eröffnet auch in diesem Bereich Wege, die bisher verschlossen waren. Auch davon sollten Sie nichts zurücknehmen.

Uns ist das aus zwei Gründen sehr wichtig. Erstens. Wir wissen, das Grundgesetz ist eine gute Verfassung. Zweitens. Klar ist auch, das Grundgesetz ist die Verfassung für die Bundesrepublik Deutschland. Es hat sich selbst als Provisorium eben für diesen Teilstaat verstanden. Auch deshalb hat es darüber nie eine **Volksabstimmung** gegeben. Es sollte bis zur Herstellung der deutschen Einheit gelten; sie steht jetzt vor der Tür. Wir wollen, daß die Bürgerinnen und Bürger des geeinten Deutschlands selbst über ihre Verfassung entscheiden können. Meine Damen und Herren, das ist uns wichtig. (Beifall bei der SPD und den GRÜNEN sowie der Abg. Frau Unruh [fraktionslos])

Diese gesamtdeutsche Verfassung kann das Grundgesetz sein. Noch besser – und auch deswegen haben wir auf diesen Punkten bestanden – wäre es allerdings, wenn wir es veränderten, wenn wir insbesondere Anregungen aufnähmen, die auch aus der DDR kommen. Jetzt lassen Sie uns doch einfach zugestehen, daß dort der **Runde Tisch**, jenes Gremium aus Bürgerrechtlern, allen Parteien und Bewegungen, **Vorschläge** erarbeitet hat, die wir gemeinsam prüfen sollten. Der Runde Tisch hat doch insbesondere vorgeschlagen, den Umweltschutz in der Verfassung zu verankern, die Verpflichtung zum Frieden zu betonen, mehr Mitbestimmungsrechte für die Bürgerinnen und Bürger festzulegen. Wer erinnert sich denn nicht an die Transparente des letzten Herbstes, auf denen stand: »Wir sind das Volk«? Das sollte doch auch im geeinten, gesamten Deutschland gelten, meine Damen und Herren. (Beifall bei der SPD und den GRÜNEN sowie der Abg. Frau Unruh [fraktionslos])

Der Runde Tisch hat ebenfalls angeregt, ein **Recht auf Arbeit und menschenwürdiges Wohnen** in die Verfassung aufzunehmen. Das ist in unserem Sozialstaatsprinzip auch schon angelegt; Herr Bötsch, Sie nicken. (Dr. Bötsch [CDU/CSU]: Irrtum, großer Irrtum!) – Schade. Ich hätte mich wirklich gefreut, wenn Sie dem zugestimmt hätten. Aber offensichtlich sah es nur so aus. (Zuruf von der SPD: Der wackelt immer so mit dem Kopf!) Aber Sie werden mir sicherlich zustimmen, wenn Sie meinen Satz zu Ende hören. Was schadete es denn, wäre es nicht vielmehr für alle gut, wenn wir dieses Sozialstaatsprinzip gemeinsam weiter präzisierten und konkretisierten? Die Anregungen dafür kommen doch nicht nur aus der DDR, dies wollen doch auch wir. Wir schlagen Ihnen vor, darüber bald ernsthaft und in einer breiten

Diskussion zu reden. So sieht es der Einigungsvertrag vor. Dann stimmen wir ab, mit Zweidrittelmehrheit; Verfassungsfragen sind Konsensfragen. Danach legen wir unsere gemeinsamen Vorschläge den Bürgerinnen und Bürgern des künftigen gemeinsamen Deutschlands vor, damit sie in einer Volksabstimmung selbst entscheiden. Das wollen wir. (Beifall bei der SPD und den GRÜNEN sowie der Abg. Frau Unruh [fraktionslos])

Vierter Punkt. Jetzt komme ich zu dem, was Sie, Herr Rüttgers, in Ihrem Zwischenruf gerade noch einmal unterstrichen hatten. Das in 40 Jahren angehäufte **Milliardenvermögen der SED**, jetzt PDS, wird ebenso wie die großen **Vermögen der alten Blockparteien und der ihnen verbundenen Massenorganisationen** gemeinnützigen Zwecken und dem Wiederaufbau der DDR zugeführt. Das legt der Einigungsvertrag fest. Wir finden das gut, und zwar zum einen deshalb, weil das Geld den Menschen in der DDR zusteht, zum zweiten deshalb, weil es unzumutbar wäre, diese Vermögen in den Händen der alten Organisationen zu belassen, während unsere Steuerzahler immer größere Summen für den Wiederaufbau in der DDR aufbringen müssen, und zum dritten wegen der Chancengleichheit. Es geht einfach nicht an, daß die einen riesige Apparate, Tausende von Mitarbeitern, Zeitungen, Geld, Vermögen zu ihrer Verfügung haben, die anderen aber nichts. (Beifall bei der SPD)

Wir sind zufrieden, daß mit dem Einigungsvertrag dieser Ärger vorbei ist. Sobald der Vertrag in Kraft tritt, übernimmt die Treuhandanstalt diese Vermögenswerte. Sie prüft und handelt dann unter der politischen Verantwortung des Bundesfinanzministers, und dieser muß aufpassen, daß dann wirklich nach Recht und Gesetz verfahren wird. Die Treuhandanstalt gibt den früheren Besitzern zurück, was ihnen weggenommen worden war. Sie wird den alten Blockparteien und Organisationen das belassen, was sie – ich füge hinzu: ausnahmsweise – unter Anlegung unserer rechtsstaatlichen Maßstäbe redlich und ehrlich erworben haben; das ist vernünftig. Der Rest – das werden Milliarden sein – wird, wie gesagt, für gemeinnützige Zwecke und den Wiederaufbau in der DDR verwendet. (Beifall bei der SPD)

Ich fasse zusammen: Die wichtigsten Elemente des Bauplans stehen, und sie sind vernünftig. Aber ich habe auch gesagt: In einigen Bereichen muß noch nachgearbeitet werden, und ich füge hinzu: wenn es geht, noch im Zusammenhang oder sogar vor Verabschiedung des Staatsvertrages, also vor Bezug des Hauses. In einigen Fällen halte ich das für möglich. In anderen Fällen wird es wahrscheinlich länger dauern, aber dann muß das eben der neue, der gesamtdeutsche Bundestag machen.

Vier Anmerkungen dazu. Erstens. Herr Bundesinnenminister Schäuble, die **Wiedergutmachung für jüdische Bürger**, die bisher auf dem Gebiet der DDR leben, ist im Einigungsvertrag nicht angesprochen worden. Wir haben zwar festgelegt, daß die Opfer des Naziterrors zurückbekommen sollen, was ihnen zwischen 1933 und 1945 geraubt wurde – das ist gut – aber es reicht nicht aus. Es kann doch nicht so schwer sein – auch jetzt nicht –, einen Weg für eine vernünftige Härteregelung zu finden. Ich finde, wir sollten das tun.

Zweitens. Die Frage, was wir mit den rund 136 Kilometern Stasi-Akten, dieser unvorstellbar großen Zahl von angehäuften Spitzel- und Schnüffelberichten machen, ist noch nicht geklärt. Herr Bundesinnenminister, ich finde, Sie sollten über das, was Sie hier vorgetragen haben, noch einen Schritt hinausgehen. Ich meine, wir sollten die Beschlüsse der Volkskammer vollends aufgreifen; denn ich verstehe sehr gut, daß sich gerade die Bürgerrechtler in der DDR durch unser bundesrepublikanisches Recht nicht vom Zugriff auf diese Akten abhalten lassen wollen. (Beifall bei der SPD und der Abg. Unruh [fraktionslos])

Sie wollen die alten Seilschaften stoppen – da haben Sie recht – und vor allen Dingen die alten Stasi-Praktiken vollends aufklären und die Geschichte der vergangenen 40 Jahre in der DDR, die doch ihre eigene Geschichte ist, aufarbeiten. Deswegen sagen wir: Lassen Sie uns gemeinsam einen vernünftigen Weg vor Verabschiedung des Staatsvertrages finden.

Als dritten Punkt spreche ich den **öffentlichen Dienst in der DDR** an; auch Sie haben das getan. Der Einigungsvertrag sieht Regelungen vor; ich meine aber, daß sie nicht ausreichen. Die Probleme sind klar: Der öffentliche Dienst ist zu groß, er ist übersetzt. Er ist mehr als doppelt so groß wie bei uns. Es muß sichergestellt werden, daß die Richtigen, die Qualifizierten übernommen werden und nicht die alten Seilschaften. Meine Damen und Herren, dies wird wohl das Schwerste sein: Die neuen Länder und Gemeinden in der DDR dürfen nicht den Kosten für den öffentlichen Dienst erliegen. Sie haben andere Aufgaben, die sie bewältigen müssen. Das alles müssen wir mit auf den Weg bringen. Ich bin ganz sicher, da müssen zusätzliche Hilfestellungen, einiges mehr her als das, was wir jetzt mit der Clearing-Stelle und in einzelnen Vorschriften des Einigungsvertrages verabredet haben.

Viertens. Die Bundesregierung hat im Zusammenhang mit dem Staatsvertrag heute zwei weitere Gesetze vorgelegt, die wir in den kommenden Tagen hier im Bundestag genau prüfen werden.

Zum einen handelt es sich um ein Übergangsgesetz, das den befristeten **Aufenthalt von alliierten Truppen im geeinten Deutschland** so lange ermöglichen soll, bis ein endgültiges Abkommen ausgehandelt ist, das dann der gesamtdeutsche Gesetzgeber beraten und auch beschließen kann. Das Anliegen ist uns klar; wir halten es im Grundsatz natürlich für berechtigt. Uns sind aber die Ermächtigungen, die Sie vorsehen, Herr Bundesaußenminister, viel zu ungenau, sie gehen viel zu weit. Wir wollen eine klare Befristung und sehen es überhaupt nicht gerne, daß Sie schon wieder das Instrument der Rechtsverordnung zur Inkraftsetzung eines so wichtigen völkerrechtlichen Vertrages nutzen wollen, auch wenn das nur übergangsweise geschehen soll. (Beifall bei der SPD) Das muß verändert werden.

In dem zweiten Gesetz schlägt die Bundesregierung vor, frühere **Stasi-Leute** zu amnestieren – natürlich nicht alle, sondern lediglich die kleinen Fische, die auf dem Boden der Bundesrepublik spioniert haben. Sie haben das getan bei uns, was unsere Dienste woanders tun, was sie auch in der DDR getan haben. Nach der Einheit bleiben jedoch nur die einen – die Mitarbeiter der Stasi – strafbar, weil ja unser Strafrecht gilt.

Auch hier, meine Damen und Herren, verstehe ich Anliegen durchaus. Was mich ärgert, ist etwas anderes. Mich ärgert, daß Sie mit dieser Stasi-Amnestie nicht wenigstens so lange warten, bis die **Opfer der Stasi** rehabilitiert und auch entschädigt worden sind. (Beifall bei der SPD und den GRÜNEN) Und mich stört zusätzlich, Herr Bundesjustizminister, daß Sie aus Anlaß der deutschen Einheit offensichtlich nur an Stasi-Leute denken. Es gibt doch bei uns ganz andere Gruppen, die erheblich mehr und einen viel größeren moralischen Anspruch darauf haben, endlich amnestiert, jetzt endlich außer Verfolgung gesetzt zu werden. Oder halten Sie es wirklich für vernünftig, für gerecht oder auch nur für hinnehmbar, Stasi-Leute zu amnestieren, aber **Postschaffner** und **Lokführer**, weiterhin aus dem öffentlichen Dienst zu werfen, deren einziges Vergehen darin bestand, **Mitglied der DKP** zu sein? (Beifall bei der SPD und den GRÜNEN)

Und das alles, während wir gleichzeitig, ganz selbstverständlich auch ehemalige **SED-Mitglieder** als Lehrer und Verwaltungsbeamte einstellen, wenn wir sie brauchen, und Sie, Herr Schäuble – ich glaube, gestern war das in der »Augsburger Allgemeinen« – auch öffentlich erklären, daß selbstverständlich auch ehemalige SED-Mitglieder verbeamtet werden können. Wir meinen, das paßt nicht zusammen. Wir finden es gut, daß der Herr Bundespräsident in den letzten Wochen ein Zeichen gesetzt hat, indem er Herrn Bastian begnadigt hat. Dieser kann jetzt in seinem alten Beruf weiterarbeiten. (Dr. Bötsch [CDU/CSU]: Ich denke, der ist pensioniert!) – Nein. Andere Verfahren laufen noch. Wir wollen, Herr Bötsch, daß endlich Schluß damit ist. (Beifall bei der SPD)

Meine Damen und Herren, es gibt noch andere Gruppen, an die wir denken müssen. Ich denke da z. B. an jene Männer und Frauen – sie sind heute sehr alt –, die noch von den Nazis gequält wurden, die in den **Konzentrationslagern** saßen und dort gelitten haben und die keine Entschädigung bekommen haben, weil sie auf ihrer persönlichen Meinung beharrten und Kommunisten bleiben wollten. Ich habe das immer für unverständlich gehalten; aber dieser Grund reichte wirklich aus, ihnen keine Entschädigung zu geben. – Erklärbar ist das alles nur als Ergebnis des Kalten Krieges und der Teilung Deutschlands. Ist es denn wirklich gerecht – das frage ich Sie jetzt nochmals –, all das so zu lassen und alle Stasi-Leute – und allein diese Stasi-Leute – zu amnestieren? Wie ist es mit der **Friedensbewegung**, mit diesen vielen Männern und Frauen, die sich zu Demonstrationen vor Chemie- oder Atomwaffenlager gesetzt haben. (Dr. Bötsch [CDU/CSU]: Wenn wir Ihnen gefolgt wären, wären wir nicht dort, wo wir stehen!) – Herr Bötsch, hören Sie doch einfach einmal ein bißchen zu; ich mache es bei Ihnen nachher auch – (Dr. Bötsch [CDU/CSU]: Na schön!) und die kurzfristigen Störungen des öffentlichen Straßenverkehrs – was für ein Verbrechen! – dabei in Kauf genommen haben? die wurden verurteilt, die werden heute noch verurteilt, obwohl die Chemiewaffen, obwohl die Atomwaffen bereits abgezogen werden und obwohl doch völlig klar ist, daß die Friedensbewegung ohne Zweifel zur Entspannung wesentlich beigetragen hat – auch andere; aber die auch. (Beifall bei der SPD und den GRÜNEN)

Jetzt, meine Damen und Herren, ernten wir hier in Deutschland die Früchte der Entspannung. Die Mauer ist gefallen, der Stacheldraht in Deutschland ist weg, und auch der Eiserne Vorhang durch Europa ist gerissen. Wir sagen: Wir müssen das alles zusammen sehen, nicht nur Stasi-Mitarbeiter dürfen amnestiert werden, sondern wir fordern Sie auf: Lassen Sie uns eine **Amnestie** beschließen aus Anlaß der deutschen Einheit, die alle diese einschlägigen Verurteilungen und Diskriminierungen umfassend beseitigt! (Beifall bei der SPD und den GRÜNEN sowie bei Abgeordneten der FDP) Dazu fordern wir Sie auf. Das ist gerecht, das verstehen alle, das dient dem Rechtsfrieden, und wir haben auch noch Zeit, uns darüber zu unterhalten.

In drei Punkten, meine Damen und Herren – so sagte ich das schon –, haben wir Sozialdemokraten uns im Einigungsvertrag nicht durchsetzen können. Auch diese Punkte will ich hier ansprechen. Hier geht – das habe ich schon gesagt, Herr Bundeskanzler – die Auseinandersetzung weiter. Dabei handelt es sich erstens um die **Energieversorgung**, wie sie jetzt geregelt worden ist. Wir halten das nicht für gut. Die großen Energieversorgungsunternehmen der Bundesrepublik haben sich, wie schon im Stromvertrag, mit ihrer übergroßen Marktmacht durchgesetzt. Das geht zu Lasten der Gemeinden, und das geht auf Kosten des Umweltschutzes. Wir halten das für falsch. Wir wissen, daß viele von Ihnen, meine Damen und Herren in den Regierungsparteien, das insgeheim im Grunde genommen auch so sehen. Wir finden es besonders schade, daß es trotzdem nicht möglich war, eine vernünftige Regelung durchzusetzen. Wenigstens das Wahlrecht in der Frage, wie sie es mit der kommunalen Energieversorgung halten wollen, hätten diese Gemeinden in der DDR gebraucht. Von starken Gemeinden zwar zu reden, aber nicht einmal das zuzugestehen, das geht nicht. (Beifall bei der SPD) Wir sagen deswegen auch heute deutlich: Wir lehnen diese Regelung ab, halten die Meinung des Deutschen Städtetages für richtig und unterstützen das, was dort geplant wird, um Änderungen zu erreichen. Außerdem – auch darauf hat der saarländische Ministerpräsident hingewiesen – wird sich der Bundesrat noch mit diesen Regelungen beschäftigen.

Zweitens. Wir stellen auch fest, und zwar mit Bedauern, daß Chancen im Bereich der Arbeits- und Sozialpolitik vertan worden sind, die Chance beispielsweise, Herr Bundesinnenminister und Herr Bundesarbeitsminister, vernünftige Regelungen aus dem **Gesundheitswesen der DDR** in das Gesundheitswesen für Gesamtdeutschland zu übernehmen. (Beifall der Abg. Frau Unruh [fraktionslos]) So wäre es doch gut gewesen, wenn die Lockerung der viel zu starren Abgrenzung zwischen der ambulanten und der stationären Versorgung beschlossen worden wäre. Die Abgrenzung, wie wir sie ja bei uns haben, führt doch zu hohen zusätzlichen Kosten. Das merken doch die Bürgerinnen und Bürger bei uns an ihrem Geldbeutel. Sie wollten das nicht. Die Chancen sind vorerst vertan. Das ist schade. Wir hätten auch gern gemeinsam, Herr Blüm, die doch längst überholte **Unterscheidung zwischen Arbeitern und Angestellten** endgültig und vollständig aufgegeben. (Beifall bei der SPD und der Abg. Frau Unruh [fraktionslos]) Auch dafür gab es diesmal keine Mehrheit.

Daß jetzt die Frauen in der DDR, die sowieso von Arbeitslosigkeit besonders bedroht sind, millionenfach auch noch auf **Arbeitsplätze ohne Versicherungsschutz** – ohne jeden Versicherungsschutz, muß ich sagen – abgeschoben werden sollen, das halten wir für völlig unerträglich. (Beifall bei der SPD und bei Abgeordneten der

GRÜNEN sowie der Abg. Frau Unruh [fraktionslos]) Wir wollen solche Arbeitsplätze – lassen Sie mich das ganz deutlich sagen – weder bei uns noch für die Frauen in der DDR. Wir hatten die Chance, Herr Bundesarbeitsminister, sie auch für Gesamtdeutschland ein für allemal abzuschaffen. Auch diese Chance ist vertan worden. Wir sagen deshalb: Damit wird sich das gesamtdeutsche Parlament sehr bald beschäftigen müssen. Die Gesetzentwürfe dafür werden wir vorlegen.

Unser dritter Streitpunkt betrifft nun das wirklich leidige Thema Kosten, die **Kosten des Staatsvertrages**, Herr Bundesinnenminister, ebenso wie die **Kosten der deutschen Einheit** insgesamt. Ich habe den Eindruck, Herr Schäuble, daß Ihre Ausführungen zu dieser Frage wieder einmal ablenken sollten, ablenken sollten davon, worum es in Wirklichkeit geht. (Beifall bei der SPD) Was haben wir nicht alles versucht, um Sie, Herr Bundesfinanzminister Waigel, zu tragfähigen Kostenabschätzungen zu bringen, (Zuruf) Sie zu ehrlichen, verläßlichen Äußerungen über die zukünftigen Belastungen der Bürgerinnen und Bürger zu bewegen! Das hat alles nichts genützt. Sie haben die Angaben verweigert. Sie haben auch keine brauchbaren Schätzungen vorgelegt. Wo wir aus dem Bundesfinanzministerium Zahlen bekommen haben, da waren sie nun wirklich mehr als abenteuerlich. Das gilt sowohl für die Zahlen für den öffentlichen Dienst in der DDR als auch für andere. Da werden für den **öffentlichen Dienst in der DDR** im nächsten Jahr 15 000 DM pro Kopf für ausreichend gehalten. So geht es doch nicht! Das wissen wir doch alle! Schon die Tarifabschlüsse der vergangenen Tage drücken diesen Betrag um mehrere tausend DM nach oben.

Wenn Sie, Herr Bundesminister Schäuble, heute sagen, die Länder in der DDR seien mit genügend Geld ausgestattet, dann ist das doch einfach nicht wahr' Sie wissen doch, daß alle fünf neuen Länder in der DDR zusammen 70 Milliarden DM haben werden, 70 Milliarden DM! Das ist doch, verehrter Herr Schäuble, nur ein Bruchteil des Geldes, das sie brauchen werden. Wenn wir das einmal mit unseren Verhältnissen vergleichen, dann wird das besonders deutlich. Auch die ärmsten Bundesländer bei uns benötigen viel mehr und dabei haben die noch nicht einmal den Nachholbedarf, den doch jedes einzelne Land dieser neuen Länder in der DDR hat. Ich hoffe, daß Professor Biedenkopf Ihnen bald konkrete Zahlen und vor allen Dingen die Motivation liefern wird, die Sie brauchen, um endlich realistische Zahlen vorzulegen. (Beifall bei der SPD)

Denn, meine Damen und Herren, niemand unter den Bürgerinnen und Bürgern bei uns glaubt mehr an das Märchen, Einheit koste nichts oder sei zum Nulltarif zuhaben. Wenn Sie so weitermachen wie bisher, verlieren Sie noch mehr an Glaubwürdigkeit, vor allen Dingen deshalb, weil prominente Mitglieder der Regierungsparteien mittlerweile ganz offen zugeben, daß alles mit Sicherheit viel teurer wird, und auch Unionspolitiker – ich darf nur den Ministerpräsidenten **Späth** oder noch einmal Herrn Professor **Biedenkopf** nennen – ganz offen auch von Steuererhöhungen reden. Ich halte das auch für viel ehrlicher.

Ich will Ihnen auch sagen, wofür wir sind, damit es da bei niemanden eine Unklarheit gibt. (Bohl [CDU/CSU]: Sie wollen doch den Leuten nur das Geld aus der Tasche nehmen!) – Auch bei Ihnen nicht, Herr Bohl. Im übrigen war Ihr letzter Zwischenruf noch nicht einmal witzig, vom Inhalt ganz zu schweigen. – Wir sind zum einen für **Einsparungen** besonders im **Verteidigungsetat**, und da müssen wir jetzt auch heran. (Beifall bei der CDU/CSU und der FDP) Wir wollen zum zweiten, daß Sie endlich auf weitere Steuersenkungen für Unternehmer verzichten, also auf jene 25 Milliarden DM, über die Sie noch immer reden. Diese Pläne müssen vom Tisch. (Beifall bei der SPD und den GRÜNEN) Wenn das nicht reicht, und es wird nicht reichen, dann können Sie mit der Kooperation der Sozialdemokraten nur rechnen, wenn völlig klar ist, daß nicht die kleinen Leute die Kosten für die deutsche Einheit bezahlen müssen, nur weil Sie sich weigern, die Kosten durchzurechnen und realistische Kostenschätzungen für den Bau eines geeinten Deutschlands auf den Tisch zu legen. (Beifall bei der SPD) Den kleinen Leuten ist es viel lieber, wenn ihnen reiner Wein über die Belastungen eingeschenkt wird. (Beifall bei der SPD)

Heute sind wir doch schon so weit, daß viele, die sich für ihr Häusle krummlegen, wirklich krummlegen, die steigenden Zinsen bald nicht mehr zahlen können. Diese Zinsen steigen durch Ihre Politik. Das gleiche gilt für viele Mieten, weil Vermieter ihre zusätzlichen Belastungen eben auf die Mieter abwälzen. Wir sagen Ihnen: Mit uns wird es keine Finanzierung nur auf Pump geben. Mit uns wird es keinen Griff in die Rentenkassen zur Finanzierung geben, und wir wollen auch keine Mehrwertsteuererhöhung. (Beifall bei der SPD)

Präsidentin Dr. Süssmuth: Frau Dr. Däubler-Gmelin, gestatten Sie eine Zwischenfrage der Abgeordneten Frau Hellwig?

Frau Dr. Hellwig (CDU/CSU): Frau Dr. Däubler-Gmelin, Sie haben gesagt, ganz klar und deutlich werden Sie sagen, was Sie wollen. Bitte, sagen Sie mir ganz klar und deutlich, welche Steuererhöhung Sie für erforderlich halten, die nicht die kleinen Leute betrifft!

Frau Dr. Däubler-Gmelin (SPD): Liebe Frau Hellwig, Sie sind wahrscheinlich gerade zum Mikrofon gelaufen, als ich das ausgeführt habe, aber ich wiederhole es gern.

Erstens. Wir sind für Einsparungen im Verteidigungsetat, (Frau Dr. Hellwig [CDU/CSU]: Ich habe nur zum Punkt Steuererhöhungen gefragt!) und dazu wollen wir erst einmal Ihre Zustimmung. Das ist das erste, und davor können Sie sich auch nicht drücken. (Beifall bei der SPD) Zweitens – das geht nun auch Sie persönlich an, weil Sie ab und zu darüber reden, Frau Hellwig –: Wir möchten gerne, daß Sie auf weitere Senkungen der Unternehmenssteuern verzichten. 25 Milliarden DM! (Beifall bei der SPD — Frau Dr. Hellwig [CDU/CSU]: Wir waren beim Thema Steuererhöhungen! — Stratmann-Mertens [GRÜNE]: Davon kriegen Sie doch kein Geld in die Tasche! — Frau Dr. Hellwig [CDU/CSU]: Sehr gut, vielen Dank, Herr Kollege! — Stratmann-Mertens [GRÜNE]: Taschenspielertrick!) Zum dritten – auch das wiederhole ich sehr deutlich –: Wenn das nicht reicht – ich sage Ihnen: es wird nicht reichen –, dann – jetzt verlese ich das noch einmal ganz deutlich, damit Sie es dieses Mal vollständig mithören können –, können Sie mit der Kooperation der Sozialdemokraten (Lachen bei der CDU/CSU und der FDP) nur dann rechnen, wenn völlig klar ist, daß nicht die kleinen Leute die Kosten bezahlen müssen. So ist das. (Beifall bei der SPD — Lachen bei der CDU/CSU und der FDP — Stratmann-Mertens [GRÜNE]: Ist das nun Lafontaine oder Matthäus-Maier?)

Aber wie wäre denn jetzt folgender Vorschlag an Sie: Sagen Sie doch endlich einmal, was die deutsche Einheit kostet! Legen Sie die Zahlen über die Belastungen auf den Tisch! Dann machen Sie Vorschläge für Steuererhöhungen, die Sie für richtig halten, und dann werden wir uns dazu äußern. (Beifall bei der SPD — Bohl [CDU/CSU]: Ihr wollt doch 50 Pfennig auf den Liter Benzin!) Das ist die richtige Reihenfolge. Das erwarten die Menschen von Ihnen, und so wollen wir es auch halten. (Dr.-Ing. Kansy [CDU/CSU]: Immer hinterherlaufen! — Lachen bei der SPD) – Ich weiß, Sie hätten es gern, daß Sie sich weiter drücken können, meine Damen und Herren. Aber ich sage Ihnen: Nicht nur wir werden Ihnen das nicht gestatten, sondern das werden auch die Bürgerinnen und Bürger unseres Landes nicht tun. Sie werden Sie dazu zwingen, die Karten auf den Tisch zu legen, und das ist auch völlig in Ordnung. (Beifall bei der SPD)

Ich habe den Staatsvertrag mit einem Bauplan verglichen. Herr Bundesinnenminister und Herr Bundesfinanzminister: Auch ein Bauplan muß möglichst gut und präzise durchgerechnet sein. Was passiert – das ist noch eine Antwort auf Ihre Frage, Frau Hellwig –, wenn er das nicht ist? Darüber können viele Bauherren ein trauriges Lied singen. Dann dauert alles doppelt so lang. Dann wird das meiste doppelt so teuer, und es gibt eine Menge zusätzlichen Ärger. Ich sage Ihnen: Genauso wird es Ihnen gehen, wenn Sie Ihre Politik in dieser Frage nicht ändern. Noch eines: Wir halten das, was Sie zu den Kosten des Einigungsvertrages auf das **Vorblatt** geschrieben haben, und auch das, was Sie in die Begründung hineingeschrieben haben, für eine Zumutung.

Erstens. Die angegebenen Kosten sind viel zu niedrig. Diese Angaben zu machen, können Sie nur deshalb wagen, weil Sie meinen, es würde niemand bemerken, welche Riesenbeträge Sie in Sondertöpfe, in verdeckte Töpfe und woanders hin abgeschoben haben.

Zweitens. Jeder, der Ihre Vorlage liest, muß den Eindruck haben, die Gemeinden und die Länder würden durch die deutsche Einheit mehr einnehmen, als sie ausgeben müssen, sie würden also durch die deutsche Einheit sogar noch etwas gewinnen. Das, meine Damen und Herren, nenne ich einen Taschenspielertrick. So geht es nicht, Herr Bundesfinanzminister. (Beifall bei der SPD) Wir sagen: Sie müssen das Vorblatt ändern, Sie müssen die Zahlen auf den Tisch legen und ganz ehrlich sagen, Frau Hellwig, wie sich die Bundesregierung und die Union die **Verteilung der zusätzlichen Lasten** vorstellen. Ich kann nur noch einmal sagen: Wir Sozialdemokraten sind zur Kooperation bereit. Das haben wir jetzt mehr als einmal bewiesen. Wer Kooperation mit uns will, wer die Bürgerinnen und die Bürger unseres Landes zur Solidarität aufruft, der muß wenigstens Ehrlichkeit anbieten. Dabei bleiben wir. (Beifall bei der SPD)

Der Einigungsvertrag ist fertig. Die Einheit steht vor der Tür. **Bischof Schönherr**, jener große, alte Mann aus den evangelischen Kirchen in der DDR, hat drei Forderungen an das Zusammenleben der Deutschen gestellt. Er hat von der Verantwortung für unsere gemeinsame Geschichte gesprochen. »Haftungsgemeinschaft« hat er das genannt. Er hat Verantwortung für das vernünftige Zusammenleben der Menschen in beiden Teilen Deutschlands, also für soziale Gerechtigkeit und Menschenrechte in unserem eigenen Land, gefordert. Dann hat er vor allem von der Verantwortung für die Mitgestaltung, für unsere Mitarbeit an der weltweiten Bewältigung der künftigen Aufgaben, die auf uns zukommen, gesprochen.

In der ihm eigenen Zuversicht – ich teile diese – hat er das »Hoffnungsgemeinschaft« genannt. (Hornung [CDU/CSU]: Im Gegensatz zur SPD!) Das hat er zu einer Zeit getan, meine Damen und Herren, als von einer Hoffnung auf die deutsche Einheit nicht die Rede sein konnte. Da konnte niemand darauf hoffen. Jetzt steht sie vor der Tür. Ich glaube, wir sollten seine Mahnungen beherzigen. Sie sind wichtiger denn je. (Anhaltender Beifall bei der SPD)

Dokument Nr. 56
Ingrid Matthäus-Maier zur Schuldenpolitik der Regierung Kohl, 19. September 1990

Die SPD im Deutschen Bundestag, Nr. 1966, 19. September 1990

<u>Ungehemmte Schuldenpolitik der Bundesregierung muß ein Ende haben – Bundesregierung muß endlich sparen – Die Steuerlüge muß vom Tisch</u>

Zur aktuellen Diskussion über die Finanzierung der deutschen Einheit erklärt die stellvertretende Vorsitzende der SPD-Bundestagsfraktion und Vorsitzende des Arbeitskreises »Öffentliche Finanzwirtschaft«, I n g r i d   M a t t h ä u s - M a i e r :

1. <u>Aus heutiger Sicht droht im öffentlichen Gesamthaushalt 1991 (Bund, 16 Länder, Gemeinden, Gemeindeverbände) eine Haushaltslücke von 140 bis 150 Mrd DM</u> (Anlage). Diese Finanzierungslücke von 140 bis 150 Mrd DM ist bisher nicht durch ordentliche Einnahmen gedeckt. Dabei sind die in der letzten Woche neu eingegangenen Verpflichtungen des Bundes von insgesamt 16,3 Mrd DM (13 Mrd DM bis 1994 für die Sowjetunion und 3,3 Mrd DM im Zusammenhang mit der Golf-Krise) noch nicht berücksichtigt.

<u>Zur Finanzierung dieser Haushaltslücke ist nach der bisherigen Finanzplanung von Bundesfinanzminister Waigel schon jetzt für 1991 eine neue Staatsverschuldung von rund 100 Mrd DM fest eingeplant:</u>

- 31 Mrd DM werden über den Sonderfonds »Deutsche Einheit« aufgenommen (35 Mrd DM abzüglich der im Rahmen des Sonderfonds vereinbarten Einsparungen des Bundes von 4 Mrd DM),

- 53 Mrd DM Kreditaufnahme sind bereits bisher nach der letzten Finanzplanung von Mai dieses Jahres für 1991 für Bund, Länder und Gemeinden geplant,
- 14 Mrd DM Kreditaufnahme waren bereits bisher mit Zustimmung des Bundesfinanzministers im DDR-Haushalt 1991 vorgesehen.

Die verbleibende Lücke von 40 bis 50 Mrd DM will die Bundesregierung offensichtlich im wesentlichen durch neue Kreditaufnahme finanzieren. Daraus ergäbe sich - wenn die Bundesregierung tatsächlich diesen Weg der Staatsverschuldung weiter gehen würde – für 1991 für die öffentlichen Haushalte der Bundesrepublik Deutschland insgesamt eine zusätzliche Staatsverschuldung von 140 bis 150 Mrd DM. Damit würde die Staatsverschuldung, die heute bereits 1 Billion DM beträgt, 1991 auf fast 1,2 Billionen DM ansteigen.

Zum Vergleich: Die gesamte Nettokreditaufnahme von Bund, Ländern und Gemeinden im letzten Jahr (1989) betrug 26 Mrd DM. Gegenüber 1989 würde eine Neuverschuldung von 150 Mrd DM fast eine Versechsfachung bedeuten.

Eine Neuverschuldung von 150 Mrd DM bedeutet gegenüber 1981, dem Jahr mit der bisher höchsten öffentlichen Kreditaufnahme (Bund, Länder und Gemeinden: 75,7 Mrd DM auf dem Höhepunkt einer Weltwirtschaftskrise), eine Verdopplung der Neuverschuldung.

In der aktuellen Diskussion versucht die Bundesregierung die Neuverschuldung mit dem Hinweis zu bagatellisieren, die Staatsverschuldung betrage nur 3,5 % des BSP und liege damit unter dem Vergleichswert des Jahres 1981 von 4,9 %. Zum einen ist die Zahl von 3,5 %, die sich auf der Basis einer geschätzten Neuverschuldung von 100 Mrd DM im Juni-Monatsbericht der Deutschen Bundesbank ergibt, längst überholt und damit jetzt falsch. Schon eine Neuverschuldung von 140 Mrd DM ergäbe einen Wert von 5 % des BSP (BSP 1991 nach DIW-Schätzung: 2.800 Mrd DM). Außerdem soll mit diesem Jonglieren mit makroökonomischen Relationen ganz offensichtlich nur von den schwerwiegenden Konsequenzen der ungehemmten Staatsverschuldung dieser Bundesregierung abgelenkt werden.

2. Der von der Bundesregierung beschrittene Weg in die Staatsverschuldung hat schwerwiegende finanz-, wirtschafts- und sozialpolitische Auswirkungen:

a: Die steigende Zinsbelastung der öffentlichen Haushalte schränkt die politische Handlungsfähigkeit des Staates immer weiter ein:

Während 1981 die Zinszahlungen der öffentlichen Hand noch bei 36,7 Mrd DM lagen, werden die staatlichen Zinsausgaben 1991 auf rund 100 Mrd DM ansteigen (einschließlich der nicht offen im Bundeshaushalt ausgewiesenen, sondern in diversen Schuldentöpfen und Verschiebebahnhöfen versteckten Staatsverschuldung). Auch eine Umrechnung auf die Zahl der Einwohner zeigt den explosionsartigen Anstieg der Zinsbelastung: Während der Staat 1981 pro Kopf der 61,7 Millionen Bundesbürger 595 DM an Zinsen zahlte, muß das vereinte Deutschland 1991 pro Kopf der 77,7 Millionen Deutschen rund 1270 DM an Zinsen zahlen. Das bedeutet gegenüber 1981 mehr als eine Verdopplung der Zinszahlungen.

b: Mit diesen Zinsausgaben von jährlich über 100 Mrd DM gibt der Staat Geld aus, das nie mehr für sinnvolle Zwecke zur Verfügung steht. Die in einem Jahr für Zinsen ausgegebenen 100 Mrd DM entsprechen

- einer 1 mit 11 Nullen: 100.000.000.000 DM oder
- 274 Mio DM je Tag, 11,4 Mio DM je Stunde, 190.000 DM je Minute oder
- 3.170 DM je Sekunde oder der Einrichtung von 5,9 Millionen Kindergartenplätzen (pro Platz 17.000 DM) oder
- dem gesamten Bedarf für die Sanierung der Verkehrsinfrastruktur der DDR (laut gestriger Meldung des Bundesverkehrsminister 50 Mrd DM für Straßen und 50 Mrd DM für die Bahn) oder
- dem Hundertfachen des Etats des Bundesumweltministers im Jahr 1990 oder
- dem Anschaffungspreis von 5 Millionen VW-Golf (tatsächlich haben die Bundesbürger 1989 »nur« 78 Mrd DM für Neuwagen ausgegeben) oder
- einer aus Tausend-Mark-Scheinen gebildeten Strecke, die um die halbe Erde reicht oder
- mehr als den Länderhaushalten von Schleswig-Holstein, Niedersachsen, Bremen, Hessen, Rheinland-Pfalz und dem Saarland zusammen oder
- dem Aufkommen von Gewerbesteuer, Mineralölsteuer, Tabaksteuer, Kraftfahrzeugsteuer und Branntweinsteuer zusammen oder - der Hälfte des gesamten Lohnsteueraufkommens.

Diese Vergleiche zeigen, daß die von der Bundesregierung praktizierte Schuldenfinanzierung der teuerste Weg zur Einheit ist.

c: Mit den riesigen Zinsausgaben der öffentlichen Hand ist eine enorme gesellschaftliche Umverteilung verbunden: Von den jährlich 100 Mrd DM Zinsen, die von allen Deutschen in West- und Ost-Deutschland über höhere Steuern Jahr für Jahr aufgebracht werden müssen, profitieren vor allem die Besitzer großer Kapitalvermögen. Damit ist die Schuldenpolitik der Bundesregierung eine Umverteilungsaktion, die die ungerechte Steuerreform noch weit in den Schatten stellt.

d: Die steigende Staatsverschuldung führt auf dem Kapitalmarkt zu einem besorgniserregenden Anstieg der Zinsen: Bereits jetzt liegt das allgemeine Zinsniveau um etwa 2 Prozentpunkte höher als vor einem Jahr. Dieser Zinsanstieg hat schwerwiegende Folgen für Wirtschaft, Verbraucher und Staat:

- Bei der gegenwärtigen Verschuldung von Wirtschaft und Verbrauchern in Höhe von rund 2 Billionen DM bedeutet der Zinsanstieg von 2 Prozentpunkten einen Kostenanstieg von 40 Mrd DM im Jahr. Diese Verteuerung der Kreditkosten beeinträchtigt die Investitionen in neue Arbeitsplätze. Angesichts des enormen Investitionsbedarfs in der heutigen DDR trifft das vor allem die Millionen Menschen, die beim Umbau der DDR-Wirtschaft von Arbeitslosigkeit betroffen werden.
- Der Zinsanstieg führt auch zu einer nachhaltigen Verteuerung des Wohnungsbaus und trifft damit Mieter, Häuslebauer und Wohnungssuchende:

Ingrid Matthäus-Maier im Deutschen Bundestag, 9. August 1990

- Der Wohnungsbau in der Bundesrepublik wird spürbar beeinträchtigt: Schon jetzt ist klar, daß die Bundesregierung ihr Ziel von 300.000 neuen Wohnungen in diesem Jahr nicht erreicht. <u>Damit erschwert der Zinsanstieg die Bekämpfung der Wohnungsnot.</u>
- Bei Baukosten für eine Wohnung von z.B. 200.000 DM und einer Fremdfinanzierungsquote von 80 % ergibt sich durch den Zinsanstieg um 2 Prozentpunkte eine zusätzliche Zinsbelastung von 3.200 DM im Jahr bzw. 266 DM im Monat. <u>Das trifft alle Bauherren.</u> Da nach § 5 des Mieterhöhungsgesetzes die steigenden Zinsen auf die Mieten überwälzt werden können, <u>droht auch den Mietern im Wohnungsbestand eine Mieterhöhung in derselben Größenordnung.</u>
- Gerade in den kommenden Monaten werden viele Hypotheken zur Umschuldung fällig, die 1986 auf dem damaligen niedrigen Zinsniveau aufgenommen wurden. Aufgrund des sprunghaften Zinsanstiegs drohen jetzt <u>viele Häuslebauer in eine gefährliche Zwangslage zu kommen.</u>

– <u>Der Zinsanstieg trifft auch unmittelbar alle Konsumenten</u>, die einen Anschaffungskredit aufgenommen haben. Beispielsweise muß ein Autokäufer, der einen Mittelklasse-Pkw zum Kaufpreis von 25.000 DM gekauft und ihn durch einen Kredit von 20.000 DM finanziert hat bei einer zweiprozentigen Zinssteigerung mit einer Mehrbelastung von 400 DM im Jahr rechnen.

– Besonders betroffen durch den Zinsanstieg ist der Staat selbst: Bei einer Staatsverschuldung von bisher schon rund 1 Billion DM müssen mittelfristig 20 Mrd DM mehr Zinsen pro Jahr gezahlt werden als bisher. Angesichts dieser Zinsabhängigkeit der öffentlichen Hand entwickelt sich die Staatsverschuldung immer mehr zu einem Haushaltsrisiko ersten Ranges.

Diese Analyse zeigt, daß die von der Bundesregierung betriebene Schuldenpolitik zulasten der breiten Mehrheit der Bevölkerung geht. Sie trifft die Verbraucher, Mieter, Häuslebauer, Wohnungssuchenden und Arbeitslosen und alle Steuerzahler, die für die Bedienung der Staatsschulden höhere Steuern zahlen müssen. Damit geht die leichtfertigeKreditaufnahme der Bundesregierung zulasten aller Deutschen in West und Ost.

Würde die Staatsverschuldung im nächsten Jahr zur Finanzierung der Haushaltslücke weiter erhöht, so würden die schwerwiegenden sozial-, wirtschafts- und finanzpolitischen Wirkungen der öffentlichen Kreditaufnahme noch weiter verschärft. Deshalb lehnt die SPD die unsolide und ungehemmte Schuldenpolitik der Bundesregierung entschieden ab.

3. Im Interesse der Deutschen in West und Ost sind wir für eine solide Finanzierung der deutschen Einheit und gegen eine weitere Finanzierung auf Pump. Die täglich wachsenden zusätzlichen Anforderungen an den Bundeshaushalt zwingen zu eiserner Sparsamkeit und konsequentem Subventionsabbau: Die SPD fordert

– für den nächsten Bundeshaushalt eine Kürzung der Verteidigungsausgaben in Höhe von 9 Mrd DM; mittelfristig muß der Militärhaushalt halbiert und damit um jährlich 25 Mrd DM gekürzt werden;
– der Bundesfinanzminister muß unverzüglich den von ihm angekündigten Abbau der teilungsbedingten Kosten, die er selbst mit 40 Mrd DM pro Jahr beziffert hat, in Angriff nehmen und diese Mittel zur Finanzierung des Aufbaus der DDR einsetzen; seine aus wahltaktischen Gründen abgegebene öffentliche Erklärung, er werde 1990 und 1991 nicht an den Abbau dieser Kosten herangehen, verstößt gegen die Pflichten eines Bundesfinanzministers und ist nur als Wahlkampfäußerung eines CSU-Vorsitzenden zu erklären;
– überflüssige und wirtschaftspolitisch verfehlte Subventionen müssen abgebaut werden, z.B. die Subventionierung der ökologisch schädlichen industriellen Agrarproduktion, der Kernenergie und des Flugbenzins:
– weitere Ausgaben im Bundeshaushalt müssen umgewidmet werden, z.B. durch zeitliche Streckung von Straßenbaumaßnahmen in der Bundesrepublik zugunsten der Reparatur des Straßennetzes in der DDR und durch Bau von Wohnungen statt Kasernen;
– das innerdeutsche Ministerium muß unverzüglich aufgelöst werden, eine weitere Aufblähung des Regierungsapparates durch zusätzliche Ministerstellen muß unterbleiben;
– die SPD fordert die Bundesregierung erneut auf, unverzüglich dafür zu sorgen, daß das milliardenschwere Unrechtsvermögen von SED/PDS, der Ost-CDU, der FDP und der übrigen früheren Blockparteien endlich eingezogen und für den Aufbau der DDR eingesetzt wird;
– die SPD fordert die Bundesregierung auch zum wiederholten Male auf, definitiv

und unmißverständlich auf die geplanten Steuersenkungen für Spitzenverdiener und Unternehmen in der Größenordnung von 25 Mrd DM zu verzichten. Trotz vereinzelter Äußerungen aus dem Regierungslager hält die Bundesregierung – ebenso wie die Koalitionsfraktionen CDU/CSU und FDP – nach wie vor an diesen wirtschaftspolitisch ungerechtfertigten und sozial ungerechten Steuersenkungsplänen fest. Angesichts der enormen Kosten der deutschen Einheit sind Pläne, für Personen mit einem zu versteuerndem Jahreseinkommen von über 240 000 DM erneut den Einkommensteuer-Spitzensteuersatz (FDP: von 53 auf 46 %) zu senken, geradezu absurd.

<u>Durch die von der SPD geplanten drastischen Einsparungen und Subventionskürzungen ist es möglich, die drohenden Finanzierungslücken nachhaltig zu verringern.</u> Der verbleibende Finanzbedarf kann auch dadurch vermindert werden, daß das Entstehen zusätzlicher Arbeitslosigkeit und damit vermeidbarer Kosten der Einheit durch eine vernünftige Wirtschafts- und Finanzpolitik verhindert wird.

4. Die jüngsten Äußerungen des Bundesfinanzministers, daß Steuererhöhungen zur Finanzierung der Einheit notwendig werden könnten, bestätigen unseren Vorwurf, <u>daß die bisherigen Festlegungen von Bundeskanzler und Bundesfinanzminister, es werde keine Steuererhöhung zur Finanzierung der deutschen Einheit geben, eine Steuerlüge sind.</u> Leider kommt bei der Bundesregierung die Wahrheit aber auch diesmal nur scheibchenweise ans Licht: Bis jetzt hat die Bundesregierung noch nicht offengelegt, welche Steuererhöhungen sie vorhat.

<u>Nach allen Erfahrungen mit der ungerechten Steuerpolitik dieser Bundesregierung muß befürchtet werden, daß die Bundesregierung für die Zeit nach der Bundestagswahl eine Verbrauchsteuererhöhung vorbereitet, zum Beispiel eine Mehrwertsteuererhöhung.</u> Eine solche Steuerpolitik wäre sozial ungerecht, da sie vor allem die große Masse der kleinen Leute trifft. Auch aus Brüssel (EG-Steuerharmonisierung) gibt es keinerlei Handlungsbedarf für eine Erhöhung der Mehrwertsteuer.

Demgegenüber wird sich die SPD in ihrer Finanzpolitik auch weiterhin am Grundsatz der sozialen Gerechtigkeit orientieren. Sie wird zur Finanzierung der deutschen Einheit eine im Grundgesetz (Artikel 106 Absatz 1, Nummer 6) ausdrücklich vorgesehene zeitlich befristete Ergänzungsabgabe einfordern als Solidarbeitrag der Höherverdienenden, die bei der Steuerreform ungerechtfertigterweise Steuergeschenke von vielen tausend DM erhalten haben.

5. Die Bundesregierung darf den Weg in die ungehemmte Schuldenpolitik nicht weiter gehen. Die riesigen Zinszahlungen gehen zulasten der breiten Mehrheit der Bevölkerung, der Mieter, der Häuslebauer, der Verbraucher und aller Steuerzahler, die diese Zinsen zahlen müssen. Die Bundesregierung muß endlich sparen. Leider versagt Bundesfinanzminister Waigel vor dieser Aufgabe.

Ich fordere die Bundesregierung auf:

– Gehen Sie nicht weiter den Weg in die ungehemmte Staatsverschuldung.

- Machen Sie endlich Ernst mit Einsparungen, vom Verteidigungshaushalt bis zur Auflösung des Innerdeutschen Ministeriums.
- Verzichten Sie auf die unsinnige Steuersenkung für Spitzenverdiener und Unternehmen.
- Schaffen Sie Ihre Steuerlüge aus der Welt und sagen Sie den Bürgern vor der Wahl offen und ehrlich, welche Steuern Sie anheben wollen.

Dokument Nr. 57
Hans-Jochen Vogel zur Vereinigung der sozialdemokratischen Parteien der Bundesrepublik und der DDR in Berlin, 27. September 1990

Auszug aus dem Protokoll vom Parteitag Berlin 27. – 28. 9. 1990, Bonn o. J.[1990], S. 48 – 56

Rede des Vorsitzenden der Sozialdemokratischen Partei Deutschlands, Hans-Jochen Vogel:
(mit Beifall begrüßt): Verehrte Anwesende! Liebe Genossinnen und Genossen! Willy Brandt und Wolfgang Thierse haben es gesagt, und wir alle spüren es: Dies ist ein geschichtlicher Augenblick im Leben unserer Partei und im Leben unseres Volkes; denn einmal mehr haben sich die Ideale der deutschen Sozialdemokratie, hat sich ihre Lebenskraft als stärker erwiesen als Mächte und Kräfte, die uns auslöschen wollten und die sich selbst für unbezwingbar hielten. (Beifall)
Unsere Ideale waren im letzten Jahrhundert stärker als das Kaiserreich. Sie waren in den 30er und 40er Jahren dieses Jahrhunderts stärker als die nationalsozialistische Gewaltherrschaft und Hitlers blutige Barbarei. Und sie waren in unserer Zeit stärker als ein Herrschaftssystem, das 40 Jahre lang die Menschen bevormundete und unterdrückte, das mit der Wahrheit Schindluder trieb, das den Begriff Sozialismus mißbrauchte und den Menschen gerade das nahm, wofür Generationen von Sozialdemokratinnen und Sozialdemokraten gekämpft haben, nämlich die Freiheit, das Recht auf Selbstbestimmung und das Recht auf Eigenverantwortung. (Beifall) Daran aber ist auch dieses Herrschaftssystem zugrunde gegangen, an dem Willen zur Freiheit und zur Selbstverantwortung, der den Menschen eingepflanzt ist, der sich vorübergehend oder auch längere Zeit unterdrücken, aber nicht aus ihren Herzen reißen läßt.
Otto Wels hat das hier in dieser Stadt in seiner historischen Rede vom 23. März 1933 – und Josef Felder ist als der letzte lebende Zeuge dieser Rede unter uns –, der Rede, mit der er das Nein der Sozialdemokratie zu Hitlers Ermächtigungsgesetz begründete, in diese klassischen Sätze gefaßt:
»Wir deutschen Sozialdemokraten bekennen uns in dieser Stunde feierlich zu den Grundsätzen der Menschlichkeit und der Gerechtigkeit, der Freiheit und des Sozialismus.« Und er fügte hinzu: »Kein Ermächtigungsgesetz gibt Ihnen die Macht, Ideen,

die ewig und unzerstörbar sind, zu vernichten.« Otto Wels hat einmal mehr Recht behalten: Unsere Ideen waren einmal mehr unzerstörbar. (Beifall)

Die Sozialdemokratische Partei Deutschlands hat als einzige deutsche Partei seit ihrer Gründung im Jahre 1863 ihre Kontinuität gewahrt. Auch 1945 hat die deutsche Sozialdemokratie nicht bei null begonnen. Sie setzte ihre Arbeit fort, die 1933 gewaltsam unterbrochen worden war. Auch heute gründen wir uns nicht neu, wir fusionieren auch nicht, wie andere Parteien das in diesen Tagen tun. Auf der Grundlage der Satzungsbeschlüsse, die wir gestern gefaßt haben, stellen wir vielmehr fest: Der Zustand, der 1946 durch die Zwangsvereinigung geschaffen worden ist, hat sein Ende gefunden.

Die Gliederungen der Partei in Brandenburg, in Mecklenburg-Vorpommern, in Sachsen-Anhalt und in Thüringen existieren wieder. Sie sind mit ihren Mitgliedern in ihre Rechte und Pflichten eingetreten und bilden mit den Gliederungen in der bisherigen Bundesrepublik zusammen aufs neue die Sozialdemokratische Partei Deutschlands. Das gleiche gilt für Berlin, das der Gesamtpartei mit dem Beschluß über die Vereinigung der Berliner Partei bereits am 15. September 1990 vorausgegangen ist.

Daß wir das feststellen können, erfüllt uns mit großer Freude und Genugtuung. Wir gedanken an diesem Tag der Männer und Frauen, die dieses Ziel nie aus den Augen verloren und unermüdlich für dieses Ziel gekämpft haben. Stellvertretend nenne ich für die, die nicht mehr unter uns sind, Kurt Schumacher, Erich Ollenhauer, Ernst Reuter, Louise Schröder, Fritz Erler, Gustav Heinemann, Carlo Schmid und Herbert Wehner. (Beifall) An ihren Gräbern werden zu dieser Stunde als Ausdruck unserer Dankbarkeit und unseres Gedenkens Kränze niedergelegt. Von den Lebenden nenne ich Dich, Willy Brandt, für den der heutige Tag einen besonderen Höhepunkt in Deinem politischen Leben darstellt. (Beifall) Du hast das selbst soeben in Deiner bewegenden Rede gesagt. Ebenso nenne ich Helmut Schmidt, der stets an der Gemeinschaft der Deutschen in beiden Teilen des Landes festhielt und gerade deshalb 1981 an den Werbellinsee fuhr. (Beifall)

Desgleichen gedenke ich der vielen Sozialdemokratinnen und Sozialdemokraten, die zunächst in der sowjetischen Besatzungszone und dann in der DDR verfolgt worden sind, ihre Freiheit, ihre Gesundheit, ja nicht wenige ihr Leben geopfert haben. Der heutige Tag, meine ich, ist vor allem auch der Tag dieser Männer und Frauen. (Beifall) Deshalb grüße ich mit großer Herzlichkeit als Repräsentatnen derer, die die Verfolgung überstanden haben und den heutigen Tag hier miterleben können, Dieter Rieke, Albert Wesemeyer und Otto Ruland. Ihr habt für Eure sozialdemokratische Überzeugung jahrelang in Bautzen gesessen. Es muß vür Euch ein glückliches Gefühl sein, dass Ihr auf der guten Seite gekämpft und dass Ihr nun endlich Erfolg gehabt habt. (Beifall)

Wolfgang Thierse hat für die gesprochen, die heute Ihren Platz in unseren Reihen eingenommen haben, die jetzt ebenso zu uns gehören wie Generationen von Sozialdemokratinnen und Sozialdemokraten in Eurer Heimat vor 1933 und dann noch einmal Hunderttausende, die in den Jahren 1945 und 1946 Mitglieder der Partei waren. Ich danke Dir, Wolfgang, für das, was Du gesagt hast. Ich entbiete Dir und denen, für die Du gesprochen hast, unser herzliches Willkommen. (Beifall)

Uns ist bewusst, das Wort »Genossen« ist in der DDR, in der bisherigen DDR, lange Zeit schlimm missbraucht worden. Dennoch verwende ich es in dieser Stunde in voller Absicht, weil es in der Geschichte und Tradition unserer Partei fest verwurzelt ist. (Beifall)

Deshalb sage ich: Ich heiße Euch im Namen von mehr als 925.000 westdeutschen Sozialdemokratinnen und Sozialdemokraten als unsere Genossinnen und Genossen willkommen, also als Menschen, denen wir uns besonders verbunden fühlen, weil sie mit uns gemeinsam und solidarisch gegen Ungerechtigkeit, Benachteiligung und Elend kämpfen. So nämlich haben die Gründer unserer Partei den Begriff »Genosse« verstanden, und so, als Anrede für den Gefährten und Gleichgestellten, verstehen und verwenden wir das Wort auch heute und in Zukunft. (Beifall)

Wir wissen, Ihr kommt nicht als Bittsteller, und Ihr kommt nicht mit leeren Händen. Zwar bringt Ihr im Gegensatz zu den Blockparteien, die sich dieser Tage mit der FDP vereinigt haben und demnächst mit der CDU vereinigen werden, kein Vermögen mit. Aber das ist gut so. Die anderen müssen sich dieser Mitgift schämen. Ihr könnt stolz darauf sein, dass Ihr davon frei seid. (Beifall)

Diese Reichtümer stammen aus einer schlimmen Vergangenheit. Sie sind gewährt worden als Belohnung für Willfährigkeit. Sie stammen aus der Teilhabe an Unterdrückung und böser Bereicherung. Nein, daran habt Ihr keinen Anteil. Und Ihr habt auch nicght, wie die Blockpartien, die Vergangenheit mit zu verantworten. Ihr gehört vielmehr zu denen, die nicht nur gegen die SED, sondern auch gegen die Blockparteien die Revolution vorbereitet und zum Erfolg geführt haben. (Beifall)

Und Ihr habt im Anschlaß daran unter Bedingungen, die sich viele von uns nur mit Mühe vorstellen können, verantwortungsbewusst an der Vorbereitung der deutschen Einheit mitgearbeitet und alles getan, um den Menschen in der DDR den Übergang sozial erträglich zu gestalten. Deshalb bringt ihr anderes, wichtiges mit Euch, nämlich das Wissen um die Kraft gewaltloser Bewegungen, die Erfahrung, wie man mit langem Atem für Ziele kämpft, die lange Zeit utopisch erscheinen, die Fähigkeit zur Improvisation, die Spontaneität, die sich nicht immer sogleich mit der Routine abfindet, und den starken Willen zur Gerechtigkeit und zur Wahrheit. Dieser Wille vor allem war es, der die ersten von Euch am 7. Oktober 1989 in Schwante zusammengeführt hat.

Aber das ist nicht alles. Ihr bringt auch ein Stück deutscher Geschichte mit Euch. Denn das Kapitel, in dem erstmals Deutsche eine demokratische Revolution zum Erfolg geführt haben, das ist nicht bei uns in der bisherigen Bundesrepublik, das ist in der bisherigen DDR und nicht zuletzt von Euch geschrieben worden. (Beifall) Wir danken Euch dafür, und wir wollen das, was Ihr mitbringt, in unserer Gemeinschaft wirksam werden lassen. Umgekehrt wollen wir Euch auf den Gebieten helfen, auf denen es bei Euch zwangsläufig einen Nachholbedarf gibt, etwa auf den Gebieten der Organisation, der Mitgliederwerbung, der politischen Vertrauens- und Tagesarbeit und der Auseinandersetzung mit Gegnern, die ihre materielle Überlegenheit rücksichtslos ausnutzen und auch sonst nicht zimperlich sind. Wir haben da unsere Erfahrungen, und wir haben gelernt, den Anmaßungen dieser politischen Gegner wirksam entgegenzutreten. (Beifall)

Vereinigungsparteitag der SPD, 28. September 1990. Hans-Jochen Vogel, Willy Brandt, Wolfgang Thierse und Oskar Lafontaine mit dem »Manifest zur Wiederherstellung der Einheit der Sozialdemokratischen Partei Deutschlands«

Daß die Sozialdemokratische Partei Deutschlands im 13. Jahrzehnt ihrer Geschichte wieder Sozialdemokratinnen und Sozialdemokraten in ganz Deutschland umfaßt, das ist die erste und wichtigste Botschaft dieses Parteitages. Aber es ist nicht die einzige Botschaft. Drei weitere treten hinzu; zwei davon beziehen sich auf die erste gesamtdeutsche Bundestagswahl am 2. Dezember.

Die eine betrifft die Spitzenkandidatur für diese Wahl und damit die Nominierung des Bundeskanzlers einer sozialdemokratisch geführten Bundesregierung. Über den entsprechenden Vorschlag wird der Parteitag morgen entscheiden, und diese Entscheidung wird lauten: Oskar Lafontaine! (Beifall) Oskar soll, nein, er wird den gegenwärtigen Amtsinhaber ablösen. Mit Oskar wird an die Stelle einer Politik volltönender Versprechungen, mitunter pathetischer Provinzialität und machtpolitischer Manipulation eine Politik der Nüchternheit und Ehrlichkeit treten, die das Wohlergehen der Menschen in den Mittelpunkt rückt und auf die großen Herausforderungen unserer Zeit ehrliche, klare und mutige Antworten gibt, (Beifall) eine Politik, die weiß, daß auf die staatliche Einigung der Deutschen die gesellschaftliche und soziale Einigung erst noch folgen muß. Eine Politik, die weiß, daß die nationale Frage künftig in erster Linie die soziale Frage ist. Eine dritte Botschaft reicht weit über den Tag der Wahl hinaus. Sie geht an diejenigen, die sich bis vor wenigen Tagen Kommunisten nannten, vor allem aber an die Konservativen, an alle, die den Sieg der Freiheit in Europa münzen wollen in einen Sieg der Konservativen, in einen Sieg derer, denen jeder soziale Fortschritt und jedes Mehr an Demokratie mühsam abgerungen und abgetrotzt werden mußte. Genossinnen und Genossen, welche Unverfrorenheit, nein, ich sage, welche Infamie gehört dazu, jetzt eben mit dem bankrotten Kommunismus die Sozialdemokratie in einen Topf zu schütten, ohne die es die Überlegenheit und Anziehungskraft unserer Gesellschaftsordnung im Vergleich mit den zusammengebrochenen Systemen nie und nimmer gegeben hätte. (Beifall)

Diese Überlegenheit beruht nicht auf frühkapitalistischen oder hierarchisch-autoritären Traditionen. Sie beruht auf den Elementen der Freiheit, der Demokratie und der sozialen Gerechtigkeit, die wir in diese Ordnung gegen den erbitterten Widerstand der Konservativen eingefügt haben und mit denen wir diese Ordnung immer aufs neue reformiert haben. Um es klar zu sagen: Gewerkschaften und wir Sozialdemokraten haben in Regierungs- wie in Oppositionszeiten diese Bundesrepublik Deutschland mit aufgebaut und mitgestaltet. Und wir haben dabei ihr Gesicht so geprägt, daß es sich für den Betrachter aus der DDR eben nicht im geringsten als jene Fratze darbot, die ihm die SED-Propaganda vorspiegeln wollte. (Beifall)

Was muß eigentlich in den Köpfen derer vorgehen, die jetzt nach dem Zusammenbruch eines diktatorischen Regimes das Ende ausgerechnet derer verkünden wollen, die dieses Regime aus gutem Grund für seine gefährlichsten Gegner gehalten hat. Aber auch in den Köpfen derer, die noch vor Jahresfrist auf Lenin und den Kommunismus schworen und sich neuerdings auch demokratische Sozialisten nennen? Denen sage ich: Entweder Ihr meint es ernst, dann seid Ihr überflüssig, oder Ihr tarnt Euch, dann seid Ihr unglaubwürdig. Etwas Drittes gibt es nicht.(Beifall)

Denen aber, die jetzt das Ende der sozialen Demokratie verkünden wollen, sage ich: Ihr täuscht Euch, wie Ihr Euch seit über einem Jahrhundert getäuscht habt. Es wird für Euch jetzt sogar noch schwerer werden; denn die Zeiten sind vorbei, in denen es ausreichte, nachzuweisen, daß unsere politische und ökonomische Ordnung besser sei als die real existierende in der bisherigen DDR und den übrigen osteuropäischen Ländern. Das war einfach, bequem, und darüber sind wir uns ja auch alle einig.

Künftig wird aber nicht mehr gefragt, ob das, was bei uns geschieht, besser ist als drüben, sondern ob es gut ist, ob es auf Dauer zu verantworten ist, ökologisch und sozial vor allem. Da gibt es kein Ausweichen mehr mit Fragestellungen einer fruchtlosen Systemdebatte. Da geht es zur Sache, und da wird sich zeigen: Zur Lösung der großen Menschheitsprobleme, zur Überwindung von Furcht, Hunger, Krieg, Armut und Not, zur Bewahrung der Schöpfung, aber auch für die Einigung Europas und die Schaffung gleichwertiger Lebensbedingungen in ganz Deutschland sind die sozialdemokratischen Grundwerte und Grundpositionen unentbehrlicher denn je. (Beifall)

Oder glaubt jemand wirklich im Ernst, hemmungslos entfesselte Marktkräfte, ein schrankenloser Wettbewerb, eine totale Ökonomisierung der Gesellschaft, die Verweisung der Schwächeren auf ihr angebliches Versagen und das Faustrecht der Stärkeren oder der Rückfall in einen neuen Nationalismus könnten die Menschheit voranbringen und vor zerstörerischen Konflikten bewahren? Haben wir wirklich vergessen, welcher sozialen und ökologischen Verheerungen der ungebändigte, seiner eigenen Gesetzlichkeit überlassene Kapitalismus fähig ist? Waren oder sind denn die Umweltzerstörungen in den westlichen Ländern, die Vernichtung der Regenwälder, das Elend in der Dritten Welt und auch die Tatsache, daß der irakische Aggressor Waffen einsetzt, die ihm zuvor vom Westen verkauft worden sind, nur Einbildungen?

Gewiß, es bedarf der freien Entfaltung der individuellen Kräfte und der individuellen Interessen. Sie müssen sich im Wettstreit miteinander messen und gegenseitig befruchten können. Hier kommt dem Markt eine wichtige, ja, eine unverzichtbare Funktion zu. Kein Plansystem vermag zu leisten, was der Markt leistet. Aber es bedarf der Einfügung dieses Wettbewerbs in sinnvolle Ordnungen. In Ordnungen, die demokratisch legitimiert sind und die der Entwicklung im Interesse des allgemeinen Wohls Ziele und Grenzen setzen. Und das im globalen kontinentalen Maßstab nicht minder als im nationalen Maßstab. Darum haben wir von den Forderungen unseres Berliner Grundsatzprogramms nach einer neuen, gerechten Weltwirtschaftsordnung ebensowenig abzustreichen wie von der Forderung nach voller demokratischer Mitbestimmung der Arbeitnehmer und Arbeitnehmerinnen in unserer Wirtschaft. (Beifall)

Deshalb wollen wir in diesem Sinne gemeinsam unsere Tagesarbeit leisten. Wir wollen aber gemeinsam auch in Zukunft konkrete Utopien einer gerechteren gesellschaftlichen Ordnung entwickeln, einer Ordnung, die besser als die bestehende den uralten und unvergänglichen Menschlichkeitsidealen entspricht, den Idealen, die wir als Grundwerte bezeichnen. Zuletzt haben wir das hier im Dezember in Berlin im Grundsatzprogramm getan. – Nicht weil wir glauben, die Menschen könnten durch Planung und Anleitung zu ihrem Glück gebracht oder gar gezwungen werden, sondern weil wir aus unserer Geschichte wissen: Die Grundwerte der Freiheit, der Gerechtigkeit, der Solidarität verwirklichen sich nicht von selbst. Ihre schrittweise Verwirklichung und die Vollendung der Demokratie sind die dauernden Aufgaben des demokratischen Sozialismus. Und dabei bleibt es. An diesem Begriff halten wir fest. (Beifall)

Wir werfen ihn nicht über Bord, weil die Konservativen das so wollen. Wir lassen ihn uns aber auch nicht von jenen verderben, die ihn jahrzehntelang diskreditiert und verschmäht haben und die meinen, ein Namenswechsel, ein flottes Wendemanöver reiche, um all das vergessen zu lassen. Wer diesen Begriff verteufelt, wer ihn schmäht oder auch nur ängstlich beiseite rückt, der wendet sich nicht gegen ein Wort, er führt keine semantische Auseinandersetzung, nein, der schmäht das Bemühen um Frieden, um soziale Gerechtigkeit, um Solidarität, um Freiheit für die Unterdrückten und um Hilfe für die Schwachen. Und der muß sich auch fragen lassen, wie ernst es ihm eigentlich mit der Berufung auf die christliche Botschaft oder auf die Traditionen des europäischen Humanismus und der Aufklärung wirklich ist.

Genossinnen und Genossen, von diesem Parteitag sollen starke Impulse ausgehen – für uns selbst, mehr aber noch für die Menschen in dem Deutschland, das wenige Tage vor seiner staatlichen Vereinigung steht, einem Deutschland, von dem wir wollen, daß es ein gutes Deutschland sei, ein Deutschland, von dem Bertolt Brecht 1949 in seiner »Kinderhymne« gesagt hat:

»Anmut sparet nicht noch Mühe
Leidenschaft nicht noch Verstand
Daß ein gutes Deutschland blühe
wie ein andres gutes Land.«

Ein Deutschland, von dem wir mit ihm zusammen weiter sagen:

»Und weil wir dies Land verbessern
Lieben und beschirmen wir's
Und das liebste mag's uns scheinen
So wie andern Völkern ihrs.«

(Beifall)

Das ist es, was Sozialdemokratinnen und Sozialdemokraten unter Liebe zu unserem Land, unter Liebe zu Deutschland verstehen. Eine Liebe, die nicht unser Land über alle anderen Länder erhebt, eine Liebe, die einhergeht mit der solidarischen Zuwendung zu den anderen Völkern, zumal an die ärmsten unter ihnen. In diesem Sinne: Laßt uns diesen Tag der Vereinigung zum Tag eines großen Aufbruchs werden, eines Aufbruchs mit dem Blick auf den 14. Oktober und den 2. Dezember. Aber auch eines Aufbruchs in die Zukunft eines Deutschlands, für das wir Verantwortung tragen. – Ich danke Euch. (Anhaltender Beifall)

Dokument Nr. 58
Wolfgang Thierse zur deutschen Einheit in der ersten Bundestagssitzung im vereinten Deutschland, 4. Oktober 1990

Auszug aus den Verhandlungen des Deutschen Bundestages, 11. Legislaturperiode, Stenographische Berichte, Bd. 154, 228. Sitzung, 4. Okober 1990, S. 18055 – 18058

Thierse (SPD): Frau Präsidentin! Meine Damen und Herren! Zunächst und vor allem anderen drängt es mich doch, ein persönliches Wort zu sagen. Es bewegt mich sehr, hier zum erstenmal am Rednerpult des Deutschen Bundestages zu stehen, erinnere ich mich doch genau an die Faszination, an die gewiß unterschiedliche Faszination, mit der ich den Debatten des Bundestages seit über 30 Jahren gelauscht habe, mit der ich Rednern wie – um Namen aus der Frühzeit zu nennen – Carlo Schmid und Thomas Dehler, Jakob Kaiser und Fritz Erler, Ernst Lemmer und Herbert Wehner zugehört habe. Mit der **Faszination** war Neid verbunden, Neid auf eine erfolgreiche Praxis öffentlicher **parlamentarischer Demokratie**, die uns im anderen Teil Deutschlands vorenthalten blieb, die politisch lächerlich gemacht und ideologisch als formale, als bloß bürgerliche Demokratie denunziert wurde.

Diese Erinnerung und die Erinnerung daran, daß ich – wie alle anderen – vor einem Jahr ein gemeinsames deutsches Parlament für schlechthin unmöglich gehalten habe, ist für mich Anlaß zu staunender Freude. (Beifall bei der SPD, der CDU/CSU und der FDP sowie bei Abgeordneten der GRÜNEN)

Daß sich die **Sozialdemokraten** in der DDR, die sich vor einem Jahr als eine neue Partei gegründet haben, im Herbst 1989 eher zögernd, mit einer gewissen Skepsis, mit Vorsicht der deutschen Frage und dem Problem der staatlichen Vereinigung zugewandt haben, sollte man uns nicht vorwerfen. Diese Haltung wurde ja von den Parteien im Westen ebenso wie von den neuen Gruppierungen und Bürgerbewegungen in der DDR geteilt. Es ging uns damals in der DDR um die **Herstellung einer politischen Öffentlichkeit**, um die Fähigkeit, überhaupt angstfrei und öffentlich miteinander über politische Fragen zu reden; so das Ziel des Aufrufs vom Neuen Forum. Es ging um »Demokratie jetzt«, um die Errungung, die Einforderung der elementaren Menschen- und Bürgerrechte.

Die Verwirklichung dieser Forderung erschien uns nicht identisch mit der **Forderung nach deutscher Einheit**. Für manche waren das sogar Alternativen. Für alle erschien die Kombination beider Forderungen als unrealistisch, ja als gefährlich. Das eine, die deutsche Einheit, erschien vielen als Preis für das andere, die Freiheit. Daß wir jetzt Einheit u n d Freiheit, Einheit u n d Grundrechte zusammen erhalten und verwirklichen können, ist der wirkliche Anlaß unserer Freude. (Beifall bei der SPD, der CDU/CSU und der FDP sowie bei Abgeordneten der GRÜNEN)

Das unterscheidet die deutsche Einigung des Jahres 1990 von der Einigung des Jahres 1871, einer Einigung von oben mit ihren schlimmen Folgen bis 1933 und 1945.

Denjenigen, die gestern in Berlin gerufen haben: »Nie wieder Deutschland« und »Deutschland, halt's Maul«, möchte ich deshalb sagen: Ich teile die Angst vor nationalstaatlicher Hybris, vor nationaler Selbstvergessenheit und Selbstüberschätzung, vor Chauvinismus und Fremdenfeindlichkeit. Nirgendwo sonst ist der **Nationalstaat** auf so entsetzliche Weise gescheitert wie in Deutschland. Das darf nicht vergessen werden. (Beifall bei der SPD und den GRÜNEN sowie bei Abgeordneten der PDS) Aber zugleich möchte ich doch sagen: Mit der **staatlichen Einheit Deutschlands** erhalten wir aus der DDR eine wirkliche Chance, die Chance, nach dem Scheitern des realen Sozialismus, dem Scheitern des SED-und Stasi-Staats neu anzufangen – unter weit besseren Bedingungen als unsere osteuropäischen Nachbarn. Mein Bekenntnis, unser Bekenntnis zu Deutschland ist deshalb kein Bekenntnis zu einer Vergangenheit, die uns jetzt wieder einholt, ein Bekenntnis zum Gegebenen der Bundesrepublik Deutschland, sondern es ist ein Ja zu einer Aufgabe, zu einer auf für uns neue Weise gestaltbaren Zukunft, ein Ja zu einem Deutschland, wie es werden soll. (Beifall bei der SPD sowie bei Abgeordneten der CDU/CSU, der FDP und der GRÜNEN)

Es hat mir deshalb gefallen, daß in der Nacht vom 2. zum 3. Oktober vor den Fenstern meiner Wohnung auf dem Kollwitz-Platz – mitten im Prenzlauer Berg – von ein paar tausend vorwiegend jungen Leuten eine »**Republik Utopia**« ausgerufen wurde. Dies war zwar als zornig-heitere Alternative zur Veranstaltung vor dem Reichstag gedacht, aber es gefällt mir trotzdem, denn dieses Nirgendwo liegt ja mitten in

Deutschland, in Berlin-Prenzlauer Berg. (Beifall bei der SPD und den GRÜNEN sowie bei Abgeordneten der PDS) Das ist übrigens ein Vorgang, der mich, der Sie, der uns an Wichtiges erinnert: Machen wir die deutsche Einigung nicht zum Sieg der einen über die anderen! Es ist kein Sieg etwa Adenauerscher Politik – wie jetzt immer mal behauptet wird –, sondern Ergebnis vielfältiger Faktoren und Prozesse, zu denen im übrigen nicht zuletzt die **Entspannungspolitik der Regierungen Brandt/Scheel und Schmidt/Genscher** gehört. (Beifall bei der SPD sowie bei Abgeordneten der FDP und der GRÜNEN)

Wir in der ehemaligen DDR verdanken dieser Politik sehr viel: menschliche Erleichterungen, Begegnungen und vor allem Hoffnung. Ich erinnere mich sehr genau an die leidenschaftliche Hoffnung, die der Besuch Willy Brandts 1970 in Erfurt bei uns ausgelöst hat, (Beifall bei der SPD) Hoffnung, daß die deutsch-deutsche Geschichte und die ost-westeuropäische Geschichte nicht stillstehen und wir nicht mit ihr versteinern müssen. Die Bundesdeutschen sollen sich also nicht einbilden, einen Sieg errungen zu haben. Wir, die ehemaligen DDR-Deutschen, haben eine Niederlage erlitten. Im **Scheitern des realsozialistischen Systems** gibt es bittere lebensgeschichtliche Brüche genug. Zugleich aber erhalten wir in der Niederlage die Chance neuen Anfangs. Machen wir die deutsche Einigung nicht zu einer Folge neuer Ausgrenzungen: der Alternativen, der Autonomen, der Radikalen oder der Ausländer, der Flüchtlinge oder der mehr oder minder belasteten oder durch Mißerfolge gezeichneten Ostdeutschen! (Beifall bei der SPD, den GRÜNEN und der PDS sowie bei Abgeordneten der FDP)

Vizepräsidentin Renger: Herr Kollege, gestatten Sie eine Zwischenfrage des Herrn Abgeordneten Elmer? — Bitte schön.

Dr. Elmer (SPD): Lieber Wolfgang Thierse, sollten wir in diesem Zusammenhang nicht auch den Bundeskanzler, der leider nicht mehr zuhört, darauf hinweisen, daß die SED-Herrschaft nicht nur die Menschen bei uns in ihrer freiheitlichen Entwicklung behindert und verbogen hat, sondern daß auch umgekehrt der Haß gegen eine solche Herrschaft die Züge verzerrt und, konkret, der jahrzehntelange **Antikommunismus** auch westdeutsche Bürger in der Weise geschädigt hat, daß sie für eine unbefangene Wahrnehmung osteuropäischer Wirklichkeit ein wenig blind wurden? (Beifall bei Abgeordneten der SPD und der GRÜNEN)

Thierse (SPD): Ich denke: Ja. Ich habe immer gefunden, daß es einen intelligenten Antikommunismus gibt, aber auch einen dummen Antikommunismus (Beifall bei Abgeordneten der SPD) und daß heute noch beides gilt. Wir müssen lernen, sehr differenziert über die Geschichte der DDR und die Menschen in ihr zu reden. Der Blick auf Ost-Berlin – ich sage das nach einem Gespräch mit einem Kollegen – ist nicht nur der Blick auf eine Stadt, die aus Leuten des Stasi und aus Funktionären bestand, Dort lebten sehr viele Menschen, ziemlich anständige Menschen. (Beifall bei der SPD)

Vizepräsidentin Renger: Herr Kollege, gestatten Sie noch eine Zwischenfrage des Abgeordneten Lammert?

Thierse (SPD): Ja.

Dr. Lammert (CDU/CSU): Herr Kollege Thierse, mich würde interessieren, ob Sie den neuentdeckten Antikommunismus der PDS zur intelligenten oder zur dummen Variante des Antikommunismus zählen. (Heiterkeit und Beifall bei der SPD, der CDU/CSU, der FDP sowie bei Abgeordneten der GRÜNEN)

Thierse (SPD): Sie bringen mich in die fatale Situation, mich selbst zitieren zu müssen. Ich halte daran fest, daß die PDS die Partei der fröhlichen und der entschlossenen Gedächtnislosigkeit ist. (Beifall bei der SPD, der CDU/CSU und der FDP sowie bei Abgeordneten der GRÜNEN)

Die deutsche Einigung – das will ich sagen – muß auch eine Versöhnung zwischen den selbstbewußten Wessis und den erfolglosen, gedemütigten Ossis anstreben. Ich weiß, es ist nicht nur Arroganz, wenn von uns in der ehemaligen DDR verlangt wird, durch eigene Arbeit, eigene Leistung den Aufschwung, den besseren Wohlstand zu organisieren und nicht immer nur als Fordernde, als Bittsteller aufzutreten. Wir brauchen aber Zeit und Unterstützung zum **Erlernen von Selbständigkeit und Selbstverantwortung**, zur Überwindung der Lähmung durch totale Vormundschaft. Guten Willen, Entschlußkraft zu fordern, den Geist Ludwig Erhards zu beschwören reicht da nicht aus. Es ist die Aufforderung, sich selbst am Schopfe aus dem Sumpf zu ziehen. Wie soll etwa ein Arbeiter in einem maroden Großbetrieb initiativ werden und sich selber helfen? Alle können ja nicht Imbißstände aufmachen, nur damit die Bundesregierung hübsche Gründungsstatistiken vorweisen kann. (Beifall bei der SPD und den GRÜNEN sowie bei Abgeordneten der PDS)

Die **staatliche Einheit** ist erreicht, und wir Sozialdemokraten freuen uns aus ganzem Herzen darüber. Die staatliche Einheit beendet eine Teilung, die noch bis vor einem Jahr nur durch Stacheldraht und Mauern aufrechterhalten werden konnte. Die **Menschen in der DDR** haben diese Mauern zum Einsturz gebracht. (Dr. Vogel [SPD]: Richtig!) Es waren ihr Mut, ihre Besonnenheit und ihre Phantasie, die das Regime von SED und Blockparteien beendet haben. (Beifall bei der SPD) Ich möchte daher zuallererst meinen Landsleuten für das danken, was sie gewagt und bewegt haben. (Beifall bei der SPD sowie bei Abgeordneten der CDU/CSU, der FDP, der GRÜNEN und der PDS) Sie und nicht etwa die Politiker sind die Väter und Mütter der Befreiung unseres Landes. Das sage ich ausdrücklich als Laienspieler in einem Hause voller alterfahrender Profi-Politiker. (Zustimmung bei der SPD)

Diese Erfahrung bedeutet aber auch: **Die Gestaltung des künftigen Deutschland** kann nicht allein oder zuerst Sache der Politiker sein, sie muß **Sache aller Bürger** werden. (Zuruf von der SPD: Richtig!) Ein demokratisches Deutschland muß von unten, von den Bürgern gestaltet werden. Bisher waren zu sehr und fast allein die Regierungen und ein wenig auch die Parlamente am deutschen Einigungsprozeß beteiligt, (Zuruf von der SPD: Leider wahr!) Die beiden deutschen Staaten sind nicht zusammengewachsen, nein, vielmehr geht der eine, der gescheiterte Staat in dem anderen, dem erfolgreichen auf. Dies ist eine Tatsache. Man kann das begrüßen oder bedauern; es ist ein Faktum. Wir haben versucht, diesen Prozeß mitzugestalten ; es ist nur zum Teil gelungen. Die staatliche Einheit bildet den Rahmen der zukünftigen politischen Gestaltung, sie ist aber kein Ersatz für Kindergärten, Wohnungen und Arbeitsplätze. (Beifall bei der SPD und den GRÜNEN sowie bei Abgeordneten der PDS)

Wenn ein System gescheitert ist, und zwar wie das realsozialistische System mit Notwendigkeit gescheitert ist, könnte das bedeuten, daß auch alle seine Elemente erledigt und zu streichen sind. Geht es also um einen wirklich vollständigen Neuanfang, und muß mit allem gebrochen werden, was sich in gut 40 Jahren an Lebenswirklichkeit herausgebildet hat? Ich glaube, nicht. Es gibt gerade – und mir scheint dies vielleicht das einzige zu sein, was wir aus der DDR hinüberbringen – eine **Erfahrung von sozialer Sicherheit**, die mit sehr vielen Kleinigkeiten verbunden ist. Ich habe nicht mehr die Zeit, eine Reihe davon aufzuzählen, aber ich denke, daß wir erstens darum kämpfen müssen, den DDR-Bürgern die Erfahrung von **Arbeitslosigkeit** – auf die wir in keiner Weise vorbereitet sind – wenigstens in der Weise zu ersparen, daß sie diese Erfahrung nur kurz machen müssen.

Zweitens geht es darum, daß eine Erfahrung nicht verlorengeht, die für die DDR typisch war: daß **Männer und Frauen** die Möglichkeiten hatten zu arbeiten. (Beifall bei der SPD und den GRÜNEN sowie bei Abgeordneten der FDP und der PDS) Es geht darum, daß die Frauen nicht aus ökonomischen Gründen gezwungen werden, ihr **Recht auf Arbeit** nicht mehr ausüben zu können. Darum müssen wir kämpfen.

Es geht drittens darum, daß die **Rentner** – die, was oft genug gesagt wurde, die wirklich Geschädigten dieser 60 Jahre der deutschen Geschichte sind – nicht die Opfer auch der Einigung werden. (Zuruf von der SPD: Norbert, hör zu!) Zwar wird der Sockelbetrag erhöht, aber der Sozialzuschlag wird abgeschmolzen. Dies ist eine Täuschung, die wir nicht zulassen können. Die wirkliche Rente muß erhöht werden! (Beifall bei der SPD sowie bei Abgeordneten der GRÜNEN und der PDS)

Auch der vierte Punkt betrifft etwas, womit wir zum Glück keine Erfahrung haben. Ich meine die Angst davor, daß wir unsere Wohnungen verlieren, weil wir die Mieten nicht mehr zahlen können. Auch darum müssen wir kämpfen: Wir müssen der Bevölkerung in diesem Teil Deutschlands zusichern können, daß sich die **Mieten** in den nächsten Jahren nur um 10 oder 15 oder 20%, aber auf keinen Fall stärker erhöhen können. (Beifall bei der SPD und bei Abgeordneten der PDS — Zurufe von der CDU/CSU) Das ist ein ganz wichtiger Punkt.

Ich denke, diese vier Stichworte haben gezeigt, daß wir erst am Anfang des deutschen Einigungsprozesses stehen, daß wichtige Probleme auf eine Lösung warten, damit neben die staatliche Einigung die Angleichung der Lebensverhältnisse tritt. Hier gibt es keinen Selbstlauf zum Besseren, wie uns einige Gesundbeter weismachen wollen, die bereits mit der Einführung der D-Mark in der DDR Wohlstand und Fortschritt einziehen sahen. Wir erleben zur Zeit schmerzlich, daß es bis dahin noch ein langer Weg ist. Hier sind viel Arbeit und eine vernünftige soziale Politik anstelle von nationalem Pathos nötig. (Beifall bei der SPD und bei Abgeordneten der PDS)

Die deutsche Hochzeit ist gefeiert. Jetzt geht es darum, den ehelichen Lebensunterhalt zu verdienen, die Wohnung menschlich einzurichten und die Kinder zu versorgen. Erst im prosaischen Alltag einer Ehe bewährt sich die Liebe der Eheleute wirklich. (Beifall bei der SPD) Drücken wir dem Paar, also uns, die Daumen! (Anhaltender Beifall bei der SPD sowie Beifall bei Abgeordneten der CDU/CSU, der FDP, der GRÜNEN und der PDS)

ANHANG

Quellen- und Literaturverzeichnis

Archivalien

Archiv der sozialen Demokratie (AdsD)

Akten des SPD-Parteivorstandes
  Sitzungen des Präsidiums
  Sitzungen des Parteivorstandes/Parteirats
  Sozialdemokratische Partei in der DDR – SDP/SPD Parteivorstand.

Akten der SPD-Bundestagsfraktion, 11. Wahlperiode, 1989/90

Protokolle und Periodika

Vorstand der SPD (Hrsg.):
  Protokoll vom Parteitag der SPD in Nürnberg 25. – 29. 8. 1986, Bonn o. J. [1986]
  Protokoll vom Programm-Parteitag Berlin 18. – 20. 12. 1989, Bonn o. J. [1990]
  Protokoll vom Parteitag der SPD (Ost) in Berlin. Internationales Congress Centrum (ICC), 26. September 1990, Bonn o.J. [1990]
  Protokoll vom Parteitag Berlin 27. – 28. 9. 1990, Bonn o.J. [1990]

Verhandlungen des Deutschen Bundestages. 11. Wahlperiode. Stenographische Berichte, Band 149 – 154, Bonn 1989 – 1990

SPD-Bundestagsfraktion / Gerhard Jahn (Hrsg.): Die SPD im Deutschen Bundestag, Jg. 1989 – 1990

Sozialdemokratischer Pressedienst, 44. – 45. Jg., 1989 – 1990

Sozialdemokratische Partei Deutschlands, Parteivorstand/Anke Fuchs (Hrsg.): Presseservice der SPD, 1989 – 1990

Quelleneditionen und Literatur

Egon Bahr: Zu meiner Zeit, München 1996

Arnulf Baring: Machtwechsel. Die Ära Brandt-Scheel, München 1984

Peter Bender: Die »Neue Ostpolitik« und ihre Folgen. Vom Mauerbau bis zur Vereinigung, München, 4. Aufl., 1996

Peter Bender: Zweimal Deutschland. Eine ungeteilte Nachkriegsgeschichte 1945 – 1990, Stuttgart 2007

Stefan Bollinger (Hrsg.): Das letzte Jahr der DDR. Zwischen Revolution und Selbstaufgabe, Berlin 2004

Willy Brandt: Erinnerungen. Mit einer Nachrift: Willy Brandt: Nichts wird, wie es war. Nachschrift von Ende November '89 zu den »Erinnerungen«, Berlin, Frankfurt a. M. 1989

Willy Brandt: »... was zusammengehört«. Reden zu Deutschland, Bonn 1990

Wolfgang Brinkel / Jo Rodejohann (Hrsg.): Das SPD/SED-Papier. Der Streit der Ideologien und die gemeinsame Sicherheit. Das Orginaldokument mit Beiträgen von Erhard Eppler u.a., Freiburg i. Breisgau 1988

Georgios Chatzoudis: Die Deutschlandpolitik der SPD in der zweiten Hälfte des Jahres 1989. Friedrich-Ebert-Stiftung. Historisches Forschungszentrum (Gesprächskreis Geschichte, Heft 60, hrsg. von Dieter Dowe), Bonn 2005

György Dalos: Der Vorhang geht auf. Das Ende der Diktaturen in Osteuropa, Bonn 2009

Deutscher Bundestag / Referat Öffentlichkeitsarbeit (Hrsg.): Auf dem Weg zur deutschen Einheit I – V. Deutschlandpolitische Debatten im Deutschen Bundestag (vom 28. November 1989 bis zum 20. September 1990), 5 Bde., Bonn 1990

Dieter Dowe (Hrsg.): Die Ost- und Deutschlandpolitik der SPD in der Opposition 1982 – 1989. Papiere eines Kongresses der Friedrich-Ebert-Stiftung am 14. und 15. September 1993 in Bonn (Gesprächskreis Geschichte, Heft 4), Bonn 1993

Kurt Dreher: Helmut Kohl. Leben mit Macht, Stuttgart 1998

Rainer Eckert: Der 9. Oktober: Tag der Entscheidung in Leipzig, in: Henke (Hrsg.): Revolution und Vereinigung 1989/90, S. 211 – 223

Horst Ehmke: Mittendrin. Von der Großen Koalition zur Deutschen Einheit, 1. Aufl., Berlin 1994

Erhard Eppler: Komplettes Stückwerk, 1. Aufl., Frankfurt a. M. 1996

Bernd Faulenbach / Heinrich Potthoff (Hrsg.): Die deutsche Sozialdemokratie und die Umwälzung 1989/90, Essen 2001

Bernd Faulenbach: Die demokratische Linke und die Umwälzung 1989/90, in: Mike Schmeitzner (Hrsg.): Totalitarismuskritik von links. Deutsche Diskurse im 20. Jahrhundert, Göttingen 2007, S. 377 – 392

Frank Fischer: »Im deutschen Interesse«. Die Ostpolitik der SPD von 1969 bis 1989, Husum 2001

Friedrich-Ebert-Stiftung, Berlin (Hrsg.): Das verfemte Dokument. Zum 10. Jahrstag des SPD/SED-Papiers »Der Streit der Ideologien und die gemeinsame Sicherheit«. Materialien einer Diskussionsveranstaltung der Friedrich-Ebert-Stiftung, Berliner Büro, am 1. Februar 1997 in Berlin, Berlin 1997

Gisela Friedrichsen: Abtreibung – Der Kreuzzug von Memmingen, Frankfurt a. M. 1991

Timothy Garton Ash: Im Namen Europas. Deutschland und der geteilte Kontinent, München 1993

Karl Giebeler (Hrsg.): Das SPD-SED-Dialogpapier. Ist mit der Ideologie auch der Streit erledigt?, Bad Boll 2003

Jens Gieseke: »Seit langem angestaute Unzufriedenheit breitester Bevölkerungskreise« – Das Volk in den Stimmungsberichten des Staatssicherheitsdienstes, in: Henke (Hrsg.): Revolution und Vereinigung 1989/90, S. 130 – 148

Manfred Görtemaker: Probleme der inneren Einigung?, in: Der Weg zur Einheit. Deutschland seit Mitte der achtziger Jahre, in: Informationen zur politischen Bildung, Heft 250, 1. Quartal 1996, S. 46 – 55

Michail Gorbatschow: Erinnerungen, Berlin 1995

Michail Gorbatschow: Wie es war. Die deutsche Wiedervereinigung, Berlin 1999

Dieter Groh / Peter Brandt: »Vaterlandslose Gesellen«. Sozialdemokratie und Nation 1860 – 1990, München 1992

Dieter Grosser: Das Wagnis der Währungs-, Wirtschafts- und Sozialunion. Politische Zwänge im Konflikt mit ökonomischen Regeln. Geschichte der deutschen Einheit, Bd. 2, Stuttgart 1998

Klaus-Dietmar Henke (Hrsg.): Revolution und Vereinigung 1989/90. Als in Deutschland die Realität die Phantasie überholte, München 2009

Hans-Hermann Hertle: Chronik des Mauerfalls. Die dramatischen Ereignisse um den 9. November 1989, 3. Aufl., Berlin 1996

Hans-Hermann Hertle: Der Fall der Mauer. Die unbeabsichtigte Selbstauflösung des SED-Staates, Opladen 1996

Wolfgang Herzberg / Patrick von zur Mühlen (Hrsg.): Auf den Anfang kommt es an. Sozialdemokratischer Neubeginn in der DDR 1989. Interviews und Analysen, Bonn 1993

Günther Heydemann / Gunther Mai / Werner Müller (Hrsg.): Revolution und Transformation in der DDR, Berlin 1999

Knut Ipsen: Deutschlandpolitische Vorstellungen in der Wendezeit, in: Paul Gerhard Klussmann / Frank Hoffmann (Hrsg.): Das Epochenjahr 1989 in Deutschland, Bochum 2000, S. 110 – 125

Wolfgang Jäger (in Zusammenarbeit mit Michael Walter): Die Überwindung der Teilung. Der innerdeutsche Prozeß der Vereinigung 1989/90. Geschichte der Deutschen Einheit, Bd. 3, Stuttgart 1998

Konrad Jarausch: »Die notwendige Demokratisierung unseres Landes«, in: Bernd Faulenbach / Heinrich Potthoff (Hrsg.): Die deutsche Sozialdemokratie und die Umwälzung 1989/90, Essen 2001, S. 52 – 67

Eckhard Jesse / Armin Mitter (Hrsg.): Die Gestaltung der deutschen Einheit. Geschichte – Politik – Gesellschaft, Bonn 1992

Ilko-Sascha Kowalczuk: Endspiel. Die Revolution von 1989 in der DDR, München 2009

Hanns Jürgen Küsters / Daniel Hofmann (Bearb.): Deutsche Einheit. Sonderedition aus den Akten des Bundeskanzleramtes 1989/90. Dokumente zur Deutschlandpolitik, München 1998

Peter Joachim Lapp: Das Zusammenwachsen des deutschen Parteiengefüges (Friedrich-Ebert-Stiftung, Forum deutsche Einheit. Perspektiven und Argumente 13), Bonn 1993

Oskar Lafontaine: Deutsche Wahrheiten. Die nationale und die soziale Frage, Hamburg 1990

Sabine Laue: Parlamentarische Opposition und deutsche Einheit. Zur Problematik »kooperativer Opposition«, dargestellt am Beispiel der Beratungen über die Verträge zur deutschen Einheit im Bundestag, Egelsbach, Köln, New York 1992

Materialien der Enquete-Kommission »Aufarbeitung von Geschichte und Folgen der SED-Diktatur in Deutschland« (12. Wahlperiode des Deutschen Bundestages), hrsg. vom Deutschen Bundestag, 9 Bde. In 19 Teilbänden, Baden-Baden 1995

Markus Meckel: Zum Wiedererstehen der Sozialdemokratie in Ostdeutschland. Die Gründung der sozialdemokratischen Partei in der DDR (SDP), Friedrich-Ebert-Stiftung, Online-Akademie, Bonn 2007

Markus Meckel: Selbstbewusst in die Deutsche Einheit. Rückblicke und Reflexionen, Berlin 2001

Michael Mertes: Die Entstehung des Zehn-Punkte-Programms vom 28. November 1989, in: Heiner Timmermann (Hrsg.): Die DDR in Deutschland. Ein Rückblick auf 50 Jahre, Berlin 2001, S. 17 – 35

Thomas Meyer / Johanno Strasser: Der Streit um das Streitpapier. Zwei Mitautoren äußern sich, in: Neue Gesellschaft/Frankfurter Hefte, 39 Jg., 1992, H. 6, S. 552 – 556

Thomas Meyer: Das SPD/SED-Papier – »Der Streit der Ideologien und die gemeinsame Sicherheit«, in: SPD-Bundestagsfraktion (Hrsg.): Rück-Sicht auf Deutschland, Bonn 1993, S. 24 – 29

Wolfgang J. Mommsen: Nation und Geschichte. Über die Deutschen und die deutsche Frage, München u.a. 1990

Klaus Moseleit: »Die »Zweite« Phase der Entspannungspolitik der SPD 1983 – 1989. Eine Analyse über Entstehungsgeschichte, Entwicklung und der konzeptionellen Ansätze, Frankfurt a. M. 1991

Patrick von zur Mühlen: Die Gründungsgeschichte der Sozialdemokratie in der DDR, in: Wolfgang Herzberg / Patrick von zur Mühlen (Hrsg.): Auf den Anfang kommt es an. Sozialdemokratischer Neubeginn in der DDR 1989. Interviews und Analysen, Bonn 1993, S. 38 – 60

Patrick von zur Mühlen: Die Gründungsgeschichte der Sozialdemokratie in der DDR. Zur Entstehung einer oppositionellen Öffentlichkeit, in: Von der SDP zur SPD. Bd. 8 der Broschürenreihe Geschichtsarbeit in den neuen Ländern. Hrsg.: Historische Kommission beim Parteivorstand der SPD, Bonn 1994, S. 8 – 43

Patrick von zur Mühlen: Aufbruch und Umbruch in der DDR. Bürgerbewegungen, kritische Öffentlichkeit und Niedergang der SED-Herrschaft, Bonn 2000

Detlef Nakath / Gerd-Rüdiger Stephan: Countdown zur deutschen Einheit. Eine dokumentierte Geschichte der deutsch-deutschen Beziehungen 1987 – 1990, Berlin 1996

Ehrhart Neubert: Geschichte der Opposition in der DDR 1949 – 1989, Berlin, 2. Aufl., 1998

Gero Neugebauer: Von der »Sofarunde« in die gesamtdeutsche Sozialdemokratie, in: Gero Neugebauer / Bernd Niedbalski: Die SPD in der DDR 1989 – 1990, S. 4 – 18

Gero Neugebauer / Bernd Niedbalski: Die SPD in der DDR 1989 – 1990. Aus der Bürgerbewegung in die gesamtdeutsche Sozialdemokratie. Text, Chronik und Dokumentation, Berlin 1992

Gero Neugebauer: Die SDP/SPD in der DDR. Zur Geschichte und Entwicklung einer unvollendeten Partei, in: Oskar Niedermayer / Richard Stöss (Hrsg.): Parteien und Wähler im Umbruch, S. 75 – 104

Oskar Niedermayer / Richard Stöss (Hrsg.): Parteien und Wähler im Umbruch. Parteiensystem und Wählerverhalten in der ehemaligen DDR und den neuen Bundesländern, Opladen 1994

Fabian Peterson: Oppositionsstrategie der SPD-Führung im deutschen Einigungsprozeß 1989/1990. Strategische Ohnmacht durch Selbstblockade?, Hamburg 1998

Heinrich Potthoff: Die »Koalition der Vernunft«. Deutschlandpolitik in den 80er Jahren, München 1995

Heinrich Potthoff: Bonn und Ost-Berlin 1969 – 1982. Dialog auf höchster Ebene und vertrauliche Kanäle. Darstellung und Dokumente (Archiv für Sozialgeschichte, Beiheft 18), Bonn 1997

Heinrich Potthoff: Im Schatten der Mauer. Deutschlandpolitik 1961 bis 1990, Hamburg 1999

Jan Priewe / Rudolf Hickel: Der Preis der Einheit. Bilanz und Perspektiven der deutschen Vereinigung, Frankfurt a. M. 1991

Siegfried Prokop (Hrsg.): Die kurze Zeit der Utopie. Die »zweite DDR« im vergessenen Jahr 1989/90, Berlin 1994

Steffen Reiche: Die Gründung der SDP in der DDR und die erste Kontaktaufnahme mit der SPD, in: Franz-Josef Jelich / Stefan Goch (Hrsg.): Geschichte als Last und Chance. Festschrift für Bernd Faulenbach, 1. Aufl., Essen 2003, S. 193 – 203

Michael Remmert: Westeuropäische Zusammenarbeit in der Sicherheits- und Verteidigungspolitik. Positionen von Regierung und Koalitionsparteien der Bundesrepublik Deutschland (1982 – 1991), Baden-Baden 1994

Gerhard A. Ritter / Merith Niehuss: Wahlen in Deutschland 1946 – 1991. Ein Handbuch, München 1991

Gerhard A. Ritter: Der Preis der deutschen Einheit. Die Wiedervereinigung und die Krise des Sozialstaats, München 2006

Andreas Rödder: Deutschland einig Vaterland. Die Geschichte der Wiedervereinigung, München 2009

Thilo Sarrazin: Die Entstehung und Umsetzung des Konzepts der deutschen Wirtschafts- und Währungsunion, in: Theo Waigel / Manfred Schell (Hrsg.): Tage, die Deutschland und die Welt veränderten. Vom Mauerfall zum Kaukasus. Die deutschen Währungsunion, München 1994, S. 160 – 225

Mike Schmeitzner (Hrsg.): Totalitarismuskritik von links. Deutsche Diskurse im 20. Jahrhundert, Göttingen 2007

Mike Schmeitzner. Die SPD und die deutsche Frage 1989/90, in: Henke (Hrsg.): Revolution und Vereinigung 1989/90, S. 402 – 418

Gregor Schöllgen: Willy Brandt. Die Biographie, München 2001

Klaus Schönhoven: Wendejahre. Die Sozialdemokratie in der Zeit der Großen Koalition 1966 – 1969, Bonn 2004

Klaus Schroeder: Der Preis der Einheit. Eine Bilanz, München 2000

Richard Schröder: Die wichtigsten Irrtümer über die deutschen Einheit, 2. Aufl., Freiburg 2007

Petra Schuh / Bianca M. von der Weiden: Die deutsche Sozialdemokratie 1989/90. SDP und SPD im Einigungsprozeß, München 1997

Brigitte Seebacher-Brandt: Die Linke und die Einheit, Berlin 1991

Der Streit der Ideologien und die gemeinsame Sicherheit. Grundwertekommission der SPD / Akademie für Gesellschaftswissenschaften beim ZK der SED. Hrsg.: Vorstand der SPD / Abteilung Presse und Information (Politik, 1987, 3)

Daniel Friedrich Sturm: Uneinig in die Einheit. Die Sozialdemokratie und die Vereinigung Deutschlands 1989/90, Bonn 2006

Horst Teltschik: 329 Tage. Innenansichten der Einigung, Berlin 1991

Wolfgang Thierse: Mit eigener Stimme sprechen, München 1992

Wolfgang Thierse / Ilse Spittmann-Rühle / Johannes L. Kuppe (Hrsg.): Zehn Jahre Deutsche Einheit. Eine Bilanz, Opladen 2000

Heiner Timmermann (Hrsg.): Die DDR in Deutschland. Ein Rückblick auf 50 Jahre, Berlin 2001

Hans-Jochen Vogel: Nachsichten. Meine Bonner und Berliner Jahre, München 1996

Andreas Vogtmeier: Egon Bahr und die deutsche Frage. Zur Entwicklung der Ost- und Deutschlandpolitik vom Kriegsende bis zur Vereinigung, Bonn 1996

Jens Walter: Von der Gründung der SDP in der DDR zum SPD-Vereinigungsparteitag – 356 Tage ostdeutsche Sozialdemokratie im Spannungsfeld der deutschen Einheit, in: Heydemann / Mai / Müller (Hrsg.): Revolution und Transformation in der DDR 1989/90, S. 407 – 428

Werner Weidenfeld: Außenpolitik für die Deutsche Einheit. Die Entscheidungsjahre 1989/90. Geschichte der deutschen Einheit, Bd. 4, Stuttgart 1998

Heinrich August Winkler: Der lange Weg nach Westen. Zweiter Band. Deutsche Geschichte vom »Dritten Reich« bis zur Wiedervereinigung, München 2000

»Wir haben die Machtfrage gestellt«. SDP-Gründung und Friedliche Revolution 1989/90. Eine Ausstellung der Friedrich-Ebert-Stiftung, Bonn 2009

Edgar Wolfrum: Die Mauer. Geschichte einer Teilung, München 2009

Wolle, Stefan: Die heile Welt der Diktatur. Alltag und Herrschaft in der DDR 1971 – 1989, Berlin 1998

Matthias Zimmer: Nationales Interesse und Staatsräson. Zur Deutschlandpolitik der Regierung Kohl 1982 – 1989, Paderborn 1992

Personenregister

A

Adenauer, Konrad 79, 80, 342
Adler, Brigitte 343
Antretter, Robert 343
Axen, Hermann 27, 85, 86, 106, 107

B

Bahr, Egon 14, 16, 17, 19, 25, 31, 32, 35, 39, 44, 85, 86, 90, 91, 92, 97, 100, 101, 106, 107, 108, 113, 114, 119, 120, 134, 142, 162, 163, 175, 179, 180, 181, 182, 183, 185, 217, 244, 277, 295, 300, 301, 316
Barbe, Angelika 64, 293
Bastian, Herbert 383
Becker, Helmut 84, 324
Becker, Manfred 294
Bettermann, Erik 108, 151, 181, 182, 286, 376
Bismarck, Otto von 75, 314, 332
Blüm, Norbert 281, 384
Blunck, Lilo 343
Bohl, Friedrich 385, 387
Bohley, Bärbel 28, 35
Böhme, Ibrahim (Manfred) 44, 45, 64, 84, 94, 145, 175, 226, 233, 235, 271, 282, 322
Bonhoeffer, Dietrich 339
Bötsch, Wolfgang 167, 338, 380, 383
Brandt, Willy 8, 13, 14, 16, 17, 18, 31, 33, 36, 40, 45, 48, 61, 62, 65, 80, 133, 137, 141, 143, 144, 145, 152, 158, 161, 192, 201, 202, 206, 225, 228, 235, 247, 266, 271, 272, 273, 274, 290, 293, 314, 332, 342, 349, 367, 394, 395, 397, 402
Briefs, Ulrich 341

Brunn, Anke 100, 124, 151, 268, 315, 350, 351, 354, 357, 358
Brusis, Ilse 100, 351, 352
Büchler, Hans 35, 48, 113
Bulmahn, Edelgard 343
Bülow, Andreas von 343
Bush, George sr. 60

C

Casals, Pablo 206
Chatzoudis, Georgios 34
Conradi, Peter 274, 343, 350, 371, 375

D

Däubler-Gmelin, Herta 11, 48, 55, 86, 91, 93, 107, 108, 133, 143, 146, 147, 160, 161, 163, 178, 187, 205, 224, 228, 229, 232, 235, 236, 237, 238, 273, 284, 285, 289, 292, 297, 298, 310, 313, 318, 322, 323, 350, 352, 356, 357, 365, 369, 376, 386
Dehler, Thomas 400
Dohnanyi, Klaus von 33, 100, 122, 124, 147, 148, 151, 177, 184, 267, 351, 353, 357
Dregger, Alfred 168, 171
Dreßler, Rudolf 9, 44, 48, 51, 55, 176, 183, 185, 227, 228, 231, 245, 255, 267, 270, 279, 295, 296, 298, 322, 351, 352
Dubček, Alexander 158, 165, 169
Duve, Freimut 30, 34, 343

E

Ehmke, Horst 7, 14, 19, 26, 27, 28, 35, 37, 44, 50, 52, 53, 85, 86, 88, 89, 91,

noch Ehmke, Horst:
   92, 96, 101, 113, 116, 117, 121, 142, 146, 151, 156, 175, 229, 230, 232, 233, 240, 241, 244, 245, 268, 289, 290, 294, 299, 300, 301, 313, 318, 322, 357
Eichel, Hans 98, 228, 268, 276, 316, 352, 353, 357
Ellenberger, Irene 64
Elmer, Konrad 373, 374, 375, 402
Engelen-Kefer, Ursula 100, 123, 232
Engholm, Björn 42, 53, 122, 132, 162, 181, 184, 193, 322
Eppelmann, Rainer 28, 35, 88
Eppler, Erhard 5, 14, 20, 21, 22, 24, 25, 31, 34, 71, 86, 87, 88, 91, 92, 93, 99, 102, 105, 114, 121, 124, 199, 215, 314, 315
Erhard, Ludwig 403
Erler, Fritz 395, 400
Erler, Gernot 343

F

Farthmann, Friedhelm 96, 122, 124
Faulenbach, Bernd 15, 34
Finger, Stephan 373
Fuchs, Anke 48, 85, 86, 89, 102, 106, 108, 115, 124, 134, 136, 143, 151, 161, 163, 177, 182, 184, 189, 232, 236, 237, 238, 244, 274, 275, 284, 286, 287, 294, 299, 316, 322, 324, 350, 354, 357, 372
Fuchs, Katrin 151, 268, 350, 351, 352, 358, 371

G

Ganseforth, Monika 343
Gansel, Norbert 27, 30, 34, 35, 42, 61, 96, 97, 98, 100, 101, 102, 106, 114, 118, 119, 120, 121, 124, 148, 224, 225, 227, 228, 240, 242, 267, 276, 314, 322, 324, 348, 350, 355, 357, 372

Garton Ash, Timothy 19
Genscher, Hans-Dietrich 39, 63, 141, 144, 175, 402
Geoffrey, Chris 23
Gerlach, Johannes 374
Gilges, Konrad 343
Glöckner, Wolfgang 232
Glotz, Peter 33, 339, 343
González, Felipe 169
Gorbatschow, Michail 20, 56, 60, 61, 78, 81, 87, 88, 90, 96, 97, 111, 112, 113, 144, 148, 157, 167, 181, 192, 214, 226
Gutzeit, Martin 29, 40, 84, 94, 201, 235, 282, 296, 298
Gysi, Gregor 183, 202, 336

H

Haack, Dieter 101
Hager, Kurt 21, 23
Hämmerle, Gerlinde 226
Hauff, Volker 148, 352, 354
Häuser, Gerd Jürgen 216, 343
Haussmann, Helmut 333
Havel, Vàclav 165
Heinemann, Gustav 79, 395
Heinemann, Hermann 121, 227, 228, 229, 274, 317, 351, 352, 354
Hellwig, Renate 386, 387
Henrich, Rolf 28
Herzog, Roman 72
Heyenn, Günther 55
Hiersemann, Karl-Heinz 224, 268, 274, 315, 357
Hildebrandt, Regine 46, 64
Hiller, Reinhold 35
Hilsberg, Stephan 231, 235, 239, 282, 286, 287, 288, 289, 295, 321
Hirschfeld, Gerhard 232, 288
Hoff, Magdalene 123, 356
Honecker, Erich 21, 22, 23, 25, 78, 107, 113, 144, 172
Höppner, Reinhard 64
Horn, Erwin 55

Hornung, Siegfried 336, 388

I

Itzfeldt, Jürgen 288

J

Jäger, Claus 167, 171
Jahn, Gerhard 48, 113, 298, 299, 318, 322, 324
Junker, Karin 123, 316

K

Kaiser, Jakob 210, 400
Kamilli, Karl-August 64, 290, 293, 375
Kansy, Dietmar 333, 338, 387
Kiesinger, Kurt Georg 17
Klimmt, Reinhard 53, 349
Klose, Hans-Ulrich 26, 90, 91, 97, 115, 123, 131, 132, 134, 160, 176, 177, 180, 184, 236, 241, 244, 286, 288, 313, 322, 353, 354, 358, 369
Kohl, Helmut 8, 10, 11, 13, 18, 21, 22, 24, 26, 34, 36, 37, 39, 42, 43, 45, 47, 48, 53, 54, 60, 62, 63, 85, 113, 141, 142, 144, 146, 158, 174, 181, 184, 186, 187, 189, 190, 223, 225, 233, 236, 240, 266, 267, 268, 269, 271, 274, 276, 277, 279, 280, 281, 284, 285, 286, 292, 294, 295, 296, 307, 311, 314, 315, 319, 343, 364, 372, 373, 374, 375, 388
Kolbow, Walter 55
Kopp, Reinhold 369
Körting, Ehrhart 41
Koschnick, Hans 148, 224, 227, 267, 273, 313, 351, 352, 357, 374
Krack, Erhard 118
Kramme, Monika 288
Kraus, Rudolf 335, 343
Krause, Günther 57, 369, 373, 374, 375
Krenz, Egon 35, 86, 89, 120, 135, 141, 142, 146, 148

L

Lafontaine, Oskar 9, 24, 33, 38, 40, 42, 43, 44, 45, 46, 49, 50, 51, 52, 53, 64, 85, 86, 89, 96, 106, 114, 115, 126, 133, 136, 142, 149, 150, 151, 159, 160, 161, 162, 163, 168, 175, 179, 180, 182, 183, 184, 185, 186, 187, 188, 189, 190, 223, 224, 225, 226, 228, 240, 241, 242, 243, 265, 266, 267, 268, 269, 270, 275, 277, 279, 282, 283, 284, 285, 286, 287, 289, 293, 294, 295, 297, 298, 300, 311, 312, 313, 314, 315, 316, 317, 318, 321, 326, 348, 349, 352, 358, 364, 365, 366, 369, 370, 373, 379, 387, 397
Lambsdorff, Otto Graf 342, 379
Lammert, Norbert 402
Lasse, Dieter 44
Lemmer, Ernst 206, 400
Lippelt, Helmut 339
Lucyga, Christine 296, 374
Luther, Martin 187

M

Maizière, Lothar de 46, 47, 56, 58, 59, 61, 172, 280, 283, 291, 296, 297, 311, 312, 341, 369, 372, 373, 375
Matschie, Christoph 295
Matthäus-Maier, Ingrid 7, 8, 9, 11, 15, 36, 42, 47, 50, 55, 66, 149, 154, 220, 243, 279, 294, 322, 338, 387, 388, 391
Matthiesen, Klaus 123, 217, 268, 317
Mazowiecki, Tadeusz 62, 63
Meckel, Markus 8, 29, 30, 35, 38, 40, 46, 61, 63, 64, 84, 94, 200, 201, 211, 235, 236, 238, 282, 294, 299, 373
Merkel, Angela 14
Merz, Friedhelm 14
Misselwitz, Hans 35, 299
Mitterrand, François 146, 169, 181, 208
Möbbeck, Susi 124, 351

415

Modrow, Hans 27, 35, 37, 42, 61, 108, 141, 142, 146, 165, 172, 175, 178, 181, 203, 234, 266
Momper, Walter 24, 25, 30, 35, 36, 99, 116, 118, 122, 141, 144, 152, 171, 193, 206, 230, 233, 267, 275, 296, 315, 350, 352, 354
Müller, Michael 343

N

Nedeleff, Roland 374
Nickels, Christa 332, 342
Niehuis, Edith 343
Noack, Arndt 84, 94

O

Oertzen, Peter von 98, 102, 125, 149, 268, 274, 313, 315, 350, 357, 358
Oesinghaus, Günter 343
Oostergetelo, Jan 85

P

Penner, Willfried 244, 322
Peter, Horst 343
Peterson, Fabian 34
Pfeiffer, Ulrich 229
Pohl, Gerhard 333

R

Rau, Johannes 24, 48, 89, 107, 108, 123, 132, 134, 136, 160, 177, 179, 180, 182, 183, 186, 224, 230, 231, 232, 235, 239, 241, 275, 288, 309, 311, 316, 318, 322, 351, 357, 365
Reagan, Ronald 18
Reich, Jens 28, 35, 377
Reiche, Steffen 29, 30, 31, 117, 119, 120
Reinhold, Otto 23, 24
Renan, Ernest 72
Renger, Annemarie 48, 402
Reuter, Bernd 343
Reuter, Ernst 214, 395

Richter, Edelbert 113
Riebe, Sabine 347, 350, 354, 357
Rieke, Dieter 395
Ringstorff, Harald 64, 235, 372, 374
Rixe, Günter 343
Rödder, Andreas 33
Romberg, Walter 35, 46, 58, 311, 372
Rosenthal, Philip 230, 277, 317
Roth, Wolfgang 7, 36, 48, 50, 55, 98, 147, 154, 176, 177, 183, 217, 243, 268, 296, 313, 322, 324, 373
Rühe, Volker 27, 171, 273, 334
Ruland, Otto 395
Rüttgers, Jürgen 333, 334, 336, 338, 341, 378, 381

S

Sacharow, Andrej Dimitrijewitsch 213
Schabowski, Günter 27, 117, 118
Schäfer, Harald B. 48, 51, 226, 241, 294, 301, 322, 324
Schalck-Golodkowski, Alexander 21, 336
Schäuble, Wolfgang 59, 356, 373, 376, 377, 379, 381, 383, 385
Scheer, Hermann 242
Scherf, Henning 228, 229, 314, 350, 356, 357
Schmalstieg, Herbert 140
Schmid, Carlo 395, 400
Schmidt, Helmut 18, 19, 133, 150, 267, 332, 342, 395, 402
Schmidt, Renate 296, 322, 357, 371
Schmidt, Thomas 64
Schmidt, Wilhelm 343
Schmude, Jürgen 35, 48, 86, 87, 88, 91, 92, 108, 114
Schönherr, Albrecht 387
Schorlemmer, Friedrich 28
Schröder, Gerhard 90, 107, 132, 133, 161, 177, 183, 185, 193, 224, 236, 240, 241, 269, 276, 284, 309, 347, 351, 372, 373, 374
Schroeder [Schröder], Louise 395

416

Schröder, Richard 46, 51, 282, 290, 291, 292, 293, 297, 298, 321, 322, 323, 329
Schuh, Petra 33
Schulte, Brigitte 296, 300, 324
Schumacher, Kurt 214, 351, 395
Seiters, Rudolf 85, 138, 168, 334, 336
Sindermann, Horst 27, 85, 89, 91
Späth, Lothar 43, 385
Spöri, Dieter 97, 124, 151, 217, 224, 227, 228, 267, 277, 314, 350, 351, 353, 374
Stauß, Frank 288
Sterzinsky, Georg Maximilian 172
Stobbe, Dietrich 48, 288, 296, 298, 322, 324
Stolpe, Manfred 108, 176, 333, 337
Stoph, Willi 17, 35
Stratmann-Mertens, Eckhard 378, 386
Strauß, Franz Josef 21
Sturm, Daniel 33
Süßmuth, Rita 48, 62

T

Teltschik, Horst 37, 39, 45
Thatcher, Margaret 60
Thierse, Wolfgang 11, 46, 58, 64, 65, 294, 321, 322, 324, 329, 347, 348, 349, 365, 369, 370, 394, 395, 397, 400, 402, 403
Timm, Gottfried 294, 309, 312
Tökés, László 204
Töpfer, Klaus 172
Tschernenko, Konstantin Ustinowitsch 113

U

Ullmann, Wolfgang 28
Unruh, Trude 335, 336, 341, 380, 381, 382, 384, 385

V

Vahlberg, Jürgen 317, 372
Verheugen, Günter 343
Vogel, Hans-Jochen 6, 7, 10, 11, 13, 14, 15, 22, 27, 28, 30, 32, 33, 35, 36, 37, 41, 42, 44, 47, 48, 54, 56, 58, 64, 66, 85, 86, 87, 89, 92, 95, 96, 101, 102, 103, 106, 107, 108, 111, 112, 113, 114, 116, 119, 121, 124, 125, 126, 130, 135, 136, 137, 141, 143, 144, 145, 146, 147, 148, 149, 158, 159, 162, 163, 164, 174, 175, 176, 177, 178, 179, 180, 182, 183, 189, 190, 223, 224, 225, 226, 227, 230, 232, 233, 234, 235, 237, 238, 240, 241, 244, 262, 265, 269, 270, 271, 277, 282, 283, 284, 285, 286, 287, 288, 289, 290, 291, 292, 297, 298, 299, 300, 301, 309, 312, 314, 317, 318, 319, 321, 322, 323, 324, 331, 347, 348, 349, 352, 354, 355, 358, 365, 367, 368, 369, 370, 371, 374, 375, 376, 394, 397
Vogel, Wolfgang 178
Voigt, Karsten 26, 37, 41, 121, 148, 175, 178, 179, 225, 231, 267, 269, 313, 356
Vollmer, Antje 341
Voscherau, Henning 181, 189, 295, 324

W

Waigel, Theo 43, 50, 147, 311, 367, 372, 385, 393
Wałęsa, Lech 100
Walser, Martin 72
Walter, Gerd 149, 244, 289
Wardin, Peter 288
Wedemeier, Klaus 148, 316
Wehner, Herbert 167, 223, 395, 400
Weiss, Konrad 28
Weiß, Reinhard 51
Weisskirchen, Gert 30, 34, 35, 114, 343
Weizsäcker, Richard von 339

Weng, Wolfgang 333, 334
Wesemeyer, Albert 395
Westphal, Heinz 48, 55
Wettig, Klaus 238, 289
Wettig-Danielmeier, Inge 114, 132, 151, 162, 177, 186, 225, 238, 267, 276, 284, 287, 296, 317, 351, 352
Wieczorek, Helmut 55, 343
Wieczorek-Zeul, Heidemarie 34, 35, 61, 85, 89, 114, 134, 142, 161, 177, 179, 180, 182, 186, 193, 225, 234, 236, 238, 241, 242, 244, 277, 284, 285, 286, 289, 299, 300, 301, 314, 318, 322, 324, 343, 351, 354, 356
Willerding, Hans-Joachim 175
Winkler, Ruth 16, 17, 20, 22, 24, 27, 33, 35, 36, 100
Wolf, Christa 140, 141, 145
Woltemath, Käte 64

Z

Zöller, Walter 298
Zöpel, Christoph 121, 150

Bildnachweis

Archiv der sozialen Demokratie der Friedrich-Ebert-Stiftung
 S. 109, 110
J. H. Darchinger / Archiv der sozialen Demokratie der Friedrich-Ebert-Stiftung
 Titelbild, S. 119, 139, 193, 195, 199, 201, 205, 217 oben, 217 unten, 235, 243, 245, 247, 311, 329, 391, 397:
Bundesbildstelle
 S. 145

Zur Herausgeberin

Ilse Fischer, geboren 1947, Dr. phil., Referentin im Archiv der sozialen Demokratie der Friedrich-Ebert-Stiftung. Veröffentlichungen zur Sozialgeschichte und zur Geschichte der Arbeiterbewegung, u.a. August Bebel und der Verband Deutscher Arbeitervereine 1867/68. Brieftagebuch und Dokumente, Bonn 1994; Versöhnung von Nation und Sozialismus? Lothar Erdmann (1888 – 1939). Biographie und Auszüge aus den Tagebüchern, Bonn 2004.

Willy Brandt
Gemeinsame Sicherheit

Dieser zehnte und letzte Band der Schriften Willy Brandts präsentiert Texte zum Thema **Gemeinsame Sicherheit und Deutsche Einheit** von Ost und West in den Jahren 1982 bis 1992. Die mehr als 80 Dokumente geben profunde Einblicke in das Denken und Handeln Brandts, das in seinem letzten Lebensjahrzehnt vor allem um die Sicherung des Friedens, die europäische Einigung und die Einheit Deutschlands kreiste.

Von zentraler Bedeutung für Willy Brandt waren in den achtziger Jahren die Kontakte, die er und die SPD zu den Regimen im östlichen Teil Europas unterhielten. Besonders intensiv gestaltete sich sein Austausch mit Michail Gorbatschow. Erstmals publiziert werden Briefe der beiden Spitzenpolitiker und längere Auszüge aus den Protokollen ihrer Unterredungen.

Willy Brandt
Gemeinsame Sicherheit
Internationale Beziehungen
und deutsche Frage 1982–1992

Berliner Ausgabe, Bd. 10
Hrsg. im Auftrage der Bundeskanzler-Willy-Brandt-Stiftung von Helga Grebing, Gregor Schöllgen und Heinrich August Winkler
Bearbeitet von Uwe Mai, Bernd Rother und Wolfgang Schmidt

736 Seiten, geb. mit Schutzumschlag
mit zahlr. Abb. und Dokumenten
27,60 Euro
ISBN 978-3-8012-0310-8

www.dietz-verlag.de

Verlag J. H. W. Dietz Nachf. – Dreizehnmorgenweg 24 – 53175 Bonn
Tel. 0228/23 80 83 – Fax 0228/23 41 04 – info@dietz-verlag.de

Uneinig in die Einheit

Mit dem Fall der Mauer wurde Deutschlands Einheit zum Zankapfel in der SPD. Willy Brandt drängte zu einer raschen Vereinigung. Oskar Lafontaine und andere »Enkel« bremsten und blockierten. Pointiert schildert Daniel F. Sturm ihre Kontroversen und liefert tiefe Einblicke in das Innenleben der Sozialdemokratie während dieser spannenden Phase deutscher Nachkriegsgeschichte. Im Herbst 2005 hat die Bundeskanzler-Willy-Brandt-Stiftung die Dissertation mit dem Willy-Brandt-Preis zur Förderung von Nachwuchswissenschaftlerinnen und -wissenschaftlern ausgezeichnet.

Daniel Friedrich Sturm
Uneinig in die Einheit
Die Sozialdemokratie und die Vereinigung Deutschlands 1989/1990

Willy-Brandt-Studien, Band 1

520 Seiten, Broschur
29,90 Euro
ISBN 978-3-8012-0363-4

www.dietz-verlag.de

Verlag J. H. W. Dietz Nachf. – Dreizehnmorgenweg 24 – 53175 Bonn
Tel. 0228/23 80 83 – Fax 0228/23 41 04 – info@dietz-verlag.de